Friedrich Brandes

Die Verfassung der Kirche nach evangelischen Grundsätzen

Friedrich Brandes

Die Verfassung der Kirche nach evangelischen Grundsätzen

ISBN/EAN: 9783744682411

Hergestellt in Europa, USA, Kanada, Australien, Japan

Cover: Foto ©Lupo / pixelio.de

Weitere Bücher finden Sie auf **www.hansebooks.com**

Antiochia, von dem Petrus des ersten Pfingstfestes bis zu Paulus hin, dem die Erkenntniß wurde, daß in Christo und dem in ihm empfangenen neuen Leben, wie die Erfüllung, so auch das Ende des Gesetzes gekommen sei[1]), d. h. einen Fortschritt in der Erkenntniß des in Christo gegebenen Heilslebens, aber nicht ein Fortschritt insofern, als etwa Paulus zu dem in Christo Gegebenen Etwas hinzugethan, es bereichert und seinem Wesen nach erweitert, wohl gar die Momente aus sich selbst hinzu gebracht hätte, die es zu dem erst gemacht, als was es durch ihn allerdings aufgezeigt worden ist.[2]) Es war das lediglich ein Orientirungsprozeß! Die ungewohnten Augen mußten sich an das in Christo erschienene volle „Licht des Lebens" erst gewöhnen; die Menschen, die in den Ueberlieferungen der Väter von Jugend auf gewandelt und mit der Muttermilch den Glauben eingesogen hatten, daß dieselben heilig und unantastbar seien, mußten erst dahin gelangen, daß sie sich, im Besitze des Höheren, das ihnen in Christo zu Theil geworden war, von der Anhänglichkeit an die „väterliche Weise"[3]) innerlich losmachten, und — das ging dann freilich nicht so leicht und nicht ohne Kampf von Statten, das bedurfte, besonders bei den Juden, erst der tiefgehendsten Erfahrungen, wie von dem Ungenügen des Gesetzes, so auch von der vollgenugsamen versöhnenden Kraft des Lebens, das durch den Herrn in ihnen war, und — nicht selten kam gerade bei ihnen wieder ein Zurücksinken in die „Elemente der Welt" vor, über die sie durch Christum hinaus gehoben worden.[4]) Aber — mehr, als ein solcher Orientirungsprozeß war das nicht, was man die Entwicklung des urchristlichen Bewußtseins nennt, nicht — daß wir es noch einmal sagen — erst ein Hervorbringen des Lebens seinem eigentlichen Inhalte nach, sondern nur ein immer deutlicheres Sichbewußtwerden dieses Lebensinhaltes und seiner Bedeutung auf Seiten der auf diesem gemeinsamen Grunde mit einander stehenden Christen. Das, was in Christo als neues Leben in Gott thatsächlich nicht nur, sondern auch in jeder Weise ihm selbst vollkommen bewußt[5]) vorhanden war, das ging nun auch ein in die Welt, indem es einging in die Personen, die seine Gemeinde bildeten und sich frei zu derselben bekannten,

---

[1]) Vgl. Gal. 3, 10 ff.

[2]) Aufgezeigt hat Paulus allerdings das in Christo empfangene neue Leben als dasjenige, das vor Gott genugsam sei, als die „Gerechtigkeit Gottes" selbst, aber er hat den Inhalt dieses Lebens nicht selbst herbeigebracht, er ist sich bewußt, daß es ein lediglich in Christo empfangenes Leben sei.

[3]) 1 Petr. 1, 18.

[4]) Gal. 4, 1 ff.

[5]) Vgl. Matth. 5, 17: „Ich bin gekommen, Gesetz und Propheten zu erfüllen." Ein Lebensinhalt ist, ohne daß die betreffende Person sich seiner bewußt wäre, gar nicht vorhanden. Wessen ich mir nicht bewußt bin, das ist eben für mich nicht da, das habe ich nicht zum Inhalte meines Lebens!

und — da trat es nicht bloß in Conflict mit der Welt, sondern ging
mit dem, was die Welt und dadurch die einzelnen Mitglieder seiner Gemeinde an überlieferten religiösen und sittlichen Bildungsstufen in sich trugen, auch Verbindungen ein, bei dem Einen, je nach seiner Individualität,
diese, bei dem Andern jene eigenthümliche Gestalt annehmend, aber so, daß
Alle sich doch bewußt waren, auf dem einen in Christo gelegten Grunde zu
stehen. So entstanden die Gegensätze, die wir da auf einander stoßen und
sich an einander reiben sehen, und so, durch den Kampf dieser Gegensätze,
läuterte sich das Bewußtsein über die Bedeutung dieses Neuen gegenüber
dem Alten[1]), das Bewußtsein von seiner Genugsamkeit und Selbständigkeit
immer mehr, so sehen wir über den naiven Standpunkt der ersten Pfingst-
gemeinde, die noch in der Einheit des alten Bundesvolkes und in der Gemeinschaft mit dem gesetzlichen Nationalheiligthum meinte bleiben zu können[2]), sich den Paulinismus erheben, der das Gesetz seiner Form nach für
in Christo abgethan erklärt, bis Johannes, ganz über den Gegensatz innerhalb der christlichen Gemeinde hinaus, in welchem Paulus noch stehen mußte,
uns die Person des Herrn einfach hinstellt als diejenige, in welcher allein
alles Leben ist und durch die allein der Mensch zu Gott zu kommen, ein Kind
Gottes auf's Neue zu werden vermag.[3]) Freilich ist das ja eine reiche
Entwicklungsperiode — in verschiedenen Stufen sehen wir hier die Gemeinde
bis zur vollen Höhe des christlichen Bewußtseins sich erheben und alle vorchristlichen Standpunkte weit hinter sich lassen — aber was sich entwickelt
im Bewußtsein der Gemeinde, es ist stets nur das Leben des Herrn selbst;
es ist der in Christi Person dargebotene neue Lebensinhalt, über den die
Gemeinde sich immer klarer wird. Das eine Licht bricht sich da in den
verschiedenen Medien, in die es fällt, und bringt so wohl verschiedene Spie-
gelungen und Schattirungen hervor, aber — immer ist es doch das eine
und dasselbe Licht, das da in Alle hinein gefallen ist, und — nur in diesem Lichte zu wandeln, nur von seiner Klarheit immer mehr durchleuchtet
zu werden, das ist das Bestreben Aller und namentlich Derer, denen man,
weil man die wirkliche Bedeutung dieses Entwicklungsprozesses nicht verstand,

---

[1]) Ebr. 8, 13. 2 Cor. 5, 17.

[2]) Das ist freilich zuzugestehen, daß dieß völlige Hinaussein des Christenthums
über das Judenthum den ersten Christen nicht auch gleich völlig klar war, aber —
das Christenthum, wie es die alttestamentliche Stufe überschritten hatte, war gleichwohl
schon in ihnen vorhanden. Daher hielten sie sich noch wohl zum Tempel, aber — doch
auch als eine besondere, von den übrigen Juden sich unterscheidende Gemeinschaft (vgl.
Apostelgesch., die ersten Kapitel).

[3]) Dieß die wirkliche Tendenz des Johannes-Evangeliums: die Person des Herrn
hinzustellen als diejenige, in welcher alles wahrhafte Leben ist und durch die dasselbe
allein erlangt werden kann.

wohl hat beimeſſen wollen, daß ſie erſt eigentlich die Schöpfer des Chriſten=
thums hinſichtlich ſeines Lebensinhaltes ſelbſt wären: des Paulus und des
Johannes![1] Wie ſie ſich bewußt ſind, Nichts als Chriſtum und das neue
Leben in ihm zu verkündigen und gar Nichts von dem Ihrigen hinzuthun
zu dürfen, wie ſie immer nur ihn und ihn allein vor Augen haben, gewiß,
daß ihnen in ihm alle Fülle des göttlichen Lebens dargeboten ſei, ſo ver=
hält es ſich doch auch in der That mit ihnen: ſie bilden den Schlußpunkt
dieſer Entwicklung im Bewußtſein der Urgemeinde, die Stufe, auf welcher
Chriſtus und der Inhalt ſeines Perſonlebens nun auch dem menſchlichen
Bewußtſein der Seinen in ſeiner ganzen vollgenugſamen Herrlichkeit erſcheint,
alle Verdunkelungen, die von untergeordneten religiös=ſittlichen Standpunk=
ten aus herzugebracht waren, ſiegreich überwindend.[2] Aber — wie hätte es
zu dieſem Siege kommen können, wenn nicht das, was den Sieg erlangte,
der Herr und ſein Leben, von vorn herein auch dieſen Inhalt gehabt hätte,
der mächtig genug geweſen wäre, alle die Nebel zu zerſtreuen? Gerade der
Umſtand, daß es zu dieſem Siege kommen konnte, beweiſt doch auf das
Deutlichſte, daß das, was da ſiegreich hervorgeht, auch von vorn herein
das geweſen ſein muß, als was es da hervorgeht: das Normalleben in
Gott in der vollen Ganzheit und Herrlichkeit eines perſönlichen Lebens.[3]

---

[1] Ihnen iſt die einzige Bedeutung der Perſon Chriſti und ihres Lebens=
inhaltes völlig deutlich geworden, und das, aber auch nur das iſt ihre Bedeutung.
Sie haben der Gemeinde nicht ein Neues gegeben, ſie haben nur das, was die Ge=
meinde durch Chriſtus längſt hatte, in das rechte Licht geſtellt.

[2] Wenn Ritſchl (a. a. O.) den Jeſus des Matthäus oder vielmehr der Bergrede
ſo darſtellt, als ob er thatſächlich einen neuen Lebensinhalt gehabt, aber auf die Be=
deutung dieſer Thatſache nicht reflectirt, ſondern noch immer das Geſetz in den Vor=
dergrund geſtellt habe, ſo geſchieht dies erklärter Maßen (ſ. S. 1 ff.) in dem Beſtreben,
aus der Art der Wirkſamkeit des Herrn beide Richtungen, den Judaismus und den
Paulinismus, herzuleiten. Aber — iſt dies nothwendig? Zur Conſtruction des Be=
wußtſeins der erſten Chriſtengemeinde wirkten auch noch andere Momente mit, als bloß
das, was ſie von dem Herrn empfangen hatte, und — das judaiſtiſche Element iſt
vielmehr aus den jüdiſchen Anſchauungen, welche die Gemeinde ſelbſt herzubrachte, als
aus dem, was ſie von Chriſto empfangen hatte, herzuleiten. Dieß wird leider ſo oft
nicht beachtet, und man macht eben deßhalb ſo leicht den Herrn zu einem „jüdiſchen
Rabbi“.

[3] Was ſich entwickelt, muß von vorn herein vorhanden geweſen ſein, um ſich ent=
wickeln zu können. Die Meinung, welche das Chriſtenthum unter der Hand etwas
Anderes werden läßt, als es urſprünglich war, hat man (J. P. Lange) ganz richtig
als bloße „fabulirende Metamorphoſe“ charakteriſirt. Und zwar muß dieß Leben, wie
es in der chriſtlichen Urgemeinde ſich entwickelt hat, weil es überhaupt nur als ein
perſönliches wirklich vorhanden ſein kann, auch von vorn herein als ein perſönliches
dageweſen ſein: diejenige Perſon, in welcher es originirt, muß es eben deßhalb auch
als ein perſönliches und zwar in der vollen Ganzheit und Fülle ſeiner ſelbſt in ſich
getragen haben.

Und wenn wir nun auch das Bild von der Persönlichkeit Jesu Christi, wie es uns durch die Urgemeinde in den „Evangelien" [1]) überliefert worden ist, recht in's Auge fassen, steht in diesem vierfachen Berichte denn nicht immer der Herr auch als Derjenige vor uns da, in welchem das religiös=sittliche Leben sowohl als ein ursprüngliches, als auch als ein in sich vollendetes wirklich vorhanden gewesen ist? Freilich sind gerade gegen die evangelischen Berichte des N. T. und gegen die Glaubwürdigkeit ihrer Darstellung des Lebens Christi nicht bloß seit gestern mancherlei Bedenken erhoben worden, und es scheint auf den ersten Blick schwierig zu sein, aus dem urchristlichen Ueberlieferungsstoffe, wie ihn diese Berichte darbieten, eine befriedigende und allgemein gültige Anschauung von dem wirklichen Leben des Gekreuzigten zu gewinnen. [2]) Man hat da auf die Verschiedenheiten in der Auffassung aufmerksam gemacht, wie sie zwischen den einzelnen Berichten hervortreten sollen, man hat wohl gar behauptet, das in den evangelischen Geschichten des N. T. enthaltene Christusbild sei Nichts, als nur ein „mythisches" Gebilde des urchristlichen Gemeindegeistes selbst, in welchem dieser den Inhalt seines eigenen Bewußtseins sich gegenständlich gemacht habe [3]), und vor diesem Standpunkte scheint denn freilich alle Gewißheit darüber verschwinden zu müssen, was von dem hier gezeichneten Christusbilde der Wirklichkeit der Geschichte angehöre. Von diesem Standpunkte aus hat man ohne Zweifel Recht, wenn man entweder sein völliges Nichtwissen in Betreff des Lebensinhaltes der historischen Person Jesu bekennt oder auch behauptet, der wirkliche Jesus sei weit hinter dem von dem Geiste der Gemeinde entworfenen Bilde zurück geblieben, sei namentlich über die Sphäre des sündigen und unvollkommenen Menschenlebens nicht hinaus gewesen und könne deßhalb auch nicht als der Normalmensch gelten, der als solcher eine ewige Bedeutung habe, wie für seine Gemeinde, so auch für das Menschengeschlecht überhaupt. [4]) Weit genug verbreitet ist diese Meinung in unserer Zeit, und es gibt Deren in nicht geringer Zahl,

---

[1]) Daß die evangelischen Berichte des N. T. aus der christlichen Urgemeinde stammen, auch der nach Johannes benannte, ist die Ueberzeugung, von der wir ausgehen. Baur rückt den johanneischen Bericht in eine Zeit hinab, wo derselbe schwerlich noch entstanden sein kann.

[2]) Das ist ja eine fast landläufige Meinung geworden, daß das wirkliche Leben des Herrn im Dunkeln liege, aber doch nur, weil man sich über das Verhältniß des Lebens, wie es die Urgemeinde hatte, zu dem Lebensinhalte der Person ihres Stifters keine Rechenschaft gibt.

[3]) Bekanntlich die von Strauß vertretene Meinung.

[4]) An der „Sündlosigkeit" Jesu nehmen gar Viele Anstoß. Als wirklicher Mensch könne er auch nicht ohne Sünde gewesen sein, wie oft hört man das behaupten! Aber — gehört denn die Sünde zu dem Wesen des Menschen hinzu? Bekanntlich ist diese flacianische Meinung von der lutherischen Kirche bestimmt verworfen worden.

welche dieselbe für die ausgemachteste Wahrheit, für das vollkommen sichere und unumstößliche Resultat der gegenwärtigen Wissenschaft halten.[1]) Aber ist gerade diese Meinung, die das Aeußerste der negativen Bibelkritik darstellt, bei Lichte besehen, nicht doch sehr gedankenlos und in ihrer Begründung so beschaffen, daß sie sich eigentlich selbst widerlegt? Was sie voraussetzt, ist, daß in der urchristlichen Gemeinde, welche diesen „Mythus" von Christus producirt haben soll, der Geist lebendig gewesen sei, der alle die Momente in sich getragen habe, welche nun in dem von ihm aufgestellten Christusbilde als diejenigen erscheinen, die das Personleben Jesu selbst constituiren und erfüllen, aber muß man da nun nicht fragen: woher denn nun dieser neue Lebensgeist in der Gemeinde selbst, wenn nicht eben durch Den, von welchem dieselbe, wie wir gesehen, doch das deutlichste Bewußtsein hat, daß sie diesen neuen Inhalt ihres Lebens nur durch ihn empfangen habe? Indem jene Meinung das biblische Christusbild aus dem „mythendichtenden" Gemeindegeiste hervorgehen läßt, unterläßt sie, diesen Geist der Gemeinde und sein Entstehen selbst zu erklären, sie nimmt sein Vorhandensein als die allerdings geschichtlich beglaubigte und unleugbare Thatsache hin, aber — nach seinem Grunde und Ursprunge fragt sie nicht weiter, und — wer müßte nicht sagen, daß ein solches Verfahren in der That gedankenlos und oberflächlich ist? daß man hier eigentlich Nichts thut, als selbst in ein mythisches und mystisches Dunkel zurückschieben, was in dem hellen Lichte der Geschichte zu erkennen und anzuschauen wäre[2])? Sucht man dagegen, um aus diesem dunklen und unbestimmten Hintergrunde, auf welchem die Theorie von dem mythenbildenden Gemeindegeiste die Gestalt des evangelischen Christus erscheinen läßt, herauszukommen, nach wirklich faßbaren und bestimmten Anhaltepunkten und Grundlagen, sucht man namentlich für das unleugbare Vorhandensein dieses Gemeindegeistes in seiner christlichen Bestimmtheit nach einer befriedigenden Erklärung, so tritt doch immer wieder die Person Jesu Christi hervor, diese bestimmte geschichtliche Persönlichkeit, in welcher jener Geist der urchristlichen Gemeinde sich nicht bloß selbst gegründet weiß, in welcher derselbe auch seinen Ursprung genommen haben muß, wenn er überhaupt einen geschichtlichen Grund haben und nicht grundlos — als ein rein unbegreifliches Wunder — in der

---

[1]) So noch neulich ein Artikel in der Ztg. für Norddeutschland, der die Uhlhorn'schen Vorträge über das Leben Jesu besprach. Aber heißt das nicht, die Sünde für unüberwindlich erklären? und ist das etwas Anderes, als eine Theorie entweder der Verzweiflung oder des abgestumpftesten Weltsinnes?

[2]) Vgl. darüber Bruno Bauer's Buch über die Synoptiker, die Einleitung. Was da gegen Strauß eingewendet wird, hat gewiß seine Richtigkeit, nämlich, daß Strauß ein Dunkel durch das andere aufhellen will und eigentlich sogar durch ein größeres.

Luft schweben soll. Man bedenke doch nur, daß die Gemeinde diesen ihren Geist, dessen sie sich freudig und mit voller Energie bewußt ist, eben als Geist, d. h. als persönliches Leben im neu normirten Verhältnisse zu Gott, in sich hat, und — kann denn persönliches Leben anderswo seinen Grund haben, als wiederum in einem persönlichen Leben? ist es denn denkbar, daß die Gemeinde auf andere Weise, als auf diejenige, von der sie selbst weiß, zu dem Inhalte dieses ihres persönlichen Lebens gekommen wäre, d. h. dadurch, daß ihr derselbe gleich von Anfang an in der Form eben dieses Lebens, also als Lebensinhalt einer wirklichen Persönlichkeit ist übergeben worden? So erklärt sich das Vorhandensein jenes Gemeindegeistes denn nur dadurch, daß dieser Geist thatsächlich in dem Personleben Christi vor= handen gewesen ist, und die nüchterne Betrachtung muß vielmehr finden, daß das Verhältniß, jener Theorie gegenüber, das geradezu umgekehrte sein müsse: Nicht der Gemeindegeist hat dieß Christusbild geschaffen, wie es in der Fülle des religiös=sittlichen Lebens als eines persönlichen, in der Person Christi wirklichen von den „Evangelien“ uns geschildert wird, sondern der geschichtliche Christus ist der Schöpfer dieses Gemeindegeistes, und was in dem Geiste der Gemeinde lebt, das muß in dem Jesus, zu dem sich dieser als zu seinem Grunde so bestimmt bekennt, zuerst gelebt haben [1]), die „Evangelien“ aber und ihre Verfasser schauen diesen Inhalt ihres eigenen Lebens nur deßhalb als in der Person Jesu wirklich und vollkommen vorhanden an, weil der= selbe auch in der That den Inhalt des Personlebens Christi ausmachte.

Zwar ist das nicht zu leugnen, daß wir in den vier Berichten des N. T. ein Christusbild finden, wie sich dasselbe in dem Bewußtsein der ersten Gemeinden oder näher in dem der Verfasser dieser Berichte [2]) reflectirt hat, und nicht bloß das Eine und Andere, was in diesen Berichten enthal= ten ist, z. B. das Licht, welches sie durch Anwendung der alttestamentlichen Weissagungen so oft auf die Person und Bedeutung Christi fallen lassen [3]), stammt eben von dieser Reflexion in dem Bewußtsein der Berichterstatter, beziehentlich der Gemeinde her, sondern es muß auch anerkannt werden, daß in den einzelnen „Evangelien“, je nach der besonderen Stellung und Richtung ihrer Verfasser, überhaupt auch eine subjective Färbung hervor

---

[1]) S. oben S. 98.

[2]) Ohne Zweifel ist bei der Abfassung der Evangelien auch die individuelle schrift= stellerische Thätigkeit der Verfasser mit in Rechnung zu bringen, wie dieß B. Bauer a. a. O. gegen Strauß hervorgehoben hat, nur daß damit keineswegs gesagt ist, die einzelnen Verfasser hätten den Inhalt ihrer Darstellung nun auch selbst schriftstellerisch erzeugt. Der Gegenstand war ihnen ein gegebener.

[3]) Aber — wie würden sie auch diese Anwendung gemacht haben, wenn nicht das geschichtlich in der Person Christi enthaltene Leben diese Anwendung herausgefordert hätte?

tritt, den einen Bericht von dem andern unterscheidend. [1]) Aber berechtigt
nun das zu der Annahme, es sei Alles, was da berichtet wird, nur ein
Product dieser Reflexion und lediglich durch dieselbe hervor gebracht? oder
werden wir nicht gerade zu der entgegen gesetzten Ueberzeugung kommen
müssen, zu derjenigen, daß diese Reflexion in dem Subjecte der Bericht=
erstatter gar nicht habe entstehen können, wenn nicht auch ein objectiv Ge=
gebenes dagewesen wäre, das sie hervorgerufen, und daß in diesem Objecte,
nämlich in der Person des geschichtlichen Jesus, gerade Dasjenige auch müsse
vorhanden gewesen sein, was in der subjectiven Spiegelung hervortrete als
der in allen diesen besonderen Berichten vorhandene gemeinsame Grundzug
des Christusbildes, das da geschildert wird? Der „mythendichtende" Ge=
meinbegeist soll das Christusbild der Evangelien hervorgebracht haben?
Allerdings, wenn sich die verschiedenen Berichte so zu einander verhielten,
daß das Bild, welches sie uns von der Person Jesu entwerfen, in einem
jeden ein grundverschiedenes wäre, so daß die Züge des einen denen des
andern widersprächen, so müßte diese Annahme als begründet erscheinen,
so bliebe nichts Anderes übrig, als zu sagen, jeder der vier Verfasser habe
zunächst nur ein unbestimmtes Ueberlieferungsbild von Jesus gehabt und
dieses dann nach seiner individuellen Richtung und Tendenz in bestimmter
Weise auszugestalten und mit dem Lebensinhalte zu erfüllen gesucht, der
ihn selbst erfüllt habe. Aber — gerade dieß ist nicht der Fall. Worin sich
die einzelnen Berichte unterscheiden, das sind nicht die Grundzüge des Bil=
des selbst, in diesen stimmen sie vielmehr völlig mit einander überein [2]),
sondern das, was sie unterscheidet, charakterisirt sich lediglich als die beson=
dere subjective Auffassung des Gemeinsamen, indem der Eine mehr diese,
der Andere mehr jene Seite an der Person und dem Wirken und Streben
des Herrn in's Auge faßt und hervorhebt [3]), während die Grundanschauung
doch bei Allen dieselbe ist und selbst die besonderen Züge, welche der Eine
vor dem Andern hervorhebt, doch auch wieder bei dem Andern nicht ganz
fehlen, sondern auch in seiner Darstellung sich geltend machen, wenn auch
immer in einer weniger betonten Weise. [4]) Wie aber könnte nun das

---

[1]) Daß sich dieß so verhält, leugnet wohl kein Einsichtiger mehr, aber — worin
besteht der Unterschied? Doch darin, daß der Eine diese, der Andere jene Seite am
Leben des Herrn besonders hervorhebt.

[2]) Allen ist Jesus, um es kurz auszudrücken, der mit Gott geeinigte Mensch.

[3]) So tritt bei Matthäus mehr das Verhältniß Christi zum Gesetz hervor, wäh=
rend Johannes ihn schildert als den, in welchem die Herrlichkeit Gottes persönlich er=
schienen ist, als das fleischgewordene, verwirklichte Schöpfungswort Gottes, aber — ist
nicht doch bei Beiden die Grundanschauung dieselbe? gilt er nicht Beiden als Der, der
in dem rechten Verhältniß zu Gott steht, als der Sohn Gottes?

[4]) Wie sehr die Hauptzüge bei dem einen Berichterstatter auch in den Bericht des
anderen verwoben sind, dürfte unbefangenen Forschern nicht leicht entgehen. Daher ist

erklärt werden, wenn nicht dadurch, daß wirklich in dem in der Seele jedes
einzelnen Berichterstatters sich reflectirenden Gegenstande, in der wirklichen
Person des Herrn, eben diese Grundzüge vorhanden gewesen wären, die da
in dem von einem jeden gezeichneten Bilde von der Persönlichkeit Christi
uns entgegen treten? wie wäre es da noch möglich, an den bloß dichten=
den Gemeingeist zu denken, der dieß Bild hervorgebracht hätte, und nicht
vielmehr überzeugt zu werden, daß Dasjenige, was hier in sämmtlichen Re=
flexionsbildern als der allen gemeinsame Lebensinhalt sich zeigt, auch in dem
diese Reflexion selbst erst erzeugenden Gegenstande müsse enthalten gewesen
sein? Nur dadurch, daß man in das Object selbst verlegt, was in dieser
mehrfachen subjectiven Auffassung als das Gemeinsame hervortritt — und
das ist doch eben die Anschauung von dem Leben des Herrn als eines völlig
normalen im Verhältniß zu Gott und den Menschen — läßt sich das Zu=
standekommen dieser Reflexion selbst erklären, und — auf eben diesem Wege,
indem man zwar der subjectiven Besonderheit der einzelnen Berichte ihre
volle Beachtung zu Theil werden läßt, aber nun das, was sich da in die
verschiedenen Strahlen durch die verschiedenen Medien hindurch gebrochen
hat, zu einem Gesammtbilde zusammen schaut, wird man auch im Stande
sein, ein volles Bild von dem einen allen gemeinsamen Gegenstande, von
der Person des geschichtlichen Christus und dem Inhalte seines Lebens, wie
derselbe wirklich gewesen ist, zu gewinnen.[1] Nicht als ein unbestimmtes
Etwas erscheint da diese Person, über welche der Geist der Gemeinde den
Schleier der Dichtung gewoben hätte und über deren wirklichen Lebensinhalt
kein sicherer Aufschluß mehr zu erlangen wäre, sondern vielmehr als Der=
jenige, der sich in dem Bewußtsein seiner Biographen selbst reflectirt, der
den Inhalt seines eigenen Lebens in dieß Bewußtsein der Seinigen, das
von ihm zeugt, selbst hineingestrahlt hat[2] und — der eben deßhalb auch
in voller Bestimmtheit aus dem Bilde wieder zu erkennen ist, das die von
ihm ergriffenen und erfüllten Seelen uns von ihm entworfen haben![3] In
dem Personleben des wirklichen Christus kann in der That nicht weniger
gewesen sein, als in dem Leben und der Anschauung Derer, die uns von
ihm berichten, und es gilt da nur, das, was in allen vier Darstellungen

---

es auch so schwer, zu sagen, worin sich denn der eine von dem anderen bestimmt
unterscheide.

[1] Das ist allerdings die Aufgabe der neueren Bibelwissenschaft, eine befriedigende
Anschauung von dem wirklichen Jesus zu erlangen. Vgl. Ewald's 30 Sätze über
den historischen Christus.

[2] Vgl. Joh. 16, 13.

[3] Indem sie von dem Inhalte seines Lebens selbst ergriffen sind, sind sie auch
am Ersten im Stande, diesen Inhalt darzustellen.

als das Gemeinsame vorhanden ist, auch wirklich zu einer vollen Gesammt=
anschauung zu vereinigen, um den wirklichen Jesus auch in seiner concreten
Wirklichkeit zu erkennen. [1]

Und — wenn wir nun das versuchen, wenn wir uns namentlich an
die großen, gemeinsamen Züge halten, wie sie in allen diesen Berichten und
auch in dem, was uns sonst im N. T. über die Person Jesu mitgetheilt
wird, immer wiederkehren, bekundend, daß eben dieß ganze neutestamentliche
Schriftthum auf dem einen Stamme, der Jesus Christus heißt, erwachsen
ist [2], muß denn da nicht ohne Weiteres in die Augen springen, daß der
Herr in allen als der religiös=sittliche Normalmensch dasteht, in
welchem das Sollen des Gesetzes zur Wirklichkeit des Lebens geworden ist [3]
und der in seinem persönlichen Leben alle diejenigen Momente und zwar
auf völlig gesunde und normale Weise vereinigt hat, welche überhaupt das
religiös=sittliche Leben, wenn es ein vollendetes sein soll, constituiren müssen
und — welche wir wiederfinden in dem Leben der Gemeinde bis zu ihrer
kräftigsten Entwicklung hin in Paulus und Johannes, ja, daß wir in dieser
ganzen Entwicklung kein Moment des religiös=sittlichen Lebens hervortreten
sehen, das nicht in der Persönlichkeit Christi bereits vorhanden gewesen ist?
Oder welches ist denn der Inhalt des religiös=sittlichen Lebens, dessen die
urchristliche Gemeinde auf der höchsten Stufe ihrer Entwicklung als ihres
eigenen sich bewußt ist? Der erste Brief des Johannes darf hier ohne Zwei=
fel als derjenige angesprochen werden, der auf dieser höchsten Stufe urchrist=
licher Lebensentfaltung steht, und wie schildert er uns den Inhalt dieses
Lebens? Unverkennbar als die thatsächlich die Seelen erfüllende
Liebe zu Gott und den Menschen. Das ganze christliche Leben, wie
es dieser Brief als ein wirklich in der Gemeinde vorhandenes vor Augen
hat [3], hat er als ein solches vor Augen, das in dem Verhältniß der Liebe
sich bewegt, wie zu Gott auf der einen, so auch zu den Menschen auf der
andern Seite [4], jener Liebe, in welcher aller Zwiespalt aufgehoben [5], in
welcher der Mensch, wie mit Gott, so auch mit seinen Brüdern völlig

---

[1] Es würde gewiß dankenswerth sein, die Harmonie in der Grundanschauung von
dem Personleben Christi in allen vier Berichten nachzuweisen, doch gehört dazu mehr
Raum, als uns hier verstattet ist. Unsere neuere Wissenschaft hält sich oft so sehr an
die individuellen Besonderheiten, daß darüber der durchgehende Consensus ganz aus
den Augen verschwindet.

[2] S. oben §. 5, 3.

[3] Nicht als Etwas, das sein sollte, aber nicht ist, sondern das, wie es sein soll,
so nun auch wirklich vorhanden ist. Die Gemeinde hat nach diesem Briefe den Lebens=
inhalt, den derselbe als den christlichen darstellt. Vgl. u. A. 1 Joh. 2, 20 ff.

[4] Vgl. u. A. 1 Joh. 2, 5 ff. 3, 10 ff. 4, 7 ff. 5, 1 ff.

[5] 1 Joh. 3, 1. 3, 21 ff. 4, 17 f.

geeinigt ist¹) und in der er nun auch Nichts will, als nur mit voller demü=
thiger Hingebung und Treue dienen, wie seinem himmlischen Vater, so auch
Denen, die mit ihm dieses einen gemeinsamen Vaters Kinder sind. ²) In
der Liebe zu Gott und den Brüdern, wie sie thatsächlich die Christen erfüllt,
ist nach diesem Briefe eben Alles gegeben und enthalten, was von dem
Menschen gefordert werden muß, wenn er vor Gott soll bestehen können,
denn in ihr ist die Kraft, durch welche der Mensch fähig wird, die Gebote
Gottes wirklich zu halten³), in ihr ist daher die Erfüllung des Gesetzes
thatsächlich gegeben und das Verhältniß des Menschen zu Gott und zu den
Kindern Gottes zur Normalität erhoben worden, so sehr zur Normalität,
daß, wer in ihr lebt, als „aus Gott geboren" dasteht und über jede Trü=
bung und Verkehrung des rechten Verhältnisses zu Gott hinaus ist. ⁴) Aber
— wenn wir nun von dieser höchsten Stufe der urchristlichen Lebensent=
haltung im 1. Johannesbriefe in diejenigen evangelischen Berichte zurück
schauen, von denen die neuere Forschung nicht mehr zweifelhaft ist, daß sie
der Anfangszeit des Urchristenthums am Nächsten stehen, in das Evangelium
des Matthäus oder Markus⁵), wenn wir das von diesen Berichten darge=
botene Christusbild und den Lebensinhalt, welchen sie dem Herrn verleihen,
mit dem vergleichen, was im Johannesbriefe als der Inhalt des christlichen
Lebens auf seiner höchsten Stufe hervortritt, müssen wir da nicht erkennen,
daß bei diesen frühesten Evangelisten eben das als Inhalt des Personlebens
Christi dargestellt wird, was der spätere Johannesbrief als den Inhalt des
christlichen Gemeindelebens erscheinen läßt? So, als diese einzige Persön=
lichkeit steht ja doch der synoptische Jesus da, daß es keinem Zweifel unter=
liegen kann, die Verfasser dieser frühesten Evangelienberichte haben ihn vor
Augen gehabt als Denjenigen, in welchem die Liebe zu Gott und den Men=
schen, das von dem Gesetz erforderte, aber bisher noch nicht wirklich ge=
wordene religiös=sittliche Verhältniß nach seinen beiden Seiten hin in voll=
kommen normaler Weise vorhanden gewesen ist, der ganz nur aus dieser
Liebe gelebt, ganz nur von ihr getrieben sich in den lautersten, uneigen=
nützigsten, weil selbstsuchtlosesten Dienst, wie gegen seinen Vater im Himmel,
so auch gegen seine Brüder auf Erden dahin gegeben hat⁶), und — wenn

---

¹) 1 Joh. 4, 16. 4, 11.
²) 1 Joh. 2, 5. 5, 3. 3, 16. 4, 20 f.
³) 1 Joh. 2, 3 ff. 5, 3.
⁴) 1 Joh. 3, 9.
⁵) Ob Matthäus oder Markus der ursprüngliche sei, ist hier irrelevant, beide be=
kunden unzweifelhaft das Gepräge des „Judenchristenthums", wie es vor Paulus war.
⁶) Einzelne Stellen aus den Berichten des Matthäus und Markus anzuführen, ist
überflüssig: sie finden sich auf jeder Seite, in jeder einzelnen Episode aus dem Leben
des Herrn, die da berichtet wird. Vgl. jedoch Matth. 20, 28. 26, 39.

der Brief des Johannes in der Liebe die Kraft erkennt, wodurch der Christ
fähig wird, die Gebote Gottes mit Leichtigkeit zu halten[1]), so ist es ja gerade Matthäus, der seinen Jesus als Denjenigen schildert, in welchem die
Erfüllung des Gesetzes eingetreten ist[2]) und der selbst auch darauf hinweist,
daß diese Erfüllung eben in jenem innerlichen Verhältniß zu Gott und
Menschen zu suchen sei[3]), das mit einem Worte als „Liebe" bezeichnet wird.
Ganz unzweifelhaft ist es daher, daß der Lebensinhalt, wie ihn das christliche Bewußtsein auf der höchsten Stufe seiner Entwicklung zwar als seinen
eigenen, aber doch immer als den ihm lediglich von Jesus Christus mitgetheilten hat, auch schon in der frühesten Zeit dieser Entwicklung völlig
da ist und zwar daß er hier angeschaut wird als in der Person Jesu thatsächlich gegeben, und so auch auf allen Zwischenstufen von dem judenchristlichen Kreise, wie ihn die Synoptiker repräsentiren, an bis zu jener Höhe
hin, wo die Beschränktheit des judenchristlichen Standpunktes völlig überwunden ist. Paulus zumal kennt gar keinen anderen Inhalt des religiös-
sittlichen Lebens, als den, den Matthäus und Markus als den des Personlebens Jesu aufzeigen und den Johannes durch Jesus der christlichen Gemeinschaft mitgetheilt sein läßt: auch ihm ist das Christenthum Liebe nach
den beiden Beziehungen hin, in denen der Mensch überhaupt steht und in
denen daher auch sein religiös-sittliches Leben sich zu bewegen hat; in der
Beziehung zu Gott und den Menschen, und ganz wie Matthäus und Johannes, erkennt auch er in der Liebe die Erfüllung des Gesetzes.[4]) So
darf denn aber doch gesagt werden, daß durch Keinen von Denen, die wir
als die Träger des urchristlichen Bewußtseins und seiner Entwicklung kennen, zu dem Inhalte des christlichen Lebens als solchem Etwas hinzugebracht
worden ist, dieser Inhalt ist derselbe am Anfange, wie am Ende der Entwicklung, und was sich da überhaupt entwickelt hat, ist nicht der religiös-
sittliche Lebensinhalt selbst, sondern nur das Bewußtsein der Gemeinde von
ihm und von seiner Bedeutung, wie für sie selbst, so auch für das gesammte
Menschengeschlecht. Aber — wenn nun dem so ist, muß dann nicht auch
mit Bestimmtheit gesagt werden, daß dieser Inhalt des christlichen Lebens
nicht erst durch die Entwicklung der Gemeinde hervorgebracht worden ist,
daß sie ihn vielmehr voraussetzt als einen ihr lediglich gegebenen, und daß
er ihr nicht anders kann zugekommen sein, als durch den, der selbst die
Voraussetzung, d. h. der Stifter der christlichen Gemeinschaft ist, durch Jesus Christus, daß aber eben deßhalb Jesus Christus ihn auch als den Inhalt seines eigenen Personlebens gehabt haben muß?

[1]) 1 Joh. 5, 3.
[2]) Matth. 5, 17.
[3]) Matth. 5, 21 ff.
[4]) Vgl. u. A. Röm. 13, 8 ff.

Die Meinung, als sei der Inhalt des christlichen Lebens, wie ihn die Gemeinde hat und haben soll, ein Ergebniß der Entwicklung des Gemeindebewußtseins selbst, ist also auf das Bestimmteste zurückzuweisen. Eingegangen ist dieser Lebensinhalt allerdings in das Leben und Bewußtsein der Gemeinde, aber so, daß er ihre Voraussetzung bildet, der Grund, auf welchem sie selbst entstanden ist und sich entwickelt hat, und zwar steht dieß Leben, wie es immerfort ein persönliches sein soll und nur als solches auch wirklich sein kann, am Anfange der Gemeinschaft auch als ein persönliches da in der Person Dessen, der selbst die geschichtliche Voraussetzung der Gemeinde ist, in der Person Jesu Christi. Aber — eben damit sind denn nun auch die Folgerungen abzuweisen, die man aus jener Meinung hätte ziehen können, als ob die Gemeinde, um eine Gemeinschaft dieses Lebens zu sein, jemals von dem Grunde sich loslösen dürfe, durch den und in dem sie dieß Leben hat, als ob es ein Christenthum geben könne ohne die stets lebendige Beziehung der Gemeinde zu Jesus Christus als dem persönlichen Grunde ihres Lebens.[1] Was sie nur als ein Gegebenes vom Anfange an gehabt hat, das kann sie auch immerfort nur als ein Gegebenes haben, das kann nur dadurch ihr eigen werden und bleiben, daß es ihr stets auf's Neue mitgetheilt wird und zwar durch Den, in welchem es ihr zuerst ist gegeben worden, und so ist denn dieß Verhältniß zu der Person Christi, wie es als das des „Glaubens" bezeichnet wird, und zwar das unveränderliche Bleiben in diesem Verhältniß, auch die Grundbedingung dafür, daß die Gemeinde selbst auch in der Gemeinschaft des Lebens erhalten bleibe und gefördert werde, welches der Inhalt des Personlebens Christi ist und dadurch der ihres eigenen Lebens sein soll.

Oder — möchte man nur vielleicht jene andere Möglichkeit, welche oben erwähnt wurde[2]), wirklich als solche gelten lassen wollen, die nämlich, daß die Gemeinde jemals so sehr in den Besitz des ihr durch Christus mitgetheilten Lebens gelangen könnte, daß für sie, um in der Gemeinschaft dieses Lebens zu bleiben, dieß unablässige Zurückgehen auf die Person Christi, dieß fortwährende „Bleiben in ihm" nicht mehr nothwendig wäre? In der That könnte ja eben deßhalb, weil die Gemeinde den Inhalt des Personlebens Christi auch als den ihres eigenen Lebens haben soll, der Schein entstehen, als ob eine solche Meinung begründet sei. Einmal eingegangen in das Leben der Gemeinde, könnte man denken, wäre dieser Lebensinhalt nun auch so sehr zum Eigenthum derselben geworden, daß sie ihn durchaus nicht mehr verlieren könnte, daß sie selbst nun dieses Lebens auch so völlig

---

[1]) S. oben S. 102 ff.
[2]) Ebendas.

mächtig sei, um der steten Rückbeziehung auf Den, durch den sie es em=
pfangen, entbehren zu können; der einmal empfangene Sauerteig, könnte
man denken, wirke nun in ihr mit so unwiderstehlicher Gewalt, daß nichts
Anderes nöthig sei, als sich nur seiner Wirkung zu überlassen, und daß
die Person Christi, wie groß ihre Bedeutung auch für den Anfang und
die Grundlegung gewesen, doch jetzt diese Bedeutung nicht mehr besitze, daß
an ihre Stelle vielmehr die Idee des Lebens in Gott, des vollendeten sitt=
lich=religiösen Lebens zu treten und dieser, als ihr selbst nun eingepflanzt,
sich die Gemeinde lediglich zu überlassen habe, ohne auf die Person Jesu
Christi weiter zu recurriren.[1] Wie gesagt, ein solcher Schein könnte ent=
stehen, aber — zunächst muß doch gesagt werden, daß Zweierlei dagegen
redet, vor Allem die bestimmten Aussprüche Christi und seiner
Apostel, in denen stets gerade der Person des Herrn eine ewige Bedeu=
tung für die Gemeinde beigelegt und die letztere immer nur angeschaut wird
als in dieser lebendigen Beziehung zu Christo als ihrem alleinigen Haupte
stehend[2], und sodann auch die Erfahrung, wie sie die Kirche bis auf
den heutigen Tag immerdar gemacht hat.

Was lehrt uns die Geschichte der Kirche durch alle Zeiten hindurch,
sowohl die Perioden ihres Verfalles, als auch die, in welchen sie sich eines
neuen Aufblühens zu erfreuen hatte? Verkündigt uns da nicht Alles, daß
auf der einen Seite immerdar ein Absterben des religiös=sittlichen Lebens
in der Gemeinde eingetreten ist, ein Ueberhandnehmen unchristlicher und
geradezu gottloser Richtungen und Strebungen, sobald das Band, das die
Gemeinde mit ihrem Haupte verbinden sollte, gelockert wurde, sobald die
Kirche sich selbst als den Grund ihres Lebens dahinstellte, anstatt
in gläubiger Demuth stets nur zu der Person ihres Stifters empor zu
schauen? Und eben so, wo ein neues Leben in frischer Kraft erblüht ist,
ein Leben, das den Namen eines religiösen und sittlichen wirklich verdient,
ist es denn jemals anders geschehen, als dadurch, daß die Seelen sich wie=
der hinwandten zu Christo, daß sie ihn als ihren alleinigen Meister erwähl=
ten und sich der Geistesmacht seiner Persönlichkeit mit völliger Hingebung
überließen? Warnend gerade in dieser Beziehung steht doch namentlich die
Zeit vor der Reformation vor uns da! Denn wenn wir fragen, worin

---

[1] So meint es am Ende Hegel, wenn er Jesum freilich als Den gelten läßt, in
welchem die Idee der Einheit des Menschlichen und Göttlichen zuerst hervor getreten
sei, wenn er aber die Idee über die Persönlichkeit setzt und diese lediglich als einen
geschichtlichen, aber auch wieder verschwindenden Durchgangspunkt für die Idee auffaßt.
Daß die Idee eben an diese Persönlichkeit gebunden ist, gibt Hegel nicht zu.

[2] S. die Belegstellen oben S. 91 ff. — Nach der Offenbarung (22, 1) ist es auch
in dem „neuen Jerusalem“, also nach eingetretener Vollendung des Gottesreiches, immer
noch „der Stuhl Gottes und des Lammes“, von welchem „der Strom des leben=
digen Wassers“ ausgeht.

dieſer unleugbare Verfall des chriſtlichen Lebens, wie er damals eingeriſſen war, ſeinen Grund hatte, iſt es da nicht völlig unleugbar, daß nur beßhalb der chriſtlichen Gemeinſchaft, wie die Erkenntniß, ſo auch die Vollkraft des ihr zukommenden Lebens verloren gegangen war, weil ſie nicht mehr in dieſem lebendigen und unmittelbaren Verhältniſſe zu der Perſon des wirk= lichen, des geſchichtlichen Chriſtus ſtand? Damals war es ja in der That ſo geworden, daß die „Kirche", d. h. die Prieſterſchaft ſich eingedrängt hatte zwiſchen die Gemeinde und den perſönlichen Grund ihres Lebens, daß die einzigartige und durch Nichts zu erſetzende Bedeutung der Perſon Jeſu Chriſti in den Hintergrund getreten war, wie vor Denen, die ſich ſeine Stell= vertreter nannten, ſo auch vor den mancherlei anderen Inſtanzen, an welche man die Seelen verwies, als ob von ihnen das Heil zu empfangen ſei [1]), ja, damals nahm es die „Kirche" wirklich für ſich ſelbſt in Anſpruch, daß ſie des religiös=ſittlichen Lebens ſo völlig mächtig ſei, daß ſie es durch ſich ſelbſt zu bewahren und immer von Neuem zu ſetzen vermöge [2]), aber — eben beßhalb, weil ſich die Kirche ſo auf ſich ſelbſt ſtellte, anſtatt auf die Perſon Deſſen, nach deſſen Namen ſie freilich ſich nannte, eben beßhalb trat nur auch die wirkliche Geiſtesmacht Jeſu Chriſti in ihr zurück und ver= lor ihren Einfluß auf die Seelen Derer, die des lebendigen Verhältniſſes zu ihm entbehrten, eben beßhalb gewann das ſchlecht Menſchliche, wie es Denen anklebte, die die Stellvertreter Chriſti ſich nannten, ohne doch ſelbſt in der Gemeinſchaft des Lebens mit ihm zu ſtehen, in der Kirche wieder dieſen weiten Spielraum, in Folge deſſen es ſo verwüſtend gewirkt hat, und — der Abfall von Chriſto war, wie man noch immer nicht anders ſagen kann, ein Rückfall in die vorchriſtlichen Verkehrtheiten, in jüdiſches, in heid= niſches Weſen. [3]) Dagegen aber auf der andern Seite der neue Aufſchwung des religiös=ſittlichen Lebens, wie die Zeiten der Reformation ihn zeigen, wodurch iſt denn er bewirkt worden? Doch lediglich durch die Rückkehr zu Chriſto, durch die Rückkehr in dieß Verhältniß aufrichtiger und unmittel= barer Hingabe an ihn, an ſeine wirkliche, geſchichtliche Perſönlichkeit, dadurch, daß man die Kirche und Diejenigen, welche von ihr als Mittler des Heiles

---

[1]) Die Heiligen, die Maria, der erträumte „euchariſtiſche Chriſtus" anſtatt des wirklichen, geſchichtlichen.

[2]) Man kann nicht anders ſagen, als daß dieß doch zuletzt der Sinn der römiſchen Lehre von der legitima successio und der dadurch bewirkten Geiſtesmächtigkeit ihrer Amtsträger iſt. Nach dieſer Anſchauung hat die Kirche den heiligen Geiſt und ſie iſt es, die ihn von einem Geſchlechte auf das andere überträgt, ohne daß dabei eine immer neue Beziehung zu Chriſto einzutreten hätte. Chriſtus ſteht in der That nur als der geſchichtliche Anfangsgrund da, aber — jetzt iſt die Kirche an ſeine Stelle getreten. Daher denn auch die Behauptung von der „Unverirrlichkeit" der Kirche.

[3]) In Kreaturenvergötterung im eigentlichen Sinne, wie auch ſchon von den Re= formatoren ganz richtig hervorgehoben worden iſt.

aufgestellt waren, ihrer angeblichen Macht entkleidete und den Herrn wieder einsetzte in die einzigartige Bedeutung, die ihm zukommt. [1]) Wie schon in der mittelalterlichen Zeit jene neben= und außerkirchlichen Sekten es waren, welche eben dadurch, daß sie über die Kirche hinweg sich unmittelbar wieder an die Person Christi anzuschließen suchten, auch ein lauteres christliches Leben mitten in jenen Verwirrungen und Verdunkelungen bewahrt und ge= pflegt haben[2]), so beruht doch die Bedeutung der Reformation wesentlich darin, daß sie das, was vor ihr nur in der Verborgenheit der Sekten seine Stätte hatte, wieder zur öffentlichen Geltung in der Kirche selbst erhoben, daß sie die Person Christi wieder als den alleinigen Heilsgrund der Kirche zur Anerkennung gebracht und diese selbst von Neuem auf diesen Grund zu stellen gesucht hat, und — was seit jenen Tagen wieder an wahrhaft christ= lichem Leben in der Christenheit aufgeblüht ist, es stammt doch, wie kein Einsichtiger leugnen wird, lediglich aus diesem reinen Verhältnisse, in wel= chem die Kirche seit der Zeit wieder zu Christo steht, wenigstens in Denen steht, die es werth sind, als Glieder der evangelischen Kirche angesehen zu werden. [3])

Und dieselbe Erfahrung — wird sie uns denn nicht auch durch unsere Tage und durch diese in ganz unverkennbarer Weise dargeboten? Wo ist denn auch heut zu Tage noch wahrhaft christliches Leben zu finden? Etwa bei Denen, die Jesum Christum für einen „überwundenen Mann" erklärt

---

[1]) Dieß doch der Sinn der sola fides, die in ihrer Bedeutung am Allerwenigsten von den Römischen erkannt wird. Für diese ist die fides ein bloßes Annehmen der Wahrheiten, eben Nichts, als ein Fürwahrhalten derselben, und da freilich ist es rich= tig, wenn behauptet wird, diese fides allein können nicht selig machen. Aber das meint auch die evangelische Kirche selbst nicht. Ihr ist die fides dieß lebendige Verhältniß zu der Person Christi, wie es z. B. Joh. 15, 1 ff. beschrieben wird, und da versteht es sich von selbst, daß durch dasselbe Dem, der in ihm steht, auch aus Christo die Kräfte des ewigen Lebens zukommen. Daß die Römischen dieß Verhältniß in seiner vollen Tiefe nicht verstehen, beruht auf ihrem falschen Kirchenbegriff, durch welchen eben der Priester zwischen den Herrn und die einzelne Seele eingeschoben und deßhalb das ganze Verhältniß verstört worden ist.

[2]) Wohl hat Petersen, „die protest. Lehrfreiheit und ihre Grenzen" S. 49 Recht, wenn er sagt, daß „jenes reiche Culturleben, nicht ein bloß weltliches, sondern ein wahrhaft christliches .... auch schon im Mittelalter gewesen sei" und „daß es wahres, lebendiges Christenthum zu allen Zeiten gegeben habe", aber — fragt man, wo sich dieß denn vor Allem gefunden habe, so muß man sagen: in den über das officielle Kirchenthum hinaus greifenden Sekten. Diese haben das wahre und lebendige Chri= stenthum in der mittelalterlichen Zeit dem verwahrlosten Kirchenthum gegenüber ge= rettet und durch sie hauptsächlich ist es ein Ferment der Cultur auch im Mittelalter geworden. Es ist nicht zu verkennen, daß die wirklich christliche Bildung in jenen Zeiten fast durchweg oppositionell gegen das Kirchenthum sich verhielt.

[3]) Oft genug freilich nehmen auch diese wieder eine Seiten= und Sektenstellung zu dem auf dem Boden der Reformation errichteten Staatskirchenthum ein.

haben, die ihn nur als einen von den „geschichtlichen Durchgangspunkten"
betrachtet wissen wollen, durch welche das Menschengeschlecht freilich weiter
gekommen sei, den es aber nun längst im Rücken habe, dem es, um frei
zu werden, nicht schnell genug den Rücken kehren könne?[1] Das wird man,
ohne unwahr zu werden, in keiner Weise behaupten können, vielmehr liegt
es am Tage, daß gerade dieß „Abthun Christi" als des ewigen Grundes
der Kirche, wie es in unserer Zeit proclamirt worden ist, auch nur dazu
geführt hat, das Leben, wie es der christlichen Gemeinde eignen soll, mit
abzuthun, daß all der fleischliche Sinn, wie er gegenwärtig sich wieder so
weiter Kreise bemächtigt hat, dieser Sinn, den man mit Recht Materia-
lismus, den Sinn der Materie nennt, nur deßhalb im Stande gewesen ist,
so weit um sich zu greifen, weil man Jesum Christum aus dem Mittel gethan hat.[2] Das Wort des Herrn: „Ohne mich könnet ihr Nichts thun"[3]
gewinnt gerade durch das, was wir in unseren Tagen erleben, für Jeden,
der sehen will, die deutlichste Bestätigung, und wenn wir irgend eine Lehre
durch die in dieser Zeit hervor tretenden Erscheinungen auf dem Gebiete
des religiösen und des sittlichen Lebens empfangen, so ist es die, daß christliches, d. h. religiös-sittliches Leben in gesunder Wahrheit und wahrer Gesundheit durchaus an die Person Christi gebunden ist und daß die Gemeinde
in der Gemeinschaft dieses Lebens nicht bleiben kann, wenn sie nicht in der
stets lebendigen Beziehung zu dieser Person bleibt, durch welche ihr dieß
Leben zuerst mitgetheilt worden ist. Mit der Person Christi geht auch das
Leben Christi für die Menschheit verloren, das wird noch durch die Erfahrung aller Zeiten bestätigt, wie durch die des Mittelalters, so auch durch
die der gegenwärtigen Zeit, und — am Ende hat doch davon ein Jeder

---

[1] Vgl. u. A. das Schlußwort zu Strauß „Leben Jesu" von 1836 und die
Dogmatik von Strauß.

[2] Es ist allerdings peinlich genug, in die Schäden der eigenen Zeit hinein zu
schauen, aber gleichwohl soll man vor diesen die Blicke nicht verschließen, und — kann
man denn leugnen, daß da, wo man Jesum Christum im Rücken zu haben meint, der
vermeintlich höhere Standpunkt doch nur ein Zurücksinken auf einen niederen ist, wie
er vorchristlichen Geistesrichtungen angehört? Abgesehen von Denen, welche Materia-
lismus und Selbstsucht offen verkünden, deren Parole „Emancipation des Fleisches"
ist, wie sie dieselbe selbst ungescheut ausgesprochen haben, wie viel Zurückbleiben hinter
der Höhe Jesu Christi doch gerade bei Denen, die sich rühmen möchten, auf der „Höhe
der Zeit" zu stehen! Einseitiger Intellectualismus und eben so einseitiger Moralismus
ist doch am Ende Dasjenige, wobei man auch in unserer Zeit in den Kreisen wieder
angekommen ist, in welchen man das Band mit Christus zerrissen hat, und die höchste
Höhe ist da der „Cultus des Genius", der die Religion durch die Aesthetik ersetzen
möchte. Dagegen von jener Gediegenheit des auf dem tiefsten religiösen Grunde beruhenden und deßhalb nach allen Seiten sich harmonisch entfaltenden menschlichen Personlebens — wie weit sind wir von der doch entfernt!

[3] Joh. 15, 4.

auch in seinem eigenen Leben schon die Erfahrung gemacht, daß das Ver=
lieren Jesu Christi auch für ihn immer nichts Anderes war, als ein Herab=
sinken seiner selbst von der Höhe des religiös=sittlichen Lebens, auf welcher
er durch Christum stehen sollte. [1]

Und — muß nun das nicht auch also sein? kann es denn anders
sein? In der That ist nun doch auch leicht einzusehen, daß das, was so
durch alle Erfahrung bestätigt wird, auch seinen guten Grund hat, wie in
der Natur des Menschen seiner empirischen Wirklichkeit nach, so auch in
dem Leben selbst, das Christi Person erfüllte und durch ihn dem Menschen=
geschlechte wieder mitgetheilt worden ist. Oder wie steht es denn mit dem
Menschen, wie er wirklich ist, nicht, wie er sein sollte? Beides wird frei=
lich leicht und deßhalb auch oft genug verwechselt. Man faßt das Ideal
des Menschen in's Auge, wie er sein sollte seiner göttlichen Bestimmung
nach [2], und da hat man denn freilich nicht Unrecht, auf dieß Menschenideal
alles Herrliche zu häufen, es in den Besitz aller Güter und Gaben des
Geistes und des Lebens zu versetzen. [3] Aber entspricht denn der Mensch
in seinem wirklichen Da= und Sosein diesem Ideale? Es dürfte kaum nöthig
sein, das „Nein!" als Antwort auf diese Frage noch herzusetzen, wenn nicht
jene Verwechselung zwischen Ideal und Wirklichkeit so oft begangen, gerade
von Denen begangen würde, welche meinen, die Menschheit sei sich selbst
genug und bedürfe der steten Beziehung zu Dem nicht, in welchem eben das
Ideal als lebendige Wirklichkeit erschienen ist. [4] Nein, der Mensch und das

---

[1] Auf diese eigene Erfahrung wird man sich stets doch auch berufen dürfen, und
— wem bestätigte dieselbe nicht den Satz, den wir hier zu erörtern suchen? Der Ver=
fasser wenigstens bekennt ganz offen, daß seine an sich selbst gemachte Erfahrung ihm
das Wort des Herrn, daß wir ohne ihn Nichts zu thun vermögen, noch immerfort be=
stätigt hat. Ja, wenn es sich da um bloße Doctrinen handelte! — — —

[2] 1 Mose 1, 26 ff.

[3] Eben so legt sich die röm. Kirche den Besitz aller Geistesgaben und göttlichen
Kräfte bei, aber — wer sähe auch nicht, daß diese dünkelvolle Selbstüberhebung auf
nichts Anderem, als auf einer Verwechselung des Ideales mit der empirischen Wirk=
lichkeit beruht? Bei Möhler (vgl. Symb. S. 356) tritt dieß Bewußtsein von dem
Zwiespalte zwischen Ideal und Wirklichkeit auch deutlich hervor, nur daß er daraus
nicht die Folgerungen zieht, die unstreitig sich daraus ergeben müßten, wenn er Ernst
mit diesem Gedanken machte.

[4] In der That ein arger Widerspruch, wenn man auf der einen Seite meint,
die Menschheit sei sich selbst genug und bedürfe nichts Anderes, als nur einer Ent=
wicklung der in ihr selbst liegenden Kräfte und Anlagen, und wenn man es auf der
anderen Seite doch wieder eine Unmöglichkeit nennt, daß Ideal und Wirklichkeit in
einem einzelnen Menschen sich deckten, und dann mit diesem Grunde gegen die Sünd=
losigkeit Jesu Christi polemisirt. Was ist denn das Menschengeschlecht als diese Summe
der einzelnen menschlichen Persönlichkeiten? und wenn nun kein Einzelner im Stande
ist, das Wesen des Menschen, wie es sein sollte, in sich selbst darzustellen, kann dann
die Summe aller Einzelnen dazu im Stande sein?

Menschengeschlecht in seinem empirischen Sosein entspricht dem Menschenideale nicht, das die Philosophie sich construiren mag und das der Christ in seinem Heilande vor Augen hat, aber — eben mit diesem nicht idealen, mit diesem empirischen Menschengeschlechte haben wir es zu thun, wenn wir fragen, ob ihm die Vollendung des religiös-sittlichen Lebens ohne Christus möglich sei, ob es jemals dieses Lebens so theilhaftig werden könne, daß es nicht mehr nöthig hätte, in der fortwährenden Beziehung zu Dem zu stehen, der dieß Leben vollendet in sich getragen hat, und — sollten wir nun diese Frage nicht auch mit „Nein", mit dem allerbestimmtesten, entschiedensten „Nein" beantworten müssen? sollte es eben deßhalb nicht ganz klar und unzweifelhaft sein, daß, wie bisher alle Erfahrung gelehrt hat, es sei die Bewahrung und Förderung der Kirche in dem wahrhaft religiös-sittlichen Leben, zu dessen Trägerin sie berufen ist, an die Person Jesu Christi und an ihr stetes Bezogensein auf diese Person gebunden, daß so auch niemals ein Zeitpunkt für die Christenheit eintreten kann, wo sie dieser Person und ihrer eigenen Bezogenheit auf dieselbe entbehren und doch im Besitze des Lebens bleiben könnte, das der Inhalt dieses Personlebens gewesen ist?

Ja, wenn die Sünde nicht wäre, nicht immer von Neuem als eine Macht des Verderbens in und unter den Menschen sich geltend zu machen suchte! Aber — wie wenig dieselbe auch zu dem Wesen des Menschen hinzugehört, wie sehr es auch stets betont werden muß, daß sie als etwas Fremdes und Nichtseinsollendes in die Menschenwelt hinein gekommen ist[1]), wie so durchaus sie nur als eine Verstörung und Verkehrung des wahrhaften Menschenwesens erscheinen muß, ihr thatsächliches Vorhandensein und die Macht, welche sie in und über den Menschen ausübt, wer möchte im Ernste sie leugnen?[2]) Immer ist der Mensch, und, wie der Einzelne, so auch die Summe von Menschen, die wir das Menschengeschlecht nennen[3]), bereit, von seiner Idee wieder abzufallen, d. h. das Band, welches den Menschen

---

[1]) Eben als nicht hinzugehörig zu dem Wesen des Menschen, kann sie auch auf keine Weise aus diesem mit logischer Folgerichtigkeit hergeleitet werden, weßhalb denn auch Diejenigen, welche bloß auf das Wesen des Menschen an sich reflectirt haben, nicht im Stande gewesen sind, der Sünde eine Stelle in ihrem System einzuräumen. Sie läßt sich, weil auf Willkür beruhend und nichts Anderes seiend, als ein Abfall des Menschen von seinem wahrhaften Wesen, nicht als Nothwendigkeit begreifen. Aber — ist sie deßhalb weniger eine Thatsache, die sich nun, wie außer uns, so auch in uns selbst immer von Neuem aufbrängt, so daß wir ihre Realität wohl anerkennen müssen?

[2]) Am Wenigsten werden das Diejenigen leugnen wollen, die des Herrn Sündlosigkeit bestreiten, weil kein Mensch ohne Sünde sein könne.

[3]) Es hilft in der That nicht, auf das ganze Geschlecht (à la Strauß) zu übertragen, was man dem Einzelnen abspricht. Das ganze Geschlecht ist nur wirklich in den Einzelnen, und was diese nicht haben, hat auch jenes nicht.

mit Gott und seinen Brüdern verbinden soll, zu zerreißen, sich zu verlieren in ein Leben, das nicht aus Gott und in Gott ist, sich der Selbstsucht und ihren Gelüsten zu überlassen und nach Gott und Menschen nicht weiter zu fragen[1]), mit einem Worte: von der Höhe des religiös-sittlichen Lebens, auf der er seiner Idee nach stehen sollte, wieder herabzusinken. Ist dem aber so, ist der Mensch in seiner empirischen Wirklichkeit dieser depravirenden Macht fortwährend ausgesetzt, dann — wie wäre es ihm dann möglich, sich des religiös-sittlichen Lebens so sehr zu bemächtigen, daß er es unzerstörbar, unverlierbar in sich selbst trüge? und wie wäre die Kirche, die in ihrem Sein auf Erden ja aus diesen empirisch so seienden Menschen sich sammeln muß, dann auch im Stande, nun rein aus sich selbst dieß Leben zu erzeugen, das ihr in seiner Wahrheit zukommen soll, und deßhalb Christi zu entbehren? Nein! soll der einzelne Mensch in der Gemeinschaft des religiös-sittlichen Lebens erhalten bleiben, so bedarf er, daß es immer wieder in ihm erneuert, daß es ihm stets von Neuem gegeben und mitgetheilt werde, und eben so bedarf auch diejenige menschliche Genossenschaft, die wir Kirche nennen, dieser Erneuerung ihres Lebens in Gott immerfort, bedarf unausgesetzt, daß sie auf der Höhe des Lebens gehalten werde, auf die sie durch Christus gestellt worden ist, einer steten Mittheilung dieses Lebens, aber — eben deßhalb bedarf sie auch der steten Beziehung zu Dem, der dieß Leben hat und es ihr deßhalb zu geben im Stande ist, bedarf Jesu Christi und der immer lebendigen Einwirkung seines Geistes.

Erhaltung in dem ihr zukommenden Leben, sowie Förderung und Vollendung in ihm ist für die Kirche nur möglich, wenn sie wirklich, wie der Herr selbst es ausdrückt, „in Christo bleibt"[2]) und so eine stets lebendige Beziehung zwischen ihm und der Kirche besteht. Christenthum kann nicht sein ohne Christum, und — das muß nun als die Bedeutung dieser Person erscheinen, daß sie in dem Verlaufe der geschichtlichen Entwicklung des Menschengeschlechts einen festen und unverrückbaren Mittelpunkt bildet, von dem seit ihrem Erscheinen auf Erden alle Entwicklung so ausgeht, wie sie vor ihr auf sie hin gerichtet war, einen Mittelpunkt, zu dem wir immer wieder zurückkehren können, um bei ihm der Kräfte des ewigen, des religiös-sittlichen Lebens in seiner Wahrheit theilhaftig zu werden, und der uns, als das persönliche Centrum des Menschengeschlechtes, auch in seiner Person, wie das uns vorgesteckte Ziel vorhält[3]), so auch uns tüchtig macht, dieß

---

[1]) Vgl. das Buch von Max Stirner „Der Einzige und sein Eigenthum". Es zeigt uns, wohin der Mensch, der Gott und Christum abgethan hat, gelangen muß.

[2]) Joh. 15, 4.

[3]) Phil. 3, 14.

9*

Ziel immermehr zu erlangen. [1]) Alle Vollendung thatsächlich vor=
handen in Christo, und deßhalb auch alle Vollendung wirklich
nur möglich durch ihn, durch dieß Verhältniß unbedingten
Glaubens, mit welchem die Christenheit an ihm hängen und
so der Macht seines Geistes und Lebens unterworfen, aber
auch theilhaftig sein soll, das ist das Lebensgesetz für die
christliche Kirche überhaupt, und sie kann ihren Charakter als einer
christlichen nicht bewahren, sie kann in der Gemeinschaft des Lebens, wie
es ihr eigen sein soll, nicht erhalten bleiben, es sei denn, daß sie auch in
diesem Verhältnisse zu Christo selbst bleibt. Alle Entwicklung der Kirche,
wie sie von Christo ausgeht als dem geschichtlichen Anfangsgrunde dersel=
ben, so hat sie auch durch ihn allein, als den stets bleibenden ewigen Grund
des Lebens, vor sich zu gehen, und das Ziel, dem sie entgegen geht, ist auch
wieder kein anderes, als dieß, daß das Personleben Jesu Christi sie immer
mehr durchdringe. Christus ist Anfang, Mittel und Ende der ganzen Le=
bensentwicklung der Kirche, und was sich da zu entwickeln hat und allein
auch entwickeln soll, alle Störungen, Trübungen und Gegensätze mehr und
mehr überwindend, das ist eben das Leben Christi selbst, das aber der Kirche
nicht eignen kann, wenn sie es nicht immer neu durch ihn empfängt, wenn
sie nicht stets in dem Verhältnisse gläubiger Jüngerschaft zu ihm bleibt,
um es so immer von Neuem von ihm dahin zu nehmen. [2])

3. So muß es denn nun dabei bleiben: Ohne Christum kein
Christenthum! und eben darin besteht das Wesen der Kirche als einer
christlichen, daß sie nicht bloß die Genossenschaft Derer ist, die hienieden auf
Erden zu einer Gemeinschaft des religiös=sittlichen Lebens verbunden sind,
sondern — daß eben die Person Jesu Christi mit zu dieser Genossenschaft
hinzugehört, nicht bloß als ihr Entstehungsgrund, sondern als der Grund,
auf welchem sie überhaupt zu stehen hat, von dem sie niemals sich scheiden
darf, zu dem sie immer und unablässig in dem Verhältniß der völligsten
Abhängigkeit stehen muß, um überhaupt zu sein, was sie sein soll: die Trä=
gerin seines Lebens! [3]) Die Kirche ohne Christus ist eben Nichts und zu
Nichts im Stande, Alles vielmehr muß sie durch ihn empfangen und kann
es, wenn sie es wirklich haben soll, auch stets nur als ein Empfangenes

---

[1]) Eph. 6, 10.

[2]) Denen, die sich rühmen möchten, über Christum hinaus zu sein, muß man
ihnen nicht antworten, daß sie und wir Alle eigentlich noch gar nicht zu ihm hinan
gelangt sind? In der That, unser gepriesenes neunzehntes Jahrhundert, wie weit ist
es doch noch hinter der Höhe Jesu Christi zurück! und das muß Jeder eingestehen,
der nur demüthig genug ist, sich nicht selbst zu überheben, und ernst genug, um sich
nicht mit Scheingröße, wie sehr sie auch blende, genügen zu lassen. Phil. 3, 12 ff.

[3]) Eph. 5, 25 ff.

haben, als Etwas, das sie nur dadurch hat, daß sie es immer auf's Neue von ihm empfängt. Eben deßhalb nun aber, weil auf diesem Verhältniß der Kirche, als der Empfangenden, zu ihrem Grunde und Haupte Christo, als dem Gebenden, alle Reinheit, Gesundheit und Kräftigkeit des Lebens selbst beruht, das durch Christus der Gemeinde eigen sein soll, eben deßhalb kommt es denn nun aber weiter auch darauf an, daß dieß Verhältniß auch ein reines und wirkliches sei und daß da nicht zwischen Christus und seine Gemeinde Instanzen eingeschoben werden, durch welche nicht bloß die Reinheit dieses Verhältnisses getrübt, sondern auch seine Wirklichkeit aufgehoben werden müßte, Instanzen mit einem Worte, die Jesum Christum und seine Person in den Hintergrund drängten, indem sie sich selbst an seine Stelle setzten, und die so das Verhältniß zwischen dem Herrn und seiner Gemeinde wieder auflösten, es zu einem unwirklichen, wenn auch in thesi behaupteten machten und dadurch die lebendige Bewegung, die zwischen Christo und den Seinen stattfinden soll, verhinderten und vernichteten. ¹) Nur durch die Person Christi und die Beziehung der Gemeinde auf ihn kann der Inhalt seines Personlebens auch das Leben der Gemeinde selbst werden, deßhalb aber ist denn auch Er es allein, zu welchem die Gemeinde in diesem Verhältniß des Glaubens und der Hingebung stehen soll und darf ²), und, wie dieser Person eben deßhalb, weil sie ihres Gleichen nicht hat, auch diese einzigartige Bedeutung zukommt, die sie mit keinem Andern gemein hat und theilen kann, so und eben deßhalb kann denn auch für sie kein Surrogat irgend welcher Art gefunden werden. Keine Stellvertretung, mit welchen Namen und Rechten sie sich auch schmücken mag, weder durch eine einzelne menschliche Persönlichkeit, noch durch eine Gesellschaft von Personen, ist hier verstattet, rein und unmittelbar auf die Person Jesu Christi selbst muß die Gemeinde bezogen sein, und so ausschließlich nur auf ihn, daß da durch die ganze Genossenschaft hin, die seine Kirche ist, sich dieß Verhältniß als das immer gleiche, reine und unmittelbare hindurch zieht, daß mit anderen Worten jedes einzelne Mitglied der Genossenschaft auch selbst zu dem Herrn in dem Verhältniß des Glaubens steht, wie dieß eben das Verhältniß der ganzen Genossenschaft zu ihm als ihrem Haupte sein soll. ³)

Auch diese Sätze sind unter allen Umständen festzuhalten, und erst durch sie gewinnen wir eine volle Einsicht in das Verhältniß, wie es zwischen Christo und seiner Kirche als der Genossenschaft seines Lebens stattfinden soll. Keine Stellvertretung Christi irgend welcher Art und

---

¹) Vgl. Matth. 23, 13.
²) Vgl. Matth. 24, 11. 29 ff.
³) Vgl. Eph. 4, 15 f. Gal. 3, 26 f. 1 Cor. 3, 21 ff.

für Keinen, der seiner Kirche Mitglied sein will, sondern das Verhältniß zu ihm, wie wir es bisher im Allgemeinen als das der Genossenschaft charakterisirt haben, sich wiederholend in Jedem, der dieser Genossenschaft angehört und eben dadurch auch erst wirklich das Verhältniß der Genossenschaft selbst! so allein hat der Herr seine Kirche gewollt [1]), so allein kann es auch geschehen, daß sie von seinem Leben wirklich erfüllt und durchdrungen werde, und wer sähe nicht, daß auch diese Bestimmungen mit Nothwendigkeit aus dem sich ergeben, was wir bisher als das Verhältniß der Genossenschaft zu Christo als ihrem ewigen Lebensgrunde selbst erkannt haben? Oder wäre dem in der That nicht so, daß, sobald ein Surrogat, und zwar welches es auch sein möge, für die Person des Herrn statuirt wird, sei es in einem einzelnen Oberpriester, den man als die Christo zugekehrte Spitze der Kirche sich denkt, durch welchen diese mit ihm in Verbindung erhalten bleibe, sei es in einer Gesellschaft von solchen Personen, denen es zugeschrieben würde, die Gemeinde mit Christo zu vermitteln [2]), daß dadurch der einzigartigen Bedeutung des Herrn zu nahe getreten und er selbst mit seiner Persönlichkeit in den Hintergrund gedrängt, daß dadurch, anstatt es zu knüpfen, wie das Vorgeben ist, das Band, das zwischen Christo und seiner Gemeinde bestehen soll, wirklich zerrissen und aufgelöst, wirklich zu einem bloß illusorischen und unwirklichen gemacht würde? ja, muß man nicht sagen, und lehrt das nicht auch alle Geschichte, daß auf diese Weise eben zu Stande kommt, was man von anderer Seite in unseren Tagen als möglich und wünschenswerth in Aussicht gestellt hat: ein Christenthum ohne Christum? ein Christenthum, welches völlig in die Hand und Willkür der Menschen gegeben ist, die die Kirche Christi zu bilden vorgeben, das aber eben deßhalb auch aller menschlichen Verkehrtheit und Verkehrung anheim fällt? [3]) Schon

---

[1]) Die Aussprüche des Herrn, aus denen auch dieß hervor geht, sind bereits oben § 5, 2 hervorgehoben worden. Wir erinnern hier nur an Matth. 23, 8 ff. Joh. 17, 21 ff.

[2]) Das erste ist das Papal-, das andere das Episkopalsystem, wie sie in der röm. Kirche so lange Zeit um die Herrschaft mit einander gestritten haben. Beide sind aber nur verschiedene Nüancen des einen und desselben Princips, des Princips der Stellvertretung Christi der christlichen Gemeinschaft gegenüber, und beide sind gleich verwerflich. Die Frage kann für die Kirche Christi nicht mehr sein: ob Papst oder Concil, d. h. die Gesammtheit der Bischöfe? sondern: ob überhaupt Zwischeninstanzen zwischen Christo und seiner Gemeinde zu bestehen haben? und es ist das Verdienst der Reformation, die Frage in der letzteren Weise gestellt und damit den langjährigen Streit zwischen Papismus und Episkopalismus zum Austrage gebracht zu haben.

[3]) Wohl mit Recht machten die Reformatoren geltend, daß durch die „Stellvertreter Christi" eben „Menschensatzungen" anstatt des wirklichen Christenthums wieder auf die Bahn gekommen seien, und wenn man genau hinsieht, so stellt die röm.

früh [1]) ist allerdings der Gedanke einer Stellvertretung, wie Christi gegen=
über der Gemeinde, so auch der Gemeinde gegenüber dem Herrn [2]), in der
christlichen Kirche wieder hervor getreten, und er bildet ja auch recht eigent=
lich die Grundlage, auf welcher sich die Hierarchie erhoben hat als die „von
Gott gestiftete" Zwischeninstanz zwischen Christo und seiner Gemeinde, durch
die aller Verkehr des Einzelnen mit Christo und Christi mit dem Einzelnen
hindurch gehen müsse, aber — gerade an diesem Gedanken und an das auf
seiner Grundlage errichtete besondere Priesterthum knüpft sich doch auch all
das Verderben, dem die Christenheit seit seinem Aufkommen verfallen ge=
wesen ist, all dieß Ueberhandnehmen menschlicher Verkehrtheiten innerhalb
der Kirche des Herrn, all dieß Zurücktreten des Lebens aus Christo und
in seinem Geiste, wie es die Zeiten der blühenden Hierarchie uns zeigen
und wie es noch jetzt da vorhanden ist, wo die Hierarchie diese Stellung
zwischen Christo und seiner Gemeinde einnimmt. [3]) Und der Erfolg konnte
auch gar kein anderer sein! Es war gar nicht anders möglich, als daß da,
wo man die s. g. menschlichen Spitzen und Vertreter der Kirche an die
Stelle des Herrn selbst den Gemeinden gegenüber gesetzt hatte, daß da auch
das schlecht Menschliche anstatt des Göttlichen und göttlich Menschlichen wie=
der die Oberhand gewinnen, wieder als das Geltende und Maßgebende in
dem Leben der Kirche sich breit machen mußte. [4])

Nein, für Christus und seine Person ist keine Stellvertretung möglich,
und wo sie dennoch versucht wird, da gereicht sie stets nur zum Verderben

---

Kirche mit ihren priesterlichen Spitzen eben die Kirche dar, die ein Christenthum ohne
Christum, d. h. ohne die wirkliche, weil unmittelbare Beziehung der Gemeinde in allen
ihren Gliedern zu Christo hat, aber eben deßhalb auch ein Christenthum, das mit dem
von Christo Gewollten und in ihm Dargebotenen in so schneidendem Widerspruche
steht. Das römische Witzwort: „Wo ist Christus nicht? In Rom, denn da hat er
seinen Stellvertreter!" drückt in der That das Verhältniß, wie es in der röm. Kirche
besteht, auf das Schlagendste aus.

[1]) S. Bd. I, S. 190 ff.

[2]) Eben Beides liegt dem röm. Priesterthum zu Grunde. Der Priester vertritt
nach röm. Anschauung den Herrn eben so der Gemeinde gegenüber, wie er wiederum
die Gemeinde, als deren dem Herrn zugekehrte Spitze, Christo und Gotte gegenüber ver=
tritt, aber — Beides ist auf christlichem Boden unerträglich.

[3]) Man denke an Italien, Frankreich, Irland und die dort herrschenden religiösen
und sittlichen Zustände im Volke. Ist's denn zu viel gesagt, wenn man auf das
Bestimmteste behauptet: auch Das, was dort noch von religiösem und sittlichem Leben
vorhanden sein mag, ist kein Christenthum. Devotion vor Heiligenbildern und Prie=
stern oder — erklärter Atheismus! Und was ist der Grund? Nicht der, daß Chri=
stus vor seinen „Stellvertretern" nicht Raum hat?

[4]) Vgl. Col. 2, 8 ff. War's denn so Unrecht, wenn die Reformatoren meinten,
der Mensch, der sich die Prärogativen Christi anmaße, müsse eben zum Antichristen
werden?

und kann nur dazu gereichen. Wo wäre denn auch der Mensch, der wirk=
lich im Stande wäre, diese Person zu vertreten und damit zu ersetzen?
Müßte es nicht eben ein Solcher sein, der auch des religiös=sittlichen Lebens
so mächtig wäre, wie der Herr selbst es war? ein Mensch, der auch so
völlig eins wäre mit Gott, so ganz nur erfüllt von dem Geiste Gottes, daß
alle Verkehrtheit in ihm abgethan, alle Sünde in ihm gänzlich überwunden
wäre? mit einem Worte: ein anderer Christus?[1] Ohne Zweifel nur ein
Solcher dürfte es wagen, den Herrn ersetzen und sich selbst anstatt des
Herrn als das Haupt der Gemeinde hinstellen, anstatt Christi der geistige
Regent und König der Christenheit sein zu wollen.[2] Aber — wo ist ein
Solcher zu finden? Seit Paulus, der große Apostel, von sich selbst gesagt
hat, daß er den Herrn noch nicht völlig ergriffen habe und in dem Leben
aus ihm noch nicht vollkommen geworden sei[3], seit Paulus in aller De=
muth und tiefsten Selbsterkenntniß sich immer nur als einen Solchen kund
giebt, der auch selbst nur erst in dem Nachjagen nach dem in Christo vor=
gesteckten Ziele der Vollendung begriffen sei[4], und seit er eben deßhalb von
sich ablehnt, als der Herr des Glaubens über den Gemeinden zu stehen[5],
vielmehr nur das als seine Aufgabe und seinen Dienst erkennt, daß er
Christum verkündige als den Einen, zu dem alle Seelen als zu ihrem
Haupte und Herrn sich zu wenden hätten[6], seit der Zeit muß das gleiche
Bekenntniß doch wohl in eines Jeden Herzen sein, der nur sich selbst und
Jesum Christum recht kennt, der nur irgend wie die Höhe des Lebens, auf
der der Herr stand und zu der er allerdings uns erheben will, geahnet
hat.[7] Zwar Christi Leben soll unser Leben werden, und wer ihm recht

---

[1] Wer begreift, was das bedeutet, wenn der Herr Joh. 17, 19 sagt: „Ich heilige
mich selbst für sie, auf daß auch sie geheiligt seien in der Wahrheit", oder wer nur
recht eingesehen hat, weßhalb der Hebräerbrief auf die Sündlosigkeit Jesu so großes
Gewicht legt (vgl. Ebr. 4, 15), der wird das ohne Weiteres zugeben.

[2] Eben dieß Herrscherrecht nimmt aber der Papst und die Hierarchie für sich
in Anspruch (s. Bd. I, S. 58, Anm. 2), während die Reformatoren keinen anderen
Hohenpriester und König anerkennen wollten, als Jesum Christum allein. Vgl. Matth.
23, 8 ff. Phil. 2, 11. Ebr. 5, 1 ff.

[3] Phil. 3, 12 ff.

[4] Ebendas. Vgl. 1 Cor. 9, 26. Phil. 3, 8.

[5] 2 Cor. 1, 24. Die Stellung, wie sie sich Paulus vindicirt, wird besonders
deutlich aus 2 Cor. 5, 20. und 1 Cor. 3, 5 ff. Er ist nur der Verkündiger des
Heiles, das in Christo ist, nicht der, der dieß Heil selbst gibt.

[6] Vgl. auch Gal. 1, 16. 1 Cor. 1, 12 ff.

[7] Hatte nicht der sel. Mallet Recht, wenn er vor Jahren auf einer Conferenz
in Bremen darauf hinwies, daß der Papst und jeder andere Priester vor allen Dingen
danach zu trachten habe, selbst erst des Heiles in Christo theilhaftig zu werden! Jeder
kann da in der That für sich selbst nur sehen, daß er immer mehr wachse in Christo
(Eph. 4, 15), in Beziehung auf Andere kann er aber Nichts thun, als sie lediglich

angehört, der hat auch dieß sein Leben schon im Princip von ihm empfangen[1]), aber doch immer auch nur im Princip und als einen Anfang,
immer doch noch nicht so, daß er nun auch schon ganz von ihm erfüllt, daß
jeder Rest des entgegengesetzten unheiligen Lebens schon aus seiner Seele
verschwunden wäre, und — da wäre er schon fähig, der Gemeinde gegenüber Den zu vertreten, der ganz und völlig die Wahrheit war? da dürfte
er es auch nur wagen, die Blicke der Christenheit auf sich selbst, auf seine
Person und das, was diese erfüllt, zu lenken, anstatt auf den Herrn allein?[2])
Man muß wirklich doch sagen, es wäre das eine Selbstüberhebung ohne
Gleichen, eine Anmaßung und ein Frevel, der nicht größer sein könnte, der
verdiente, auf das Allerentschiedenste zurück gewiesen, auf das Aergste ge-
brandmarkt zu werden[3]), und den der Herr selbst doch auch mit so deut-
lichen Worten zurück gewiesen hat als völlig unstatthaft für seine Jünger.[4])
    Nein, Jesus Christus allein ist in seiner Person die Wahrheit des re-
ligiös-sittlichen Lebens, und so gewiß das ist, so gewiß ist auch, daß diese
Qualität kein Mensch mit ihm theilt, daß ihn eben deßhalb auch kein Mensch
uns ersetzen, kein Mensch der Gemeinde gegenüber seine Stelle vertreten
kann[5]), und was man gegen diesen Grundsatz aus Aussprüchen der Schrift
auch vorbringen möchte, es erweist sich noch immer als ein Mißverständniß
und als tendenziöse Ausbeutung solcher Schriftstellen, die allerdings wohl die
Bedeutung der Jünger und Zeugen Christi für die Aufrichtung und Förderung seines Reiches in's Licht stellen, die aber nimmer so gedeutet werden
dürfen, als ob der Herr und seine Apostel wirklich gemeint hätten, es könne
einen Ersatz für seine Person geben der Gemeinde und der Welt gegenüber.[6])
Wohl sollen die Apostel, wie die Jünger des Herrn überhaupt, auch seine
Boten an das Menschengeschlecht sein und insofern reden und handeln sie
in seinem Auftrage und Namen, insofern konnte der Herr auch sagen, daß,

---

auf den Heiland hinweisen: nur ein Prediger kann er sein, und das ist das
Schlimme, daß die Hierarchen mehr sein wollen, als nur dieß, da doch selbst die
Apostel nicht mehr gewesen sind. Wie so apostolisch ist daher der freilich so gering
klingende Titel „Diener am Wort", den die Evangelischen angenommen haben, und
wie Recht hatten die Reformatoren, wenn sie statt der Prälaten Prediger haben
wollten!

[1]) Gal. 2, 20. 1 Cor. 1, 4 ff.

[2]) Was aber unstreitig doch immer der Erfolg der angeblichen Stellvertretung
Christi ist! Auf wen sollen denn die „Gläubigen" in der Kirche sehen, in welcher
die fides implicita (f. Bd. I, S. 65, Anm. 8) zur Seligkeit genügt?

[3]) Wie die Reformatoren es thaten, indem sie — und wer möchte sagen: mit Unrecht? — 2 Theff. 2, 3 ff. auf die röm. Hierarchie anwandten.

[4]) Matth. 23, 8 ff. 20, 25 ff.

[5]) Joh. 14, 6. Matth. 11, 27 ff.

[6]) S. oben §. 5, 2.

wer sie höre, auch ihn selbst höre [1]), und der Apostel: „wir sind Botschaf=
ter an Christi Statt" [2]), aber — auch eben nur insofern, als sie die Bot=
schaft von der Gnade Gottes in Ihm der Welt verkündigen [3]), als sie seinen
Befehl, die Welt zu lehren, was Er ihnen befohlen hat [4]), ausrichten, als
sie Zeugniß von Ihm als dem Einen ablegen, in welchem das Heil der
Welt erschienen ist und von dem es nun auch ein Jeder, der will, hinneh=
men kann. [5]) Davon aber, daß sie selbst mit ihrer Person auch die seinige
für irgend eine Menschenseele und vollends für die ganze Kirche und Chri=
stenheit ersetzen sollten und dürften, davon, daß sie selbst nun an seiner
Stelle als Mittler der Gnade und des neuen Lebens in Gott dazustehen
hätten, von diesem, was allein als Stellvertretung im eigentlichen Sinne
und zwar in dem, in welchem es die römische Hierarchie sich angemaßt hat [6]),
bezeichnet werden kann, davon ist so wenig in den Worten Christi und sei=
ner Apostel die Rede, davon findet sich so wenig auch nur die Spur einer
Andeutung, daß vielmehr aus Allem, was der Herr seinen Jüngern aufge=
tragen hat und was sie selbst als den ihnen gewordenen Auftrag bezeichnen,
das gerade Gegentheil hervor geht. Der „Gnadenstuhl", zu dem ein Jeder
kommen muß, ist und bleibt doch der Herr allein, er, der Gekreuzigte, der
in seiner Hingebung in den Tod sich eben als Denjenigen erwiesen hat,
der ganz in Gott war und aus Gott lebte [7]), und die Apostel haben keinen
anderen Beruf und wollen keinen anderen haben, als nur den, die Seelen

---

[1]) Luc. 10, 16. Hörte man denn nicht wirklich den Herrn, wenn die Apostel seine
Worte verkündigten? Aber eben nur die sollten sie ja verkündigen (Matth. 28, 20),
und nur, wenn „sie an seiner Rede bleiben", will er sich zu ihnen als seinen „rechten
Jüngern" bekennen (Joh. 8, 31). Aus eigenen Mitteln sollten und — wollten sie
Nichts verkündigen und sehen.

[2]) 2 Cor. 5, 20: „ὑπὲρ χριστοῦ πρεσβεύομεν" — wer möchte diese Worte doch so
verstehen, daß die Apostel einen Ersatz für die Person des Herrn bieten sollten, da
doch deutlich auch der Inhalt ihrer πρεσβεία genannt wird, nämlich: δεόμεθα ὑπὲρ
χριστοῦ: καταλλάγητε τῷ θεῷ, sc. in Christo!

[3]) Vgl. Apostelgesch. 1; 8. 1 Cor. 1, 17.

[4]) Matth. 28, 20.

[5]) Marc. 16, 15.

[6]) Ist doch das die bestimmte Anschauung in der röm. Kirche, daß im Priester
Christus gegenwärtig sei, der Priester eben an der Stelle Christi dastände. Eben
was wir bereits zurück gewiesen haben, daß der Herr bloß als der geschichtliche Ent=
stehungsgrund der Kirche anzusehen sei, nicht aber in seiner eigenen Person als ihr
ewiger Lebensgrund, aus dem sie immer auf's Neue ihr Leben hinzunehmen habe,
das ist die römische Anschauung. Christus ist hinweg gegangen und wohnt nun, für
die Gemeinde unnahbar, im Himmel, dagegen an seiner Stelle steht die Hierarchie,
die eigentlich auch nur durch die successio continua mit ihm in Verbindung steht,
aber der Gemeinde gegenüber ihn ersetzt.

[7]) Röm. 3, 25. Ebr. 4, 16.

zu diesem Gnadenstuhle hinzuführen; nur die Diener[1] sollen und wollen sie sein, durch welche die Menschen zum Glauben an Christum kommen, die durch ihre Botschaft von Ihm auch die Seelen für ihn zu gewinnen suchen[2], nur Diejenigen, die in seinem und seines Vaters Namen die Bitte an die Völker bringen, sich dem lebendigen Worte von der Versöhnung, das Gott in seinem Sohne aufgerichtet hat, nun auch hinzugeben und sich so durch Ihn mit Gott versöhnen zu lassen. So geflissentlich beschränkt der Herr die Aufgabe seiner Jünger auf diesen Botschafter- und Zeugenberuf[3], und eben so geflissentlich wehren die Apostel und Paulus zumal Alles, was über diesen Beruf hinaus geht, von sich ab[4], daß allerdings viel Befangenheit in vorgefaßten Meinungen und sich selbst überhebenden Ansprüchen dazu gehört, wenn man alle die Stellen, in denen der Herr und seine Apostel die Bedeutung ihres Zeugenamtes darstellen, auf jene Art von Stellvertretung deuten wollte, wie sie von der Hierarchie für sich als ihre göttliche Prärogative behauptet wird, von jener Art von Stellvertretung, wo der Priester statt Christi Derjenige ist, von dem die Gnade und Wahrheit an die Gemeinde übertragen wird, wo der Priester es ist, durch den die Gemeinde allein mit dem göttlichen Leben in Berührung kommen kann, wo die Blicke und Seelen der Gemeinde auf den Priester, anstatt auf den Herrn selbst unmittelbar gerichtet sein sollen.[5] Nein! der Herr und seine Gemeinde, er ihr alleiniges geistiges Haupt, er allein Derjenige, dem die Gemeinde anhängt, von dem sie regiert, geleitet und mit den Kräften seines Lebens erfüllt wird, jedes Amt in der Gemeinde, es sei welches es wolle, nur dazu da, dieß Verhältniß zwischen dem Herrn und seiner Gemeinde dadurch herzustellen, daß es ihn als den alleinigen Herrn, für den es kein Surrogat giebt, verkündigt[6], so allein ist es von dem Herrn gewollt, so allein haben es die Apostel selbst gehalten, das ist deßhalb auch das allein richtige, weil allein evangelische Verhältniß, wie es zwischen Christo und der Gemeinde stattfinden soll, und — ein Mensch, der sich mehr heraus nimmt, als nur so im Dienste des Herrn und seiner Gemeinde zu stehen, der nimmt sich eben zu viel heraus, mehr, als irgend einem Menschen von dem Herrn gegeben worden ist, der wird ein Verstörer des Verhältnisses, wie es zwischen der Gemeinde und dem Herrn stattfinden soll, und dient nur

---

[1] 1 Cor. 3, 5.
[2] 1 Cor. 9, 19 ff.
[3] Matth. 23, 8 ff.
[4] 1 Cor. die drei ersten Capitel.
[5] S. Bd. I, §. 4, 4.
[6] Hierin hat das „Amt" seine rechte Bedeutung, und die ihm nicht verkümmert werden soll. S. unten Weiteres.

dazu, den Strom des Lebens, wie er von Christi Person auf seine Kirche ausgehen sollte, abzudämmen. [1]

Unmittelbar soll die Gemeinde mit Christo in Verbindung stehen, aber eben deßhalb nun auch die ganze Gemeinde, die Gemeinde in einem jeden ihrer Glieder. Das Verhältniß, wie es der Gemeinde im Ganzen zukommt, soll sich in jedem einzelnen ihrer Mitglieder wiederholen, in jedem einzelnen ganz und völlig ein eben so unmittelbares sein, wie es als ein unmittelbares auch für die ganze Gemeinde in Anspruch genommen werden muß, und erst dadurch, daß es so in jedem einzelnen vorhanden ist, erst dadurch kann es auch in der ganzen Gemeinde als ein wirkliches, und nicht bloß eingebildetes und fingirtes vorhanden sein. Wie es nicht möglich ist, daß eine Stellvertretung für den Herrn der Gemeinde gegenüber stattfinden kann, so auch nicht eine solche für die Gemeinde und irgend ein Glied derselben dem Herrn gegenüber, und das Eine ist eben so sehr fest zu halten und zu betonen, als das Andere, wenn man das Verhältniß zwischen Christo und seiner Kirche richtig bestimmen und es vor Verkehrung und Verstörung bewahren will. [2]

Oder wäre nun nicht auch dem also? und hinge nicht das Eine mit dem Anderen auf das Engste zusammen? Freilich hat man auch das gar oft schwer verkannt. Indem man auf der einen Seite dem Herrn einen Stellvertreter in dem römischen Oberpriester gab, hat man auf der andern Seite auch wieder die Sache so dargestellt, als ob der Priester der Vertreter der Gemeinde sei, Gott und Christo gegenüber, gewissermaßen die dem Göttlichen zugekehrte Spitze der Gemeinde, durch welche diese nun eben mit Gott und ihrem Heilande in Verbindung zu treten habe. Der Priester die Gebete der Gemeinde vor Gott bringend, der Priester handelnd und selbst glaubend im Namen und an der Stelle der Gemeinde, der Priester so die Gemeinde in seiner Person gewissermaßen concentrirend und repräsentirend. [3]

[1] Matth. 23, 13. — Anfangs nahm die Hierarchie nur die Stellvertretung der Apostel für sich in Anspruch, aber einmal auf diese Bahn gekommen, währte es denn auch nicht lange, so wurde eine Stellvertretung Christi und Gottes selbst daraus, nur daß sie denn auch den bündigsten Beweis geliefert hat, daß sie sich da Etwas heraus genommen hatte, was weit über das ihr zugewiesene Maß hinaus ging (Röm. 12, 3). Je mehr sie darauf pochte, an Christi Stelle der Kirche vorzustehen, desto unähnlicher wurde sie dem Herrn und desto weniger war es wirkliches Leben aus Christo, was von ihr ausging.

[2] Was doch allein schon aus Matth. 11, 28 ff. hervorgeht. Es müßte eine seltsame Exegese sein, die diese Stelle nicht auf das unmittelbare Verhältniß deuten wollte, das zwischen dem Herrn und jedem Gemeindegliede zu bestehen hat.

[3] Ist doch selbst nach Möhler (Symb. S. 398) der Papst die „Mitte" der Kirche, also doch wohl Derjenige, der die Kirche in seiner Person zusammenfaßt und sie so vor Gott vertritt, die Thurmspitze, in welche dieser Bau ausläuft, um gen Himmel zu streben. Aber — welch' eine Vertretung der Gemeinde war doch das, als es, wir

Wie so auf der einen Seite der Herr selbst durch den Priester in den Hintergrund gedrängt worden ist, so ist auf der andern Seite durch diese Theorie auch die Gemeinde bei Seite geschoben worden: der Priester betet, handelt, glaubt für sie, sie selbst aber hat Nichts zu thun, als den Priester für sich beten, handeln und glauben zu lassen [1]), sie selbst ist Nichts, als nur ein Appendix dieses Priesters, sein an ihn gebundener, von ihm abhängiger, völlig durch ihn vertretener Schweif. [2]) Aber — wer sähe nun in der That nicht, daß auch das nur eine völlige Verkehrung des Verhältnisses ist, wie es zwischen Christo und seiner Gemeinde bestehen soll? Nichts, als nur ein Auflösen der Bande zwischen dem Herrn und den Seinigen und die Ursache, wenn jenes Verhältniß so oft nicht ein wahres und wirkliches, sondern eben nur ein vorgestelltes und gedachtes [3]) gewesen ist, und wenn es eben deßhalb auch an den aus Christo allein kommenden Lebenskräften in den Gemeinden so häufig und so gänzlich gefehlt hat?

Zunächst muß von dieser Theorie doch gesagt werden, daß sie gründlich oberflächlich ist und nur in einem Gedankenkreise aufkommen konnte, in welchem man längst vergessen hatte, daß jede einzelne menschliche Persönlichkeit Gott und Christo gegenüber eine Bedeutung für sich habe und berufen sei, eine Trägerin des Lebens in Christo zu sein. [4]) Man faßt bei dieser Theorie die Christenheit und christliche Kirche eben nur als Masse

---

Möhler bekennt (S. 358) Päpste, Bischöfe und Priester gab, die werth waren, von der Hölle verschlungen zu werden!

[1]) Eben nur die fides implicita wird von ihr gefordert. Recht craß tritt dieß auch in den „stillen Messen", die Luther „Winkelmessen" nannte, hervor, wo der Priester im Namen eines Abwesenden, der nota bene dafür bezahlt hat, seine Sache verrichtet und das Thun des Priesters dem Abwesenden zu Gute kommt. Gewiß, die Römischen haben Ursache, den Evangelischen vorzuwerfen, daß diese sich nicht auf die „guten Werke" verständen!

[2]) Am Drastischsten drückte den röm. Gedanken unstreitig der Jesuitengeneral Lainez auf dem Concil von Trient aus, wenn er, das schöne Bild vom Hirten und seiner Heerde mißbrauchend, sagte: „Schafe sind Thiere, die keinen Verstand haben, also auch keinen eigenen Willen haben können und dürfen" u. s. w. Daß es sich mit der „Heerde" Christi anders verhalte, als mit einer Viehheerde, hätte dem Jesuiten von selbst deutlich sein sollen, und deßhalb auch, daß er dieß Gleichniß nach dieser Seite hin nicht ausbeuten dürfe.

[3]) Eben in dem Priester bloß vorgestelltes und fingirtes. Aber sollte sich Der, der weiß, was im Herzen der Menschen ist, und der nicht bedarf, daß ihm Jemand erst Zeugniß von einem Menschen gebe, mit einer solchen bloßen Vorstellung und Fiction dessen, was sein sollte, wohl zufrieden geben? Uns fällt dabei doch sein Weheruf (Matth. 23) über Diejenigen ein, die bloß fingiren, fromm zu sein.

[4]) Eben das Bild von der „Heerde" hat man in diesem Sinne gemißdeutet. Eine Heerde wohl, aber — doch eine solche, die eben aus lebendigen Menschenseelen besteht. Und man bedenke doch auch, daß es nur einen Hirten für diese Heerde geben soll, den Herrn (Joh. 10, 16), dessen Stimme die Schafe hören sollen.

auf, als ein unterschiedsloses Ganzes, wie etwa einen Haufen todter Steine, ohne dabei zu bedenken, daß diese Masse aus lebendigen Persönlichkeiten besteht, deren jede einzelne vor Gott einen unendlichen Werth hat und deren jede auch ein Gefäß der Gnade Gottes und des Lebens in Christo sein soll, und eben deßhalb, weil man die Christenheit nur so in Pausch und Bogen sich vorstellt, eben deßhalb kommt man denn auch dahin, diese unterschieds= lose Menge in eine Spitze ausgehen lassen zu wollen, durch welche sie dem Göttlichen zugekehrt sei und an dasselbe hinan reiche, etwa wie das steinerne Kirchengebäude am Ende in den Thurm ausläuft, mit welchem es gen Him= mel strebt. [1]) Aber ist diese Anschauung nicht in der That das Oberfläch= lichste und, man muß sagen, auch das Unchristlichste [2]), das es geben kann?

Dem heidnischen Gewaltherrn mögen die Völker bloß als Massen er= scheinen, deren einzelne Individuen für ihn keinen Werth haben, die ihm eben nur in ihrer Masse Etwas gelten und bedeuten, aber — so auch auf dem Boden des Christenthums? so auch in der Kirche Dessen, der gesagt hat, es werde Freude im Himmel auch über einen einzigen bußfertigen Sünder sein [3]), und was man auch dem Geringsten unter seinen Brüdern gethan habe, das wolle er so ansehen, als sei es ihm erwiesen worden? [4]) Nein! unter allen Umständen: nein! Das Volk, das durch die Gnade in Christo das „Volk Gottes" geworden ist [5]), das ist nicht einem Haufen todter Steine gleich, von denen der einzelne keinen Werth hätte und die nur in ihrer Massenhaftigkeit Etwas bedeuteten, die eben deßhalb auch nur als Masse betrachtet und behandelt und so in eine Kirchthurmspitze hinaus ge= zogen werden könnten, das besteht vielmehr, wie es Petrus selbst gesagt hat, aus „lebendigen" Steinen [6]), d. h. aus Persönlichkeiten, die nicht bloß an sich werthvoll sind, sondern vor Allem werthvoll durch das, was sie durch die Gnade sind und sein sollen, und da kann von bloßer Massenhaftigkeit und Massenschätzung nicht die Rede sein. [7]) Der Begriff der Masse hat

[1]) Allerdings ein „Tempel Gottes" soll die Gemeinde sein (1 Cor. 3, 16), aber ist denn da von einer Thurmspitze auch nur die Rede? Ausdrücklich wird doch gesagt: die Gemeinde oder vielmehr „ihr", die ihr die Gemeinde bildet, seid der Tempel Got= tes, da der Geist Gottes in Euch wohnet, nicht aber, weil ihr in eine Spitze ausläuft, durch welche ihr zu Gott hinstrebt und an seinen Geist anrührt.

[2]) Wir meinen dieß Wort im vollen Ernste. Es ist die heidnisch-jüdische Anschauung, welche hier die christliche verdrängt und das Verhältniß, wie es in der christlichen Kirche bestehen soll, verstört hat.

[3]) Luc. 15, 7 ff.

[4]) Matth. 25, 40. Vgl. Matth. 18, 6. 10. 12 ff.

[5]) 1 Petr. 2, 10.

[6]) 1 Petr. 2, 5.

[7]) Der röm. Kirche ist es überhaupt nur um die Masse zu thun, um heerdenweise „Bekehrungen", sie meint die Völker und nicht sowohl die einzelnen Seelen, und zwar nur aus dem Grunde, weil sie nur ihre Herrschaft meint. Das hat die Geschichte

der chriſtlichen Kirche gegenüber überhaupt zu verſchwinden[1]), ſie iſt nicht mehr bloß Maſſe und Menge, ſondern ſie iſt eine Geſellſchaft[2]) und zwar eine Geſellſchaft von Perſonen, von denen jede einzelne die Berufung auch für ſich ſelbſt hat, die dem Ganzen zukommt[3]), und wie ſie überhaupt von ihrem Anfange an nur dadurch entſtanden iſt, daß die einzelnen Perſönlich= keiten für das Heil in Chriſto gewonnen und ſo zu der Geſellſchaft, die die Kirche iſt, als die unter einander gleich Berufenen und gleich Berechtigten verbunden „hinzugethan“ wurden[4]), ſo beſteht ſie recht eigentlich und vor Allem nur aus ſolchen gleich berufenen und gleich berechtigten Perſönlich= keiten[5]), von denen eine jede dem Herrn auch perſönlich angehören, eine jede zu ihm auch in dieſem ſelben und nämlichen Verhältniſſe des Glaubens, der Liebe, der Hingebung ſtehen und eine jede auch für ſich ſelbſt ſeiner Gaben und Kräfte im völligen Maaße theilhaftig werden ſoll![6]) Wer vom Chriſtenthum Etwas weiß, der wird das wiſſen und zugeſtehen müſſen, daß es ſich bei ihm nie um die Maſſe im Allgemeinen handelt, ſondern immer nur um die einzelnen Perſönlichkeiten, um den Menſchen in ſeiner Indivi= dualität, daß der vom Geiſte Chriſti ergriffen und erfüllt und ſo ein neuer Menſch werde nach dem Wohlgefallen Gottes, und — daß erſt aus dieſen

---

genugſam gelehrt, auch die neueſte Miſſionsgeſchichte, und iſt auch conſequent. Iſt die Kirche nur ein Reich, wie andere Reiche (ſ. Bd. 1, S. 48), ſo kann's ihr auch, wie den Reichen der Welt, nur um die Maſſe der Völker zu thun ſein, in welcher der Einzelne verſchwindet und keinen anderen Werth hat, als daß er die Maſſe vermehrt.

[1]) Auch für Stahl (vgl. die betr. Abſchnitte in ſeinem Buche über „die luth. Kirche und die Union“) fällt die Gemeinde lediglich unter den Begriff der Maſſe, und doch hat der Mann gemeint, auf der Höhe chriſtlicher Anſchauung zu ſtehen!

[2]) Societas und communio, wie ſie auch von den Reformatoren ſtets bezeichnet wird, nicht ein bloßer zuſammengetriebener oder zuſammengelaufener Haufen, nicht eine bloße grex im ſchlechten Sinne dieſes Wortes.

[3]) Jeder Einzelne ſoll Chriſti Jünger ſein im vollen Sinne des Wortes. Vgl. Röm. 8, 9. Nicht bloß im Ganzen der Gemeinde, in jedem einzelnen Gliede derſelben will der Herr wohnen mit ſeinem Geiſte (Joh. 14, 23), und eben dadurch unterſcheidet ſich das Chriſtenthum vom Judenthum, daß das letztere die Sache ſo auffaßte, als wohne Gott nur in oder vielmehr unter dem Volke als Ganzes gedacht, daß dagegen im Chriſtenthum von einem thatſächlichen Einwohnen Gottes in den einzelnen Seelen die Rede iſt (vgl. Apoſtelgeſch. 2, 16 f.). Wer aber ſähe nicht, daß nur auf die letztere Weiſe auch ein thatſächliches Wohnen Gottes im Ganzen des Volkes zu Stande kommen kann?

[4]) Darüber kann doch wohl kein Zweifel ſein, und Paulus (1 Cor. 9, 19 ff.) ſagt doch geradezu, daß es ſein Bemühen iſt, aus den großen Volksmaſſen die Ein= zelnen für Chriſtum zu gewinnen. V. 22: „auf daß ich allenthalben ja Etliche ſelig mache.“ Nicht um Maſſen, um Seelen war es den Apoſteln und dem Herrn ſelbſt zu thun.

[5]) Gal. 3, 28.

[6]) Röm. 12, 3. „Einem Jeglichen theilt Gott aus das Maß des Glaubens.“

Einzelnen, wie sie des Geistes Christi theilhaftig geworden sind, sich der Bruderbund bildet, der die Kirche ist. Oder sagt es der Herr denn nicht ausdrücklich, daß es ihm um die Seelen, um die einzelnen Persönlichkeiten zu thun ist? [1] ist nicht eben das sein Bemühen gewesen sein ganzes Leben hindurch, aus den Massen heraus die Einzelnen zu gewinnen, auf daß sie seines Lebens theilhaftig und neue Menschen würden in ihm? [2] und auch in den apostolischen Schriften, lesen wir es denn da nicht auf das Unzwei=deutigste, daß der Einzelne zu Christo zu kommen, daß Jeder für sich in diesem Verhältniß des Glaubens zu dem einen Haupte zu stehen habe und daß auch ein Jeder, der nur in diesem Verhältniß wirklich stehe, auch für seine Person aller Gnade zu neuem Leben theilhaftig werde? [3] Oder was soll denn der Brudername bedeuten, der damals unter den Christen doch gewiß keine Redensart war, wenn nicht dieß, daß eben Jeder, der zu der Gemeinde des Herrn gehöre, jeder Einzelne auch zu dem Herrn in demselben Verhältniß, wie alle Andern stehe, daß da jeder Unterschied, jede Höher=schätzung des Einen vor dem Andern aufgehört habe? [4] Das ist keine Masse bloß, die nur als solche gälte, das ist ein Volk aus lauter Edlen bestehend, aus lauter Solchen, die Gottes Kinder sind [5] und zu Gott, der Eine, wie der Andere, auf ganz gleiche Weise den Zugang haben [6] — wie aber dürfte man da diese Genossenschaft noch als bloße Masse behandeln? wie noch mei=nen, es könne möglich und statthaft sein, daß Einer aus Allen sich hervor=höbe und anstatt der Andern den Zugang hätte zu Gott, alle Andern aber, die ganze Masse hinter und unter ihm, nur durch ihn? Das hieße, die christliche Gemeinde als christliche aufheben! das hieße in der That auf jene vorchristlich heidnischen Standpunkte zurück sinken, wo die menschliche Per=sönlichkeit als solche Nichts galt und über die wir in Christo hinausgehoben worden sind. Nein, wie Christus der Gemeinde gegenüber nicht vertreten werden kann wegen der einzigartigen Bedeutung seiner Persönlichkeit, so kann auch die Gemeinde und zwar auch kein einzelnes Glied derselben Christo gegenüber vertreten werden wegen der gleichen persönlichen Berufung, die Alle zu Christo empfangen haben, und — wie es wahr ist, daß Christus

---

[1] Matth. 12, 20. — Immer wendet sich der Herr an die einzelnen Persönlich=keiten als solche. Die Volksmassen, wie sie damals bestanden, sollen verschwinden, vergehen, und aus den für Christus gewonnenen Persönlichkeiten soll ein neues Volk sich bilden, das über die bloße Massenhaftigkeit unendlich hinaus ist.

[2] Eben „neue Menschen", was doch so viel heißt, als neue Persönlichkeiten.

[3] Daher schon in der Anrede der Apostel immer das „Du" oder „Ihr" als das „Du" im Plural. Auch in dem „Ihr" sind doch stets die Einzelnen gemeint, nicht eine bloße Menge.

[4] Gal. 3, 27.

[5] 1 Joh. 3, 1 f. Gal. 3, 26.

[6] Eph. 2, 18 ff.

das alleinige Haupt der ganzen Gemeinde ist, so ist es deßhalb eben so
wahr, daß er dieß wirklich nur sein kann, wenn er es ist für jede einzelne
Persönlichkeit ganz und voll und unmittelbar, für jede einzelne Persönlich=
keit, die zu der Gemeinde gehört.[1]) Wie es schon von einem alten „Ketzer"
aber guten Christen der Hierarchenkirche gegenüber behauptet worden ist,
daß Niemand durch fremden Glauben selig werden könne, sondern ledig=
lich durch den eigenen[2]), so verhält es sich in der That, und — nur
dadurch, daß dieß Verhältniß, wie es zwischen Christo und seiner Gemeinde
bestehen soll, sich auch durch die ganze Gemeinde hin erstreckt, in jedem ein=
zelnen Mitgliede derselben sich auch als das ihm persönlich zukommende
geltend macht, nur dadurch besteht dieß Verhältniß für die ganze Gemeinschaft
auch als ein wirklich vorhandenes, während es im andern Falle eben ein
bloß vorgestelltes, gedachtes und erdichtetes ist, aber nimmermehr ein wirk=
liches, nimmermehr ein solches, durch das die Gemeinde auch im Stande
wäre, eine Trägerin des Lebens Jesu Christi zu sein und in ihm vollendet
zu werden. —

So stellt sich das Verhältniß, wie es zwischen der Person Christi und
seiner Gemeinde bestehen soll und überall auch wirklich besteht, wo eine wirk=
liche Kirche Christi ist[3]), denn als ein persönliches im wahren und

---

[1]) Und dieß Verhältniß muß anerkannt und festgehalten, muß vor jeder Verdun=
kelung geschützt werden, auch wenn in der Kirche Manche sein mögen, die eben erst die
allerersten Erstlinge des Geistes empfangen haben. Denn 1) wer will richten, wie weit
der Einzelne bereits in dem Leben Christi vorgeschritten ist? (vgl. Matth. 7, 1 ff.
Röm. 14, 4. 2 Cor. 10, 7.) Wiewohl der Selten= und Parteienhochmuth solches
Gericht immer sich angemaßt hat, muß doch gesagt werden, daß es dem Herrn allein
zusteht und möglich ist. Und 2) wodurch können auch die Zurückgebliebenen im Leben
Christi gefördert werden, als allein durch Christus und dadurch, daß sie unmittelbar
an ihn sich halten? Dadurch, daß man die „Schwachen" vertreten und bevormunden
zu müssen meint, verhindert man, daß sie überhaupt mündig werden. Die Kirche muß
allen ihren Gliedern das Bewußtsein bewahren, daß es auf sie persönlich ankommt,
daß kein Anderer für sie einstehen kann, — und alles Geschrei über die Massen darf
das nicht verändern. Jetzt klagt man, daß das christliche Volk die Religion bloß als
die Amtssache der Pastoren ansehe — noch kürzlich kamen aus Würtemberg solche
Klagen — aber warum das? Weil die Pastoren zuerst es dem Volke so vorgemacht
haben. In Schottland, wo wirkliche Gemeindeverfassung ist, kommen solche Erschei=
nungen nicht vor. Da weiß man, daß das Christenthum Sache der Gemeinden und
persönliche Angelegenheit jedes Einzelnen ist, und da lebt es deßhalb nicht bloß in der
„Kirche", sondern in dem Volke, in den Familien! Man mache nur wirklich Ernst
mit dem „Du bist der Mann" auch in der Verfassung.

[2]) Peter von Bruis, im Anfange des 12. Jahrhunderts. Vgl. über ihn u. A.
Hahn, Gesch. der Ketzer im Mittelalter, I, 408 ff. Er verwarf auch die Kindertaufe,
weil Niemand durch fremden Glauben selig werden könne, und freilich ist's ja auch ein
verkehrtes Argument für die Taufe der Säuglinge, zu sagen, der Glaube der Anderen
werde ihnen zugerechnet.

[3]) Insofern hat Luther ganz Recht, wenn er den Römischen gegenüber immer

vollen Sinne bar, als ein solches, das in den einzelnen zu der Kirche zusam=
men geschlossenen Personen besteht und so sich durch die ganze Genossenschaft
als ein persönliches hindurch zieht. Die ganze Genossenschaft steht in die=
sem Verhältniß nur, weil und dadurch, daß alle einzelnen Mitglieder der=
selben in ihm stehen [1]), aber eben so nur erweist sich der Herr und seine
Person denn auch recht eigentlich nicht bloß als der geschichtliche Entstehungs=,
sondern vielmehr auch als der ewige Lebensgrund der Gemeinde, als Der=
jenige, durch welchen immerfort alles wahrhafte Leben der Gemeinde zu=
kommt und auf welchen diese sich deßhalb auch in jedem ihrer Glieder und
zwar in einem jeden immer auch unmittelbar zurückzubeziehen hat. Wie
Er der Grund ist, durch welchen die Gemeinde zuerst entstanden ist, so bleibt
er auch dieser Grund immer und ewig für sie, so ist er auch Derjenige,
der mit seinem Leben nun in das der Gemeinde eingeht, auf daß dasselbe
ihr eigenes werde, aber immer so, daß sie es auch stets als ein empfan=
genes hat und nicht haben kann, außer, indem sie es durch diese stete Be=
wegung zwischen ihrem Herrn und sich selbst immer von Neuem empfängt. [2])
So ist dann die Gemeinde in jedem ihrer Glieder allein gebunden an
die Person des Herrn, aber — indem sie so an ihn allein gebunden ist,
ist sie auch die freie, die von keiner anderen menschlichen Instanz mehr
abhängig ist [3]), und zwar erstreckt sich diese Freiheit auch wieder
durch die ganze Kirche hin und kommt einem jeden ihrer Glie=
der im gleichen Maaße zu. Eine menschliche Autorität, welche Seelen
und Gewissen der Christen an sich binden wollte, anstatt an den Herrn
allein, kann, soll und darf es nicht geben, nur Er ist die alleinige, jede
andere ausschließende Autorität, weil er wirklich auch der alleinige Autor
des der Kirche eignenden Lebens gewesen ist und noch ist, und — Alles,
was in der Kirche als ihr Leben sich entwickelt, ist und soll sein lediglich
eine Entwicklung seines Lebens, das den Einzelnen, wie die Gesammtheit
immer mehr zu durchbringen und sich zu dem allein herrschenden in jeder Men=
schenseele und damit in der ganzen Genossenschaft zu machen hat. Christus,
der das Lebensprincip der Gemeinde ist, ist auch das Ziel, auf

---

wieder darauf zurückkommt, daß nur da die wahre Kirche Christi sei, wo der wahre
Glaube sich finde, nur daß der „Glaube" hier im subjectiven Sinne zu verstehen ist
als eine Bezeichnung für das Verhältniß, in welchem die Person des Christen zu der
Person Christi steht. Dieß Verhältniß allein macht den Christen, also auch die Kirche
als die Genossenschaft von Christen.

[1]) Nicht die Genossenschaft bloß als Ganzes gedacht kann in einem wirklich per=
sönlichen Verhältniß zu Christo stehen, sondern immer nur die Einzelnen, was schon
daraus hervor geht, daß eine Genossenschaft als solche keine Person ist, höchstens eine
„moralische", d. h. fingirte Persönlichkeit.

[2]) 2 Cor. 3, 4 ff. 4, 7.

[3]) Vgl. 1 Cor. 6, 19 mit 7, 23. Gal. 5, 1.

welches alle ihre Entwicklung hinausgeht, und — nur so ist sie die wirklich christliche Gemeinde, daß sie Den, der im Anfange ihr Grund gewesen ist, auch alle Zeit als den alleinigen Grund ihres Lebens hat und nur danach trachtet, daß sie in seinem Leben immer völliger werde. Wo dieß Verhältniß in irgend einer Weise gestört wird, sei es, daß die, die sich Christen nennen, in falscher Freiheit den Herrn als den Grund ihres Lebens überhaupt verlassen wollen, sei es, daß da wieder eine falsche Gebundenheit an menschliche Instanzen irgend welcher Art eintritt, da hört die Gemeinschaft in demselben Maaße, in welchem dieß geschieht, auf, eine christliche zu sein, da bedeutet dieß nichts Anderes, als ein Zurücksinken auf die vorchristlichen Standpunkte, über welche wir durch Christus und durch das Verhältniß zu ihm hinaus sein sollen.[1]) Daher aber ist, wo es sich um die Verfassung der Kirche handelt, auch dieß Verhältniß unter allen Umständen festzuhalten und verfassungsmäßig sicher zu stellen. Wie die Zeitverhältnisse sonst auch sein mögen, unter deren förderndem oder hemmendem Einflusse die Kirche steht, immer hat sie sich selbst zu erfassen und deßhalb auch zu verfassen als eine christliche[2]), d. h. als eine solche Gemeinschaft, die durch alle ihre Glieder hindurch in diesem reinen und unmittelbaren Verhältnisse zu ihrem alleinigen Lebensgrunde steht, und — jede Verfassung, welche das nicht thut, ist im Princip zu verwerfen und kann nur dazu dienen, das Leben der Gemeinschaft selbst zu verstören.[3])

§. 8.

Weil an die Person des Herrn als an den ewigen Grund ihres Lebens, so ist die Kirche nun aber auch gebunden an Diejenigen, welche als die allein zuverlässigen Gewährsmänner für den Inhalt des Lebens Jesu Christi beglaubigt sind, d. h. an die der unmittelbar von dem Herrn gestifteten Urgemeinde angehörigen Schriftsteller des N. T. Sie oder vielmehr der Herr in ihnen sind deßhalb die oberste und alleinige Autorität für die Kirche und neben ihnen kann und darf keine andere anerkannt werden.

---

[1]) Vgl. Gal. 4, 1 ff.

[2]) S. Bd. I, S. 117 ff.

[3]) Weßhalb denn auch die Reformatoren, ungeachtet der precären Zeitverhältnisse, doch die auf den entgegengesetzten Grundsätzen beruhende römische Kirchenverfassung verworfen haben, und — das ist eben das Große in ihnen, daß sie sich durch alles Geschrei der Gegner und durch alle eigene Erfahrung von dem damals vorhandenen schlechten Material (s. Bd. I, S. 132 ff.) nicht haben bewegen lassen, den Gedanken des „allgemeinen Priesterthums" aufzugeben. In ihnen lebte die Zuversicht zu seiner allmälig immer herrlicheren Realisirung; möchten wir diese Zuversicht mit ihnen theilen und uns durch kleinmüthige Furcht nicht schrecken lassen!

1. Indem wir die Person Jesu Christi als den ewig bleibenden Lebensgrund der Kirche erkennen, versteht es sich nun aber auch von selbst, daß wir mit diesem Grundsatze völligen Ernst machen. Um was es sich handelt, ist nicht etwa, daß die Gemeinde in dem Verhältniß des Glaubens zu demjenigen stehe, was etwa von der Kirche im Verlauf ihrer eigenen Entwicklung über Jesus Christus gelehrt oder für denselben ausgegeben worden ist, sondern zu der Person Jesu Christi selbst, wie sie wirklich als Mensch unter den Menschen gelebt[1] und die Herrlichkeit des menschlichen Lebens in seiner seinsollenden Einheit mit Gott geoffenbart hat[2], also mit einem Worte: zu dem geschichtlichen Christus, zu diesem Jesus, wie er als der Christ Gottes[3] an dem Anfange der Kirche als ihr Entstehungsgrund steht und als solcher auch ihr ewiger Lebensgrund sein soll.[4]

Daß es so die Apostel nicht nur gemeint haben, sondern auch der Herr selbst, wenn sie von dem Glauben an Ihn das Heil abhängig sein lassen, sollte kaum nachgewiesen werden müssen. So sagt ja Paulus[5] ganz ausdrücklich, daß er Nichts wisse, als „Jesum Christum, den Gekreuzigten", was doch nur von dem geschichtlichen Jesus und seiner Person gedeutet werden kann, und wenn derselbe Apostel verkündigt[6], „Gott habe Jesum dargestellt als Gnadenstuhl durch den Glauben in seinem Blute", d. h. an seinem Kreuze, ist denn da nicht ebenfalls von dem geschichtlichen Christus die Rede, wie er auf Erden gelebt und in der Treue Gottes gestorben ist, wird da nicht eben der Blick des Glaubens ganz nur auf den am Kreuze hängenden, bis zum Tode gehorsamen Jesus gerichtet[7]? Und in der gleichen Weise verkündigt auch Petrus gerade den „Mann von Gott, den die Juden erwürgt haben", als den Heiland der Welt[8]), und

---

[1] Joh. 1, 14. Phil. 2, 6 ff. Ebr. 2, 17. 4, 15.

[2] Daß es nicht bloß das göttliche, sondern das menschliche in seiner Einheit mit dem göttlichen Leben ist, sollte nicht bezweifelt werden. Freilich herrscht in diesem Stücke Widerstreit und Confusion bei Theologen und „Laien" genug, und — doch sollte die Sache nicht so schwer sein, wenn man nur genau unterscheiden und recht verbinden wollte. Nicht die Einerleiheit Christi mit Gott wird im N. T. gelehrt, sondern die Einheit Beider, ohne daß der Person-Unterschied aufgehoben würde, und — das Menschsein Christi wurde von den Aposteln nicht blos mit aller Unzweideutigkeit behauptet, sondern nur darin, daß er wahrer, der allein wahre Mensch war, liegt auch die Bedeutung, die er für uns hat. Es dürfte in der That noth sein, sein Menschsein wieder recht zu betonen, damit Der, der uns nahe geworden ist, uns auch nahe bleibe! Vgl. auch Röm. 1, 3 f.

[3] Apostelgesch. 2, 36.

[4] 1 Cor. 3, 11.

[5] 1 Cor. 2, 2.

[6] Röm. 3, 25.

[7] Vgl. Phil. 2, 8.

[8] Apostelgesch. 2, 22 ff.

wie dieser Apostel nur von dem zeugen will, was er gesehen und gehört hat [1]), also von dem geschichtlichen Jesus, so erkennt auch Johannes [2]) eben das als seine Aufgabe an, von dem Jesus, wie er unter den Menschen gewohnt hat, der Welt Kunde zu geben. Oder — wozu sind denn überhaupt die Evangelien geschrieben worden, wenn nicht dazu, den Jesus der Geschichte, die wirklich auf Erden vorhanden gewesene Person Jesu darzustellen, damit diese der Grund sei, auf welchem die Gemeinde sich erbauen könne? Und vollends der Herr — wenn er sagt: „wer mich siehet, der siehet den Vater!“ [3]) wenn er an das „Bleiben bei ihm und bei seiner Rede“ das Heil knüpft [4]), da hat er doch gewiß auch immer nur seine irdisch-menschliche Erscheinung, seine Person im Auge, wie sie hienieden mitten in der Geschichte der Menschheit erschienen ist und in dieser ihrer vollen Geschichtlichkeit den Inhalt ihres Lebens offenbart hat. So sollen ja auch die Apostel von ihm zeugen, weil sie vom Anfange seines irdischen Wirkens an bei ihm gewesen sind [5]), d. h. sie sollen von ihm in diesem seinem irdischen Wirken und von Dem, was als seine Herrlichkeit sich ihnen eben da gezeigt hat, der Welt die Kunde überbringen, weil er so, als diese geschichtliche Persönlichkeit der neue Lebensgrund für die Welt sein will. Daran kann deßhalb gar kein Zweifel sein, daß nach der Meinung des Herrn und der ersten Christen der geschichtliche Jesus der Grund des Heiles ist, und — eben so soll er es auch immer bleiben, eben auf diese geschichtliche Person Jesu Christi hat die Gemeinde stets zurück zu schauen und sich immer neu auf sie im Glauben zu beziehen, um von ihr das Leben hinzunehmen. [6])

Zwar will er ja auch nach seinem Hingange den Seinen im Geiste nahe sein [7]), und davon soll Nichts abgebrochen werden, aber — damit verliert sein geschichtliches Erdenleben diese fundamentirende Bedeutung für das Leben der Gemeinde durchaus nicht, damit ist doch ohne Zweifel nicht gemeint, daß seine irdische Erscheinung vergessen werden dürfte, daß man nun an seinem überzeitlichen und übergeschichtlichen Dasein und an seiner geistigen Einwirkung vom Himmel her genug hätte. [8]) Zu dem Inhalte des

---

[1]) Apostelgesch. 4, 20. Vgl. 1, 21.

[2]) 1 Joh. 1, 1. 4, 2. Ev. Joh. 1, 14.

[3]) Joh. 14, 9.

[4]) Joh. 8, 31 ff.

[5]) Joh. 15, 27.

[6]) Deutet darauf nicht auch die Stiftung des Abendmahls? Man fasse das „zu meinem Gedächtniß“ doch nur recht auf und hüte sich ja, die Bedeutung dieses Wortes zu unterschätzen! Der Herr selbst hat's ja gesagt!

[7]) Matth. 28, 20. Joh. 14, 18.

[8]) Das ist eben die Weise der „Schwarmgeister“, daß sie die Bedeutung des „geschriebenen Wortes“, d. h. eigentlich des geschichtlichen Christus verkennen und sich auf

Personlebens Christi, wie er auch der Lebensinhalt seiner Gemeinde sein soll, gelangt diese, sowohl was seine Erkenntniß, als auch sein thatsächliches Haben anlangt, nur, indem sie auf das irdisch menschliche Leben des Herrn, auf ihn, wie er hienieden gelebt, gewirkt und sich selbst geoffenbart hat, reflectirt, und auch sein geistiges Einwirken auf unsere Seelen ist an dieß stete Zurückschauen auf ihn, ist daran, daß wir ihn in seiner geschichtlichen Erscheinung alle Zeit vor Augen und im Herzen haben, so sehr gebunden, daß, wie noch alle Erfahrung, sowohl in der römischen Kirche, als auch bei den „Schwärmern" der verschiedensten Färbungen gelehrt hat, Verirrungen mancherlei und bedenklichster Art eintreten, sobald man den geschichtlichen Christus aus den Augen verliert und sich auf sein Wirken vom Himmel herab, auf das „innerliche Licht" allein verlassen will.[1] Daher ist denn das auch die wesentliche Bedeutung der Reformation, daß sie gerade den Christus der Schrift, den Christus der Geschichte, wie ihn die Kirche des Mittelalters zu ihrem schwersten Schaden so ganz verloren hatte, wieder in das Mittel gestellt hat, und daher haben die Arbeiten, welche darauf ausgehen, auf dem Grunde der Schrift zu einer klaren und vollen Anschauung von der Person Jesu und dem Inhalte seines Lebens zu gelangen, nicht bloß für die Wissenschaft, sondern auch für die Kirche und ihr Leben das höchste Interesse.[2]

Aber — wenn es sich denn nun darum allein handelt, daß die Gemeinde in allen ihren Gliedern sich unmittelbar auf den geschichtlichen Christus

---

das „innerliche Wort und Licht", d. h. auf den übergeschichtlichen Christus allein verlassen wollen. Aber — ist's nicht auch die Weise der röm. Kirche, die die Kraft des Amtes von der Geisteswirkung des übergeschichtlichen Christus unmittelbar herleitet und — daneben auch die Schrift übersieht und zurückstellt? Die Amtstheorie der röm. Kirche beruht ebenso auf dem enthusiastischen Princip, wie die Schwarmgeisterei, und diese ist nur die Kehrseite jener.

[1] Wie die Schwärmerei noch alle Zeit dahin gekommen ist, den „ewigen" und den geschichtlichen Christus einander entgegen zu setzen und den letzteren über dem ersteren zu verachten, s. u. A. bei Trechsel, Antitrinitarier, Bd. I, den Abschnitt über David Joris. Aber auch Hegel weiß bekanntlich dem geschichtlichen Christus keine andere Bedeutung beizumessen, als daß er eben nur ein verschwindender Durchgangs-punkt für die absolute Idee ist, einer von den Schädeln auf dem Golgatha der Weltgeschichte, d. h. der Schaubühne des absoluten Prozesses.

[2] Mögen da immer Verirrungen mit unterlaufen, und daran hat es ja freilich in unseren Tagen nicht gefehlt, diese Arbeiten müssen gleichwohl gethan werden, und — es zeugt von wenig Zuversicht zu der Sache des Christenthums, wenn man von ihnen Gefahr für das Christenthum selbst befürchtet. Der Herr hat schon so manche Nebel zerstreut, er wird auch hier schon Licht werden lassen, aber — je mehr die christliche Erkenntniß sich des Lebens Christi bemächtigt, desto mehr wird dasselbe auch in das Leben der Gemeinde übergehen. Auch das gehört mit in den Durchdringungs-prozeß des „Sauerteiges".

bezieht, versteht es sich dann nicht von selbst, daß damit ausgeschlossen ist alles Dasjenige, was statt der Person des Herrn als ein Gegenstand des Glaubens und als ein Grund des Heiles möchte vorgestellt werden, eben sowohl jener „eucharistische Christus", der nach römischer Anschauung durch die Transsubstantiation hervor gebracht werden soll[1]), als auch die mancherlei Lehren über die Person des Herrn, wie sie in Folge der dog= matisirenden Bemühungen der Theologen von frühen Zeiten her aufgestellt worden sind?

Gegen jenen „eucharistischen" Christus, wie ihn die römische Kirche an die Stelle des geschichtlichen eingeschoben hat, hat sich schon die Reformation gewendet, wenn auch nicht überall mit gleicher Klarheit und mit demselben, die Anschauung, auf welcher diese römische Lehre beruht, völlig durchbrechen= den Erfolge[2]), und sieht man genau hin und fragt, welches Interesse die Reformatoren hatten, gerade um die Abendmahlslehre sich so vielfach zu bemühen und immer auf's Neue auf sie zurück zu kommen, wie könnte man verkennen, daß sie an diesem Punkte, an welchem die Abirrung des Mittelalters von der geschichtlichen Person des Herrn am Meisten hervor trat, ihre Bemühungen um deßwillen concentrirten, weil es ihnen darum zu thun war, den unter allerlei phantastischem Gewande verkleideten und vergrabenen Jesus der Geschichte, den wahrhaften von Gott ge= gebenen Grund des Heiles, wieder zu gewinnen.[3]) Aber — war dieser Kampf, der so zwischen dem geschichtlichen und dem „eucharistischen" Christus geführt wurde, nicht in der That eine Nothwendigkeit? war's denn nicht das dringendste Bedürfniß, gerade in dem Kultusacte, welchen man mit Recht als den Mittelpunkt des christlichen Gemeindegottesdienstes bezeich= net hat, weil in ihm die Beziehung der Gemeinde zu dem Grunde ihres Lebens recht eigentlich hervortritt[4]), gerade da auch den rechten Grund

---

[1]) Vgl. Möhler, Symb., S. 302 ff. Hase, Polemik, S. 448 ff. Baur, Gegensatz des Katholicismus und Protestantismus, S. 400 ff.

[2]) Es wird sich schwerlich leugnen lassen, daß in der symbolischen Lehre der luth. Kirche über diesen Punkt große Unklarheit herrscht. Luther selbst war doch gemüth= lich zu sehr in die mittelalterliche Anschauung gefangen, um sie ganz durchbrechen zu können, und — so kam man am Ende auch wieder dahin, durch die s. g. Com= municatio idiomatum das Menschliche und Geschichtliche in der Erscheinung des Herrn so gut wie zu verlieren. Statt des im Fleisch erschienenen und sein Fleisch und Blut für uns in den Tod hingebenden Herrn ist es doch wieder — sein „verklärtes" Fleisch, von dem man das Heil erwartet.

[3]) Dieß sollte namentlich von Zwingli nicht verkannt werden, und man sollte eben deßhalb auch das Streben und die Stellung dieses Mannes zu der betreffenden Frage besser würdigen, als es der Parteieifer bisher gethan hat. Zwingli bloß zu einem Rationalisten zu machen und zu meinen, damit sei er abgethan, ist gewiß ober= flächlich genug. Vgl. u. A. Christoffel, Zwingli's Leben, S. 252 ff.

[4]) In der Predigt sind es doch immer nur entweder einzelne Lehren des Herrn

wieder in das Bewußtsein der Gemeinde zu rücken und das Quid pro quo ab=
zuthun, welches die Hierarchie „Christus" nannte, welches aber doch nichts
Anderes, als nur eine hierarchische Erfindung, nicht aber der von Gott selbst
gegebene Heilsgrund war[1])? und — haben nicht auch wir noch jetzt daran
fest zu halten und es mit allem Ernste zu betonen, daß der wirkliche, d. h.
der geschichtliche Christus eben im Gegensatze zu dem „eucharistischen" der
Heils= und Lebensgrund der Gemeinde sei? Es ist hier nicht der Ort, in
die Geschichte des hier in Rede stehenden Dogmas weiter einzugehen[2]),
aber — das darf doch gesagt werden, daß in der römischen Meßopfer= und
Transsubstantiationslehre eben Das, was nach evangelischer Anschauung die
Hauptsache ist[3]), nämlich die Persönlichkeit Christi, und zwar diese
Persönlichkeit, wie sie auf Erden gelebt hat, völlig abgethan wird.   Der

---

oder einzelne Seiten seiner Persönlichkeit, auf welche die Seelen der Gemeinde gerichtet
werden, und nicht anders ist es selbst mit den verschiedenen kirchlichen Festen: einzelne
Thatsachen der Heilsgeschichte treten da in den Vordergrund. Im Abendmahl dagegen
bezieht sich die Gemeinde auf die ganze Person des Herrn, wie der Inhalt seines
Personlebens eben in seinem freien, in voller Treue gegen Gott und Menschen über=
nommenen Tode auch ganz zur Offenbarung gekommen ist. (Vgl. 14, 31. 1 Joh.
3, 16.)

[1]) Eben deßhalb, weil es sich an diesem Punkte um einen gründlichen Bruch mit
der verkehrten Grundanschauung handelte, zu welcher die mittelalterliche Hierarchenkirche
sich erhoben hatte, eben mit dem, was Stahl billigend den „mysterischen Gedanken"
nennt (s. luth. K. u. Un.), d. h. mit dem Gedanken, der das Heil an eine irdische Sache,
anstatt an die geschichtliche Person Christi selbst bindet, eben deßhalb erklärt sich auch,
wie der Streit um das Abendmahl im 16. Jahrhundert diese Dimensionen annehmen
und mit solcher Heftigkeit und nimmer ermüdendem Interesse geführt werden konnte.
Hier handelte es sich allerdings um die Scheidung der Zeiten in ihren Grundprincipien,
sagen wir es offen, um die Scheidung zwischen evangelischem Christenthum in seiner
Wahrheit und zwischen sich christlich nennendem Heidenthum, denn es handelte sich
darum, die Person Christi wieder in den Mittelpunkt der Kirche zu stellen, anstatt
der seine Person bloß vorstellenden Sache. Daß die Reformatoren davon ein Bewußt=
sein hatten, geht schon daraus hervor, daß sie die Anbetung des „eucharistischen Chri=
stus" als Creaturen=Vergötterung, als vermaledeite Abgötterei, Luther auch als die
„canda draconis" bezeichneten. Die symbolische Bedeutung der Abendmahlselemente
mußte wieder in's Licht gestellt werden, um zu wehren, daß über dem Symbol die
Person des Herrn nicht vergessen werde, und es ist das unvergängliche Verdienst
Zwingli's, dieß mit aller Bestimmtheit, Klarheit, Nüchternheit und Unbeweglichkeit
gethan zu haben. Daß Reformirte, wie leider jetzt öfter, dieß nicht anerkennen und
Zwingli für einen „überwundenen Mann" ausgeben, zeugt gewiß von wenig Einsicht
in die Verhältnisse. Stahl, der gern zu dem „mysterischen Gedanken" die Kirche zurück
bringen möchte, hat besser verstanden, was Zwingli bedeutet, denn — keiner unter den
Reformatoren ist ihm so sehr verhaßt, als dieser!

[2]) Vgl. Ebrard, „Das Dogma vom Abendmahl", 2 Bde.

[3]) Man bedenke nur das eine Wort des Johannes (Joh. 1, 14): „das Wort ward
Fleisch und wohnete unter uns und wir sahen seine Herrlichkeit und von seiner,
nämlich des Fleisch gewordenen Wortes, Fülle haben wir genommen Gnade um Gnade".

„eucharistische", d. h. durch die Consecration in die Abendmahlselemente oder an ihre Stelle gekommene Christus ist nicht mehr die lebendige menschliche Persönlichkeit, sondern er ist eine Sache, ein Ding geworden, das nun auch nicht mehr angeschaut wird als persönliche Wirkungen auf die Persönlichkeiten ausübend, d. h. als wirklich und wahrhaft geistig wirksam, sondern vielmehr als sachlich, physisch und magisch wirkend [1]), und wer sähe in der That nicht, daß durch diesen „eucharistischen Christus", dieß rechte Geschöpf von Priestershand [2]), der wirkliche Christus bei Seite geschoben, daß dadurch, daß man die Blicke der Gemeinde auf diesen „eucharistischen Christus" gewendet hat, das Band, das sie ewig und in jedem ihrer Glieder mit dem geschichtlichen Gottes- und Menschensohne verbinden soll, völlig gelöst worden ist? Man hat da in der That nichts Anderes, als ein reines Phantasma an die Stelle der concreten Person des Herrn gesetzt, ein Phantasieding, das wohl angebetet werden mag, von dem aber nimmer der erneuernde, den Menschen in dem tiefsten Grunde seiner Persönlichkeit umwandelnde Geist ausgehen kann, und — wenn irgend Etwas das christliche Leben zerstört hat, so ist es dieß Dogma gewesen [3]), das von dem auf Golgatha Gekreuzigten hinweg die Seelen auf das, was in der Monstranz ist, gerichtet hat. Die ganze Verwahrlosung der vorreformatorischen Zeit hat hier ihre Wurzeln, und auf Nichts ist so sehr zu bringen, als daß in der evangelischen Kirche gerade über dieß Verhältniß immermehr Klarheit komme, daß sie sich immermehr bewußt werde, wie der geschichtliche Christus der von Gott ihr gegebene Lebensgrund sei, wie sie deßhalb auf diesen allein, aber auf diesen auch mit allem Ernste, mit allem nachjagenden Eifer sich zu beziehen habe. Nur in ihm ist die Herrlichkeit und Fülle des göttlichen Lebens offenbar geworden, nur durch ihn kann deßhalb die Gemeinde erfüllt werden mit allerlei Gottesfülle. [4])

Aber wie so mit aller Bestimmtheit festgehalten werden muß, daß die Gemeinde an diesen von der verirrten Kirche gemachten „eucharistischen"

---

[1]) Ist es ja doch auch nicht eigentlich seine Person, sondern sein Fleisch und Blut, was als in der Messe gegenwärtig vorgestellt wird, also eine Sache, und wird die Wirkung doch auch selbst von Denen als eine rein physische beschrieben, welche (freilich im schneidendsten Widerspruch mit Röm. 8, 11. 2 Cor. 1, 22. 5, 5 und Eph. 1, 14) lehren, durch den Genuß des „verklärten Leibes" Christi werde auch in uns der Auferstehungsleib genährt. Hat denn der Herr nicht Joh. 6, 63 ausdrücklich gesagt, sein Fleisch überhaupt sei nicht nütze gegessen zu werden, sondern der Geist allein mache lebendig? und handelt es sich beim Abendmahl denn nicht eben um sein irdisches in den Tod gegebenes Fleisch und Blut, nicht aber um sein verklärtes?

[2]) In der That doch nichts Anderes, als eine priesterliche Erfindung!

[3]) Statt des lebendigen, vom Himmel gekommenen Brodes (Joh. 6, 32 ff.), war es in der That bloßes Erdenbrod, das man der Gemeinde als Geistesspeise bot!

[4]) Vgl. Col. 2, 9. Eph. 3, 19. 1, 23.

Christus nicht dürfe gebunden sein, sondern nur an den, der ihr „von Gott
selbst zur Weisheit, Gerechtigkeit, Heiligung und Erlösung gemacht worden
ist" [1]), so auch eben so bestimmt, daß auch die von der Kirche aufgestellten mancherlei Dogmen über die Person Christi nicht
der Gegenstand des Glaubens für die Gemeinde sein dürfen,
sondern — eben lediglich der Christus, wie er vor aller dogmenbildenden Thätigkeit der Kirche wirklich vorhanden gewesen ist und so an dem Anfange ihrer selbst steht. Dieser Satz ist
allerdings von der größten Tragweite in unserer Zeit, aber wir meinen,
ihn auch in seinem ganzen Umfange aufrecht erhalten zu müssen, nicht bloß
zum momentanen kirchlichen Frieden, sondern auch zum wirklichen Gedeihen
des kirchlichen, d. h. des christlichen Lebens in der Gemeinde! Es gilt ganz
besonders in unserer Zeit, über die Bedeutung der auf die Person Christi
gerichteten dogmatisirenden Bewegung, wie sie allerdings seit den frühesten
Zeiten in der Kirche stattgefunden hat, sich klar zu werden, und da kann
kaum Etwas so einleuchtend, wenn auch oft genug schwer verkannt [2]) sein,
wie daß die von der kirchlichen Theologie aufgestellten Dogmen über Christus
mit seiner Person, wie sie der Gegenstand des Glaubens in der Gemeinde
sein soll, nicht zu verwechseln und zu identificiren sind. Nicht das Dogma
von der Person Christi ist der Gegenstand des Glaubens für
die christliche Gemeinde, sondern diese Person selbst in der
Herrlichkeit des sie erfüllenden religiös-sittlichen Lebens, und
das muß unbedingt aufrecht erhalten werden, schon wenn man nur die
Bedeutung der dogmatisirenden Thätigkeit der Kirche und vollends, wenn
man die Bedingungen, unter denen dieselbe vor sich gegangen ist und noch
vor sich geht, näher in's Auge faßt.

Was sind denn die Dogmen? Doch unter allen Umständen nur Versuche von Seiten der Kirche, über die Thatsachen, auf denen sie selbst ruht,
über die eine große Grundthatsache, durch die sie entstanden ist und welche
Jesus Christus heißt, sich selbst denkend klar zu werden, und insofern hat
diese dogmatisirende Thätigkeit, wie sie unausbleiblich war, auch eine große
Bedeutung, die keineswegs unterschätzt werden darf [3]): sie stellt eben den

---

[1]) 1 Cor. 1, 30.

[2]) So von der orthodoxistischen Richtung noch alle Zeit. Sie glaubt an das
Dogma von Christo anstatt an Christus selbst, und — hat da oft auch nur einen
Stein anstatt des wirklichen „Lebensbrodes". Doch hat es auch in den orthodoxistischen
Zeiten Leute gegeben, die Christum hatten und nicht bloß das Dogma von ihm.

[3]) Die Eingenommenheit gegen Dogmen, d. h. bestimmte, weil auch eine bestimmte
Ueberzeugung aussprechende Lehrsätze über das Christenthum ist, und zwar wohl aus
erklärlichen Gründen, groß genug in unserer Zeit. Auch Rothe hat ihr noch kürzlich einen Ausdruck gegeben und ein nicht dogmatisches Christenthum in Aussicht gestellt. Doch beruht diese Scheu vor dem bestimmt formulirten Aussprechen christliche

gedanklichen Orientirungsprozeß der Kirche über sich selbst und über den Grund ihrer selbst dar, den Prozeß, durch welchen das Christenthum über=haupt in das Verständniß der von ihm ergriffenen Menschheit übergegangen ist. Aber — mehr als solche Orientirungsversuche über den Grund ihres Lebens sind die dogmenbildenden Bemühungen der Kirche doch unter keinen Umständen, das Wort „Versuche" in seiner präcisesten Bedeutung genommen, und — das beweist schon die Geschichte dieser dogmatisirenden Thätigkeit auf das Deutlichste. Wohl ist es ja vorgekommen, daß die Kirche zu ge=wissen Zeiten sich eingebildet hat, nun mit diesen ihren Bemühungen am Ziele zu sein — der Orthoborismus hat noch immer geglaubt, in seinen Formulirungen einen congruenten Ausdruck der christlichen Wahrheit über=haupt zu haben[1]), und deßhalb jede weitere Untersuchung und Fortbildung des nun einmal Festgestellten verpönt — aber gleichwohl hat sich der dog=matische Bildungsprozeß noch immer und selbst bis auf diesen Tag, ja, in unseren Tagen ganz besonders, als einen unfertigen erwiesen, schon da=durch als einen unfertigen, weil es bis heute noch nicht gelungen ist, Alle, die sich gleich ehrlich zu Christo bekennen[2]), auch zu der Anerkennung derselben Lehrformel über ihn zu vereinigen.[3]) Ist dem nun aber so, und muß sogar noch dazu gesagt werden, daß der dogmenbildende Prozeß schon von frühen Zeiten an, schon seit den Tagen Justins des Märtyrers[4])

Ueberzeugung, wenn auch durch den Mißbrauch der dogmatischen Formeln veranlaßt, gewiß auf einem Mißverständniß. Das Christenthum muß auch als Dogma sich aus=prägen, wird es auch immer thun, eben so wie unsere Tage sogar negative Dogmen (Strauß, Feuerbach) über das Christenthum ausgeprägt haben, und je mehr es in die Gedanken der Menschen eindringt, desto mehr wird es auch in bestimmtem Gedanken=ausdrucke sich zeigen. Freilich liegt in dem Abweisen des Dogmatischen auch eine Wahrheit, die nur besser, als es meistens geschieht, auszudrücken ist: wer das Christenthum bloß als Dogma hat, der hat es noch überhaupt nicht, sondern es kommt darauf an, Christum und sein Leben selbst zu haben. Das hat der Orthoborismus verkannt, das verkennen auch Strauß und Feuerbach, die in ihrem einseitigen Intellectualismus meinen, das Christenthum selbst mit den hergebrachten Dogmenformeln überwunden zu haben, und — das ist überhaupt ein Schaden, an welchem die Kirche von frühen Zeiten an gelitten hat.

[1]) „Die reine Lehre". Vgl. jedoch dagegen Ursinus, admonitio christiana, „epilogus", p. 675 ff. und „do autoritate Lutheri" p. 574 ff.

[2]) Vgl. 2 Cor. 10, 7.

[3]) Auch hier gilt es, mit Paulus zu reden (Phil. 3, 12): „Nicht, daß wir es schon ergriffen hätten", und wer wüßte nicht, wie das Aufstellen von dogmatischen Consensusformeln sich noch immer als eitel und vergeblich erwiesen hat? Sie suchten, und mußten das auch, mehr den Dissensus zu verdecken, als den wirklichen Consensus darzustellen, und sind deßhalb auch stets wieder in Dissensus ausgegangen. Aber — die Einheit der Kirche soll auch keine solche menschlicher Formeln sein (vgl. 1 Cor. 1—3).

[4]) Vgl. Böhringer, Kirchengesch. I, den Abschnitt über Justin.

und der Ersten überhaupt, welche in dieser Richtung thätig waren, keines=
wegs durch die reine Reflexion auf die Grundthatsache des christlichen Lebens
zu Stande gekommen ist, daß vielmehr anderweitige und selbst sehr dispa=
rate Elemente da bestimmend mitgewirkt haben[1]), wie könnte dann über=
haupt gefordert werden, daß der Christ, der als solcher nur ein Jünger
Christi sein soll, und die Kirche, als die Genossenschaft solcher Jünger, an
diese Formeln über die Person ihres Herrn gebunden sein müßte, daß diese
vollends aber der Gegenstand sein könnten und dürften, auf welchen sich die
Kirche in allen ihren Gliedern im Glauben zu beziehen hätte? Schon die
Frage würde da Schwierigkeit machen: welche unter den mancherlei und
selbst widersprechenden Formeln, wie sie im Laufe der kirchlichen Entwicklung
aufgetaucht sind, nun diejenige sei, welcher, als dem congruenten Ausdrucke
für die christliche Wahrheit, es zukäme, von allen Christen anerkannt und
als die fides, quae creditur, verehrt zu werden, und — selbst wenn es auch
möglich wäre, eine solche ausfindig zu machen, selbst wenn es geschähe, daß
der dogmenbildende Prozeß wirklich in dieser Zeit an sein Ziel gelangte
und fertig würde, so müßte dennoch gesagt werden: nicht dieß vollendete
Dogma soll der Gegenstand des Glaubens für die Kirche sein, sondern Der,
den dieß Dogma darstellt, die Person des Herrn selbst, er in seiner leben=
digen und mit dem ewig wahren Lebensinhalte erfüllten Persönlichkeit.[2])
Dieß folgt eigentlich schon aus Dem, was wir über das Wesen der Kirche
und die Bedeutung der persönlichen Erscheinung des Herrn erkannt haben.[3])
Ist die Kirche eine Genossenschaft des religiös=sittlichen Lebens als eines
persönlichen, und zwar dieses Lebens in der Bestimmtheit und Vollendung,
wie es in Christo zuerst erschienen ist, ist in Folge dessen Christus und seine
Person nicht bloß der historische Entstehungs=, sondern auch der immerwäh=
rende Lebensgrund der Kirche, dann ist es mit dem Sichhalten an das
Dogma über die Person Christi nicht gethan, dann gilt es, sich an die
Person selbst zu halten, die ja eben auch vor aller dogmenbildenden Thä=
tigkeit der Kirche ist und diese erst hervorgerufen hat. Mag immerhin der
dogmenbildende Prozeß darauf hinaus gehen, sich der Person Christi und
ihres Lebensinhaltes erkenntnißmäßig zu bemächtigen — und darin erkennen
wir allerdings seine Bedeutung — so ist es mit dem bloßen Wissen um

---

[1]) Vom Neuplatonismus an bis zum neuesten Hegelianismus und wie die „Ismen"
sonst noch heißen mögen, welchen Einfluß hat das philosophische System des Dogma=
tikers stets auch auf seine christologischen Bestimmungen ausgeübt. Die „reine Lehre"
ist in der That eine große menschliche Illusion.

[2]) Vgl. den Ausdruck: „wer mich isset" (Joh. 6, 57). Gibt es denn einen inni=
geren Assimilationsprozeß, als der durch „Essen" bezeichnete? Aber möchte man die
Bedeutung dieses Bildes nur immer recht verstehen!

[3]) S. §. 5, 3 und §. 7, 1.

Christus doch nicht genug, sein Leben soll vielmehr Leben in uns werden[1]),
und dieß vermag nur zu geschehen durch seine Person selbst und durch un=
ser Verhältniß zu ihr.[2]

2. So gilt denn der Satz ohne alle Einschränkung: unbedingte Ge=
bundenheit der Gemeinde und jedes Gliedes derselben soll und darf in der
christlichen Kirche an nichts Anderes stattfinden, als an die Person des
Herrn selbst und zwar an diese Person in ihrer geschichtlichen Erschei=
nung. Allem Anderen gegenüber, weß Namens es auch sein, unter welchem
Vorwande es sich auch geltend machen will, soll und muß die Gemeinde
frei gegenüber stehen[3]), und zwar aus dem Grunde als die freie, um an
den einen rechten Grund ihres Heiles auch recht gebunden zu sein. Aber
nun — die Persönlichkeit des Herrn, wo ist sie zu finden? Diese
Frage gewinnt nun die allergrößte Bedeutung, sie ist eine Frage nach dem
Heil im eigentlichen Sinne, und — da hat man die suchende Seele denn
allerdings an die Tradition, die Ueberlieferung der Kirche ver=
wiesen.[4] Auf den ersten Blick hat dieß nun etwas Schlagendes, und bei
näherer Betrachtung liegt wenigstens eine Wahrheit zu Grunde. In der
That fehlt uns ja die Autopsie, und was wir von Christo und dem Inhalte
seines Lebens auch wissen mögen, wir können es nur durch Ueberlieferung
wissen. Das versteht sich am Ende so durchaus von selbst, daß die Mei=
nung, der Mensch könne auch jetzt noch durch unmittelbare Offenbarung,
durch das s. g. innere Licht dazu gelangen, kaum widerlegt zu werden braucht.
Nicht bloß die „Schwarmgeister" haben diese sie den zufälligen und oft so
unklaren, oft auch so verkehrten Regungen ihres Herzens überliefernde Mei=
nung gehegt, sondern im Grunde beruht auch die römische Theorie, nach
welcher die Amtsträger der Kirche auch Träger des heil. Geistes sein sollen,
und was mit dieser Theorie zusammenhängt, namentlich die Meinung von
der Unfehlbarkeit des Papstes[5]), auf dieser Anschauung. Aber sie widerlegen

---

[1]) Vgl. u. A. 1 Cor. 8, 2.

[2]) Man kann vielleicht eine unvollkommene dogmatische Anschauung von Christo
haben, ist das Verhältniß zu seiner Person nur das richtige, so wird es an seinem
Leben nicht fehlen. Dagegen lehrt nicht auch die Erfahrung, daß ein relativ durch=
gebildetes dogmatisches Bewußtsein das Leben nicht geben kann, wenn es an jenem
Verhältnisse fehlt? Wie sollte es sonst mit dem nicht theologischen Volke stehen? und
— wie am Ende mit den Theologen selbst, deren Wissen doch auch gar sehr Stückwerk
ist, namentlich was die Christologie betrifft (1 Cor. 13, 9)?

[3]) Vgl. 1 Cor. 3, 21 ff. 1 Joh. 5, 21.

[4]) Bekanntlich that dieß die röm. Kirche mit großer Betonung. Sie rühmt sich,
recht eigentlich die Tradition und deßhalb auch Christum zu haben. Vgl. Möhler,
Symb., S. 359 ff.; Hase, Polemik, S. 73 ff.; Baur, „Gegensatz des Kath. und
Protest.", S. 481 ff.

[5]) Daß diese bis jetzt nicht zum Dogma erhoben worden ist, ist uns bekannt aber
— sie schwebt doch als solches in der Luft. Vgl. Hase, Polemik, S. 26.

schon die thatsächlichen Erfahrungen von den Verdunkelungen des christlichen Bewußtseins sowohl bei Schwarmgeistern, als bei Hierarchen, und was sich bei ihnen Richtiges finden mag, das verdanken sie eben nicht, wie sie glauben, der unmittelbaren Eingebung, sondern der Tradition, mit der auch sie im Zusammenhange stehen. [1]) An die Ueberlieferung ist deßhalb in der That die ganze Kirche, wenn sie nicht irre gehen will, und jedes einzelne Glied derselben gewiesen, und in so weit, aber auch nur in so weit ist dieser Satz unbestreitbar und unverfänglich, aber — ein Anderes ist es, wenn nun nach der rechten und zuverlässigen Tradition gefragt wird. Da scheiden sich die Kirchen vollkommen.

Nach der römischen Lehre ist die rechte Tradition allein bei der Kirche zu finden, und eben diese Meinung ist durchaus in Anspruch zu nehmen. Freilich, wenn man die Lehre von der Kirche als der Bewahrerin der echten Ueberlieferung, wie der neuere Verfechter derselben es thut [2]), so in die Unbestimmtheit hinein treibt, daß man sagt, es sei unter dieser Tradition, wie sie die Kirche durch alle Zeiten bewahrt habe, das christliche Gemeingefühl zu verstehen ohne alle Bestimmtheit von Dogmen und Lehren, so möchte man gern zustimmen. [3]) Aber gerade das ist die römische Meinung nicht, sondern diese versteht unter Tradition eben jene Menge von einzelnen bestimmt formulirten Lehren und Satzungen, wie sie in der Kirche sich ausgebildet haben, und eben sie sollen der congruente Ausdruck für die christliche Wahrheit sein. Ist nun aber dagegen nicht alles Das zu sagen, was wir bereits gegen die unbedingte Giltigkeit der kirchlichen Dogmen von Christo überhaupt gesagt haben? [4]) In der That läßt sich auf das Bestimmteste nachweisen, daß diese Lehrsatzungen der Kirche nicht unter dem reinen Impulse des Christenthums zu Stande gekommen sind, wenn auch nicht geleugnet werden kann, daß Jesus Christus zu der Entwicklung, aus der sie hervorgegangen, den ersten Anstoß gegeben habe. Unter dem Einflusse aller der anderweitigen Elemente, unter welchem die Kirche überhaupt ihren Weg durch die Zeiten genommen hat, entstanden, sind sie auch nicht mehr und nicht weniger, als ein Ausdruck für diese Entwicklung des kirchlichen Bewußtseins in den verschiedenen Phasen desselben [5]) und tragen die Spuren

---

[1]) Anfangs sollten die Bischöfe ja auch nur die Bewahrer der echten apostolischen Tradition sein, nicht die, die selbst Macht hätten, Tradition zu machen. S. Bd. I, S. 193 ff.

[2]) Möhler, Symb., S. 358 ff.

[3]) Vgl. Baur, Gegensatz, S. 984.

[4]) S. oben S. 154 f.

[5]) Weßhalb auch so manches Widersprechende in den Glaubenssätzen der röm. Kirche sich findet, weil man neue Bestimmungen aufnahm, ohne alte, entgegenstehende zu beseitigen.

jenes Einflusses auf das Deutlichste an sich. Ist dem aber so, dann können diese kirchlichen Traditionen schwerlich als der reine und unverfälschte Ausdruck für den Inhalt des Personlebens Christi angesehen werden, und wenn man auch gern zugestehen mag [1]), daß auch in der römischen Kirche noch „viel christlichen Gutes" sei, obschon verborgen unter allerlei Spreu, so wird doch ihr Ruhm, die treue Bewahrerin der echten Ueberlieferung zu sein, sehr zweifelhaft. Vollends aber muß er zu Schanden werden, wenn man Das, was Alles in der römischen Kirche als „christlich" herge= bracht ist, mit Demjenigen vergleicht, was in den doch auch von ihr als Gefäße der christlichen Ueberlieferung betrachteten neutestamentlichen Schriften sich findet [2]), und — eben in den Schriften des N. T., wie sie das erste christliche Schriftthum überhaupt repräsentiren, stellt sich nun der kirchlichen eine andere Tradition entgegen und ist ihr von der Refor= mation entgegen gestellt worden: die urchristliche, die wirklich aposto= lische. Die ist nun die Grundlage, auf welche die evangelische Kirche sich stützen will und bisher gestützt hat, und der Unterschied zwischen ihr und der römischen in diesem Punkte ist nicht der, daß die eine überhaupt die Tradition verwürfe, indem die andere sie annähme, sondern daß die eine die Tradition anderswo sucht, als die andere [3]), was besonders Möhler wohl hätte erkennen können, der ja die römische Traditionstheorie so sehr hat verflüchtigen und auf ganz Allgemeines und Unbestimmtes zurück bringen zu müssen gemeint. [4])

Und — haben die Evangelischen damit wirklich nicht Recht gehabt? Wenn wir uns auf die Tradition stützen müssen, dann doch ohne Zweifel

---

[1]) Vgl. Luther, Werke, Erl. Ausg. 26, 257.

[2]) Den Nachweis der Discrepanz zwischen kirchlicher Ueberlieferung und apostolischem Christenthum haben die Reformatoren aller Orten so bündig geführt, daß es wohl hieße, Eulen nach Athen tragen, wollten wir ihn hier, auch wenn wir Raum hätten, versuchen.

[3]) Wenn man neuerlichst den Ruhm der luth. Kirche darein gesetzt hat, daß die= selbe auch die kirchliche Tradition nicht verworfen habe, so ist das ein von vermeint= lichem „conservativen" Interesse eingegebenes — Mißverständniß. Auch die luth. Kirche verwirft principmäßig jede kirchliche Tradition nur dann nicht, wenn sie mit der Schrift nicht streitet, d. h. sie erkennt die Schrift allein an als Richterin in Glaubenssachen. So ungeheuer weit unterscheidet sich die luth. Kirche von der reformirten nicht, auch wenn diese darauf ausging, ihr Glauben und Leben allein aus der Schrift zu schöpfen, zumal doch auch gesagt werden muß, daß die luth. Kirche das Beste, was sie hat, nicht ihrer Conservirung von ein paar kirchlichen und durch die Reformirten freilich abge= thanen Ueberlieferungen, sondern ihrem ernsten Zurückkehren zum Evangelium ver= dankt. Aber Stahl liebte es, die Kluft zwischen Lutheranern und Reformirten möglichst weit, dagegen zwischen sich und den Römischen ziemlich schmal zu machen.

[4]) Die Möhler'sche Tradition, das christliche „Gemeingefühl", ist allerdings ein Ding, das sich schwer greifen läßt, ein Proteus im eigentlichen Sinne.

auf die der Augenzeugen selbst oder wenigstens derjenigen Kirche, die mit den Augenzeugen noch in der nächsten Verbindung stand und überhaupt als das erste, reine Erzeugniß jenes Impulses betrachtet werden darf, welchen die Person des Herrn selbst gegeben hatte und durch den die Kirche überhaupt wurde. Jedem einigermaßen Ueberlegenden und nicht in Vorurtheilen Befangenen muß das einleuchtend sein, und so finden wir es auch in den neutestamentlichen Schriften nicht nur gemeint, sondern das ist auch der Sinn, in welchem die nachapostolische Zeit zuerst auf die Wichtigkeit der echten apostolischen Tradition und deren treue Bewahrung und Ermittlung hingewiesen hat. [1]) Welch ein Gewicht wird doch von Petrus und Johannes [2]) gerade auf die Augenzeugenschaft gelegt, und wie sucht der dritte Evangelist [3]) seinen Mangel des eigenen Erlebens doch so geflissentlich dadurch zu ergänzen, daß er seine Sorgfalt und Genauigkeit in der Erkundigung hervorhebt! Auch geht aus dem Umstande, daß die Parteileute in Galatien und Corinth die ersten Apostel dem Paulus gegenüber als die Augenzeugen und unmittelbaren Jünger des Herrn geltend machen konnten und daß es Paulus für nöthig hält, diesen Mangel durch eine andere Art von Unmittelbarkeit, in der er persönlich zu dem Herrn stehe, auszugleichen, doch wohl zur Genüge hervor, welches Gewicht überhaupt in der ersten christlichen Gemeinde, also schon damals, als noch Alle dem Herrn der Zeit nach so nahe standen, auf die Autopsie gelegt wurde. Und wenn schon damals, ist es dann in den folgenden Zeiten, als die Kirche schon den Verdunkelungen durch die einbringende „Welt" ausgesetzt war, nicht um so nöthiger, diesen Standpunkt festzuhalten, nach welchem die echte Tradition, weil die Befähigung, Wahres über die Person Christi auszusagen, an die Augenzeugenschaft gebunden, die Kirche mit ihrem Bedürfniß, Christum und den Inhalt seines Personlebens kennen zu lernen, an die Augenzeugen gewiesen ist? Diesen Standpunkt machte dann namentlich auch die nachapostolische Zeit, Irenäus, geltend, als es darauf ankam, den gnostischen Entstellungen der Person des Herrn und des Christenthums überhaupt zu begegnen. Denn was meinte man damit, als man die Sitze der Apostel zu den Bewahrern und Fundorten der apostolischen Ueberlieferung machte? Nichts Anderes doch, als dieß, daß dort der Apostel wirkliche Lehre noch gekannt und deßhalb auch die unverstellte Kenntniß derselben von dort zu erlangen sei, daß diese Lehre sich von der Apostel Zeit, wenn irgendwo, dann dort erhalten haben müsse, wo diese selbst wirksam gewesen, wo

---

[1]) S. Bd. I, S. 193 ff.

[2]) Vgl. Apostelgesch. 1, 21. 1 Joh. 1, 1. Ev. Joh. 1, 14. 15, 27. Wenn Petrus Apostelgesch. 2, 32 (vgl. 4, 20) sagt: „dessen sind wir Alle Zeugen", so heißt das doch wohl nichts Anderes, als „Augenzeugen".

[3]) Luc. 1, 1 f.

damals noch Leute vorhanden waren, welche, wenn auch nicht die Apostel
selbst, so doch ihre nächsten Schüler noch gekannt hatten. [1] So erweist sich
die evangelische Lehre, daß zu den ursprünglichen Quellen, zu den Augenzeugen und zu den von ihnen hergekommenen Schriften zurück zu gehen sei,
um zu der wahren Erkenntniß Christi und seines Wesens zu gelangen, denn
freilich als die ursprünglich christliche, wie sie sich auch als die wirklich allein
vernünftige erweist und auf allen anderen Gebieten, wo es sich um Feststellung geschichtlicher Daten handelt, von einem jeden verständigen Forscher
getrieben wird [2], während dagegen die römische Theorie, wo sie nicht in
Unbestimmtheiten sich zurück zieht und damit sich selbst aufhebt, auf einer
enthusiastischen und durch Nichts begründeten Anschauung von der Qualität
der kirchlichen Amtsträger und Theologen beruht. [3]

Nur bei den Augenzeugen kann die echte Ueberlieferung in Betreff des
Herrn und der in ihm persönlich erschienenen Wahrheit sein. Wenn Etwas
feststeht, so ist es ohne Zweifel dies. Aber freilich erheben sich nun ja Bedenken und sind in unseren Tagen genug erhoben worden gegen diejenigen
Schriften, welche man bis dahin als die authentischen Berichte der Augenzeugen angesehen hat, namentlich gegen die Evangelien. Ihre Echtheit
wird bestritten [4], vollends ihre Irrthumslosigkeit, und die Inspirations-
theorie, durch welche die altprotestantische Theologie die letztere zu stützen
wußte, ist am Ende auch unhaltbar geworden. [5] Wie aber steht es nun
da um die Möglichkeit, die geschichtliche Person Christi wirklich in ihrer
Wahrheit kennen zu lernen? Diese Frage ist eine von denen, um welche sich
der heutige theologische Streit dreht und ohne Zweifel eine Lebensfrage der

---

[1] Nichts ist unverständiger, als wenn römische Polemiker sich für ihre ganz anders geartete Traditionslehre auf Irenäus berufen, wie es auch Möhler thut. Symb.,
S. 360, Anm.

[2] Schwerlich möchten die Münchener „historisch-politischen Blätter“, die
auf protestantische Geschichtschreibung stets so schlecht zu sprechen sind, es billigen,
wenn man z. B. den Charakter Tilly's und Anderer ihrer Heiligen bloß aus
späteren, abgeleiteten Quellen, etwa aus protestantischen Geschichtschreibern des 17.
oder 18. Jahrhunderts, construiren wollte.

[3] Möhler freilich (Symb., S. 332 ff.) bestreitet, daß die Kirchenväter und
überhaupt einzelne Personen der Kirche die Träger der kirchlichen Tradition seien —
aber wer denn? die ecclesia invisibilis? Aber — mit der steht ja Möhler und noch
vielmehr seine Kirche auf höchst gespanntem Fuße.

[4] Wenn die Evangelienfrage jetzt auch anders steht, als vor dreißig Jahren (vgl.
Petersen, die Lehrfreiheit und ihre Grenzen), so muß doch auch gesagt werden, daß
sie zum Abschlusse noch keineswegs gelangt ist.

[5] Eine suggestio rerum et verborum in dem mechanischen Sinne der altprotestantischen Dogmatiker ist schwerlich anzunehmen, aber — doch eine suggestio,
sofern des Herrn heiliger Geist in den Schriftstellern als ihr eigenes persönliches Leben
war, und — daraus sind allerdings auch die verba geschlossen.

Kirche. Es giebt ja Deren, welche, den evangelischen Christus für ein My=
thengebilde erklärend, die Erkennbarkeit der geschichtlichen Person des
Herrn überhaupt bestritten haben, und — so verlöre die Kirche denn damit
ihren eigentlichen Grund, der Wissende könnte nur mit Mitleid auf die
noch Glaubenden sehen. [1]) Wir meinen, es sei aus diesem Dilemma
doch nicht so schwer heraus zu kommen, und zwar ohne bloß der einen
oder der andern Seite verfallen zu müssen, auch wenn sich der engste Zu=
sammenhang der evangelischen Berichte mit den Augenzeugen nicht bis zur
vollen wissenschaftlichen Evidenz bringen ließe.

Der römischen Behauptung, daß die Kirche, und zwar die römische, die
ursprüngliche Tradition immer völlig treu und unentstellt bewahrt habe,
die in dieser Art, wie sie aufgestellt wird, nur eine der Erfahrung aller
Zeiten widerstreitende ruhmredige Uebertreibung ist, liegt troß dem die Wahr=
heit zu Grunde[2]), daß durch alle Zeiten hindurch, und ungeachtet aller Ver=
derbniß des öffentlichen kirchlichen Wesens zu manchen Zeiten, doch auch
wahrhaft christliches Leben in der Kirche geblieben sei, Leben, wie es von
dem Herrn der Kirche stamme und durch ihn auch sei erhalten worden, daß
die Verderbniß nie so groß gewesen, um den von Christo ausgehenden Strom
göttlichen Lebens gänzlich versiegen zu machen. Wer die Geschichte der Kirche
einigermaßen kennt, wird das gern zugeben, und diesem in ihr von ihrem
Grunde und Anfange her gebliebenen Leben verdankt die Kirche selbst auch
recht eigentlich ihre Erhaltung, verdankt es am Ende auch die römische Kirche,
daß sie noch immer besteht, und nicht, wie man wohl gemeint hat, der hierarchischen Pyramide und ihrer Festigkeit. Freilich war dieß Leben, wie es
von Christo stammt und nur durch ihn in der Kirche ist, oft sehr zurückge=
drängt und von der Verkehrtheit der Menschen verdeckt und überwuchert,
und das um so mehr, je weiter sich die Kirche von ihrem Entstehungsgrunde,
von Christo und seiner Person entfernte, nicht bloß der Zeit nach, sondern
auch innerlich der ganzen Richtung der Seelen nach. Nun, und wenn dem
so ist, in welchem Lichte haben wir dann jene Anfangszeit der christlichen
Kirche, jene ersten und unter dem ersten und unmittelbaren Impulse Jesu
Christi entstandenen Gemeinden zu betrachten? jene Gemeinden, die nicht
bloß der Zeit nach dem Herrn am Nächsten stehen, sondern von denen das
ganze neutestamentliche Schriftthum uns auch bezeugt, daß ihre Blicke mit
der vollsten Ausschließlichkeit und mit der entschiedensten Zurückweisung jedes
anderen Verhaltens, wo es aufkommen wollte, nur auf ihn, auf seine

---

[1]) Vgl. das Schlußwort in Strauß' „Leben Jesu" (erste Gestalt des Buches).
[2]) Die eben die Evangelischen völlig anerkennen. Daß die rechte Kirche Christi
durch alle Jahrhunderte hindurch, wenn auch oft sehr verborgen, bestanden habe, lehrten
die Reformatoren auf das Bestimmteste. Vgl. Flacius, catalogus testium veritatis.

Person gerichtet waren![1] Muß man nicht sagen: sie, gerade sie waren das reinste, weil unmittelbarste Product der Wirksamkeit Christi selbst? darf denn geleugnet werden, daß der persönliche Lebensgrund der Kirche, wie er der ursprüngliche Stifter dieser Gemeinden war, auch mit seinem Leben in sie eingegangen ist und zwar so in sie eingegangen, daß das, was in ihnen hervorging, auch der Inhalt seines eigenen Lebens selbst war, um so mehr der Inhalt seines Lebens, als diese Gemeinden nicht bloß in der Verborgenheit vor der Welt, sondern auch in dem schroffsten, abweisendsten Gegensatze gegen die Welt und die von da her drohenden Entstellungen sich hielten?[2] Schwerlich dürfte das bestreiten können, wer die Zeugnisse aus diesen Urgemeinden, wer das neutestamentliche Schriftthum nur nach dieser Richtung hin einigermaßen genau untersucht hat.[3] Wenn nun aber das, dann sind die neutestamentlichen Schriften, mögen sie persönlich von den Aposteln herrühren oder nicht, zwar zunächst Zeugnisse für das christliche Leben, wie es in den ersten Gemeinden selbst vorhanden war als ein wirklich neues sittlich-religiöses Leben in der Einigung mit Gott und Menschen; welchen Inhalt das Leben dieser ersten Gemeinden hatte, stellen sie uns dar; aber — dann nicht auch den Inhalt des Personlebens Dessen, der der Grund dieser Gemeinden ist, Jesu Christi, dessen Leben ja in das dieser Gemeinden übergegangen ist, von dem diese Gemeinden auch wirklich das vollste, deutlichste Bewußtsein haben, daß das Leben, welches nun ihr Leben geworden, sein, ihnen von ihm gegebenes Leben ist, daß sie es nur in ihm und durch ihn empfangen haben?[4] Je näher sie dem Anfange und Lebensgrunde, zeitlich wie innerlich standen, je reiner sie nur auf ihn mit dem deutlichsten Bewußtsein und kräftigsten Willen bezogen waren[5], je geflissentlicher sie abwiesen Alles, was nicht aus ihm, sondern aus der Welt war[6], desto mehr mußte — und ein Jeder muß das zugestehen, · der weiß, was es mit

---

[1] Die Losung des Paulus in Phil. 3, 8 ff. und seine Ermahnung in Col. 2, 8 ff. war damals ohne Zweifel im Sinne der ganzen Gemeinde. Man muß in der That wenig vom N. T. kennen, um nicht zu wissen, daß dieser Sinn durch das ganze hindurch geht. Vgl. auch oben §. 7.

[2] Das ist besonders wohl zu beachten, daß die vollständige Spannung des christlichen Princips mit den Principien der Welt, wie sie im ganzen N. T. hervor tritt, die Gemeinden rein bewahren mußte. Vgl. 2 Cor. 6, 14 ff. 1 Joh. 2, 15 ff. 4, 3 ff. u. so viele andere Stellen.

[3] Man möchte hier an das Gleichniß von zwei sich treffenden Kugeln erinnern. Die Bewegung der ersten theilt sich durch den Stoß der anderen mit, und unmittelbar nach dem Anstoß ist die getroffene Kugel von der Bewegung in der treffenden am völligsten erfüllt.

[4] S. oben §. 7.

[5] Phil. 3, 8 ff.

[6] 1 Cor. 1, 17 ff.

geiſtigen Wirkungen auf ſich hat — deſto mehr mußte auch das Leben des
Grundes in dieſen Gemeinden als die ihr eigenes Leben neugeſtaltende Kraft[1])
ſich offenbaren. Es war ſein heiliger Geiſt, der in dieſen Gemeinden un-
gehemmt wirkte, der namentlich in Denen wohnte und trieb, welche als die
großen Vertreter ſeiner Sache baſtehen, und deßhalb — müſſen die Zeugniſſe, welche im N. T. von dem Leben dieſer Gemeinden enthalten ſind,
nicht eben ſo gut als Zeugniſſe für den Inhalt des Lebens angeſehen werden, wie es in Chriſto perſönlich erſchienen und durch ihn den Seinen mitgetheilt worden iſt, als die Zeugniſſe für den perſönlichen Lebensinhalt Jeſu
Chriſti ſelbſt? Allerdings, den Grund erkennt man nur aus ſeinen Wirkungen, aber — in dieſen Wirkungen offenbart ſich der Inhalt des Grundes
ſelbſt, beſonders dann, wenn die Wirkungen ſich ſo rein, wie es im neu-
teſtamentlichen Schriftthum geſchieht, nur als ſeine Wirkungen erweiſt[2]),
und — ſo bleibt es denn freilich dabei: Chriſtum erkennen wir nur aus
Dem, was er geſchaffen hat, aus ſeiner Kirche, können ihn nur daraus erkennen, aber nicht aus der Kirche, die in die Welt und in die die Welt
eingegangen iſt, ſondern aus der, die vor dieſem Eingehen in die Welt,
vor dieſer Vermiſchung mit der Welt vorhanden war, aus der apoſtoliſchen
Urgemeinde, wie ſie im N. T. die Zeugniſſe von ſich ſelbſt und von ihm
als dem Grunde ihres Lebens niedergelegt hat.

So gewinnt das neuteſtamentliche Schriftthum für die Kirche denn allerdings die höchſte und eine durchaus einzigartige Bedeutung, welche ihm
durch alle kritiſch-literariſchen Unterſuchungen deſſelben nimmer genommen
werden kann[3]): es bietet der Kirche den Grund ihres Lebens, die Perſon
ihres Stifters ſelbſt dar, und zwar iſt es nicht bloß die relativ reinſte Er-
kenntnißquelle des Lebensinhaltes dieſer Perſon, ſondern die reine im vollen
Sinne des Wortes, diejenige, neben und außer der es keine andere geben
kann, weil keine andere dem Herrn zeitlich und innerlich ſo nahe ſteht und
ſo ſehr von ſeinem Leben durchdrungen iſt, weil jede andere, die ſich dafür
ausgiebt, wenn ſie wirklich Leben aus Chriſto darbietet, es aus dieſer Quelle
eben ſo geſchöpft hat, wie überhaupt die Kirche in ihrer ſpäteren Entwicklung ſich nur als eine Ableitung aus der erſten apoſtoliſchen Urgemeinde
erweiſt.[4]) Deßhalb darf und muß denn nun aber auch geſagt werden:

---

[1]) 1 Cor. 1, 24. 2, 5. 4, 20 u. v. a. St.

[2]) 1 Cor. 4, 7. 15, 10. Tit. 3, 5 ff. Gal. 2, 20. 3, 2.

[3]) Sie ſind allerdings literariſche Producte und als ſolche zu behandeln, aber —
eine Literatur, die den Geiſt der erſten Chriſtengemeinde und damit den Geiſt Chriſti
darſtellt. Welch ein Mißverſtändniß, zu ſagen: weil das neuteſtamentliche Schriftthum
aus der erſten Gemeinde ſtammt, deßhalb gibt es uns über den Inhalt des Perſonlebens Chriſti keinen ſicheren Aufſchluß! Muß nicht das Gegentheil geſagt werden?

[4]) Das iſt der Irrthum der röm. Kirche, daß neben dieſer wirklichen Urtradition
noch eine andere in der Kirche ſich fortgepflanzt habe. Es läßt ſich nachweiſen, daß

das neutestamentliche Schriftthum, wie es sich nicht bloß für einen
reinen Ausfluß des Geistes Christi ausgiebt, sondern sich auch als solchen
erweist und wie es als die Darstellung des durch die Augenzeugen beglaubigten Personlebens Christi erscheint [1]), ist, weil der Herr selbst die
alleinige Autorität der Kirche ist, nun auch Dasjenige, wodurch
der Herr diese seine Autorität in der Kirche ausübt, und ist so
selbst Autorität, ist diejenige Quelle, aus welcher die Kirche das ihr zukommende Leben zu schöpfen, zu welcher sie immer wieder und zwar auch
in jedem ihrer Glieder zurück zu kehren hat, um den Herrn zu haben und
seines Lebens in ihm theilhaftig zu werden. [2]) Alle Arbeit der Forschung
auf diesem Gebiete hat darauf hinaus zu gehen, aus dieser Quelle die Persönlichkeit Jesu Christi immer deutlicher, immer klarer, immer mehr von all
den Mißverständnissen und Mißvorstellungen späterer Zeiten gereinigt wieder zu erkennen und der Gemeinde vor Augen zu stellen, auf daß diese aus
Ihm leben möge [3]), und wenn in unseren Tagen die Bemühungen auf dem
neutestamentlichen Forschungsgebiete sich immer mehr und immer bewußter
um die Person Christi selbst concentrirt haben, wenn es sich darum jetzt
handelt, nicht bloß einzelne Dogmen über Christus, sondern das ganze klare
Bild seiner Person selbst zu gewinnen [4]), so ist das, bei allem Irrgehen
hier und da, gewiß freudig zu begrüßen, und nur der Unglaube könnte
meinen, es werde der Herr durch diese Bemühungen am Ende der Kirche
verloren gehen und sie seien deßhalb lieber zu unterlassen. Wohl mögen
wir da noch durch schwere Irrungen hindurch müssen, und es ist Schuld
der Kirche, daß wir es müssen, aber so gewiß die Thatsachen erweisen, daß
in Christo das heilige Leben als ein persönliches in die Welt gekommen

---

die f. g. Väter der nachfolgenden Jahrhunderte das Christliche, was sie haben, aus
dem N. T. geschöpft, nur daß freilich die Entwickelung der Kirche, und zwar keineswegs zum Vortheile ihrer Reinheit, nicht bloß durch Reflexion auf das N. T. vor sich
gegangen ist.

[1]) Auch Gal. 2, 1 ff. bezeugt Paulus die Identität „seines Evangeliums" mit
dem der Augenzeugen.

[2]) Auch auf das N. T. darf wohl Joh. 5, 39 angewandt werden.

[3]) Ein anderes Interesse kann die Kirche überhaupt nicht an der Schriftforschung
haben, nicht etwa das, für ihre Satzungen Belegstellen aus der Schrift heraus zu
klauben. Wo dieß — orthodoxistische — Interesse vorgewaltet hat, da ist die Schriftforschung auch noch immer erstorben und hintangestellt worden, wie nicht bloß bei den
Römischen, sondern auch unter der Herrschaft der altprotestantischen Orthodoxie. Macht
der Glaube an das Dogma selig, wie es etwa das Symbolum quicunque hinstellt,
dann hat ja die Person des Herrn überhaupt keine Bedeutung mehr, und — weßhalb
dann noch nach ihrem Lebensinhalte forschen?

[4]) Daß man in neuester Zeit das „Leben Jesu" so vorzugsweise bearbeitet hat,
beruht gewiß auf einer richtigen Erkenntniß dessen, was den Gemeinden noth thut.
Ihn und „seine Tugenden" (1 Petr. 2, 9) sollen wir verkündigen.

ist [1]), so gewiß dürfen wir sein, es werde dieß sein Leben der Welt unver=
loren bleiben und sich, auch durch den Widerstand von Seiten der Welt,
immer reiner herausgestalten, es werde der Herr immermehr erscheinen als
der Grund, in welchem die Welt allein kann das Leben haben, als das
eine, aber deßhalb auch alleinige Haupt seiner Gemeinde und der Mensch=
heit überhaupt. [2])

3. Was als wirkliche, von den Aposteln als den Augenzeugen und
damit authentischen Gewährsmännern, wie sie in der Urgemeinde bastanden,
herrührende Tradition die erste Kirche gehabt hat, das ist in den neutesta=
mentlichen Schriften für alle Zeiten niedergelegt — so muß man doch sa=
gen, auch wenn sich der unmittelbar apostolische Ursprung der Evangelien
nicht nachweisen ließe — und als diese Tradition sind sie denn auch Auto=
rität, d. h. Norm und Quelle für die Lebensentwicklung der Kirche über=
haupt, und zwar, weil die Urtradition der Kirche nirgend sonst wo gefunden
wird und gefunden werden kann, alleinige Autorität. Das aber, was
sie zu dieser Autorität macht, ist der Herr, dessen Personleben das religiös=
sittliche Leben in ihnen selbst ist. Weil der Herr die alleinige Autorität für
die Kirche ist, deßhalb nun auch diese Schriften, in denen der Inhalt seines
Personlebens sich darstellt, wie derselbe in der Kirche sein soll und in der
ersten Gemeinde auch wirklich gewesen ist. Aber eben deßhalb kann in diesen
Schriften auch nur Das als Norm und Quelle für das Leben der Kirche
überhaupt gelten, was als von dem Herrn stammend in ihnen ist, was sich
als sein Leben, als wirklich neues sittlich=religiöses Leben darstellt. [3]) Ihn
und den Inhalt seines Lebens gilt es in der Schrift zu suchen, und — so
wird es doch auch ein Jeder halten, der weiß, was er überhaupt will, so
muß es auch die Kirche halten in allen ihren Gliedern, damit so auch des
Herrn Leben ihr Theil sei und werde. Damit aber erledigt sich im Ganzen
auch die Autoritätsfrage für die Kirche, diese Frage, über welche zu allen
Zeiten so viel gestritten [4]) und die auch in unseren Tagen wieder so sehr in
den Vordergrund geschoben worden ist, deren Wichtigkeit aber auch nicht leicht
von Jemandem verkannt werden dürfte.

Den Einen ist die Autorität, wie für den Einzelnen, so auch für die
Kirche als Gesammtheit, wiederum die Kirche ganz im Allgemeinen, so daß,
wie man nicht anders sagen kann, die Kirche sich selbst Autorität ist, den
Andern dagegen ist das „innere Licht“ Dasjenige, worauf sie sich stützen
wollen, losgelöst von aller Ueberlieferung der Kirche, so daß sich, bei Lichte
besehen, der Mensch da rein auf seine Subjectivität gestellt sieht, aber

---

[1]) Joh. 1, 16. Röm. 1, 4. 1 Joh. 1, 2.
[2]) Phil. 2, 10 f.
[3]) Vgl. 2 Cor. 5, 16 mit 3, 17.
[4]) Schon von den Tagen des Irenäus an.

damit denn auch seiner Willkür, seinen eigenen zufälligen Einfällen und Gelüsten preisgegeben ist. Aber — wer sähe nicht, und aus dem Bisherigen
muß es auch schon klar geworden sein — daß beide Standpunkte auf christlichem Boden verkehrt sind und der eine, wie der andere das Band, das
die Kirche mit ihrem Grunde, mit der geschichtlich erschienenen Person Jesu
Christi ewig verbinden soll, wirklich zerreißt? wer aber müßte nicht auch
erkennen, daß beide im Grund und Wesen identisch sind, beide auf jener
enthusiastischen [1] Grundlage beruhen, welche den empirischen Menschen über sein Maaß erhöht [2] und ihn an die Stelle Jesu Christi selbst zu
setzen wagt? [3]

Indem die römische Kirche sich selbst als die oberste Autorität für Glauben und Leben ihrer Mitglieder hinstellt, d. h. als diejenige, welche die
Menschen nicht bloß zu Christo zu führen habe, damit sie von ihm den Inhalt seines Lebens empfingen, sondern die selbst die Macht und Fähigkeit
besitze, festzustellen und zu dekretiren, welches der Inhalt dieses Lebens sei [4],
begeht sie in der That die allergrößeste Verwechslung. Sie verwechselt eben
sich selbst mit dem, der der Grund ihres Lebens in allen ihren Gliedern
allein sein kann, und zerstört damit selbst das Verhältniß, in welchem sie
durch alle ihre Glieder hindurch zu diesem Grunde stehen sollte. Aus der
Gemeinde Jesu Christi, die als „sein Leib durch alle Gelenke hindurch
mit dem einen Haupte zusammen hängen" soll [5] und in einem Jeden, der
zu ihr gehört, in dem Verhältniß des reinen Empfangens zu ihm, dem

---

[1] Es sei daran erinnert, daß die römische Anschauung von den Hierarchen als
den besonderen Geistesträgern durch den Montanismus entstanden und eine Ver-
pflanzung desselben auf kirchlichem Boden ist. S. oben Bd. I, §. 4, 4.

[2] Röm. 12, 3.

[3] 2 Thess. 2, 3 f. Im Grund und Wesen ist da kein Unterschied zwischen dem
Papst, der sich an die Stelle Christi gesetzt hat, und jenem David Joris, der sich
einbildete, selbst eine neue Incarnation des geistigen Christus zu sein.

[4] Das eben ist der Sinn der röm. Kirche und ihres Anspruches, Autorität zu
sein, wie sie in dieser Weise ja auch noch das neueste Dogma, die Maria betreffend,
dekretirt hat. Das freilich, worauf Möhler und Stahl so großes Gewicht legen,
um die Autorität der Kirche dem Einzelnen gegenüber darzuthun, daß ein Jeder dadurch, daß er in der Kirche geboren und erzogen werde, auch das Heil erlange, leugnet
wohl Niemand, aber folgt daraus wirklich, daß die Kirche nun auch sein Leben hindurch für ihn Autorität sein müsse? Wir meinen doch, er kann durch die Kirche das
Heil gar nicht erlangen, wenn sie ihn nicht hinführt zu der allein rechten Heilsquelle,
zu Christo Jesu, damit er aus ihr das Lebenswasser schöpfe. Die Bedeutung der
Kirche als Verkündigerin des Heiles, das ihr in Christo widerfahren ist, wird dadurch
freilich dargethan, aber — immer wird es doch bei Dem auch bleiben müssen, was
Joh. 4, 42 die Samariter sagen, und immer hat die Kirche auch Nichts zu thun,
als was Philippus thut, indem er zu Nathanael sagt: „komm' und siehe!" (Joh. 1, 46.)

[5] Eph. 4, 16.

Grunde ihres Lebens, zu stehen hat, macht sie sich selbst zu der Quelle des Lebens für ihre Glieder, ja, bindet sie sich auch als Ganzes an sich selbst, d. h. an ihre eigene geschichtliche Entwicklung und an Dasjenige, was sie selbst im Laufe dieser Entwicklung gesetzt hat.[1] Aber zu einem reinen Verhältniß zu der Person Christi in der geschichtlichen Erscheinung derselben, zu einem solchen Verhältniß, in welchem sie demüthig und heilsverlangend bloß an diese Person sich hielte, um ihres Lebensinhaltes theilhaftig zu werden[2]), kommt es in ihr nicht und kann es nicht kommen, weil sie sich den Weg zu der wirklichen Person des Herrn durch ihr Gebundensein an sich selbst und an ihre Satzungen versperrt hat. Die Kirche und das von der Kirche Gesetzte gilt hier als Autorität, als das ohne allen Widerspruch Hinzunehmende und von dem auch sie selbst in keiner Weise loskommen kann, das sie festzuhalten hat, das als einmal ausgemachte Wahrheit über alle neue Untersuchung erhaben ist und einer solchen deßhalb auch in keiner Weise mehr unterworfen werden darf.[3] Aber — daß nun das nicht die ursprünglich christliche Stellung ist, welche die Kirche haben soll, daß weder von dem Herrn, noch von der apostolischen Urgemeinde eine solche Autorität der Kirche vindicirt worden ist, aus dem Bisherigen muß es zur Genüge klar geworden sein[4]), und — nur Scheingründe sind es, die man sonst für die Nothwendigkeit einer solchen Stellung der Kirche vorbringt, wie denn auch bei dem neuerlichen Vertheidiger derselben, bei Möhler, mehr eine Auflösung, als eine wirkliche Begründung dieser Autoritätsansprüche der Kirche hervor tritt. Oder — wer ist es denn in der Kirche, dem die Ausübung dieser Autorität zusteht? Sobald man nicht bloß bei dem ganz allgemeinen und damit nebelhaften Begriffe „Kirche" stehen bleiben, sobald man dieselbe — und das verlangen ja die Römischen selbst vor allen Dingen[5]) — in ihrer Wirklichkeit und Sichtbarkeit, in ihrer concreten geschichtlichen Erscheinung auffassen will, muß man auch nach den bestimmten Organen fragen, welchen diese Autorität zukomme, und — da bleibt denn freilich zunächst Nichts übrig, als Diejenigen dafür anzusehen, denen nach der

---

[1]) Im Grunde ist es jener „historische" Standpunkt Stahl's, auf dem die röm. Kirche steht: sie ist die Kirche der „geschichtlichen Gewordenheit" im eigentlichen Sinne.

[2]) Wie es Petrus will: Joh. 6, 68. Er betont hier, daß der Herr „Worte" des ewigen Lebens hat, denn das Wort ist das Mittel, wodurch die Person auf die Person wirkt.

[3]) Man denke an die neueren Verurtheilungen mehr selbständig sein wollender Philosophen. Roma locuta, causa finita! Da gebührt nur ehrfurchtsvolles Schweigen und Annehmen in dem Gefühle der eigenen Nichtigkeit!

[4]) S. oben.

[5]) Wie zieht noch selbst Möhler gegen die „unsichtbare Kirche" zu Felde (Symb., S. 418 ff.)

römischen Organisation das Regiment der Kirche, das Imperium in Gemein=
schaft mit dem Sacerdotium und als ein Recht des letzteren, zukommt. Das
Imperium führen und Autorität sein sind natürlich sich deckende Begriffe,
und — so ist es doch eigentlich auch in der römischen Kirche gemeint: der
Hierarchie, dem über der Kirche stehenden Priesterthum kommt die Autorität
zu. [1] Aber treten nicht hier schon die größten Schwierigkeiten hervor?
Abgesehen davon, daß der Streit, ob dem Papst oder dem Concil als der
Versammlung der Kirchen'häupter die oberste und damit wirkliche Autorität
zustehe, wohl praktisch, aber doch noch keineswegs theoretisch und gesetzlich
entschieden ist [2], kann man denn wirklich eine Hierarchie als oberste Auto=
rität für die Kirche anerkennen, von der man selbst zugestehen muß, daß
sie viele Mitglieder und selbst in ihren obersten Spitzen gehabt habe, welche
„von der Hölle verschlungen worden sein"? [3] Da muß die Qualification
dieser Hierarchie zu der ihr vindicirten Stellung denn doch im höchsten Grade
bedenklich werden, wie denn auch Möhler [4] wenigstens bei dieser Lage der
Dinge sich zu dem Geständniß gedrungen fühlt, daß nicht ein Einzelner
in der Kirche, wer er auch sein möge, auf Unfehlbarkeit und damit denn
doch auch kein Einzelner auf Autorität Anspruch habe, daß diese vielmehr
nur der Kirche in ihrer Gesammtheit zustehe. Diese Consequenz ist
allerdings unvermeidlich. Giebt man die Fehlbarkeit und Verirrlichkeit der
Hierarchie auch in ihren obersten Spitzen zu und will man doch der Kirche
diese Qualification und damit auch die, oberste Autorität zu sein, beilegen,
so kann man dieselbe nur der ganzen Kirche vindiciren, der Kirche als
dieser Gesammtheit, und zwar nun nicht etwa, wie sich dieselbe in einem
Zeitmomente ihrer Entwicklung darstellt — denn da kann sie ja auch sehr
auf Abwege gerathen sein [5] — sondern vielmehr, wie sie als ein continuir=
liches Ganze in der Aufeinanderfolge der sich ablösenden Geschlechter durch
ihre ganze Geschichte hin sich entwickelt hat. So will es denn allerdings

---

[1] Wobei es natürlich nur eine Modification besselben Princips ist, wenn die Einen
(die Jesuiten) dem Papst, die Anderen (Episkopalen) dem Concil die Autorität zu=
schreiben. Möhler, der leugnet, daß einzelnen Personen die Unverirrlichkeit zukomme,
der diese nur der ganzen Kirche zuschreiben will (Symb., S. 361), sollte consequenter
Weise das Papalsystem eben so, wie das Episkopalsystem verwerfen, anstatt bloß zwischen
beiden eine Vermittelung zu suchen.

[2] Noch ist die Infallibilität des Papstes als dieser über der Gesammtheit der
Bischöfe stehenden Person nicht zum Dogma erklärt, aber praktisch gilt sie längst, und
man hat deßhalb Recht, wenn man vermuthet hat, es schwebe dies Dogma bereits in
der Luft.

[3] Möhler, Symb., S. 358.

[4] Ebendas. S. 361.

[5] Möhler gesteht wenigstens, sie sei oft durch schwere Zeiten hindurch gegangen
(vgl. Symb., S. 365 ff.).

Möhler verstanden wissen [1]), und es läßt sich nicht leugnen, daß dieß, wie es derselbe vor Allem betont, wenigstens ein wesentliches Moment in der Anschauung der römischen Kirche von sich selbst als der Trägerin der genuinen Tradition und damit der höchsten Autorität für ihr eigenes Glauben und Leben, als der Richterin in Glaubens= und Disciplin=Sachen bildet. [2]) Aber stellen sich nun gerade hier nicht auch die allergrößten Schwierigkeiten entgegen? Die Kirche als Ganzes in dem Fortgange ihrer eigenen Entwicklung ist die Quelle der Wahrheit für uns, die Autorität, der wir uns beugen, zu deren Füßen wir mit unbedingtem Glauben sitzen sollen? Aber — wo ist dieses Ganze als Ganzes denn vorhanden? und wie erfahren wir denn, was dieses Ganze denn nun als die Wahrheit herausgestellt hat? Wirklich, muß man sagen, ist die Kirche doch nur, wie einestheils in ihren einzelnen Mitgliedern, so auch in den einzelnen sich im Verlaufe ihrer Geschichte ablösenden Geschlechtern, nirgend aber tritt sie als dieses Ganze selbst auf [3]), und — wenn nun die einzelnen Menschen und Geschlechter, die die Kirche bilden, nicht unfehlbar, nicht völlig in der Wahrheit, nicht frei von Verirrungen sind, wie kann es dann das Ganze sein? Dann finden wir doch ohne Zweifel das Ganze, das nirgend als solches auftritt, sondern eben nur in den Einzelnen Wirklichkeit hat, eben so von Irrthümern und Verirrungen durchsetzt, wie die Einzelnen es sind. [4]) So bekennt denn ja auch Möhler [5]), daß nicht die Aufstellungen der s. g. Kirchenväter, nicht Das, was sie, die zu ihrer Zeit den Geist der Kirche dargestellt, gelehrt haben, mit Dem zu verwechseln sei, was als gemeine Tradition bezeichnet werden müßte: diese haben vielmehr, auch nach Möhler, nur ihre Privatmeinungen ausgesprochen, zu denen sich ein Jeder frei verhalten, sie annehmen oder verwerfen darf. Was ist aber dann noch die Tradition, die die Kirche bewahrt hat und durch die sie Autorität ist? Möhler sagt: Das christliche Gemeingefühl! [6]) Er zieht sich also auf etwas rein Unbestimmtes zurück und muß das wohl thun, denn wenn er alles Bestimmte, worin die Kirche im Laufe ihrer Entwicklung den Inhalt ihres Lebens ausgesprochen hat, als nicht zur Tradition hinzugehörig betrachtet, so bleibt eben nur ein unbestimmtes Etwas übrig, das man allenfalls als

---

[1]) Ebendas. S. 359.

[2]) Auch in der letzten Encyclica berief sich Pius IX. ja darauf, daß er nur ausspreche, was seine Vorfahren längst ausgesprochen hätten.

[3]) Vgl. oben §. 7, 3.

[4]) Eben so, wie man Strauß, der den Begriff „Menschheit" an die Stelle Christi als des Sohnes Gottes setzen will, antworten muß: wenn der Einzelne nicht im Stande ist, den Begriff des Menschen, wie er nach Gottes Willen sein soll, in seiner Person völlig darzustellen, dann auch die Menschheit nicht als die Gesammtheit der Einzelnen.

[5]) Symb., S. 382 ff.

[6]) Symb., S. 378 ff.

das christliche Gemeingefühl bezeichnen kann, das aber — wenn man es nun bei Lichte besieht, doch eigentlich nichts Anderes ist, als Dasjenige, was von dem ursprünglichen Lebensinhalte Jesu Christi unter allen Verirrungen in der Kirche erhalten geblieben ist, das, was sie empfangen, aber nicht selbst gesetzt hat, und das sie in voller Reinheit nur haben kann, wenn sie es immer auf's Neue von Jesus Christus empfängt, indem sie sich immer auf's Neue auch auf ihn in seiner geschichtlichen Erscheinung zurück bezieht. [1]) Die römische Anschauung löst sich selbst auf, und erst dann kommt man aus ihr heraus wieder zu einer wirklich haltbaren Erkenntniß, wenn man die Kirche nicht als in sich selbst den Quell des Lebens habend betrachtet, sondern wenn man sie erkennt als diese Gemeinschaft, die immerfort durch alle ihre Glieder hindurch zu Christo in dem Verhältniß des Glaubens zu stehen hat, um sein Leben von ihm zu empfangen, und die dieses Lebens nur in dem Maaße theilhaftig ist, als sie in diesem Verhältniß zu ihm steht, als er ihr die alleinige Autorität, weil der ewig einzige Grund und Autor ihres Lebens ist. Indem Möhler, um den Schwierigkeiten der römischen Anschauung zu entgehen und diese doch festhalten zu können, die Gesammtkirche den Einzelnen entgegensetzt, ohne zu bedenken, daß die erstere nur in den letzteren wirklich, also mit ihnen in ihrer Summe identisch ist, setzt er eigentlich eine i d e a l e Kirche der e m p i r i s c h w i r k l i c h e n entgegen, der empirisch wirklichen, wie sie das reine Verhältniß zu ihrem Grunde und deßhalb auch das Leben dieses Grundes nicht rein bewahrt hat [2]), und — diese ideale Kirche, zu welcher die empirische nun doch immermehr empor wachsen soll [3]), welche ist es nun anders, als die, deren alleiniges Haupt Christus ist, die mit der Person Christi auch in allen ihren Gliedern lebendig verbunden ist, er ihr Alles gebend, sie Alles von ihm empfangend, diese Kirche, wie sie von den Reformatoren als die allein wahre erkannt worden ist und

---

[1]) Wenn der L e r i n e n s e r meint, orthodox sei, was immer und von Allen gelehrt sei, so kann dieß doch im Grunde nichts Anderes sein, als das, was ursprünglich, also von dem Herrn her der Kirche eigen ist, und — so kommt es denn doch zuletzt darauf an, daß man Alles, was die Kirche später gelehrt und bestritten hat, auch an dem prüfe, was ihr durch Christus mitgetheilt ist, d. h. Christus ist die höchste und alleinige Autorität für die Kirche (vgl. Joh. 8, 31). Und — woran soll denn auch bemessen werden, ob die persönlichen Meinungen und Auslegungen der Kirchenväter, von denen M ö h l e r sagt, sie bildeten nicht die Tradition und seien deßhalb frei zu geben, mit der christlichen Wahrheit übereinstimmen oder nicht? ja, woher weiß M ö h l e r, daß dieser oder jener Papst hat „von der Hölle verschlungen" werden müssen? Ist ihm da nicht doch am Ende Christus, wie er in den Evangelien erscheint, der Maßstab der Beurtheilung, und nicht so ein unbestimmtes Etwas, wie das „christliche Gemeingefühl"?

[2]) M ö h l e r fühlt das sehr wohl, denn eben deßhalb spricht er ja nur der „Gesammtkirche" die Unverirrlichkeit zu.

[3]) Eph. 4, 12 ff.

die in sofern wenigstens aller richtigen kirchlichen Ordnung zu Grunde liegen muß, als diese Nichts enthalten darf, wodurch dieß seinsollende Verhältniß der Kirche zu ihrem alleinigen Haupte gestört und aufgehoben würde? [1]

In der Kirche Jesu Christi bildet die geschichtliche Person des Herrn die alleinige Autorität für die Gesammtheit, wie für jeden Einzelnen, und damit dürfte denn auch das abgewiesen sein, was man in unseren Tagen so oft [2] gegen eine geordnete Gemeindeverfassung eingewendet hat: daß dieselbe zur Herrschaft der Majorität in der Kirche führen müsse. „Autorität, nicht Majorität", lautet die Losung Stahl's, und wir stimmen ihm vollkommen bei, was diesen Grundsatz im Allgemeinen betrifft. Mag auf dem Gebiete des staatlichen Lebens die Majorität immerhin den letzten Ausschlag geben! Da handelt es sich um die zeitlichen Interessen, an welche zwar mannigfaches Wohlergehen des Einzelnen, wie der Gesammtheit geknüpft ist, die jedoch nicht in erster Linie das Gewissen und Seelenheil des Einzelnen berühren. Auch ist nicht einzusehen, wie die gemeinsamen irdischen Angelegenheiten einer Gemeinde anders, als durch den Willen der Mehrheit entschieden werden sollen. [3] Aber auf dem Gebiete des kirchlichen Lebens ist immer mein, dieses Einzelnen Seelenheil und Gewissen in Frage, welches davon abhängig ist, daß ich persönlich in dem rechten Verhältnisse zu dem Heilsgrunde stehe — da ist es zu thun um meine, des Einzelnen, Ueberzeugung und darauf beruhende freie Willensentschließung — und da kann und soll von einer Herrschaft der Majorität eben so wenig, wie von der eines einzelnen Mitgliedes der Kirche über die Seelen die Rede sein. [4] Daß ein Jeder nach bester Erkenntniß und mit freiem Willen dem Herrn allein sich unterwerfe, darum handelt es sich, das ist die Ordnung, die hier allein zu gelten hat: das freie, persönliche Verhältniß eines jeden Mitgliedes der Gemeinschaft zu Dem, der allein ein Recht hat, Autorität über einen Jeden in Anspruch zu nehmen, zu Jesus Christus. [5] Autorität soll und muß hier ohne Zweifel gelten,

---

[1] Wohl ist gegenwärtig dieß Verhältniß nicht in allen Gliedern der Kirche rein vorhanden, wie das seit ihrem Eintritt in die Welt niemals der Fall gewesen ist, aber — gleichwohl muß die Verfassung es als das seinsollende voraussetzen und darf keine Bestimmungen enthalten, welche ihm entgegen wären. Die Hierarchie, die es wirklich auch als seinsollendes aufhebt, ist deßhalb in einer christl. Kirchenverfassung nicht zu dulden.

[2] Die so unzählig oft ausgesprochene Befürchtung.

[3] Auch die weltlichen Dinge der kirchlichen Gemeinden, Geld- und Bausachen, selbst auch die äußerliche Ordnung des Gottesdienstes, so weit sie nur dieß ist.

[4] Vgl. u. A. 1 Cor. 4, 1 ff.

[5] Auch ist es doch wohl ein großes Mißverständniß, wenn man meint, Diejenigen, welche nach freierer Kirchenverfassung verlangen, gingen darauf aus, das Gewissen des Einzelnen zu knechten. So viel die Thatsachen beweisen, ist dieß Verlangen gegen den Gewissensdruck durch die Consistorien gerichtet.

denn die Kirche ist nicht etwas rein auf die subjective Willkür Gestelltes,
das so oder so sein könnte, je nachdem es dem Einzelnen einfiele, es zu
Diesem oder Jenem zu machen. Wie der Herr eine bestimmte geschichtliche
Erscheinung ist, völlig individuell und einzigartig, wenn auch mit dem ewigen
sittlich-religiösen Lebensinhalte in seiner Fülle durchdrungen, so ist das durch
ihn der Kirche mitgetheilte Leben auch völlig bestimmt, und die Subjectivität
hat darüber keine andere Gewalt, als es sich in der Bestimmtheit anzueignen,
in welcher es in dem Herrn dargeboten .wird. [1]) So gilt auf christlichem
und kirchlichem Gebiete denn allerdings die Autorität, und — die bloße
Subjectivität hat hier eben so wenig ein Recht, wie die scheinbare Objectivität der Mehrheit, der Kopfzahlmajoritäten. [2]) Aber — daß es die rechte
Autorität und rechte Objectivität sei! und dieß ist nicht, wie Stahl
im Einklange mit der römischen Anschauung meint, die Kirche und das „geschichtlich in ihr Gewordene" [3]) — bei Lichte besehen ist diese Herrschaft der
Kirche nichts Anderes, als die der kolossalsten Majorität, die man sich denken
kann, der Majorität eben der ganzen Kirche in ihrem geschichtlichen Verlaufe [4]), und deßhalb denn auch die schwerste Tyrannei über die Seelen [5])
— sondern die Autorität, die wirklich allein ein Recht in der Kirche haben
darf, wie über die Gesammtheit, so auch über den Einzelnen, ist der „Herr",
wie es ja auch schon dieser Name sagt. Zu ihm hat Jeder in der Kirche,
wer es auch sein mag, in demselben, nur auf den Inhalt seines Lebens
gerichteten Verhältnisse zu stehen, ohne daß es einem einzelnen Mitgliede
der Kirche oder der Majorität ihrer Mitglieder zukäme, dieß Verhältniß für
irgend Jemanden zu trüben und zu verwirren, und — so ist die Kirche
denn die wirklich freie, die in allen ihren Mitgliedern frei ist, um allein
von Christo abhängig zu sein, so ist Gewissensfreiheit auf dem Grunde
Jesu Christi Dasjenige, was der Kirche unter allen Umständen zukommt,
was sie, um ihrer eigenen richtigen Stellung zu ihrem alleinigen Haupte
willen, auf keine Weise sich rauben lassen darf, das sie vertheidigen muß
gegen jedwede Vergewaltigung. Christus die alleinige Autorität
und unter ihm Gewissensfreiheit für alle seine Angehörigen

---

[1]) S. oben.

[2]) Die eben nur eine vielköpfige Subjectivität ist.

[3]) In der That ist der Unterschied zwischen Stahl und den Römischen hier nicht
groß: beiden ist die Kirche in ihrer geschichtlichen Gewordenheit Autorität, aber teide
vergessen auch, daß die Kirche noch immer im Werden begriffen ist, daß sie den ganzen
eschichtlichen Werdeprozeß der Kirche, also die „Gesammtkirche" noch keineswegs vor
Augen haben, sie figiren diesen Prozeß nur in einzelnen Momenten und erklären diese
für das Ganze.

[4]) Die Uebereinstimmung Aller zu allen Zeiten macht der Lerinenser zum Criterium des Rechtgläubigen.

[5]) Vgl. Matth. 23, 2—4.

— die Verfassung hat eben die Aufgabe, diesen Grundsatz als einen heili=
gen und unantastbaren sicher zu stellen, und wir werden nun in dem Folgen=
den sehen, wie von ihm die Stellung der Glieder der Kirche zu einander
und zu der Gesammtheit bedingt ist. Kein Gedeihen für das Leben der
Kirche, wo dieser Grundsatz verletzt wird![1]

---

[1] 1 Cor. 3, 21 ff. 7, 23. Vgl. Bunsen, Zeichen der Zeit, S. 285: „Aber
das wollen wir frei sagen und verkündigen: Wer für Gewissensdruck und Knechtung
des Geistes arbeitet, ja, wer nicht mit aller Treue und Kraft die Freiheit des Gewissens
und Geistes im Glauben fördert, der arbeitet für den Jesuitismus und, so viel an
ihm ist, für seiner eigenen Gemeinde und Heimath Untergang und Verderben. Ist
er aber Protestant, so ist er doppelten Abscheus und Mitleids werth."

Drittes Buch.

Die kirchlichen Gesellschaftsrechte.

§. 9.

Als die an Jesus Christus als den alleinigen und ewigen Grund ihres religiös=sittlichen Lebens gebundene Genossenschaft ist die Kirche das Reich der Freiheit von Haus aus, welches aber zugleich eine vollendete Einheit darzustellen hat und um so mehr auch darstellen wird, je mehr das allen ihren Mitgliedern zukommende Leben des Herrn auch alle mit seiner Kraft durchdringt, oder mit anderen Worten: sie ist eine freie Vereinigung von solchen Personen, die alle, zu Jesus Christus als ihrem gemeinsamen Lebensgrunde in gleich unmittelbarer Weise sich verhaltend, eben deßhalb, weil dieß der Fall ist, in Hinsicht ihres religiös=sittlichen Lebens völlig selbständig gegen einander sind, die aber gleichwohl, durch den einen Herrn und durch das eine ihnen allen gemeinsam zukommende Leben, sowie auch durch die in diesem Leben ihnen allen gesetzten gemeinsamen Ziele mit einander verbunden, auch ein in sich zusammenhängendes Ganze bilden, in welchem die Liebe das persönliche Einheitsband ist, das sie alle an einander schließt.

1. Aus dem, was wir bisher als das Wesen der Kirche erkannt haben, — daß sie eine Genossenschaft solcher Personen sei, welche, auf dem Grunde des Personlebens Jesu Christi stehend, dieses Lebens auch als eines persönlichen, als des Princips ihres eigenen sittlich=religiösen Lebens theilhaftig geworden sind und nun die Aufgabe haben, dieß ihnen nun selbst zukommende Leben ihres Grundes auch als ihr eigenes zu ergreifen und in sich auszugestalten — folgt auch das in vorstehendem Paragraphen Gesagte von selbst: daß sie ein Reich der Freiheit ist [1]), an Nichts gebunden, als eben nur an den Grund ihres eigenen Lebens [2]), aber auch, daß sie, in diesem

---

[1]) Vgl. u. A. Gal. 5, 1 ff., besonders V. 13.
[2]) 1 Cor. 3, 21 ff.

tiefsten Grunde ihres Lebens einig, sich auch als ein Reich der Einheit darstellen muß[1]), als ein Reich, in welchem die Einheit in der Freiheit und die Freiheit in der Einheit besteht und beide nicht mehr als Gegensätze erscheinen, sondern als mit und in einander seiend und beide beruhend auf dem Lebensgrunde selbst, auf welchem die Kirche überhaupt als auf ihrer Voraussetzung steht.

Mit diesem Satze bezeichnen wir, wie in dem Vorigen das Verhältniß der Genossenschaft, welche die Kirche ist, zu ihrem Grunde dargestellt wurde, so jetzt das Verhältniß, in welchem die Mitglieder dieser Genossenschaft unter einander und zu dem Ganzen der Gemeinschaft selbst zu stehen haben, und auch dieß richtig zu erkennen, ist, wie Jeder leicht sieht, von der höchsten Wichtigkeit, zumal die Verfassung der Kirche ja darauf hinaus geht, das Verhältniß ihrer Glieder unter und zu einander in eine dem Wesen der Kirche angemessene und ihr selbst gedeihliche Ordnung zu bringen. Daher wird es denn nun auch nöthig sein, dieß Verhältniß näher zu untersuchen und klar zu stellen, und zwar eben auf der Voraussetzung Dessen, was wir bisher als das Wesen der Kirche erkannt haben. Es handelt sich hier im Wesentlichen um die Gesellschaftsrechte und Gesellschaftspflichten, wie sie in der christlichen Genossenschaft als solche zu gelten haben und den einzelnen Genossen in ihrem Verhältniß zu einander und zum Ganzen zukommen, und die Entscheidung über die wichtigsten Fragen der kirchlichen Organisation selbst wird davon abhängen, wie diese Rechte und Pflichten als dem Wesen der Kirche entsprechend bestimmt werden müssen.[2])

Und da ist es denn vor allen Dingen nothwendig, das Verhältniß zwischen der Freiheit, wie sie innerhalb der kirchlichen Gemeinschaft zu bestehen hat, und der Einheit, zu welcher die Genossenschaft verbunden sein soll, richtig zu bestimmen, und zwar so, daß beide, die Freiheit sowohl, wie die Einheit, zu ihrem völligen Rechte kommen, daß die eine die andere nicht aufhebe, daß beide vielmehr als mit einander und in einander bestehend erkannt werden, als solche, die sich gegenseitig nicht aufschließen und vernichten, sondern im Gegentheil, die sich fordern und fördern.

Nicht immer ist das Verhältniß, wie es zwischen beiden bestehen soll, richtig erkannt und bestimmt worden, sondern oft genug ist es im Laufe der kirchlichen Entwicklung vorgekommen, daß man entweder die Freiheit, wie sie allerdings für das Leben in der Kirche gefordert werden muß, mit Hintansetzung und Aufhebung der Einheit betont hat, die doch eben so sehr

---

[1]) Eph. 4, 3 ff. 1 Cor. 12, 4 ff.

[2]) Wir erinnern an das schon oben (Bd. I, §. 4, 3) Gesagte, daß es sich um Organisation der Kirche nicht bloß als einer Genossenschaft überhaupt, sondern als der christlichen Genossenschaft handelt.

schon in dem Begriffe der Kirche als einer Genossenschaft liegt, oder daß das Umgekehrte der Fall gewesen ist: ein Preisgeben der Freiheit zu Gunsten einer freilich sehr äußerlich und mechanisch gefaßten Einheit. In die erstere Einseitigkeit sind meistens die christlichen, neben dem „stolzen Bau" der Kirche ihre Hüttlein aufschlagenden Sekten verfallen [1]), und am Weitesten gehen darin ohne Zweifel die Independenten [2]), welche ja ihren Namen von dieser ihrer Richtung empfangen haben und bei denen man in der That doch zuletzt fragen muß, wo denn bei allem Betonen und Behaupten der persönlichen Freiheit jedes Einzelnen die Genossenschaft als Ganzes überhaupt bleibe, die wenigstens das Band, das die in Christo freien Personen zu einer in sich geschlossenen Gemeinschaft vereinigen sollte, nicht immer haben finden können. Dagegen die „Kirche" — wer kennte ihre Geschichte und wüßte nicht, daß gerade sie so oft am Wenigsten verstanden hat, die Freiheit, wie sie, um mit Luther zu reden, einem „Christenmenschen" zukommen soll, auch nur einigermaßen zu achten und gelten zu lassen, daß es ihr vielmehr immer auf's Neue widerfahren ist, in dem Bestreben, sich als die eine auch äußerlich darzustellen, die Freiheit in ihrem Innern völlig aufzuheben? Nicht bloß von der römischen Kirche muß dieß gesagt werden, welche diese Unterdrückung jeglicher Freiheit in ihrem Innern zu Gunsten der Einheit, nach der sie strebte, als die Signatur ihrer selbst an der Stirn trägt [3]) und oft genug sogar mit Feuer und Schwert, anstatt mit den Waffen des Geistes einher geschritten ist, um jedes Auftauchen persönlicher Selbständigkeit im Denken und Leben auf die brutalste Weise zu Boden zu schlagen [4]), sondern

---

[1]) Wiewohl auch nicht verkannt werden kann, daß oftmals auch die Sekten und vor allen Dingen die conventikelartig sich abschließenden Coterieen die Freiheit genugsam beschränkt haben. Es gibt auch ein Sektenchristenthum, das enge genug ist, um jedem selbständigen christlichen Glauben und Denken den Raum zu versperren.

[2]) Vgl. über sie besonders Dan. Neal, history of the Puritans. Es ist übrigens sehr verkehrt, die Independenten zu einem Popanz zu machen, um damit von den Freiheitsbestrebungen auf kirchlichem Gebiete abzuschrecken, wie dieß leider oft genug geschehen ist. Sie vertreten eine Seite des kirchlichen Wesens, die durchaus beachtet werden muß, und nur in ihrer Einseitigkeit könnten ihre Grundsätze verderblich sein.

[3]) Selbst die nationalen Eigenthümlichkeiten der Völker hat Rom nie zu achten gewußt, geschweige denn die individuellen der einzelnen Persönlichkeit. Alles sollte eben lateinisch, römisch sein, selbst bis auf die kirchliche Sprache, die Liturgie u. s. w. Daher war es so bedeutungsvoll, daß Luther eine deutsche Messe herzustellen suchte.

[4]) Wer die Kirchengeschichte kennt, wird wissen, daß wir nicht zu viel sagen. Die Einheit der Kirche war in Rom der Moloch geworden, dem man Feuer um Feuer anzündete, und von diesem Flecken werden auch die Historiker der Münchener histor.=pol. Blätter ihre Kirche nicht rein waschen können. Möhler sucht freilich neben der Einheit auch für die Freiheit einen gewissen Raum in seiner Kirche zu vindiciren (Symb., S. 382 ff.), aber man muß doch sagen: noch immer einen sehr engen Raum und der auch nicht einmal im Sinne Rom's liegt. Vgl. die neuesten Verurtheilungen deutscher Philosophen.

auch die großen, aus der Reformation hervorgegangenen kirch=
lichen Genossenschaften haben sich nicht immer vor diesem Abwege zu be=
wahren gewußt. Die Reformatoren, ursprünglich auf ihr als dieser Ein=
zelnen eigenes Gewissen und ihre eigene bessere Einsicht gestützt und damit
der geschlossenen Einheit der kirchlichen Hierarchie gegenüber stehend, die sie
nicht gelten lassen wollte, mußten wohl die Freiheit als ihr persönliches
und deßhalb auch als das in der Kirche zur Geltung zu bringende Gesell=
schaftsrecht behaupten[1]), und sie finden wir deßhalb im Anfange auch als
Solche, die mit Ernst daran denken, dieß Recht auch in die kirchliche Orga=
nisation selbst einzuführen[2]), nicht selten sogar es mit großer Einseitigkeit
betonend.[3]) Aber bald machte sich auch bei ihnen doch der Einheitsgedanke
nicht nur überhaupt wieder geltend, sondern sogar auch zum Theil in der
Weise, daß darüber die Freiheit zu kurz kam[4]), und in späteren Zeiten
haben die aus der Reformation hervorgegangenen Kirchen bloß die Einheit
des Ganzen oft nicht minder einseitig und nicht minder äußerlich in's Auge
gefaßt, als dieß von Seiten Roms geschehen ist.[5])

Erklärlich ist das nun allerdings wohl, sowohl die Neigung der Sekten
und Derer überhaupt, die der bestehenden Kirche entgegen standen, zum
Independentismus, als die der Kirche selbst zu diesem völligen Ignoriren
und Vergessen der dem christlichen Leben, wenn es wirklich gedeihen soll,
so nothwendigen und mit ihm schon im Princip gesetzten Freiheit als eines
unveräußerlichen Christenrechtes. Denn wie in den auf sich selbst gestellten
und von der großen Christengemeinschaft ausgeschlossenen Sekten das Be=
wußtsein ihrer Selbständigkeit vor allen Dingen rege sein mußte, so ist es
auch nicht zu verwundern, wenn die Kirche, sich als dieß große Ganze füh=
lend, auch von diesem Gefühle besonders sich leiten ließ, namentlich in den
Zeiten, wo es für sie galt, als eine geschlossene Phalanx den erst noch zu
christianisirenden Völkern gegenüber zu stehen.[6]) Aber wenn dieser Kampf

---

[1]) So verlangt Luther, daß kein Bischof in der Gemeinde Etwas anordnen dürfe,
ohne deren ausdrückliche oder stillschweigende Zustimmung (vgl. Werke, Erl. Ausg.,
22, 93 f.).

[2]) Vgl. Schenkel, Wesen des Protestantismus, III, §. 1—2. Köstlin, Luther's
Lehre von der Kirche, S. 163 ff.

[3]) So oft genug bei Luther in Stellen, wo er für das Individuum die un=
beschränkteste Freiheit in Anspruch nimmt.

[4]) Vgl. Schenkel, a. a. O. §. 3 ff. Wie Luther im Abendmahlsstreit eine
Verschiedenheit in der persönlichen Auffassung nicht leiden wollte, und wie verhängniß=
voll gerade dieser Streit für die Freiheit innerhalb der Kirche geworden ist, ist bekannt.

[5]) Auf diesem einseitigen Einheitsgedanken beruhte das ganze Concordienwerk, und
Ursinus warnte in seiner „Admonition" vergeblich, die Einheit nicht auf Kosten der
Wahrheit und Wahrhaftigkeit zu begründen.

[6]) Dieß Bedürfniß ist für jene Zeiten unbestreitbar, nur daß man dadurch sich

zwischen den beiden Gegensätzen der Freiheit und der Einheit, wie sie in der christlichen Kirche als aufgehobene sein sollten und wie ihn gleichwohl die Geschichte der christlichen Welt bis auf den heutigen Tag uns zeigt [1]), denn auch gar sehr erklärlich ist, so — muß nun doch gesagt werden, daß weder der Herr, noch seine Apostel in diesem Gegensatze befangen gewesen sind, daß in den neutestamentlichen Schriften vielmehr Beide, die Freiheit wie die Einheit, als der christlichen Gemeinschaft zukommend erscheinen, und daß — auch dem Wesen der christlichen Kirche der Kampf zwischen diesen beiden Forderungen so wenig entspricht, daß im Gegentheil alles Ernstes gefordert werden muß, das richtige Verhältniß zwischen beiden zu erkennen und verfassungsmäßig herzustellen, ein Verhältniß, in welchem sie nicht mehr als Gegensätze, sondern als mit und in einander seiend erscheinen und zur Geltung kommen.

2. Blicken wir in das N. T. hinein, da tritt uns überall der Ge= danke entgegen, daß die Kirche sowohl eine freie, als auch eine in sich einige Genossenschaft sei, und zwar Beides in dem Maaße, daß eben so= wohl die Freiheit durch die ganze Genossenschaft und auf jedes ihrer Glieder sich erstrecke, wie auch alle Glieder der Genossenschaft zu einem geschlossenen Ganzen, zur vollen Einheit und Lebensgemeinschaft verbunden seien. So vor Allem bei dem Herrn selbst. Indem er das Bruderverhältniß der Seinen unter einander aller Orten auf das Geflissentlichste hervorkehrt [2]), wehrt er eben damit jede geistige Abhängigkeit des Einen von dem Andern, jede Bevormundung des sittlich=religiösen Lebens, durch welchen unter seinen Jüngern und über welchen sie auch geübt werden möge, eben so bestimmt ab [3]), als er das Band der Einheit, das sie Alle umschließen soll, mit allem Nachdrucke hervor hebt [4]), so daß man sagen muß: Christus schaut seine Gemeinde als die freie und in sich einige zugleich an, er hat keinen Gedanken daran, daß sie das Eine nicht eben so gut sein sollte, als das Andere, daß das Eine irgend wie durch das Andere ausgeschlossen werden könnte. Eben so aber auch die Apostel. Paulus zumal behaup= tet immer mit großem Anliegen Beides. Daß die Christen die Freien sind,

auch verführen ließ, den Einheitsgedanken so zu überspannen, daß alle Freiheit ver= loren ging.

[1]) Daß praktisch für die Kirche schon das rechte Verhältniß zwischen Freiheit und Einheit hergestellt sei, wer möchte es behaupten? Die alten Irrthümer und Einseitig= keiten sind in unseren Tagen genugsam wieder hervorgetreten, und — daher sind die Untersuchungen über diesen Gegenstand so wichtig gerade in unserer Zeit. Ein gutes Theil der Gesundheit des christlichen Gemeindelebens hängt daran.

[2]) Vgl. u. A. nur die schon oft erwähnte Stelle Matth. 23, 8 ff., aber wie oft auch sonst.

[3]) Ebendas. und Matth. 20, 25.

[4]) Besonders Joh. 17, 21 ff.

von keinem Menschen abhängig, wie oft kehrt diese Behauptung und die Ermahnung, in dieser Freiheit zu bestehen, in seinen Briefen wieder![1]) aber — wie stellt er auch den Einheitsgedanken in's Licht! wie ist ihm diese Genossenschaft der in Christo frei und mündig Gewordenen doch auch wieder der eine, auf das Engste zusammen hängende „Leib des Herrn", in welchem kein Zwiespalt, kein Losreißen des einen Gliedes von dem anderen stattfinden darf[2]), dessen Zertrennung vielmehr als ein Frevel an dem Herrn der Kirche und an Gott selbst gilt.[3]) Und so wird auch von Johannes die Gemeinde als eine solche angesehen, die aus lauter Freien besteht, in der Keiner von dem Andern, was sein religiös-sittliches Leben betrifft, abhängig ist[4]), in der aber doch Alle auch wieder die vollste „Gemeinschaft" mit einander haben, eins sind in dem tiefsten Grunde ihres Lebens und in solcher Einheit auch wirklich bestehen[5]), eine Anschauung, mit der denn wiederum auch Petrus übereinstimmt, wenn er[6]) die Gemeinde als ein „Volk" beschreibt, das aus Priestern und Königen besteht, als das „geistliche Haus" Gottes, dessen Bausteine aber alle „lebendig" sind, weil sie alle zu dem einen „lebendigen Steine", zu Christo, gekommen sind. Auch hier ist doch die Freiheit und Einheit der Gemeinde zugleich behauptet, und — so im ganzen N. T., überall diese eine und gleiche Anschauung: die Christen sind die Befreiten Gottes, in ihrem sittlich-religiösen Leben allein auf Gott in Christo Jesu gestellt und von keiner anderen Instanz, weß Namens sie auch sei, unter welchem Vorwande sie sich auch geltend machen möchte, abhängig, aber — zugleich bilden sie eine in sich geschlossene Einheit, in welcher Einer mit dem Andern verbunden ist[7]), ein „Volk", eine „Bürger- und Hausgenossenschaft"[8]), in welcher alles Getrenntsein aufhört, in welcher Einer für Alle und Alle für Einen einstehen, und — die sich selbst bis auf die irdischen Dinge, bis auf Geld und Gut erstreckt.[9])

---

[1]) Vgl. u. A. 1 Cor. 7, 23, Gal. 5, 1 ff. und eigentlich den ganzen Galaterbrief.

[2]) Eph. 4, 3 ff. 1 Cor. 12, 4 ff. besonders V. 15 ff.

[3]) 1 Cor. 3, 17, welche Stelle doch offenbar in Beziehung auf das die Einheit der Gemeinde zerreißende und dadurch „den Tempel Gottes verderbende" Parteitreiben zu Korinth geschrieben ist.

[4]) 1 Joh. 2, 27.

[5]) 1 Joh. 1, 3. Die Gemeinschaft, von der hier die Rede ist, ist ohne Zweifel als eine wirklich bestehende, nicht bloß gedachte, aber als auf dem tiefsten, innerlichsten Grunde des Lebens selbst beruhende zu verstehen.

[6]) 1 Petr. 2, 4 ff.

[7]) Eph. 4, 15 ff.

[8]) Eph. 2, 19.

[9]) Vgl. Apostelgesch. 2, 41 ff. 4, 34 ff., wo die Einheit der Gemeinde im ersten Anlaufe der Begeisterung am Stärksten hervortritt, doch auch so, daß die Freiheit nicht beeinträchtigt wurde, wie aus Apostelgesch. 5, 4 hervor geht. Die hier hervor-

Und wenn man nun genauer hinsieht, so läßt sich auch sehr wohl erkennen, worauf hier Beides, die durch alle Glieder der Gemeinde sich erstreckende persönliche Freiheit eben sowohl, wie die alle umschließende Einheit beruhte: wie sie beide eben in dem tiefsten Grunde des christlichen Lebens ihre gemeinsame Wurzel hatten, wie die Freiheit sowohl als die Einheit auf dem Verhältniß ruhte, in welchem die ganze Genossenschaft durch alle ihre Glieder hin zu Demjenigen stand, der eben der alleinige Grund ihres Lebens war, zu Jesus Christus. Weil er, der Herr, der alleinige Grund des Lebens in der Gemeinde war, das alleinige Haupt und der Meister, neben dem es keinen anderen geben konnte und durfte [1]), eben deßhalb war es auch nöthig, daß ein jedes Glied der Gemeinde zu ihm in demselben unmittelbaren Verhältnisse stand, wie alle Andern und irgend Einer aus der Genossenschaft, und — eben darauf beruhte denn auch die Freiheit, wie sie jedem Einzelnen zukam, diese völlig selbständige, an menschliche Instanzen nicht gebundene Stellung, die innerhalb der Gemeinschaft jedes Glied derselben einzunehmen hatte. An Jesus Christus allein gewiesen, konnte Keiner, wer er auch sein mochte, noch an etwas Anderes und selbst auch nicht an die Gemeinde und deren Aemter hinsichtlich seines religiös-sittlichen Lebens gebunden sein, wie denn ja auch namentlich Paulus diese seine Unabhängigkeit sowohl von den Uraposteln [2]), als auch von dem Urtheile der Gemeinde [3]) auf das Bestimmteste behauptet und ein solches Verhältniß principiell auch jedem Christen ohne Unterschied vindicirt. [4]) Aber — auf eben diesem Grunde, auf welchem so die durch die ganze Gemeinschaft hin sich erstreckende Freiheit beruhte, beruhte in dem gleichem Maaße auch ihre sie Alle zusammen bindende Einheit: Jesus Christus war das Princip der Freiheit und Einheit zugleich, wie dieß auch auf das Deutlichste überall zu Tage tritt und gewußt wird. Das Bruderverhältniß, in welchem alle seine Jünger zu einander stehen sollen, begründet der Herr selbst doch damit, daß sie in ihm den einen „Meister" und durch ihn in Gott den einen gemeinsamen Vater haben [5]), und wie spricht er es da, wo er von der „Einheit" der Seinigen unter einander redet [6]), doch auch auf das Ausdrücklichste aus, daß diese ihre Gemeinschaft unter einander auf der Einheit ruhe, in welcher sie mit ihm und

---

tretende Gütergemeinschaft beruhte rein auf Freiwilligkeit, und die Einheit hatte die Freiheit zur Voraussetzung.

[1]) Matth. 23, 8 ff. Eph. 4, 15. 1 Cor. 3, 11. 1 Petr. 2, 4 u. v. a. St.
[2]) Gal. 1 und 2.
[3]) 1 Cor. 4, 3 f.
[4]) Gal. 3, 26 ff. 1 Cor. 3, 21 ff. Paulus erklärt ausdrücklich, daß in ihrer Stellung zu Christo kein Unterschied unter den Christen sei.
[5]) Matth. 23, 8.
[6]) Joh. 17, 21 ff.

dem Vater ständen! Weil Alle mit einander auf dem einen und selben Lebensgrunde stehen, weil sie deßhalb durch ihn auch des gleichen religiös=sittlichen Lebens theilhaftig geworden sind und für ihr Streben auch das eine gemeinsame Ziel empfangen haben[1]), deß= halb sind sie nun auch unter einander geeinigt in ihrem Leben und Streben, deßhalb bilden sie die geschlossene Phalanx, die für das, was ihnen zu Theil geworden, auch gemeinsam den Kampf mit der Welt zu bestehen haben[2]), dieß Volk Gottes, in welchem sich alle Glieder als die gleichen und gleich= artigen erkennen[3]) und in welchem eben deßhalb auch die Liebe das Band ist[4]), das zwar innerliche persönliche Seelenband, das sie nun aber auch äußerlich und für die Zwecke ihres Lebens zu einer völligen Gemeinschaft mit einander zusammen schließt. Wer, der die Stellen aus den Schriften der Apostel, in denen diese von der Einheit der Kirche reden[5]), nur einiger= maßen unbefangen betrachtet, müßte nicht zugestehen, daß hier in der That der Herr sowohl das in ihm gegebene gemeinsame Leben als auch das durch ihn „vorgesteckte" gemeinsame Hoffnungs= und Kampfesziel als den alleinigen Einheitsgrund der Kirche überhaupt dargestellt und daß diese Einheit als verwirklicht angeschaut wird allein durch die Liebe, in der sich die auf diesem gleichen Grunde Stehenden nun auch gemeinsam umfassen?[6])

So ist die apostolische Kirche denn allerdings die freie und einige zugleich, ein Reich der Freiheit, das aber zugleich auch ein wirk= liches Reich ist, zu voller Lebensgemeinschaft verbunden, und zwar ist sie

---

[1]) Eph. 4, 3 ff. 1 Cor. 12, 4 ff., besonders auch V. 12 f. 1 Joh. 1, 3 u. a. St. Nirgends tritt eine andere Einheit hervor, als diese, nirgend die Einheit des s. g. Kirchenregiments und der Verfassung, nirgend auch die der Gebräuche, Liturgieen u. s. w., weßhalb denn auch die auf diese Dinge gerichteten Einheitstheorieen der Rö= mischen und derjenigen „Evangelischen", die jenen darin beistimmen, bestimmt als un= evangelisch zu verwerfen sind. Die Einheit beruht nach den Aposteln auf dem einen Herrn, dem einen in ihm empfangenen Geiste und der einen durch ihn gegebenen Hoffnung, und das einzige Einheitsband, das die Apostel kennen, ist die auf diesen drei Momenten beruhende Liebe (vgl. Gal. 2, 9 u. 10. Eph. 4, 16: „Alles in Liebe")

[2]) Daß der Kampf ein gemeinsam zu bestehender sei, tritt oft genug hervor, und darum ermahnt auch der Apostel (Röm. 15, 30): „helfet mir kämpfen mit Beten".

[3]) Eph. 5, 30.

[4]) Col. 3, 14.

[5]) Eben die oben angeführten.

[6]) Von römischen Voraussetzungen ausgehend, kommt man freilich dahin, unter dem „einen Hirten", von dem Joh. 10, 16 die Rede ist, den Tiarenträger zu Rom zu verstehen. Und welch' ein eigenthümliches Schriftverständniß verräth es, wenn Perrone, l. c. T. II. §. 455 schreibt: »Apostolus commemorat corpus Christi, non autem membra huc illucque dispersa, aut corpus sine capite, tunc enim truncam plane vocasset«. Die Kirche ohne Haupt soll die ohne den Papst sein, aber — weiß der gelehrte Mann denn nicht, daß Paulus ausdrücklich Christum als das Haupt der Kirche bezeichnet? Die Gemeinde ist nach Eph. 1, 22 ff. Christi, nicht des Papstes Leib.

Beides auf demselben Grunde. Indem alle ihre Mitglieder zu Christo in dem gleich unmittelbaren Verhältnisse stehen, und zwar in einem solchen, das nicht etwa durch äußerliche Zwangsmittel, sondern allein durch Mittel, wie sie dem freien persönlichen Leben selbst angehören, durch Wort und Geist zu Stande kommt [1]), ist sie das Reich der Freiheit überhaupt, aber indem auch Alle in diesem gleichen Verhältniß stehen zu dem einen Grunde ihres Lebens und dadurch Alle auch seines Lebens und des in ihm gegebenen Berufes theilhaftig sind, sind sie auch zur Einheit in dem tiefsten Grunde ihres Lebens verbunden, sind sie eine wahrhafte Genossenschaft im vollsten Sinne dieses Wortes; und — sollte es so nun nicht auch mit der Kirche Jesu Christi immerfort bleiben müssen? sollte dieß Verhältniß nicht als das allen ihren Gestaltungen unantastbar zu Grunde zu legende zu betrachten sein? sollte nicht gesagt werden müssen, daß alle Darstellung der Kirche als eines in sich gegliederten Organismus eben dieß Verhältniß darzustellen und alle Entwicklung derselben nur darauf hinaus zu gehen habe, es immer reiner, immer völliger heraus zu bilden? [2])

3. So lange die Kirche wirklich das ist, als was wir sie in dem Bisherigen erkannt haben, wird man auch diese Frage nur bejahen können. Wie in der apostolischen Kirche der Gegensatz von Freiheit und Einheit aufgehoben war, so soll es auch immerdar sein, und wo dieß nicht der Fall ist, wo die Einheit durch die Freiheit oder die Freiheit um der Einheit willen verletzt wird, da ist das normale Verhältniß gestört und da muß man aus dieser Störung auf schlimme Schäden schließen, die überhaupt in dem inneren, geistigen Leben der Kirche um sich gegriffen haben, da kann es gar nicht anders sein, als daß auch das Grundverhältniß der Genossenschaft, auf welchem ihre Freiheit und Einheit zugleich beruht, das Verhältniß derselben zu dem Grunde ihres Lebens überhaupt gestört worden ist. Dieß hat sich ja auch noch zu allen Zeiten so gezeigt. Wo der Gedanke der Einheit sich allein und mit Verletzung der persönlichen Freiheit im kirchlichen Wesen geltend gemacht hat, da war die Voraussetzung für diese Einseitigkeit immer die, daß die Kirche wirklich nicht mehr aus Solchen bestand,

---

[1]) Sehr gut sagt Luther in der Schrift von der Obrigkeit (Erl. Ausg. 22, 90) „Gottes Wort soll hie streiten; wenn das nicht ausrichtet, so wird's wohl unausgerichtet bleiben von weltlicher Gewalt, ob sie gleich die Welt mit Blut füllet; Ketzerei ist ein geistlich Ding, das kann man mit keinem Eisen hauen, mit keinem Feuer verbrennen, mit keinem Wasser ertränken." Der Glaube ist ihm ebendas. „ein frei Werk, dazu man Niemand zwingen kann". Doch freilich erließ er diese Schrift, als man in manchen Territorien seine Bibelübersetzung verboten hatte, und — er ist sich in diesen Grundsätzen nicht immer gleich geblieben.

[2]) Es ist wohl zu beachten, daß Paulus da, wo er die Kirche als den organisirten „Leib des Herrn" beschreibt (1 Cor. 12, 4 ff.), sie in der angegebenen Weise als die freie und doch in sich einige darstellt.

welche in dem freien und unmittelbar persönlichen Verhältnisse zu Christo
sich befänden, da war mit anderen Worten das Glaubensleben in seinen
Wurzeln zerstört, und weil es eben deßhalb an der inneren geistigen Ein=
heit fehlte, wie sie mit der Freiheit nicht nur bestehen kann, sondern die=
selbe eben so voraussetzt, als gewährleistet, so mußte man eine äußerliche
Einheit auf Kosten der Freiheit herzustellen suchen, eine Einheit gerade in
solchen Dingen, in welcher dem Christen Freiheit vor Allem zukommen
sollte. [1]

Die römische Kirche bietet das klassische Bild [2] eben dieser Verkehrung
der Verhältnisse dar. Ihr ist es lediglich um die Einheit zu thun, und
zwar um die äußerliche Darstellung der Einheit im verfassungsmäßigen Or=
ganismus, und daher ist in ihr für die „Freiheit eines Christenmenschen“,
für dieß freie persönliche Leben des Einzelnen in Christo und seinem Geiste
kaum noch ein verborgenes Plätzchen zu finden, daher muß in ihr sich Alles
unter Dasjenige beugen, was diese bloße Einheit darstellt: unter den e i n e n
Episcopat, der in dem e i n e n Oberbischofe gipfelt [3], unter die e i n e Lehr=
formel, die keine Abweichung erträgt [4], unter die e i n e Liturgie, die, selbst
auf die Gefahr hin, nicht verstanden zu werden, in der ganzen Christenheit
dieselbe sein muß. [5] Das Individuum, die Persönlichkeit, die frei auf dem
göttlichen Heilsgrunde sich aufbauende und sich bewegende Seele [6] gilt da
Nichts, hat da kein Recht, muß vielmehr gezwungen werden, die Signatur
jener selbstgeschaffenen Einheit anzunehmen, ohne die Rom allerdings
nicht die Herrscherin über die Christenheit sein würde. [7] Aber fragen wir,

---

[1] Eben in den äußerlichen Ceremonieen, Liturgieen, Glaubens= oder besser ge=
sagt: Lehrformeln, im Kirchenregiment und in der äußerlichen Gestalt der Verfassung,
eine Einheit, von der es bekannt ist, daß daneben der innere Zwiespalt genugsam
bestehen blieb und daß sie stets noch der Tod aller freien Bewegung auf dem Grunde
des Heiles in Christo gewesen ist.

[2] Nicht, wie F e u e r b a c h (Wesen des Christenthums, Vorr.) will, die klassische
Erscheinung des Christenthums als solchen. Diese Meinung Feuerbach's ist die falsche
Grundvoraussetzung, auf der sein ganzes Räsonnement ruht, mit der es aber auch von
selbst fällt.

[3] M ö h l e r (Symb., S. 397) meint, eine sichtbare Kirche müsse auch ein sichtbares
Oberhaupt haben, und man muß ihm Recht geben, sobald man der Meinung ist, die
Einheit der Kirche habe sich in der Einheit des irdischen Kirchenregiments darzustellen.
Der e i n e Episcopat führt freilich nothwendig zu dem einen Episcopus.

[4] Sondern sie mit Feuer und Schwert verhindert.

[5] Wenn hier und da noch selbständige Liturgieen oder Selbständiges in den Litur=
gieen sich findet, so kommt dieß daher, weil sich das römische Einheitsprincip doch
nicht überall hat durchsetzen können. Es sind das Reste aus freierer, vorrömischer
Zeit.

[6] Vgl. 1 Cor. 3, 11, wonach ein Jeder selbst zusehen soll, was er auf dem einen
Grunde bauet, das Gericht aber dem Herrn zukommt.

[7] Die universale Machtanstalt, die zu sein Rom immer beansprucht hat.

wie es dahin hat kommen können, wie es möglich gewesen ist, daß jene so tief im Christenthum wurzelnde persönliche Glaubens= und Gewissensfreiheit so gänzlich zurück gedrängt werden konnte — die Kirchengeschichte giebt Antwort auf diese Frage! Es kam daher, daß die Seelen Derer, die sich Christen nannten, überhaupt nicht mehr in diesem unmittelbar persönlichen Verhältnisse zu Christo standen, daß das sie zugleich freimachende und vereinigende Band zwischen ihnen und dem Herrn aufgehört hatte, in ihnen wirklich vorhanden zu sein. Da blieb nichts Anderes übrig, als die nicht vorhandene innerliche Einheit durch eine äußerliche zu ersetzen, durch eine solche, die eben auf jener äußerlichen und mit Gewalt zu erzwingenden Unterwürfigkeit unter den obersten Hierarchen und seine Dekrete bestände und — die der persönlichen Freiheit um so weniger Raum verstatten konnte, als sie selbst eben nur äußerlich war. Und so überall, wo man nach der Weise Roms verfährt, auch wenn man sich evangelisch nennt, wo man auch, gleich der Kirche des Papstes, die Einheit in der Gleichförmigkeit der Formen, sei es des Regimentes, sei es der Lehrsätze, sei es des Gottesdienstes sucht, nicht bedenkend, daß gerade in diesen Stücken die Mannigfaltigkeit ein Recht hat, weil das persönliche Leben, dessen Ausdruck sie sind, auch berechtigt ist, sich frei zu entfalten. Immer deutet das Hervortreten dieser Bestrebungen auf einen Schaden, den das Leben der Persönlichkeit genommen hat: daß es nicht mehr in jenem unmittelbar persönlichen Verkehr mit Christo steht als dem alleinigen Grunde seines Lebens. Wo dagegen dieß Verhältniß zu dem Herrn ein wirkliches und nicht bloß ein vorgestelltes ist [1]), da folgt auch von selbst, daß es seiner selbst als eines freien sich bewußt ist und diese seine Freiheit auch gebrauchen will [2]), eben so gut, wie es auch die seiner Mitmenschen achtet und sie ihnen gewährt, aber — da versteht es sich auch von selbst, daß aus diesem Verhältniß das Bewußtsein der Einheit hervor geht, in welchem ein Solcher mit Allen steht, die in dem gleichen Verhältnisse zu Christo leben, der Einheit mit dieser Genossenschaft, die die Kirche ist.

Es kann das auch gar nicht anders sein. Ist Christus der alleinige Grund des Heiles und kommt es darauf an, daß ein Jeder im unmittelbar persönlichen Verhältniß zu ihm stehe, so fällt damit jede Gebundenheit, was das religiös=sittliche Leben betrifft, an irgend welche andere Instanz hinweg, so weiß sich auch der Christ nur an Christum gebunden und auch nur diesem

---

[1]) Wie etwa in der Messe und sonstigen liturgischen Dingen. Die Kirche gibt sich überhaupt mit solchen „Vorstellungen" viel zu viel ab, und — das nennt man dann „objective Darstellung!"

[2]) Wie eben Luther und die Reformatoren davon ein Beispiel sind. Weil Luther bis zu dem Herrn selbst hindurch gedrungen war, konnte er das Menschenjoch nicht mehr tragen und forderte für sich und die Christenheit die christliche Freiheit, selbst um den Preis der Trennung von der äußerlichen Einheit der Kirche.

verantwortlich für das, was er auf ihm als dem alleinigen Grunde des Lebens anbauet.[1]) Und je mehr er von dem Leben des Herrn durchdrungen wird, je mehr er in ihm sich mächtig geworden fühlt, desto mehr muß er auch von selbst schon jede andere Gebundenheit ablehnen und sich als den Freien fühlen, der Keinem, als nur dem Herrn, mit seiner Seele angehört und ihm allein zuletzt auch verantwortlich ist.[2]) Aber in demselben Maaße, in welchem so sein Freiheitsbewußtsein wächst, ganz in demselben Maaße muß nothwendig auch das Bewußtsein seiner Zusammengehörigkeit zu allen Denen wachsen, die mit ihm des gleichen Lebens in dem einen Herrn theilhaftig sind[3]), muß er sich erkennen nicht bloß als diesen Einzelnen, der für sich allein des Herrn sei, sondern als ein Glied in der Gemeinschaft Aller, die es mit ihm sind, als einen Bruder unter den Brüdern, muß er sich auch getrieben fühlen, die Gemeinschaft mit diesen zu suchen, mit ihnen sich zusammen zu thun zum gemeinsamen Trachten nach den ihnen allen in Christo gegebenen Zwecken.[4]) So entsteht denn diese Genossenschaft, die in ihrem Grunde, wie in ihren Zielen geeinigt ist, diese Vereinigung der in Christo frei Gewordenen zu gemeinsamer Thätigkeit, die wir Kirche nennen, aber so entsteht sie auch als ein Bund von Freien, die ihre Freiheit nicht aufgeben, indem sie sich vereinigen, die in der Vereinigung frei und in der Freiheit einig sind, und das allein ist das rechte Verhältniß, wie es auf dem Gebiete des kirchlichen Lebens immer unverletzt bestehen soll und wieder hergestellt werden muß, wo es gestört und verkehrt worden ist.

Freiheit und Einheit in lebendiger Harmonie, ohne daß die eine die andere aufhöbe, so verlangt es das Wesen der Kirche als einer christlichen, und ihre Christlichkeit selbst ist an die Erfüllung dieser Forderung gebunden, indem sie in demselben Maaße aufhört, eine christliche zu sein, als sie dieß Verhältniß in seiner harmonischen Gestaltung nicht mehr aufzuzeigen vermag.[5])

---

[1]) Wenn Bunsen, Kirche der Zukunft, S. 40 ff. die sittliche Selbstverantwortlichkeit als das wesentliche Moment des allgemeinen Priesterthums bezeichnet, so ist das ohne Zweifel richtig, und darauf wollte doch am Ende auch Luther hinaus, wenn er jedem Christen einen priesterlichen Character vindicirte.

[2]) Vgl. 1 Cor. 4, 1 ff. Nichts wird von dem Christen gefordert, als daß er „treu" sei, aber ob er das sei, darüber kann zuletzt nur der Herr selbst entscheiden. Daher heißt es Röm. 2, 27 auch von den „geistigen Israeliten", d. h. den Christen, daß „ihr Lob aus Gott sei und nicht aus den Menschen".

[3]) Wie dieß auch die Reformatoren, obgleich sie sich von der bestehenden Kirche schieden, stets behauptet haben in ihrer Anschauung von der unsichtbaren Kirche, von dem coetus vere credentium, den sie nicht als eine Utopie, sondern als eine wahrhafte Realität bezeichneten.

[4]) Daher der Zug nach Gemeinschaft und Gemeindebildung auch bei den Separirtesten der Separirten. Allein stehen müssen ist allerdings für den Christen das härteste Loos, obgleich er auch da den Trost des Herrn hat: Joh. 16, 32.

[5]) Gewissensfreiheit, wie wenig sie auch von der bestehenden Kirche oft anerkannt

Aber eben indem die Kirche so die Freiheit und Einheit in ihrem Zusam=
men= und Ineinandersein in sich trägt, indem sie diejenige Gesellschaft ist,
in welcher aller Gegensatz zwischen diesen beiden Polen des gesellschaftlichen
Lebens so aufgehoben ist, daß doch beide in ihr wirklich vorhanden sind,
stellt gerade auch die Kirche die höchste Form der menschlichen
Genossenschaft selbst dar, diejenige Form, in welcher die vollste freie
Bewegung jedes einzelnen Mitgliedes dieser Genossenschaft nicht bloß mög=
lich ist, sondern auch gefordert wird, ohne daß dadurch die Einheit Aller
irgend wie aufgelöst würde. [1])

Wie ganz anders ist doch hier das Verhältniß, als im Staate! Der
Staat, als die Rechtsgemeinschaft des Volkes, kann der vollen persönlichen
Freiheit des Einzelnen nicht Raum geben, ohne daß er Gefahr liefe, dadurch
nicht bloß in Verwirrung zu gerathen, sondern sich selbst, seine Einheit
völlig aufzulösen. Wohl giebt auch er der Freiheit Spielraum, nämlich in
allen den Dingen und Beziehungen, wo es auf seine Einheit nicht ankommt,
aber — seine Einheit kann er nicht auf die Freiheit gründen, kann, wo es
um sie sich handelt, nicht auf den guten Willen seiner Angehörigen warten,
sondern die muß er durchsetzen auch gegen den Willen des Einzelnen und
einen Jeden, der da widerstrebt, mit dem Rechte des Zwanges unter seine
Gesetze beugen. Da stehen Freiheit und Einheit in der That mit einander
in Gegensatz, und wenn immerhin auch eine höhere Sittlichkeit sich den
Gesetzen des Staates freiwillig unterwirft, so kann er selbst es doch nicht
darauf ankommen lassen, ob diese vorhanden sei oder nicht, sondern er muß
Unterwerfung fordern mit oder gegen den Willen des Einzelnen. [2]) Nicht
so die Kirche! Sie, wenn sie anders nicht selbst, wie die römische, von ihrem
wahren Wesen abgefallen ist, kennt keine Einheit, die nicht durch die Frei=
heit vermittelt wäre, aber freilich auch keine Freiheit, die der Einheit wider=
strebte, sie übt, um ihre Einheit durchzusetzen, keinen Zwang aus, welcher
Art er auch sein mag, sondern überläßt gerade die Einheit selbst und die
Theilnahme an ihren Zwecken, die Einordnung in sie als diese auf dem
Grunde Jesu Christi durch gemeinsame Thätigkeit nach den ihr in Christo
gegebenen Zielen trachtende Genossenschaft ganz dem guten Willen ihrer
Mitglieder, rechnet allein auf diesen und ist gewiß, um so sicherer auf ihn

---

worden ist, ist demnach doch der allein christliche Standpunkt, und das Maß der ge=
währten Gewissensfreiheit bietet am Ende einen Maßstab dafür, wie weit eine christliche
Kirche wirklich christlich ist. Es kann das aber nicht anders sein, weil das Christenthum,
wie die Religion überhaupt, zuletzt Sache des Gewissens und nicht der Convenienz
irgend welcher Art ist.

[1]) Die Einheit des Grundes und des in demselben gegebenen Zieles.

[2]) Das Gegentheil würde zur Auflösung der politischen Genossenschaft selbst, zur
Anarchie führen.

rechnen zu können, je selbständiger und freier von aller Gebundenheit an menschliche Instanzen das Verhältniß ist, in welchem jeder Einzelne zu Christo steht. Die Kirche, wenn sie anders sich selbst recht versteht, zwingt nicht und hat ja auch nicht die Mittel des Zwanges[1]), sie bittet, sie ermahnt bloß[2]), auch da, wo Lässigkeit oder Widerstreben bei ihren Gliedern sich zeigt, aber sie überläßt es dem bittenden und ermahnenden Worte, daß dieses den trägen und widerstrebenden Willen überwinde[3]), und so ist es denn immer die Freiheit selbst, an die sie sich wendet, um die Einheit zu bewahren oder herzustellen, so ist sie die einige lediglich durch und vermittelst der Freiheit, und die Einheit und das Bewahren derselben erscheint hier nicht als eine Zwangspflicht dem Einzelnen gegenüber, wie im Staate, sondern recht eigentlich als eine Pflicht des sittlichen Lebens, als eine Nothwendigkeit wohl, aber die nicht anders, als auf dem Gebiete der Freiheit, sich kund giebt und nicht anders, als auch durch die Freiheit, durch eine freie sittliche That jedes Einzelnen, Gehorsam verlangt.

Doch das ist nun noch im Einzelnen näher in's Licht zu stellen und zu zeigen, wie daraus, daß die Kirche die in der Freiheit einige und in der Einheit freie Genossenschaft des in Christo ihr verliehenen religiös-sittlichen Lebens ist, die in ihr zur Geltung kommenden Gesellschaftsrechte überhaupt sich ergeben.

§. 10.

Als Genossenschaft des persönlichen Lebens hat die Kirche die Freiheit der Persönlichkeit, d. h. die Gewissensfreiheit zu ihrer Voraussetzung und zwar so, daß sie nicht bloß in ihrem Anfange auf diesem Boden entstanden ist, sondern daß sie auch immerfort auf demselben entsteht, oder mit anderen Worten: die Mitgliedschaft in der Kirche ist durch das freie Bekenntniß jedes Einzelnen, wie zu dem Lebensgrunde der Kirche, so auch zu den in diesem ihr gegebenen Zwecken bedingt. Die Kirche kann und soll nur eine Genossenschaft freiwilliger Bekenner sein.

1. Auf dem Gebiete des kirchlichen Lebens bilden die Freiheit und

---

[1]) Vgl. Joh. 18, 36. Matth. 16, 12 ff.

[2]) 2 Cor. 5, 20.

[3]) Selbst wo sich die Kirche genöthigt sehen sollte, Jemanden von ihrer Gemeinschaft auszuschließen, ist das doch nicht eine Beeinträchtigung seiner Freiheit, sondern nur die Erklärung, daß er seine Freiheit nicht im Sinne des Christenthums anwendet. Sie entläßt ihn frei aus sich selbst, überläßt ihn seiner Freiheit. Anders freilich ist es, wenn die röm. Kirche Zwangsmittel angewendet hat, um Jemanden zur Conformität mit ihren Satzungen zurück zu führen, aber — hat sie da als christliche Kirche gehandelt?

Einheit nicht Gegensätze, sondern die Eine besteht mit der Andern und durch die Andere, so daß die Kirche die einige nur ist und sein kann durch die Freiheit, aber daß auch die Freiheit in der Einheit bestehen bleibt. Das ist das Verhältniß im Allgemeinen, wie es der Kirche als dem Reiche des persön= lichen Lebens eignet, aber — darin liegt doch nun ohne Weiteres auch schon, daß die Freiheit als die Voraussetzung und Bedingung angesehen werden muß, unter welcher die Einheit, wie innig und durchgreifend sie auch sein soll, einzig und allein zu Stande zu kommen hat. Das Erste, worauf es da ankommt, ist nicht die Einheit, sondern die Freiheit, und eben deßhalb muß diese nun auch durch alle Verhältnisse des gemeinsamen kirch= lichen Lebens bewahrt und in dem gesellschaftlichen Organismus der Gemein= schaft von vorn herein sicher gestellt und dafür gesorgt werden, daß sie um der Einheit willen keine principielle Verletzung erleide, deßhalb aber ist nun vor allen Dingen auch der Eintritt in die kirchliche Genossenschaft und die Zubehör zu ihr an die Freiheit geknüpft und kann nur durch ihre Vermittlung zu Stande kommen.

Das liegt doch nun auch völlig in der Natur der Sache, um die es sich hier handelt, nämlich des Christenthums und christlichen Lebens selbst. Wohl soll es zur Einheit, zur vollen Lebensgemeinschaft der Einzelnen mit einander kommen, und wo diese, wo wenigstens der Trieb dazu fehlt, da fehlt es ohne Zweifel auch an der vollen Energie des christlichen Lebens [1]), aber — wenn die Einheit denn auch das Ziel ist, so ist sie doch eben auch nur erst Ziel und Resultat, Resultat nämlich aus dem, was selbst durch= aus nur im Elemente des persönlichen Lebens und damit der Freiheit zu Stande kommt, aus dem persönlichen Ergriffensein der Menschen von dem einen Leben Jesu Christi. In diesem neuen Leben, das der Christ in Christo hat, ist auch die Einheit principiell immer schon mit gesetzt und wirkt deßhalb auch in einem Jeden, der desselben theilhaftig geworden ist, als Trieb der Vereinigung, wie denn ja auch auf Grund dieses Le= bens schon in dem ersten Jüngerkreise sofort eine wirkliche Genossenschaft, d. h. eine Kirche vorhanden war.[2]) Aber — immer kommt die Einheit und die Vereinigung doch nur durch die Freiheit zu Stande, ist ein Resultat dieses ganzen Prozesses, durch welchen immer mehr einzelne Persönlichkeiten

---

[1]) Wie denn Separationen, wiewohl sie auch eine sittliche Nothwendigkeit sein können, doch gar häufig nur auf einer krankhaften Richtung der sich Separirenden beruhen, z. B. auf jenem einseitigen Doctrinarismus, der eben Doctrin mit Glauben verwechselt, weil es ihm selbst am wirklichen Glaubensleben gebricht. Da will man dann, in engster Verengung des eigenen Gemüthes, nur das Eigene gelten lassen und alles anders Gestaltete gilt als „Welt", auch wenn es die Signatur Christi an sich trägt.

[2]) S. oben §. 5, 2.

aus der anders gearteten Welt gewonnen werden [1]), um das neue „Volk"
zu bilden, das der Träger des Lebens Christi sein soll, und — nur dadurch
entsteht die zur Einheit unter sich verbundene Genossenschaft überhaupt und
ist sie von Anfang an entstanden, nur dadurch, daß dieser Prozeß vor sich
geht in dem tiefsten Grunde der einzelnen freien Persönlichkeit selbst. Oder
könnte, dürfte das anders sein? Als persönliches Leben, wie das Christenthum zuerst in der Person seines Stifters vorhanden gewesen ist [2]), fällt es
auch von vorn herein in das Gebiet der Freiheit und kann eben deßhalb
auch nur mit Freiheit empfangen und angeeignet werden, kann, weil es,
wo es auch sein mag, immer nur als das sein soll und kann, was es von
Anfang an ist, als ein persönliches, auch nur an die einzelnen Persönlichkeiten sich wenden, nicht um sich dieser mit Gewalt aufzudrängen, sondern um, indem es sie eben als Persönlichkeiten gelten läßt, von ihnen
sich mit Freiheit ergreifen zu lassen. Ganz in das Gebiet des persönlichen
Lebens fallend und selbst nichts Anderes sein wollend, als dieß, wie könnte
und dürfte es denn das Persönliche des Menschen zuerst als ein Nicht-
seiendes setzen, um sich so der Seelen zu bemächtigen? wie wäre es nicht
vielmehr durch sein eigenes Wesen genöthigt, den Menschen gerade als eine
Persönlichkeit vorauszusetzen, und sich an dessen eigenes persönliches Theil
zu wenden, um so in ihn einzugehen? wie könnte es überhaupt anders den
Menschen in Besitz nehmen wollen, als so, daß dieser selbst sich mit Freiheit für dasselbe bestimmte und so es sich als sein eigenes persönliches Leben
aneignete? Und so finden wir es denn ja auch gleich im Beginne der Kirche.
Der Herr so wenig wie seine ersten Verkündiger wenden irgend welche
andere Mittel zur Aufrichtung und Sammlung der neuen Gemeinschaft an,
als die, welche dem Gebiete des freien persönlichen Lebens angehören, das
sich eben an die Freiheit wendende verkündigende Wort [3]), und nur dadurch
entsteht die Gemeinschaft, daß dieß Wort auch mächtig genug ist, um die,
die es vernehmen, zu bewegen, daß sie sich mit Freiheit für die Annahme
dessen, was da verkündigt wird, bestimmen. So aber darf und muß denn
nun gesagt werden: Die Kirche, wie sie ganz nur dem persönlichen Leben
angehört, ist auch nur ein Erzeugniß dieser Freiheit, wie dieselbe so durchaus dem Gebiete des persönlichen Lebens eignet, und diese ist deßhalb auch
das Erste, was auch bei aller Einheit, die die kirchliche Genossenschaft verbinden soll, vorausgesetzt werden muß, was nun aber auch nicht bloß im
Anfange der Entstehung dieser Genossenschaft die Voraussetzung bildet,

---

[1]) Vgl. Apostelgesch. 2, 47. Wenn auch Viele, waren es doch immerfort Einzelne,
die hinzu gethan wurden.

[2]) S. oben. §. 5, 3.

[3]) Vgl. u. A. Röm. 10, 14 ff.

sondern vielmehr immerfort, durch alle Phasen ihrer geschicht=
lichen Entwicklung hindurch die Voraussetzung und damit der Boden
ist, auf welchem sie immer auf's Neue entsteht, weil sie immerfort die Ge=
meinschaft persönlichen Lebens zu sein und immer auf's Neue aus den die=
ses Lebens theilhaft werdenden Personen · sich zu bilden hat, mit anderen
Worten: Die Kirche ist eine freie Vereinigung von Personen
auf dem ewigen Lebensgrunde derselben zu den in diesem ihr
gegebenen Zwecken, und für die Mitgliedschaft der Kirche kann
und darf allein der Grundsatz der Freiwilligkeit des Beken=
nens zu ihrem Grunde und ihren Zwecken gelten.

2. Freilich ist das ja nun nicht nach Jedermanns Sinne, und —
man könnte sich allerdings das Verhältniß auch so denken wollen, wie die
römische Kirche und ihr ähnliche Theorien wirklich auf dieser Vorstellung
beruhen[1]), daß man zwar nicht leugnete, es sei die Kirche in ihrem ersten
Anfange auf dem Boden der Freiheit, wie sie dem persönlichen Leben zu=
kommt, entstanden, so daß die Urgemeinde denn freilich als ein Erzeugniß
dieser durch Christus hervorgerufenen freien Geistesbewegung unter den Men=
schen zu betrachten sei, durch welche sich die ersten Bekenner in eigener völlig
zwangloser Ueberzeugung zur Annahme des in Christo dargebotenen Heiles
bestimmt hätten, daß man dann aber hernach, nachdem die Kirche nun ein=
mal entstanden sei, diese Freiheit zurück treten und sie nicht mehr als die
Voraussetzung gelten ließe, auf welcher die Zubehör zu der kirchlichen Ge=
nossenschaft überhaupt beruhe und durch die auch die Einheit der Kirche zu
Stande zu kommen habe. Nachdem die Kirche einmal entstanden ist, läßt
man dieselbe gern in der Weise bloßer Naturnothwendigkeit[2]) sich der
Seelen bemächtigen, denkt sich das Verhältniß so, daß nun die Kirche auch
als eine unentrinnbare Macht über den einzelnen Persönlichkeiten dastehe,
der die Menschen schon dadurch, daß sie in ihrem Umkreise geboren wären,
und ohne daß es auf ihren eigenen Willen dabei ankäme, ohne Weiteres
verfallen seien.[3]) Während man da, wo die Kirche erst noch zu begründen
ist, in den Gebieten der Heidenmission, allerdings die freiwillige Annahme
ihrer Verkündigung und das aus persönlicher Ueberzeugung hervorgehende

---

[1]) Alle Zwangsgewalt, wie sie so oft nicht bloß von der röm. Kirche, sondern auch
von dem sich evangelisch nennenden Staatskirchenthum gegen Widerstrebende angewandt
worden ist, beruht darauf, daß man verkannte, wie die Zubehör zur Kirche doch zuletzt
von dem freien Willen eines Jeden abhängig sein müsse. Die verkehrte Gleichsetzung
der die Kirche bildenden Genossenschaft mit der des Staates trug hier besonders ihre
schlimmen Früchte.

[2]) Auf der Geburt, anstatt auf der Wiedergeburt; nur daß man freilich in den Akt
der Kindertaufe die Wiedergeburt zu verlegen gesucht hat, aber damit nicht weiter, als
bis zu einer bloß fingirten Wiedergeburt gekommen ist.

[3]) So erhebt die röm. Kirche ja noch immer Anspruch auf die Jurisdiction über die in

also freie Bekennen zu Christo als dem göttlich gegebenen Heilsgrunde die Bedingung sein läßt, unter welcher allein ein Eintreten in die kirchliche Gemeinschaft stattfinden kann, ignorirt man dagegen diese Freiwilligkeit in den Bereichen der bereits etablirten Kirche — man legt kein Gewicht auf das Bekennen aus eigener, freier Ueberzeugung — vielmehr, indem man gern die kirchliche Genossenschaft als mit der Volksgemeinschaft überhaupt zusammen fallend sich denkt, läßt man die Menschen eben so, wie sie durch die natürliche Geburt Mitglieder des Volkes und der staatlichen Gemeinde werden, auch schon in die kirchliche Genossenschaft eintreten, ohne nach ihrem eigenen Willen weiter zu fragen. [1] Aber — ist nun diese Anschauung und die auf sie gegründete Praxis richtig? oder muß man nicht vielmehr sagen, daß sie auf einem Verkennen des eigenthümlichen Wesens dieser Genossenschaft beruht, welche die Kirche ist, und daß gerade durch sie auch das kirchliche Wesen in die größte Verwirrung gerathen muß? Es liegt ihr in der That eine Verwechslung zu Grunde, die nicht größer sein kann, die Verwechslung der kirchlichen Genossenschaft mit der politischen des Staates und eben so die, daß man die Wirkungen, welche die Kirche allerdings auf Diejenigen ausübt, die von Jugend auf unter ihren Einflüssen aufwachsen, mit der Mitgliedschaft in ihr selbst identificirt.

Allerdings ist ja das nicht zu leugnen, daß ein von wirklich christlichen Eltern geborenes und in Folge dessen auch innerhalb[2] der kirchlichen Gemeinschaft auferzogenes Kind gleich von den ersten Tagen seines Lebens an den geistigen Einflüssen von Seiten dieser Genossenschaft ausgesetzt ist und so auch — wenn nicht anderweitige Einflüsse störend einwirken — in das Christenthum hinein= und zu freiem, selbständigem und selbsteigenem Bekennen desselben heranwächst. Das ist der geistige Segen, der von der Kirche

---

ihrem Gebiete lebenden Protestanten, wie dieß noch neuerlichst durch den Paderborner Bischof geschehen ist. Gut, daß dem Manne nicht mehr, wie in früheren Zeiten, der weltliche Arm zu Gebote steht, aber — welch' eigenthümliche Vorstellung muß derselbe doch vom Christenthum überhaupt haben!

[1] Gut drückt dieß Bischof Colenso von Natal (vgl. Schenkel's kirchl. Zeitschrift, 1866, Heft 3, S. 232) aus, wenn er sagt: „In England wird Jedermann als Mitglied der Kirche geboren, wobei es ihm überlassen bleibt, ob er von diesem Privilegium Gebrauch machen will, in der Colonie gehören wir der Kirche nur aus freier Wahl an." Aber — wie in England, so doch in allen Staatskirchen; in ihnen allen besteht ja bislang nicht bloß der Tauf=, sondern auch der Confirmationszwang! und — daß überhaupt die Confirmation in ihrer jetzigen Ausübung als ein Akt freien und freiwilligen Bekenntnisses zu betrachten sei, wird Niemand behaupten wollen, der die Dinge kennt. Sie bietet nur den Schein einer solchen Freiwilligkeit dar, aber — ist immer ein Zeugniß dafür, daß man auch in den Staatskirchen das Bewußtsein nicht ganz verloren hat, es komme bei der Mitgliedschaft der Kirche auf das eigene und freiwillige Bekenntniß an.

[2] Hier darf man wohl sagen: „sie sind wohl „in" der Kirche, aber gehören noch nicht als Mitglieder zu ihr".

auf die neugeborenen Geschlechter in ihrem Umkreise ausgeht, und die Art,
auf welche die Kirche, wo sie einmal begründet ist, sich auch immer von
Neuem gebiert — aber dieß Aufwachsen unter dem Einflusse der Kirche
kann doch unmöglich schon ohne Weiteres die Mitgliedschaft in ihr in der
Art begründen, daß Alle, die so von Geburt an in ihr aufgewachsen wä=
ren, schon deßhalb, w● sie dieß wären, auch als ihre wirklichen Mitglieder
betrachtet werden könnten; schon aus dem Grunde kann dieß nicht statuirt
werden, weil nicht mit voller Sicherheit darauf gerechnet werden kann, daß
der Einfluß der Kirche auch in jedem in ihr Aufwachsenden dasjenige reli=
giös=sittliche Leben erzeugen werde, das doch jedem ihrer Mitglieder als ein
persönliches principiell zukommen soll. [1])   Eingetreten in die Welt, wie die
Kirche einmal ist, und deßhalb auch das Gebiet ihres Umkreises mit der
Welt theilend, muß sie es auch oft genug erleben, daß die Einflüsse der
noch nicht von ihrem Geiste durchdrungenen anders gearteten Welt auf das
eine oder andere der in ihr aufwachsenden Individuen so mächtig sind, daß
dadurch ihr eigener Einfluß völlig paralisirt wird [2]), und — wo das der
Fall ist — und ist es denn nicht noch immer oft genug der Fall? — da
könnte und dürfte schon von einer Mitgliedschaft eines solchen Individuums
in der Kirche die Rede sein, bloß weil dasselbe in ihrem Bereiche geboren
und aufgewachsen wäre? da dürfte man einem solchen schon alle die Rechte
zugestehen, die mit dieser Mitgliedschaft nothwendig verbunden sein müssen,
die Rechte namentlich, welche eine selbstthätige und mitbestimmende Einwir=
wirkung auf das kirchliche Wesen jedem Mitgliede verstatten? Daß das
nicht möglich ist, sieht ein Jeder leicht, der sich nur erinnert, was denn die
Kirche ihrem Wesen nach ist: nämlich eine Genossenschaft solcher Personen,
welche des in Christo erschienenen Lebens als des Princips ihres eigenen
Lebens theilhaftig geworden sind, denn daraus folgt offenbar, daß, wo dieß
Leben nicht als Princip vorhanden ist, daß da auch keine Kirche ist, daß
mithin aber auch Niemand als Mitglied der Kirche gelten kann, der, wenn
auch immer in ihr aufgewachsen, doch zu diesem Leben und zu Dem, durch

---

[1]) Oft genug ist man auch in neuester Zeit bei den gemachten Verfassungsversuchen
von dem Gesichtspunkte ausgegangen, daß alle Getauften, resp. Confirmirten eo ipso
Mitglieder der Kirche seien, aber — ob man es auf dieser Basis zu einer gesunden
und lebensfähigen Verfassung der Kirche bringen wird, ist sehr fraglich.   Man setzt da
eben voraus, was oft thatsächlich nicht vorhanden ist, nämlich ein wirklich persönliches
Ergriffensein von Christo und seinem Leben und das daraus allein fließende Interesse
für die Sache des Herrn.   Die gegen diese „breiteste Basis" so vielfältig erhobenen
Bedenken sind gewiß nicht unbegründet, auch wenn die „engste Basis", die man dagegen
festhalten will, eben so wenig gegründet erscheint.

[2]) Daß dem so sei, lehrt doch die Erfahrung hinreichend.   Warum hätte sonst die
Frage gestellt werden können: wie die der Kirche Entfremdeten ihr wieder zu gewinnen
seien? (Vgl. Verhandlungen des ersten Protestantentages zu Eisenach, 1865.)

ben es der Kirche allein zu Theil werden kann, sich nicht selbst bekennt, es wohl gar zurückweist und verachtet. Nein! nicht die Geburt innerhalb des kirchlichen Bereiches und Dasjenige, was die Kirche an dem in ihrem Bereiche Geborenen thut — namentlich die Taufe, wie sie an den Unmündigen vollbracht wird [1] — begründet schon die Mitgliedschaft in ihr im vollen Sinne dieses Wortes, sondern wie Alles, was die Kirche an einem Solchen thut, doch nur darauf hinausgehen kann, daß derselbe auch zur Mündigkeit, d. h. zum freien, selbständigen und bewußten Stehen auf dem Grunde der Kirche und in dem in diesem enthaltenen Leben und damit denn auch zu der vollen Mitgliedschaft gelange [2], so hängt diese letztere doch lediglich davon ab, daß diese Mündigkeit auch wirklich zu Stande komme, daß der so in der Kirche Aufgewachsene auch in der That dahin gelangt sei, sich nun seiner Seits auch mit Freiheit und eigener Ueberzeugung zu dem Grunde des Lebens, auf dem die Kirche steht, zu bekennen.

Durchaus ist da nicht auf den Naturgrund, aus welchem allerdings die einzelnen Menschenindividuen hervorgehen, zurückzuschauen. Auf diesem Naturgrunde beruht die Staatsgemeinschaft, die eben deßhalb, weil sie auf ihm beruht, auch auf den freien Willen der in ihrem Bereiche Geborenen nicht zurückgehen und von ihm das Bestehen ihrer selbst in keiner Weise abhängig machen kann. [3] Als Mitglied der bürgerlichen Gemeinschaft wird

---

[1] Wir sind nicht gemeint, wie die Baptisten, daß die Kindertaufe nicht stattfinden solle, aber — wir unterscheiden von ihr die Geistestaufe, wie der Herr (Apstgesch. 1, 5) und Petrus (Apstgesch. 11, 16) mit Berufung auf das Wort des Herrn es thut. Die Wassertaufe ist nach diesen Stellen identisch mit der Taufe des Johannes, und begründet eben so, wie diese, noch keineswegs die thatsächliche Mitgliedschaft in der Gemeinde Christi, wohl aber ist sie, wie ja auch die Johannestaufe, ein Vorbereitungsakt auf diese Mitgliedschaft, und — kann und soll eben deßhalb auch schon an den Kindern vollbracht werden, die ja auch die Berufung zu dieser Mitgliedschaft haben. Daß die Baptisten sie verwerfen, kommt daher, daß sie noch immer, wie die „orthodoxe" Doctrin der Hierarchen wie die Staatskirchen, die Wiedergeburt mit ihr in unmittelbare Beziehung setzen und die Wassertaufe zugleich auch Geistestaufe sein lassen gegen des Herrn und des Petrus ausdrückliche Unterscheidung beider. Vgl. über die Taufe Moller's lesenswerthe Schrift.

[2] Auf der einen Seite begeht die „orthodoxe" Lehre von der Taufe eine Anticipation, indem sie, was letztes Endziel dieses Aktes sein soll, die Wiedergeburt, schon unmittelbar in ihn hinein legt, und auf der anderen Seite wollen Diejenigen, welche diese Lehre vertheidigen, doch wieder das, was den Wiedergeborenen zukommt, die Mündigkeit, das persönlich-selbständige Stehen auf dem Glaubensgrunde der Kirche auch den Erwachsenen bis an ihr Lebensende nicht zugestehen. Die Confusion kann nicht größer sein.

[3] S. oben §. 4, 3. — Dieß verkennen Diejenigen, welche den Staat und die bürgerliche Gesellschaft à la Rousseau als ein freies Vertragsverhältniß der den Staat

ein Jeder geboren, der in ihrem Bereiche das Licht der Welt erblickt, und
der Staat macht deßhalb auch ohne Weiteres seine Rechte über ihn geltend.
Die Kirche aber unterscheidet sich ja eben dadurch vom Staate, daß sie auf
diesem bloßen Naturgrunde nicht beruht, daß der Grund, auf welchem sie
steht, wie ein göttlich gegebener, so auch ein rein geistiger ist, von vorn
herein ein persönlicher, der die Fülle persönlichen Lebens in sich trägt, und
daß daher — die Kirche selbst nur da sein kann, wo das persönliche Leben
ihres Grundes auch als ein persönliches und deßhalb mit Freiheit ergriffen
und angeeignet ist. [1] Je weniger das verkannt werden darf, wenn man
nicht die Kirche in ihrem Wesen selbst verkennen und sie in der Weise der
Römischen zu einer bloßen „Politie" herabsetzen will [2], je mehr es vielmehr
gilt, daran fest zu halten, daß im Gebiete der Kirche Alles sich im Elemente

---

und die Volksgemeinschaft bildenden Individuen angesehen wissen wollen. Der „Con-
tract social" ist eine reine Fiction und widerspricht dem Wesen des Staates als der
auf dem Naturgrunde und seiner Nothwendigkeit beruhenden Volksgemeinschaft durchaus.
Aber — was vom Staate geleugnet werden muß, das gilt im vollsten Maße von der
Kirche. Sie ist die auf dem Grunde des freien Geisteslebens entstandene Genossenschaft, die eben deßhalb auch die Freiheit zur Voraussetzung hat und nur durch die
freie Selbstbestimmung ihrer Mitglieder zu Stande kommen kann. Daher kommt dem
Gebiete der Kirche auch die Freiheit zu (2 Cor. 3, 17) und Alles hat sich da im Elemente der persönlichen Freiheit zu bewegen, während auf dem Gebiete des Staates
das Gesetz mit seiner Nothwendigkeit herrscht.
  [1] Wie Luther richtig sagt: „wo der Glaube ist, da ist die Kirche", denn eben
der Glaube ist ja Dasjenige, was, wie es nur persönlich sein kann, so auch ganz in
das Gebiet des persönlichen Lebens und damit der Freiheit hinein fällt.
  [2] Vgl. oben das Citat aus Bellarmin Bd. I, S. 46, Anm. 1, welches die röm. Anschauung, wie sie auch in der Reformationszeit stets hervor trat, auf das Präciseste
ausspricht. Den Römischen ist die Kirche eine „Politie" gleich anderen Politieen, und
gerade gegen diese Anschauung haben sich die Reformatoren mit allem Nachdrucke gewehrt. Ihnen sollte die Kirche nur als ein „Reich des Glaubens" gelten, das aber
keineswegs eine bloße „Utopie", eine „idea platonica" wäre, sondern völlig reale Existenz hätte, und — was ist das Anderes, als eine freie Genossenschaft, durch freie
Selbstbestimmung ihrer Mitglieder zu Stande kommt, d. h. eine solche, die rein
auf dem Grundsatze der Freiwilligkeit beruht? Den Reformatoren war es freilich
nicht möglich, eine solche schon damals herzustellen, es fehlten nach Luther die
Leute dazu, und eben deßhalb führte diese ihre Anschauung vom Wesen der Kirche
sie vorläufig bloß zu der Doctrin von der „unsichtbaren Kirche". Aber — die Anschauung ist schon bei den Reformatoren vorhanden und es gilt nur, sie auch
consequent geltend zu machen, um zu dem zu gelangen, was die Reformatoren nicht
erreicht haben, zu einer Kirche, die ein Reich des Glaubens und doch nicht bloß unsichtbar, sondern völlig wirklich und lebensfähig ist. An dem Mangel consequenter
Durchführung dieses reformatorischen Grundsatzes in den evangelischen Kirchen Deutsch-
lands hat es gelegen, wenn man aus dem Banne der „unsichtbaren Kirche" nicht hat
heraus kommen können und sich da, wo man es versucht hat, dieser „unsichtbaren"
auch eine Gestalt zu geben, auf die ecclesiola in ecclesia hat zurückziehen müssen.

13*

des perfönlichen Lebens zu bewegen hat, defto mehr muß man nun aber
doch auch anerkennen, daß die Kirche Nichts fein kann, als nur eine freie
Vereinigung von Solchen, die fich auch mit Freiheit zu dem
Lebensgrunde der Kirche als zu dem ihres eigenen Lebens
bekennen und daß nur dieß freie Bekenntniß von Seiten jedes
Einzelnen die Mitgliedschaft in der Kirche begründen kann.
Es ift das Princip der Freiwilligkeit, wie es ja auch in unseren
Tagen fo häufig betont worden ift, worauf die Kirche fich gründen muß,
und das ift eben beßhalb das erfte und vor allen Dingen feftzuhaltende Ge=
fellschaftsrecht, wie es aus dem Wefen der Kirche fich ergiebt, daß Nie=
mand ein Mitglied der Kirche fein kann, der fich nicht mit
Freiheit zu dem Grunde bekennt, auf dem fie felbft fteht, und
daß die Kirche ihrer Seits auch auf Niemanden ein Recht hat,
außer auf den, der fo freiwillig in ihre Genoffenschaft ein=
tritt und fich zu ihr hält. Statt der Kirche der bloß Getauften
und allenfalls in den Grundzügen des Chriftenthums Unterrichteten
(der Confirmirten nach der jetzt geübten Praxis), in Betreff welcher man
doch nicht den Muth gehabt hat und, wie anerkannt werden muß, auch nicht
haben konnte, fie als die Genoffenschaft vollberechtigter Chriften zu behan=
deln [1]), muß es wieder zu einer folchen der freiwilligen Bekenner
kommen, wenn man überhaupt daran denkt, eine Kirche herzuftellen, welche
das ift, was fie nach evangelischer Grundanschauung fein foll: eine Genof=
fenschaft des Glaubens und des Lebens in Chrifto, und die nicht bloß als
unfichtbar vorhanden gedacht wird, fondern die auch wirklich vorhanden und
als folche organisch gegliedert und lebensfähig ift.

Oder wären es nun doch am Ende gewichtige Bedenken, die gegen
die Anerkennung und confequente, unbeirrte Durchführung diefes Grund=
fatzes fich erheben möchten? Allerdings machen noch gar Manche ein bedenk=
liches Gesicht dazu, und fowohl von der rechten, als auch von der linken
Seite her find Einwände dagegen zu erwarten. Aber zunächft ift eben
folchen Einwendungen und Bedenklichkeiten gegenüber doch immer an Eins
zu erinnern, daran, daß nicht bloß die Urzeit der Kirche uns das Verhält=
niß, in welchem ihre Glieder zu der ganzen Genoffenschaft ftanden, als ein
folches vor Augen ftellt, das rein auf dem Grundfatze der Freiwilligkeit
beruht [2]), fondern daß auch das Wefen der Kirche felbft diefen

---

[1]) Freilich in arger Inconfequenz bei Denen, welche die Wiedergeburt fchon un=
mittelbar in die Taufe legen.

[2]) Dieß braucht kaum weiter nachgewiefen zu werden, da es fich rein von felbft
verfteht für einen Jeden, der fich die Art, wie die erfte Sammlung der Chriftenheit
gefchah, nur recht deutlich machen will. Die Freiwilligkeit des Bekennens zu
Chrifto und feiner Gemeinde trat erft zurück, feit das Chriftenthum durch Conftantin

Grundsatz fordert und daß eben beßhalb auch hier das ursprüngliche Verhältniß das bleibende sein und durch alle Zeiten der kirchlichen Entwicklung als das zu Grunde liegende anerkannt und bewahrt werden muß. In der That gehört nur ein wenig Einsicht in das, was die Kirche sein soll, sowie in das Wesen der Religion überhaupt und des Christenthums im Besonderen dazu, um zu erkennen, daß es nicht etwa eine bloße Conniven z gegen „moderne Freiheitsgelüste“ ist, wenn man verlangt, es solle die Zubehör zur Kirche von dem freien Willen jedes Einzelnen abhängig gemacht werden, sondern daß auch die Kirche, wenn sie anders ihr Wesen bewahren und auf der Höhe des Lebens bleiben will, dessen Trägerin sie sein soll, diesen Grundsatz festhalten muß. Kann denn — man erwäge es doch ja recht genau! — kann und darf denn da, wo es sich, wie in der christlichen Gemeinschaft, so rein nur um persönliches Leben handelt, von einer zwangsweisen Nöthigung, in welcher Form sie auch auftreten möge, noch die Rede sein? muß denn die Kirche, wenn es ihr anders darum zu thun ist, daß das Leben ihres Herrn auch in den Seelen ihrer Mitglieder Boden und Gestalt gewinne, nicht darauf bringen, daß diese es auch mit Freiheit aufnehmen, ja, muß sie selbst nicht jeden Zwang da fern halten, gegen jeden Zwang, als ihrer selbst nicht nur unwürdig, sondern auch als für sie selbst im höchsten Grade bedenklich, sich mit allem Ernste erklären? muß sie nicht darauf bestehen, daß die Freiheit des Annehmens, aber damit denn auch des Verwerfens des von ihr Verkündigten und in dieser Verkündigung Dargebotenen in keiner Weise gestört und verletzt werde?[1] So

Reichsreligion geworden war und damit denn freilich das Bekenntniß zu ihm für Jeden, der die vollen staatsbürgerlichen Rechte genießen und am Ende nicht sogar an Leib und Leben Schaden leiden wollte, obligatorisch wurde. Vgl. Neander, Kirchengeschichte II.

[1] Es klingt freilich sehr schön, wenn gesagt wird: „die Staatsgewalt als christliche Obrigkeit hat ihre Macht auch im Dienste Christi und des Christenthums zu gebrauchen“, aber — man hüte sich doch ja, von diesem Grundsatze eine falsche Anwendung zu machen, wie das leider zum Schaden der Kirche (f. Bd. I, S. 21 ff.) so oft geschehen ist. Allerdings soll die christliche Obrigkeit ihre Macht auch im Dienste Gottes und Christi gebrauchen (Röm. 13, 1 ff.), aber — eben doch dadurch, daß sie ihr Amt als Obrigkeit über die weltlichen Dinge als Gottesdienst und christlich führe, d. h. daß sie ihre Gewalt zur Aufrechterhaltung von Recht und Gerechtigkeit gebrauche und sie nicht zu Ungerechtigkeit mißbrauche. Darin allein besteht der christliche Gebrauch ihrer Gewalt, und darin ist auch schon ihre Pflicht, die Kirche zu schützen, aber auch sie ihrerseits in ihrer Freiheit und Selbständigkeit zu respektiren, mit enthalten. Dagegen zu sagen, die Obrigkeit solle ihre Gewalt im Dienste der Kirche anwenden, solle durch ihre Gewalt die Seelen bei der Kirche festhalten, heißt die Grenzen der obrigkeitlichen Befugniß in einer Weise ausdehnen, die zu der unerträglichsten Tyrannei führen und die Kirche selbst verwüsten müßte. Die mittelalterliche Kirche verlangte, die Obrigkeit solle ihr in dieser Weise zu Diensten sein und den Zwang vollstrecken, den sie selbst

lange die Kirche ist, was sie doch sein soll: die Genossenschaft Derer, die ihr Leben in Christo haben und suchen, und so lange dieß Leben, um das es in der Kirche zu thun ist, als ein persönliches allein sein und Wirklich= keit haben kann, so lange versteht es sich auch rein von selbst, daß dieß Leben nur da wirklich zu sein und zu Stande zu kommen vermag, wo man sich selbst, also mit Freiheit, für dasselbe bestimmt, wo man auch ein Be= wußtsein davon hat, daß man zu Denen gehört, die in Christo ihr Leben suchen[1]), und wo man eben deßhalb auch durch eigene freie Selbstbestim= mung der Gemeinschaft derselben sich anschließt. Dagegen wo man diesen Standpunkt verläßt, wo man das Recht, welches das Christenthum aller= dings vermöge seiner inneren Wahrheit auf jede Menschenseele hat, in ein solches des äußerlichen Zwanges verwandelt und nach jenem bekannten Spruche: „Zwinge sie einzutreten!"[2]) bei der Ausbreitung, wie bei der Aufrechterhaltung der christlichen Gemeinschaft verfährt, da kann das Ergeb= niß gar kein anderes sein, als daß das Christenthum auch als eine bloß äußerliche Macht über den Massen schweben bleibt, auf deren Einfügung in die christliche Gemeinschaft man unter Anwendung des äußerlichen Zwan= ges hinausgeht, daß überhaupt nur ein äußerliches Verhältniß zum Christen= thum in den so gebildeten und zusammen gehaltenen Gemeinden entsteht, daß aber Dasjenige nicht eintritt, um was es bei dem Christenthum seinem

---

nicht ausüben könne, aber — wohin das geführt hat, lehrt die Geschichte, und — man hüte sich doch, in dieß unchristliche Wesen des Mittelalters zurück zu fallen, sei es aus Kleinmuth oder anderweitigen Interessen. Es scheint bequem zu sein, ist aber sehr bedenklich, den obrigkeitlichen Arm zur „Rettung der Seelen" zu bewaffnen! Doch davon unten ein Weiteres.

[1]) Dieß die Wahrheit der von den Pietisten aufgestellten Forderung, daß der Christ auch von seiner Wiedergeburt wissen müsse. War's auch eine Uebertreibung, wenn sie verlangten, man müsse Zeit und Stunde angeben können, wo die Bekehrung stattgefunden habe, und hat man diese Forderung auch mit guten Gründen zurück gewiesen, so steht doch das ohne Zweifel fest, daß ein Christ im vollen Sinne des Wortes und also auch ein vollberechtigtes Glied der christlichen Gemeinschaft Niemand sein kann, der es nicht mit Bewußtsein und mit eigenem freien Willen ist. Damit ist denn freilich nicht gesagt, daß ein Solcher sich an hergebrachte Schultheorien über das Christenthum und seine Grundthatsachen müsse gebunden wissen, und eben so ist auch nicht zu leugnen, daß es auch Deren gibt, die „unbewußt" vom Geiste Christi angeregt sind. Ob aber diese Letzteren schon als vollberechtigte Glieder der Kirche betrachtet werden können, so lange sie sich nicht selbst zu ihr bekennen, ist eine andere Frage, und jedenfalls wird, sobald das Princip der Freiwilligkeit offen anerkannt wird, dieß nur dazu dienen, sie dessen, was sie unbewußt sind, auch bewußt werden zu lassen. Es gilt dann ja für jeden Einzelnen, sich zu entscheiden, ob er (vgl. Joh. 6, 67 ff.) auch „weggehen" oder zu Denen gehören will, die bekennen: „Herr, wohin sollen wir gehen? Du allein hast Worte des ewigen Lebens!"

[2]) Das bekannte Wort Augustin's, der, was die kirchlichen Fragen betrifft, ganz auf hierarchischem Standpunkte sich befand.

eigentlichen Wesen nach sich handelt: ein Durchdrungenwerden der die Ge=
meinschaft bildenden Persönlichkeiten von dem Leben des Herrn, ein Auf=
nehmen desselben in ihr eigenes persönliches Leben. [1] Handelt es sich beim
Christenthum — und darum handelt es sich ja doch [2] — um das Auf=
nehmen des Lebens Christi in das persönliche Leben des Menschengeschlech=
tes, dann kann es sich auch nur darum handeln, daß auch die einzelnen
Persönlichkeiten, in denen das „Menschengeschlecht" überhaupt Wirklichkeit
hat, das Leben des Herrn in sich aufnehmen, um die einzelnen Seelen
und deren wirkliche Bekehrung zu Christo handelt es sich dann durchaus
nur, und die Menge der Menschheit kann lediglich dadurch herzu gebracht
werden, daß aus ihr heraus immer mehr einzelne Personen für das
Christenthum gewonnen werden. [3] Aber wenn das der Fall ist, nun,
wohlan denn! dann bleibt doch auch nichts Anderes übrig, als die Zubehör
zu der Gemeinschaft, die in Christo ihr Leben sucht, in den freien Willen
der Einzelnen zu stellen, und als ein Glied, vollends als ein berechtigtes
Glied dieser Gemeinschaft kann Niemand angesehen werden, der sich dessen
nicht mit Freiheit bewußt ist, daß auch er zu Denen gehört, die wirklich
in Christo das Princip ihres Lebens haben und nichts Anderes wollen, als
nur von dem Leben ihres Herrn immermehr durchdrungen zu werden.

3. Oder — was wendet man denn gegen das Princip der Frei=
willigkeit ein? Untersuchen wir diese Einwände ein wenig genauer, so wird
sich doch zeigen, wie wenig stichhaltig sie sind, wie sie im Grunde nur auf
verkehrten Anwendungen von allerdings berechtigten Grundsätzen beruhen
und zum Theil nichts Anderes sind, als nur eine ungeduldige Anticipation
von dem, was freilich das letzte Resultat der geschichtlichen Wirksamkeit des
Christenthums überhaupt sein soll.

Man sagt: das Christenthum hat ein Recht auf die Seelen der Men=
schen, und daher ist es die Pflicht der Kirche, sich derselben zu bemäch=
tigen, und freilich, wer, der nur selbst auf dem Boden des Christenthums
steht, möchte gegen diese Behauptung, so lange sie in solcher Allgemeinheit
hingestellt wird, irgend Etwas einzuwenden haben? Das ist ja allerdings
das Bewußtsein, das die Kirche nicht blos hat, sondern auch haben darf
und haben muß, daß das Leben, welches ihr in Christo zu Theil geworden
ist, auch dasjenige sei, welches für alle Menschen und für das alle Menschen

---

[1] Dieß beweist die Geschichte. Seit das Princip der Freiwilligkeit in der christ=
lichen Kirche verloren gegangen ist, ist auch das „Leben aus Christo" in ihr verloren
gegangen, und zwar gilt dieß vom Staatskirchenthum nicht weniger, als von dem der
Hierarchie im eigentlichsten Sinne.

[2] S. oben §. 5.

[3] Darauf beruht ja die geschichtliche Entwicklung der Kirche in Hinsicht auf ihre
allmälige Verbreitung.

und Völker bestimmt seien. [1]) Ihrem Principe nach ist die Kirche die all = gemeine, deren Aufgabe es nun auch ist, dasjenige, was sie ihrem Prin = cipe nach ist, im Verlaufe ihrer eigenen Entwicklung auch immer mehr zu verwirklichen, d. h. sich auszubreiten über das ganze Menschengeschlecht und eine jede Menschenseele in ihre Gemeinschaft hinein zu ziehen, und — wie dieß Bewußtsein sich gleich von Anfang an bei den ersten Verkündigern des Christenthums gefunden hat, sie antreibend zu ihrem gefahrvollen Ver = kündigungswerke [2]), so kann es die Kirche auch so lange nicht verlieren, als sie überhaupt überzeugt ist, daß das Leben Jesu Christi das normale Men = schenleben in religiös=sittlicher Beziehung sei, d. h. so lange sie überhaupt selbst noch als eine christliche existirt. Aber — folgt aus diesem allgemei = nen Grundsatze nun schon, was man daraus hergeleitet hat [3]), daß die Kirche zur Anwendung von Zwangsmitteln irgend welcher Art berechtigt sei, um die Menschen in ihre Gemeinschaft zu bringen oder darin zu erhalten? Doch ohne Zweifel so wenig, daß man vielmehr sagen muß, es beruht diese Fol = gerung, auf einem grundsätzlichen Verkennen, wie des Christenthums selbst, so auch der Art und Weise, wie dasselbe sich in den Besitz der Seelen zu setzen und so sein Recht auf dieselben geltend zu machen hat, wie es allein möglich ist, daß es eine Macht, nicht bloß über, sondern auch in den Seelen der Menschen werde und sie als die sie selbst erneuernde Kraft Gottes durchdringe. [4]) Ja, verbreiten soll sich die christliche Gemeinschaft über das ganze Menschengeschlecht, und wie man anerkennen muß, was schon ein alter Kirchenlehrer [5]) in der vorconstantinischen Zeit behauptet hat, daß die Menschenseele ihrer Natur nach zum Christenthume berufen sei, so muß man auch darauf bringen, daß die Kirche nimmer aufhören dürfe, sich ihrer Allgemeinheit als ihrer Bestimmung bewußt zu bleiben und das Ihrige dazu zu thun, daß sie auch in dieser Richtung immer mehr werde was sie sein soll, aber — es kommt auch darauf an, daß sie sich auch des allein rechten und ihr von dem Herrn verliehenen Mittels zu diesem Zwecke bewußt bleibe, um nicht durch Anwendung verkehrter Mittel

---

[1]) Vgl. darüber Rothe, Anfänge, Einleitung, §. 2.

[2]) Vgl. u. A. Phil. 2, 9 ff. 1 Cor. 15, 17 f. Apostelgesch. 1, 8. Matth. 28, 18 ff. 1 Joh. 2, 2.

[3]) Seit das Christenthum Reichsreligion im römischen Reiche geworden ist, ist das Bekenntniß zu ihm auch obligatorisch für die Angehörigen des Staates geworden, im Mittelalter so, daß man die Zubehör zu der einen anerkannten Kirche verlangte und im Nothfalle mit Feuer und Schwert erzwang, aber auch in den Reformationskirchen noch ganz in derselben Weise. Die Religion des Landesherrn sollte auch die der Un = terthanen sein, und höchstens verstattete man den Dissidenten die — Auswanderung.

[4]) Röm. 1, 16.

[5]) Tertullian: anima natura christiana.

diesen Zweck mehr zu vereiteln, als zu fördern, und — das allein rechte, zweck=
dienliche und heilsame Mittel ist da doch kein anderes, als das Wort der
Verkündigung. Wie der Herr den Seinen befiehlt, die Völker zu
lehren [1]), aber auch hinweg zu gehen und weiter zu ziehen, wo man ihr
Wort nicht annehmen will [2]), und wie Paulus es deutlich sagt, daß der
Glaube und damit die Zubehör zur christlichen Gemeinschaft nur durch die
Predigt komme [3]), so hat es die Kirche auch alle Zeit zu halten; sie hat sich
auszubreiten und in ihrem Bestande zu erhalten lediglich durch das an die
Freiheit sich wendende und damit freie Ueberzeugung gründende Wort; nur
mit diesem Mittel hat sie zu arbeiten und zu streiten, und — jedes anderen,
das sie sonst noch anwenden möchte, hat sie, als vom Uebel seiend, sich auf das
Strengste zu enthalten. Wo man es anders hält, da zerstört man die
Grundlage des Christenthums selbst und macht die Kirche zu dem, was sie
nicht sein soll: zu einer Zwangsanstalt, die die Seelen unter menschliche
Willkür knechtet, anstatt sie zu der Freiheit der Kinder Gottes zu erheben [4]),
wie das der Erfolg noch alle Zeit gelehrt hat, und — wie ein solches
Verfahren auch meistens auf ganz anderen Intentionen beruht, als auf
denen, welche die Kirche allein haben soll [5]), so folgt es da, wo wirklich
Eifer für die Sache des Herrn die Triebfeder bildet, doch eben sowohl aus
einer Verdunkelung des Wesens des Christenthums selbst [6]), als aus jener
Ungeduld, die Früchte ernten will, ohne sie wirklich gesäet zu haben: es ist
Nichts, als eine Anticipation dessen, was das Ziel der ganzen kirchlichen
Entwicklung sein soll, zu einer Zeit, wo noch die Arbeit, die zu diesem Ziele
zu führen hat, mit allem Ernste unternommen werden muß.

Und da berufe man sich denn auch nicht, wie das freilich auch oft
genug geschehen ist, zur Rechtfertigung der angewandten Zwangsmittel auf

---

[1]) Matth. 28, 19.
[2]) Matth. 10, 14.
[3]) Röm. 10, 17.
[4]) Vgl. Gal. 5, 1 ff. 1 Cor. 7, 23.
[5]) Auf dem Trachten nach weltlicher Machtherrlichkeit, anstatt auf dem reinen Eifer
für die Sache Christi. Von der römischen Kirche, auch von den neuesten Bestrebungen
in derselben, wie sie vom Jesuitenorden ausgehen, darf dieß mit Bestimmtheit gesagt
werden, aber — auch von der Praxis in den aus der Reformation hervor gegangenen
Staatskirchen gilt es, daß der in ihnen angewandte Zwang lediglich politische Gründe
hatte. Die Staatsraison gebot ein solches Verfahren, nicht der Eifer für die Sache
Christi, der die Staatslenker oft fern genug standen. Man denke auch an Ludwigs
XIV. Dragonaden. Der Mann fühlte sich geärgert, daß einer seiner Unterthanen eine
andere Religion haben sollte, als er selbst. Es war der reine und schamlose Despo=
tismus des absoluten Gewaltherrn.
[6]) Von der doch auch Augustin nicht freizusprechen ist, wie namentlich sein ganzer
Kirchenbegriff und die damit verbundene Sakramentstheorie lehrt.

die christliche Liebe, die es nothwendig mache, die Menschen auch wider ihren Willen zu erretten, die nicht warten könne, bis die Einzelnen freiwillig herzu kämen, die sich auch verpflichtet fühle, die Menschen in der Gemeinschaft der Kirche zu erhalten, damit dieselben so auch einigermaßen wenigstens in der Gemeinschaft Christi und seines Lebens erhalten blieben. Wie gesagt, auch diese Rede ist oft genug gehört worden [1], und — fast möchte es ja scheinen, als ob dieselbe auch einigen Grund hätte. Gewiß soll die Kirche den Widerstrebenden gegenüber auch langmüthig und geduldig sein, gewiß gehört es zu ihren durch die Liebe ihr gebotenen Pflichten, Diejenigen, welche ihr Verkündigungswort nicht sogleich aufnehmen, sondern dem Evangelium von Christo als auch ihrem Heilande mit verhärteten Herzen entgegen treten, nicht sofort aufzugeben, sondern auch ihnen gegenüber unverdrossen zu sein, sich darauf zu verlassen, daß auch sie zu Christo berufen sind, und zu warten, bis der Herr auch ihnen in seiner Herrlichkeit sich offenbare. Aber — folgt nun auch daraus, daß diese nun mit Zwang irgend welcher Art in der christlichen Gemeinschaft festzuhalten seien als deren Mitglieder? folgt daraus, daß die Kirche ihr Recht über sie nun auch in derselben Weise geltend zu machen habe, wie es etwa der Staat über die seinen geltend macht? Auch das muß durchaus bestritten werden! Als Glieder der christlichen Genossenschaft, als solche Glieder, denen nun auch, wie die Pflichten, so auch die Rechte der wahrhaften Genossen im kirchlichen Gemeinwesen zukämen, sind sie keineswegs zu betrachten, sondern nur als Solche, von denen die Kirche das Bewußtsein hat, daß sie zur Mitgliedschaft in ihr selbst berufen seien, daß ihr deßhalb auch die Pflicht obliege, sie zum Eintritt in ihre Genossenschaft zu bewegen. Man verwechsle hier nicht Zweierlei mit einander: die Berufung, die allerdings jedem Menschen zukommt [2], und die Verwirklichung dieses Berufes, auf der auch die wirkliche Mitgliedschaft in der Kirche allein beruhen kann, und man anticipire deßhalb auch hier nicht das, was erst das Resultat der Arbeit sein soll, welche die Kirche auch an den ihr noch Widerstrebenden zu vollbringen hat. Ihnen gegenüber hat sie allerdings die christliche Wahrheit immer wieder in's Licht zu stellen, sie hat nicht müde zu werden, auch Ihnen

---

[1] Ist es ja doch vorgekommen, daß man auch da, wo man die „Ketzer" dem weltlichen Arme zum Verbrennen übergeben, gesagt hat: es geschehe das Alles nur aus christlicher Liebe und Barmherzigkeit; wo man denn freilich zweifelhaft sein kann, was man mehr bewundern soll: die Verblendung oder die Heuchelei?

[2] 1 Tim. 2, 4. Röm. 11, 32. Diese Stelle namentlich stürzt allen prädestinatianischen Particularismus über den Haufen und zeigt, daß man sich auf Paulus für denselben vergeblich beruft. Die viel angezogenen Kap. 9—11 des Römerbriefes haben den Zweck, gegenüber dem jüdischen Particularismus den Universalismus des Christenthums darzuthun.

Jesum Christum mit allem Ernste als den Heiland der Welt zu verkündi=
gen, und dieß selbst dann noch zu thun, wenn sie sich auch in der unfreund=
lichsten Weise zurückgewiesen sieht — dazu verpflichtet sie die Liebe, und
selbst die Leiden mancherlei Art, die sie in solcher Arbeit zu übernehmen
hat, selbst die demüthige Stellung, die ihr da so oft angewiesen ist, soll sie
um der Liebe willen nicht scheuen — aber die Mitgliedschaft in ihr selbst
hängt lediglich von der Aufnahme ab, welche ihre Verkündigung bei den
Menschen findet und deßhalb auch von dem freien Bekenntniß derselben zu
ihr und dem Grunde ihres Lebens.

Auch ist doch, wenn man auch hier erwägt, um was es beim Christen=
thum überhaupt sich handelt, ein wirklicher Erfolg und damit ein Gewinn
für die christliche Kirche selbst nur dann zu erhoffen, wenn sie selbst den
„Ungläubigen" gegenüber den ihr gewiesenen Weg einschlägt: wenn sie sich
da beschränkt auf das freie Bezeugen der ihr verliehenen Wahrheit und
auch ihrer Seits Nichts verlangt, als die freie, auf eigene, gewissenhafte
Ueberzeugung gegründete Annahme derselben. Ja, handelte es sich beim
Christenthum bloß um ein äußerliches und überzeugungsloses Annehmen,
oder wäre die christliche Wahrheit der Art, daß man sie, wie einen Trank
in ein leeres Gefäß, auch in die Seelen ohne ihren eigenen Willen, ohne
die eigene selbstthätige Aufnahme derselben hinein schütten könnte, oder
endlich verhielte es sich so, daß schon die äußerliche Zubehör zur Kirche und
zu der das Heilige in ihr handhabenden Priesterschaft selig machte, dann
könnte die Rede, als treibe die christliche Liebe dazu, die Menschen auch mit
äußerlichem Zwange in der Kirche festzuhalten, einen Sinn und eine Be=
rechtigung haben, aber — wie müßte denn noch gesagt werden, daß eben
jene Voraussetzungen hier gar nicht zutreffen, daß vielmehr ganz das Ge=
gentheil der Fall ist? Und — da sollte die Kirche selbst sich noch einen
Erfolg versprechen von etwas Anderem, als lediglich von den Mitteln der
Freiheit den Widerstrebenden gegenüber, von der freien, zwanglosen Ver=
kündigung und Allem, was dazu gehört? Oder was wird der Erfolg alles
äußerlichen Zwingens sein, in welcher Gestalt es auch auftrete? Wie die
Geschichte lehrt, wohl allerdings ein äußerliches Annehmen, weil man nicht
den Muth hat, zu widerstehen auf die Gefahr hin, von dem „starken Arme"
der Kirche [1] an Leib und Leben geschädigt zu werden, aber — um so grö=
ßer wird doch das innerliche Widerstreben gegen Dasjenige sein, was sich
so mit äußerlichem Zwange darbietet. Es kann gar nicht anders geschehen,
als daß die Kirche, wo sie mit Zwangs= und Gewaltmitteln in die Ge=
wissensrechte der Persönlichkeit eingreift, auch von vorn herein gegen sich

---

[1] D. h. von der weltlichen Gewalt, die die Kirche ja so oft als den Arm bezeichnet hat, der ihr „um Gottes willen" gegen Ketzer und Ungläubige dienen müsse.

selbst erbittert und verhärtet, eben so, wie es auch nicht anders geschehen kann, als daß sie durch ein solches Verfahren von vorn herein Mißtrauen in die von ihr zu vertretende Wahrheit säet, und sich so die Seelen
verschließt, anstatt sie wirklich für sich zu gewinnen. [1] Das eben sollte
immer bedacht werden, und in ihrem eigenen Interesse sollte die Kirche sich
auf nichts Anderes verlassen wollen, als auf die Macht ihrer Wahrheit und
auf den Herrn, in dessen Hand jede Seele steht und der seine Stunde schon
kennt, sollte in ihrem eigenen Interesse jede Zwangshilfe, auch wenn sie sich
ihr darböte, zurückweisen als auf ihrem Gebiete nicht ziemend [2]), als nur
dazu dienend, ihre Arbeit zu stören und ihr den Weg zu den Seelen der
Menschen zu verbauen.

Im unerschütterlichen Vertrauen auf die Macht der von ihr vertretenen
Wahrheit, aber auch im alleinigen Vertrauen auf dieselbe hat die Kirche
der widerstrebenden Welt gegenüber zu stehen [3]), und was die Liebe anbetrifft, so gehört auch das zu ihr, daß man jeden Menschen als eine Persönlichkeit achtet und ihm die Rechte einer Persönlichkeit auch zugesteht, d. h.
mit andern Worten, daß man auch anerkennt, wie er, als eine freie Persönlichkeit, auch ein Recht dazu habe, zu verlangen, daß man ihn von der
Wahrheit, die man ihm bietet, auch überzeuge und nicht eine überzeugungs-
lose Unterwerfung, durch die er in dem innersten Kerne seines Personlebens
verletzt würde, von ihm zu fordern. Grade die Liebe verlangt, daß
die Kirche auch bei dem Grundsatze der Freiwilligkeit fest be-
harre, denn das erste Gesetz aller Liebe ist Achtung der Persönlichkeit des
Andern, Anerkennung seiner gleichen Berechtigung in allen Stücken und
eben deßhalb auch die Anerkennung, daß Niemand, der ein Mensch ist, in
der Freiheit seines Gewissens, in dem Rechte, sich mit voller Freiheit selbst
für die Wahrheit zu bestimmen, verletzt werde. Pflege des freien, persönlichen Lebens, seine rechte Befreiung durch die mit eigener Ueberzeugung
angenommene Wahrheit, das ist Sache der Liebe, nicht aber Unterdrückung
der Persönlichkeit und wär's auch unter dem Vorgeben, sie dadurch selig
zu machen. Dagegen wo man es anders hält, da, das darf unter allen
Umständen behauptet werden, da liegt entweder eine Verirrung der Liebe
im Zusammenhange mit einer Verdunkelung des wirklich christlichen Bewußtseins überhaupt zu Grunde, oder gar das Gegentheil von Liebe, das
sich nur heuchlerisch hinter dieser Maske verbirgt, jenes nach Weltherrlichkeit

---

[1] Wie das ja namentlich auch in unseren Tagen sich zeigt, wo Manche eben deßhalb der Kirche abgewendet und gegen sie verschlossen sind, weil sie die mit Zwangsmitteln gewaffnete „Autorität", auf die sie Anspruch macht, sich nicht gefallen lassen
wollen. Man fürchtet — das Pfaffenthum!
[2] Joh. 18, 36.
[3] Joh. 18, 37. 10, 27.

lüsterne Priesterthum, an dem die Kirche so oft und so schwer getragen hat und durch welches ja auch ein äußerliches Zwangskirchenthum zuerst an die Stelle des Vereines freier Bekenner Jesu Christi gesetzt worden ist. [1]

4. Oder — was könnte weiter gegen unsere Forderung freiwilliger Mitgliedschaft in der Kirche eingewandt werden? Wir hören da allerdings auch aus der evangelischen Kirche manche Bedenken — Bedenken, wie sie die Furcht eingegeben hat, die Furcht, welche von der Anerken= nung dieses Grundsatzes nichts Geringeres, als eine völlige Auflösung des bestehenden kirchlichen Verbandes erwarten zu müssen meint. [2] Aber ist diese Furcht wirklich begründet? und — wenn sie begründet wäre, spräche gerade das dann nicht für die Richtigkeit unseres Grundsatzes? müßte gerade das dann nicht lehren, daß der kirch= liche Verband, wie er jetzt besteht, unhaltbar geworden ist, daß man daran denken müßte, das nur durch äußerlichen Zwang nothdürftig Zusammen= gehaltene neu und zwar auf völlig neuer Grundlage wieder herzustellen, nachdem das alte Verfahren sich als so völlig unwirksam erwiesen hat? Wie? so stände es wirklich mit der evangelischen Kirche, daß sie nur durch den von Seiten der Staatsgewalt geübten Zwang noch zusammen gehalten würde? daß dieser Zwang nur nach zu lassen und die Zubehör zu ihr nur in die freie Willkür jedes Einzelnen gestellt zu werden brauchte, um es so= fort zu erleben, daß das ganze Gebäude über den Haufen stürzte, daß der Eine hierhin, der Andere dorthin ginge und nur ein geringes Häuflein in der bisherigen kirchlichen Gemeinschaft beharren würde? Wir meinen, daß es keineswegs also steht und nur die kränkliche Phantasie gewisser in allerlei Subjectivitäten und Einseitigkeiten befangener Coterieen sich ein so düsteres Bild von der kirchlichen Gegenwart entwirft, weil allerdings ihre Liebha= bereien von dem evangelischen Volke im Großen und Ganzen wenig will= kommen geheißen werden [3], aber selbst wenn es so stände, so wäre das

---

[1] Und allerdings von dem hierarchischen Standpunkte aus mit Consequenz. Ist der Priester der Mann, der mich durch sein Thun selig macht, dann muß mich seine Liebe auch zwingen, mir sein Thun gefallen zu lassen, damit ich selig werde. Aber — das ist eben kein Christenthum mehr, wenigstens kein evangelisches Christenthum.

[2] Diese Furcht spricht sich auch in den von Richter herausgegebenen „Gutachten, die Verfassung der evangel. Kirche in Preußen betr.", unverkennbar genug aus. Man kann, das ist dort oft der langen Rede kurzer Sinn, die Kirche noch nicht sich selbst überlassen, weil sie ohne Hülfe des staatlichen Armes sich selbst auflösen würde.

[3] Wie Viele machen denn in Preußen, wo das Dissidentengesetz ja doch den Aus= tritt aus der Landeskirche ermöglicht, von dieser Freiheit Gebrauch? Doch verhältniß= mäßig nur sehr Wenige, eine gewiß kleine Minderzahl, und — wie Viele würden auch von ihnen noch herzlich gern bei der Landeskirche geblieben sein, wenn ihnen nicht das Treiben der herrschenden Partei den Raum dort zu enge gemacht hätte. Oder — will man etwa sagen: die Mehrzahl der Zurückgebliebenen sei nur aus „Indifferentismus"

doch lediglich ein Beweis dafür, daß der bisher geübte Staatszwang durchaus Nichts genützt, daß er wenigstens keinen anderen Erfolg gehabt hat, als nur den Schein einer kirchlichen Gemeinschaft aufrecht zu erhalten, während das innerliche Wesen längst in Zerfahrenheit und Auflösung begriffen wäre, und — weßhalb man dann diesen Schein noch fernerhin aufrecht erhalten und sich und Andere mit der eitlen Einbildung (um nicht zu sagen, Lüge) täuschen sollte, als gäbe es noch wirklich eine christlich = evangelische Kirche, das wäre dann in der That nicht einzusehen. Dann wäre es ohne Zweifel das allein noch Zurathende, den Zustand, wie er einmal wäre, auch offen einzugestehen und eine Kirche, die so sehr der innerlichen Auflösung bereits verfallen wäre, auch äußerlich sich auflösen zu lassen, das Todte zu den Todten zu werfen und ganz von Neuem eine Gemeinschaft aus Denen zu bilden, die sich eben noch freiwillig zu dem Evangelium bekennten, möchte ihre Zahl auch noch so gering sein. In der That, eine Kirche, die seit dreihundertjähriger Wirksamkeit nicht bloß unter dem Schutze, sondern auch mit der Hilfe der Staatsgewalt kein anderes Resultat erzielt hätte, als ein solches, daß die Mehrzahl ihrer Mitglieder ihrer so sehr überdrüssig wären, um dieselbe, sobald die Pforten sich aufthäten, auch mit einem Hurrah zu verlassen, eine Kirche, welche nur durch Hilfe eines äußerlichen Zwanges noch ein kümmerliches Scheinleben zu fristen vermöchte, eine solche Kirche verdiente nicht fernerhin zu existiren, sie würde offenbar unter das Gericht der Worte des Herrn fallen, wo dieser von dem „dumm gewordenen Salze" redet, das nur noch zum Zertretenwerden gut genug sei[1], und Früchte des Lebens wären von ihr am Allerwenigsten noch zu hoffen.[2]

Aber es steht in der That nicht so schlimm, wie diese dunklen Phantasieen es auszumalen belieben, und — wer unter dem evangelischen Volke bekannt ist, der wird auch wissen, daß freilich viel Zerwürfniß mit dem, was jetzt das officielle Kirchenwesen darbietet, aller Orten verbreitet ist, daß aber gleichwohl Anhänglichkeit und zwar nicht bloß unbewußte, sondern auch bewußte Anhänglichkeit an Jesum Christum und seine Wahrheit im evangelischen Volke genug sich findet, um, wenn die Frage, ob mit oder ohne, ob für oder gegen den Gekreuzigten? offen an dasselbe gestellt würde, die traurige Erscheinung nicht befürchten zu müssen, von welcher jene kleinmüthigen Seelen sich ängstigen und beßhalb sich verhindern lassen, zu thun, was für das Gedeihen der Kirche gefordert werden muß. Freilich, eine

---

zurück geblieben? Das ist auch so ein Schlagwort, aber — man hüte sich doch ja, es zu gebrauchen! Das damit über die Menge der Brüder geübte Gericht möchte leicht auf Diejenigen zurück fallen, die es geübt hätten.

[1] Matth. 5, 13.

[2] Matth. 7, 17 ff.

Anzahl von Denen, die jetzt noch dem Namen nach zur Kirche gehören, würde abfallen, sobald der letzte Rest des Zwanges aufhören würde, der sie noch mit der Kirche zusammen hält — das ist, wie die Dinge jetzt stehen, gar nicht anders zu erwarten. — Aber wäre denn das ein großer Schaden? wäre es überhaupt nur ein Schaden und nicht vielmehr ein Gewinn für die Kirche selbst, ein Gewinn vor allen Dingen insofern, als dadurch überhaupt die Verhältnisse sich klären, als die Kirche von diesem hemmenden Ballaste befreit und dann um so mehr in den Stand gesetzt würde, sich frei zu entfalten, indem sie auf die Zurückbleibenden sich auch um so sicherer würde verlassen können? Das ist doch ganz unzweifelhaft, daß Diejenigen, welche die geöffneten Thüren benutzen würden, auch schon jetzt in einem solchen Verhältniß zur Kirche stehen, in welchem der Einfluß, den diese auf sie zu üben im Stande ist, völlig gleich Null ist. Faktisch sind sie bereits von der Kirche getrennt, faktisch stehen sie bereits in der entschiedensten Opposition zu ihr und nehmen an den Bestrebungen und Aufgaben der Kirche so wenig Theil, daß sie im Gegentheil dieselben gänzlich ignoriren, wenn nicht gar bekämpfen, und ihre eigenen Wege gehen.[1] Warum da ein Band zu erhalten oder vielmehr zu simuliren suchen, das in Wahrheit nicht mehr vorhanden ist? warum nicht wirklich Denen die Pforten öffnen, die nun einmal am Liebsten hinaus gingen und im Grunde längst durch die Fenster sich einen Weg in die „Freiheit" gesucht haben? Sagt denn der Apostel nicht offenbar, daß die christliche Genossenschaft mit Denen, die nun einmal innerlich nicht zu ihr gehören, auch keine Gemeinschaft hegen und unterhalten soll?[2] und muß es denn nicht auch im Interesse der Kirche liegen, von Solchen, die nun einmal nicht mit ihr gehen wollen, die den grundlegenden Principien der Kirche, die Christo selbst entfremdet sind, von Solchen wirklich erlediget zu werden? Das ist ja freilich ganz wahr, daß solchen Leuten die kirchlichen Angelegenheiten in keiner Weise in die Hände gegeben werden dürfen, weil sie dieselben nur verwirren und verderben würden, aber — warum denn nicht auch offen erklären, daß Solche nicht zur Kirche gehören? warum sie vollends noch halten wollen, wo sie selbst bereit sind zu gehen?[3] Sind sie einmal Diejenigen — und sie sind es

---

[1] Dieß ja die fortwährende und freilich nicht unbegründete Klage. Vgl. u. A. auch die kürzlich erschienene Schrift: „Der Protestantenverein und die moderne Cultur. Erwägungen eines der Kirche Entfremdeten", Mannheim, 1866, die ein deutliches Bild davon gibt, wie es um das Verhältniß Mancher zur Kirche nicht nur, sondern auch zum Christenthum steht, wie wenig Verständniß da ist.

[2] 2 Cor. 6, 14 ff.

[3] Oder bedarf man ihrer, um auf sie als die enfans perdus der Kirche immerfort hinweisen und unter der Berufung auf sie eine hierarchische Ordnung aufrecht erhalten, den treuen Gemeindegliedern aber die christliche Freiheit eskamotiren zu können?

doch, auf welche man immer hinweist — um beretwillen eine Organisation der christlichen Genossenschaft, wie sie im Wesen derselben liegt und durch dasselbe gefordert wird, eine Organisation der Gemeinde selbst nach den Principien des allgemeinen Priesterthums und der wesentlichen Gleichheit aller Mitglieder unter einander als so höchst bedenklich erscheint, wohlan denn! so kann es nur zum Heile der Kirche gereichen, wenn diese sie frei aus sich entläßt, denn alsdann wird es ja dadurch ermöglicht, daß die Kirche sich nun auch gestalte, wie sie gestaltet sein soll, und die Kräfte der wirklichen Gemeinde gewinnen Raum, sich zu bethätigen und wirksam zu werden, so wirksam am Ende, daß auch Diejenigen selbst, die sich Anfangs von der Gemeinschaft geschieden hätten, doch zuletzt dieselbe wieder suchen würden, erkennend, daß hier wahrhaftes Leben sei, wie auch sie es bedürften.

In der That, will die Kirche auch auf Die, welche ihr entfremdet sind, eine reelle Wirksamkeit ausüben, so ist die Bedingung dazu, wie einerseits daß sie sich selbst erst als ein Reich des Lebens wieder organisire, so anderntheils, daß sie Jenen in voller Freiheit entgegen trete, so sehr in voller Freiheit, daß sie ihrerseits von Jenen Nichts verlangt, als was sie mit eigener Ueberzeugung anzuerkennen und zu leisten vermögen, oder mit anderen Worten, daß sie ihnen auch die Trennung von ihr gestattet, daß sie den Grundsatz der Freiwilligkeit auch ihnen gegenüber anerkennt. Aber davon — wir wiederholen es — davon, daß am Ende die Mehrzahl unseres Volkes von der Gemeinschaft Jesu Christi und deßhalb auch von der Genossenschaft sich trennen sollte, die sich zu diesem als dem alleinigen Grunde ihres Lebens bekennt, davon, daß die gesetzliche Anerkennung der Freiwilligkeit auf dem Gebiete des kirchlichen Lebens das Signal zur Auflösung der Kirche selbst sein würde, von dieser Furcht sollte eigentlich nie die Rede sein, eben schon aus dem Grunde, weil es heißen würde, die ganze Macht des christlichen Geistes verleugnen, wenn man nach so vielen Jahrhunderten der Wirksamkeit des Christenthums unter uns so wenig Früchte derselben aufweisen zu können meinte.

Mancherlei Aenderungen im kirchlichen Wesen würden mit der Anerkennung dieses Grundsatzes eintreten müssen. Es würde bald dahin kommen, daß die sich freiwillig zur Kirche Bekennenden auch die Rechte, wie sie den Mitgliedern einer freien Genossenschaft zustehen, für sich in Anspruch nähmen. Mit dem äußerlichen Zwange, der bisher noch von Seiten des Staates geübt worden ist, würde auch die Unfreiheit und Bevormundung der Gemeinden überhaupt in Wegfall kommen, und eine ernstliche Inangriffnahme der Organisation der Kirche auf der Grundlage der Freiheit würde die unvermeidliche Forderung werden, eben so wie es dann nicht mehr anginge, daß einseitige Parteirichtungen mit Hilfe der Mittel, die das Zwangskirchenthum

ihnen bisher geboten hat, die Kirche beherrschen könnten. [1]) Aber —
das Alles wäre doch am Ende auch kein Schaden, sondern recht von Herzen
zu wünschen, das Alles könnte doch nur dazu dienen, das christliche Leben
in den Gemeinden zu fördern und zu immer erfreulicherer Blüthe zu bringen,
und namentlich würde der Erfolg sein, daß jenes gleichgiltige Dahinleben in den Gemeinden aufhörte, wie es jetzt unter der Herrschaft
der Unfreiheit sich so häufig zeigt. Gälte es für einen Jeden, sich ernstlich
darüber zu entscheiden, auf welcher Seite er stehen wolle, ob auf der Seite
Christi und seiner Gemeinde oder auf Seiten Derer, die sich gegen den
Herrn und das Leben in ihm gleichgiltig oder feindselig verhalten, träte so
von vorn herein die Frage als eine ernste Gewissensfrage an einen
Jeden heran, ob er ein Christ sein wolle oder nicht, da würde auch ohne
Zweifel ein recht ernstliches Sichbesinnen in den Gemeinden eintreten, ein
recht ernstliches Forschen und Prüfen Desjenigen, was da auf beiden Seiten
geboten würde, während freilich unter der Herrschaft des Zwangskirchenthums, wo sich die Zubehör zur Kirche für Jeden von selbst versteht, wo
der von christlichen Eltern Geborene und deßhalb auch ohne sein Zuthun
Getaufte der christlichen Kirche angehören muß, es auch ein ganz natürliches
Ergebniß ist, wenn da das Fragen nach den eigentlichen Grundlagen und
Principien des Christenthums aufhört, wenn da ein bloßes Gewohnheitschristenthum um sich greift, das sich alles eigenen Suchens und Forschens
überhebt, wenn man gar dahin kommt, recht mit Absicht allem Prüfen aus
dem Wege zu gehen, um nur nicht in Zweifel zu gerathen und in Widerspruch mit dem, was man nun doch einmal, wenigstens äußerlich, bekennen
muß. Aber — wäre auch ein solcher Erfolg nicht wünschenswerth? Die
Apostel verlangen von den Christen, daß sie Alles prüfen sollen, was ihnen
irgendwie und irgendwoher als göttliche und heilbringende Wahrheit geboten wird [2]), und so wenig fürchten sie solche Prüfung, daß sie dieselbe
sogar heraus fordern — sollten wir sie nun zu scheuen haben? sollten
wir nun nicht auch das gleiche Vertrauen zu der Wahrheit des Christenthums haben, daß sie Stand halten und sich bewähren werde, wenn nur

---

[1]) Das bei den Parteileuten, welche mit jenen düsteren Phantasieen von einem
allgemeinen Abfalle sich und namentlich Andere ängstigen, auch wohl der Kern der
ganzen Furcht. Manches, was sich jetzt als das allein wahre Christenthum aufspielt,
würde doch gar sehr in den Hintergrund zu treten haben, aber — das Christenthum
selbst liefe doch damit noch keine Gefahr.

[2]) 1 Thess. 5, 21. 1 Joh. 4, 1. 2 Cor. 13, 5. Ueber seine eigene Stellung
zum Christenthum („ob ihr im Glauben seid") soll ein Jeder nach dieser letzteren Stelle
gewiß zu werden suchen, und namentlich soll das dann geschehen (1 Cor. 11, 28), wenn
der Einzelne an dem Bekenntnißakte der Gemeinde, am Abendmahl Theil nimmt, an
derjenigen Handlung, durch welche er sich eben als ein Glied an dem Leibe des Herrn
offen darstellt.

erst einmal der rechte Sinn der Forschung und Prüfung in die Gemeinden
käme? Wehe uns, wenn wir diese Zuversicht nicht hätten! wenn wir kleinmüthig und verzagt genug wären, solche Prüfung zu scheuen und deßhalb
meinten, durch äußerliche Mittel des Zwanges aufrecht erhalten zu müssen,
was doch am Ende stark genug ist, um sich selbst zu behaupten, auch wenn
es lediglich auf sich selbst angewiesen ist, und dann am Ende doch auch am
Allermeisten: die christliche Wahrheit! Es ziemt in der That der Kirche,
diese Zuversicht zu ihrer Sache zu haben, die keiner fremden
Stütze bedarf, und — eben deßhalb auch auf die freie Zustimmung der
Menschen zu ihr allein sich stützen zu wollen; das ist die ihrer selbst allein
würdige Stellung, und — der Erfolg kann für den, der wirklich auf die
Macht der Wahrheit noch vertraut, gar nicht zweifelhaft sein.

Tritt dadurch, daß der Grundsatz der Freiwilligkeit anerkannt wird,
der Ernst der Prüfung an einen Jeden heran und thut dann, was freilich
vorauszusetzen ist, die Kirche redlich das Ihrige, um die Wahrheit des
Christenthums in das rechte Licht zu setzen, dann ist — und nur der Unglaube selbst könnte es anders erwarten — auch gar nicht zu zweifeln, daß
der christlichen Wahrheit der Sieg bleiben wird. Mit der Gleichgültigkeit,
mit dem bloßen Gewohnheitschristenthum wird es dann freilich ein Ende
haben, aber — um so mehr wird ein bewußtes und energisches Stehen im
Christenthum, ein persönliches Wurzeln in Dem, der der persönliche Lebensgrund der Kirche ist, auch bei den Mitgliedern der Gemeinde daraus hervorgehen [1]), und selbst Manche von denen, die jetzt kaum noch auf ihre
Zubehör zur Kirche ein Gewicht legen, werden dann dahin kommen, sich
wieder gern und freudig zu ihr zu bekennen, d. h. zu einer solchen Kirche,
die dann wirklich ist, was sie sein soll: ein Verein freier Bekenner zu Christo
und dem in ihm erschienenen religiös-sittlichen Leben, dessen Mitglieder nun
auch in vereintem Streben die Zwecke, wie sie ihnen in Christo gegeben
sind, zu fördern suchen. Daher fort mit aller kleinlichen Furcht! Es klingt
ja allerdings wonach, wenn man sagt: „es darf nicht Preis gegeben werden,
was durch die Jahrhunderte der christlichen Geschichte gegründet worden ist!
wir haben jetzt ein christliches Volk, das mit der Kirche geeinigt ist, und

---

[1]) Wenn man kürzlich aus Würtemberg klagte, daß die Mehrzahl der Gemeindeglieder verlernt hätte, das Christenthum als ihre eigene Sache zu betrachten, daß sie
es vielmehr nur für die Angelegenheit der Pastore ansähe, so ist doch zu fragen,
woher denn ein solcher gewiß beklagenswerther Zustand gekommen ist? Nicht etwa
daher, wenigstens zum großen Theile, weil man die Gemeindeglieder nolens volens
als die Hörigen des Pastorats, als das bloße „Pfarrvolk" behandelt hat, ohne auch
nur daran zu denken, das Zubehör zur Kirche in ihre freie Entschließung zu stellen und
sie damit zu einer Sache ihres eigenen Gewissens zu machen? Daher denn auch in
Würtemberg und anderwärts dieser Zudrang zu Sekten und Conventikeln, weil — in
diesen die freie Selbstbestimmung des Einzelnen von vorn herein nicht zu kurz kommt.

diesen Zustand dürfen wir dadurch nicht in Frage stellen, daß wir durch
Proklamiren des Freiwilligkeitsprincips das Band lösen, welches jetzt von
vorn herein unser Volk mit der Kirche verbindet und es als ein christliches
erscheinen läßt!" aber — es klingt das auch eben nur wie eine wohl
gegründete Behauptung. Ist das Resultat der Jahrhunderte wirklich dieß,
daß wir ein christliches Volk haben, das diesen Namen verdient, ei, wohlan!
was ist dann für Gefahr, diesem christlichen Volke es auch anheim zu geben,
ob es der Kirche angehören will oder nicht, ob es selbst noch eine christliche
Gemeinschaft bilden will? Dagegen aber bedarf es noch des äußerlichen
Zwanges, um das Band mit Kirche und Christenthum in unserem Volke
aufrecht zu erhalten, ist es noch nicht dahin gekommen, daß wirklich auch
ein unlösbares Geistesband zwischen dem Herrn und Denen, die seinen
Namen tragen, besteht, dann ist das „Resultat der Jahrhunderte" doch ein
äußerst bedenkliches, und es müssen dann durch die Jahrhunderte hindurch
so tief greifende und principielle Fehler gemacht worden sein, daß es wirklich
noth ist, sich auf die ursprünglichen Principien des kirchlichen Lebens wieder
zu besinnen und sie wieder zu der Grundlage zu nehmen, auf der man in
Zukunft stehen will, dann aber gilt es vor Allem, auch das Christenthum
als das anzuerkennen, was es ist, als die Religion des Geistes, des per=
sönlichen Lebens und damit auch der persönlichen Freiheit, als die Sache
des Gewissens jedes Einzelnen und deßhalb auch als die der Freiwilligkeit!
dann ist es eben nur ein Schein, wenn durch den äußerlichen Verband mit
der Kirche unser Volk als ein christliches erscheint [1]), und um zur Wahr=
heit zu gelangen, ist es nothwendig, zunächst diesen Schein fahren zu lassen,
auf daß wir werden, was wir sein sollen: ein wirklich christliches Volk,
durchdrungen von dem Geiste des Herrn und durch ihn auch zu kirchlicher
Gemeinschaft verbunden! Wir meinen jedoch, unser Volk sei im Großen
und Ganzen ein christliches geworden, wenn auch immerhin noch mit man=
cherlei unchristlichen Elementen durchsetzt, und eben deßhalb meinen wir auch,
es werde durch die Anerkennung der Freiwilligkeit in Betreff der Zubehör
zu der kirchlichen Gemeinschaft weder der christliche Charakter unseres Volkes
überhaupt, noch auch das feste Bestehen der kirchlichen Gemeinschaft als
einer das evangelische Volk im Großen und Ganzen umschließenden Ver=
einigung in Frage gestellt [2]), es sei diese Anerkennung vielmehr nur der

---

[1]) In der That würden alsdann die Sekten, die Baptisten und Pietisten, Recht
haben, wenn sie die Staatskirchen als „Welt" bezeichnen und das Christenthum allein
in ihren auf dem Freiwilligkeitsprincip beruhenden Vereinigungen suchen.

[2]) Es hat sich das ja auch bereits an einzelnen Punkten gezeigt. Wie großen Scha=
den und Abfall hat man nicht von der Einführung der s. g. bürgerlichen Eheschließung
fürchten zu müssen gemeint! Aber sieht man in die Länder hinein, wo Civilehe obli=
gatorisch und die kirchliche Trauung in den freien Willen der Leute gestellt ist, wie

Weg, um, wie zu einer wirklichen kirchlichen Gemeinschaft im Sinne des Christenthums zu gelangen, so auch diese Gemeinschaft darzustellen als eine solche, welche nun mit allem bewußten Ernste für die ihr gegebenen Zwecke eintreten könne und durch das Leben im Geiste des Herrn auch mächtig genug sei, die widerstrebenden Elemente immer mehr zurück zu drängen und zu überwinden. —

5. Aber freilich noch ein anderes und gewichtiges Bedenken scheint sich da entgegen zu stellen, von dem universalen und nationalen Gesichtspunkte hergenommen. Die Kirche soll allerdings nicht eine bloße Privatgesellschaft sein. Wie es in ihrem Wesen liegt, die allgemeine zu sein, wenn auch zunächst nur dem Princip nach, das auf dem Wege geschichtlicher Entwicklung sich zu verwirklichen hat, so soll sie auch als Nationalkirche das Ganze des Volkes umfassen und ein Gebäude sein, in welchem eben die Nation Platz hat. Diesen Gesichtspunkt haben auch wir bereits hervorgehoben [1]), und wir meinen, daß er auch unter allen Umständen festzuhalten sei. Nicht um Herstellung eines „Winkelkirchenthums" handelt es sich, sondern um eine große, die Nation selbst in sich schließende Vereinigung. Aber wird nun eine solche durch Anerkennung und gesetzliche Durchführung des Freiwilligkeitsprincips nicht geradezu in Frage gestellt? Die Kirche, so sagt man, würde dadurch, daß man es dem freien Belieben eines Jeden überließe, ob er zu ihr gehören wolle oder nicht, ihres öffentlichen Charakters völlig entkleidet, sie würde eben damit eine Privatanstalt werden, losgelöst von dem Gesammtleben der Nation, und am Ende sänke sie gar zu einem bloßen Conventikel herab mit all den Einseitigkeiten und Absonderlichkeiten, in welche wir die Sekten und Conventikel so leicht gerathen sehen. Aber auch dieser Gefahr darf man nur recht in's Auge blicken, um überzeugt zu werden, daß die Furcht vor ihr unbegründet ist. Von dem Mißtrauen gegen die Macht der christlichen Wahrheit, als ob sie für sich allein nicht im Stande wäre, die Nation im Großen und Ganzen um sich zu vereinigen, das doch auch dieser Furcht zu Grunde liegt, wollen wir hier nicht mehr reden — es ist darüber in dem Bisherigen schon genug gesagt worden — und eben so dürfte das Mißtrauen gegen die Nation selbst, als wäre sie in der Mehrzahl ihrer Mitglieder von vorn herein gegen die christliche Wahrheit verhärtet — und auch das liegt ja jener Furcht zu Grunde — kaum einer Widerlegung bedürfen. So gewiß die Kirche das Bewußtsein haben darf, daß die von

---

Viele sind denn da, die sich wirklich mit der bürgerlichen Trauung begnügen wollen? Es ist die christliche Sitte, die hier ihre Macht bewährt, aber — sollte man sich auch da, wo es sich um Zubehör zur Kirche überhaupt handelt, auf diese nicht lieber und auch sicherer verlassen können, als auf alle Zwangsmittel?

[1]) S. oben Bd. I, S. 98 ff.

ihr vertretene Wahrheit für jeden Menschen bestimmt sei, so gewiß darf sie auch das Bewußtsein haben, daß hinwiederum jeder Mensch auch für die von ihr vertretene Wahrheit die innerliche Bestimmung habe, und — darauf soll die Kirche sich verlassen und in diesem Bewußtsein gläubig handeln, in diesem Bewußtsein auch gewiß sein, daß auch unsere Nation ihr zufallen werde bei aller Freiheit des Annehmens und Verwerfens, wenn ihr die Wahrheit in Christo nur recht dargeboten wird. Der Kleinmuth, der auch in diesem Bedenken sich kund gibt, ist vor allen Dingen zu tadeln. Aber — warum soll denn die Kirche überhaupt ihren öffentlichen und nationalen Charakter nicht bewahren können, auch wenn sie von vorn herein auf das Princip der Freiheit sich stützt, auch wenn sie nichts Anderes sein will, als nur eine freie Vereinigung des Volkes auf dem Grunde des Christenthums und zur Verfolgung der christlichen Zwecke, auch wenn sie jede äußerliche Verpflichtung der Zubehör zu ihr fallen läßt und jedem Einzelnen verstattet, auch außerhalb ihrer sein Heil zu suchen und seine eigenen Wege zu gehen? Es ist in der That nicht einzusehen, weßhalb auf dem Grunde der Freiheit eine nationale Einigung zu den christlichen Zwecken — und das soll die Kirche doch sein — nicht eben so gut und zuletzt wohl gar noch besser, d. h. lebendiger und tiefer greifend, zu Stande kommen sollte, als auf dem Grunde äußerlicher Gebundenheit und eines Zwanges, der da den Seelen angethan würde, eines Zwanges so bedenklicher Art, wie jeder Zwang auf geistigem und deßhalb auch auf christlichem Gebiete doch immer ist.

Freilich würde es ja, wie wir bereits oben zugestanden haben[1]), an Einzelnen und wohl auch an einer großen Anzahl Einzelner nicht fehlen, die da eine Seitenstellung zu der Kirche überhaupt einnehmen würden. Gebildete, die sich die „Wissenden" nennten und über den „Glauben" hinaus zu sein meinten, und Ungebildete, die eben fern ständen aus Unwissenheit, es würde am Ende sogar geschehen, daß auch diese sich im Gegensatze zur Kirche vereinigten, etwa zu „freien Gemeinden", welche den Namen von Christen verschmähten[2]), wiewohl gerade sie ja, als in reinem Subjectivismus befangen, auch immer mehr auf eine vereinzelte Stellung hingewiesen sein würden[3]); und eben so könnte es auch nicht ausbleiben, daß auch auf

---

[1]) S. oben.

[2]) Der „der Kirche Entfremdete", der das Verhältniß „des Protestantenvereins und der modernen Cultur" erwogen hat (Mannheim, 1866), stellt S. 18 seiner Schrift das Hinwegfallen des Christennamens geradezu in Aussicht, und „freie Gemeinden", z. B. die Hamburger, haben ihn ja auch bereits abgethan.

[3]) Strauß spricht ja freilich von einer „Gemeinde" der Wissenden, aber — ob dieselben wirklich auch zu einer lebendigen Gemeinschaft sich würde constituiren können, ist doch sehr zweifelhaft. Mit wie Vielen würde Strauß selbst solche Gemeinschaft

dem Grunde des Christenthum allerlei Sekten entständen zur Seite und gegenüber der kirchlichen Gemeinschaft.[1] — Aber würde denn damit der nationale Charakter der Kirche aufgehoben werden? Doch eben so wenig, wie der Staat selbst aufhört, national zu sein und die Nation zu umfassen, ob auch mancherlei fremdartige Elemente in ihm gefunden werden, die entweder gegen seine Zwecke gleichgültig sind oder ihnen gar widerstreben, weil sie dieselben nicht als die ihnen selbst auch persönlich zukommenden anerkennen, und vollends eben so wenig, wie jetzt die Kirche des — freilich nur in gewissem Sinne so zu nennenden[2] — nationalen Charakters entbehrt, obgleich ja im Schooße der Nation auch schon alle diese ihr entgegen stehenden Parteien genugsam hervorgetreten sind, sei es solche, die ihr aus „Unglauben" widerstreben, sei es solche, die ihr wegen ihrer besonderen Art von „Gläubigkeit" die Gemeinschaft aufgekündigt haben.

Oder — was haben wir denn unter dem nationalen Charakter der Kirche zu verstehen? Etwa dieß, daß ihre Mitglieder völlig mit denen des Volkes zusammen fielen und so die Kirche und die Nation sich durchaus deckten? So scheinen Einige das Wort „Nationalkirche" zu verstehen, wenn sie fürchten, die Freiwilligkeit des Bekennens zu ihr würde sie ihres nationalen Charakters entkleiden, aber — wenn von einer National= kirche nur in diesem Sinne sollte geredet werden dürfen, dann müßte gesagt werden, daß wir jetzt, wie unsere Zustände nun einmal sind, am Allerwenigsten ein nationales Kirchenwesen haben und daß ein solches überhaupt noch niemals vorhanden gewesen ist, selbst in den Zeiten des schroffsten und mit Schwert und Scheiterhaufen einherschreitenden hierar= chischen Kirchenthums nicht.[3] Aber eben in diesem Sinne kann zur Zeit auch noch nicht von einem zu errichtenden nationalen Kirchenwesen die Rede sein. Höchstens kann man auch hier sagen, es sei das Ziel der Entwicklung, daß mehr und mehr auch das Widerstreben der aus irgend welchen Grün= den bei Seite Stehenden überwunden und so der Dissentirenden und sich Absondernden immer weniger würden.[4] Dagegen wenn man jetzt von

---

pflegen können. Diese Gemeinde bliebe gewiß immer bloße ecclesia invisibilis, und zwar aus dem Grunde, weil ihr der gemeinsame persönliche Lebensgrund fehlen würde, in welchem sie mit ihrem eigenen persönlichen Leben wurzelte.

[1] Wie das Alles ja auch schon jetzt der Fall ist.

[2] S. weiter unten!

[3] Auch nicht in England, obgleich die englische Hochkirche durch alle möglichen äußerlichen Mittel des Zwanges und der Chikane gegen die Dissenters den Schein sich zu geben suchte, als ob sie die nationale Kirche in dem eben genannten Sinne sei und die kirchliche Gemeinschaft mit der des Volkes sich völlig decke. Sie hat eben trotz aller jener Zwangsmittel sowohl christliche Dissenters, als auch deïstische Freidenker und selbst Atheisten im englischen Volke dulden müssen.

[4] Wie wir Alle und ein Jeder für sich selbst (Phil. 3, 12) doch immer erst

einer nationalen kirchlichen Gemeinschaft redet, so kann das nur bedeuten,
daß eine auf dem einen christlichen Grunde beruhende Genossenschaft vor=
handen sei oder entstehen solle, welche, einerseits aus dem eigenen Willen
der Nation im Großen und Ganzen hervorgegangen und von diesem ge=
tragen, nun auch andererseits die Nation im Ganzen und Großen umfasse
und Raum biete, daß auch die ganze Nation in sie eingehen könne, eine
Gemeinschaft von Christen, welche dastehe als eine zunächst über das Ganze
des Volkes verzweigte und in Geist und Willen des Volkes als diesem
Ganzen wurzelnde christliche Gesellschaft, und welche dann auch selbst, wie
sie das Bewußtsein in sich trage, daß das in ihr geltende und gepflegte
religiös=sittliche Leben bestimmt sei, das der ganzen Nation zu werden, so
auch den Eintritt in ihre Gemeinschaft einem jeden Mitgliede des Volkes
unter der alleinigen Bedingung, daß es sich zu ihrem Lebensgrunde bekenne,
und sonst ohne alle Ausnahme offen halte, und — in diesem Sinne, wie
er doch der allein haltbare ist, wenn aus der Kirche überhaupt nicht eine
bloße Macht= und Zwangsanstalt werden soll, aus welcher zuletzt jede Spur
von Freiheit und eigenem persönlichen Leben verschwinden müßte, sollte in
diesem Sinne ein nationales Kirchenthum nicht eben so gut zu Stande
kommen und Bestehen und Gedeihen haben können unter der Voraussetzung
der Freiwilligkeit seiner Mitgliedschaft, als unter der des durch polizeiliche
Gewaltmittel aufrecht erhaltenen Zwanges?

Eine genauere Erwägung, wenn man nur mit Unbefangenheit den
Verhältnissen in's Auge sieht und sich jener langen Gewöhnung entschlägt,
durch welche man es oft nicht anders mehr kennt, als daß die Kirche bei
der Polizeigewalt ihre Stütze sucht, anstatt lediglich bei dem Herrn und
seiner Wahrheit, muß sogar lehren, daß wir in der That erst durch die
Anerkennung des Freiwilligkeitsgrundsatzes zu einer wahrhaft nationalen
Kirche zu gelangen im Stande sind, d. h. zu einer solchen, die in dem
wirklichen Willen der Nation ihre Wurzeln hat und von demselben ge=
tragen wird, zu einer Volkskirche im eigentlichen und vollen Sinne des
Wortes. Bisher haben wir eine solche im Grunde noch gar nicht oder
doch nicht in dem Sinne gehabt, den man mit diesem Worte verbinden
muß, nicht eine Kirche, die das, was sie war, durch den Willen der
Nation gewesen wäre, wurzelnd in dem klaren und mit voller Spontaneität
sich selbst bestimmenden Bewußtsein des Volkes, sondern im Gegentheil ein
durch außervolkliche Mächte und ja eben deßhalb auch mit Zwangsgewalt

---

„werdende Christen" sind, so ist auch unser Volk noch stets in einem solchen „Werden",
in einem solchen immer völligeren Hineinwachsen in das Christenthum begriffen, und
— schon jetzt zu verlangen, daß das nationale Leben und das Christenthum sich so
völlig decken sollten, wie oben bezeichnet worden, wäre auch nur eine Anticipation
dessen, was nur als endliches Ziel der nationalen Arbeit wirklich werden kann.

aufgerichtetes und festgehaltenes Kirchenwesen, bei welchem das Volk selbst mehr der leidende und das von Außen her ihm Dargebotene passiv auf= nehmende, als der selbstthätig und mit eigenem Willen sich für dasselbe bestimmende Theil gewesen ist. Nicht bloß in der mittelalterlichen Zeit war dieß der Fall, wo eine fremdländische Priesterschaft [1]), und man weiß ja, mit welchen Mitteln, den germanischen Völkern das Christenthum brachte und es ihnen nach ihrem Gutdünken zurecht schnitt, sondern nicht minder auch in der nachreformatorischen Zeit in den aus der Reformation hervor= gegangenen Territorialkirchen selbst. War's denn nicht da der Wille der staatlichen Obrigkeit, der dem Volke die Religion vorschrieb, welche es sollte haben dürfen? [2]) waren es nicht die über dem Volke stehenden Theologen, welche die Bekenntnisse zurecht machten und dem Volke höchstens verstatten wollten, seine Privatmeinungen für sich zu haben, aber ohne dieselben auch nur aussprechen zu dürfen? [3]) Von einer Selbstbestimmung auf Seiten des Volkes war damals durchaus nicht die Rede, sondern nur von einem Bestimmtwerden desselben und einem passiven Sichgefallenlassen dessen, was die über dem Volke stehenden Instanzen festzusetzen für gut fanden, und — so ist es denn auch bis heute zu einem wirklich nationalen Kirchenwesen noch keineswegs gekommen, ja, so hat es geschehen können, daß sich in unseren Tagen ganz besonders die Nation in so weiten Kreisen, nicht zwar vom Christenthum, aber doch von diesem Kirchenthum abgewendet hat [4]), das noch immer als eine fremde Macht über dem Volke schwebt und dann freilich auch seinerseits gegen das Volk in einer Weise eingenommen ist, die deutlich zu erkennen gibt, wie sehr es sich bewußt ist, nicht in dem

———

[1]) Vgl. Bunsen, Kirche der Zukunft, S. 126.

[2]) Man denke nur an den damals geltenden Rechtssatz: Cujus regio, ejus religio! und an die Verfolgungen, welche alle Diejenigen erleiden mußten, welche mit dem von oben her Decretirten nicht einverstanden waren! auch an die Verfolgungen Derer, welche die Concordienformel nicht unterschreiben wollten!

[3]) Wie dieß ja in Carpzow's berühmt gewordener Dissertation deutlich aus einander gesetzt wird. Es ist in der That eine durchaus unhistorische Behauptung, wenn man (Stahl) jetzt so thut, als ob die altprotestantischen Bekenntnisse Bekennt= nisse der Gemeinden gewesen wären. Sie waren eben Bekenntnisse der Fürsten und Theologen, welche die Gemeinden annehmen mußten bei schweren Pönen gegen die Dissentirenden. Die Gemeinden sind gar niemals gefragt worden, und — der „still= schweigende Consens", den die Juristen angenommen haben, um das Verfahren zu rechtfertigen, ist doch eigentlich nur eine — juristische Fiction, die aber am wirklichen Sachverhalt Nichts ändert.

[4]) Und zwar ist diese Abwendung nicht bloß von gestern her. Schon in den frü= heren Jahrhunderten, seit dem nach der Erschlaffung am Ende des 16. Jahrhunderts wieder erwachten christlich=selbständigen Sinn im Volke, wandten sich gerade Diejenigen, welche ein eigenes christliches Leben in sich trugen, von der etablirten Kirche hinweg und den Secten zu.

Willen der Nation zu wurzeln und von demselben getragen zu werden. [1]
Nein! ein nationales Kirchenwesen im wirklichen und vollen Sinne des
Wortes, ein solches, zu welchem die Nation im Großen und Ganzen mit
aller Freudigkeit stände, gibt es eigentlich noch nicht, gibt es in unseren
Tagen vielleicht weniger, als jemals, und das beweist ja schon der Umstand,
daß man von dem Freiwilligkeitsprincipe eine Auflösung des gegenwärtigen
kirchlichen Bestandes meint fürchten zu müssen, daß man des Polizeizwanges
noch immer nicht entbehren zu können meint.

Aber — wie würden sich denn nun die Dinge gestalten, wenn der
Zwang wegfiele? wenn in keiner Weise der Staat sich da um das religiöse
Bekenntniß seiner Angehörigen kümmern wollte? wenn es dahin gelangte,
daß es auf den freien Willen eines Jeden ankäme, ob er in die christliche
Gemeinschaft sich einrechnen lassen wolle oder nicht? Viele von Denen,
die zwar jetzt noch Christen heißen, würden „hinter sich gehen", nämlich
Diejenigen, die jetzt auch schon sich fern halten, aber — die Kirche würde
ein Verein von allen Denen aus dem ganzen Volke werden, welche nun
auch mit eigenem freien Willen sich auf den Grund der Kirche stellten, die
Kirche würde werden, was sie ihrem Wesen nach doch sein soll, ein Verein
von wirklichen Bekennern des Christenthums, und zwar würde
sie als solcher Verein auch in dem Sinne national sein, als das Volk,
soweit es wirklich bereits christlich geworden ist, sich in diesem Vereine
befinden und durch seinen Willen ihn tragen würde. Erst so würde die
Kirche eine wahrhaft nationale, da sie dann eben wirklich durch den Willen
der Nation, soweit derselbe selbst vom Christenthum bestimmt ist, bestände
und in ihm ihre Wurzeln hätte, und da ihr dann auch die Möglichkeit
gegeben wäre, sich immer mehr über die ganze Nation zu verbreiten und
auch Diejenigen, welche ihr noch entgegen stehen, durch energische Entfaltung
ihres geistigen Lebens in ihren Bereich zu ziehen und für sich zu gewinnen.
Nur auf diesem Wege, wie er ja doch auch durch das Wesen des Christenthums und der christlichen Kirche vorgezeichnet ist, ist zu einer wirklich
nationalen Kirche zu gelangen; und — selbst wenn es da zu Tage treten
sollte, daß die Abwendung vom Christenthume im Ganzen des Volkes größer
wäre, als wir überzeugt sind, daß sie wirklich ist [2]), selbst wenn ein nicht
unbedeutender Theil des Volkes zunächst der christlichen Gemeinschaft den
Rücken kehrte, man müßte es sich gefallen lassen, denn es träte ja dadurch

---

[1]) Das Volk gilt ja in den hier in Rede stehenden Kreisen als die „unchristliche
Masse", als der „große wüste Haufen", und die Kirche ist das Nichts, als die Institution über den Gemeinden, der diese nolens volens unterworfen sind. Beachtenswerth
ist in dieser Hinsicht Stahl's Rede „über die christliche Toleranz" und die Kritik derselben in Bunsen's „Zeichen der Zeit", Brief 10.

[2]) S. oben.

nur zu Tage, was durch den bisher geübten Zwang wohl verdeckt, aber doch gewiß nicht beseitigt worden ist; aber — man gewänne dadurch eine wirklich christliche Kirche, die, ungeachtet dieses Abfalles, doch immer im Volke selbst stände und der auch der endliche Sieg nicht fehlen würde, wenn sie nur in rechter Weise für ihre Sache einträte, während, so lange die Kirche als Zwangsanstalt über der Nation schwebt, ihr auch das nationale Leben unzugänglich bleiben muß und ihr die Mittel fehlen, den freilich noch immer nothwendigen Kampf mit den widerstrebenden Mächten im Volke zu führen, vor allem das von dem Herrn selbst so sehr hervor gehobene: [1] ein in der Kraft des Herrn sich bewährendes Gemeindeleben.[2]

Und dann, was die Besorgniß anbetrifft, daß die Kirche durch Aner= kennung der Freiwilligkeit des Bekenntnisses zu ihr zu einem bloßen Conventikel herab sinken könnte, sollte sie am Ende begründet sein? Zunächst ist zu fragen, was versteht man darunter? Eine Versammlung von Solchen, die, im Unterschiede von Anderen, das Christenthum mit allem Eifer treiben wollen und deshalb zu ihrer Erbauung auf dem Grunde des Christenthums sich frei zusammenfinden? Dann ist doch im Grunde jede Versammlung, die wir in unsern „Gotteshäusern" halten, ein Con= ventikel, denn da findet sich doch auch immer nur eine Auswahl aus den Gemeinden frei zu gemeinsamer Erbauung zusammen, diejenigen nämlich, denen es wirklich Ernst um ihr Christenthum ist, und es kann auch gar nicht anders sein, daß, so lange es noch unchristliche Elemente im Volke giebt, sich die Christen von diesen unterscheiden und zur Pflege ihres religiös=sittlichen Lebens aussondern müssen. Das bringt schon das Christen= thum selbst als ganz bestimmt von dem, was nicht Christenthum ist, unter= schieden mit sich und wollte man eine solche Scheidung nicht gelten lassen, dann müßte man überhaupt kein Christenthum und keine christliche Kirche mehr wollen. Oder aber versteht man unter Conventikel einen ungeord= neten Haufen, der, im Dünkel, mehr zu haben, als die übrigen Bekenner des Evangeliums, von der christlichen Gemeinschaft sich sondert, um seine

---

[1] Matth. 5, 13 ff. Vgl. 1 Petr. 2.

[2] Allerdings hat die Kirche jetzt auch noch das verkündigende Wort, und wir sind keineswegs gemeint, dasselbe zu unterschätzen, aber — recht wirksam ist das Wort doch nur dann, wenn ihm ein wirklich christliches Gemeindeleben zur Seite steht und es von diesem getragen und bestätigt wird. Im anderen Falle bleibt es eine bloße Theorie, die als solche ohnmächtig genug ist. Der Mensch glaubt nur an Thatsachen, und nur dann kann der Unglaube an die göttliche Kraft des Evangeliums (Röm. 1, 16) über= wunden werden, wenn das Gemeindeleben den thatsächlichen Beweis liefert, daß das Evangelium diese Kraft der Rettung und Erneuerung des Menschen besitzt. Das spricht sich auch in der Mißstimmung gegen alles Dogmatisiren aus: man will nicht Dogmen, Theorien, Behauptungen, man will Thatsachen sehen im Leben der Gemein= den, um glauben zu können.

eigenen Wege zu gehen? Nun, solch Conventikelchristenthum hat zu keiner
Zeit mehr in Blüthe gestanden, als in den Tagen des ärgsten Polizei=
zwanges, den die Kirche mit Hilfe des Staates aufgewendet hat, und die
Erfahrung hat gelehrt, daß die Separation immerfort die Kehrseite des
Kirchenthums gewesen ist, welches das Bekenntniß zu sich selbst als eine
bürgerliche Verpflichtung angesehen wissen wollte. [1] Auch findet sich von
solchem separatistischem Wesen in unseren Tagen noch immer so viel, daß
man kaum wüßte, wie dasselbe noch vermehrt werden könnte, ja, es ist,
wie jeder Kundige weiß, dieser separatistische Geist, der dünkelvoll nur seine
Weise des Christenthums für die allein zu statuirende hält und auf Alle,
die nicht seine subjective Färbung tragen, mißachtend und richtend herab
sieht, so tief in das offizielle Kirchenthum selbst eingedrungen, es herrscht
das habersüchtige Coterienwesen in einem solchen Maße auch da, wo man
noch nicht zu offener Separation vorgeschritten ist, daß man sieht, der bloße
Zwang, wie ihn die Polizeigewalt zur äußerlichen Zusammenhaltung der
kirchlichen Gemeinschaft anwendet, reicht durchaus nicht hin, um Erschei=
nungen zurück zu drängen und zu verhindern, sie auch auf dem Gebiete
des öffentlichen Kirchenthums zu verhindern, wie wir sie gewohnt sind, als
das Charakteristische des Conventikel= und Separationswesens anzusehen.

Aber — ist denn nun davon die Rede, wenn gefordert wird, die Kirche
solle in Zukunft sein, was sie ihrem Wesen nach sein muß: ein Verein
freier und freiwilliger Bekenner des Christenthums? wäre ein solches, gewiß
sehr unerfreuliches Resultat wirklich zu fürchten? Durch Schuld der christ=
lichen Gemeinschaft selbst könnte es allerdings dahin gelangen, das leugnen
wir durchaus nicht, aber — welche Macht der Erde wollte denn überhaupt
ein Verderben des Kirchenleibes verhindern, wenn dieser selbst sich fahr=
lässig und unverständig in's Verderben stürzen wollte? Dieser Gefahr
gegenüber giebt es keine irdischen Mittel, und am allerwenigsten ist der
Polizeizwang ein solches, wodurch sie beseitigt werden könnte; dieser Gefahr
gegenüber gilt es vielmehr, sich auf den Herrn zu verlassen und seiner Ver=
heißung zu trauen, der, daß er alle Zeit mit den Seinigen sein und sie
durch seinen Geist auch in die Wahrheit leiten werde. [2] Aber — wir meinen
doch auch, je mehr die Kirche gerade auf der Grundlage christlicher Freiheit
sich auferbaut, je mehr sie, als der Verein freiwilliger Bekenner Jesu Christi,
auch aus dem Geiste des Herrn zu leben beginnt, je mehr die Kirche, anstatt
eine bloße Religionslehr= und Kultusanstalt über den Gemeinden zu sein,

[1] Den lehrhierarchischen Theorien Carpzow's standen die ecclesiolae der Pietisten
gegenüber, und — der von oben her decretirten Union das Altlutherthum. Man
denke auch an das Verhältniß zwischen der Hochkirche in England und den Dissenters.
[2] Matth. 28, 20. Joh. 16, 13.

in dem Leben des Volkes selbst ihre Wurzeln schlägt, und je mehr auch ihre ganze verfassungsmäßige Organisation den reinen Principien des Christen=thums gemäß sich gestaltet, desto mehr wird auch die Gefahr sowohl einer Zersplitterung in Sekten überhaupt, als auch die, daß sie selbst ein rein sektenhaftes Gepräge annehmen werde, vermieden und vermindert werden.

Fassen wir einmal die hervorragenden Züge des Sekten= und Konven=tikel=Christenthums selbst in's Auge, so wird sich das auch zeigen. Zunächst ist es ein Verachten und Umgehen der öffentlichen kirchlichen Ordnung, was das Sekten=Christenthum charakterisirt. Man verläßt nicht bloß das ord=nungsmäßige geistliche Amt und entzieht sich der Wirksamkeit desselben, son=dern man verläßt auch die Gemeinde selbst, um für sich das Christenthum, um es in den „Winkel" zu treiben, den man sich selbst neben der Kirche gebaut hat. Aber handelt es sich denn darum, wenn gefordert wird, daß Freiheit des Bekennens die Grundlage der kirchlichen Gemeinschaft sein solle? Die Ordnung des Gemeindelebens soll doch damit gewiß nicht aufgehoben werden, vielmehr ist ja das der Sinn, daß diese so gebildete, wirklich christ=liche Gemeinschaft sich nun auch verfassungsmäßig als eine solche zu gestalten habe, in welcher, um mit dem Apostel zu reden, Alles „ordentlich und ehr=lich" zugehe.[1] Wer denkt denn da an ein Abthun des ordnungsmäßigen Gemeindebeamtes? wer an dieß willkürliche Sichaufwerfen zu Lehrern und Leitern, wie es bei den Sekten freilich so oft sich findet? wer auch überhaupt nur daran, daß da der Einzelne bloß auf sich selbst gestellt werden solle, losgelöst von der Gemeinschaft mit den Brüdern? Ganz das Gegentheil ist ja die Forderung: eine Gliederung der Gemeinschaft als eines im Geiste des Herrn innig verbundenen Ganzen und, wie eine organische Verbindung des Gemeindebeamtes mit der Gemeinde selbst, ein Stehen und Wurzeln des=selben mitten in der Genossenschaft, so auch eine feste Verbindung aller Glieder der Vereinigung zum gemeinsamen Ringen nach dem ihr in Christo vorgesteckten Ziele. Darauf freilich wird es ankommen, daß eine solche Organisation des Gemeindelebens wirklich zu Stande komme, aber — ist es nicht eben das Princip der Freiwilligkeit, wodurch dieselbe allein ermög=licht wird? und wenn sie vorhanden ist, wird dann die Gefahr der Abson=derung Einzelner oder ganzer Kreise von dem so organisirten Kirchenleibe nicht gerade dadurch, wenn auch nicht ganz beseitigt[2]), doch am Allermeisten

---

[1] 1 Cor. 14, 40.

[2] Dieß ist freilich nicht zu erwarten, da eine Gemeinde aus lauter Heiligen, in welchen aller Eigensinn und Trotz der menschlichen Natur vertilgt wäre, in dieser Zeitlichkeit nicht herzustellen ist, aber — welche menschlichen Mittel wären denn überhaupt im Stande, Alles gleich und eben zu machen? Es kommt eben immer nur auf ein mehr oder weniger der Gefahr an, und — daß der Polizeizwang auf kirchlichem Ge=biete die Gefahr der Sektirerei nicht beseitigen kann, ist schon gesagt.

vermindert werden müssen? Weßhalb sind denn noch alle Zeit diese Abson=
derungen eingetreten? Doch gewiß nur beßhalb, weil Diejenigen, die sich
absonderten, in dem vornehm über den Häuptern der Gemeinde schwebenden offi=
ziellen Kirchenthum das christlich=geistige Leben nicht fanden, dessen sie bedurften.[1]
Gar oft, um nicht zu sagen, meistentheils, sind gerade die Sektirer es gewesen,
welche auf ein wirkliches Gemeinschaftsleben, wie es das Christenthum fordert,
hinaus wollten und welche nur beßhalb sich zu besondern Gemeinschaften neben
der Kirche mit Gleichgesinnten zusammen gethan haben, weil ein solches
Leben ihnen thatsächlich durch das officielle Kirchenthum nicht geboten wurde.
Sie sind nicht die Gegner eines kirchlichen Gemeinschaftslebens gewesen, sie
haben im Gegentheil ein rechtes Gemeindewesen aufzurichten gestrebt, und
— wenn sie nur auf kleine Kreise sich beschränkt sahen, so hat das nicht,
wenigstens nicht immer, an ihnen gelegen, sondern oft vielmehr an jenem
über und außerhalb der Gemeinden stehenden Kirchenthume, das ihr Ver=
langen ignorirte und ihnen durch seine polizeilichen Maßregeln den Raum
enge genug zu machen gesucht hat.[2] Wie nun, wenn die Kirche selbst sich
zu einem solchen Reiche des Lebens gestaltete, wie es die „Conventikelchristen"
in ihren Ecclesiolis gesucht haben? wie nun, wenn sie in der That sich
entschlösse, nichts Anderes sein zu wollen, als was die christliche Kirche
ursprünglich war, eine freie Vereinigung aller Derer, welche sich mit Ueber=
zeugung zu Christo bekennen, und wenn gerade in Folge dessen auch ein
reges Gemeinschaftsleben dieser freiwilligen Bekenner unter einander in ihr
zu Stande käme? Würden dann diejenigen Christen, die früher bei Seite
stehen zu müssen meinten, weil sie solches Leben in der Kirche nicht fanden,
würden sie dann noch sich ausschließen wollen? würde noch ein Grund für
sie vorhanden sein, sich abzusondern, wo das, was sie in der Absonderung
suchten, die Kirche ihnen selbst böte? Wir meinen doch, gerade sie würden

---

[1] Wer die Sektengeschichte kennt, wird das zugestehen. Nicht etwa subjectiv-dog-
matische Lehrmeinungen haben die Sekten hervorgerufen, sondern das Bedürfniß nach
regerem Christenleben, wie es in dem bloß im Dogma und in der Theorie vom Christenthum befangenen officiellen Kirchenwesen oft so gar nicht zu finden war. Man
denke doch nur an die Pietisten, die Herrnhuter, die Baptisten und wie die Separirten
sonst heißen mögen. Das Bedürfniß nach einer lebendigen Christengemeinschaft liegt
allen diesen Sonderungen zu Grunde, und wenn auch — was aber, wie z. B. bei den
Pietisten, nicht immer der Fall ist — dogmatische Besonderheiten hervortreten, so hängen diese doch auch stets mit ihrem Drange nach wirklichem christlichen Gemeinschaftsleben zusammen. So hat die besondere Theorie der Baptisten in Betreff der Kindertaufe schließlich doch ihren Grund in dem rein praktischen Interesse des christlichen
Gemeindelebens, auf das sie hinaus wollen.

[2] Immer hat das officielle Kirchenthum auf diese „Sektirer" vornehm herab gesehen und ist zu Gerichte über ihnen gesessen; ob — aber das Gericht des Herrn nicht
anders lautete, als das dieser Kirchenmänner mit ihrem Amtsgefühl?

Diejenigen sein, die sich freuten, wenn die Kirche würde, was sie von der Kirche verlangen, und weit entfernt, in ihren Winkeln für sich zu bleiben, würden sie herzukommen, um mit zu helfen zu dem gemeinsamen Werke der Brüder; die Gefahr aber, daß neue, massenhafte Separationen entständen, die Gefahr, daß am Ende die ganze Kirche in solche Separationen sich auflöste und das Band der Gemeinschaft völlig gelockert würde, müßte um so geringer sein, je mehr die hauptsächlichste Ursache wegfiele, welche bisher thatsächlich die Separationen hervorgerufen hat, und — wer dann noch eigensinnig sich ausschlösse, wer dann noch in seinem Winkel sich besser gefiele, als in dem lebendigen Verein mit den Brüdern, nun, dem würde eben nicht zu helfen sein und an dem wäre am Ende auch Nichts verloren [1], den aber würde vollends auch aller Polizeizwang bei der Kirche nicht zu halten vermögen.

Oder denkt man, wenn man von der Freiwilligkeit des Bekennens zur Kirche konventikelhaftes Wesen befürchtet, an alle jene Einseitigkeiten und Verkümmerungen des geistigen Lebens, wie sie ja freilich so leicht, eben wegen der Beschränkung der Sekten auf ihren kleinen Kreis, als das Kennzeichen derselben hervortreten? Es ist wahr, bei den Konventikelchristen finden wir leicht und in der Regel allerlei Absonderlichkeiten, ein Betonen von Nebendingen, als ob sie die Hauptsache wären, ein Verwechseln der eigenen Meinungen und Weisen mit dem Wesen des Christenthums selbst, vor Allem leicht ein Sichbewegen in einem überaus engen Gedanken- und Anschauungskreise, über den man nicht hinauszublicken wagt u. bergl. [2] und so könnte man denn vielleicht besorgen, dergleichen möchte sich auch in der Kirche selbst einnisten, wenn sie nur aus Solchen bestehen wollte, die sich freiwillig zu ihr hielten, sie könnte auf diesem Wege am Ende dahin kommen, sich ganz außerhalb des Culturlebens unseres Volkes zu stellen, dasselbe ignorirend und verachtend. Aber — wie unbegründet doch auch diese Furcht! Freilich, zu Christo und dem durch ihn dargebotenen Leben würde eine solche Kirche sich alles Ernstes bekennen und mit eben so viel Ernst verwerfen, was in unserem Culturleben nicht aus Christo wäre. Das verstände sich von selbst und müßte ja auch auf das Bestimmteste gefordert werden. Ohne das hörte sie ja überhaupt auf, eine christliche Gemeinschaft zu sein und büßte den Charakter ein, den sie als solche haben soll. Aber müßte sie nun deshalb schon so engherzig werden, daß sie einem bloßen

---

[1] Paulus befiehlt ja auch geradezu, einen sektirerischen Menschen, wenn alle Mittel der Warnung vergeblich gewesen, ruhig fahren zu lassen (Tit. 3, 10). Die Kirche kann ihn eben nicht halten und muß ihn deßhalb dem Herrn überlassen, muß ihm anheim geben, was er thun und wie er in seiner Isolirung fertig werden will.

[2] Vgl. z. B. über das herrnhutische Wesen in „Schleiermacher's Leben in Briefen" die Briefe aus der ersten Jugendzeit Schleiermacher's (Bd. I.).

Coteriechriſtenthum verfiele? müßte ſie damit auf die Bahnen gerathen, auf welchen man zuletzt allen Sinn für die Mannigfaltigkeit in der Auffaſſung des Chriſtenthums verliert und das als die allgemein gültige Geſtalt der chriſtlichen Anſchauung geltend machen will, was höchſtens unter ſehr individuellen Bedingungen ſeine Berechtigung hat? ja, müßte es geſchehen, daß eine auf der Grundlage der perſönlichen Freiheit errichtete Kirche wirklich jene bloß abweiſende Stellung gegen die fortſchreitende Entwicklung des Volkslebens überhaupt einnähme, wie ſie freilich bei den Secten nicht ungewöhnlich iſt? Auch hier dürfte doch das gerade Gegentheil der Erfolg ſein!

Jetzt, unter der Herrſchaft des Polizeizwanges, durch welchen die Menſchen bei dem außergemeindlichen Staatskirchenthume feſtgehalten werden, iſt es freilich dahin gekommen, daß die Kirche hinter der Culturentwicklung unſeres Volkes zurückgeblieben iſt, anſtatt daß ſie den Beruf hätte haben ſollen, dieſelbe zu leiten und mit der Kraft des chriſtlichen Geiſtes zu durchdringen, wie es denn ja eben weſentlich mit zu der kirchlichen Signatur der Zeit gehört, daß die Einen die Kirche wegen dieſes ihres Zurückgebliebenſeins offen anklagen und ſich von ihr wenden, und die Anderen — eben die Vertreter des beſtehenden Kirchenthums — oft auf das Schlimmſte auf die moderne Cultur zu ſprechen ſind und ſie mit all' der Engherzigkeit, wie ſie nur je bei den Secten ſich gefunden hat, in Bauſch und Bogen als unchriſtlich verwerfen. Davon, daß der Polizeizwang ſeine Kirche mit der Kulturentwicklung unſres Volkes im Zuſammenhange erhalten und ſie bewahrt habe, ſich in Subjektivitäten zu verlieren, die nur das Ihrige gelten laſſen wollen, davon kann deshalb mit keiner Silbe die Rede ſein. Aber — woher kommt eben das? Nun, doch ohne Zweifel daher, weil die Vertreter des Kirchenthums von dem Volks und Culturleben zu viel entfernt dageſtanden haben, weil man eben eine Kirche hatte, die blos über den Gemeinden ſtand und deßhalb auch der Mannigfaltigkeit der Geiſtesſtrebungen in den Gemeinden nicht zugänglich war, eine bloße Theologenkirche, mit welcher eben der Polizeizwang die Seelen verband, nicht aber jenes wirkliche Geiſtesband brüderlicher Gemeinſchaft und gemeinſamen Strebens, wie es in einer Kirche des freien Bekenntens ſich finden würde, in einer ſolchen, die eben deßhalb eine wirkliche Gemeinde und Gemeinſchaft wäre, weil ihre Glieder mit eigenem freien Willen zu gemeinſamer Arbeit im Werke Chriſti ſich vereinigt hätten. Man laſſe in der That nur einmal die Freiheit die Grundlage des kirchlichen Weſens ſein, und die Herrſchaft eines engherzigen Subjektivismus, wie ſie jetzt zum großen Schaden der Kirche durch einzelne Kirchenhäupter geübt wird, wird vor dem ſcharfen Winde eines regen, geiſtigen Gemeindelebens nicht lange beſtehen können.

Und dann auf der andern Seite — die beiden Secten ſo leicht

einnistende Beschränktheit in ihrem subjektiven Anschauungskreis, worin hat auch sie ihren Grund? Sie ruhen ja allerdings auf dem Freiwilligkeits=princip, aber — ist es nicht ihre Vereinzelung, zu der sie gezwungen sind, was jene unliebsame und ihnen selbst nicht zum Segen gereichende Erschei=nung hervorbringt? Nicht das Freiwilligkeitsprincip hat dieselbe verschuldet, sondern eben diese ihre Isolirung in ihren Winkeln, diese Nothwendigkeit, in die sich versetzt gesehen haben, nur in dem engen Kreise der Ihrigen sich zu bewegen und dadurch selbst engherzig und beschränkt zu werden. Zu einem großen, kirchlichen Vereine, der die überzeugungstreuen Christen des ganzen Volkes umschlösse, müßte und würde das Resultat doch nothwendig ein anderes sein: da hätte die Mannigfaltigkeit der geistigen Strebungen auf der einen gemeinsamen Grundlage ihre Stätte; da würde deßhalb auch nothwendig der Gesichtskreis erweitert und die Enge der bloßen Eigenheit des Individuums aufgeschlossen werden zu jener Weitherzigkeit der Liebe, die nicht bloß das anders Gestaltete duldet und trägt, sondern die sich auch an jeder individuell gearteten Lebensgestalt freut, welche aus dem Geiste des Herrn geboren ist; da würde in einer solchen Gemeinschaft vollends jener bornirte Dünkel nicht aufkommen können, der sich allein im Besitze der Wahrheit und des Glaubens wähnt, sondern vielmehr jene schöne Demuth müßte da die Folge sein, die an dem, was die Brüder hätten, sähe, was ihr noch fehlte, und die eben deßhalb auch bereit wäre, im Verein mit den Brüdern freudig weiter zu schreiten auf der gemeinsamen Bahn nach dem einen Ziele; mit einem Worte: da könnte es gar nicht geschehen, daß die Kirche im Großen und Ganzen in jenen beschränkten und in sich allein verschlossenen Subjektivismus hinein geriethe, wie es so leicht bei denen der Fall ist, die entweder als „Kirchenhäupter" über dem Gemeindeleben oder als Sektenmitglieder außerhalb desselben stehen! Das von allen Seiten herzudrängende Geistesleben, wie es in dem Schooße einer solchen, aus frei und selbstständig im Christenthum stehenden Personen gebildeten Gemeinschaft nicht anders vorhanden sein könnte, litte von selbst nicht eine Verkümmerung auf einem unzulänglichen Standpunkte der Auffassung des Christenthums, wie eine solche die Zwangskirchen noch immer nicht weniger, als die Sekten gezeigt haben; es könnte vielmehr gar nicht anders sein, als daß das gemeinschaft=liche Leben solcher mit eigener Willensbestimmtheit auf dem Grunde des Christenthums stehenden und nach seinen Zielen trachtenden Kirchengenossen durch gegenseitiges Nehmen und Geben, Antreiben und Bestreiten — denn ohne Widerstreit würde es freilich auch hier nicht abgehen — einander auch immer weiter brächten auf der Bahn christlicher Vollendung! Erst recht würde da ein Fortschritt nach allen Seiten hin entstehen, ein Fortschritt, sowohl was das eigene, immer völligere Ergreifen des christlichen Lebens auf Seiten der Kirche selbst, als auch was die immer kräftigere Durchdringung,

Reinigung und Neugestaltung des natürlichen Volkslebens durch das christliche Lebensprincip anbetrifft, und Stagnation irgend welcher Art, ein Beharren, sei es auf einer für die höchste Höhe erklärten Entwicklungsstufe, sei es bei einem die Fülle des Christenthums verdeckenden, subjektivischen Standpunkte, würde in einem solchen Kirchenwesen am Wenigsten möglich sein.

Nein, wir fürchten alle solche Gefahren von der entschiedenen Durchführung des Freiwilligkeitsprincipes auf kirchlichem Gebiete nicht [1]), und wenn wir auch nicht verkennen, daß mit der Annahme dieses Grundsatzes die genannten und andre Gefahren, wie sie der Gesundheit des christlichen Lebens drohen, keineswegs völlig beseitigt sind, so darf doch das behauptet werden, daß nicht das Freiwilligkeitsprincip als solches diese Gefahren mit sich bringt, daß sie vielmehr sämmtlich in andern Ursachen ihren Grund haben, und daß gerade die Freiwilligkeit der Mitgliedschaft ein schützender Damm gegen dieselben ist. Und — wenn wir nun ganz besonders die kirchliche Lage unsrer Zeit in's Auge fassen, wird denn da nicht die Anerkennung dieses Grundsatzes sogar zu einer gebieterischen Nothwendigkeit? wird man, wenn man vorurtheilslos die Dinge ansieht, wie sie nun einmal geworden sind, nicht gestehen müssen, daß die Kirche rein um ihrer selbst willen und schon deßhalb diesen Grundsatz adoptiren muß, weil sie aus allen Verwirrungen und Verwickelungen der Zeit ohne ihn gar nicht herauszukommen vermag, ja, daß wir nur durch ihn wieder zu einer Kirche zu gelangen vermögen, die wirklich lebens= und wirkensfähig ist und die nicht durch die Furcht vor sich selbst, vor dem Feinde in ihrer eigenen Mitte an aller kräftigen und gesunden Lebensentfaltung gehindert wird?

---

[1]) Dieß wird vollends klar werden, wenn man, wie weiter unten darzuthun ist, erwägt, welcher Art denn das Bekenntniß sein muß, das die Kirche von denen zu fordern hat, die ihre Mitglieder sein wollen. Es ist keineswegs ein Bekenntniß zu irgend einer im Laufe der kirchlichen Geschichte hervorgetretenen menschlichen Auffassung des Christenthums, zu theologischen Formeln und Systemen, zu Parteirichtungen und Parteisymbolen, sondern lediglich ein solches zu Christo selbst und zu dem in ihm erschienenen Leben, wie es in den ursprünglichen Urkunden dargestellt ist. Dazu und zu dem in diesem Leben des Herrn der Kirche selbst gegebenen Zwecke, aber auch dazu allein hat sich der Christ als Mitglied der Kirche zu bekennen — wie dürfte da zu befürchten sein, daß die aus solchen Mitgliedern bestehende Kirche in die Einseitigkeiten und Verengungen eines „Winkelchristenthums" gerathen würde? Würde nicht jeder Versuch, eine Parteirichtung zur herrschenden zu machen, auf den entschiedensten Widerstand stoßen, eben so gut, wie auch jetzt diejenige Richtung, welche durch ihre äußerliche Machtstellung eine Zeit lang die Kirche beherrschen zu können schien, den Widerspruch wachgerufen hat. Gerade diese Leute wollen vom Freiwilligkeitsprincip Nichts wissen, und ohne Zweifel aus guten Gründen: ihre Herrschaft würde ohne Weiteres gerade dadurch gebrochen werden!

Zunächst ist doch das nicht zu leugnen, daß es, man mag es nun be= klagen oder nicht, mit dem Zwange der Gewissen in unsrer Zeit völlig vor= bei ist. Gewissensfreiheit ist einmal die Losung der Zeit geworden [1]), und — welcher Kirchenmann, einige ultramontane Eiferer etwa abgerechnet, hätte denn noch den Muth, ihr entgegen zu treten? welcher auch unter den strengsten Vertheidigern des übergemeindlichen Kirchenthums in der evan= gelischen Kirche müßte nicht fürchten, sein eigenes Gewissen zu verletzen, wenn er mit den Mitteln des offenen Zwanges wirklich seinen Arm im Namen der Religion und Kirche bewaffnen sollte? Auch ist die Gewissens= freiheit ja durch die Staatsgesetze in den gebildeten Ländern Europa's, wie der neuen Welt, garantirt, und die kanonischen Rechtsgrundsätze, nach wel= chen die im Bereich der Hierarchenkirche Lebenden auch dieser unfehlbar verfallen sein sollen [2]), gehören nicht weniger zu den juristischen Antiquitäten, wie jene des „evangelischen" Kirchenrechtes aus dem 17. Jahrhundert, nach welchen der Landesherr die Religion seiner Unterthanen bestimmte und den Dissentirenden höchstens die Auswanderung frei zu lassen brauchte. Das Alles ist gar sehr anders geworden, und wie es aller Orten am Tage ist, daß unsere Zeitgenossen von dem Rechte, nach ihrem eigenen Ermessen sich in Beziehung auf Religion, Christenthum und Kirche zu verhalten, den unbedenklichsten Gebrauch machen, so haben Diejenigen, welche es gewagt haben, nach der Weise früherer Zeiten auch heute noch den Gewissen ge= bieten zu wollen, stets zu ihrem eigenen Schaden erkennen müssen, daß das eben nicht mehr angeht, daß sich das Geschlecht unsrer Tage dergleichen nicht mehr gefallen läßt. [3]) Die Kirche ist unter diesen Umständen daher längst in die Lage gekommen, nur noch auf Diejenigen zählen zu können, die sich freiwillig zu ihr halten [4]), genau genommen ist das Freiwilligkeitsprincip

---

[1]) Höchstens, daß man noch in Italien und Spanien den „Ketzern" die Polizei oder auch die fanatisirte Menge über den Hals bringt, aber — wer hätte nicht auch bei solchen Gelegenheiten den Entsetzensschrei vernommen, der durch das ganze gebildete Europa ging? Das mögen nun Diejenigen beklagen, denen das gegenwärtige Geschlecht nur als „scrophulöses Gesindel" gilt, aber eine Thatsache bleibt es bei alledem, und wir meinen, auch eine freudig anzuerkennende Thatsache. Der Geist, der sich der Ma= biai's und Matamoros auch bloß im Interesse der Gewissensfreiheit angenommen hat, ist gewiß dem Christenthum homogener, als der, der sie verurtheilte.

[2]) Der Bischof von Paderborn hat sie freilich neuerdings noch wieder geltend ge= macht, aber nicht mit dem Erfolge, daß man dadurch von seinem Verständniß für die Lage der Zeit und von seiner Einsicht in das christlich Geziemende sonderliche Begriffe bekommen hätte.

[3]) Vgl. den Hannover'schen Katechismusstreit und den Rückzug, den man da hat antreten müssen. Die Kirchengenossen wollten sich eben den „Glauben" nicht mehr dektretiren lassen.

[4]) Zu Zwingli's Zeit (vgl. Christoffel a. a. O. S. 136 ff.) konnte den

bereits, was das kirchliche Leben betrifft, in voller Anwendung, und
— wenn man denn schon nach demselben verfährt und verfahren muß,
warum es dann nicht auch anerkennen als das allein noch giltige und mög=
liche? warum denn noch theoretisch und gesetzlich zurückweisen als gefährlich
und bedenklich, was man doch praktisch alle Tage selbst gelten lassen muß,
was man, man mag sich stellen, wie man will, doch einzig und allein
muß gelten lassen? Wenn es wahr ist, und es ist ja wahr, daß die Ver=
hältnisse die Gesetze und nicht die Gesetze die Verhältnisse machen, und daß
diejenigen Gesetze die richtigen sind, welche aus den geschichtlich gewordenen
Zuständen hervor wachsen [1]), wohlan denn, so haben wir hier geschichtlich
gewordene Zustände, die Niemand mehr ändern kann, und die eben deß=
halb auch eine gesetzliche Anerkennung bringend verlangen. Und eben so,
wenn die Verfassung der Kirche auf die jeweiligen Zustände der Völker,
unter denen sie ihr Leben hat, Rücksicht nehmen muß, um selbst lebensfähig
zu sein, so sind auch hier Zustände im Verlaufe der Entwicklung [2]) der
europäischen Menschheit herangewachsen, die am Allerwenigsten von der
Kirche unberücksichtigt gelassen werden dürfen, und wär's auch nur im
Interesse ihrer Selbsterhaltung.

Man denke sich doch nur recht deutlich den Fall, daß die Kirche das
freie Selbstbestimmungsrecht in religiösen Dingen nicht respektiren, daß sie
wirklich, wie es von der mittelalterlichen und nachreformatorischen Kirche
geschehen ist, die Trennung von ihr gewaltsam verhindern wollte, und muß
man nicht sagen, sie könnte keinen sicherern Weg einschlagen, wenn sie die
Absicht hätte, sich selbst ihr Grab zu graben? Die Gewissensfreiheit ist der
Boden, auf welchem die Kirche in unseren Tagen stehen muß, wenn sie
überhaupt noch Boden unter den Füßen behalten, wenn sie nicht eine immer
größere Abwendung der Gemüther von sich selbst erleben will, aber — wenn
das, nun, dann versteht es sich doch von selbst, daß sie die Zubehör zu
ihr auch nur vom Gewissen jedes Einzelnen abhängig machen kann, daß
sie sich dem Grundsatze der Freiwilligkeit anvertrauen muß, aber dann
auch, daß sie dieß thun muß, wie Alles, was von ihr als einer christlichen
Kirche geschieht, offen und ehrlich, mit voller Wahrhaftigkeit, so daß sie

---

Einwohnern von Zürich der Kirchenbesuch noch obrigkeitlich befohlen werden — wer
möchte das in unseren Tagen noch wagen? und wer, wenn er es wagte, müßte nicht
das Schlimmste besorgen? Selbst in der röm. Kirche ist der Beichtzwang doch gar sehr
gelockert.

[1]) Dieß ja die Theorie Stahl's selbst.

[2]) Und zwar, was wohl zu beachten, einer Entwicklung, die unter entschiedenem
Einflusse, wenn auch nicht immer der officiellen Kirche — die hat freilich ihren Einfluß
seit lange schon für manche Kreise eingebüßt — so doch des Christenthums und des
christlichen Geistes vor sich gegangen ist.

dieß Princip nicht etwa in der Praxis gezwungen befolgte, während sie es in der Theorie und im Herzen verwürfe, sondern so, daß sie es zu dem ihrigen macht, daß sie gar nichts Anderes will, als eben nur dieß Princip zur Geltung bringen, daß sie es als das allein richtige konsequent aner= kennt und durchführt. Und eben dabei wird sie sich auch unter allen Umständen am Besten stehen, nicht bloß, weil dadurch ein großer Theil des Mißtrauens, mit welchem jetzt Manche auf sie blicken und von ihr fern bleiben, als könnte es ihr überhaupt um Gewissensknechtung und Geistesverengung zu thun sein, würde von ihr genommen werden [1]), sondern auch, weil dadurch ihre eigenen Verhältnisse geklärt würden, weil sie dadurch wieder in eine feste und deutliche Stellung zu dem Ganzen des Volkes käme, wie sie die= selbe jetzt eigentlich gar nicht hat. Sie müßte eben dann, wessen sie sich zu Denen, die zu ihr gehörten, zu versehen hätte [2]), und wäre dann auch wirk= lich im Stande, mit den so freiwillig zu ihr gehörenden Mitgliedern jenen Neubau ihres Verfassungswesens auszuführen, nach welchem die ganze Zeit drängt, der, wie allgemein, einzelne wenige Stimmen abgerechnet, anerkannt wird, jetzt, nachdem die hergebrachte Ordnung hinfällig genug geworden ist, als das dringendste Bedürfniß ihrer selbst erscheint, wenn sie wieder zu neuem Leben aufblühen soll. In der That, es ist gar nicht zu verkennen, daß das Gedeihen der Kirche für die Zukunft an der Durchführung dieses Grundsatzes hängt, eben so, wie er der Kirche durch die obwaltenden Ver= hältnisse mit unabweisbarer Gewalt aufgedrängt wird: Der Charakter der Kirche der Zukunft kann nur der eines aus freiwilligen Bekennern bestehenden Gemeindekirchenthums sein, und je länger die Kirche zögert, sich auf diesen Boden zu stellen, desto länger wird sie das sieche und kraftlose Dasein fortführen, in das sie jetzt, ungeachtet so man= ches künstlich gemachten neuen Aufputzes, gerathen ist, aber desto mehr läuft sie auch Gefahr, dem Leben der Nation entfremdet zu werden und den Boden im Volke zu verlieren, den sie jetzt noch hat. Es gilt allerdings jetzt, die Christen, welche dieß wirklich sein wollen, zu sammeln, um dem Geisteskampfe der Zeit, der doch gewaltig genug ist, gewachsen zu sein, aber diese Sammlung — wie kann sie anders als auf der Grundlage der freien Selbstbestimmung jedes Einzelnen geschehen? und so gilt es denn, nach jenen relativ freilich berechtigten Abirrungen früherer Jahrhunderte, auch hier zu den reinen Principien des apostolischen Christenthums zurück zu kehren, zu den Zuständen und Grundsätzen, wie sie im Anfange der Kirche vorhanden waren, wo die Ekklesia in der That nichts Anderes war, als ein solcher Verein freiwilliger Bekenner, und wo schwerlich irgend Jemand den

---

[1]) Die so weit verbreitete Furcht vor dem „Pfaffenthume" würde dann von selbst aufhören.

[2]) Was jetzt oft so ganz und gar nicht der Fall ist.

Zutritt zu der Gemeinde Gottes und Jesu Christi hätte erlangen können, der nicht aus eigener, freier Ueberzeugung sich zu Jesu Christo, als zu seinem Heilande bekannt und eben deßhalb auch die Aufnahme in die Gemeinde desselben begehrt hätte.

Auch ist, was doch auch nicht verkannt werden kann, diese Forderung lediglich eine Consequenz aus den Principien der Reformation selbst, nur daß dieselben damals wegen der precären Zeitverhältnisse nicht mit voller Folgerichtigkeit in Ausführung gebracht worden sind. Ist die Kirche, wie doch Luther deutlich sagt, da, wo der Glaube ist [1]), ist sie die Gemeinschaft der Heiligen, d. h. der Gläubigen, der auf dem Grunde des Evangeliums nach der Heiligung in Christo Trachtenden [2]), wohlan denn! so versteht es sich auch ganz von selbst, daß die Kirche nur ein Verein freiwilliger Bekenner sein kann, daß nicht das zufällige Wohnen auf demselben natürlichen Erbboden mit der Kirche und dem Pfarramte [3]), sondern nur das bewußte und spontane, das auch als eigene Willensbestimmtheit sich kund gebende Stehen auf dem gleichen Geistesboden mit der christlichen Gemeinschaft die wirkliche Mitgliedschaft in derselben begründen kann. Wenn die Reformatoren dieser Folgerung aus ihren grundlegenden Principien nicht praktische Folge gegeben haben, so lag das, wie gesagt, an der Ungunst der Verhältnisse, theils solcher, die den Geisteszustand des Volkes selbst betrafen, theils auch der äußerlichen politischen Zustände, aber — fern lagen dem Gedankenkreise jener Männer diese Folgerungen keineswegs [4]), wie wir denn ja auch von Luther die Klage vernehmen, daß er ihnen nicht Folge geben könne [5]), und — unsere Zeit wird dadurch sich auch als eine Erbin der

---

[1]) Unzählig oft in seinen Schriften. Vgl. eine Zusammenstellung von Stellen bei Köstlin, Luther's Lehre von der Kirche, §. 1. Die Torgauer Artikel sagen geradezu: „Die Kirche ist nichts Anderes, als die Gläubigen an Christum."

[2]) Der stehende Ausdruck bei den Reformatoren ist, die Kirche als die Gemeinde der Heiligen zu bezeichnen, in welcher das Evangelium recht gepredigt und die Sakramente stiftungsmäßig verwaltet werden, was aber heißt das anders, als die Kirche besteht und kann nur bestehen aus Solchen, die mit eigener Ueberzeugung (Glauben) auf dem Grunde stehen, der eben der Grund des Evangeliums und der Sakramente ist, und die darin das Princip der Heiligung haben? So sagt Luther auch, die Kirche sei nichts Anderes, »quam congregatio spiritualis hominum non in aliquem locum, sed in eandem fidem, spem et charitatem spiritus« und »videmus ecclesiam prorsus non posse dici, nisi eam, quae credit.« Operationes in XXII. psalmos priores, Opp. Jen. II, 177 f.

[3]) »Non in aliquem locum!«

[4]) Die Homberger Reformation sucht sie sogar praktisch zu machen und Luther verwirft diesen Versuch nicht im Princip, sondern lediglich als — verfrüht und für die Gegenwart unpraktisch. Vgl. darüber Richter, Gesch., S. 37 ff.

[5]) In der schon angeführten Stelle (s. oben Bd. I, S. 320) aus der „deutschen Messe".

Errungenschaften des 16. Jahrhunderts erweisen müssen, daß sie durchführt, was damals noch nicht möglich war, wiewohl es auch da schon als das Richtige und Zuerstrebende erkannt wurde [1]), was aber in unseren Tagen durch die ganze Lage der Kirche gebieterisch gefordert wird [2]), und wovon doch auch anerkannt werden muß, daß es ihrer allein würdig ist.

Im Grunde muß man doch auch sagen, es sei gegen das kirchliche Decorum, sich einer andern Macht, als der der Wahrheit, wie zur Verbreitung, so auch zur Aufrechthaltung ihrer selbst, zu bedienen und sich auf etwas Anderes stützen zu wollen, als auf die freie Ueberzeugung ihrer Mitglieder, und läge zwischen der apostolischen Zeit, wo es so stand, und unseren Tagen nicht dieser lange Zwischenraum des hierarchischen und des Staatskirchenthums, wären durch diese beiden Mißbildungen auf dem Gebiete des christlichen Lebens nicht die einfachsten Dinge und Begriffe, die sich eigentlich ganz von selbst verstehen, in völlige Verwirrung gebracht worden, ja, wäre nicht diese lange Gewöhnung durch die Jahrhunderte hindurch, wie an kirchlichen Zwang, so auch an jenes gleichgiltige Dahinleben in der Gemeinschaft mit einer Kirche, die selbst so wenig ernstlich das selbstbewußte und persönliche Stehen ihrer Glieder auf dem einen Heilsgrunde Christi betont hat, fürwahr, es würde auch Keinem einfallen, die Sache anders anzusehen, als wir sie dargestellt haben und als es der Geist unserer Tage fordert, es würde sich auch ganz von selbst verstehen, daß die Kirche Niemanden als ihr Mitglied betrachten und behandeln wollte, als den, der es auch selbst sein wollte aus eigener, freier Ueberzeugung. Ihr eigener Vortheil [3]) eben sowohl, wie ihr Ehrgefühl [4]) würde ihr ein solches Verfahren zur selbstverständlichen Pflicht machen, und — es gilt daher, daß sie

---

[1]) Wie denn Luther sich namentlich darauf verließ, daß das Evangelium, wenn es nur recht erst Eingang fände, auch schon die rechte Ordnung schaffen werde. Dieß auch der Gedanke, der dem Gutachten an den Landgrafen von Hessen über die Homberger Artikel zu Grunde liegt.

[2]) Und zwar im Interesse der Religion und des Christenthums selbst, damit dieß wieder werde, was es allein sein kann: Sache des freien Gewissens. Daß man noch dahin kommen kann, die Forderung der Gewissensfreiheit, wie dieß kürzlich von einer „evangelischen" Kirchenzeitung geschah, zu verschreien, ist gewiß ein Zeichen bedenklichster Verdunkelung des christlichen Bewußtseins selbst bei manchen Kirchenmännern in unserer Zeit. Sind das nicht in der That „blinde Leiter der Blinden"? und kann da das Gericht ausbleiben, wenn man so die einfachsten Grundlagen alles religiösen Lebens verletzt?

[3]) Vgl. 1 Cor. 5, 6. 2 Cor. 6, 14 ff. Matth. 7, 6.

[4]) Oder kommt es denn darauf gar nicht an, daß die Kirche auch bei Denen, die draußen stehen, wenigstens den guten Namen bewahre, daß sie mit ehrlichen Waffen kämpfe? Vgl. 1 Petr. 2, 12 ff. Nach Vers 16 sollen ja die Christen sich den Gegnern gegenüber „als die Freien" beweisen.

sich endlich wieder auf diese Höhe stelle, von der sie so lange Zeit herab=
gesunken gewesen ist, daß sie sich ihrer Würde ebensowohl, wie der rechten
Bedingungen ihres Gedeihens auch wieder recht erinnere und bewußt werde,
und daß sie deßhalb auch in dieser Beziehung wieder zu den reinen Grund=
sätzen ihrer Anfangszeit zurückkehre. Das Zwangskirchenthum ist noch immer
ein Rest des römisch=hierarchischen Sauerteiges, den die evangelische Kirche
jetzt endlich völlig über Bord zu werfen hat, um zu werden, was sie ur=
sprünglich hat sein wollen, eine Gemeinschaft evangelischen Glaubens und
Lebens.

§. 11.

Das freie Bekenntniß genügt zur Mitgliedschaft in der Kirche,
und der Inhalt dieses Bekenntnisses darf in keiner Weise Etwas ent=
halten, das durch die Kirche selbst erst gesetzt worden wäre, sondern
es hat dasselbe sich lediglich auf den Grund zu beziehen, durch welchen,
und auf das Ziel, zu welchem die Kirche selbst durch den Willen ihres
Grundes in's Dasein gerufen ist. Ein Jeder, der dieß Bekenntniß bringt,
ist dadurch Mitglied der Kirche, und darf fordern, von derselben als
solches anerkannt zu werden.

1. Es muß wieder zu einer Kirche der Bekenner kommen, und
damit es dahin komme, dazu ist die Freiwilligkeit des Bekenntnisses
die erste und unerläßliche Voraussetzung. Aber — das ist nun freilich die
Forderung erst ganz im Allgemeinen gestellt, und es wird daher nöthig
sein, dieselbe nun auch noch weiter zu beleuchten und näher zu bestimmen,
vor Allem, den Inhalt des zu fordernden Bekenntnisses selbst in's Licht
zu setzen. Bloß im Allgemeinen zu sagen, das Bekenntniß zur Kirche soll
frei sein und damit jeden äußerlichen Zwang abzuwehren und zu perhorres=
ciren, ist keineswegs genug, um die christliche Gemeinde vor einer Bedrückung
zu bewahren, die ihr, als der im Princip freien, am Allerwenigsten zu=
kommt, vielmehr lehrt auch hier wieder die Erfahrung aller Zeiten, daß
gar leicht an das freiwillig zu leistende Bekenntniß von Seiten der Kirche
oder vielmehr der die Kirche Beherrschenden Forderungen gestellt werden
können, welche dem Gewissen zur schwersten Last werden müssen, und für
die Wahrhaftigkeit nicht zu ertragen sind.[1] Wie hat man doch gerade auf
diese Weise dem Geiste der Christenheit oft die engsten Fesseln angelegt!
wie gerade dadurch eine Menschenknechtschaft[2] im eigentlichsten und schlimmsten
Sinne da eingeführt, wo die Freiheit von allem Gebundensein an die nie=
deren menschlichen Instanzen herrschen sollte, um eine rechte und unbedingte
Abhängigkeit von dem alleinigen Haupte der Kirche möglich zu machen!

[1] Vgl. Matth. 23, 4.
[2] Vgl. 1 Cor. 7, 23.

Balb waren es da die Theologumena einer bestimmten Zeitepoche, welche man zu absoluter Gültigkeit für alle Zeiten erhob, um sie zur Gränze aller Entwicklung der kirchlichen Lehre zu machen und sie den Christen auf die Gewissen zu laden [1]); balb verlangte man, daß die Mitglieder sich bekennen sollten zu den Ansprüchen, welche eine angeblich im Namen Gottes herrschende Hierarchie auf unbedingte Macht über die Seelen stellte [2]); balb waren es auch die allersubjektivsten und deßhalb engsten und einseitigsten Parteirichtungen, welche durch Fesseln der Gewissen an ihre „Symbole" sich zu den dominirenden und allein gültigen in der Kirche zu erheben gesucht haben, bloße Coterieen, deren Prätentionen auf Alleinberechtigung in der Regel um so weiter gingen, je enger, einseitiger und verkümmerter ihre eigenen Auffassungen des Christenthums waren. [3]) Oder man ist auch dahin gekommen, daß man besondere und höhere sittliche Qualitäten von Denen gefordert hat, die man als wirkliche Mitglieder der Kirche anerkennen sollte, Qualitäten, welche über das Maß des gewöhnlichen, sein Heil in Christo suchenden Christenthums hinausgingen [4]), dadurch die Genossenschaft nicht nur auf einen kleinen Theil der Christenheit beschränkend, sondern auch dahin gelangend, weil man doch über das Innere der Menschen nicht zu richten im Stande war, allerlei äußerliche Criterien zum Maßstabe der Christlichkeit zu nehmen, gewisse Moden und Manieren, die die Kennzeichen der wahren „Gläubigkeit" sein sollten und doch Nichts waren, als nur ebenfalls eine schwere Last für die Gemüther und eine unerträgliche Beschränkung der christlichen Freiheit gerade solchen Aeußerlichkeiten gegenüber. Durch alle diese Verirrungen — denn so und nicht anders müssen wir sie nennen — ist der Kirche ein ungeheurer Schaden zugefügt worden. Sie ist dadurch in Parteien zerrissen, in Sekten aufgelöst, sie hat durch Nichts so sehr, als gerade dadurch, die Frische und Freudigkeit des geistigen Lebens auf dem allein von Gott gegebenen Grunde eingebüßt, und ganz besonders sind diese Wege auch Schuld gewesen, wenn von Seiten der Kirche jener durchdringende Einfluß auf das Leben des Volkes nicht ausgeübt worden ist, den sie haben sollte, von dem man wünschen müßte, daß er immer mächtiger würde. Wie viele Schäden am „Leibe des Herrn" haben hier ihre Wurzeln! wie viel Verkümmerung, die gerade dadurch hervorgerufen! wie viel Abwendung vom Christenthum, namentlich in unserer Zeit, die hier ihren Grund hat! Und daher kommt es denn allerdings darauf an, daß man deutlich erkennt, nicht nur wie es lediglich das freie und aufrichtige Bekenntniß ist, was von den Mitgliedern der Kirche gefordert werden muß,

---

[1]) Die „reine Lehre!"
[2]) Die Römische.
[3]) Die Secten aller Denominationen.
[4]) Donatisten, Puritaner, Methodisten.

sondern auch, welches der Inhalt dieses Bekenntnisses sein müsse, der von Allen, welche dieser Genossenschaft angehören wollen, zu verlangende Grund ihres eigenen persönlichen Lebens.

2. Vor allen Dingen ist nun da der Ausdruck „Bekenntniß" und „Bekenner" zu betonen. Wir haben denselben recht mit Absicht gewählt, um dadurch von vorn herein jede über das aufrichtige Sichbekennen zu dem, was zum Christenthume nothwendig gehört, hinausgehende Forderung zurück zu weisen, namentlich alle jene Forderungen, welche einen höheren Grad von „Heiligkeit" zur Bedingung des Eintrittes in die Kirche, zur Voraussetzung der Mitgliedschaft in derselben machen möchten. Nicht eine Gemeinschaft von lauter „Heiligen" oder „Wiedergebornen", sobald man diesen Ausdruck in jenem enthusiastischen Sinne versteht, den die Sekten so oft damit verbunden haben, kann und soll die Kirche sein, sondern vielmehr eine Genossenschaft von Solchen, die sich mit freiem und bewußtem Willen auf den Grund des Lebens stellen, auf welchem die Kirche überhaupt ruht, und die eben deßhalb auch die der Kirche in ihrem Grunde zugleich gegebenen Ziele als die ihrigen anerkennen. Dieß folgt, wie der Grundsatz der Freiwilligkeit überhaupt, ebenfalls mit Nothwendigkeit aus dem, was wir als das Wesen der Kirche und als das Verhältniß, in welchem dieselbe durch alle ihre Glieder hin zu Christo als ihrem alleinigen Lebensgrunde zu stehen hat, festgestellt haben![1] Ist die Kirche die Genossenschaft derer, welche das in Christo erschienene Leben als das Princip ihres eigenen Lebens haben, so daß sie allerdings in der Gemeinschaft dieses Lebens stehen, aber doch auch immer nur erst in dem mehr oder weniger fortgeschrittenen Anfange desselben[2], verhält es sich mit jedem Christen, so lange er hier auf Erden lebt, so, daß er freilich, um mit Paulus zu reden[3], bereits von Christo ergriffen ist, aber sich doch nun auch wieder nicht rühmen kann, das in Christo ihm Gegebene auch seinerseits schon ganz ergriffen zu haben und in dem Leben seines Grundes schon vollendet zu sein, mit einem Worte: sind wir Alle, die wir uns zu Christo bekennen, doch immer erst „werdende Christen"[4] und ist eben das unser Christenthum, daß wir das sind, nicht aber, daß wir nun schon selbst hinangelangt sind zu dem „vollkommenen Maße" unseres Herrn[5], wohlan denn! dann kann auch nichts Anderes, als eben dieß Ergriffensein von Christo, wie es sich in dem Bekenntnisse zu ihm in freier und bewußter Weise zu

---

[1] Vgl. §. 6.

[2] Immer erst in der Hoffnung der Vollendung, Röm. 8, 24. Vgl. auch das Wort des Paulus an die „Aufgeblasenen" in Corinth, 1 Cor. 4, 7. f.

[3] Phil. 3, 12 ff.

[4] Ein Wort Luther's.

[5] Dieß immer erst Ziel, vgl. Eph. 4, 13.

erkennen giebt, die Bedingung unserer Zubehör zu der christlichen Gemein=
schaft sein, dann gehört, wie die ganze Gemeinde nur ein Verein Solcher
ist, die auf dem einen Grunde Christi nach dem einen in diesem Grunde
gegebenen Ziele trachten, eben so auch ein Jeder zu dieser Genossenschaft,
der in der gleichen Lage ist mit allen ihren Mitgliedern, und nicht mehr
und nicht weniger ist dann von einem Jeden, der der Mitgliedschaft in
diesem Vereine theilhaftig werden will, zu verlangen, als eben dieß, daß er
sich zu dem gemeinsamen Grunde und dem gemeinsamen Zwecke der Kirche
frei bekennt. Wo dieß Bekenntniß vorhanden ist, da folgt auch die Mit=
gliedschaft von selbst, da hat einen Solchen die Kirche auch als ihren Ge=
nossen aufzunehmen, und wie sie selbst durch die Liebe zu Allen, die mit
ihr des Herrn sind, getrieben werden muß, auch Jeden als ein Glied ihrer
selbst zu betrachten, der nur mit diesem „guten Bekenntnisse"[1] zu ihr kommt,
so hat auch ein Jeder, welcher so auf dem gleichen Grunde mit ihr steht,
im Namen des Herrn selbst solche Aufnahme zu voller Mitgliedschaft von
ihr zu fordern. Dagegen — die Mitgliedschaft an irgend etwas Anderes
binden zu wollen, als lediglich an dieß Bekenntniß, kann der Kirche eben
so wenig verstattet sein, wie überhaupt Jemand ein Mitglied der Kirche
ohne dieß Bekenntniß sein kann, und **namentlich kann und darf die
Kirche keinen bestimmten Grad des Fortgeschrittenseins in
dem Leben Jesu Christi, vollends aber nicht die Vollendung
in diesem Leben zur Bedingung der Mitgliedschaft machen,**
vielmehr sie muß sich damit begnügen, daß Derjenige, der ihr Mitglied sein
will, auch dieß Bekenntniß bringt und es weder durch Worte, noch durch
sein praktisches Verhalten dem Lebensgrunde der Kirche gegenüber offen=
kundig und thatsächlich verleugnet.

Jenes ist nun freilich oft genug — nicht zwar von dem officiellen Kir=
chenthume, denn das ermäßigte, wenn auch meistens mehr praktisch, als
theoretisch, die Forderung des persönlichen Bekennens in der Regel bis auf
ein solches Minimum, daß von demselben eigentlich kaum noch Etwas übrig
blieb —[2] wohl aber von den mancherlei Sekten geschehen, die, um
aus der oft so gänzlichen Verwahrlosung des christlichen Lebens in den of=
ficiellen Kirchengemeinden heraus zu kommen, bestimmte höhere Forderun=
gen an ihre Mitglieder gestellt haben, als dieß von der „Kirche" geschah,
und die eben deßhalb oft dahin gelangt sind, die „Heiligkeit" oder das

---

[1] 1 Tim. 6, 12. Auch hier verweist Paulus den Timotheus offenbar auf den
Bekenntnißgrund, der Fortschritt und die Vollendung erscheint dagegen auch hier als
das Ziel und Resultat des noch währenden Ringens.

[2] Eben bloß die fides implicita der röm. Kirche, die aber alles eigenen positiven
Lebensinhaltes entbehrt. Das Zwangskirchenthum mußte freilich dahin kommen, sich
mit diesem Minimum zu begnügen.

„Wiedergeborensein" als die Kennzeichen der Mitglieder der wahren
Kirche aufzustellen, ein Wiedergeborensein, das, wie ja auch bei den Pietisten und Methodisten es zu Tage getreten ist, in enthusiastisch gesteigerten
Gemüthserregungen bestehen sollte, in s. g. „Erweckungen," und das man
eben deßhalb als etwas den wahren Christen Charakterisirendes auffaßte,
weil es über den ruhigen Zustand des Gemüthes, wie er bei einem „ordi-
nären" Christenmenschen sich findet, so weit hinaus zu sein schien[1]. Aber
alle diese Ansprüche, in welcher Form sie auch auftreten mögen, sind, sobald auf sie die Mitgliedschaft in der christlichen Gemeinschaft gegründet
werden soll, auf das Bestimmteste als ungerechtfertigt zurück zu weisen,
schon aus dem Grunde, weil sie etwas Besonderes als Maßstab der Christlichkeit aufstellen, das auf individuellen Dispositionen dieser oder jener Persönlichkeit beruht, das aber keineswegs aus dem Wesen des Christenthumes
als solchem hervorgeht.

Allerdings giebt es ja Christen, die vor Anderen gefördert sind, und
es ist immer ein Segen für die Kirche, wo es solche nicht bloß giebt, sondern wo dieselben auch an dem rechten Platze der Wirksamkeit stehen[2],
und — eben so ist auch nicht zu leugnen, daß in jedes Christen Leben,
bei dem Einen je nach seiner ganzen geistigen Eigenthümlichkeit mehr, bei
dem Anderen weniger, Momente vorkommen, wo sein Gemüthsleben in
ganz besonderer Weise von dem Inhalte des Personlebens Christi ergriffen
wird, Momente, wo dieser Inhalt vor Allem in seiner ganzen Herrlichkeit
und Fülle der Seele sich darbietet und sie vorahnend momentan auf die
Höhe stellt, zu welcher wir am Ende wirklich und bleibend erhoben werden
sollen.[3] Das sind die hohen Feierstunden in dem Leben eines Christen,
und schwerlich würde der ein Jünger des Herrn sein, in dessen Leben dieselben ganz fehlten.[4] Aber — weder jenes Vorgeschrittensein Einzelner

---

[1] Daher denn auch die Einbildung, besser zu sein, als gewöhnliche Christenmenschen,
die in Demuth und Stille, und ohne davon viel Wesens zu machen, ihrem Herrn dienen wollen. Dieser Zug von „Aufgeblasenheit", wie er in jenen Kreisen sich findet,
ist charakteristisch, kommt aber daher, weil man das „Außerordentliche" an die Stelle
des gewöhnlichen christlichen Lebensverlaufes setzt. Eben daher kommt es denn aber
auch, daß man dieß „Außerordentliche", weil es für gewöhnlich sich nicht darbietet,
entweder künstlich erzeugt oder auch sich mit Schlagwörtern begnügt, die jenes Außerordentliche bedeuten, aber — nicht selbst sind.

[2] Dieß Gefördertsein gibt Anwartschaft auf das kirchliche Amt, und es ist freilich
sehr wünschenswerth, daß wirklich geförderte Christen, die noch Etwas mehr sind, als
bloß studierte Theologen, die Gemeindeämter bekleiden. Aber hier ist bloß von der
Mitgliedschaft in der Kirche die Rede.

[3] 1 Joh. 2, 2.

[4] Nur daß freilich keine Ekstase, keine Bußkämpfe und andere absonderliche Er-
weckungserscheinungen damit verbunden zu sein brauchen. Wer solche Stunden wirklich erlebt hat, weiß auch, daß der Verlauf in der Regel ein ganz anderer ist.

darf zur Bedingung der Mitgliedschaft der Kirche gemacht werden, noch auch dies Erregtsein des Gemüthes, besonders wenn dasselbe als etwas den stillen Gang ruhiger und allmäliger Entwicklung des Christenlebens Durchschneidendes, als ein plötzlich und abrupt hereinbrechendes Ereigniß aufgefaßt wird. Das Erstere, wo ein bestimmter Grad von Fortgeschrittensein gefordert, würde zuletzt doch wieder nur zu einem besonderen und die Masse gewöhnlicher Christen überragenden Priesterthume führen, sei es nach Art der römischen Kirche oder nach Art der Electi und Perfecti bei den Katharern und andern Sekten.[1]) Verkehrt aber wäre jede solche Forderung, wenn an ihr die Mitgliedschaft selbst hängen sollte, schon deßhalb, weil sie eben mehr verlangte, als das, was alles Christenlebens Fundament ist: ein persönliches Verhältniß zu Christo. Und was das Letztere, nämlich die Forderung anbetrifft, daß ein Christ, ehe er zur Mitgliedschaft in der Kirche gelangen könnte, von jenen besonderen Erweckungen zu sagen wüßte, von jenen Exaltationen und Offenbarungen, auf die man oft ein so großes Gewicht gelegt hat — wer sähe denn in der That nicht, daß damit nur eine außergewöhnliche und keineswegs in allen Individuen gleiche und in gleicher Weise mögliche Erscheinung des christlichen Lebens zum Maßstabe genommen würde, Etwas, das allerdings unter der Voraussetzung des bereits stattfindenden Stehens auf dem Boden des Christenthums sich in einem besonders dazu angelegten Gemüthe mit besonderer Kraft geltend machen kann, das aber eben dieses Stehen im Christenthume und diese besondere Beanlagung voraussetzt, das also durchaus nicht als der Maßstab für die Christlichkeit eines Menschen überhaupt angesehen werden darf?

Und — woher wollte man denn auch erkennen, sowohl ob ein bestimmter Grad des Fortgeschrittenseins im christlichen Leben überhaupt bei Diesem oder Jenem stattgefunden habe, als auch ob jene Exaltationen, Erweckungen und besonderen Erhöhungen des Gemüthslebens, die man den „Act der Wiedergeburt" genannt hat, echter und wahrhafter Natur seien? Wer von christlichen Dingen irgend Etwas weiß, der weiß auch, daß die Beurtheilung der Stufe, auf welcher Jemand im Christenthum angelangt sei, das Schwerste, ja das Unmöglichste ist, das es geben mag. Der Apostel[2])

---

[1]) Eben die Forderung der „Heiligkeit" mußte dazu führen, daß die Menge der Gläubigen doch wieder nur unter dem Gesichtspunkte einer „unheiligen Masse" erschien. Hätte man sich mit dem einfachen persönlichen Stehen auf dem gemeinsamen Heilsgrunde begnügt und erkannt, daß Niemand auf Erden principiell eine andere, höhere Stellung einnehmen könne, daß aber eine solche bei jedem Christen, der dieß freiwillig sein wolle, die Voraussetzung sei, man würde zu jener oft auch nur auf Täuschung und äußerlichen Criterien beruhenden Unterscheidung nicht gelangt sein. Es gibt eben keine Perfecti, sondern nur Solche, die auf dem Wege sind, es zu werden, und der Weg dazu ist allein Christus (Joh. 14, 6).

[2]) Röm. 2, 29; vgl. 1 Cor. 4, 3 f.

sagt: „Der Ruhm der Christen ist bei Gott", und schon im A. B. galt es als ein Axiom, daß nur Gott die Herzen der Menschen wirklich zu beurtheilen wisse[1] — sollte das Alles nicht noch immer seine Gültigkeit haben? sollten wir auf dem Boden der evangelischen Kirche[2] nicht mit allem Ernste dabei bleiben müssen, daß kein Mensch und auch die Kirche selbst nicht im Stande ist, den Seelenzustand eines Andern genau zu erkennen und deßhalb ein gültiges und zutreffendes Urtheil darüber zu fällen? Wer bebte denn nicht vor einem solchen Gerichte, wenn er es halten sollte, zurück?[3] wer möchte überhaupt die Anmaßung haben, den Platz zu bestimmen, den sein Bruder im Reiche Gottes einnähme? wer hätte nicht alle Zeit genug und übergenug damit zu thun, daß er nur sich selber richte und sich, gleich dem Apostel[4], als den größten der Sünder bekennte? Auch lehrt uns Allen doch wohl die tägliche Erfahrung, wie leicht gerade in dieser Beziehung der Irrthum ist? wie so sehr oft wir hinterdrein überführt werden, daß unsre Meinung von dem christlichen Stande unsrer Mitmenschen eine verkehrte gewesen, daß wir die Stellung auf der Stufenleiter des christlichen Lebens bei dem Einen zu hoch, bei dem Andren zu niedrig angeschlagen haben?

In Dingen, die den „inwendigen Menschen" angehen, sind wir Alle, wer wir auch sein mögen, und trügen wir auch jene dreifache Krone, immer nur trügliche Richter[5]), und — so ist es denn geradezu eine Unmöglichkeit, mit Sicherheit zu erkennen, bis zu welcher Stufe auf der Bahn zur Lebensvollendung in Christo Jemand vorgeschritten ist, aber — ist es eben deshalb nicht auch eine Unmöglichkeit, eine bestimmte Stufe solchen Fortgeschrittenseins als die Bedingung aufzustellen, unter welcher Jemand auf die Mitgliedschaft in der Kirche ein Anrecht haben soll? Will die Kirche sich nicht selbst den ärgsten Täuschungen aussetzen, will sie nicht auch der eitelsten Ruhmredigkeit und der schamlosesten und heuchlerischsten Selbstüberhebung Raum geben, so hat sie sich der Aufstellung einer jeden solchen Bedingung sorgfältigst zu enthalten. Des Christen und zwar jedes Christen Stellung auf Erden ist die, demüthig vor Gott zu stehen und sich seines Abstandes von dem ihm vorgesteckten Ziele alle Zeit auf das Lebhafteste bewußt zu sein[6]), und ebenso auch demüthig zu stehen

---

[1] Pf. 7, 10. 11, 4 f. Spr. 17, 3. Jerem. 11, 20. 17, 8 u. a. St.

[2] Selbst die röm. Kirche wagt nicht, entschieden von sich zu behaupten, daß sie in die Tiefen der Herzen sehen könne, wenn sie es auch nicht entschieden ablehnt, aber — die evangelische?

[3] Matth. 7, 1 ff. Röm. 14, 4.

[4] 1 Tim. 1, 15.

[5] Darum ist Luther auch gewiß, der Kirche Christi durch Christum anzugehören, ob ihn auch der Papst und die ganze Kirche bannen möchte.

[6] Phil. 3, 12 ff.

in dem Kreise seiner Brüder und sich selbst nicht für höher zu halten, als den Geringsten, der auf den Gekreuzigten seine Zuversicht setzt[1]), und wer, wenn es hieße, nur die „Heiligen", nur Diejenigen, welche bereits zu einer bestimmten Stufe der Heiligung emporgestiegen sind, mögen herzukommen und Glieder sein an dem „Leibe des Herrn", wer möchte da wagen, überhaupt zu kommen? wer müßte da nicht vielmehr in der Ferne stehen bleiben und, an seine Brust schlagend, sprechen; „Gott sei mir Sünder gnädig!"[2]), damit denn freilich nach Gottes Schätzung ein besserer Christ, als Diejenigen, die sich selbst allein für die rechten Mitglieder der Kirche ausgeben und bastehen wollten mit ihrem: „Ich danke Dir Gott, daß ich nicht bin, wie die Andern!"[3])

Und eben so jene „Erweckungen", jene Forderung, daß der allein ein berechtigtes Glied der Kirche sei, der von einem plötzlichen, sein ganzes Gemüthsleben im Sturme ergreifenden und umändernden Acte der „Wiedergeburt" zu sagen wisse, muß man von ihr nicht ebenfalls behaupten, daß auch sie, wenn ihr nachgegeben werden sollte, den ärgsten Täuschereien Thür und Thor öffnen und — was das Schlimmste wäre — wohl oft die tüchtigsten und wünschenswerthesten Persönlichkeiten von der kirchlichen Gemeinschaft ausschließen würde?[4]) Das hat doch auch die Erfahrung gelehrt, daß vielleicht nirgend so viel Selbsttäuschung mit unterläuft, als gerade da, wo man in diese „Erweckungen" alles Gewicht legt. Wie ist dasjenige, was man dafür ausgiebt, doch so oft nichts Anderes, als nur ein künstlich und gewaltsam hervorgerufener Gemüthszustand![5]) und wie zeigt sich auch in den Kreisen, die dieser Richtung huldigen, daß bei gar Vielen ihrer Genossen das ganze Erweckungswesen in lauter nachgesprochene Schlagwörter und Redensarten hinausgeht![6]) Die Kirche hüte sich gerade hier, wenn sie nicht Gefahr laufen will, der Betrügerei und dem Scharlatanismus zur Beute zu werden, wenn sie nicht dahin kommen will, zum Criterium der wahren Christlichkeit zu erheben, was so gar nicht selten eine Ausgeburt eines ganz anderen Geistes ist, als des heiligen vom Herrn[7]),

---

[1]) Röm. 12, 3. Phil. 2, 3 u. v. a. St.

[2]) Luc. 18, 10 ff.

[3]) Ebendas. Vers 14. Und heißt's denn Luc. 15, 1 ff. nicht geradezu, daß über einen bußfertigen Sünder mehr Freude sein würde, denn über neunundneunzig Solcher, die sich dünken lassen, gerecht und über die demüthige Stellung unter den Sündern hinaus zu sein.

[4]) Eben die, welche nicht Lust hätten, zu heucheln, und — sind das nicht die Besten?

[5]) Vgl. Schleiermacher's Briefe aus der Zeit seines Aufenthaltes bei den Herrnhutern (Schl.'s Leben in Briefen, Bd. I.).

[6]) Sagen wir da wirklich zu viel?

[7]) Vgl. Col. 2, 23.

ja, was oft vielmehr selbst erst einer gründlichen Heilung bedürftig wäre,
anstatt daß es anerkannt werden könnte als die durch den göttlich gegebe=
nen Seelenarzt bewirkte Gesundheit des religiös=sittlichen Lebens![1]) Nein!
das rechte, gesunde Christenthum besteht nicht in Zuständen der Exaltation!
Stunden der Begeisterung, wie schon gesagt, des besonders lebendigen Er=
griffenseins von Christo und seiner Herrlichkeit kommen in jedem Christen=
leben vor, aber — im Ganzen ist das Leben auch der geförbertsten Christen
doch so beschaffen, daß sie sich wohl bewußt sind, noch nicht auf jener
Höhe zu stehen, wo sie des vollen Sieges sich rühmen könnten, im Ganzen
ist all unser Leben in Christo hienieden doch nur ein bemüthiges Ringen
nach dem Ziele, das uns in dem Herrn gegeben ist, und — ein Jeder
weiß, wie bald die Stunden jener hohen Begeisterung wieder von uns
weichen![2])

"Wiedergeburt!" ja wohl, den Namen möchte man sich schon gefallen
lassen, wenn er im rechten Sinne verstanden würde, wenn man auch da
mit aller Vorsicht den Anfang von der Vollendung unterscheiden, wenn
man die Wiedergeburt eben so verstehen wollte, wie sie Paulus versteht,
wenn er sie den Christen zuschreibt und diese doch allesammt als solche be=
zeichnet, die erst im Ringen nach dem Ziele der Vollendung begriffen
seien.[3]) Im Sinne des Apostels ist Derjenige freilich schon ein Wiederge=
borner und steht in den Anfängen der Heiligung, der sich mit freier Ueber=
zeugung und ernstlichem Willen zu Christo als zu seinem Heilande bekennt,
denn der hat damit, daß er zu Christo gekommen ist, auch in Ihm das
Princip eines neuen religiös=sittlichen Lebens empfangen und darf gewiß
sein, durch den Herrn auch der Vollendung entgegen geführt zu werden.
Er ist eben insofern ein Wiedergeborner und Geheiligter, als er in der
Wiedergeburt und Heiligung begriffen ist und gewiß sein darf, das in ihm
angefangene Werk werde auch zu seinem Ende geführt werden, und so auf=
gefaßt, fällt denn allerdings die Forderung der Wiedergeburt mit der, daß

---

[1]) 1 Tim. 6, 3 ff. Man beachte hier das „sich genügen lassen" in B. 6 und vgl.
dazu 2 Cor. 7—9. Paulus sagt hier geradezu, daß man sich mit der „Gnade", d. h.
mit dem einfachen Gnadenverhältniß genügen lassen solle, und wie demüthig erkennt
auch er noch den „Pfahl in seinem Fleische" an, der ihn hindere, sich der ihm zu
Theil gewordenen „hohen Offenbarungen" zu überheben.

[2]) Wer möchte nicht einstimmen in des Dichters Klage:
„Warum muß der Strom so bald versiegen
Und wir wieder im Durste liegen?"

[3]) Vgl. Tit. 3, 5 ff. und dazu die vielen Stellen in den Briefen des Apostels, wo
er zum Ringen nach dem Ziele, zu unermüdlichem Zunehmen in des Herrn Werke
ermahnt. Alle, die sich ehrlich zu Christo bekennen, gehören zu den Wiedergeborenen
und dem Herrn Geheiligten, und doch ist das, was sie sein sollen, in ihnen Allen erst
im Werden begriffen.

das Bekenntniß zu Christo und zu dem in ihm der Kirche gesetzten Ziele
die Mitgliedschaft in der christlichen Genossenschaft begründe, in Eins zu=
sammen. Wer aber sähe nicht auch, daß bei dieser Auffassung von jenen
besonderen Erweckungen nicht die Rede ist, daß da vielmehr ein ruhiges
Fortschreiten in ernstem Streben, verbunden mit einem alle Zeit demüthi=
gen Bewußtsein von dem, was zur Vollendung noch fehlt, als das normale
Verhältniß erscheint? Die Forderung der „Wiedergeburt" dagegen in jenem
enthusiastischen Sinne verkennt eben diesen ruhigen und allmäligen Fort=
gang im christlichen Heilsleben und damit dasjenige, dessen verkehrte
Geltendmachung wir oben freilich zurückweisen mußten[1]), das aber hier gar
sehr zu beachten ist, daß nämlich jetzt, nachdem die christliche Gemeinschaft
die Völker umschließt, auch die Einzelnen von Jugend auf in dieser Ge=
meinschaft erzogen werden, von den ersten Tagen ihres Lebens an den
Einflüssen derselben unterworfen sind, aufwachsen, um es so zu bezeichnen,
in einer christlichen Lebensluft, und daß eben deshalb auch nicht bei einem
Jeden erst ein plötzliches Bekehrtwerden zu Christo, wie in der Heiden=
zeit, einzutreten braucht, um ihn dadurch erst zu einem Christen zu machen.

Es mag ja freilich geschehen, daß der Eine oder der Andre durch un=
glückliche Verhältnisse, unter denen er seine Jugend hat hinbringen müssen,
ganz von Christo abgewendet worden ist, und daß ihm daher, nach einem
Wandel in Irrthum und Verkehrtheit, erst in späteren Tagen das Licht
des Herrn als ein bisher Ungekanntes zu leuchten beginnt, so daß es auch
ihm da ist, wie dem Jünger von Damaskus, als ob es wie Schuppen von
seinen Augen fiele.[2]) Dergleichen plötzliche und dann mit vielen inner=
lichen Kämpfen und Stürmen verbundene Bekehrungen kommen auch in
unseren Tagen noch vor und werden vorkommen, so lange die Kirche über=
haupt noch den Streit mit der Welt nicht völlig ausgefochten hat.[3]) Aber
müssen sie vorkommen bei einem Jeden, der in der Gemeinschaft mit
der Kirche aufwächst und erzogen wird? ist da, wo die Kraft christlichen
Lebens den Menschen von Jugend auf umgab und er sich so von vorn
herein auf die rechte Bahn geleitet sah, auch noch ein solches Abbrechen
und Abrechnen mit der ganzen Vergangenheit nöthig, wie bei Jenem,
dem es nicht so gut geworden ist?[4]) Zunehmen wird ein Solcher freilich

---

[1]) S. oben §. 10, 2.

[2]) Apostgesch. 9, 18.

[3]) Auch unsere Zeit bietet ja Beispiele solcher Umkehrungen wirklich dar und viel=
leicht mehr, als man vor Augen sieht.

[4]) Je reger das wirklich christliche Leben in den Gemeinden ist, desto mehr wird
auch ein ruhiges und stilles Keimen und Heranwachsen der christlichen Lebensgestalt in
den Seelen ihrer Kinder stattfinden, dagegen wo ein todtes Kirchenthum, wie zu
Spener's Zeit, herrscht, da sind auch die s. g. Erweckungen am Platze.

auch in Christo, des Herrn Herrlichkeit wird auch ihm immer völliger auf-
gehen, und — es mag ebenfalls geschehen, daß er sich durch mancherlei
Zweifel und Irrthümer hindurch winden muß, aber gleichwohl wird er
daneben doch immer in der Gemeinschaft mit Christo stehen können, und
wie es ihm sogar unmöglich sein wird, eine Zeit anzugeben, wo dies noch
nicht der Fall gewesen sei, so wird sich Alles, was sich in ihm entwickelt,
und zur Klarheit herausgestaltet, doch immer auch in einem allmäligen
Fortschreiten entwickeln und gestalten, ohne daß da eine „Bekehrung" in
jenem Sinne erst einzutreten brauchte, ja, ohne daß sie eintreten könnte,
weil er ja mit seiner Seele bereits Christo principiell angehört.

Die Möglichkeit eines solchen Entwicklungsganges leugnen wollen, hieße
die geistige Macht, die wahrhaft geistige Macht, wie sie durch Christus der
Kirche zukommt, leugnen, und allerdings liegt auch jener Forderung einer
plötzlichen Wiedergeburt eine solche Leugnung zu Grunde, wie dieselbe ja
doch auch meistens in Zeiten gestellt worden ist, wo man wohl versucht
sein konnte, dem officiellen Kirchenthume eine solche Macht abzusprechen, und
wo es Denen, die sie aufstellten, darum zu thun war, wieder zu einer Kirche
zu gelangen, die im Geiste des Herrn mächtig wäre.[1] Wir aber setzen
eine solche Kirche als vorhanden voraus, und daher schon können wir jene
Forderung, die auf einer anderen Voraussetzung beruht, nicht anerkennen.
Weil wir es nicht mit erst noch zu bekehrenden Heiden, sondern der größten
Mehrzahl nach mit Solchen zu thun haben, die von Jugend auf schon in
der Gemeinschaft mit der Kirche gestanden haben, können wir auch für den
Eintritt in die Kirche keine Bedingung stellen, die wohl für erst noch zu
Bekehrende am Orte sein möchte. Die eine Bedingung vielmehr, die für
alle Zeiten gelten muß — die, daß ein Jeder, der ein Mitglied der Kirche
sein will, sich auch mit völliger Freiheit zu Christo als dem Grunde, auf
dem er mit seinem religiös-sittlichen Leben stehen wolle, bekennen müsse,
einerlei wie er zu dieser Ueberzeugung gekommen sei, ob durch plötzliche
Bekehrung, ob durch allmäliges Hineinwachsen in die Geistesgemeinschaft
mit dem Herrn — die eine Bedingung ist daher auch diejenige, welche wir
als die Mitgliedschaft in der Kirche begründend anerkennen können und die
zu fordern die Kirche ein Recht hat.[2] Der Weg, wie Jemand zu dieser
Ueberzeugung, daß sein Heil allein in Christo ruhe, gelangen mag, ist —
und auch das ist wohl zu beherzigen — zuletzt nicht Sache der Kirche,
sondern die Sache des Herrn selbst, der die Seelen führt, eine jede ihren

---

[1] S. auch weiter unten S. 245 ff.
[2] Auch von den Heiden kann man, wenn sie Mitglieder der Kirche sein wollen
principiell kaum etwas Anderes verlangen, als daß sie sich mit festem Willen auf den
Grund der Kirche stellen, wobei es denn freilich für sie nothwendig ist, daß sie ihrem
früheren Leben absagen.

besonderen Weg[1]), die Kirche aber hat nach nichts Anderem zu fragen, als
darnach, ob diese Ueberzeugung und der ernstliche Wille, in ihrer Gemein=
schaft nach derselben zu leben, vorhanden sei oder nicht. —

Freilich auch ein Wahrheitskern liegt jenen donatistisch=methodistischen
Forderungen zu Grunde, eine gewisse Berechtigung gegenüber dem gegen=
theiligen Irrthume auf Seiten des officiellen Kirchenthums, zu dessen Be=
streitung sie geltend gemacht worden sind, aber — eben dieser Wahrheits=
kern, wenn man ihn genau ins Auge faßt, führt zu nichts Anderem, als
zu dem, was wir als Bedingung der Mitgliedschaft in der christlichen Ge=
meinde aufgestellt haben. In der That bilden diese Richtungen mit ihren
überschwenglichen Anforderungen an die Mitglieder ihrer Gemeinschaft doch
lediglich die Kehrseite eines Kirchenthums, das im Grund und Wesen ganz
vergessen hatte, was denn allein einen Christen ausmachen könnte, und
eigentlich war jenes Betonen der „Heiligkeit" oder der „Wiedergeburt" nur
eine verkehrte und unklare Bezeichnung für etwas ganz Richtiges, das
auch in den Gedanken Derer lag, die solche Forderung stellten: daß ein
Christ mit freiem Bewußtsein im Verhältniß der Jüngerschaft zu
Christo stehen müsse, daß eben deßhalb aber auch nur Der, bei dem dieß
der Fall wäre, der christlichen Kirche angehören könne. Sie wollten im
Grunde auf nichts Anderes hinaus, als auf eine Kirche, die aus freiwilli=
gen Bekennern zu bestehen habe, nur daß sie durch den Gegensatz über ihr
Ziel fortgetrieben wurden.[2]) Sie waren und sind keineswegs verächtliche
Erscheinungen auf dem Gebiete des kirchlichen Lebens[3]), vielmehr der große
Ernst, den sie in den kirchlichen Fragen an den Tag legten gegenüber der
Leichtfertigkeit der officiellen Kirchenmänner in der Behandlung dieser
Fragen, und die Entschiedenheit, mit welcher sie auf persönliches Stehen
in Christo drangen, wo die „Kirche" sich einer solchen Forderung kaum
noch bewußt war, sind, wenn man ihre Uebertreibungen und Singularitä=
ten hinweg thut, durchaus anzuerkennen. Oder was war denn die Grund=
tendenz ihres Strebens, dem auch jene Forderungen dienen sollten? Die
Kirche, wie sie damals war, war ja eben auf jene abschüssige Bahn ge=
rathen, auf welcher es ihr um Weltherrlichkeit vor allen Dingen zu thun

---

[1]) Dieß Vorrecht sollte man dem Herrn doch lassen und nicht meinen, es müßten
immer die eigenen Wege sein, die auch die Anderen zu gehen hätten. Nur sich selbst
nennt der Herr den Weg (Joh. 14, 6) und nur er will der Hirte sein, dessen Stimme
die Schafe hören sollen. (Joh. 10, 14 ff.)

[2]) Wenn die Donatisten den „Traditoren" die Mitgliedschaft in der Kirche ver=
wehrten, lag denn da nicht der Gedanke zu Grunde, daß Niemand, der den Herrn
thatsächlich verleugnet habe, in der Kirche als Glied derselben sein könne? Sie ver=
langten eben ein festes Bekenntniß!

[3]) Wie „Kirchenmänner" so leicht meinen.

war. Daß die Menschen ihr unterthänig würden als dieser „geistlichen" Machtinstitution, darum handelte es sich für sie hauptsächlich, und mit rein äußerlichen Machtmitteln suchte man deßhalb auch eine solche allgemeine Unterwerfung zu Stande zu bringen. Davon aber, ob Diejenigen, welche die Kirche sich in dieser Weise einverleibte und unter ihrer Botmäßigkeit zu erhalten suchte, auch innerlich mit eigenem Bewußtsein und Willen dem Herrn angehörten, davon war kaum noch die Frage, und weil man danach nicht fragte, weil man vielmehr auch die fremdartigsten Elemente, die innerlich in keinem Verhältniß zu Christo standen, in der Kirche nicht bloß zuließ, sondern sie sogar mit Gewalt in sie hinein nöthigte[1]), deßhalb fehlte es auch an der Gesundheit und Kraft des christlichen Lebens in einer Weise, die nicht ärgerlicher hätte sein können. Gemeinden und Gemeinde=leiter standen dem wahren Christenthum oft völlig fern, es war oft ein bloßes Namenchristenthum, das man da fand. Aus diesem gewiß sehr unerquicklichen Zustande suchten daher Diejenigen herauszukommen, denen es um mehr, als um den bloßen Christennamen zu thun war, und eben deßhalb machten sie der summarischen und kurzhändigen Weise der Kirche gegenüber geltend, daß nicht etwa die unterscheidungslose Masse des Volkes in die Kirche zu treiben, daß auch nicht jeder Beliebige, wie es auch mit ihm stehen möge, als ein Mitglied der Kirche zu betrachten sei, sondern daß man nach den Criterien wirklichen Christenthums zu fragen habe, ehe man Jemanden als zur Kirche gehörig betrachten könne, daß es darauf ankomme, zwischen Christen und Nichtchristen zu unterscheiden und die Kirche nur aus Solchen bestehen zu lassen, die wirklich des Herrn seien und mit ihrem persönlichen Leben auf dem Grunde der Kirche ständen, wenn man nicht der Fluth der Verweltlichung Thür und Thor öffnen und nicht erleben wolle, daß die Kirche zu dem Gegentheile von dem werde, was sie dem Willen des Herrn und der ursprünglichen Stiftung gemäß sei. War nun dies Verlangen nicht im Allgemeinen berechtigt? muß man nicht sogar sagen, daß die Erfahrung noch alle Zeit bestätigt hat, wie sehr die Furcht vor Verweltlichung und principiellem Verderben des Kirchen=leibes begründet ist, so bald man jene allerersten Principien der Kirchen=bildung vergißt? Die Kirche selbst hat schwer genug dafür büßen müssen, daß sie im voreiligen Streben nach Vereinigung der Völker mit ihr jene Grundsätze vernachlässigt und die Welt mit der Kirche vorschnell identi=ficirt hat.[2])

---

[1]) Vgl. z. B. das Verfahren Karl's des Großen mit den Sachsen. Das hieß doch das Bekehrungsgeschäft sehr summarisch betreiben! Aber wie so sehr hat doch das Staats=kirchenthum immerfort nach der hier zu Grunde liegenden Maxime gehandelt!

[2]) Hier liegen die Jahrhunderte alten Wurzeln für so viele kirchliche Schäden auch noch in unsern Tagen.

Aber freilich jene Bessergesinnten, wie wir sie dreist nennen dürfen, wurden durch den Gegensatz, in welchem sie standen, auch, wie schon gesagt, über das Ziel hinausgetrieben. Anstatt sich mit dem nothwendig Zuforbernden, mit der Beschränkung der Kirche auf die freien Bekenner zu ihr zu begnügen, verlangten sie mehr, verlangten sie einen höheren Grad von Heiligung, als derselbe bei Allen, die es redlich mit ihrem Christenthum meinen, zu finden sein kann, kamen sie sogar dahin, zu fordern, daß ein Jeder, der der Kirche angehören wolle, auch den Weg, auf welchem gerade sie aus der Verweltlichung heraus zu Christo gekommen waren, gegangen sein müsse[1]), und erhoben im Allgemeinen ihre subjectiven Anschauungen und Erlebnisse zu den Criterien des wahren Christenthums. Und das war denn freilich auch eine Verkehrtheit, bedenklich genug[2]), und der gegenüber die Kirche auch wieder in relativer Weise Recht hatte, wenn sie auf die so vorgezeichneten Wege sich nicht treiben lassen, wenn sie diesen Subjectivitäten und Singularitäten die Herrschaft nicht einräumen wollte. Daß es, um es so zu bezeichnen[3]), verschiedene Pflanzen in dem Garten des Herrn giebt, die doch alle des Herrn sind, von ihm gepflanzt[4]), daß auf dem Gebiete des christlichen Lebens auch die persönlichen Unterschiede, wie sie durch die Individualitäten und deren verschiedenen Lebensgang bedingt sind, ein Recht des Bestehens und der Anerkennung haben, daß es aber zuletzt nur darauf ankomme, daß ein Jeder principiell auf dem Grunde Jesu Christi stehe, das ist ein Gedanke, den schon der Apostel Paulus[5]) mit allem Ernste geltend gemacht hat, und wenn deßhalb die Kirche, wiewohl freilich hauptsächlich getrieben durch ihr Trachten nach äußerlicher Macht über die Völker[6]), doch gleichwohl dazu gethan hat, daß das Christenthum und sie selbst jenen einseitigen Parteien und ihren Forderungen nicht

---

[1]) Ganz besonders ist dieß vom Methodismus zu sagen. Gerade seine Methode soll als die allein christliche gelten.

[2]) Wie alle „selbstgewählten Wege" bedenklich sind (Col. 2, 23). Ueber der eigenen Singularität vergißt man so oft sogar die Hauptsache, nämlich das wirklich feste Bestehen auf dem einen gemeinsamen Grunde.

[3]) Vgl. 1 Cor. 3, 6 ff.

[4]) Lessing hat wohl Recht, wenn er in seinem Nathan sagt:
„Ich habe nie begehrt,
„Daß allen Bäumen gleiche Rinde wachse",
nur freilich, daß es eben auch nur die „Rinde" ist, gegen die man gleichgültig sein darf.

[5]) Eben gegenüber dem Parteitreiben in Corinth.

[6]) Reine Motive und lautere Erkenntniß haben allerdings die Kirche nicht geleitet, wenn sie auf die übertriebenen Forderungen der Sekten sich nicht einließ, aber — sie hat sie eben doch zurück gewiesen. Nicht im Interesse der Freiheit handelte die Kirche, sondern nur in dem ihrer Macht.

überliefert worden ist, so kann man nur sagen, auch sie ist für einen Grund=
satz eingetreten, der nimmer verkannt und aus den Augen gelassen werden
darf, der aber auch nur dann volle Berechtigung hat, wenn er mit jenem
anderen zugleich zur Anwendung gebracht wird.

Beides ist berechtigt, so wohl die Forderung, daß es, um zur Kirche
als Mitglied zu gehören, auf das persönliche Stehen eines Jeden in Christo
und seinem Leben ankomme, als auch die andere, daß das Urtheil, ob dieß
wirklich stattfinde, nicht an die subjectiven Criterien einer Parteirichtung
gebunden sein dürse, und — eben das Recht dieser beiden Forderungen,
wird es denn nicht zugleich und mit Ernst anerkannt und sicher gestellt,
wenn wir verlangen, es solle das freie Bekenntniß zu Christo als dem
Grunde des eigenen Heilslebens von Seiten eines Jeden, der zur Kirche
gehören will, auch die alleinige Bedingung der Mitgliedschaft in der Kirche
sein? Zunächst geschieht da ja dem Genüge, was die Donatisten und die
ihnen verwandten Richtungen zu fordern berechtigt waren: es wird ein
Unterschied zwischen Christen und Nichtchristen gemacht, und zwar ein
solcher Unterschied, der auf das Fundament des Christenthums selbst zurück=
geht, der recht eigentlich das principielle Stehen auf dem Grunde des
kirchlichen Lebens zur Bedingung des Eintrittes in die Kirche erhebt.
Aber — indem nun dieß Stehen auf demjenigen Grunde, wodurch das
Christenthum allein Christenthum ist, auch zur alleinigen Bedingung
des Eintrittes in die Kirche erhoben wird, wird damit auch der anderen
Forderung genüge geleistet: jede Herrschaft einer bloß subjectiven Richtung
in der Kirche wird damit beseitigt. Es genügt eben, daß ein Jeder sich
freiwillig auf den Allen gemeinsamen Lebensgrund stellt und den Willen
hat, auf ihm sich selbst zu einer individuellen Lebensgestalt immer mehr
zu erbauen. Mehr aber soll und darf die Kirche nicht fordern, Alles, was
über dieß principielle Stehen auf dem gemeinsamen Grunde hinaus liegt
ist nicht Sache der Kirche, sondern Sache des Herrn und der dem Herrn
angehörenden Persönlichkeit selbst. So wird denn hier Beides bewahrt:
eben sowohl der Grund der Kirche als der alleinige, unantastbare, Allen
gemeinsame Lebensgrund, als auch die Freiheit, mit der ein Jeder auf diesem
Grunde zu stehen hat, und die Mannigfaltigkeit der persönlichen Lebens=
gestaltung, wie sie in der Kirche sein soll als dem Reiche des in Christo
wurzelnden persönlichen und deßhalb von selbst auch sich mannigfaltig dar=
stellenden und entfaltenden religiös=sittlichen Lebens.

3. Nein! an keine andere Bedingung, als an diese eine, hat die
Kirche die Mitgliedschaft und zwar die vollberechtigte Mitgliedschaft in ihr
zu knüpfen. Wo Jemand dieß Bekenntniß bringt, daß er persönlich auf
dem gleichen Heilsgrunde mit ihr stehe, d. h. daß er Jesum Christum als
seinen Heiland und das in Christo der ganzen Kirche gegebene Ziel auch

als das seinige erkenne, dem er mit rechtem Ernste nachstreben wolle, da hat die Kirche einen Solchen auch als einen der Ihrigen in sich aufzu=nehmen, als einen Bruder im vollen Sinne dieses Wortes. Die Kirche darf einen Solchen nicht zurückweisen, so gewiß sie nicht ein Gericht zu üben berechtigt ist, das zuletzt dem Herrn allein zusteht, und er selbst ist auch völlig befugt, die Aufnahme in die christliche Gemeinschaft zu fordern, so gewiß er eben durch sein freiwilliges Bekenntniß zu ihm auch dem Herrn angehört und deßhalb, nicht aber erst durch die Aufnahme von Seiten der Kirche, ein „Glied an seinem Leibe" ist. [1]) Die Kirche kann hier Nichts thun und hat nichts Anderes zu thun, als anzuerkennen, was Jener von sich selbst und seinem Verhältniß zu Christo bekennt, und nur in einem Falle würde sie die Aufnahme verweigern oder auch wieder rück=gängig machen dürfen, nämlich dann, wenn Jemand das, was er mit dem Munde bekannt hat, durch sein sonstiges sittlich=religiöses Verhalten so sehr verleugnen und deßhalb sein eigenes Bekenntniß in dem Grade Lügen strafen wollte, daß die Kirche, ohne sich selbst und dem Leben untreu zu werden, das ihr durch den Herrn zu Theil geworden ist, ja, ohne Christum selbst zu verleugnen, ihn nicht mehr als ein Glied ihrer selbst betrachten könnte. [2]) So stellt sich dieß Verhältniß denn in der That als ein höchst einfaches heraus, als ein solches, das eben in dem einfachen Verhältniß, in welchem die Kirche überhaupt zu ihrem Grunde steht, seine Wurzel hat.

Und — nun sage man auch nicht, daß sich die Kirche damit nicht begnügen könne, daß sie doch mehr verlangen müsse, als eben bloß dieß Bekenntniß zu ihrem Grunde und zu dem ihr in demselben gegebenen Ziele, und dieß bloße Aussprechen solchen Bekenntnisses! Zunächst ist da doch zu sagen, daß der Herr und seine Apostel es in der That nicht an=ders verlangt und gehalten haben. Was Christus immerfort von den Seinigen begehrt, ist ja doch nichts Anderes, als daß sie an ihn glauben, in diesem persönlichen Verhältniß zu ihm als dem alleinigen Heils= und

---

[1]) Dieß versteht sich rein von selbst. Alle Willkür von Seiten der Kirche muß da ausgeschlossen sein. Da es Gott der Herr ist, der einen Jeden zu Christo zieht (Joh. 6, 44), da dagegen die Kirche Nichts zu thun hat, als das Evangelium von Christo zu verkündigen und dann zu warten, ob Gott Gedeihen geben will (1 Cor. 3, 7), so hat sie auch einfach nur anzuerkennen, was der Herr gethan hat. Und so will es auch Petrus gehalten wissen, wenn er (Apostelgesch. 11) sich darauf beruft, daß Cornelius den h. Geist bereits hätte empfangen gehabt und daß er selbst deßhalb auch kein Recht mehr gehabt habe, „dem Wasser zu wehren", d. h. dem Cornelius die Aufnahme in die christl. Gemeinde aus irgend welchem Grunde zu versagen. Aber — davon muß sich die Kirche überzeugen, daß der Herr sein Werk gethan hat, und davon überzeugt sie eben das freiwillige Bekenntniß zu dem Herrn.

[2]) S. Näheres weiter unten §. 12.

Lebensgrunde stehen sollen¹), und wo dieser Glaube wirklich vorhanden ist, da folgt auch das Empfangen alles Dessen, was durch Christus den Menschen gegeben werden soll, ganz von selbst.²) Und so denn doch auch alle Apostel des Herrn. Was Paulus in der Kürze so ausdrückt: daß alle Gerechtigkeit komme „aus Glauben in Glauben"³), das finden wir doch auch bei allen anderen Aposteln ganz in der gleichen Weise⁴), und namentlich ist in dieser Beziehung wohl zu beachten, mit welcher Bestimmt= heit Paulus zumal alle Diejenigen zurückweist, die irgend welche Besonder= heiten, die über dieß allgemeine Verhältniß zu Christo hinaus gehen, als die eigenthümlichen Criterien der Christlichkeit und zum Zweck einer Bevor= rechtung vor denen, die bloß in diesem allgemeinen Verhältniß zu dem Herrn stehen, geltend machen wollen. Weder das „Zungenreden", auf das man ein so großes Gewicht legen wollte⁵), noch sonstige eigenthümliche Bega= bungen Einzelner, welcher Art sie auch sein mögen, sollen die wesentlich gleiche Berechtigung unter Denen aufheben, die durch den Glauben des Herrn und damit seines Geistes, ein Jeder nach seinem Maße, theilhaftig geworden sind⁶), und wie Diejenigen scharf zurecht gewiesen werden, welche die Eigenthümlichkeit eines Apostels, und wär's auch des Petrus, zum Kennzeichen des Christenthums machen wollten, das allein zum Ein= tritt in die christliche Gemeinde berechtige⁷), so vollends Solche, die sich anmaßen, in „selbstgewählter Geistlichkeit und Demuth" einher zu gehen. ⁸) In der That, man darf alle diese Stellen in den Sendschreiben des Apo= stels nur genau ansehen, und aus ihnen allen muß klar werden, daß es demselben lediglich auf das Bekenntniß zu Christo ankommt und darauf, daß ein Jeder, der in der Kirche Mitgliedsrechte haben will, auch die Ar= beit für sich persönlich übernimmt, zu der die Kirche überhaupt in Christo berufen ist. Wo dieß Bekenntniß und dieß Trachten vorhanden ist, da reicht der Apostel auch gern die Bruderhand⁹), da überläßt er in Demuth alles Andere gern dem Herrn, von welchem allein ja auch alle Macht des Lebens und der Lebensförderung kommen kann¹⁰), und er selbst betrachtet ja

---

¹) Bgl. u. v. a. St. Joh. 6, 35. 7, 37 f. 15, 4 ff.

²) Joh. 3, 36. 10, 27 ff. 15, 5.

³) Röm. 1, 17.

⁴) 1 Petr. 1, 5. 13. 1 Joh. 5, 1. Ebr. 10, 38. Auch Jacobus polemisirt doch nicht gegen die Kraft des Glaubens im paulinischen Sinne, sondern nur gegen ein Mißverständniß der christl. Lehre vom Glauben.

⁵) 1 Cor. 14, 1 ff.

⁶) 1 Cor. 12, 1 ff.

⁷) 1 Cor. 1, 10 ff.

⁸) Col. 2, 20 ff. 1 Tim. 4, 1 ff. Bgl. auch 2 Cor. 10, 7.

⁹) Gal. 2, 9.

¹⁰) 2 Cor. 3, 4 ff.

auch nur das als seine Aufgabe, daß er Jesum Christum als den Heiland aller Menschen verkündige[1]), er verlangt nichts Anderes auszurichten, als die Seelen in jenes einfache Verhältniß zu dem Herrn zu stellen, aus welchem alles Heil kommt. Sollte es nun die Kirche ganz so nicht alle Zeit halten müssen? und würde sie nicht fürchten müssen, sich einer Anmaßung schuldig zu machen, ja, eine Verleugnung Christi und seiner Kraft, wenn sie es anders hielte? sollte sie nicht wirklich noch immer überzeugt sein, daß in dem einfachen Glaubensverhältniß zu dem Herrn noch immer, wie der Anfang, so auch alle Vollendung gegeben sei, und sollte sie sich deßhalb nicht gern damit begnügen, wenn nur Jemand bekennt, daß er in diesem Verhältniß stehe und auf sich zu nehmen bereit sei alle die Pflichten, die aus diesem Verhältniß folgen?

Freilich könnte man ja sagen: aber ein solches Bekennen giebt doch noch nicht die Sicherheit, daß dies Bekenntniß auch aufrichtig ist, und eben deßhalb kann sich die Kirche damit nicht begnügen. Wohl! der Einwand scheint auf den ersten Blick nicht ohne Grund zu sein! Es giebt auch ein bloßes Lippenbekenntniß, von dem die Seele Nichts weiß, dem das eigene innere Bewußtsein vielleicht widerspricht — leider hat es von solchem Lippenbekenntniß mehr als zu viel und ganz besonders unter der Herrschaft des Zwangskirchenthums gegeben, wie es seit den Tagen Constantins sich ausgebildet hat, und — daher sind wir denn allerdings gar sehr geneigt, gerade hier mißtrauisch zu sein: die Erfahrung scheint dieß Mißtrauen zu rechtfertigen. Aber — gleichwohl können wir diesen Einwand nicht gelten lassen, eben deßhalb nicht, weil es hier zuletzt keine andere Instanz giebt, auf die da zurückgegangen werden könnte, als das Gewissen eines Jeden selbst. Wer soll denn zuletzt entscheiden, ob das Bekenntniß aufrichtig ist oder nicht? welches Zeugniß kann Jemand dafür beibringen? Kein anderes, als das Zeugniß dessen, der „Herzen und Nieren" prüft[2]), oder mit anderen Worten, das Zeugniß seines eigenen Gewissens, und — eben deßhalb muß sich denn die Kirche auch darauf verlassen.[3]) Das sittlich-religiöse Leben, wie es in der Kirche seine Stätte haben und recht eigentlich ihre Angelegenheit sein soll, ist ja überhaupt eine Sache des Gewissens, und — als solche soll und muß das Bekenntniß zu diesem Leben denn auch von der Kirche behandelt werden. Mit allem Ernste hat sie dem Bekennenden die Aufrichtigkeit seines Bekenntnisses auf das

---

[1]) 1 Cor. 1, 17. 2, 2 u. v. a. St.

[2]) Pf. 7, 10.

[3]) Geschieht dies doch auch auf anderen Lebensgebieten und selbst auf denen des Rechtes. Das Zeugniß des Gewissens, der Eid, ist auch da doch die letzte Instanz, bei der es fest bleiben muß (Ebr. 6, 16).

Gewissen zu legen[1]), aber — damit sich dann auch zu begnügen, dann auch, wie ja die Liebe nach des Apostels Worte nicht mißtrauisch ist[2]), Dem, der also vor Gott dem Allsehenden sich zu Christo bekennt, zu vertrauen, daß sein Bekenntniß aufrichtig sei. Weil sie nicht weiter prüfen kann, ob es recht stehe um ein solches Bekenntniß, so hat sie auch nicht weiter zu prüfen, sondern das Gericht Dem heimzustellen, der allein recht richtet[3]); sie hat diese ihre eigene Unzulänglichkeit auch als einen Fingerzeig für ihr Verhalten hinzunehmen und sich in Demuth zu bescheiden, daß sie nicht zum Richten bestellt ist; sie hat Den, der sich frei zu ihrem Lebensgrunde bekennt, auch für einen aufrichtigen Bekenner zu halten und ihn so lange als ein vollberechtigtes Mitglied ihrer selbst zu behandeln, als er dieß Bekenntniß durch offenbare Thatsachen nicht widerruft und verleugnet.[4])

Und sollte sie bei diesem Verhalten denn wirklich so schlecht fahren, wie es auf den ersten Blick scheinen will! Unter allen Umständen dann nicht, wenn das Bekenntniß, wie wir es verlangt haben, ein wirklich f r e i e s ist, wenn aller Polizeizwang, der zu einem solchen Bekenntnisse nöthigen könnte, aus dem kirchlichen Leben hinweggethan sein wird, und hier grade zeigt es sich, wie sehr die Kirche Ursache hat, sich auf den von uns geforderten Standpunkt der Freiwilligkeit zu stellen, um dadurch aller Unwahrhaftigkeit in ihrem Schooße eine der hauptsächlichen Wurzeln ab=zuschneiden! Ja, es hat viel bloßes Lippenbekenntniß in der Kirche ge=geben, aber in w e l c h e r Kirche denn? Doch eben vor Allem in der, die sich nicht entblödete, mit der Hilfe des weltlichen Armes das Bekenntniß zu erzwingen, in der, wo an dem Bekenntnisse Gut und Leben hing, in der, welche gemeint hat, das Bekenntniß zu ihr müsse ein Paragraph d e r b ü r g e r l i c h e n R e c h t s o r d n u n g sein. Da — o, es braucht gar nicht gesagt zu werden, wie da, wo mit dem christlichen Bekenntniß bür=gerliche Vortheile der mannigfachsten Art verbunden waren, wo sogar die ganze bürgerliche Existenz an dem Bekenntnisse wenigstens zur Kirche hing,

---

[1]) Oder wenn das, wie dürfte dann noch irgend ein Zwang zu solchem Bekenntniß gerechtfertigt sein? Was würde man zu einem irdischen Gerichte sagen, das zu einer bestimmten eidlichen Aussage zwingen wollte?

[2]) 1 Cor. 13, 7. Selbst ein juristischer Grundsatz ist es ja, daß Jeder so lange für einen Ehrenmann zu gelten habe, bis das Gegentheil bewiesen sei, und — höchstens der alle Zeit mißtrauische Despotismus des bloßen Gewaltstaates mit seinem eigenen bösen Gewissen hat es anders gehalten. Sollte die Kirche in den Wegen des letzteren gehen?

[3]) 1 Petr. 2, 23.

[4]) Darf doch selbst der weltliche Richter ein eidlich bekräftigtes Zeugniß nicht in Zweifel ziehen, so lange nicht Thatsachen ihn dazu berechtigen. Auch da wird zuletzt Alles auf den Glauben gebaut, und — die Kirche ist doch wohl vor allen Dingen ein Reich des Glaubens. Vgl. 2 Cor. 10, 7.

wie da solche Bekenntnisse auch zu einem bloßen Lippenwerke werden mußten, das man eben ableistete, weil es nicht anders ging! Man lasse das Bekenntniß frei, man richte es so ein, daß keinerlei bürgerliche Vortheile mit ihm verbunden und keinerlei bürgerliche Nachtheile ohne das= selbe zu befürchten sind, mit einem Worte: man mache es zu dem, was es sein soll und im Anfange der Kirche auch war, zu einer reinen Sache des Gewissens [1]), und diese traurige Erscheinung, die den Staatskirchen= männern so viel Bedenken macht, wenn sie aufgefordert werden, den Ge= meinden ihre kirchlichen Rechte auch zu übergeben [2]), diese ganze traurige Erscheinung wird gar bald ein Ende haben. Die Kirche wird wieder, verschwindende und nicht zu rechnende Ausnahmen abgerechnet, eine Ge= meinde aufrichtiger Bekenner werden, denen es heiliger Ernst um ihr Christenthum ist, wie sich das auch noch alle Zeit gezeigt hat, daß da, wo die Freiheit waltete, namentlich wo die Kirche ihre Freiheit mit poli= tischem Drucke erkaufen mußte, daß da des bloßen Lippenbekenntnisses gar wenig gefunden worden ist. [3]) Man vertraue sich nur dem Gewissen und der Freiheit des Gewissens an, man stelle sich nur auf dem Boden, auf welchem das Christenthum überhaupt steht, und sei selbst ein weniger kluger Politicus, aber ein um so besserer Christ, der nicht mit menschlichen Maß= regeln zu erzwingen suchen will, was der Herr in seiner Gnade und in seinem Geiste allein zu geben vermag, und — man wird doch am Ende finden, daß man dabei sich am Besten steht und daß auch die Kirche nicht über den Haufen stürzt, auch wenn man sie nicht mit seinen selbst= gewählten Stützen kleinmüthig unterbaut, man wird sogar finden, daß erst in solcher Freiheit Alles herrlich gedeiht, während unter dem Zwange nur Verkümmerung und Elend war, eine solche Verkümmerung, daß die Männer des Zwanges selbst darüber schreien und damit ein Zeugniß gegen sich selbst ablegen, freilich ohne es zu wollen und zu merken. [4]) Das freie Bekenntniß zu Christo, fürwahr, es genügt, sobald es nur

---

[1]) So allein, wenn es eine That der Freiheit ist, wird das Bekenntniß auch immer als ein „gutes" (1 Tim. 6, 12) nach allen Beziehungen hin betrachtet werden können und als solches auch wirken.

[2]) Man denke an Stahl's Lehre von den rohen und unmündigen „Massen". Aber es würde sich doch fragen, wenn man den Leuten Gelegenheit gäbe, sich zu ent= scheiden, ob sich noch so viele unüberwundene und undurchsäuerte Masse in unserem Volke zeigen würde, als Stahl und andere Hierarchen uns glauben machen möchten.

[3]) Z. B. unter den Reformirten Frankreich's in der Reformationszeit, aber am Ende doch auch bei den Secten und Conventikeln überhaupt, trotz aller eigenthümlichen Färbung, mehr, als in den Staatskirchen. Das ist eine nicht weg zu leugnende Er= fahrung.

[4]) Und, muß man hinzu setzen, ohne den rechten Grund des Schadens erkennen zu wollen.

recht frei ist, um uns für seine Aufrichtigkeit zugleich Bürg=
schaft zu sein. [1])

4. Eine Gemeinschaft freier Bekenner muß die Kirche sein, sie kann
gar nichts Anderes sein wollen, als dieß, wenn sie nur selbst recht versteht,
um was es in ihr sich handelt. Aber nun wird es auch noch darauf an=
kommen, fest zu stellen, welches denn nun der Inhalt des Bekennt=
nisses sein müsse, der zur Mitgliedschaft in der Kirche ein unabweisbares
Recht verleiht, und da muß denn klar sein, daß dieß Bekenntniß sich immer
nur auf Dasjenige beziehen kann, was der Kirche zukommt nicht durch
sie selbst, sondern was zu dem Grunde hinzugehört, auf welchem sie
durch Gottes Gnade steht, also wie wir es auch schon bezeichnet haben
und wie es hier nun noch näher erörtert werden muß, auf diesen ihren
Grund selbst und auf Das, was sie durch den sie selbst setzenden
und ewig durch sie hinwirkenden Willen ihres Grundes selbst
werden und sein soll, indem sie es wird, auf die der Kirche in
Christo gegebenen Zwecke, auf das ewige Ziel, dem sie entgegen zu
streben hat.

Wie die Mitgliedschaft in der Kirche nicht abhängig sein kann von
irgend einer Stufe höherer Vollendung, welche der Christ auf dem Grunde
seines Bekenntnisses bereits erreicht hätte, noch auch von dem Wege, auf
welchem er persönlich zu Christo als dem von ihm erkannten Grunde seines
Heils gekommen wäre, also überhaupt nicht von dem, was dem subjectiven
Leben des einzelnen Menschen angehört, sondern wie das Bekenntniß
zu dem objectiv Gegebenen und beshalb das allgemeine Princip des christ=
lichen Lebens Bildenden unter allen Umständen genügen muß, so kann der
Inhalt dieses zu fordernden Bekenntnisses nun auch kein anderer sein, als
eben dieß objektiv Gegebene und Allgemeine selbst, wodurch das
christliche Leben überhaupt im Princip gegründet wird, und eben beshalb
hat sich das Bekenntniß nun auch nicht zu beziehen auf alles dasjenige,
was etwa die Kirche als Ganzes von sich aus gesetzt und als eine Stufe
ihrer Gesammtentwicklung erreicht haben mag. Vielmehr von all' dem
menschlich, von Seiten der Kirche, wenn auch immerhin im Zusammenhange
mit ihrem Heilsgrunde, Gesetzten[2]), von alle Dem, was da als ein Ausdruck
ihres, ob auch immerhin von dem Leben ihres Herrn durchwebten Bewußt=
seins zu irgend einer Zeit von der Kirche hingestellt worden ist, von dem
Allen hat das Bekenntniß frei zu sein, über das Alles hat es hinauszu=
gehen, wie zu dem ursprünglichen Lebensgrunde der Kirche selbst, so auch

---

[1]) Ueber die Hülfe, welche die Kirche hat, wenn es gleichwohl nicht genügen sollte,
siehe den nächsten Paragraphen.

[2]) Von „Menschensatzungen", wie die Reformatoren es nannten und wie es auch
Paulus bezeichnet hat: Col. 2, 8.

zu dem Ziele letzter und höchster Vollendung, das der Kirche gegeben worden ist, und dem sie entgegen gehen soll in der Gemeinschaft mit dem Grunde ihres Lebens. Alles daher, was in das Bereich dessen fällt, was man mit dem Namen der bloß kirchlichen Tradition[1]) bezeichnet hat, die ganze dogmatisch-ethische Entwicklung des Bewußtseins der in die Geschichte eingetretenen Gemeinde, alle die Satzungen, Symbole, Verordnungen, Doktrinen, wie sie die Kirche in ihrem historischen Dasein aufgestellt hat, und wie sie allerdings die verschiedenen Stufen ihres eigenen fortschreitenden Lebens in Christo bezeichnen, das Alles kann und darf nicht Inhalt und Gegenstand des Bekenntnisses sein, welches die Mitgliedschaft verleiht. Das Alles, weil es eben aus der Freiheit der Gemeinde, wie sie auf dem einen Grunde steht, hervorgegangen ist, so gehört es überhaupt auch dem Gebiete der Freiheit an und nicht der Gebundenheit, so soll es deshalb auch der freien Entwicklung des Einzelnen, wie der Gesammtheit immer auf's Neue hingegeben sein, um in dieselbe ein- und immer wieder neu und geläutert aus ihr hervor zu gehen, ja, so ist es eben Dasjenige, worin, weil es der freien Entwicklung angehört und deren Erzeugniß ist, auch die Mannigfaltigkeit des persönlichen und durch die Verschiedenheit des persönlichen Lebens bedingten Lebensentfaltung ihre volle Berechtigung hat. Dagegen das Bekenntniß kann sich nur auf das Nothwendige und das, was in aller Entfaltung als das Gleiche zu bewahren ist, beziehen, d. h. auf den Grund der Kirche selbst, in welchem ihr sich entfaltendes Leben wurzelt, und auf das Ziel, das aller Entwickelung als das eine, ewig gleiche und nicht zu verrückende[2]) vorgesteckt worden ist.

Und auch das nun sollte sich doch eigentlich von selbst verstehen, von selbst wenigstens für Diejenigen, die in Christo wirklich ihr Leben suchen und erkannt haben, wie sie es in ihm allein mit Ausschließung alles Andern finden können, sie sollten, ohne daß man noch viele Worte darüber verlieren müßte, auch darin einstimmen, daß das Bekenntniß des Christen keinen andern Inhalt haben dürfe, als allein den Herrn, und sollten gegen jede Einmengung anderer, aus der zeitgeschichtlichen Entwicklung hergenommener Elemente mit allem Ernste protestiren.[3]) Leider ist das aber

---

[1]) Im Unterschiede von der allein recht so zu nennenden Tradition, nämlich dem Lebensgrunde der Kirche selbst. Was die Römischen und manche Evangelische „Tradition der Kirche" nennen, ist eben nicht Tradition, sondern fortschreitende und immerfort sich neu gestaltende Entwicklung, und wenn je ein Traditionelles darin vorkommt, das als das ewig sich gleich Bleibende in der Mannigfaltigkeit der Entwicklung hervortritt, so ist dieß eben nichts Anderes, als das, das „da von Anfang war" (1 Joh. 1, 1), also der ursprüngliche Lebensgrund der Kirche selbst: Jesus Christus!

[2]) Col. 2, 18.

[3]) Mit demselben Ernste, mit welchem die Reformatoren, und nicht bloß die der reformirten Kirche, gegen alles Geltendmachen menschlich-kirchlicher Satzungen als

nicht der Fall. Nicht bloß die Römischen wollen gerade den Inhalt ihrer
kirchlichen Tradition auch zu dem Inhalte des christlichen Bekenntnisses
machen [1]), sondern auch Evangelische betrachten es als eine Nothwendigkeit,
den Zusammenhang mit der kirchlichen Tradition nicht zu unterbrechen, rüh=
men es wohl als das Beste an der deutschen Reformation, daß sie dieß
nicht gethan habe [2]), und wenn sie auch die Satzungen der römischen
Kirche nicht wiederherstellen wollen, so handeln sie doch im Geiste derselben,
indem sie die der Reformationszeit, wo möglich die ganze Theologie
derselben, der evangelischen Kirche auf die Gewissen laden möchten. [3]) Aber
mit wie vielen Ansprüchen auf alleinige Berechtigung in der Kirche diese
Richtung auch auftreten mag [4]), auf den Boden der christlichen Gemein=
schaft muß sie principiell zurückgewiesen werden, und wie sie auf einem
Verkennen nicht bloß derjenigen Grundsätze beruht, welche aus dem Wesen
des Christenthums im Allgemeinen für den nothwendigen Bekenntnißinhalt
der Kirche sich ergeben, sondern auch derjenigen, aus denen die Reforma=
tion, deren allein rechtes Kind gerade diese Richtung sein will, hervorgegangen
ist, so würde sie, wenn sie wirklich zur Herrschaft gelangen könnte, auch das
kirchliche Wesen in die völligste Verwirrung stürzen, und keinen andern Er=
folg haben, als die evangelische Kirche um Dasjenige zu bringen, was ihr
allein ein Recht des Bestehens geben kann, nämlich um ihren Charakter, im
Princip die wahrhaft allgemeine christliche Kirche zu sein: sie
würde die evangelische Kirche zu einer reinen Sekten= und Parteigenossenschaft

---

zum Heile nothwendig protestirt haben, ihr Vertrauen allein setzend auf die freie Gnade
Gottes in Christo Jesu, und mit welchem auch Paulus seinen ganzen Galaterbrief
schrieb gegen diejenigen, die noch auf etwas Anderes hinaus wollten, als auf den Ge=
kreuzigten allein, gegen diese, die er die Unmündigen nennt, die noch an den „Ele=
menten der Welt" hängen, gleich Juden und Heiden.

[1]) Und zwar sie aus „gutem" Grunde, denn ohne diese Tradition fällt ihre Kirche,
sie hat eben Nichts, als diese Tradition.

[2]) Bekanntlich ein Ruhm, welcher hauptsächlich Luther'n durch das Neulutherthum
gespendet wird; nach unserem Bedünken ein Ruhm sehr zweifelhafter Art, und — der
auch dem geschichtlichen Luther eigentlich nicht zukommt. Der wußte sehr wohl,
was das Geschrei „Väter! Väter!" und „Kirche! Kirche!" zu bedeuten habe, und daß
ein absolutes, die Gewissen verpflichtendes Recht in der Kirche nur dem Herrn allein
zukomme! Er sagte gewiß nicht, wie es jetzt wieder heißt: „der Christ muß wissen und
glauben, was die Kirche gelehrt hat", sondern: „nur das muß der Christ glauben
und das auch zu wissen und zu erkennen trachten, was der Herr und was von dem
Herrn ist."

[3]) Die bekannte, in neuester Zeit so mächtig gewordene Richtung in der „evange=
lischen" Kirche, die aber, wie man ohne Weiteres sagen darf, ihre Macht nicht der
Wahrheit verdankt, die sie verträte, sondern — ganz anderen Dingen.

[4]) Was Kurtz dem Hengstenberg einmal vorwarf, daß er ein „Generalpächter=
bewußtsein der Orthodoxie" habe, charakterisirt diese ganze Partei.

machen, um so viel weniger wahrhaft christlich, als sie auf das Mensch=
liche der Reformationszeit alles Gewicht legte, und wie eine Verkümmerung des
Lebens in der Kirche ihr Erfolg sein müßte, so würde sie auch nur dazu
dienen, die ärgerlichen und unchristlichen [1]) Spaltungen unter den Bekennern
des Christenthums zu vermehren und zu verewigen.   Diese Richtung ist
weder recht orthodox, denn sie erhebt zu dem nothwendigen Inhalte des
christlichen Bekenntnisses, was nur durch die zeitgeschichtliche Entwicklung in
dasselbe hinein gekommen ist, noch ist sie wahrhaft gläubig, denn sie ver=
läßt sich nicht allein auf die Kraft Dessen, dem allein die Gewalt in der
Kirche zukommt [2]), sondern im Gegentheil auf ihre eigenen, sehr menschlichen
Veranstaltungen und Maßregeln, mit denen sie das Reich des Herrn meint
stützen zu müssen, und wie sie in ihrem letzten Grunde auf einem
innerlichen Mißtrauen in die unwiderstehliche Macht der christlichen Wahr=
heit beruht, so auch auf einem Verkennen sowohl der Art und Weise, wie
diese Wahrheit allein sich durchzusetzen und zu wirklichem Leben in der Kirche
zu gelangen vermag, als auch der Bedeutung, welche die von ihr so sehr
in den Vordergrund geschobenen kirchlichen Satzungen wirklich haben.   Das=
jenige aber, was sie für ihr Begehren, das Gewissen der kirchlichen Gemein=
schaft und ihrer Mitglieder an diese Satzungen zu binden, vorbringen mag,
erweist sich bei näherer Untersuchung als völlig unhaltbar und als durch
die Grundsätze des Christenthums überhaupt, wie auch der Reformation im
Besonderen längst widerlegt.

Oder — was führt man denn nun an, um die Nothwendigkeit, die
Satzungen der kirchlichen Vorzeit zum Inhalte und Gegenstande für das
Bekenntniß der Kirche überhaupt zu erheben, plausibel zu machen?   Man
sagt: Die Kirche muß ein Bekenntniß haben, das ein für alle Mal fest
steht, einen sicheren Grund, auf welchem sie als Gemeinschaft ruht und an
welchem die Willkür des Einzelnen ihre Grenzen findet; man macht darauf
aufmerksam, daß Gemeinschaft nicht bestehen könne ohne etwas Gemeinsames,
durch das sie zusammengehalten werde, das der Mittelpunkt sei, um den sie
sich sammle, und das Eine und Gleiche, in welchem alle Glieder derselben
zusammen stimmten; man stellt es als eine Nothwendigkeit auf, daß die
Subjectivität in ihrer schlechten, bloß auf sich allein stehen wollenden Eigen=
heit in der christlichen Kirche keinen Spielraum haben dürfe, daß es viel=
mehr darauf ankomme, sie zu binden an das der Kirche objektiv Gegebene,
und das sei um so unerläßlicher, da ja die Kirche nicht auf sich selbst ruhe,
sondern auf dem ewigen, ihr durch Gottes Gnade selbst gegebenen Grunde. [3])

---

[1]) Vgl. 1 Cor. 3, 3 ff.
[2]) Matth. 28, 18.
[3]) Dieß Alles lehrt in den Schriften eines Stahl, Hengstenberg, Kliefoth,

Aber — wie richtig auch das Alles im Allgemeinen ist, wie sehr wir dem Allem auch aus vollem Herzen zustimmen müssen[1]), folgt denn nun daraus, daß irgend eine kirchliche Satzung, Bekenntnißschrift oder symbolische Formel, wie sie im Verlaufe der zeitgeschichtlichen Entwicklung der Kirche hervorgetreten ist, zum Inhalte und Gegenstande des gemeinsamen und von der Kirche zu fordernden Bekenntnisses gemacht werden dürfe? folgt, wenn wir jenes gegründete Verlangen, daß die Kirche auf ihrem ewigen, sich alle Zeit gleich bleibenden Grunde beruhen müsse, recht ernstlich nehmen, und nun diese kirchlichen Satzungen, welche es auch sein mögen, darauf ansehen, ob sie im Stande seien, diesem Verlangen zu entsprechen, folgt denn in der That nicht das gerade Gegentheil daraus? Ja, ein Bekenntniß muß die Kirche haben und von ihren Mitgliedern verlangen — wir fordern sogar geradezu, daß sie eine Gemeinde der Bekenner und nur dieß sein solle und dürfe — wir sind gar nicht im Stande, sie uns anders zu denken — aber es kommt nun doch darauf an, den rechten Inhalt dieses Bekenntnisses fest zu stellen und denselben auf das wirklich Nothwendige, das, was in Wahrheit von Gott als das ewig Gleiche und Unantastbare der Kirche gegeben worden ist, fest und bestimmt zu beschränken, und — da erweisen sich die sogen. kirchlichen Bekenntnißschriften denn keineswegs als qualificirt in dieser ihnen beigelegten Bedeutung, da zeigt es sich vielmehr, daß es eine allzu schnell fertige, um nicht zu sagen sophistische Schlußfolgerung ist, wenn man nun ohne Weiteres diese Bekenntnißschriften als den vollen Inhalt des christlichen Glaubens darbietend ansehen und sie eben deßhalb zum Gegenstande des Bekennens der Kirche und ihrer Mitglieder erheben will.

Unter einer Voraussetzung, aber nur auch unter dieser, könnte jene Schlußfolgerung berechtigt sein, wenn man nämlich annehmen dürfte, wie die Römischen es wirklich thun[2]), daß die Kirche in ihrem geschichtlich-empirischen Dasein unverirrlich sei, daß sie immer und zu allen Zeiten den vollen Wahrheitsinhalt nicht bloß in Christo, sondern auch in sich selbst gehabt hätte, so daß Alles, was sie setzte und als Bekenntniß der Wahrheit aufstellte, nun auch wirklich diese eine volle, ewig gleich bleibende christliche Wahrheit enthielte, sowohl ohne irgend welche Verdunkelung überhaupt, als auch ohne irgend welche Beimischung von anderweitigen fremdartigen Zuthaten. Dann, aber auch nur dann, dürfte gesagt werden, was die

---

und wie sie sonst heißen, immer wieder, so daß wir wohl einzelner Anführungen überhoben sein dürfen.

[1]) Wir gehören auch zu Denen, die mit Haupt (der Episkopat der deutschen evang. Kirche) überzeugt sind, daß die Kirche nicht auf zeitgeschichtlich menschlichem, sondern auf ewigem, von Gott gegebenem Grunde beruht (s. §. 6).

[2]) Möhler jedoch, wie schon früher erwähnt, in einer Abschwächung, durch welche die wirklich römische Anschauung völlig aufgehoben wird.

Kirche einmal gesetzt hat, ist unverbrüchlich und unveränderlich, ist Dasjenige, was durch alle Zeiten bleiben, woran deßhalb auch das Gewissen der Kirche gebunden werden muß, ist selbst und muß sein der Inhalt des von der Kirche zu fordernden Bekenntnisses, wenn sie Mitgliedsrechte gewähren soll. Aber wer dürfte das behaupten? wer hätte nur auch den Muth, diese Voraussetzung gelten zu lassen? wer wäre nicht von vorn herein, auch ohne daß er die Bekenntnißformeln und Satzungen der Kirche im Einzelnen untersucht hätte [1]), davon überzeugt, ist gerade das Gegentheil der Fall, daß diese Satzungen nichts Anderes seien, als ein Ausdruck für das jeweilige christliche Bewußtsein der Kirche, wie es zu der Zeit ihrer Aufstellung beschaffen gewesen ist, aber keineswegs ein Ausdruck für den vollen, sich ewig gleich bleibenden Inhalt der christlichen Wahrheit als solcher? Die kirchlichen Satzungen und Bekenntnißschriften, welche es auch sein mögen, nicht bloß die der römischen, sondern auch aller anderen Kirchen, sind zeitgeschichtliche Producte des von Christo ergriffenen Geistes der christlichen Gemeinschaft und in so fern sind sie nicht ohne die christliche Wahrheit; sie sind, die einen mehr, die anderen weniger, aus wirklich christlichem Geiste geboren; aber — sie sind auch eben nur dieß; sie sind als diese zeitgeschichtlichen Erzeugnisse des kirchlichen Bewußtseins lediglich ein Ausdruck für diejenige Stufe der christlichen Lebensförderung, auf welcher die Kirche zu ihrer Zeit gestanden hat, und — so gewiß es ist, daß die Kirche das Leben ihres Herrn immer nur erst zu dem Princip ihres eigenen Lebens hat, so gewiß der Kirche zu allen Zeiten geziemt, in Demuth mit dem Apostel [2]) zu bekennen, ist sie, ob zwar von Christo ergriffen, doch ihn noch nicht völlig ergriffen habe, so sehr unter allen Umständen jener reformatorische Grundsatz aufrecht erhalten bleiben muß, daß auch die frömmsten und erleuchtesten Männer der Kirche nicht die Vermuthung für sich haben, ohne Irrthum und Verirrung zu sein [3]), eben so sehr und eben so gewiß muß man auch dabei bleiben, daß diese kirchlichen Satzungen, welche Bedeutung sie auch sonst haben mögen, die Gewissen der Christenheit nicht binden, daß sie nicht Gegenstand und Inhalt des Bekenntnisses sein dürfen und können, das die Kirche von jedem ihrer Glieder fordern muß.

Sie haben wohl eine Bedeutung, die nicht verkannt werden soll, die nämlich, daß sie uns in ihrer Aufeinanderfolge [4]) die Stufen bezeichnen,

---

[1]) Eine Untersuchung, die wir hier natürlich auch nicht anstellen können.

[2]) Phil. 3, 12 ff.

[3]) Wie dieß Ursinus in seiner Admonitio christiana (epil.) an die diesen Grundsatz so schwer verkennenden Concordisten in der lichtvollsten und überzeugendsten Weise dargethan hat.

[4]) Aber freilich auch nur in dieser ihrer Aufeinanderfolge, wie sie die Geschichte der kirchlichen Entwicklung uns zeigt, wozu denn auch dasjenige gehört, was in der

auf benen bas kirchliche Bewußtfein bis zu bem Standpunkte, auf welchen es gegenwärtig steht, empor gestiegen ist und uns baburch bewahren, baß wir nicht wieder auf frühere und längst überschrittene Stufen bes christlichen Lebens zurück sinken. Die kirchliche Tradition wie sie in ihrem eigenen Fortschreiten durch bie Jahrhunderte hindurch die lebenbige Entwickelung bes christlichen Bewußtseins auf bem einen und ewigen Grunde bes Christenthums barstellt, barf baher freilich nicht ignorirt werden und ganz besonders von benen nicht, welche in ber jeweiligen Gegenwart ein Amt in ber Kirche bekleiden und beßhalb auch auf ber vollen Höhe bes gegenwärtigen christlichen Bewußtseins stehen müssen. Vielmehr, wie jedes Mitglied ber Gemeinbe, wenn auch oft unbewußt, von bieser Tradition getragen wird und in ihr mit ber ganzen Gestalt seines Bewußtseins seine Wurzeln hat, so hat jeber Diener ber Kirche sich auch im lebenbigen Zusammenhange mit berselben zu halten, um eben baburch vor Einseitigkeit, Vornirtheit und all ben Singularitäten bes bloßen Subjectivismus bewahrt zu bleiben, um im Gegentheil die große und weite Um= und Ueberficht bes Geistes und bamit bie rechte Freiheit sich zu erringen und zu erhalten, bie einem Diener und Leiter einer christlichen Gemeinschaft und besonders in unserer von so vielfachen Richtungen burchwirkten Zeit so unentbehrlich ist. Aber bieß Verhältniß, wenn es recht zum Segen gereichen und nicht ben entgegen gesetzten Erfolg haben soll, ben, baß aus ber Gebunbenheit an vorzeitliche Standpunkte bie allergrößte Geistesbeschränktheit und ber völligste Mangel an Verständniß für Geist und Bedürfniß ber Gegenwart hervorgehe[1]), so kann und barf bieß Verhältniß nur ein freies sein, bas ber nach Verständniß ber kirchlichen Vergangenheit und bamit auch ber kirchlichen Gegenwart ringenben wissenschaftlichen Forschung, zu ber benn allerbings jeber Diener und Leiter ber Kirche um bes Gewissens willen verpflichtet ist[2]), aber

nachreformatorischen Zeit bis heute aus christlichem Geiste herausgesetzt worden ist, und ebenso auch in ihrem Nebeneinanberstehen in ben Tagen ber großen Entwicklungskrisen. Nur in biesem ihrem Zusammenhange unter einanber und mit ber ganzen Entwicklung bes kirchlichen Lebens betrachtet, sind sie lehrreich und ist ihre Betrachtung förbernb auch für bie späteren Geschlechter, bagegen in ihrer Vereinzelung, wie sie, aus bem Zusammenhange ber Entwicklung gerissen, von ben einzelnen kirchlichen Parteien hervor gehoben werden, verlieren sie ihre wesentliche Bedeutung, und Diejenigen, bie sie so behanbeln, verlieren baburch selbst oft bas Verständniß für ihren wirklichen Inhalt und Werth. Man benke nur, um ein Beispiel anzuführen, an ben Heibelberger Katechismus. Geschichtlich betrachtet, ist er ein Symbol für ben Geist ber Freiheit, aus bem er geboren war gegenüber bem sich knechtisch an Luther binbenben Lutheranismus, aber — verstehen bas Diejenigen, welche bie reformirte Kirche jetzt in berselben lutherischen Weise an bieß Buch binden wollen?

[1]) Exempla sunt odiosa, aber — wo fänben sie sich nicht in unseren Tagen, und zwar gerabe wegen jener verkehrten Gebunbenheit an bie Tradition?

[2]) Diese Forderung muß gestellt werden, aber — sie genügt boch am Enbe auch

nicht ein solches, wie es von jener Partei verstanden wird, ein Verhältniß der Gebundenheit nach Maßgabe der juristischen Rechtsverpflichtung, bei welcher so gänzlich vergessen wird, daß das kirchliche Leben überhaupt dem Gebiete des Geistes und damit der Freiheit angehört.[1] Nur, wo die Kirche und zwar in jedem ihrer Mitglieder dieser ihrer eigenen „Tradition" gegenüber sich völlig frei verhält und, wenn allerdings auch durch die Bande der Pietät, so doch in keinem Falle nicht durch die des Gesetzes an sie ge= knüpft ist, nur da, wo sie sich das Bewußtsein bewahrt, daß alle ihre Satzungen nichts Anderes sind, als Producte ihrer eigenen Unzulänglich= keit und Schwachheit, eben nur Versuche, den ihr in Christo gegebenen Lebensinhalt, soweit sie denselben ergriffen hatte, auch in eine geordnete, verstandesmäßige Darstellung zum Behufe ihrer eigenen Verständigung oder der Verständigung mit den draußen Stehenden zu bringen[2]), nur da nimmt sie auch die rechte Stellung zu ihren Satzungen ein und nur da kann ihr das Zurückgehen auf dieselben auch zu wirklichem Segen gereichen, wie zum Verständniß ihrer selbst, indem sie den Weg versteht, den sie durchlaufen ist, so auch dazu, daß sie Angesichts der Mangelhaftigkeit ihrer bisherigen Darstellungen der christlichen Wahrheit vor der Beschränktheit bewahrt bleibt, welche, auf unzulänglichen Standpunkten beharrend, das frische Wei= tertreiben des christlichen Geistes nicht mehr versteht und verkümmert, wäh= rend sie sich einbildet, schon völlig im Besitze der Wahrheit zu sein.

Nein! nicht was die Kirche gesetzt hat, kann Inhalt des christlichen Be= kenntnisses sein, und zwar eben deßhalb nicht, weil sie es gesetzt hat, und wo man das anders meint, — und es ist ja das eine viel gehörte Rede auch aus dem Munde Evangelischer, daß ein Mitglied der Kirche ihren Satzungen eben deßhalb unterworfen sein müsse, weil es die Kirche sei,

---

völlig. Man verpflichte die „Geistlichen" zu wissenschaftlicher Thätigkeit, verlange diese von ihnen mit aller Strenge, und man wird vor der bloßen Subjectivität bewahrt bleiben, ohne den Geist des Geistlichen fesseln und tödten zu müssen, dagegen jene von Stahl geforderte „Umkehr der Wissenschaft" ist doch von sehr zweifelhaftem Erfolge, besonders der Bornirtheit des Subjectivismus gegenüber.

[1] 2 Cor. 3, 17. Möchten die Juristen erkennen, daß hier ein Gebiet ist, welches über ihre Sphäre hinaus liegt, ein Gebiet, wo eben Alles im Geist und seiner Freiheit sich zu bewegen hat und eben deßhalb auch Alles, wie Paulus sagt (1 Cor. 2, 14) nur geistig gerichtet werden kann. Die einzige Ordnung ist hier die Freiheit der gei= stigen Bewegung; und die einzige Instanz, auf die man sich berufen kann, das Gewissen. Dieß ist freilich von den Juristen des officiellen Kirchenthums immerfort verkannt worden, und auch die evangelische Kirche trägt bis heute schwer gerade an dieser Last, welche ihr durch die concordistischen Bestrebungen wieder aufgeladen wor= den ist!

[2] Auch die Augustana war ja Nichts, als ein solcher Verständigungsversuch Seitens der Evangelischen mit den Römischen.

die dieselben gesetzt habe [1]) — da verkennt man gänzlich die ursprünglichen
Verhältnisse, da macht man die Kirche zu dem, was sie nicht ist, aus einer
Trägerin und immerwährenden Empfängerin der Wahrheit zu derjenigen
Institution, die die Wahrheit selbst und von sich auszusetzen im Stande
sei, und im Grunde liegt eine Vergötterung der Kirche selbst in dieser An=
sicht, im Grunde verlangt man nichts Anderes, als daß die Kirche selbst
der Inhalt und Gegenstand des christlichen Bekenntnisses sein müsse [2]!) Aber
was könnte verkehrter sein, als eben dieß? wodurch würde das Verhältniß,
wie es zwischen der Kirche und ihrem Grunde durch alle ihre Glieder hin
bestehen soll [3]), mehr aufgehoben? Oder hieße das denn etwas Anderes,
als: die Kirche hat sich in ihren Gliedern eben zu sich selbst zu bekennen
und im Grunde nur zu sich selbst! hieße das nicht recht eigentlich die ein=
zigartige Bedeutung Jesu Christi als des persönlichen Lebensgrundes der
Kirche verleugnen? Nicht was die Kirche gesetzt hat und noch setzen
mag, wir wiederholen es, soll deßhalb gelten, weil sie es setzt, sondern
weil eben sie es setzt, deßhalb kann und darf es keine unbedingte Gil=
tigkeit haben, denn eben deßhalb hat es keineswegs die Vermuthung für
sich, der vollkommene und durchaus congruente Ausdruck der christlichen
Wahrheit zu sein, sondern vielmehr die entgegengesetzte, und — eben
deßhalb kann und darf man denn auch kurz sagen: Inhalt des christ=
lichen Bekenntnisses kann und darf nur dasjenige sein, wo=
durch die Kirche selbst gesetzt und was ihr damit als ihr
Ziel und ihre Aufgabe gegeben worden ist. Nur Jesus Christus
in seiner geschichtlichen Wirklichkeit als der lebendige Grund alles
Heiles, und das in ihm uns gegebene Lebensziel kann der Inhalt des
christlichen Bekenntnisses sein, Er, der vor aller kirchlichen Entwickelung
steht und in dieser ganzen Entwickelung der lebendige dem Ziele entgegen=
führende Trieb ist, aus welchem die mancherlei Gestaltungen des kirchli=
chen Bewußtseins, die sich da zeigen, hervorgegangen sind, aber mit aller
Ausschließlichkeit auch nur Er und das in ihm uns gegebene Ziel.

Auch können Diejenigen, die es anders wollen, jene Leute der satzungs=
mäßigen Ueberlieferungen, doch am Ende nicht leugnen, wenigstens wenn sie auf=
richtig gegen sich selbst sein wollen, daß dasjenige, was sie in den kirchlichen
Satzungen als den ihnen selbst theuren Kern finden, um dessen Bewah=
rung es ihnen zu thun ist, daß das doch am Ende selbst nichts Anderes
ist, als eben dieser Inhalt, den jene Satzungen ja allerdings, wenn auch
in einer zeitgeschichtlichen Form und Umhüllung darbieten. Weil diese
Bekenntnisse Jesum Christum als den Heiland mit so großer Bestimmtheit

---

[1]) Eben die Rede Derer, die die Kirche über die Gemeinde stellen, sie nicht in
derselben bestehen lassen, und unter dieser Voraussetzung freilich consequent.

[2]) Wie dieß die Römischen allerdings thun!

[3]) S. oben §. 6.

hinstellen, weil sie getragen erscheinen von diesem Glauben, der der ewig bleibende der Kirche sein muß, und von dem Ringen der Geister nach dem der Kirche gegebe= nen Ziele zu ihrer Zeit Zeugnisse sind, deßhalb sind jenen Leuten diese Satzun= gen lieb, deßhalb verlangen sie, daß die Kirche sie nimmer vergessen und sich stets auf sie zurück beziehen solle [1]), und freilich halten auch wir sie deßhalb werth und möchten nicht, daß das Licht, das wirklich in ihnen ist, unter den Scheffel gestellt werde. Aber — ist es denn nun nicht eben doch nur dieser Kern, um den es sich handelt? und sollte die Kirche gezwungen sein, um dieses Kernes willen nun auch ihre ungenügende Form und alles Dasjenige, was sich Menschliches in ihnen an diesen Kern gehängt hat, mit in den Kauf zu nehmen? sollten wir nun doch nicht dabei beharren müssen, daß die Kirche, eben weil es ihr doch auf das ewig Bleibende allein ankommt, auch deßhalb sich und ihre Glieder nur an dasjenige binden darf, was dieß Bleibende wirklich ist, d. h. an dasjenige, was wirklich der ganzen vielgestaltigen Entwickelung der Kirche zu Grunde liegt, das, was von An= fang ihr Grund und in diesem das Ziel ihres Trachtens gewesen ist? [2]) Eine Bekenntnißkirche müssen wir haben, zu dem Bekenntniß der Kirche soll Jeder stehen ernst und aufrichtig, der der Kirche Mitglied und Diener sein will in irgend einer Weise, aber — daß das Bekenntniß auch den rechten Inhalt habe und daß man nicht durch menschliche Bekenntnißsatzun= gen die Gewissen beschwere und sich nicht anmaße, die Rechte der Mitglied= schaft an Etwas zu binden, woran sie nach Gottes Willen und Stiftung nicht gebunden sein sollen!

Oder sollte man nun doch meinen, mit diesem, was sich uns so als der noth= wendige und allein berechtigte Inhalt des zu fordernden Bekenntnisses ergeben hat, sich nicht begnügen zu dürfen? Man sagt uns: es ist freilich nicht eine Frage des persönlichen Heilsbesitzes, diese nach der Rechtsverbindlich= keit der kirchlichen Bekenntnißsatzungen für ihre Mitglieder, wohl aber eine solche des kirchlichen Bedürfnisses. Die Kirche muß solche Bekennt= nißsatzungen haben und ihre Mitglieder, vollends ihre öffentlichen Diener an sie binden, sie muß das um der Ordnung und des Zusammenhaltens willen, welches nur auf diesem Wege bewirkt werden kann, sie muß es, um nicht doch der Subjectivität zu viel Spielraum zu geben durch das Fallen= lassen dieser Schranken. Die kirchlichen Bekenntnißsatzungen geben nicht

---

[1]) Wäre das nicht der Fall, wie könnte der Lutheraner Stahl sonst in der Vor= rede zu seinem Buche über die „luth. Kirche und die Union" bekennen, daß er auch unter den Anhängern anderer Confessionen Leute kenne, die ihm wegen ihrer christlichen Gesinnung lieb wären?

[2]) So faßte auch Friedrich III. von der Pfalz und seine Theologen das Ver= hältniß der Evangelischen zur Augustana auf. Vgl. Sudhoff, Ursinus und Ole= vianus, S. 240 ff.

das Heil, aber sie sind die schirmenden „Zäune" [1]), um den Heilskern auf=
geführt, sind die Schutzwehren gegen das Eindringen grundstürzender Rich=
tungen, sind die Fahnen und Symbole auch, um die wir zu fest geschlossenen
Gemeinschaften uns sammeln. Nun, wir verkennen nicht das Gewicht, daß
man den hier genannten Bedürfnissen der Kirche beilegt, aber — es fragt
sich doch, ob die Mittel, die man zu ihrer Befriedigung vorschlägt, die rech=
ten, dem Zwecke entsprechenden, namentlich aber ob sie mit dem höchsten
Zwecke des kirchlichen Gemeinschaftslebens vereinbar sind, und ob man das,
was man durch sie zu Wege bringen will, nicht auf andere und eben so=
wohl viel wirksamere, als viel weniger bedenkliche und dem Gedeihen des
christlichen Lebens Gefahr drohende Weise erreichen kann?

So gestellt, ist die Frage lediglich eine solche der kirchlichen Politik,
um es so zu nennen, aber — auch so können wir das Verlangen, daß die
Mitglieder der christlichen Kirche an ihre menschlichen Bekenntnißsatzungen
gebunden sein sollen, nicht als gerechtfertigt anerkennen, schon aus dem ein=
fachen und für sich allein schon hinreichenden Grunde nicht, weil die Kirche
dieß Verfahren mit gutem Gewissen nicht würde aufrecht erhalten können,
weil sie durch solches Binden an die eigenen Satzungen Eingriffe in die
christlichen Gewissensrechte sich erlauben und Etwas thun wollte, wozu sie
Kraft des Willens ihres Stifters nimmermehr berechtigt ist. Auf dem Ge=
biete des staatlichen Lebens mag — wiewohl wir auch das bestreiten möch=
ten — der Grundsatz der bloßen Zweckmäßigkeit, der Opportunität, wie
man es genannt hat, am Ort zu sein scheinen — wenigstens ist es oft ge=
nug geschehen, daß man dort die Rechts= und Gewissensfragen als solche
von untergeordneter Bedeutung behandelt und den eigenen vermeintlichen
Vortheil allein zum Maßstabe genommen hat — auf dem Gebiete des
kirchlichen Lebens aber können und dürfen solche Grundsätze nimmermehr
maßgebend sein. Die kirchliche Politik soll ehrlich sein [2]), so durch=
aus und grundehrlich, daß sie sich auch nicht den geringsten Schatten von
Unredlichkeit erlaubt [3]), und immer soll sie auch die höchsten Principien und
Gesichtspunkte im Auge behalten, von denen doch das wahre Gedeihen des
kirchlichen Lebens immerdar abhängig ist. [4]) Das versteht sich für den
Christen doch am Ende von selbst. Aber nun — kann denn die Kirche
mit gutem Gewissen die Seelen in der genannten Weise binden wollen?

---

[1]) Auch die Pharisäer suchten „Zäune" um das Gesetz zu legen durch ihre
Satzungen und doch urtheilt Paulus von ihnen: „Ihr schändet Gott durch Ueber=
tretung des Gesetzes" (Röm. 2, 23), und der Herr selbst sagt: „Ihr hebt Gottes
Gebot auf um eurer Aufsätze willen" (Marc. 7, 13).

[2]) 1 Cor. 14, 40.

[3]) Matth. 10, 16. Eph. 4, 25. Col. 3, 9. Luc. 12, 1.

[4]) Vgl. den Galaterbrief von Cap. 3 an.

kann sie es, wenn sie doch alle Zeit selbst das Bewußtsein haben muß, daß ihre Satzungen nur unvollkommene Ausdrücke der christlichen Wahrheit sind, wenn sie selbst durchaus nicht sicher sein kann, ob sich nicht gar schwere Irrthümer in dieselben eingeschlichen haben, wenigstens doch Verirrungen des Ausdrucks, die eben deßhalb, weil sie unzulänglich sind, auch leicht dazu führen können, durch das sich daran hängende Mißverständniß in grundstürzende Verkehrtheiten und auf Abwege zu leiten, welche der Seele gefährlich wären?[1] Kann die Kirche zu ihren Satzungen selbst nicht das v o l l e Vertrauen haben, wohlan! so kann sie darum auch die Gewissen nicht binden wollen, ohne ihr eigenes Gewissen zu verletzen! Das ist ohne Frage ein nicht zu bestreitender Satz, und der ohne Weiteres dieß ganze Verfahren verurtheilt![2]

Und dann — würde sich wirklich durch dasselbe die Kirche nicht einen Eingriff in die Gewissensrechte jedes Christenmenschen erlauben und überhaupt ihre Competenz überschreiten, Etwas thun, wozu sie gar kein Recht empfangen hat? So lange die Ermahnung des P a u l u s gilt, daß wir „nicht der Menschen Knechte werden" sollen[3], so lange man das anerkennen muß, was den wesentlichen Inhalt der „Freiheit eines Christenmenschen" ausmacht, daß nämlich jeder Christ in seinem Gewissen nur von Gott und Jesu Christo abhängig sein soll[4], so lange muß auch anerkannt werden, daß der Christ in seinem Gewissen von allem Anderen, weß Namens es auch sein mag, unabhängig dasteht, daß diese Unabhängigkeit und persönliche Selbstverantwortlichkeit allein Gott und Christo gegenüber sein ihm von Christo im Namen Gottes verliehenes, unantastbares Recht ist. Aber — was thut nun die Kirche oder vielmehr — denn das ist der allein wahre Thatbestand, den man dadurch, daß man bloß im Allgemeinen „die Kirche" nennt, zu verdecken sucht — was thun diejenigen e i n z e l n e n Mitglieder der Kirche, die im Namen derselben, als ob sie von ihr dazu beauftragt wären[5], die Gewissen an ihre Satzungen

---

[1] Man denke nur, in welche Abwege die kirchliche Formel von der Satisfactio vicaria, eben weil sie unklar und dem Ausdrucke nach irrthümlich ist, schon geführt hat.

[2] Und wie so sehr führt dasselbe eben deßhalb auch dazu, daß selbst Solche, die die kirchlichen Symbole als Zwangsgesetze behandelt wissen wollen, sich doch in ihrem eigenen Denken, weil das einmal unmöglich ist, nicht an sie binden. Fallen die aber nicht unter das Gericht von Matth. 23, 4?

[3] 1 Cor. 7, 23.

[4] 1 Cor. 3, 23.

[5] Ein Auftrag, der eine reine Fiction ist, was besonders S t a h l und Genossen, die sich auch so gern hinter dem Namen der Kirche verkriechen, bedenken sollten. Selbst die großen Concilien, wenn sie angaben, im Namen der Kirche zu dekretiren, begingen Nichts, als eine Anmaßung: sie dekretirten nur in ihrem eigenen Namen!

zu fesseln unternehmen? Sie greifen, so muß man doch sagen, in ein Gebiet
ein, wo sie durchaus nicht berechtigt sind, ja, sie verletzen durch ihr Thun
Rechte, die der Herr selbst allen den Seinigen verliehen hat, das wahrhaft
göttliche Recht der Gewissensfreiheit jedes Menschen und Christen im Namen
einer Berechtigung, die sich, wenn man sie genau ansieht, lediglich als eine
Anmaßung erweist. Oder — wo hätte der Herr der Kirche das
Recht zu solchem Binden der Gewissen gegeben? wo fände sich ein Aus=
spruch aus seinem Munde, der nicht das gerade Gegentheil enthielte[1]), der
nicht mit allem Ernste jedem seiner Jünger verböte, sich zum Herrn und
Meister des anderen aufzuwerfen?[1]) Nur einen Auftrag hat der Herr
seiner Kirche gegeben, den, ihn zu verkündigen und die Völker zu lehren,
was er befohlen hat[2]), aber damit endet auch ihre Vollmacht und die eines
Jeden, der ein Diener der Kirche sein und in ihrem Namen und Auftrage
handeln will, jedem Weitergreifen über diese Gränze hinaus hat der Herr
selbst vorsorglich sein Veto entgegen gesetzt, und — daß sie solle neue
Satzungen aufrichten, um daran die Gewissen zu binden, ist ihr so wenig
befohlen, daß sie vielmehr selbst ermahnt wird, „bei des Herrn Rede zu
bleiben“, wenn sie in dem Verhältniß der rechten Jüngerschaft zu ihm
bleiben wolle.[3]) Wie? und da wäre dieser Weg, den die Politiker aller
Zeiten der Kirche angerathen haben, nicht ein ihr von vornherein verbotener
Weg? da müßte man nicht ohne Weiteres sagen: die kirchliche Politik hat
sich mit solchen Maßregeln weltlicher Klugheit nicht zu befassen! ja, da wäre
es nicht Pflicht, heiligste Pflicht jedes Christen, einem solchen Gebahren mit
einem fröhlichen Proteste entgegen zu treten und sich selbst und der Kirche
die Freiheit des Gewissens zu sichern, die der Herr uns verliehen hat und
die der Apostel uns „bei Christi Blut und Wunden“ zu bewahren befiehlt?
Die Kirche würde ein Unrecht thun, ein von dem Herrn selbst
verpöntes Unrecht, wenn sie da Knechtschaft pflanzen und för=
dern wollte, wo der Herr selbst gewollt hat, daß Freiheit
walten soll.

Und auch abgesehen von dieser Rechtsfrage, welche die kirchlichen
Juristen aber doch vor allen Dingen bedenken sollten, würde durch ein solches
Verfahren denn wirklich erreicht werden, was man sich von demselben
verspricht, wohl auch zu versprechen vorgiebt? Zunächst muß man doch
auch weiter sagen, daß man im Grunde etwas Unmögliches verlangt,
wenn man ein Binden an vorzeitige Kirchensatzungen begehrt. Wer bände
sich unter den nachfolgenden Theologengeschlechtern — und auf diese ist es
ja meistens und hauptsächlich abgesehen — denn wirklich an die Satzungen

[1] Matth. 23, 8 ff.
[2] Matth. 28, 19 f.
[3] Joh. 8, 31 f.

früherer Zeiten[1]) und könnte sich daran binden? Es ist eben durch seine Incon=
gruenz mit der christlichen Wahrheit schon dafür gesorgt, daß das Bewußtsein der
Christenheit nicht zur Ruhe kommen kann, auch wenn es sich selbst einmal in
einem Bekenntniß zur Ruhe zu setzen versucht hat, vielmehr bringen die folgen=
den Zeiten auch immer neue Entwicklungsphasen und Entwicklungsprodukte
hervor, und — da noch jeder Mensch ein Kind seiner Zeit ist, er mag sich
stellen, wie er will, so ist es für die späteren Geschlechter auch eine baare
Unmöglichkeit, bloß Kinder der früheren Zeiten zu sein. Unwillkürlich
nehmen sie die veränderten Standpunkte in sich auf und werden von diesen
geleitet, unwillkürlich treten sie in Disharmonie mit den Satzungen der
früheren Zeiten, und nur noch künstlich und auf historischem Wege können
sie sich auf eine Stufe zurückversetzen, die eigentlich ihrem lebendigen Be=
wußtsein ganz oder doch zum Theil fremd geworden ist.[2]) Die Zeiten
sind eben andere geworden und man selbst mit den Zeiten. Aber — da
nun dem einmal so ist, ist es deßhalb nicht vollends eine Thorheit, etwas
Unmögliches zu verlangen, und ein Unrecht dazu, ein doppeltes Unrecht,
wenn man bei ruhigem Blute sich gestehen muß, daß man das Geforderte
selbst nicht zu leisten vermag? ja, und muß dies Unrecht, wie jedes
andere, nicht auch zu schlimmen Dingen führen und einen Erfolg haben,
der im höchsten Grade bedenklich ist? Wo Unmögliches von den Mitgliedern
der Kirche gefordert wird, da kann es gar nicht anders geschehen, als daß
Diejenigen, die sich selbst klar und redlich genug sind, um sich weder selbst
täuschen zu lassen, noch auch Andre täuschen zu wollen, daß die sich gänz=
lich von einer Kirche hinwegwenden, von welcher ihnen zugemuthet wird,
was sie nun einmal nicht zu leisten im Stande sind.[3]) Sie werden ihre
eigenen Wege suchen neben der Kirche, wohl auch außerhalb des Christen=
thums, aber — wer hat es verschuldet, daß sie auf solche Wege gerathen

---

[1]) Etwa die lutheranischen Theologen der Jetztzeit an die Satzungen der Concordienformel? Ja, „wenn man's nicht ein Bischen besser wüßte". Beispiele sind freilich
gehässig, aber — man denke nur an des eifrigen Lutheraner's Kahnis „lutherische
Dogmatik", die so unlutherisch sich erwies, daß gute Reformirte so recht ihre Freude
daran hätten haben können, daß man aber im lutheranischen Lager Zeter schrie. Und
eben so denke man an Stahl's Vorschlag (die luth. Kirche und die Union, S. 150),
die lutherische Lehre von den Sakramenten „fortzubilden". Eine Entschuldigung liegt
freilich in der Unmöglichkeit, das Selbstgeforderte zu leisten, und ultra posse nemo
obligatur.

[2]) Wie denn auch unsere Orthodoxie oft nur eine gar künstlich erzeugte ist, ein
Gewand, das man um moderne Gliedmaßen gehängt hat, und zuweilen wohl gar Nichts
als ein historisches Notiznehmen, von dem der innere Mensch nichts weiß, das man
aber amtlich zur Schau trägt.

[3]) Hier liegt zum Theil eine Erklärung für die Kirchenscheu in unseren Tagen.
Es ist für Manche, und gewiß nicht die Schlechtesten, unmöglich, mit der Kirche in
das 16. Jahrhundert zurückzukehren.

sind? Dem Verständigen braucht es nicht erst gesagt zu werden: die „Kirche" mit ihrer ungerechtfertigten Forderung, oder vielmehr Diejenigen, die die Kirche selbst mit dieser Forderung — gebrauchen wir dreist das Wort — tyrannisiren und vergewaltigen. Und dann die Anderen, die Gründe haben, ihren Frieden mit den gebietenden Kirchenmännern zu bewahren, Gründe oft sehr menschlicher Art, deren relatives Recht man anerkennen, wiewohl man auch beklagen muß, daß die Zustände der Art sind, um den Leuten ihre natürlichen Pflichten gegen Weib und Kind zu einem Strick für ihr Gewissen zu machen, daß die Zustände der christlichen Kirche der Art sein können [1]) — was werden sie thun? Nun, die werden sich fügen, werden sich mit der auf ihr Gewissen geladenen Last abzufinden suchen, so gut sie können, werden aber sein, was eben der Mensch unter solcher Last immer nur sein kann: glücklich, wenn sie sich selbst zu täuschen im Stande sind, wenn sie die Freudigkeit ihrer Seele nicht einbüßen und damit auch die Rüstigkeit des fröhlichen Arbeitens, wenn sie nicht — sprechen wir auch das offen aus — geradezu zu Heuchlern werden und zu Maschinen des Amtes, oder gar zu jenen fanatischen Repristinationsmenschen, welche mehr dazu dienen, die Gemeinden zu verwirren, als aufzubauen.[2]) Das sind die Früchte — wir erleben es ja, sie frisch auf den Bäumen zu sehen, diese sauren Früchte[3]) — die ein solches Verfahren bringt, bringen muß, einzig und allein erringen kann, aber — sind es solche, die wir für das kirchliche Leben wünschen möchten? sind es nicht grauenvolle Früchte, die da wachsen?

O, es klingt so gut, zu sagen: wir müssen Etwas haben, das die Gemeinde zusammenhält, und das zugleich im Stande ist, das Kleinod der Gemeinschaft, den christlichen Glauben zu schirmen vor der Willkür des trotzigen Subjectivismus, so schön klingt es und ist auch im Allgemeinen so richtig, daß man da gar nicht widersprechen kann, aber dieß, was die klugen Politiker da als das Wundermittel anrathen, welches das Alles leisten soll, das erweist sich bei näherer Betrachtung eben als ein bloß politisches Mittel, zu welchem der Herr seinen Segen noch niemals gegeben hat. Es verzettelt die christliche Freiheit, diese unantastbare Grundlage alles wahrhaften Gedeihens des religiös-sittlichen Lebens, und leistet nicht einmal, was es verheißt, leistet sogar das Gegentheil: es zerstreut die Gemeinde, anstatt sie zu sammeln, und anstatt den christlichen Glauben, d. h. das frische Leben in des Herrn Geiste, zu bewahren, tödtet es denselben, drückt es dasjenige, was mit Freiheit auf dem einen Grunde, der Jesus Christus heißt, sich zu einer gesunden Lebensgestalt entfalten sollte, zu

---

[1]) Wir erinnern nochmals an Matth. 23, 4.
[2]) Bietet auch davon die Zeit nicht Beispiele genug dar?
[3]) Matth. 7, 16 ff.

einem tobten Mechanismus herab und erzeugt am Ende sogar Heuchler vor Gott und Menschen, anstatt Solcher, die mit ihrer ganzen lebendigen Subjectivität in der Wahrheit ungebeugt stehen sollten. Die „Subjectivität" soll „nieder gehalten" werden — ja, als ob es mit dem Niederhalten der Subjectivität allein gethan wäre! als ob auch die Subjectivität auf dem Boden des Christenthumes nicht ein unantastbares Recht hätte! als ob das Christenthum anders, als im Subject und seinem innersten Lebenskerne selbst wahrhaftes Leben sein könnte! Die Subjectivität im Namen des Christenthums einengen, wohl gar tobtschlagen, heißt nichts Anderes, als wahrhaftes Christenthum unmöglich machen!

Nein! mit diesem Mittel richtet man nichts aus, als das Gegentheil von dem, was man vorgiebt, ausrichten zu wollen. „Zäune" sollen sie sein, um die Wahrheit gebaut! ja, daß der Zaun nur nicht verhindere, in die Wahrheit wirklich einzubringen[1]), daß man sich nur nicht verleiten lasse, mit dem Zaune selbst Abgötterei zu treiben und die Schale zu verehren, ohne zum Kerne zu gelangen![2]) Daß es nur nicht ein tobtes, pharisäisches Handtieren mit diesen Formeln werde, statt des persönlichen Stehens in Christo und seinem Leben! und vollends, daß man nur nicht, indem man nach eigener Willkür für den christlichen Geist Schranken aufrichtet, in deren Bezirke er allein sich soll bewegen dürfen, jede wirklich geistige Bewegung überhaupt verhindere, daß man dadurch nur nicht dahin komme, die Kirche selbst in jene eingebildete Sicherheit und dünkelvolle Trägheit einzuwiegen, die, in der Meinung, die volle Höhe erstiegen zu haben, auf den ersten Stationen des Wegs sich schlafen legt, ohne an ein weiteres Fortschreiten zu benken![3]) Das ist noch immer der Erfolg gewesen, wo man Geist und Gewissen der Kirche und ihrer Glieder an kirchliche Satzungen hat binden wollen — doch ohne Zweifel ein Erfolg schlimmster Art, und den die Politiker doch ja mit in Rechnung ziehen sollten, wenn sie daran benken, was der Kirche wahrhaft zum Heile gereichen kann. —

Freilich handelte es sich bloß um die Aufrichtung einer äußerlichen Ordnung für das kirchliche Leben, und wäre bloß das der Gesichtspunkt, von dem man hier auszugehen hätte, daß der durch die zeitgeschichtliche Entwicklung des kirchlichen Lebens gewonnene Besitz auch erhalten bliebe, wäre es bloß dieß „conservative" Interesse, das da in Betracht zu

---

[1]) Matth. 23, 13.

[2]) Symbololatrie ist doch wohl auch gegen das erste Gebot!

[3]) Man denke an die orientalische Kirche! Wodurch ist sie in diesen starren Todesschlaf gerathen? Wenn auch nicht allein, so doch zum größten Theile durch ihr Versinken in orthodoxistisches Wesen. Johann von Damaskus hat ihr, als er ihr vor 1000 Jahren die „Darstellung des orthodoxen Glaubens" gab, zugleich den Schlaftrunk gegeben, von dem sie wohl noch so bald nicht erwachen wird.

ziehen wäre, da könnte es wenigstens scheinen, als wenn jene Maßregeln unverwerflich sein müßten. Aber — eben darum handelt es sich ja doch nicht allein, nicht einmal zum größten und hauptsächlichsten Theile. Von einer bloß äußerlichen Ordnung, die keine andere Bedeutung hätte, als nur die, bloß äußerlich zu sein, kann auf dem Gebiete des kirchlichen Lebens durchaus nicht die Rede sein, wie ein Jeder zugestehen muß, der nur einigermaßen Einsicht hat. Wie das Aeußerliche hier auf der einen Seite immer nur ein Ausdruck des innerlichen Lebens ist und nur, wenn es das ist, von irgend welcher Bedeutung sein kann, so hängt es auf der andern Seite auch stets rückwirkend mit dem innerlichen Leben der Kirche zusammen, hat eine Macht, dasselbe zu hemmen oder zu fördern, und das kann ja auch nicht anders sein, da das Leben, das der Kirche eignet, ja durchaus nur ein innerliches, im tiefsten Kerne der Persönlichkeit gründendes ist und deßhalb auch alles äußerliche Wesen in der Kirche nur in Beziehung auf das innerliche Leben derselben stehen, nur so viel Werth haben kann, als es entweder ein Ausdruck oder ein Förderungsmittel des innerlichen Lebens ist. Das versteht sich wohl von selbst, aber eben deßhalb auch, daß diese Rücksicht auf das, was innerlich sein soll, stets auch da zu nehmen ist, wo es sich um eine scheinbar äußerliche Ordnung handelt, daß auf kirchlichem Boden keine Politik als wirklich heilsam erscheinen kann, die nicht stets den Gesichtspunkt, durch ihre Maßregeln das innerliche Leben in Christo fördern zu wollen, als den allein maßgebenden im Auge behält. Aber — geschieht nun dieß bei jenem Verlangen der bloß „Conservativen"?[1]) Schon dieser Name sagt uns, daß es nicht geschieht, daß hier der eine höchste Gesichts= punkt, der der immer kräftigeren Förderung des kirchlichen Lebens, jenes unausgesetzten Fortschreitens von Stufe zu Stufe bis zur endlich ver= heißenen Vollendung hin, gänzlich aus den Augen gelassen wird! Es ist da ja eben um Nichts, als um das bloße Beharren auf einer vorzeitlichen Stufe zu thun, dieß allein wird ja betont, um dieses einen Zweckes willen wird ja alles Andere, auf das es auch noch ankommt, übersehen, und namentlich die geistige Freiheit so durchaus diesem einen Zwecke zum Opfer gebracht, daß von ihr kaum noch ein Rest innerhalb der Kirche übrig bleibt.[2]) Aber — ist nun das nicht wirklich eine Einseitigkeit, die nicht zu billigen ist, die auch nicht zum Guten führen kann? Nein! es giebt auch noch eine

---

[1]) Wie sie so gern mit Nachdruck sich nennen, als ob der Name einer der höchsten Ehrennamen wäre!

[2]) Höchstens außerhalb der Kirche will man sie gestatten, indem man sagt, es könne ja Jeder draußen bleiben, dem die beliebte Beschränkung nicht gefiele. Aber — hat nicht gerade der Christ auf die volle Gewissensfreiheit ein Recht? hat er nicht auch ein Recht, zu fordern, daß man ihm einen Raum innerhalb der Kirche lasse, wo er frei sich bewegen könne?

andere Aufgabe des kirchlichen Lebens, als bloß die, still zu stehen und zu
beharren, wo man einmal steht, die nämlich, immerfort zuzunehmen in des
Herrn Werk und zu seiner Größe empor zu wachsen[1]), und — so sehr ist
bloß die Hauptaufgabe, daß sogar gesagt werden muß, auch das rechte Beharren ist nur möglich durch stetes Fortschreiten auf der Bahn, auf welche
die Kirche gestellt ist.   Wer nicht fortschreitet, geht nothwendig zurück, wer
nicht wuchert mit dem ihm verliehenen Pfunde, der verliert dasselbe auch
wieder[2]), das ist ein Grundsatz, den der Herr selbst ausgesprochen hat, den
die Kirche sich eben deßhalb auch zu Herzen nehmen soll.   Nur im Fortschreiten können wir bewahren, nur durch Weiterbilden das bereits Gewonnene behaupten, und der einseitige „Conservatismus" ist eben deßhalb
das Gegentheil von dem, was er zu sein vorgiebt, er ist verwüstend, anstatt
erhaltend, er gleicht ganz und gar jenem Manne, der das ihm vertraute
Pfund im Schweißtuche verbarg, um es dem Herrn richtig wieder aus-
liefern zu können — möge er sich hüten, daß er nicht auch das Urtheil dieses
Mannes empfange!

Oder lehrt denn nicht auch die Erfahrung wirklich, daß es so ist?
Denken wir nur an die Satzungen aus der Reformationszeit: wovon sie
uns ein Zeugniß sind, der Geist, der sie geboren hat, es war ja doch eben
jener recht christliche Geist, der auf den Grund des Herrn allein sich stellte,
der jedes andre Joch getrosten Herzens abwarf, um dem Herrn allein anzugehören, der Geist jener christlichen Freiheit, von der Luther so begeistert
zu reden wußte.   Das war die Stufe der Entwicklung, auf welcher die
Kirche damals angekommen war, die des selbständigen Stehens der Seelen
in Christo und seinem Leben und der Freiheit von jener Bevormundung
durch ein besonderes Priesterthum, wie es die mittelalterliche Kirche gehabt
hatte.   Wie aber nun? ist es nicht schon an und für sich ein Zurücksinken
unter diese Stufe, wenn man nun doch wieder die Satzungen von Menschen der Kirche und ihren Gliedern auf die Gewissen laden will? ein
Verzetteln der Errungenschaften des 16. Jahrhunderts, ein Preisgeben
gerade dessen, wovon man doch rühmt, daß es durch Gottes Gnade in
Christo seiner Kirche nach langen Verirrungen endlich wieder zu Theil geworden sei? Und muß nun dieß Zurücksinken auf den vorreformatorischen
Standpunkt der Unfreiheit und Unmündigkeit nicht auch alle die anderen
Schäden wieder im Gefolge haben, ja hat es da, wo es eingetreten ist,
vor Allem in der Zeit der „protestantischen Orthodoxie", nicht auch wirklich
diese Schäden am Gemeindeleben wieder hervorgerufen, die durch die Reformation sollten beseitigt werden? Bloßes Beharrenwollen ist immer
ein Zurückschreiten, wenigstens überall da, wo principiell Alles auf das

---

[1]) 1 Cor. 15, 58.   Eph. 4, 12 ff.
[2]) Luc. 19, 24.

Fortschreiten angelegt ist, wo man, wie in der christlichen Kirche, niemals sagen kann, daß man schon bei einem auch nur einigermaßen das Still= stehen rechtfertigenden Ziele angekommen sei, vielmehr wie jede errungene Stufe schon den Antrieb in sich selbst trägt, sie auch zu überschreiten, wie jede immerdar über sich selbst hinausweist, einem Ziele entgegen, zu welchem sie lediglich als Vorstufe und neuer Ausgangspunkt zu betrachten ist und sich selbst auch nur so betrachtet[1]), so soll die Kirche auch auf die in ihren vorzeitlichen Satzungen ausgedrückten Stufen ihrer Entwickelung lediglich in dem Sinne zurückschauen, daß sie sich bewußt ist, nicht bloß auf ihnen zu stehen, sondern sie zugleich auch im Rücken zu haben, daß sie dieselben nur in dem Sinne als den Boden ansieht, den sie unter den Füßen habe, als sie von diesem nun ein für alle Mal gesicherten[2]) Boden aus zu neuen, höheren Zielen sich zu erheben sucht. Das aber kann nicht geschehen, wenn das Verhältniß zu diesen Satzungen nicht ein völlig freies, ein durchaus geistiges Verhältniß ist, eine Sache des Gewissens und nicht des Gesetzes, und das sollten Diejenigen, die in Ansehung der kirchlichen Ordnung rathen oder gar selbstbestimmend mitwirken wollen, vor Allen Dingen bedenken, ja sie sollten einsehen, daß hier die Ordnung dem Wesen der Kirche gemäß eine ganz andere sein muß, als auf dem Gebiete des Staates, wo das Gesetz zu gelten hat, daß die Kirche sich hier der Frei= heit anzuvertrauen verpflichtet ist, wenn sie überhaupt die Aufgabe er= füllen will, die ihr von dem Herrn der Kirche ist gegeben worden. Bewahre uns Gott, so müssen wir doch beten, in seiner Gnade vor jenen Politikern und ihren scheinbar so klugen Maßregeln, die „conservativ" zu sein meinen, wenn sie das verhindern, wodurch die Kirche allein in der Gemeinschaft des Lebens Jesu Christi erhalten bleiben kann, und die sich rühmen, für das Wohl der Kirche besorgt zu sein, während sie dieselbe doch um eins ihrer köstlichsten Güter bringen, die ihr durch Christum verliehen sind, um

---

[1]) Wie so sehr gilt gerade das auch von der Reformation! Luther, wenn er auch manchen unbesonnen vorwärts stürmenden Geistern widerstehen zu müssen meinte, hatte doch stets das Bewußtsein, daß er nur in der Zeit eines neuen Anfanges lebe, daß er nur einen Grund lege, auf welchem erst eine neue Welt fortschreitenden Lebens zu erbauen sei.

[2]) Daß der Boden der Reformation gesichert bleibe, dafür bürgt das Bewußtsein des christlichen Volkes, in welchem die Reformation und ihr Geist Fleisch und Blut geworden ist, und dazu bedarf es der „klugen" Maßregeln der kirchlichen Politici nicht. Wäre dieser Boden für die Kirche nicht auf ganz andere Weise gesichert, fürwahr, die Politiker würden nicht wehren können, daß er verloren ginge, wie sie nicht wehren konnten, daß die Reformation sich durchsetzte, ja, hätte es an ihnen gelegen, längst würde es mit dem Geiste der Reformation schon aus sein. Hier gilt es mit geistigen Mächten zu rechnen, die den Gesetzen der Politiker spotten, die solche Gesetze aber auch überflüssig machen!

bie geistige Freiheit, beren Stätte sie sein soll, als bie allein rechte Be=
bingung ihres wirklichen Gebeihens.[1]

5. Ganz besonders aber verkehrt muß bies Binden ber Gewissen an
bie kirchlichen Bekenntnißsatzungen enblich auch erscheinen, wenn man auf=
richtig fragt, in welchem Verhältniß basselbe zu ber Einheit ber Kirche
steht, was baburch nicht bloß angeblich, sondern wirklich für bieselbe ge=
wonnen wirb. Ja, bie Kirche soll eine einige sein, eine einige unb
allgemeine zugleich, eine im innersten Grunde ihres Lebens geeinigte
Genossenschaft, bie alle wirklichen Christen umschließt unb auf bem Wege
geschichtlichen Fortschreitens zuletzt auch alle Menschen unb Völker in ihre
Gemeinschaft hineinzieht. Das ist eine Verheißung bes Herrn unb seiner
Apostel, so gewiß, wie irgenb eine anbere[2]), unb ber Trieb zu solcher Ge=
meinschaftsbilbung wohnt auch allem wahren Christenthume wesentlich inne[3]),
wie es benn auch immer als eine Schäbigung ber christlichen Kirche er=
scheinen muß, wenn biese Einheit aufgehoben wirb[4]), unb wie ein solches
Beginnen auch stets auf einen Schaben hinweist, ben bie christliche Ge=
sinnung Derer, von benen es ausgeht, genommen hat.[5] Aber — kann
benn nun burch bas Verlangen, baß ein Mitglied ber Kirche sich zu beren
Satzungen bekennen müsse, wenn es Mitgliebsrechte haben wolle, biese Ein=
heit unter ben Christen zu Wege gebracht werben? kann auf biesem Grunde
eine Kirche entstehen, welche insofern bie eine unb allgemeine zugleich
ist, baß sie auch alle wirklichen Christen umfaßt unb allen Denen, bie bieß
mit voller Aufrichtigkeit, so gut es ihnen gegeben ist, sein wollen, eine
Stätte bietet, auf ber sie unb zwar im Vereine mit allen aufrichtigen Be=
kennern bes Herrn stehen können? Wir müssen sagen: nein! bas ist nicht
möglich wegen ber Natur bieser kirchlichen Bekenntnißsatzungen, ist nicht
möglich wegen ber Natur ber Menschen, in benen bas Leben bes Herrn
Gestalt gewinnen soll, ist nicht möglich wegen bes Wesens bes Christen=
thumes selbst, bas eingehen soll in bas eigene Leben ber Menschen, viel=
mehr sinb, wie bie Erfahrung lehrt, biese Bekenntnißsatzungen nicht bloß
alle Zeit noch ber Zankapfel gewesen, um bessen willen Spaltungen unb
„Rotten" in bie christliche Gemeinschaft gekommen sinb, sondern es ist auch

---

[1]) Die Kirche um bie Gewissensfreiheit betrügen wollen, ist eins ber grauenvollsten
Attentate auf bas Menschengeschlecht selbst, ba bie Kirche bie einzige Stätte ist, wo
wahre Freiheit wohnen unb von wo sie auf bie anberen Lebensgebiete ausgehen kann.
Diese Freiheit aufgehoben, unb bas letzte Licht ist verloschen. Aber — eben beßhalb
hat unser Volk auch Recht, wenn es gegen allen Jesuitismus in römischer ober
evangelischer Verkleibung einen so großen Abscheu hat!

[2]) Joh. 10, 16. 17, 21 ff. Phil. 2, 9 ff. 1 Cor. 15, 28. Röm. 11, 32 u. v. a. St.

[3]) 1 Joh. 1, 3. Röm. 1, 10 ff.

[4]) 1 Cor. 3, 16 f.

[5]) 1 Cor. 3, 3 f. Jac. 3, 13 ff.

eine unausweichliche Nothwendigkeit, daß dies geschehen mußte, und es wird deßhalb auch der Erfolg in alle Zukunft kein anderer sein können. Fragen wir doch noch einmal — wie verhielt es sich denn nun mit diesen „Bekenntnissen"? Wer die Geschichte der christlichen Kirche kennt, der weiß auch, daß sie immer nur einzelne besondere Richtungen in der Kirche vertreten haben, die Richtung der Majorität vielleicht, wie sie zu einer bestimmten Zeit vorhanden war, aber nicht selten auch die der Minorität. Sie sind hervorgegangen aus den kirchlichen Streitigkeiten einer bestimmten Zeitepoche, wo das, was bisher noch im allgemeinen christlichen Bewußtsein zusammen war, in Gegensätze auseinander gegangen ist, und da stehen sie denn nicht selten und im Grunde sogar alle bloß auf der einen Seite des Gegensatzes, immer vielleicht unverlierbare Wahrheiten behauptend, aber doch auch andere wieder in Schatten stellend oder nicht beachtend, mit einem Worte: sie sind Parteibekenntnisse, Symbole, um die eine bestimmte Richtung innerhalb der Kirche sich gesammelt oder welche diese Partei, wenn sie mächtig genug dazu war, der Gesammtkirche auch wohl aufgedrängt hat[1]). Wie nun? sollten diese Bekenntnißsatzungen nun gleichwohl geeignet sein, auf ihrem Grunde eine wirkliche Einheit der Kirche entstehen zu lassen? Unter allen Umständen: nein! sie werden nur immer eine Partei unter den Christen um sich versammeln, während gerade durch sie um des Gewissens willen eine andere Partei sich ausgeschlossen finden wird! Man denke doch nur an die concordistischen Bestrebungen am Ende des 16. Jahrhunderts! Ein einiges Bekenntnißformular meinten jene Männer des genuinen Lutherthums zu bedürfen, um die Einheit der Kirche zu begründen, aber ist es denn nicht in Erfüllung gegangen, was damals von Einsichtigen vorhergesehen wurde, ist aus der „Concordia" nicht eine „Discordia" geworden? ist nicht der Erfolg gewesen, daß die Reformirten, denen man ein festes Stehen im Christenthume doch nicht absprechen konnte[2]), sich ausgeschlossen sahen, daß sie gezwungen waren, ihre Wahrhaftigkeit, ihr gutes Gewissen um den Preis der kirchlichen Gemeinschaft mit den Concordisten sich zu bewahren?[3]) Und nun vollends in unserer Zeit, wo die persönlichen Richtungen unter den Christen so viel

---

[1]) Man leugne es, wenn man kann! man wird es aber nicht können, auch wenn man möchte! Die geschichtlichen Thatsachen reden zu deutlich, und unsere Zeit mit ihrer kirchlichen Parteizerrissenheit führt uns nur zu sichtlich vor die Augen, wohin es führt, wenn man Parteisymbole zu den Bekenntnissen der Kirche machen will!

[2]) Allerdings versuchte. Man denke an Westphal's Wort: „Die Reformirten sind Märtyrer des Satan's!" Freilich mußte der Kurfürst von Sachsen Friedrich III. gegenüber auch bekennen: „Fritz, Fritz, du bist viel christlicher gewest, als wir Alle!" (S. Sudhoff, Ursinus und Olevianus, S. 300.)

[3]) Ursinus (Admonitio christ. epil.) sagt offen: die kirchliche Einheit sei sehr wünschenswerth, aber nicht um den Preis der Wahrheit und Wahrhaftigkeit zu erkaufen.

mannigfaltiger geworden sind, wo bei allem festen Stehen auf dem einen Grunde des Heils doch die theologische Auffassung im Einzelnen nicht bloß, sondern das ganze theologische System des Einen und des Andern so große Unterschiede und Gegensätze zeigt, was würde der Erfolg sein, sollten die Satzungen der kirchlichen Vorzeit und das Bekenntniß zu ihnen die Bedingung für den Eintritt in die kirchliche Gemeinschaft und des Verbleibens in ihr bilden? Eine Zersplitterung ohne Gleichen, ein Auseinandergehen des e i n e n Kirchenleibes in unzählige Parteikirchlein, von denen eine der anderen die Gemeinschaft aufkündigte, nichts Anderes könnte sich da ergeben und immer mehr müßte sich dieß Ergebniß herausstellen. [1]

Ja, wären die Menschen so beschaffen, daß sie in allen Stücken nicht bloß gleich gesinnt sein — denn das soll unter Christen stattfinden [2] — sondern auch gleiche Anschauungen, eine gleich tiefe, gleichmäßig die Wahrheit erfassende Erkenntniß haben könnten, gehörte nicht das vielmehr zu der Menschennatur, wie sie nun einmal geworden ist, nothwendig hinzu, daß da durch die Verschiedenheit der Anlage und Lebensführung auch Unterschiede in den Anschauungen und theologischen Auffassungen der christlichen Wahrheit hervortreten müssen, und wär's nicht auch so, daß eben das Christenthum, indem es die Bestimmung hat, in das persönliche Leben der einzelnen Menschen einzugehen, auch eingehen müßte in diese persönlichen Unterschiede, wie sie durch Anlage und Lebensführung [3] unter den Menschen bestehen, ja, dann könnte man hoffen, daß auch am Ende ein von der Kirche aufgesetztes Bekenntnißformular Alle um sich zu vereinigen im Stande wäre. Aber wie ist doch gerade das so ganz anders! und wie muß es eben beßhalb auch klar sein, daß ein jedes solches Formular, von wem und aus welcher Zeit es auch stammen möge, nur der Trennung der Kirche dient, nur den Erfolg haben kann, Spaltung auf Spaltung zu häufen! Man sehe den Dingen doch recht in's Gesicht! man erkenne doch einmal die Gründe dieser Schäden des Zwiespaltes und der Zerklüftung, an denen die evangelische Kirche so lange hingesiecht hat! man verlasse doch die Wege, auf welche man leider auch in der Reformationszeit durch Vergessen ihrer reinen Grundsätze wieder gerathen ist, und an deren jammervollen Folgen wir noch immer zu tragen haben!

---

[1] Die Römischen, weil sie eine kirchliche Einheit nur in der Form strengster Gewissensgebundenheit kennen, haben eben beßhalb der evang. Kirche ihre innerliche Selbstauflösung längst vorher gesagt, und — es könnte dazu kommen, wenn die Evangelischen fortführen, ihren rechten Einheitspunkt so gänzlich außer Acht zu lassen, wie es von ihnen so häufig geschehen ist, und sich um ihrer persönlichen Dinge willen in den Haaren zu liegen und die kirchliche Gemeinschaft aufzusagen.

[2] 1 Cor. 1, 10. Phil. 2, 2.

[3] Temperament, Rationalität, Erziehung, Lebensstellung u. s. w. u. s. w.

Freilich, handelte es sich bloß darum, eine Sekten- und Winkelkirche herzurichten, ein enges, kleines Haus, das nur die Wenigen umschlösse, welche durch ihre partikulare Richtung sich nahe ständen, handelte es sich darum, von diesem Winkel dann Jeden fern zu halten, der nicht in den besonderen Wegen mit seinen Insassen gehen wollte [1]), dann freilich möchte so eine Bekenntnißsatzung ja ein treffliches Mittel sein, um den geheiligten Bezirk zu umschirmen. Aber darum kann und darf es sich ja nicht handeln, so gewiß nicht handeln, als der Herr selbst sich zu Allen bekennen will, die sich zu ihm bekennen [2]), und so gewiß er verlangt, daß die Alle auch in Einheit mit einander leben sollen. [3]) Wollen sich Sekten so abschließen, wohlan! man kann und darf es ihnen nicht wehren, wiewohl man doch auch immer sagen muß: sie mögen sehen, was sie thun, sie mögen sehen, daß sie es vor dem Herrn verantworten können und daß sie nicht am Ende durch ihre Ausschließung von dem einen Leibe des Herrn Schaden nehmen an ihrer Seele! [4]) Aber — für uns handelt es sich nicht um Sekten und Parteien, sondern um die eine allgemeine Kirche Jesu Christi, die eine Stätte haben soll in dem Herzen unseres Volkes, und da muß es uns auch darauf ankommen, daß das Bekenntniß, welches die Mitgliedschaft in dieser Kirche begründet, auch nur den einen und allgemeinen Grund der Kirche selbst und das in diesem der Kirche gegebene eine und allgemeine Ziel zu seinem Inhalte habe, dasjenige, was den Christen als solchen ausmacht, dagegen müssen wir Freiheit fordern für alle Besonderheit, die diesen Grund nur nicht verläßt und dieß Ziel nur fest und treu im Auge behält. Die Einheit der Kirche kann nicht gefunden werden, als auf diesem Wege,

---

[1]) Will einmal eine Sekte sich in sich abschließen, so ist das natürlich ihre Sache. Sie hat das formelle Recht dazu, und man würde ihr ein Unrecht thun, wollte man es ihr wehren. Aber — „sehe auch Jeder, wie er's treibe!" Ein Unrecht von ihrer Seite beginge sie jedenfalls, denn sie ließe es an der Liebe fehlen, die zwischen den Bekennern Christi bestehen soll, und Schaden an der eigenen Seele würde sie auch nehmen. Eben solch eigensinniges sich Ver- und Abschließen in seiner Eigenheit ist die eigentliche „Ketzerei", nicht, wenn Jemand diese oder jene religiöse Meinung hegt, die mit der Majorität nicht stimmt.

[2]) Matth. 10, 32. Luc. 12, 8.

[3]) Joh. 13, 34 f. 15, 12. 17, 21.

[4]) Stahl beweist zwar in seinem Buche „die luth. Kirche und die Union" das menschliche Recht der Lutheraner, sich zu separiren, und das wird ihnen Niemand absprechen, aber — daß sie ein göttliches Recht dazu haben, hat Herr Stahl nicht bewiesen, konnt's auch nicht, denn das göttliche Recht, wie es Paulus in dem 1. Corinthierbriefe darstellt, ist, eins zu sein auch bei der Verschiedenheit der persönlichen Richtungen und diese nicht zur Spaltung gereichen zu lassen. Das sagt Paulus so klar, daß das Buch Stahl's dadurch eben so gerichtet ist, wie das Treiben der Lutheraner in Preußen überhaupt. Es ist (vgl. 1 Cor. 8, 3 f.) menschlich und fleischlich, nicht aber christlich und geistlich!

wo man recht bindet an das eine Nothwendige und Freiheit läßt in dem, in welchem sie der Herr selbst gelassen hat. Wo man es anders hält, da folgt Zertrennung des in Christo Geeinigten auf dem Fuße, und — die es anders halten wollen, die ihre Erdenmacht und ihre Stellung in der Kirche dazu benutzen, um diese Ordnung umzustürzen, die sind die Feinde der kirchlichen Einheit und — die Bedrücker der Seelen, die thun nichts Anderes, als den Leib des Herrn zerreißen.[1]) Um ihrer Parteimeinungen und Parteiinteressen willen schädigen sie die Kirche, wenn nicht aus bösem Willen, so doch aus Unverstand.[2]) Möchten sie lernen, namentlich von dem Apostel Paulus lernen, der ja mit ähnlichen Leuten, wie sie, zu Corinth zu kämpfen hatte, worin die rechte Einheit der Kirche zu suchen ist und daß wir sie nicht suchen dürfen auf Kosten der Freiheit des Gewissens.[3])

6. Durch die Freiheit zur Einheit und in der Einheit frei! Das ist der durchgreifende und unantastbar zu bewahrende Grundsatz für das Gesellschaftsrecht der christlichen Kirche, wie sie auf dem Grunde des Bekenntnisses zu Christo und seinem Werke sich als die Genossenschaft dieser Bekenner zu erheben hat. Wer ein solches Bekenntniß bringt, der hat dadurch auch Anspruch auf die vollen Mitgliedsrechte der Kirche, sie muß ihm ihre Thüren aufthun, weil er mit ihr des Herrn ist, dessen Gemeinschaft sie bildet, und auf Grund dieses Bekenntnisses ist er eben so berechtigt als verpflichtet, an allen Arbeiten der Kirche nach Maßgabe der kirchlichen Ordnung Theil zu nehmen. Aber auf dem Grunde dieses Bekenntnisses steht er auch frei da. Wie es seine Verpflichtung ist, sich dem Herrn und seinem Leben mit allem Ernste darzubringen und sich ganz in den Dienst dieses einen Herrn zu stellen, so ist es auch sein Recht, wie nicht weniger seine Pflicht, keinem Andern unterthänig zu sein in Hinsicht auf sein religiöses und sittliches Leben. Als die Gleichen stehen da Alle neben und mit einander, Keiner den Andern beherrschend, aber Alle mit einander dienend dem einen Herrn und in gemeinsamem Streben nach seinem Ziele verbunden, Jeder den Andern anerkennend als einen Solchen, der

---

[1]) 1 Cor. 1, 13.

[2]) Luc. 23, 34.

[3]) Daß kirchliche Ceremonien u. dgl. den Einzelnen nicht binden können, versteht sich von selbst. Luther sagt (Erl. Ausg. 28, 293) in einer Predigt: „Wenn dich Jemand darauf bringen wollte, du solltest nicht Fleisch essen auf den Feiertag u. s. w., da sollst du dich auf keine Weise von deiner Freiheit bringen lassen, sondern ihnen zu Trotz das Widerspiel thun und frei sprechen: Ja, eben darum, daß du mir verbeutst, Fleisch zu essen, und unterstehst dich, aus meiner Freiheit ein Gebot zu machen, so will ich's dir zu Trotz essen, und also sollst du in allen Dingen thun, die frei sind." In der Schrift De captivitate Babyl. (Jen. II, 288) heißt es: „Neque Papa, neque episcopus, neque ullus hominum habet jus unius syllabae constituendae super Christianum hominem, nisi id fiat ejusdem consensu."

gleich ihm berechtigt ist, auf dem einen gemeinsamen Grunde sich selbst zu
einer eigenen sittlich=religiösen Lebensgestalt aufzubauen ¹), aber auch bereit,
sowohl ihm von dem Eigenen zu geben, als auch von dem Seinigen zu
nehmen, Keiner gegen den Andern verschlossen im Dünkel oder Trotz seines
Herzens, sondern Jeder sich bewußt, daß er des Andern, daß der Andere
seiner bedarf, und daß die ganze Genossenschaft nur dann recht gedeihen
und ihrem Ziele in Christo entgegen reifen kann, wenn diese Wechselwirkung
des Nehmens und Gebens, wenn dieß gemeinsame und einige Ringen und
Streben unter allen ihren Gliedern lebendig ist.²) So folgt es aus dem
Wesen der christlichen Kirche als der auf den Herrn allein gegründeten
Genossenschaft, so hat es Christus und seine Apostel gewollt ³), so lag es
auch im Sinne der Männer, welche die Kirche aus ihren schweren hierar=
chischen Verirrungen wieder auf den einen sicheren Grund gestellt haben ⁴),
und — sollte, wenn die Kirche nun wirklich an diesen ihren Gesellschafts=
rechten mit aller Entschiedenheit festhält, sollte dann und gerade durch
diese Ordnung der christlichen Freiheit nicht das doch am Besten
erreicht werden, was Andere durch ihre, der Stellung des Chri=
sten zu Gott in Christo so sehr widersprechende Gebundenheit
meinten bewirken zu können?

Das muß doch klar sein, daß der Grund des Christenthums selbst,
Jesus Christus, der „Stern und Kern" auch aller kirchlichen „Bekenntnisse",
wenn dieselben überhaupt der Beachtung verdienen, auch hier nicht nur nicht
angetastet, daß er vielmehr mit allem Ernste, mit aller Bestimmtheit betont
und das Bekenntniß zu ihm, wie er von Gott der Kirche zum Heilande
gemacht ist ⁵), als die unerläßliche Bedingung der Mitgliedschaft der Kirche
überhaupt gefordert wird, und — wir meinen, daß das völlig genug sei.
Zwar schieben wir die Aufrichtigkeit dieses Bekenntnisses einem Jeden in
sein eigenes Gewissen und vertrauen, daß der, der sich frei zu Christo be=
kennt, es auch ehrlich damit meine, aber — müssen das Diejenigen nicht
auch thun, die die Annahme der kirchlichen Bekenntnißformeln von den
Ihrigen verlangen? und kann denn auf dem Gebiete des geistigen Lebens,
wie wir schon oben ausführten ⁶), eine andere Instanz, als die des

---

¹) 1 Cor. 3, 10 ff.
²) Eph. 4, 16. Röm. 1, 10 ff.
³) Vgl. oben.
⁴) Freilich hat Mejer („Grundlage des landesherrl. Kirchenregiments") Recht,
wenn er ausführt, daß die „lutherischen" Kirchenordnungen nicht auf solchem Grunde
erwachsen.
⁵) Nicht der Christus, den dieser oder jener Theologe gemacht hat, auch nicht der,
den die röm. Kirche in der Messe macht.
⁶) S. oben.

Gewissens maßgebend sein? Was giebt uns denn die Sicherheit, daß Jemand, der auch mit dem feierlichsten Eide die Confessionsformel seiner Partikularkirche beschwört, nicht doch in seinem Herzen fern von Christo sei, wenn nicht dieser Eid und das Vertrauen zu seiner Gewissenhaftigkeit? Ist er ein unredlicher Mann, so wird er vielleicht irgend eines irdischen Vortheils wegen das geforderte Gelöbniß ablegen, aber — ob er es halten wird? ob der, der unchristlich gesinnt ist, auch wenn noch so viele Eide ihn binden, nicht dennoch seine Stellung in der Kirche zu unchristlichen Zwecken mißbrauchen wird? Es stehe dahin! Aber wo Gewissenhaftigkeit wohnt, da ist all' dieß äußerliche Binden nicht nöthig, da versteht es sich rein von selbst, daß er, er sei ein Beamter oder ein gewöhnliches Mitglied der Kirche Christi, auch zu Christo, dem Haupte der Kirche stehen und für seine Zwecke einstehen wird. So ist das Gewissen denn hier doch die einzige Instanz, wie ja überhaupt die Kirche nicht des Gesetzes, sondern des Geistes ist[1]), und so genügt es denn auch völlig, das Gewissen unmittelbar an den Kern alles Bekennens selbst zu binden. Da hört der Subjektivismus, soweit er unberechtigt ist, ganz von selbst auf, seine Sprünge zu machen, er beugt sich, indem er frei zu Christo sich bekennt, freiwillig der allein geltenden Autorität dieses seines Herrn, und — wie sollte er anders wirklich sich beugen können, als dadurch, daß er es so freiwillig thut? O, man traue doch hier dem äußerlichen Gesetze nicht zu viel zu! man erkenne doch, daß auf dem Gebiete des religiösen und sittlichen Lebens Niemand gebunden werden kann in der rechten und wahrhaften Weise, außer dem, der sich selbst bindet und zwar mit Freiheit, weil ihn die Wahrheit, die in Christo ist, überwältigt hat[2]), daß die Subjektivität in der ihr innewohnenden und von Gott selbst ihr verliehenen Kraft aller äußerlichen Fesseln und Schranken, die man ihr auflegen möchte, spotten wird, sie wie Simson zerreißend! Dagegen bindet sie sich selbst, indem sie der Wahrheit sich beugt, da ist sie recht gebunden, und da allein ist auch die Möglichkeit vorhanden, daß sie sich nun auch erhebe in einem neuen, vom Geiste des Herrn erfüllten Leben, während das äußerliche Gesetz, wenn sie es sich gefallen läßt, nur eine tödtende Wirkung auf sie ausüben kann.[3]) Ja, was man mit allem Formelwesen Berechtigtes erreichen will, das giebt die Freiheit von diesen Formeln auch und in noch ganz anderer, viel herrlicherer Weise, dagegen was man Schlimmes durch die Formelnknechtschaft wirklich erreicht, das wird hier vermieden: das Beherrschtwerden der Kirche und ihrer Mitglieder durch den Willen Einzelner, das Dominiren von Coterieen und einseitigen Richtungen, welche durch den Zustand der Unfreiheit etwa die Macht in

---

[1]) Röm. 8, 2 ff.
[2]) Joh. 18, 37.
[3]) 2 Cor. 3, 6.

Händen haben möchten, ihren Willen zum Schaden der Kirche durchzusetzen und das, was ein Reich frisch strebenden und mannigfaltigen Geisteslebens sein sollte, in ein Grab des Geistes zu verwandeln, in eine große Todten= wüste, wo man nur noch Gespenster der Vergangenheit umgehen sähe.

Auch muß das, weiter, doch klar sein, daß mit einem Bekenntniß, wie wir es gefordert, einem Zurückfallen in den vorreformatorischen Standpunkt hinreichend vorgebeugt ist. Das möchte man ja am Ende als einen Grund für das Fordern der Bekenntnisse aus dem 16. Jahrhundert von Seiten der evangelischen Kirche anführen, daß dieselben nöthig seien, um den Pa= pismus fern zu halten. Nun ja, nöthig in gewisser Weise allerdings. Daß der evangelische Christ diese Bekenntnisse und den Geist, der in ihnen sich ausgesprochen hat, daß er überhaupt die Grundsätze der evangelischen Kirche, wie sie in der Reformation begründet worden sind, auch kenne, um so auch vor unwillkürlichen, papistischen Neigungen bewahrt zu bleiben [1]), das ist allerdings zu fordern, aber gegen den Papismus genügt es doch völlig, wenn unsere Christen sich zu Christo als ihrem alleinigen Hei= lande bekennen als zu Dem, dem sie allein angehören, und wenn sie sich eben so bekennen zu dem Ziele, das der Herr seiner Kirche gegeben hat. Damit ist doch aller Papismus von selbst ausgeschlossen, aller Hierarchismus mit seinen Mißbräuchen, aller Heiligendienst und Ablaßunfug, alle Bevor= mundung des einzelnen Gewissens durch den Priester und alle die vergeb= lichen Werke, zu denen die Priester die Kirche angeleitet haben, darin liegt ja schon völlig eben so gut das Sola fide, als auch das Schriftprincip, darin aber auch dieß, daß der Zweck der Kirche die innerliche sittlich=reli= giöse Heiligung ihrer Mitglieder sei, nicht aber jener todte Werk= und Cere= monienbienst, durch den der Priester die Seligkeit wirken zu können vorgiebt. Sodann aber beruht unsere Bewahrung vor dem Papismus auch mehr auf der Thatsache der Reformation selbst und auf dem Geiste, der durch sie in die Völker gekommen ist, als auf der einzelnen von ihr aufgestellten Bekennt= nißsatzung. Man lasse eben diesen Geist nur recht walten, diesen Geist des freien Stehens in Christo und seinem Leben, man helfe nur dazu, daß die großen Grundsätze der Reformation nicht bloß über den Gemeinden schweben bleiben [2]), sondern daß sie auch das Leben, die Ordnung in den Gemein= den gestalten, und man wird vor dem Papismus von selbst bewahrt bleiben, es bedarf dazu ganz und gar dieser äußerlichen „Zäune" nicht, die Ge= meinden werden schon wehren, daß er nicht einbringen könne, ja, er würde, wenn er es versuchte, alsbald erkennen, daß in diesen Gemeinden seine Stätte nicht sein könnte, vielleicht auch, einem Peter Paul Vergerius gleich,

---

[1]) Ernstliches Studium der Reformationszeit, und zwar nicht bloß von Seiten der Theologen, hilft mehr, als alles Binden an die Bekenntnißformeln!

[2]) Wie Stahl es will („die luth. K. u. die Union", S. 254).

sich selbst für überwunden erklären. Nur einmal rechten fröhlichen Muth gefaßt, wie im rechten Vertrauen zu Christo allein, so auch zu der Ordnung, die er doch für seine Gemeinde bestimmt hat! nur einmal dieß Zagen des trotzigen Herzens fahren gelassen und dem Herrn und seinem Geiste die Kirche befohlen! und es geht im Elemente der Freiheit des Geistes am Ende besser, als in dem der Knechtschaft des Gesetzes! Die Kirche aber sollte es sich doch vor allen Dingen gesagt sein lassen, daß es gilt, sich auf den Herrn verlassen und nicht auf Menschen und deren kluge und doch so sehr dem Willen Gottes und seines Sohnes widersprechende Anschläge, auch nicht auf das, was sie im Kleinmuthe ihres Herzens sich selbst rathen und auflegen möchte.[1] Durch die Freiheit zur Einheit und in der Einheit frei! Dabei wird es auf dem Gebiete des kirchlichen Lebens doch bleiben müssen!

§. 12.

Wie die Kirche Jeden, der auf Grund des allgemeinen christlichen Bekenntnisses zu ihr sich halten will, als ihr vollberechtigtes Mitglied anerkennen muß, so hat sie hinwiederum aber auch das Recht und die Pflicht, auf der Unverletzlichkeit dieses Bekenntnisses zu bestehen und einen Jeden von sich fern zu halten, sei es durch Versagung des Eintrittes in ihre Gemeinschaft, sei es, wenn dieser bereits geschehen ist, durch Ausschließung von derselben, welcher Grund und Ziel der Kirche thatsächlich verleugnet.

1. Haben wir uns in dem Bisherigen gegen die falsche Gebundenheit gewendet, wie sie so oft, dem Geist und Wesen des Christenthums entgegen, auf dem Gebiete des kirchlichen Lebens in Vollzug zu setzen versucht oder auch wirklich in Vollzug gesetzt worden ist, so wenden wir uns hier nun aber auch gegen die falsche Freiheit, gegen diejenige Meinung, die sich dünken läßt, es dürfe die rein subjektive Willkür auf kirchlichem Gebiete zur Geltung kommen und es sei da jene völlige Ungebundenheit am Platze, die keine Norm für ihr Verhalten kennt, als nur das eigene Wollen und Gelüsten.[2] Daß wir dieser Meinung nicht sein können, dürfte aus allem bereits Dargethanen klar genug sein. Besteht alles wahrhafte Christenthum darin, daß ein Mensch mit eigenem bewußtem Willen auf dem Grunde des in Christo Jesu dargebotenen religiös-sittlichen Lebens steht und daß er eben deßhalb auch kein höheres Trachten kennt, als nur auch selbst in diesem Leben immer völliger zu werden, wohlan! so versteht es sich auch

---

[1] Jerem. 17, 5 ff. 1 Cor. 3, 18 ff. Dieß geht doch auf die Parteiführer zu Corinth, welche ja auch schon an subjektiv-menschliche Auffassungen und Satzungen die Kirche binden wollten.

[2] Vgl. Gal. 5, 13.

von selbst, daß die Kirche als die Genossenschaft Aller, mit denen es wirk=
lich so steht, auch Keinen bei sich aufnehmen und als ein Glied ihrer selbst
dulden kann, der entweder diesen Grund oder das in demselben gegebene
Ziel thatsächlich verleugnet. Nicht eine schrankenlose Freiheit kann sie ihren
Mitgliedern gewähren, als ob es in ihr gelte, daß „ein Jeder nach seinem
Sinne selig würde"[1], sondern je mehr sie nur einen Grund und Weg der
Seligkeit kennt, den, der der alleinige Inhalt ihres Bekenntnisses ist, und
je mehr sie auch darin ihres alleinigen Zweckes sich bewußt ist, daß das
Leben dieses ihres Grundes auch das eigene Leben ihrer Mitglieder werde,
desto mehr muß sie auch darauf bestehen, daß dieser ihr Grund und Zweck
von ihren Mitgliedern nicht verleugnet werde, und wo es dennoch geschieht,
da bleibt ihr zuletzt nichts Anderes übrig, als ein solches Mitglied von
sich abzuthun, als ihm zwar zu verstatten, sich seiner Freiheit zu bedienen,
aber zugleich auch zu erklären, daß ein solcher Gebrauch der Freiheit innerhalb
ihrer Gemeinschaft nicht verstattet sei, zugleich einem solchen Mitgliede auch
die Mitgliedsrechte zu entziehen. Versagung der Gemeinschaft, im
Nothfalle Ausschließung von der Gemeinschaft ist dasjenige
Recht, daß der Kirche immer gewahrt bleiben muß, und ohne das=
selbe würde sie bei der Freiheit, die in ihr zu herrschen hat, allerdings
den größten Gefahren ausgesetzt sein, ohne dasselbe wäre sie freilich nicht
im Stande, zu bleiben, was sie sein soll, die Gemeinschaft Jesu Christi und
seines Lebens.

Oder wäre nun auch dem nicht so? müßte man, wenn man die
Dinge nur vorurtheilslos ins Auge faßt, nicht in der That erkennen, daß
dieß Recht nur die andere Seite des Grundsatzes der Freiheit und Frei=
willigkeit sei, die nothwendig dazu gehöre? Freilich ist dieß Recht, wie es
nicht bloß von der Hierarchie, sondern auch von den Aposteln selbst geübt
worden ist[2], bei uns in große Mißachtung gekommen, eben wegen des
Mißbrauches, den die Hierarchie so lange Jahrhunderte hindurch mit Allem
getrieben hat, was in das Gebiet „der kirchlichen Zucht" gehört[3], und es

---

[1] Das bekannte Wort Friedrichs des Großen.

[2] Verlangte doch selbst Paulus, den man so besonders den Apostel der christlichen
Freiheit nennen darf, dieß Recht und seine Ausübung mit aller Bestimmtheit von der
Gemeinde zu Corinth. Vgl. 1 Cor. 5, 1 ff.

[3] Hier gerade mußte die Verkehrtheit des hierarchischen Princips sich zeigen, aber
jene so sehr zu verabscheuenden Erscheinungen, eben sowohl der verkehrten Milde im
Ablaßunfuge, als auch die verkehrte Strenge in dem Unfuge, der mit Bann und In=
quisitionen getrieben wurde, waren auch lediglich Ausflüsse des hierarchischen
Princips, nicht des von uns geforderten Gemeinderechtes, Personen von sich
auszuschließen, die nun einmal nicht in die Gemeinde hinein gehören, die bei einiger
Redlichkeit vielmehr sich selbst ausschließen müßten. Der Mißbrauch hebt den rechten
Gebrauch nicht auf, wie gräulich der erstere auch gewesen sein mag!

will ja auf den erſten Blick auch ſcheinen, als ob mit der vollen Freiheit des religiöſen Lebens, wie wir ſie jetzt beanſpruchen, ein ſolches Verfahren im ſchneidendſten Widerſpruche ſtehe. [4] Wie? heißt denn das nicht, die Freiheit hinterdrein wieder zurücknehmen, nachdem man ſie zuerſt zugeſtanden hat? heißt das nicht doch einen Zwang in die Kirche einführen, der am Ende unerträglicher ſein würde, als jeder andere? Man denkt bei dem Worte „kirchliche Zucht“ jetzt leider ſofort an alles Dasjenige, was unter dieſem Na= men von der Hierarchenkirche ausgeübt worden iſt, an Bann und Inter= dict, an Inquiſition und Ketzergericht, an alle die mannigfaltigen Quä= lereien und Verfolgungen, welche von einer herrſchſüchtigen Prieſterſchaft gegen Alle ausgeübt worden ſind, die ihr ſich nicht haben unterwerfen und ihre Satzungen nicht für die Quinteſſenz des Chriſtenthums anerken= nen wollen, und — man hat freilich Recht, wenn man von dem Allen durchaus Nichts wiſſen will, wenn man vor Nichts ſo ſehr einen Abſcheu hat, als vor dem, was die Hierarchie unter dem Namen der „Zucht“ getrieben hat. Aber gleichwohl muß doch feſt darauf beſtanden werden, daß die Aus= übung der Zucht ſelbſt bis zur Ausſchließung von der chriſtlichen Gemein= ſchaft ein Recht und im Nothfalle eine Pflicht der Kirche ſei, daß eine freie Kirche nicht beſtehen könne ohne ein ſolches Verfahren, daß in ihm, aber auch in ihm allein das letzte Mittel zur Verhütung des Mißbrauches der Freiheit und der dadurch drohenden Gefahr für die Reinheit des kirch= lichen Lebens gefunden werde, der Gefahr, daß unchriſtliches Weſen in der Kirche nicht doch am Ende die Oberhand gewinne; wie denn freilich auch auf der anderen Seite geſagt werden muß, daß nur ein freies Gemeinde= kirchenthum im Stande iſt, die Zucht zu vertragen und zu verhüten, daß dieſelbe auf jene Abwege gerathe, durch welche ihr eigentlicher Zweck ganz vereitelt und in ſein Gegentheil verkehrt wird, durch die ſie auch in den Mißkredit gekommen iſt, mit welchem man heut zu Tage ſchon vor dem bloßen Worte erſchrickt und hinter ihm Nichts, als das alte, unduldſame, liebloſe und rohe Weſen des Pfaffenthums vermuthet.

2. Was wollen wir denn, wenn wir dieß Recht, ſich im Nothfalle eines ihrer Mitglieder zu entledigen oder Jemanden, der ſie begehrt, die Mitgliedsrechte von vorn herein zu verſagen, für die Kirche in Anſpruch nehmen? Man laſſe, um die Nothwendigkeit eines ſolchen Verfahrens ein= zuſehen, nur durch die Vorurtheile ſich nicht täuſchen, die jetzt an dem

---

[1] Was jedoch nur ein Schein iſt. Die Freiheit, ſich nicht zum Chriſtenthume zu bekennen, ſoll Keinem verkümmert werden, denn in dem Falle wäre ja auch das Be= kenntniß kein freies mehr, und — Freiwilligkeit des Bekennens haben wir ja primo loco gefordert. Nur ſoll der, der das Chriſtenthum verleugnet, nicht gleichwohl als Mitglied der Kirche betrachtet und behandelt werden, und — verſteht ſich denn das nicht von ſelbſt?

Namen haften! Allerdings eine Zucht, wie sie von der Hierarchie gehand=
habt wird, ein Bannrecht nach der Weise des Papstthums kann und darf
die Kirche nicht haben und üben. Das Alles ist längst gerichtet, eben so=
wohl durch die Flammen, denen Luther die bekannte Bulle des römischen
Kirchenfürsten übergab, als auch noch vielmehr durch die andere, in denen
die Priesterkirche die Ketzer verbannt hat, und — wir würden die Ersten sein,
die dagegen auftreten, wenn man irgend Etwas der Art in der Kirche
Christi wieder repristiniren wollte. [1]) Der Bann, wie ihn die Hierarchie
zu allen Zeiten geübt hat, war — und die Geschichte lehrt das mit er=
schütternder Predigt — nur ein Mittel zu den Machtzwecken, die die
Priester verfolgten. Nicht um die Gemeinde auf dem einen Grunde zu
bewahren, auf welchem sie als eine christliche stehen muß, oder um Die=
jenigen aus der Gemeinde zu entfernen, welche den sittlichen Zwecken der=
selben Gefahr drohten, gebrauchte die Hierarchie ihre scheinbar aus der Schrift
hergeleitete „Macht zu lösen und zu binden", sondern lediglich um sich
selbst auf den angemaßten Stühlen zu bewahren oder um andere durchaus
selbstische und oft nur rein politische Zwecke zu erreichen. [2]) Und wie
grausam und rücksichtslos übte sie diese ihre „Befugniß" aus, wie kannte
sie, obgleich sie für alle Sünden ihren Ablaß hatte [3]), doch so gar kein
Erbarmen, wenn einmal Jemand sich vermaß, mit christlicher Freiheit
Wege zu gehen, die sie nicht vorgezeichnet hatte, und ihre Satzungen
und Vorrechte nicht anzuerkennen! Gerade dasjenige, was in das Gebiet
der „Freiheit eines Christenmenschen" gehört, nämlich auf dem
Grunde des Evangeliums mit eigener Verantwortlichkeit vor Gott allein
sich auch zu einer eigenartigen Lebensgestalt aufzubauen [4]), gerade das
wurde von der Hierarchie mit ihren Bannflüchen verfolgt, und — wie sie
denselben die Bedeutung beilegte, daß ihre Verfluchung zugleich ein Aus=
schließen aus dem Reiche Gottes sei [5]), so hatte sie an diese auch die em=
pfindlichsten bürgerlichen Nachtheile für den Betroffenen, den bürgerlichen
Tod selbst zu knüpfen gewußt. [6]) Aber — von dem Allen soll und darf
in einer christlichen Gemeinde nie und überhaupt und deßhalb auch hier
nicht die Rede sein, wenn wir das Recht für sie beanspruchen, Mitglieder,

---

[1]) Das würde ganz und gar unter das Gericht von 1 Cor. 3, 17 fallen.

[2]) Man denke an die Bannbulle Gregor's VII. gegen Heinrich IV. und —
wie vieles Andere der Art!

[3]) Auch für die schlimmsten, nur nicht für Auflehnung gegen die Hierarchie selbst.
Da mußte einmal der Scheiterhaufen angezündet werden.

[4]) Vgl. 1 Cor. 3, 10 ff. „Ein Jeglicher sehe zu" u. s. w.

[5]) In Folge ihrer Anmaßung, an der Stelle Gottes zu handeln.

[6]) Selbst dem Kaiser sollte in staatlichen Dingen nicht mehr gehorsamt werden,
wenn ihn der Priester gebannt hatte.

die ihrem ganzen sittlichen und religiösen Verhalten nach nicht zu ihr ge=
hören, auch von sich ausschließen, ihnen das Recht der Mitgliedschaft ver=
weigern oder entziehen zu dürfen.

Vor allen Dingen versteht sich das von selbst, daß dieß Recht nicht
dem Machtinteresse irgend einer Partei, wie irgend welcher Personen in
der Kirche dienen dürfe, und eben deßhalb auch, daß es nicht in die Will=
kür einzelner Personen oder „Stände" in der Kirche dürfe gegeben werden,
die es, wenn dieß geschähe, allerdings leicht in ihrem persönlichen Inter=
esse mißbrauchen könnten. Das eben war ja der Fehler in der Hierarchen=
kirche, daß dort dieß Recht ganz nur in den Händen der Hierarchie lag,
der Bischöfe, die es als eine ihnen eigenthümlich zukommende Befugniß
verwalten ließen, und daß es eben deßhalb auch lediglich im Interesse der
hierarchischen Gewalt ausgeübt wurde. Die meisten Mißbräuche, die mit
diesem Rechte getrieben worden sind, alle die entsetzliche Gewissenstyrannei,
die damit im Zusammenhange stand, hatte hier ihre Wurzel. Nach evan=
gelischen Begriffen dagegen, nach welchen die Kirche die Gemeinde selbst
ist, kommt dieß Recht auch der Gemeinde als solcher zu, die es ausüben
zu lassen hat durch eigens dazu von ihr bestellte Organe in einem ordent=
lichen, alle Willkür ausschließenden Gerichtsgange. Das ist die erste Forde=
rung, die da gestellt werden muß, von der nimmermehr abgegangen wer=
den darf, wie denn ja auch der Herr da, wo er von richterlichen Vor=
gängen in der Kirche spricht, diese ganz ausdrücklich der Gemeinde als
solcher überweist[1]), keineswegs aber einem der in der Gemeinde zu errichten=
den besonderen Aemter, und wie ja auch der Apostel Paulus[2]) in ähn=
lichem Sinne die richterliche Thätigkeit nicht etwa den gewöhnlichen Ge=
meindevorstehern — diese werden bei dieser Gelegenheit gar nicht erwähnt
— sondern vielmehr rechtschaffenen und verständigen Männern aus der
Gemeinde selbst anvertraut wissen will.[3]) Aber ist nun schon das nicht
ganz etwas Anderes, als jener hierarchische Bann, der lediglich den Inter=
essen der Hierarchie gedient hat? und muß man nicht sagen, daß mit einer
solchen Handhabung dieser Befugniß wenigstens einer großen Anzahl von
Mißbräuchen, die damit getrieben worden sind, von vorn herein vorgebeugt
werden würde? Ein aus Männern der Gemeinde durch die Gemeinde
erwählter Gerichtshof, der im Nothfalle darüber zu entscheiden hätte, ob
Jemand Mitglied der christlichen Kirche sein und die Rechte eines solchen
ausüben dürfe, wie so ganz anders würde er doch sein Geschäft treiben,
als es von den Bischöfen und ihren Offizialen geschehen ist! wie so durch=

---

[1]) Matth. 18, 17.

[2]) 1 Cor. 6, 1 ff.

[3]) „Ist so gar kein Weiser unter euch?" schreibt der Apostel an die Gemeinde
zu Corinth.

aus dürfte man zu ihm doch das Vertrauen haben, daß er sein Amt nicht mißbrauchen würde, weder zu eigensüchtigen und hierarchischen Zwecken, noch überhaupt zur Beschönigung jener Freiheit des Gewissens, deren Stätte die Kirche sein soll! Oder müßte von ihm nicht gerade zu erwarten sein, daß er das ihm übertragene Amt eben so sehr zum Schutze dieser Freiheit, als zum Schutze der Gemeinde gegen wirklich unchristliche Bestrebungen, die in sie einzubrechen drohten, verwalten würde? Männer aus der Gemeinde, von dieser zu diesem bestimmten Officium bestellt, die keinerlei hierarchische Stellung in derselben einnähmen, persönlich kein anderes Interesse hätten, als daß Jedem sein Recht geschähe und daß es in der Gemeinde „ordentlich und ehrlich zuginge," gewiß, sie wären der beste Schutz nach beiden Seiten hin, sie würden eben sowohl ein Interesse daran haben, daß der christliche Grund der Gemeinde selbst, als auch daß die christliche Freiheit des einzelnen Gliedes der Gemeinde gewahrt bliebe.

Und sodann auch versteht es sich eben so von selbst, daß dieß Recht der Zurückweisung und Ausschließung aus der Gemeinschaft lediglich in dem Sinne gehandhabt werden dürfte, in welchem Alles in der christlichen Gemeinde geschehen soll: im Sinne der Liebe.[1]) Man denkt, wo von einem solchen Verfahren geredet wird, so leicht an Inquisition und das mit derselben immer verbunden gewesene Horch- und Spionirsystem, man fürchtet, es könnte dasselbe in roher, unbarmherziger, fanatisch-tumultuarischer Weise getrieben werden, aber ist das, wo die Gemeinde, in deren Händen dies Recht liegt, eine wirklich christliche ist, wo wahrhaft christlicher Sinn in ihr lebt, in der That noch zu fürchten? Eine Hierarchie, die herrschen will, die sich im Besitze ihrer Vorrechte und Vortheile zu behaupten strebt, muß durch ihr böses Gewissen wohl dahin kommen, zu Inquisition und Spionage ihre Zuflucht zu nehmen, und da sie in Jedem, der ihr widerstrebt, ihren Feind erkennt, der ihre Güter und Ehren antastet, so wird es bei ihr auch an Haß gegen einen Solchen und an Ausbrüchen des Hasses nicht fehlen. Aber auch bei einer Gemeinde, wie die ist, mit der wir es hier zu thun haben, bei einer christlichen Gemeinde, in der der Sinn ihres Herrn lebt? Da wird doch zunächst auch als erste Frucht der Liebe Vertrauen herrschen[2]), Vertrauen, wie auf der einen Seite zu der Wahrheit des Christenthums, daß die der Aufpasserei entbehren könne, um sich selbst zu behaupten, so auch auf der anderen Seite zu den Mitchristen, daß die es auch ehrlich meinen mit ihrem christlichen Bekenntniß, zumal dieses ja frei und ohne allen äußerlichen Zwang von ihnen abgelegt ist. Wer daher sich nicht selbst durch offenkundige Thatsachen als einen

[1]) Eph. 4, 16.
[2]) 1 Cor. 13, 7.

Solchen darstellt, der Grund und Zweck der christlichen Gemeinde verleug=
net, der wird deßhalb auch so lange, als dieß nicht geschieht, als Christ
und Mitglied der Gemeinde anzusehen und ohne alle Belästigung gelassen
werden müssen, und die Gemeinde müßte keine christliche sein, wenn sie es
anders halten wollte. Nur offenkundige Thatsachen können und dürfen
deßhalb auch zu einem Verfahren, wie das in Rede stehende, gegen Jeman=
den veranlassen, und von einem Horchen und Spioniren, von einem Aus=
forschen der verborgenen Herzensmeinung, so lange nicht offenbare That=
sachen dazu treiben, kann da nicht die Rede sein, zumal die Gemeinde als
eine christliche doch stets sich auch bewußt sein muß, daß das Gericht über
das „Verborgene der Menschen" ihr nicht übergeben worden ist.[1] Eben
so versteht es sich aber auch von selbst, daß die christliche Gemeinde
dieß Alles überhaupt nur im Geiste der Milde und Versöhnung wird und
kann ausüben lassen wollen.[2] Die Ausschließung eines Mitgliedes von
ihrer Gemeinschaft ist für sie selbst stets eine Calamität und eine schmerz=
liche Operation, und daher kann dieselbe auch immer nur im äußersten
Nothfalle eintreten als das Letzte, wenn alle tragende Geduld erschöpft
ist und kein anderes Mittel mehr übrig bleibt, um die Gemeinde selbst zu
schützen. Von jenem raschen, wohl gar tumultuarischen Vorgehen, das
kein Erbarmen und keine Langmuth kennt, kann hier eben so wenig die
Rede sein, wie vom Verfluchen und anderem Wüthen gegen ein Glied,
das die Kirche von sich abthun müßte, vielmehr hat hier, wie überhaupt,
nichts Anderes, als die ernstlich gemeinte Fürbitte-ihre Stelle[3] und na=
mentlich darf sich die Gemeinde nie anmaßen wollen, da ein Urtheil von
unbedingter Giltigkeit vor Gott auszusprechen und sich einzubilden, daß
ihre Ausschließung zugleich ein Ausschließen vom Reiche Gottes sei[4], wie
denn auch keinerlei bürgerliche Nachtheile für den Betroffenen aus dem
Verfahren der Kirche gegen ihn erwachsen dürfen.[5] Dieß Letztere sollte

---

[1] Röm. 2, 16.

[2] Auch Paulus, wenn er den Uebelthäter aus der Corinthischen Gemeinde aus=
geschlossen wissen will, verlangt dieß doch nur, damit die Seele desselben gerettet werde
(1 Cor. 5, 5), woraus auch erhellt, daß Ausschließung von der Gemeinde nicht zugleich
ein Verschließen des Reiches Gottes ist.

[3] Jeder Act des Hasses und der Lieblosigkeit würde auch hier die Gemeinde selbst
um ihren christlichen Charakter bringen. Es darf, was da geschieht, nur Nothwehr
sein in der äußersten Noth und die Grenzen des bloßen Abwehrens nicht über=
schreiten.

[4] Vgl. 1 Cor. 4, 3 f. 5, 5. Das Endgericht bleibt stets Gott vorbehalten.
Ueberhaupt ist stets streng festzuhalten, daß das zu fällende Urtheil nur im Namen
der Gemeinde, niemals aber im Namen Gottes erfolgt, wie die Hierarchen sich angemaßt
haben, an der Stelle Gottes unfehlbare Urtheile zu sprechen.

[5] Wodurch ja immer die Bekenntnißfreiheit aufgehoben würde.

sich schon deßhalb verstehen, weil es ja nicht der Staat ist, der nach seinem Rechte und zum Schutze der von ihm zu vertretenden Interessen das Urtheil gefällt hat, sondern die Kirche, aber auch weil es die Kirche entwürdigen würde, wollte sie dulden oder gar verlangen, daß der Staat Rache an dem von ihr Ausgeschlossenen nehmen sollte. Die Kirche hat nur das Interesse, sich selbst zu schützen, und ist dieß durch die Ausschließung eines seiner ganzen Stellung und Richtung nach nicht zu ihr Gehörenden gewahrt, so muß sie dadurch völlig befriedigt sein, alles Weitere wäre nur ein Akt gemeiner Rachsucht, der ihr vor Allem fern sein muß, zu dem aber auch der Staat sich nimmer verstehen sollte.[1]) Wir meinen, auch das Alles lasse diese von der christlichen Gemeinde zu übende Befugniß in einem ganz anderen Lichte erscheinen, als jenes schlimme und in jeder Weise zu verwerfende Verfahren, durch das die Hierarchie die Kirche mehr verwüstet, als aufgebaut hat.

Endlich aber — und darauf ist noch ganz besonders aufmerksam zu machen — kommt es darauf an, daß bei dem in Rede stehenden Verfahren auch die richtigen Normen für die Urtheilsfindung angewandt werden, und da versteht es sich denn natürlich auch wieder von selbst, daß eine Ausschließung von der Mitgliedschaft der Gemeinde und von den damit verbundenen Rechten nur erfolgen darf, wenn wirklich durch Thatsachen erwiesen ist, daß Jemand das christliche Bekenntniß, welches die Mitgliedschaft bedingt, verleugnet und wenn er durch keine gütlichen Vorstellungen von seinem Wege abgebracht werden kann, mit anderen Worten, wenn er entweder Jesum Christum nicht mehr als den ewigen Grund der Kirche anerkennt, oder wenn er dem Zwecke der Kirche, das Leben Jesu Christum sich immer völliger zu eigen zu machen, in einer Weise entgegen handelt, daß gesagt werden muß, er trage die Criterien eines Christen durchaus nicht mehr an sich. Unter allen Umständen ist hier jedes bloß subjective Ermessen von Seiten Derer, die zur Urtheilsfindung bestellt sind, eben so auszuschließen, wie jedes Richten nach denjenigen Gesichtspunkten, die etwa ein bloßer Parteistandpunkt an die Hand geben möchte, und — wie dem zur Verantwortung Gezogenen auch das Recht der vollen Verantwortung zustehen, wie es ihm namentlich gestattet sein muß, seine von den hergebrachten Meinungen abweichende Richtung als eine christliche zu bewähren, so dürfen die Richter auch nur das zum Maßstabe nehmen, was überhaupt die Mitgliedschaft in der Kirche verleiht, was bei Jedem, der zu dieser Genossenschaft gehören will, voraus gesetzt werden muß, d. h. wie

[1]) Die Kirche hatte selbst im Mittelalter noch ein Gefühl für das, was ihr zieme, indem sie, freilich heuchlerisch genug, stets darauf hinwies, daß „sie nicht nach Blut dürste!" Leider gab sich damals der Staat dazu her, es für sie zu vergießen.

wir bereits gesehen haben, daß er den Grund und Zweck der Kirche anerkennt und dem gemäß sich verhält. Alles, worin überhaupt die subjective
Freiheit ihre Berechtigung hat, kann hier natürlich nicht zur Sprache kommen, und was das Urtheil über das praktische Verhalten eines der Un-
würdigkeit, als Mitglied der Kirche zu gelten, Bezüchtigten anlangt, so
dürfen dabei auch nur solche Vergehungen maßgebend sein, welche mit dem
Christenthum nun einmal nicht bestehen können, offenbare Frevel gegen die
Sittlichkeit, wie diese dem Wesen des Christenthums gemäß ist und sich
aus ihm ergiebt.[1] Nicht jene oft bloß äußerlichen Merkmale, ob Jemand
z. B. fleißig an den Gemeindeversammlungen, am Abendmahl, an beson-
beren Liebeswerken Theil nimmt, dürfen hier die Entscheidung abgeben.
Wie sehr die Gemeinde vielleicht Ursache hat, auf diese Dinge zu sehen,
wo es sich für sie um die Wahl eines ihrer Beauftragten handelt[2], so ist
doch auch immer zu bedenken, daß auch diese Dinge leicht gewohnheitsmäßig und sogar in ostentatiöser Weise getrieben werden können, und daß
Jemand durch besondere Umständen aus guten, wenigstens aus subjectiv
zureichenden und achtbaren Gründen in den für ihn selbst schmerzlichen
Fall kommen kann, sich ihrer zu enthalten, ohne daß deßhalb sein christlicher Charakter aufgehoben wäre. Auch ist, was so oft verkannt worden
ist, die Theilnahme an den öffentlichen, gottesdienstlichen Versammlungen
und Handlungen der Gemeinde mehr ein Recht, als eine unbedingte
Pflicht des Christen, gehört, wie die Betheiligung an besonderen Liebeswerken in das Gebiet der Freiheit hinein, und wenn man auch Gründe
hat, jedem Christen zu rathen, daß er sich dieser Theilnahme nicht enthalten solle, so muß doch ihm immer überlassen bleiben, ob er diesen Rath
benutzen will oder nicht. Dagegen aber die Ausübung der Liebe zu Gott und zu
den Menschen, wie sie der Inhalt des Lebens Jesu Christi ist, im bürgerlichen Leben, vor Allem aber die Enthaltung von Dingen, welche mit
dieser Liebe streiten und das Gegentheil von dem sind, was aus dem Sinne
des Herrn, der in uns sein soll, für unser sittliches Verhalten sich ergeben
muß, die muß von jedem Mitgliede der Gemeinde gefordert werden, und
— wo daher bei Jemandem offenbare und hartnäckige Versündigungen gegen die christliche Sittlichkeit sich zeigen, wo Jemand ein Leben führt, welches ein Hohn ist auf Alles, was zu den gewöhnlichen Pflichten eines Menschen und Christen gehört, was am Ende schon von Natur einem Jeden
in das Gewissen geschrieben ist[3], da kann und darf die Gemeinde einen
Solchen nicht mehr als ihr vollberechtigtes Glied betrachten, und dergleichen

---

[1] Vgl. Gal. 5, 19 ff.
[2] Dieß ist natürlich ein anderer Fall, als die Ausschließung vom gewöhnlichen
Mitgliedsrechte.
[3] Vgl. 1 Cor. 5, 1.

Dinge haben deßhalb auch da, wo es sich um Ausschließung von der Mit=
gliedschaft handelt, den Ausschlag und die Norm für das zu findende Ur=
theil zu geben. Nun, und so dieß Recht der Gemeinde gegenüber ihren
Mitgliedern gefaßt, hat es denn wirklich etwas so sehr Bedenkliches? muß
man denn in der That nicht vielmehr sagen, daß es eigentlich ganz in der
Natur der Sache liegt, daß die Gemeinde, will sie selbst ihren Charak=
ter als einer christlichen bewahren und bewähren, doch zuletzt, wenn
auch immer nur zuletzt und im äußersten Nothfalle zu einem solchen Mittel
greifen muß?

Was wir verlangen und meinen, wenn wir der Gemeinde das Recht zu=
sprechen, Jemanden von der Mitgliedschaft in ihr auszuschließen, ist diesem
Allen nach durchaus nur die in geordneter Weise zu übende Be=
fugniß, Jemandem um seines offenbaren Verleugnens Christi
und der christlichen Lebenszwecke willen diejenigen Rechte
nicht zu gewähren oder sie ihm abzusprechen, welche einem mündigen
Mitgliede in ihr gekommen und zwar so, daß die Folge dieses
Verfahrens keine andere ist, als die, daß er nicht mehr im Stande sei,
diese Rechte auszuüben, so lange sie ihm die Gemeinde durch ihre
gesetzlichen Organe nicht wieder zugesprochen hat, und daß bei dem zu
fällenden Urtheile nichts Anderes zum Maßstabe dienen
darf, als der Inhalt des Bekenntnisses, auf welchem die
Mitgliedschaft in ihr wesentlich und ausschließlich beruht,
und — in der That, was gegen diese Forderung zu erinnern wäre, es ist
doch nicht einzusehen! Man stelle sich doch nur recht in das Christenthum
hinein, man vergegenwärtige sich nur genau, was es denn überhaupt mit
der christlichen Gemeinschaft auf sich hat, was sie durch Jesum Chri=
stum sein und immermehr werden soll, und man wird erkennen müssen,
daß diese Forderung ganz und gar aus dem Wesen des Christenthums und
der Kirche Jesu Christi, aus dem, was diese in Folge ihres bestimmten
Wesens [1]) von jedem ihrer Mitglieder fordern muß, nothwendig hervorgehe,
ja, daß die Gemeinde sich dieß Recht nicht dürfe nehmen lassen, weil sie
nur in ihm eine letzte Schutzwehr gegen den Mißbrauch der Freiheit habe,
welche sie allen ihren Mitgliedern zugestehen muß. Wären jene schlimmen
Erfahrungen nicht, welche man von dem Mißbrauche dieses Rechtes ge=
macht hat, Jeder würde zugestehen müssen, daß sich dasselbe rein von selbst
verstehe, aber — jene Erfahrungen können uns wohl bewegen, die Fehler

---

[1]) Immer ist zu bedenken, daß das Christenthum etwas durchaus Bestimmtes ist,
nicht irgend ein unbestimmt Allgemeines. Im Staate muß der Grundsatz gelten, daß
da „Jeder nach seiner Façon selig werden kann", denn der Staat hat es überhaupt
nicht mit der Seligkeit der Menschen zu thun, in der Kirche dagegen kann man selig
werden nur nach christlicher „Façon".

zu vermeiden, die gerade hier gemacht sind und so viel Schaden angerichtet
haben — dazu sollen sie uns gereichen und uns deßhalb warnend vor
Augen stehen — dagegen sollen und dürfen sie die Gemeinde nicht hindern, ein Recht in geordneter Weise auszuüben, dessen Ausübung unter
Umständen eine ihrer schwersten und schmerzlichsten Pflichten sein kann.

3. Oder was wendet man denn dagegen ein? und was kann man
glauben fürchten zu müssen von dieser Befugniß und deren Ausübung in
der von uns bezeichneten Weise? Allerdings Alles, wenn diese Befugniß
entweder nicht in den Händen liegt, denen sie allein zukommt[1]), in den
Händen der Gemeinde und ihrer zur Ausübung derselben frei von ihr be-
stellten Organe, oder — wenn in der Gemeinde nicht derjenige Geist lebt,
der ihr als einer christlichen zukommen soll, wenn die Gemeinde selbst von
jenem unfreien Geiste, der das „Pfaffenthum" charakterisirt, erfüllt ist und
noch nicht gelernt hat, in Demuth und Liebe die Freiheit des persönlichen
Lebens in Christo und seinem Heile zu respectiren und als die Grundbedingung ihres eigenen Gedeihens zu erkennen. In den Händen einer fanatischen, selbstsüchtigen, nur auf ihre Machtzwecke gerichteten und in ihren
eigenen Satzungen befangenen Hierarchie, welchen Namen sie auch tragen
möchte, ob den des Papstes oder Luthers oder Calvins oder irgend eines
Sektenhauptes, würde diese Befugniß eben sowohl zu einem zweischneidigen
Schwerte werden und zu einer bösen Malaria, die alles gesunde Leben in
Christo erstickte und verdürbe, wie in den Händen einer Gemeinde, die
selbst noch auf demselben Niveau mit einer solchen Hierarchie stände und
die noch die Elemente christlichen Lebens weder begriffen hätte, noch in
sich trüge, die noch nicht verstanden hätte, was das heißt, in Christo frei
sein und mit eigener persönlicher Verantwortung auf dem Grunde des
Christenthums stehen. Daher verkennen auch wir die Gefahren, welche
diese Befugniß mit sich führt, keineswegs, sondern sind uns vielmehr deutlich bewußt, daß, wie das Christenthum überhaupt verdorben werden muß,
wenn die Grundbedingungen seines Gedeihens aufgehoben werden, daß so
auch diese Befugniß, die ein Schutzmittel der Gemeinde sein soll, in ihr
Gegentheil verkehrt werden kann, in ein Mittel ärgster Geistesbedrückung,
wenn sie mißbraucht wird, wenn es bei Denen, die sie handhaben sollen,
an den Bedingungen des rechten Gebrauches fehlt. Aber — soll der mögliche Mißbrauch den rechten Gebrauch verhindern? oder soll derselbe nicht
vielmehr treiben, die Ursachen des Mißbrauches hinweg zu thun und fern
zu halten? Weil die Befugniß des Ausschließens von der Gemeinde ge-
mißbraucht werden kann, deßhalb eben kommt es freilich darauf an, sie
den rechten Händen anzuvertrauen und eine genaue auf die richtigen

---

[1]) Vgl. Matth. 18, 17.

Grundsätze gestützte Ordnung ihrer Handhabung aufzurichten, deßhalb freilich ist es auch Pflicht der kirchlichen Gemeinschaft, auch über ihrer rechten
Anwendung zu wachen und dafür zu sorgen, daß sie selbst auch vor dem
Geiste bewahrt bleibe, der diese Befugniß so oft zu einer schweren Last und
zu einem Verderben für die Kirche gemacht hat.[1] Aber — die Anwendung dieser Befugniß, wo es wirklich noth ist, daß sie gehandhabt werde,
kann durch alle jene Gefahren nicht aufgehoben werden.

Und was fürchtet man denn, wenn dieselbe in den rechten Händen
liegt, wenn sie nach rechter christlicher Ordnung ausgeübt wird, wenn sie
geschieht in jenem Sinne und Geiste, den wir bereits bezeichnet haben, in
dem Geiste der Liebe, der zugleich der Geist der Freiheit ist? in jenem
Geiste, der die Rechte des persönlichen Lebens anerkennt und Nichts verlangt, als daß der Grund des Christenthums bewahrt und der Zweck der
christlichen Gemeinschaft nicht verletzt, das ihr in dem Herrn gegebene Ziel
ihr nicht verrückt[2] werde, ja, der auch in Demjenigen, welchem er die
Rechte eines Gemeindegliedes, das Mitbestimmungsrecht in den allgemeinen
Angelegenheiten der Gemeinde absprechen muß, doch immer noch den mit-
berufenen Bruder erkennt und ihn auch nicht hindern will, seine Wege zu
gehen, auch wenn er selbst nicht mit ihm zu gehen im Stande ist? Man
sollte doch denken, da wäre Nichts von dem Allen zu fürchten, was die
verkehrte Anwendung dieser Befugniß, was der hierarchische Bann über
die Gemeinden und Völker allerdings so oft gebracht hat: Nichts von
Geistesbedrückung irgend welcher Art, Nichts von jener Einengung des
christlichen Lebens in den von einer einseitig-engherzigen Richtung gezogenen Kreis, Nichts von einem Mißbrauche dieser Gewalt in unberechtigter
und der bloßen Parteiselbstsucht oder der Selbstsucht hierarchischer Gelüste
dienender Weise. Man mache sich die Dinge nur recht klar, und in der
That wird man doch finden müssen, daß von der Anwendung dieser
Befugniß nur höchstens Diejenigen getroffen werden könnten, welche in

---

[1] Auf den Geist, der in der Kirche lebt, kommt freilich auch hier, wie überall,
zuletzt Alles an, denn die Kirche ist die Stätte des geistigen Lebens und der Geist des
Herrn die Voraussetzung ihres Gedeihens, wie der Herr selbst ihr Grund ist. Wo der
Geist fehlt, da kann überhaupt auch Nichts zu ihrem Segen ausschlagen; was sie auch
angreifen mag, es wird ihr verderblich sein und nur größere Verwüstung schaffen; und
— der Geist, ohne den auch die Verfassung Nichts ist und nützt, läßt sich durch Ver-
fassungsbestimmungen nicht geben, sondern nur durch den Herrn. Die Verfassung kann
nur das Leben im Geiste regeln und — Riegel vor Mißbräuche schieben, die ein verkehrter Sinn in der Gemeinde treiben möchte. So zeigt sich auch hier, bei der Befugniß der Ausschließung von der Gemeinde, eine Grenze, wo die Verfassungsbestim-
mungen darüber nicht ausreichen, wo man aber deßhalb auch auf den Herrn und seine
Verheißung sich verlassen muß (Matth. 28, 20. Joh. 16, 13).

[2] Col. 2, 18.

unredlicher Art sich in die Gemeinde und ihre Angelegenheiten eindrängen
und einmischen möchten, während sie doch ihrer ganzen sittlich-religiösen
Stellung nach nicht zur Gemeinde Christi gehören, und die dies nur thäten,
um Verwüstung in die Gemeinde selbst zu bringen, ihren Frieden, wohl
gar ihr sicheres Beruhen auf dem Grunde Christi zu verstören, die aber,
wenn sie redlich wären, von selbst fern bleiben und außerhalb der Ge=
meinde ihre Wege gehen und ihre Ziele verfolgen müßten.[1]) Aber hat
nun die Gemeinde nicht wirklich ein Recht und eine Pflicht, sich gegen
Solche zu schützen, so bald ihr Treiben und ihre Absicht offenkundig wird?[2])
müßte sie nicht fürchten, gegen ihre heiligste Pflicht zu fehlen, wenn sie das
nicht thun wollte, mit allem Ernste und auch mit aller Offenheit und Ehr=
lichkeit, wie weh' es ihr auch selbst thun, wie groß auch der Schmerz sein
möchte, den sie darüber empfände, daß sie in eine solche Nothwendigkeit
sich versetzt sähe?[3]) müßte sie es nicht thun, um das zu bleiben, was sie
sein soll, ihrem Wesen nach, die Genossenschaft des in Christo erschienenen
religiös-sittlichen Lebens, auch wenn sie es thun müßte auf die Gefahr hin,
von den braußen Stehenden verunglimpft, der Engherzigkeit und Intoleranz
aus Unverstand beschuldigt zu werden?[4]) Jedem, der von christlichen Din=
gen Etwas versteht, kann das nicht zweifelhaft sein.

Die Kirche Christi verfolgt nicht und wo sie es gethan hat, da ist sie
nur noch dem Namen nach Kirche Christi gewesen, aber — sie muß sich
selbst auch gegen das Einreißen unchristlichen Geistes in ihrer Mitte zu
schützen suchen und ist dazu, daß sie das thue, nicht nur befugt, sondern
auch verpflichtet[5]), und — wie könnte sie das anders in sicherer Weise, als
wenn sie Denen, die ihr nicht die Garantie christlicher Gesinnung bieten
oder wohl gar ganz das Gegentheil zur Schau tragen, dies Recht der Mit=
bestimmung in ihren Angelegenheiten entziehen kann? Je mehr sie auf

---

[1]) Denn daran, wir betonen es nochmals, sollen sie ganz und gar nicht gehindert
werden.

[2]) Nur, wenn dieß der Fall ist, darf der Ausschluß erfolgen. Von Spionerei,
wie es die Inquisition treibt, kann und darf natürlich nicht die Rede sein. Die Hier
archie muß auf ihre Feinde lauern, weil sie ein schlechtes Gewissen hat, eben so wie
die Pharisäer aus dem gleichen Grunde auf den Herrn „halten" mußten, „um ein
Sache wider ihn zu finden". Die christliche Gemeinde dagegen hat das gute Gewissen
der Wahrheit (Ebr. 13, 18) und ist deßhalb auch die Stätte, wo Vertrauen waltet,
die Stätte der Liebe, die von selbst nicht mißtrauisch ist, sobald nicht offenkundige
Thatsachen sie eines Anderen überzeugen. (S. oben.)

[3]) Einer recht christlichen Gemeinde würde es allerdings nicht leicht werden,
eins ihrer Glieder „abzuhauen", aber — müßte sie es nicht doch im Nothfalle thun?
(Vgl. Matth. 5, 29 f. 10, 37 f.)

[4]) Vgl. 1 Petr. 2, 12 ff.

[5]) Wie man auch im gewöhnlichen Leben unter Umständen sein Hausrecht nicht
bloß gebrauchen darf, sondern auch muß.

der einen Seite eine Stätte der Freiheit ist, und sich auf die Gewissenhaf=
tigkeit Derer, die sich zu ihrem Lebensinhalte bekennen, allein verläßt, je
mehr sie vertraut, daß das Bekenntniß, frei und zwanglos abgelegt, auch
ehrlich gemeint sei, und je weniger sie deßhalb auch, mit diesem Vertrauen
sich begnügend, die Gewissen noch auf andere Weise zu binden sucht, desto
mehr bedarf sie aber auch dieser Hülfe gegen Untreue und Gewissenlosigkeit,
und daß sie auch ein völliges Recht zur Anwendung dieser Maßregel hat,
das muß vollends evident werden, wenn wir uns nur erinnern [1]), daß die
Kirche nicht auf sich selbst gepflanzt ist, daß das Leben, dessen Trägerin sie
sein soll, ein ihr verliehenes, ihr zur Bewahrung und Fortpflanzung an=
vertrautes ist. Frei ist die Kirche eben dadurch, daß sie in jedem ihrer
Glieder auf einem Grunde steht, den sie nicht selbst gelegt hat, und daß
es eben deßhalb auch keinem ihrer Glieder verstattet sein kann, den anderen
statt dieses Grundes zu dienen, daß Herrschaft über das Gewissen des
Anderen, über das Gott und Christus allein gebieten sollen, keinem Mit=
gliede, welches es auch sein mag, zukommen kann. Aber — indem sie so
dadurch frei ist, daß sie auf einem über ihr stehenden Grunde in völlig
unbedingter und ausschließender Weise ruht, ist sie an diesen ihren Grund
und das in ihm dargebotene Leben auch in unbedingter Weise gebunden.
Von diesem ihren Grunde darf sie sich nicht treiben lassen, wenn sie nicht
aufhören will, sie selbst zu sein, und wie sie darüber keine Gewalt hat, wie
es ihr nicht verstattet sein kann, selbst diesen ihren Grund zu verlassen und
zu verleugnen, so darf sie auch Keinem Mitgliedsrechte geben oder lassen,
der nicht mit ihr auf diesem ihren Grunde stehen will und das offen an
den Tag legt. Auch wenn sie wollte, würde man ihr das Recht dazu
völlig absprechen müssen, wie hoch man auch sonst von dem freien Bestim=
mungsrechte der Gemeinde denken mag, und so folgt denn aus diesem ihrem
Wesen Pflicht und Recht zu jenem Verfahren gegen notorische Nichtchristen
von selbst, und es kommt lediglich darauf an, daß sie dieß Recht auch im
Geiste des Christenthums ausübe und eine Ordnung schaffe, welche ein
jedes ihrer Glieder gegen verkehrte und ungerechte Ausübung dieser Be=
fugniß eben so schützt, wie sie sich selbst gegen das Eindringen unchristlicher
Elemente durch diese Ordnung zu schützen suchen muß. So aufgefaßt, ist
dieß Verfahren ganz gewiß unbedenklich und kann die abschreckenden Folgen
nicht haben, die man im Andenken an seinen Mißbrauch leicht von ihm
befürchten möchte, aber — so muß denn auch klar sein, daß, wo der Kirche
dieß Recht zusteht, sie um so unbedenklicher auch auf das Bekenntniß ihrer
Mitglieder trauen und sich damit begnügen kann, wenn Jemand mit voller
Freiheit zu ihr sich halten will, indem er bezeugt, daß Dasjenige, worin

---

[1]) S. oben §. 7.

die Kirche ihr Heil sucht, auch ihm persönlich als sein Heilsgrund gilt und daß er in Gemeinschaft mit ihr auf diesem Grunde allein auch sein Heil treu und gewissenhaft suchen will.[1])

§. 13.

Aus Denjenigen, welche sich frei zu Christo und dem in diesem ge= gebenen Leben und Lebensziele bekennen, bildet sich die eine und all= gemeine christliche Kirche als die real vorhandene, sie Alle um= schließende und fest mit einander verbindende Genossenschaft, und zu einer solchen soll es allerdings kommen. Doch ist das Band, das Alle zur Einheit dieser Genossenschaft verknüpft, nicht das äußerlich zwingende des Gesetzes, sondern das innerlich treibende des Geistes, d. h. der freien und sich selbst bindenden Liebe, durch welche ein Jeder, der des allgemeinen christlichen Bekenntnisses ist, sich auch ver= pflichtet fühlen muß, die Gemeinschaft des Lebens mit den Christen zu suchen und als ihr Genosse auch an ihren Bestrebungen Theil zu nehmen, in deren Namen aber auch die Genossenschaft berechtigt ist, solche Theilnahme von jedem Bekenner zu fordern und darauf zu drin= gen, daß er das Band der Einheit mit ihr nicht eigenwillig und ohne wirkliche Noth löse.

1. Durch die Freiheit zur Einheit! In dem Bisherigen haben wir alles Gewicht auf die Freiheit gelegt, wie sie der Kirche von vorn herein zukommt, indem sie selbst nur auf dem Boden der Freiheit entsteht und Keinen als ihr Mitglied gelten lassen kann, der sich nicht mit völliger Freiwilligkeit zu Dem bekennt, wodurch sie selbst und um beßwillen sie da ist. Aber freilich soll es nun bei der Freiheit allein nicht sein Be= wenden haben, es soll vielmehr auch durch sie hierdurch zur Einheit kommen, d. h. zu einer Genossenschaft der freien Bekenner mit einander und zwar zu einer solchen, die nicht bloß eine gedachte und damit hypo= thetische wäre, sondern die wirklich und wahrhaft vorhanden ist und sich als geschlossene Gemeinschaft in der wirklichen Welt darstellt, Alle, die des Glaubens Jesu Christi sind, fest mit einander verbindend. Von dieser Forderung, wie sie in dem Wesen der Kirche durchaus begründet liegt[2]), wie sie auch von vorn herein und so alle Zeit hindurch in den Bekennern Christi sich geltend gemacht hat und als lebendiges Bewußtsein ihrer

---

[1]) Uebrigens sei noch bemerkt, daß es an sich schon sehr unwahrscheinlich ist, die freie Kirche werde oft in den Fall kommen, dieß Recht ausüben zu müssen. Je we= niger Zwang von außen geübt wird, um die Menschen in der Kirche zu erhalten, desto weniger wird auch Unredlichkeit Veranlassung haben, die Mitgliedschaft der Kirche zu suchen.

[2]) S. oben §. 5.

innigsten Zusammengehörigkeit vorhanden gewesen ist, ja, wie sie eben deß=
halb auch zu der Bildung dieser großen Gemeinschaft geführt hat, die als
die Kirche Christi seit der Apostel Zeit in der Welt dasteht zugleich mit
dem Bestreben, Alle, die Christo angehören, auch in sich zu vereinigen, [1]
von dieser Forderung darf unter keiner Bedingung abgegangen werden,
und da, wo es wirklich geschieht, wo entweder der Trieb nach wirklicher
Lebensgemeinschaft mit den Brüdern fehlt oder wo man, um höhere Güter
zu retten, [2] die Einheit der Kirche meint Preis geben zu müssen, da deutet
eine solche Erscheinung unstreitig auf die allerschlimmsten Schäden an dem
Leibe der Genossenschaft selbst hin, die sich die Kirche Christi nennt. Ent=
weder, daß es da an der vollen Energie des christlichen Bewußtseins in
den Christen selbst fehlt [3] oder daß von Seiten der Kirche Forde=
rungen an ihre Mitglieder gestellt werden, welche diese nicht zu erfüllen
im Stande sind, ohne das Christenthum in seiner Wahrheit zu verleug=
nen [4], immer sind es Symptome schwerer Erkrankung des christlichen Lebens
überhaupt, wenn da unter den Christen das Band der Genossenschaft ge=
lockert wird und Dasjenige, was in Einheit und Gemeinschaft auf dem
einen Grunde nach dem einen Ziele streben sollte, in Parteiung und
Feindseligkeit auseinander geht, ja, wenn gerade die treuen Bekenner sogar
dahin gebracht werden, das, was der Wirklichkeit des Lebens angehören
sollte, in das Reich der Ideen zu verlegen und sich mit einer bloß un=
sichtbaren Seelen= und Geistesgemeinschaft der Christen unter einander zu
vertrösten. [5] Dagegen wo das christliche Leben gesund und kräftig ist in
den einzelnen sich zu Christo bekennenden Persönlichkeiten und wo auf der
andern Seite auch die Genossenschaft, die sich Kirche nennt, keine andere,
als die im Wesen des Christenthums begründeten Bedingungen für den
Eintritt in ihre Gemeinschaft stellt, da kann es gar nicht anders sein, als
daß es nicht etwa nur bei der innerlichen Geistesgemeinschaft der Gläubi=
gen bleibt, bei welcher doch ein Jeder nur für sich allein bestände, ohne

---

[1] Natürlich auch die, die ihm bloß erst der Berufung nach angehören, und daher
der Missionsdrang, aber namentlich und zunächst doch die, die schon des Glaubens
Jesu Christi sind.

[2] Wie z. B. die Reformirten durch die Concordisten sich ausschließen ließen, weil
ihnen Wahrheit und Wahrhaftigkeit höher galt, als eine auf Kosten beider zu Stande
gebrachte tyrannische Einheit der Kirche. Vgl. Ursinus, admonitio christ., epilogus.

[3] Wie leider in unseren Tagen so oft auch bei denen, die sich mit Emphase Christen
nennen: es fehlt da leicht an dem Wesentlichen, an der Liebe, durch die der Christ
allein Christ im vollen Sinne ist. Vgl. Joh. 13, 35. 1 Cor. 13, 1 ff.

[4] Wie dieß von Seiten der Römischen gegenüber den Reformatoren und von
Seiten der Concordisten gegenüber den Reformirten geschah.

[5] Oft freilich eine Nothwendigkeit, unter der Diejenigen, die sich in dieselbe ver=
setzt sehen, schwer genug gelitten haben.

um den Andern sich zu bekümmern, sondern daß auch eine real vorhandene
Genossenschaft aus den auf dem gleichen Grunde Stehenden sich bildet, da
wird auch die Sprödigkeit und Abgeschlossenheit des Subjectes sich aufschließen zu liebender Hingebung an Diejenigen, die mit ihm desselben Lebens
theilhaftig sind, da muß wohl ein gegenseitiges Sichsuchen unter den im
innersten Kern ihres Wesens von Christo Ergriffenen eintreten, ein sie Alle
erfüllendes Bewußtsein, wie ihrer Gleichartigkeit, so auch ihrer Zusammengehörigkeit, dessen einfaches Resultat die Genossenschaft selbst ist, zu der sie
sich verbinden. [1]) So wenigstens ist es damals geschehen, als die christliche Kirche, als die Gemeinschaft der Gläubigen zuerst aus der Wirksamkeit des Herrn und seines Geistes hervorging: zu einer wirklichen Genossenschaft schlossen sie sich sofort aneinander, sie Alle, die sich zu Christo und
seinem Leben bekannten! [2]) Nicht etwa, daß sie bloß eine nur ideale
Gemeinschaft statuirt hätten, die nicht zugleich auch eine reale Genossenschaft gewesen wäre, vielmehr verstand es sich für sie ganz von selbst, daß
Diejenigen, die des gleichen Lebens in Christo theilhaftig geworden,
auch für das irdische Leben verbunden sein müßten, um auf dem gemeinsamen Grunde auch nach dem gemeinsamen Ziele mit einander zu trachten.
Und — so ist es wenigstens als Trieb der Vergesellschaftung stets auch
unter den Gläubigen lebendig gewesen, so hat selbst, wenn auch in arger
Entstellung, der Einheitsgedanke auch der Hierarchenkirche immerfort zu
Grunde gelegen, sie treibend, die kirchliche Einheit durch ihre Herrschaft
über die Christenheit zur Durchführung zu bringen. [3])

Die Kirche Christi soll auch eine einige, in sich geschlossene Genossenschaft der Bekenner Jesu Christi sein, eine Genossenschaft im rechten und
wahren, nicht bloß fingirten und hypothetischen Sinne des Wortes, und
abzuweisen als unevangelisch sind deßhalb alle diejenigen Meinungen und
Richtungen, durch welche dieser Grundsatz verleugnet, diese Forderung
nicht anerkannt wird, eben sowohl der Independentismus, wie er auf
das subjective Leben in seiner Freiheit allein alles Gewicht legt und es
deßhalb zu keiner wahrhaften Gemeinschaft kommen läßt [4]), als auch jene
Lehre von der Unsichtbarkeit der wahren Kirche Christi, wenn
dieselbe einseitig nur die „Unsichtbarkeit" der Kirche betont und zwar in dem
Sinne, als ob das Heraustreten derselben in die Sichtbarkeit, d. h. die
Herausgestaltung eines wirklichen Gemeinschaftslebens unter den Christen nur
ein Abfall sei von der wahren Idee der Kirche und als ob der Christ

---

[1]) Vgl. Röm. 1, 9 ff.

[2]) Vgl. Apostelgesch. 2, 44 ff.

[3]) Es war das nur eine Verirrung eines richtigen Bestrebens.

[4]) Gegen ihn reagiert immer das christliche Bewußtsein, doch — hüte man sich auch,
das Kind mit dem Bade zu verschütten!

gegen dieß Leben in der Gemeinschaft sich gleichgiltig verhalten dürfe. [1]) Beide Richtungen in dieser ihrer Einseitigkeit sind auf das Aller= bestimmteste zurückzuweisen, eben als Einseitigkeiten, deren Hervortreten allerdings wohl erklärlich ist, deren Geltendmachung auch auf persönlich ehrenwerthen Gründen beruhen mag und wirklich beruht hat [2]), die aber dem, was die christliche Kirche sein soll, ganz und gar nicht entsprechen, ja, die gerade das Moment, das der Kirche und dem christlichen Leben überhaupt so wesentlich ist, daß es sein soll ein Leben in der Gemeinschaft und daß die Kirche eben diese Gemeinschaft auch als wirklich vorhandene Genossenschaft darzustellen hat ganz und gar aus den Augen setzen. [3])

Allerdings hat der Independentismus und die ihm doch eigent= lich auch völlig gleichartige Meinung, nach welcher die wahre Kirche Christi nur unsichtbar sein kann und soll, auch etwas durchaus Berechtigtes, wie wir dieß ja auch in dem Bisherigen genugsam anerkannt haben. Beide betonen eben Dasjenige, von dem die Kirche auszugehen, auf dessen Boden die Gemeinschaft zu entstehen hat, wenn sie überhaupt entstehen soll, und das auch immerfort innerhalb der Gemeinschaft seine Geltung behalten muß: das Moment der persönlichen Freiheit gegenüber einer Gebunden= heit, wie sie freilich von den „Vertretern der Kirche" so oft geltend gemacht worden ist und noch oft genug geltend gemacht wird, der absoluten Ge= bundenheit des Einzelnen, anstatt an den ewigen Grund der Kirche, viel= mehr an diese selbst und an ihre mit so höchst bedingter [4]) Autorität aus= gerüsteten Organe. Oder welches ist denn die Bedeutung dieser Richtun= gen, wenn wir in die Geschichte ihrer Entstehung hinein sehen? Gegenüber der Hierarchie und ihren Prätentionen, die Gewissen der Christen zu be= herrschen, entstanden, war der Independentismus doch im Grunde nichts Anderes, als ein offener und überaus ernstlicher Protest gegen diese hier= archische Aftergestalt der Kirche überhaupt und in sofern bedeutungsvoll,

---

[1]) Was jedoch keineswegs der ursprüngliche Sinn der Lehre von der „Unsichtbar= keit der wahren Kirche Christi" war. Die Reformatoren verwahren sich alles Ernstes gegen die römische Beschuldigung, als ob sie bloß eine ecclesia hypothetica wollten, und auch bei den altkirchlichen Dogmatikern kommt noch der Gedanke vor, daß die Kirche sichtbar und unsichtbar zugleich sei, daß Beides nur als Bezeichnung für ver= schiedene Seiten an derselben Kirche gelten müsse. Erst der Territorialismus kam dahin, die sichtbare und unsichtbare Kirche als zwei verschiedene Gemeinschaften von einander zu scheiden. Vgl. Stahl, Kirchen-Verf., S. 22 ff.
[2]) Auf der nothgedrungenen Opposition gegen hierarchische Gewissensbedrückung.
[3]) Vgl. Rothe, Anfänge, Einl., am Schluß. Der unsichtbaren Kirche fehlt eben das Moment, das erst die „Kirche", die „Ekklesia", constituirt, nämlich die reale Ge= meinschaft und das persönliche Leben in einer solchen.
[4]) Bedingt durch Zweierlei: 1) durch den Auftrag Seitens der Kirche, und 2) durch ihr wirkliches „Bleiben bei Christi Rede". Joh. 8, 31 ff.

als er gerade mit aller Entschiedenheit den Ton auf Dasjenige legte, um das die Kirche durch die Hierarchie betrogen worden war, als er den Grundsatz: „independent von jeder irdisch-menschlichen Instanz, um allein recht dependent zu sein von Gott und seiner in Christo erschienenen Wahr= heit[1])", wieder zum Lebensgesetze für die Christenheit zu erheben suchte, und — wie könnte man vom evangelischen und protestantischen Boden aus dagegen Etwas einwenden? Nicht nur, daß die Reformatoren von diesem Grundsatze, der mit andern Worten nur der der persönlichen Selbstverant= wortlichkeit jedes Menschen vor Gott ist, unbedenklich sich leiten ließen, selbst um den Preis der Einheit mit Denen, die sich damals „die Kirche" nannten[2]), auch die Apostel und der Herr selbst erkennen ihn als einen unter allen Umständen giltigen an[3]), und wie er aus dem Wesen des Christenthums folgt, haben wir bereits gesehen. Und eben so jene Lehre von der Unsichtbarkeit der wahren Kirche Christi — wenn wir auf ihre Genesis und auf die Bedeutung zurück sehen, die sie im Zeitalter der Reformation hatte, so sehen wir durch sie auch kein anderes Interesse vertreten, als dieß, der Hierarchie mit ihren Ansprüchen auf Ge= wissensbeherrschung den Rechtsgrund zu entziehen, auf welchem diese in ihrer äußerlichen Erscheinung und Gliederung zu stehen vorgab.[4]) Was diese Lehre ins Licht zu stellen suchte, war wesentlich dieß, daß es mit der christlichen Gemeinschaft sich anders verhalte, als mit der des Staates, daß die Kirche nicht auch „eine Politie sei, wie etwa das Königreich Frank= reich und der Staat von Venedig"[5]), daß die Kirche eine Genossenschaft Derer sei, welche innerlich im Glauben Christo zugehörten, und daß eben deßhalb über diese auch ein solches Herrscherrecht, wie es die Hierarchie für sich verlangte, keinem Menschen zustehe, daß die Rechtsgrund= sätze, wie sie auf staatlichem Gebiet gelten, im Gebiete der Kirche nicht anwendbar seien.[6]) Auch diese Lehre weist uns in das innerste Heiligthum

---

[1]) Daß auch der Independentismus die absolute Dependenz von Christo nicht hat aufheben wollen, sollte nicht verkannt werden, war es ihm doch um Sicherstellung dieser allein zu thun.

[2]) Nur daß die Reformatoren die persönliche Freiheit nicht einseitig geltend mach= ten, unterschied sie von den Independenten. Sie wollten auch eine kirchliche Einheit, nur nicht um jeden Preis und mit jeder Art von sich so nennender Kirche. Dieß auch gegen Möhler, Symb., 372, und dessen Vorwürfe gegen die Reformatoren, daß sie die kirchliche Einheit aufgehoben hätten. Wer die Schuld trug, ist Einsichtigen nicht verborgen: doch wohl die, welche es dem Gewissen der Christen des 16. Jahrhunderts unmöglich machten, die Einheit mit der Papstkirche zu bewahren.

[3]) Matth. 23, 8 ff. 1 Cor. 3, 21 ff. 1 Cor. 7, 23. Gal. 5, 1.

[4]) Vgl. darüber Rothe, Anfänge, Einl., am Schluß.

[5]) S. das Citat aus Bellarmin, Bd. I, S. 48, Anm.

[6]) Daher sah sich der Territorialismus, als er „die äußerliche Cultusanstalt" dem

des Gemüths und des Gewissens hinein, um dieses gegen alle Ver=
gewaltigung durch irgend welche irdisch=menschliche Instanz sicher zu stellen,
und im Grunde ist sie nichts Anderes, als nur eine andere Form für
das, was der Independentismus vertritt, für die Forderung, daß der
Christ auch allein von Christo in unbedingter Weise dependent sein dürfe.
Wer möchte die Wahrheit, die auch dieser Lehre zu Grunde liegt, ver=
kennen? wer es nicht als die Grundbedingung alles gesunden Kirchen=
lebens ansehen, daß dieses seine Wurzeln immer nur suche in dem „Ver=
borgenen" des Menschen, über das nur Gott richten kann [1]), in jener den
fremden Blicken so durchaus sich entziehenden Stätte, wo der Mensch als
ein persönlicher mit seinem Gotte geeinigt sein soll? So ist das Berech=
tigte, das in diesen Richtungen und Anschauungen liegt, denn vollauf an=
zuerkennen; unverlierbar müssen für die Kirche die Grundsätze sein, für die
sie eingetreten sind; aber — zugleich ist doch auch zu erkennen, daß bei
ihnen allein nicht stehen geblieben werden darf, daß über die Freiheit
hinaus auch auf dem Gebiete des Christenthums zur Einheit zu gelangen,
und daß die Kirche erst da wirklich vorhanden ist, wo sie, aus der bloßen
Unsichtbarkeit und Verborgenheit herausgetreten, sich auch als eine lebendige
Gemeinschaft der Gläubigen unter einander darstellt. [2])

Der Independentismus zeigt den Weg, auf welchem allein das Ma=
terial der Gemeinschaft entstehen kann, nämlich die christliche Persönlichkeit,
aber — zu einer Gemeinschaft selbst bringt er es nicht. Indem er auf
das Subject allein sich beschränkt und dieses in seiner Unantastbarkeit auf=
faßt, macht er es auch zu dem Keile, der die Gemeinschaft, wo sie sich
bilden will, immer wieder zersprengt und in ihre einzelnen Atome aus
einander treibt, ohne daß es ihm möglich würde, die sein sollende Eini=
gung auch wirklich zu vollziehen. Und eben so die Anschauung, welche die
wahre Kirche Christi in die Unsichtbarkeit, in das verborgene Reich des
innerlichen, subjectiven Lebens verlegt: sie weist auf ein Moment hin, ohne
das allerdings die Gemeinschaft nicht Kirche, nicht die Genossenschaft Jesu
Christi und seines Lebens sein würde, ohne das sie überhaupt aufhören
müßte, eine christliche zu sein, und sagen muß man freilich: das, was die

---

Staate unterwarf, auch genöthigt, die „wahre Kirche" als die „unsichtbare" ganz von
dieser zu unterscheiden.

[1]) Röm. 2, 16.

[2]) Darin hat freilich auch Münchmeyer Recht, wenn er in seinem Buch über die
sichtbare und unsichtbare Kirche die letztere für sich allein nicht gelten lassen will, nur
— daß er auch „todte Glieder" als wirkliche Glieder der Kirche statuirt und dieß eben
deßhalb, weil er nicht einsieht, wie die Mitgliedschaft in der Kirche allein durch das
freie Bekenntniß zu Christo bedingt ist und erlangt werden kann. Münchmeyer kennt
nur ein Zwangskirchenthum und fällt deßhalb in die römischen Irrthümer zurück.

Kirche zu einer christlichen macht, ist nicht bloß, daß sie Gemeinschaft von Personen ist, sondern von solchen Personen, welche das Leben Jesu Christi unsichtbar und doch lebendig in sich tragen. [1] Aber gleichwohl ist sie doch auch wieder Gemeinschaft und dadurch Kirche im wirklichen Sinne, daß diese Personen auch realiter und auf das Innigste zu gemeinsamen Leben und Sterben mit einander geeinigt sind, und -- indem die so ein= seitig hingestellte Anschauung von der Kirche als einer unsichtbaren dieß unbeachtet läßt und zurück stellt, gelangt auch sie zu keiner Kirche, die dieß wahrhaft wäre, beschränkt sie sich vielmehr höchstens auf die Idee von einer solchen, aber immer mit dem Vorbehalte, daß diese Idee nichts An= deres sei, als eben nur dieß, daß nicht etwa bloß die empirisch gegebene Wirklichkeit dieser Idee nicht entspreche, sondern daß es überhaupt unmög= lich sei, die Idee auch in die Wirklichkeit überzuführen, daß die wahre Kirche Christi unsichtbar bleiben müsse und daß es für den Christen genug sei, sich auf die unsichtbare Kirche zu beschränken und zurück zu ziehen. [2] So führen beide Theorien denn zuletzt zum völligen Subjectivismus, zu jener Isolirung und Beschränkung des Einzelnen auf sich selbst allein, vor welcher alle wirkliche Gemeinschaft der Christen unter einander aufgehoben erscheint und in der der Einzelne sich höchstens damit vertröstet, daß er in einer, wenn auch ihm selbst unfinbbaren, idealen Gemeinschaft mit Denen stehe, die mit ihm des Herrn seien. Das aber eben ist nun Dasjenige, was durch= aus nicht gutgeheißen werden kann, und wohl hatten die Gegner Recht, wenn sie behaupteten, auf diese Weise bleibe von der Kirche in Wahrheit nichts Anderes übrig, als eben nur die Idee einer solchen. [3] Soll von einer wirklichen Kirche die Rede sein, so kann dieselbe auch nur da gefun= den werden, wo es über den Subjectivismus hinaus zu realer Gemein= schaft kommt, und wo das, was innerlich die Seele erfüllt, das neue Leben in Christo und seinem Geiste, sich auch herausgestaltet zu einem Reiche dieses Lebens, zu einer Genossenschaft, in welcher Diejenigen, die dieses Lebens theilhaftig sind, auch für die mit demselben ihnen gegebenen Zwecke sich verbunden haben. Der Independentismus muß zur Genossenschaft, die innerliche Geistesgemeinschaft zur realen Lebensgemeinschaft der Personen werden, und — so allein ist eine Kirche Jesu Christi auch wirklich vorhanden.

Oder wäre diese Forderung nun nicht unter allen Umständen zu stellen? Zunächst muß doch gesagt werden, daß der Herr und seine Apostel es gar

---

[1] Dieß eben verkennt Münchmeyer und hier liegt die Wurzel seines Irrthums. Wenn derselbe (a. a. O. S. 175) an das Gleichniß vom Unkraut unter dem Weizen erinnert, so vergißt er, daß es da heißt: „der Acker ist die Welt", nicht aber „die Kirche"!

[2] So der Territorialismus.

[3] Eine Idea platonica vel utopica.

nicht anders gedacht haben. Christus will nicht bloß einzelne Seelen erretten und sie zu den Trägern seines Namens machen, sondern wie sehr er
sich auch immerfort an die Einzelnen wendet, um sie für das zu gewinnen,
was er ihnen zu geben gekommen ist, wie sehr er allerdings auch bei all'
seinem Wirken davon ausgeht, daß zunächst in den Einzelnen das Material
für sein Reich zu schaffen sei, damit das Wahrheitsmoment des Independentismus vollauf anerkennend[1]), so will er sie doch auch Alle in seinem
Reiche vereinigen, so sollen sie doch nach seiner Intention eine große, in
sich geschlossene Genossenschaft bilden und zwar auch nicht bloß eine solche,
die lediglich der Idee angehörte, bloß dadurch eine Gemeinschaft, daß
Alle mit ihm als ihrem Lebensgrunde geistig verbunden wären, sondern
realiter sollen sie auch im Zusammenhange mit einander stehen, eine
Gemeinde sein, nicht zwar von dieser Welt und nach Art dieser Welt,
aber doch in dieser Welt[2]) und in Beziehung auf dieselbe, und diese ihre
Verbindung und Wechselwirkung auf einander soll um so inniger sein, je
inniger eben die geistige Verbindung mit ihm als ihrer Aller gemeinsamem
Haupte ist.[3]) Und so auch die Apostel. Wie Petrus die Christen geradezu
als ein „Volk" bezeichnet, damit ihren realen Zusammenhang mit einander auf
das Bestimmteste hervorhebend[4]), so stellt es Johannes auch als den Zweck der
apostolischen Verkündigung von dem einen für Alle in Christo erschienenen Leben
dar, daß die, die sie aufnehmen, Gemeinschaft mit einander in Christo haben[5]),
und Paulus — wo redete er denn anders von der christlichen Gemeinde,
als in dem Sinne der vollsten Wirklichkeit des genossenschaftlichen Verhältnisses? Ihm ist die Kirche ja der „Leib des Herrn," in welchem alle
Glieder auf das Innigste an einander hängen und von welchem keines
sich scheiden darf, um für sich Etwas zu sein[6]); er kennt nur eine Gemeinde,
in der alle Christen zu gegenseitiger Handreichung mit einander verbunden
sind[7]), und wie er die persönliche Freiheit jedes Einzelnen mit allem Nachdruck betont, so auch mit dem gleichen Nachdrucke die Gemeinschaft, in der
sie Alle zusammen leben sollen.[8]) Auch sehen wir die Christen gleich von
Anfang an zu einer solchen Genossenschaft sich vereinigen, die, auf dem

---

[1]) Dieß wird Niemand leugnen, der die Art und Weise der Wirksamkeit Christi
überhaupt kennt. Darum verwandte er ja zunächst auch auf den kleinen Kreis der
Zwölfe alle seine Sorgfalt.
[2]) Joh. 17, 11.
[3]) Joh. 17, 20 ff.
[4]) 1 Petr. 2, 10.
[5]) 1 Joh. 1, 3.
[6]) 1 Cor. 12, 4 ff.
[7]) Eph. 4, 16.
[8]) Vgl. 1 Cor. 1 ff.

unſichtbaren Lebensgrunde beruhend, doch auch völlig real iſt[1]), und — davon,
daß der Einzelne für ſich allein bleiben dürfte, um ſo ſeine chriſtliche Frei=
heit zu bewahren, iſt in jenen Zeiten ebenſowenig ein Gedanke, als davon,
daß die Gemeinſchaft bloß eine gedachte ſei, die ſich aber der empiriſchen
Wahrnehmung entzöge. Der Independentismus eben ſowohl, wie die Lehre
von der unſichtbaren Kirche in ihrer Einſeitigkeit iſt nicht evangeliſch, das
muß ganz beſtimmt behauptet werden; evangeliſch iſt nur diejenige An=
ſchauung, welche die Kirche als eine wirkliche Vergeſellſchaftung von Per=
ſonen auffaßt, und — wenn man auch erkennen mag, wie der Independen=
tismus in den ſchweren Zeiten nothwendig war, als die Kirche ſelbſt jener
freien Gemeinſchaft ſo völlig unähnlich war, daß keine Hülfe gegen die
unchriſtliche Gewiſſensbedrückung übrig blieb, als diejenige, die Rechte der
Perſönlichkeit gegenüber allen hierarchiſchen Gelüſten entſchieden geltend zu
machen, wenn man auch verſteht, wie gerade redliche Chriſten dahin kommen
konnten, bei der „unſichtbaren Kirche des Herrn" Zuflucht zu ſuchen, um
aus dieſem Staatskirchenthume herauszukommen, das ſo wenig noch eine
Kirche im chriſtlichen Sinne genannt zu werden verdiente[2]): gefordert muß
doch werden, daß es zu einer Gemeinſchaft wieder komme, die dieſen Namen
mit Recht tragen kann, daß es nicht bleibe bei dieſer Vereinzelung des
chriſtlichen Subjectes und bei dieſem Sichvertröſten mit dem Vorhandenſein
einer Kirche, die ſich aller Wahrnehmung entzieht. **Eine Genoſſen=
ſchaft, in der Alle, die Chriſto angehören, auch miteinander
in lebendiger Gemeinſchaft ſtehen, verdient allein den Namen
einer chriſtlichen Kirche.**

Und das ergiebt ſich denn auch, wenn wir das Leben, wie es durch
Chriſtus in den einzelnen Seelen ſein ſoll, näher ins Auge faſſen. Der
Independentismus zeigt uns, wie wir ſchon ſagten, den Weg, auf welchem
chriſtliche Perſönlichkeiten entſtehen, und ebenſo deutet die Lehre von der
Unſichtbarkeit der Kirche auf dieſen Weg hin, aber — wenn es denn nun
dahin gekommen iſt, daß die Perſönlichkeiten mit dem Lebensinhalte Jeſu
Chriſti erfüllt ſind, wird es denn alsdann nicht geſchehen, daß dieſer ſelbſt
ſie drängen muß, ſich auch an einander zu ſchließen, in die innigſte Gemein=
ſchaft mit einander zu treten, daß wir ſo ſagen, einen Bund zu gegenſeiti=
ger Förderung in dem einen, ihnen Allen zukommenden Leben und über=
haupt zu gemeinſamen Trachten nach dem ihnen Allen in dieſem Leben
vorgeſteckten Ziele zu ſchließen? wird das allernächſte Ergebniß nicht das
ſein müſſen, daß die Perſönlichkeiten ſich in ihrer Starrheit gegen einander

---

[1]) Apoſtelgeſch. 2, 44 ff.
[2]) Es war eben nur eine Anſtalt für chriſtliche Zwecke, nicht aber eine Gemein=
ſchaft, und — daher eigentlich keine Kirche.

erweichen, sich aufschließen für einander und erst darin selbst ihre Befriedigung erkennen, wenn sie mit einander in die innigste Gemeinschaft getreten sind? wird das, was unsichtbar in ihnen Allen ist, das eine ihnen allen gemeinsam zu Theil gewordene Leben des Herrn, nicht von selbst in die „Sichtbarkeit" übergehen? wird es mit ihm nicht so sein, daß es keine Ruhe findet, als bis es sich eben auch dargestellt hat in einer großen Genossenschaft, die Alle gleichmäßig umschließt und eben deßhalb, weil sie dies thut, auch die eine und allgemeine[1]) Kirche ist! Es kann das in der That gar nicht anders sein. Nicht bloß, daß Dasjenige, was innerlich in den Menschen vorhanden ist, auch überhaupt darnach strebt, sich zu äußern, und daß eben deßhalb, wo ein wesentlich gleiches Lebensprincip die verschiedenen Persönlichkeiten in ihrem innersten Kerne[2]) ergriffen hat, gerade dieß sie auch treiben muß, sich mit einander zu verbinden und die Vereinzelung aufzugeben, zu der das Princip der Persönlichkeit als einer in sich geschlossenen Existenz sonst treiben möchte[3]); nicht bloß daß, um mit den Ausdrücken des Apostels zu reden[4]), der eine Herr und der eine Geist, eben weil er der eine und derselbe für Alle und in Allen ist, ihrer Aller eigenstes, innerstes Lebensprincip, auch die reale Einigung Aller zu dem einen „Leibe des Herrn" zur nothwendigen Folge haben muß: auch das, was der Christ als das Princip seines eigenen Lebens in Christo empfangen hat, in seiner Besonderheit betrachtet, ja, gerade dies christliche Lebensprincip in seiner Eigenthümlichkeit treibt mit aller Macht zu solcher Vereinigung an. Denn was ist es nun doch? Wir haben schon oben[5]) davon geredet: es ist ja nichts Anderes, als die Liebe zu Gott und Menschen, wie sie nicht als bloße Theorie und Gesetz, wie sie als wirkliches Leben und deßhalb auch als reale Lebensmacht die Seele der christlichen Persönlichkeit erfüllt, und da — wäre da nicht die starre Sprödigkeit des Individuums erweicht und seine Abgeschlossenheit in sich selbst aufgeschlossen? müßte es eben da nicht geschehen, daß ein Jeder, der dieses Lebens theilhaftig ist, gar nicht anders mehr könnte, als sich selbst hingeben an die Brüder, die von dem gleichen Leben erfüllt sind[6]), als ihre Genossenschaft zu suchen und nicht eher zu ruhen, als bis wirklich der Liebes= und Gemeinschaftsbund mit den Genossen des gleichen Lebens zu einer Thatsache,

---

[1]) Allgemein, nicht bloß weil für alle Menschen bestimmt, sondern auch, weil alle christlichen Persönlichkeiten in sich befassend.

[2]) Vgl. Rothe, Anfänge, S. 1 ff.

[3]) Vgl. Max Stirner's Buch, „der Einzige und sein Eigenthum", welches den Individualismus in aller seiner Schroffheit und Selbstsucht durchzuführen gesucht hat, recht im Gegensatz zu Phil. 2, 1 ff.

[4]) Eph. 4, 4 ff. 1 Cor. 12, 4 ff.

[5]) S. oben §. 5, 3.

[6]) Am Stärksten ausgedrückt 1 Joh. 3, 16.

zur vollsten, lebendigsten Wirklichkeit geworden wäre? So treibt das christliche Lebensprincip denn allerdings die Persönlichkeit über sich selbst hinaus zur Gemeinschaft, und so ist es denn ersichtlich, daß der Independentismus allein hier am Allerwenigsten zur Geltung kommen kann und darf, daß das, was unsichtbar in den Seelen ist, auch sichtbar sich darstellen muß als die eine und allgemeine Genossenschaft, die Alle mit einander verbindet, und daß es eben das innerste Bedürfniß[1] der Persönlichkeit selbst ist, in einem Reiche des Lebens nicht bloß sich selbst zu erweitern, sondern auch ihr eigenes Leben in demselben zu offenbaren, in einem Reiche, zu welchem sie sich mit allen ihres Gleichen verbunden, damit in ihm auch ihr Lebensprincip das durch Alle hin waltende sei. So entsteht die Genossenschaft, die wir Kirche nennen. Von der Freiheit geht sie aus, von jenem Unsichtbaren, das allein im innersten Kerne der einzelnen Persönlichkeit Wurzeln schlagen und Wirklichkeit haben kann, und wie die von dem religiös-sittlichen Leben Jesu Christi ergriffenen Persönlichkeiten das Material sind, aus welchem die Kirche sich zu bilden hat, so kann sie auch nur entstehen durch den freien Willen dieser Persönlichkeiten selbst, aber — sie entsteht da auch unfehlbar, wenn es wirklich das Leben des Herrn ist, was die Persönlichkeiten ergriffen hat, es kann gar nicht anders sein, als daß sie auf diesem Grunde der Freiheit sich auch als die einige und allgemeine darstellt, als diejenige, in welcher alle Genossen dieses Lebens sich auch zu einer Genossenschaft fest verbunden an einander schließen, um so fester, als eben das, wodurch diese Einheit zu Stande kommt, dasjenige Lebensprincip ist, in welchem die Freiheit und die Einheit zugleich gesetzt sind, die freie und mit Freiheit sich selbst bindende Liebe.[2] —

So treibt der Lebensinhalt des christlichen Subjectes dieß denn allerdings über den Independentismus und die unsichtbare Kirche hinaus zu einer wirklichen Genossenschaft, die sich zugleich als eine Darstellung dessen charakterisirt, was den Inhalt des Lebens Jesu Christi überhaupt ausmacht, und wie man sagen muß, daß es das Bedürfniß des von dem Leben des Herrn ergriffenen Subjectes sei, sich zu einer solchen Genossenschaft zu erweitern, und daß dasselbe in einer solchen allein auch, wie zur Bewährung seiner selbst, so auch zur Vollendung in dem gelangen könne, was das Princip seines eigenen Lebens ist[3], wie man nicht umhin kann, zu erkennen, daß, wo dieser Trieb nicht sich findet, auch alle Mal eine Verkümmerung des christlichen Lebens die Ursache sein und daß ebenso das Sichisoliren und Zurückziehen von der Gemeinschaft stets auch nur wieder

---

[1] Eben das Bedürfniß der Liebe, wenn freilich auch daneben jenes andere Bedürfniß nach Hülfe und Förderung durch die Brüder. S. oben.

[2] Eph. 4, 16: „Alles in der Liebe.“

[3] Vgl. Röm. 1, 11 f.

zu größerer Verkümmerung führen müsse[1]), so muß man auch mit Bestimmt=
heit sagen: es ist die Pflicht jedes Christen, sich der christlichen Gemein=
schaft anzuschließen und einzutreten in diesen Verein mit den Brüdern, und
wie die Genossenschaft verpflichtet ist, einen Jeden, der mit dem christlichen
Bekenntnisse zu ihr kommt, als ein vollberechtigtes Mitglied bei sich auf=
zunehmen[2]), so hat sie auch das Recht, von dem Christen zu verlangen,
daß er ihr sich nicht entziehe, so lange sie sich selbst noch als eine wirklich
christliche darstellt und ihre Mitgliedschaft nicht an Bedingungen knüpft,
welche der Christ um Jesu Christi und seines eigenen Gewissens willen
nicht zu erfüllen im Stande ist. Auch dies Letztere, daß die Genossen=
schaft ein Recht habe, zu verlangen, daß der Christ in den
Bund der Liebe mit ihr trete und die Gemeinschaft nicht ohne
Noth löse, daß er namentlich seine Gemeinschaft mit der christlichen Ge=
nossenschaft nicht seinerseits an Bedingungen knüpfe, die die Christenheit
nicht erfüllen kann, ohne selbst die Freiheit, die sie in Christo haben soll,
aufzugeben, ist bestimmt festzuhalten, und erst dadurch, daß das geschieht,
kann man auch zu einer Kirche gelangen, die ebenso sehr die eine, wie die
allgemeine ist. Erst dadurch, daß dies Recht der Gemeinschaft gegenüber dem
Einzelnen von dem Gewissen eines Jeden ebenso anerkannt wird, wie die
Kirche das Recht eines jeden wirklichen Christen auf Mitgliedschaft in ihr
anerkennet, erst dadurch sind wir auch im Stande, allen trennenden Parti=
kularismus zu überwinden und jene Einheit zu gewinnen, die die Mannig=
faltigkeit nicht aus=, sondern umschließt, die die mancherlei persönlichen Ge=
staltungen, welche das christliche Leben in den verschiedenen Subjecten an=
nimmt, nicht ertödtet und vertilgt, sondern sie anerkennet und liebend in
sich trägt und die doch als eine festgeschlossene Genossenschaft basteht, einig
eben in der Mannigfaltigkeit und mannigfaltig in der Einheit, und dadurch
recht allgemein, daß sie auch Alle, die auf dem gemeinsamen Grunde nach
den gemeinsamen Zielen trachten, in der einen Genossenschaft mit einander
vereinigt.

2. Doch das ist nun noch weiter zu erläutern und gegen die Irrthümer
sicher zu stellen, welche sich an den Einheitsgedanken der Kirche leider
so oft gehängt und, weil sie eine verkehrte Einheit forderten, nur zu um
so größerer Zerklüftung Dessen geführt haben, was in seinem tiefsten Lebens=
grunde einig sein und sich deßhalb auch als eine einige Genossenschaft dar=
stellen sollte.[3]) Gerade die Hierarchie hat seit Cyprian den Gedanken der
Einheit der Kirche so ganz besonders betont, aber gerade auch sie ist es

[1] Ob die Partikularkirchen mit ihrer strengen Abgeschlossenheit nicht dafür ein
Beleg sind?
[2] S. §. 11.
[3] „Concordia discors!"

gewesen, die im Namen dieser Einheit eine Tyrannei über die Seelen aus=
geübt und Gräuel begangen hat, von denen buchstäblich gilt, daß „selbst
die Heiden nicht davon zu sagen wußten"[1]); und wenn deßhalb, als die
Macht der Priesterschaft brach, der Gedanke der kirchlichen Einheit in den
Hintergrund trat, wenn man anfing, ihn mit Mißtrauen zu betrachten und
sich lieber dem Independentismus in die Arme warf, als daß man hätte
aufrecht erhalten sollen, was zu solchen Gräueln geführt hatte, wenn es
geschah, daß statt der Einheit der christlichen Gemeinschaft diese Zersplitte=
rung in allerlei Sonderkirchen und Kirchlein eintrat, die wir noch heute
so bitter empfinden und beklagen, so ist das Alles sehr wohl zu begreifen,
aber eben deßhalb ist es nun auch nöthig, den Einheitsgedanken recht zu
verstehen, im christlichen und nicht im hierarchischen Sinne, damit er und
gerade er wieder zu Ehren komme und die Seelen wieder durchbringe.
Blicken wir in die kirchliche Gegenwart hinein, da thut allerdings kaum
etwas Anderes so bringend noth, als daß die Kirche sich wieder als eine
einige, in sich fest geschlossene Genossenschaft erfasse und darstelle, um so
den Arbeiten, die ihr gegenwärtig obliegen, gewachsen zu sein. Wer empfände
das nicht? wem wäre es nicht ein täglicher Schmerz, dies Zerrissensein des
Leibes Christi in so viele Parteiungen und diese Ohnmacht, die ihm daraus
erwächst? wer erkennte nicht, daß hier einer der größten Schäden liegt,
an denen wir in unsren Tagen leiden? und wem würde auch nicht bange
wegen der Verantwortung, die uns Alle trifft, wenn wir nicht das Unsrige
thun, daß diese Schäden geheilt, daß das Zersplitterte wieder zusammen
und der Streit der Parteien wieder zum Frieden, zur Einheit gebracht
würde?[2]) Aber geschehen kann es nicht, wenn man nicht auch recht er=
kennt, welcher Art denn diese Einheit ist, die der Kirche als der Genossen=
schaft der Christen allein eignet, wenn man vor allen Dingen nicht auch
die Einheit in der rechten Weise herzustellen bemüht ist und aufhört, nach
jener verkehrten Einigung zu trachten, die die Zersplitterung zu Wege ge=
bracht hat, weil sie darauf ausging, die Seelen und die Gewissen zu knech=
ten, anstatt sie in Liebe zu umschließen.[3])

---

[1]) 1 Cor. 5, 1.

[2]) Wir bekennen, Stahl nicht zu verstehen, wie er in der Vorrede zu seinem
Buche über „die luth. Kirche und die Union" die Christlichkeit seiner reformirten und
anderer Freunde anerkennen und doch Angesichts von 1 Cor. 1 ff. noch vor seinem
christlichen Gewissen verantworten konnte, in einer gesonderten Lutherkirche von ihnen
geschieden sein zu wollen.

[3]) „Kirchliche Gesinnung" soll gepflanzt und gepflegt werden — ganz gewiß! aber
was verstehen die Herren darunter? Die wirklich kirchliche Gesinnung wird kommen,
wenn Ihr erst eine wirkliche Kirche, d. h. eine Gemeinde der wahrhaften Bekenner
wieder habt.

Und da muß denn nun zuerst und principiell hervorgehoben werden, daß die Pflicht des Christen, sich mit seinen christlichen Genossen zu verbinden, und das Recht, der Genossenschaft, dies auch von Jedem, der Christo angehört, zu fordern, nicht in dem Sinne der juristischen Rechtsverbindlichkeit zu verstehen ist, einer Verbindlichkeit, die am Ende mit Zwangsgewalt geltend gemacht werden könnte und dürfte; vielmehr, wie das Bekenntniß zu Christo ein freiwilliges sein muß, so auch der Eintritt in die Genossenschaft mit den Bekennern, und von einer äußerlichen Nöthigung, welcher Art sie auch sein möge, darf auch da nicht die Rede sein. Man könnte nämlich nun sagen: allerdings, das Bekenntniß zu Christo ist frei und Niemand kann und soll dazu gezwungen werden[1]), aber — wo dies Bekenntniß vorhanden ist, wo Jemand zu erkennen giebt, daß er in Christo seinen Heiland gefunden hat, da ändert sich die Sache, da ist er nun auch verbunden, in die Gemeinschaft mit der Kirche zu treten, und wenn er sich weigert, darf und muß ihn diese dazu zwingen. Wirklich hat ja die Hierarchenkirche bis auf diesen Tag nach solchem Grundsatze gehandelt[2]) und das Staatskirchenthum ist kaum hinter ihr zurückgeblieben.[3]) Aber — Nichts kann doch verkehrter sein. Die Verpflichtung des Christen, in Gemeinschaft mit seinen Mitchristen zu treten, ist keine juristische, sondern lediglich eine moralische Pflicht, heilig zwar und unverbrüchlich, so daß es immer eine schwere Verantwortung vor Gott in sich schließt, wenn Jemand ohne Noth sich dieser Verpflichtung entzieht, aber immer doch eine solche, für deren Erfüllung er zuletzt Gott allein verantwortlich ist, und — eben deßhalb hat die Kirche auch auf keine Seele ein anderes, als nur ein moralisches Recht, das sie mit allen auf dem Gebiete der freien Sittlichkeit geltenden Mitteln zur Ausübung bringen mag, mit aller ernsten Appellation an das Gewissen eines Jeden, daß sie aber auch dem Gewissen jedes Einzelnen anheim stellen muß und nicht auch nur den Versuch machen darf, es mit einem äußerlichen Zwange irgend welcher Art geltend zu machen. So wenigstens lehrt es der Herr und so will es auch Paulus gehalten wissen. Der Erstere weist uns ausdrücklich an, fortzugehen, wo man uns nicht aufnehmen will[4]), und der Letztere sagt zwar, daß man einen seditiösen Menschen meiden, aber durchaus

---

[1]) S. §. 10.

[2]) Man denke nur an die Mortara-Angelegenheit. Weil der bekannte Judenknabe getauft war, mußte er gewaltsam in der Kirche erhalten bleiben. Die Taufe begründet nach röm. Begriffen ein Zwangsrecht auf Seiten der Kirche.

[3]) Der Einzelne muß von Staatswegen zu einer der anerkannten Religionsgesellschaften gehören! Sollte sich die Kirche nicht für diesen Staatszwang bedanken, der auch für sie zum Zwange wird, an welchem sie leicht schwer genug zu tragen hat?

[4]) Matth. 10, 14.

nicht, daß man ihm Zwang anthun solle, um ihn in unsrer Gemeinschaft zu erhalten[1]), und muß das nicht auch so sein, wenn wir wieder nur das Christenthum überhaupt und das, wodurch die christliche Kirche eine einige sein soll, recht in's Auge fassen? Das Christenthum hat es ja überhaupt nicht mit juristischem Rechte zu thun, es ist seinem Wesen nach religiös-sittliches Leben, und was in der Gemeinde walten soll, ist eben nur dieß. Das juristische Recht, das Gesetz, liegt durchaus unter seiner Sphäre[2]), und was es überhaupt wirken und zu Stande bringen will, das will es auch immer und lediglich nur mit geistigen, d. h. mit religiös-sittlichen Mitteln zu Stande bringen.[3]) Wie käme es nun dazu, die kirchliche, d. h. die ge-nossenschaftliche Einheit unter seinen Bekennern auf anderem, als auf diesem Wege bewirken zu wollen? Und sodann — wir haben es ja schon gesagt, auf welchem Grunde die Einheit der Christen unter einander beruht: Lediglich darauf, daß sie Alle eins sind in Christo, daß das gleiche Leben des Herrn in ihnen Allen ist und deßhalb auch das gleiche Streben nach dem einen gemeinsamen Lebensziele. Daraus erwächst für jeden Christen auch die Liebe zu Allen, die darin ihm gleich sind, und aus dieser Liebe denn auch das Bedürfniß und die Verpflichtung, mit ihnen in Gemeinschaft zu treten. Lediglich in der Liebe wurzelt diese Verpflichtung, und das Recht, das die Gemeinschaft hat, auch von Jedem ihres Gleichen den Ein-tritt in ihre Genossenschaft zu fordern, gründet auch nur auf ihrem An-rechte an seine Liebe, das sie um Christi Willen hat. Ist dem nun aber so, kann denn da von juristischer Rechtsverbindlichkeit, überhaupt von einem juristischen Zwangsrechtsverhältnisse zwischen den Christen und der christ-lichen Gemeinschaft die Rede sein? Wer das Wesen der Liebe recht ver-steht, der muß Das doch offenbar verneinen? Wie? läßt sich Liebe denn zwingen und erzwingen? Ist sie nicht ihrem Wesen nach das Freieste, das es geben mag, wenn sie anderseits auch wieder das am Festesten, am Innigsten Gebundene ist? O fürwahr, gerade sie liegt über alle Juristerei und alles juristische Recht weit hinaus! gerade sie, wie sie sich frei selbst giebt und dabei von keinem Zwange weiß, so will sie auch von keinem Zwange wissen, gerade sie ist für diese rohen Juristen- und Polizei-hände viel zu zart, um die Berührung mit ihnen auch nur im Mindesten ertragen zu können; und auch die christliche Genossenschaft, wenn sie anders dies ist und weiß, was sie will, will ja auch nichts Andres, als nur die freie Hingabe in Liebe, sie kann keinen Genossen gebrauchen, der dies nicht freiwillig sein will, weder einen solchen, der nicht freiwillig ein Christ zu

---

[1]) Tit. 3, 10.

[2]) Vgl. u. A. Gal. 3, 1 ff.

[3]) Röm. 10, 14 ff. Der „Häretische“ in Tit. 3, 10 soll wohl ermahnt werden, aber — dann soll man ihn gehen lassen.

sein, noch auch einen solchen, der nicht, ungeachtet seines christlichen Bekennt=
nisses, mit freiem Willen in ihre Gemeinschaft einzutreten bereit ist. Nein!
nicht auf einem juristischen Rechtsverhältnisse zwischen den Christen beruht
und darf beruhen ihre Gemeinschaft unter einander, sondern — diese selbst
ist ein wesentlich sittliches Verhältniß und kann nur als solches zu Stande
kommen. Kein anderes Band, als das der freien Liebe, das die Gemein=
schaft umschließt und nur dadurch ist sie auch eine rechte Gemeinschaft, weil
sie eine Gemeinschaft der Liebe ist, in welche P e r s o n e n zu einander
treten.

Aber wenn denn nun dem so ist und wenn mit aller Bestimmtheit
daran festgehalten werden muß, daß das Verhältniß, wie es innerhalb der
Gemeinschaft zwischen den Genossen derselben besteht, durchaus kein juristi=
sches, sondern seiner ganzen Grundlage nach ein moralisches, ein religiös=
sittliches ist, wie das Leben selbst, um das es in der Gemeinschaft sich han=
delt und durch das und für das diese allein zu Stande kommen kann, wenn
mit andern Worten allein die in dem gemeinsamen Lebensgrunde wurzelnde
Liebe es ist, wodurch die Gemeinschaft zu Stande kommt und nur diese auch
das Band zwischen den Genossen zu bilden hat, das sie zu dem einen Leibe
des Herrn vereinigt[1]), folgt denn nun daraus nicht auch ganz von selbst,
daß die F r a g e, ob sich Jemand dieser oder jener e m p i r i s c h vor=
handenen Genossenschaft, die sich „die Kirche" nennt, anschlie=
ßen solle oder nicht, lediglich eine Frage des Gewissens, der
eigenen Entscheidung jedes Einzelnen ist, die er freilich mit allem gewissen=
haften Ernste vor Gott, aber auch mit aller Freiheit und unbehelligt von
allen Rechtsansprüchen Seitens dieser Genossenschaft zur Entscheidung zu
bringen hat? Dabei muß es freilich fest bleiben, daß es des Christen sitt=
liche Verpflichtung ist, sich der christlichen Genossenschaft anzuschließen und
sich als ihr treues Mitglied zu bewähren, und eben so auch dabei, daß diese
Genossenschaft ein sittliches Recht hat, den Eintritt in die Gemeinschaft mit
ihr von jedem Christen um Christi und seiner Liebe willen zu fordern, zu
verlangen und mit allem Ernste darauf zu bestehen, daß jeder Christ auch
nach seinen Kräften an der Arbeit Theil nehme, die ihr durch den Herrn
aufgetragen ist[2]), aber — das ist erst doch die Forderung ganz allgemein
gestellt, und keineswegs ist und kann damit gesagt sein, daß nun auch jede
sich so nennende christliche Kirche schon dieß Recht habe und daß der Ein=
zelne schon deßhalb, weil eine Genossenschaft sich den Namen der christlichen
Kirche beilegt, auch verpflichtet sei, ihr sich anzuschließen. Jene Pflicht und
dieß Recht setzt immer voraus, daß die Genossenschaft, um die es sich da han=
delt, auch eine wirklich christliche sei, bereit, einem Jeden, der in sie

---

[1]) Gal. 2, 10. Col. 3, 14. Röm. 13, 8.
[2]) Vgl. u. A. Ebr. 10, 24 f.

eintritt, auch das Leben in Christi Geiste und nach Maßgabe des Evangeliums nicht bloß zu gewährleisten, sondern ihn auch darin selbst zu fördern, aber — ob nun dieß der Fall sei, ob Jemand dadurch, daß er sich dieser bestimmten Genossenschaft anschließt, auch wirklich in die Gemeinschaft mit Christen eintrete und ob er dort das finde, was er als Christ sucht, nämlich Genossen seines in Christo empfangenen Lebens und die Freiheit, in der Kraft dieses Lebens mit den Genossen zu wirken, ob es nicht vielmehr, wenn er sich da anschlösse, ein Verleugnen Christi und seines Lebens sein, ob er da nicht ein Joch auf sich nehmen würde, das er als Christ nicht würde tragen können und dürfen, das ist eine Frage, die ein Jeder selbst zu entscheiden, über die er mit seinem christlichen ·Gewissen in's Reine zu kommen hat, und — wie sehr wir deßhalb auch an jenem Rechte und an dieser Pflicht, wie sie zwischen dem einzelnen Christen und der Gesammtheit seiner christlichen Lebensgenossen besteht, im Allgemeinen festhalten müssen, so müssen wir doch auf der andern Seite sagen: es ist dieß Recht und diese Pflicht eine durchaus bedingte, nämlich durch den Zustand der sich christlich nennenden Genossenschaft selbst bedingt, die zum Anschlusse Jemandem sich darbietet, und — es kann geschehen, daß Jemand um seines christlichen Bekenntnisses willen sich der Gemeinschaft mit einer empirisch vorhandenen Kirche entziehe [1]), daß er aber namentlich um seines christlich normirten Gewissens willen es ruhig über sich ergehen lasse, von dieser Genossenschaft ausgeschlossen zu werden, und daß er eben damit in seinem vollen christlichen Rechte ist und nichts Anderes thut, als nur seine einfache Christenpflicht, daß er diese bei jedem andern Verhalten durchaus verletzen würde. [2])

Oder was wäre auch gegen diesen Grundsatz, durch den, wie man leicht sieht, des Christen Freiheit gegen ungerechtfertigte Vergewaltigung von einer sich so nennenden Kirche allein gesichert werden kann, Gegründetes einzuwenden? Wir verkennen seine Tragweite keineswegs, wir sehen sehr wohl ein, daß durch denselben einem jeden Christen das Recht gegeben wird, neben derjenigen etablirten Kirchengemeinschaft, die ihm räumlich die nächste ist, eine völlig isolirte Seitenstellung einzunehmen und das reale Band mit ihr gänzlich zu lösen, aber — wir meinen gleichwohl, ihn in seinem ganzen Umfange aufrecht erhalten zu müssen gegenüber allen den entgegengesetzten

---

[1]) Um nicht ein Joch auf sich nehmen zu müssen, das ein Christ nicht tragen kann und darf. 2 Cor. 6, 14.

[2]) Wie ja die Reformatoren von der römischen und die Reformirten von der Concordistenkirche sich ausstoßen ließen, weil ihr christliches Gewissen ihnen nicht verstattete, die Bedingungen auf sich zu nehmen, die man ihnen stellte. Doch waren sie sich bewußt, durch ihr Ausscheiden aus der betreffenden Particularkirche das Band, das sie mit der allgemeinen Kirche Christi verbände, nicht zu zerreißen. Vgl. unser Citat aus Luther, Bd. I, S. 317, Anm. 2.

Maximen, wie sie so oft von der „Kirche", d. h. von dem offiziellen Kirchen=
thum, befolgt worden sind. Allerdings ist dieser Grundsatz ja durchaus
nicht allgemein anerkannt. Nicht bloß die römische Kirche, sich selbst in
ihrer Besonderheit mit der allgemeinen christlichen Genossenschaft identificirend
und deßhalb den Satz aufstellend, daß außerhalb ihrer Gemeinschaft kein
Heil zu finden sei, hat dem Christen auch das Recht streitig gemacht, sich
von ihr fern halten und ihrer „Jurisdiction" sich entziehen zu dürfen [1]); auch
das Staatskirchenthum, wie es aus der Reformation hervorgegangen ist, hat,
den staatlichen und den kirchlichen Gesichtspunkt unklar vermischend, dieß
Recht nicht anerkannt [2]), und — wie oft sind auch die kleinsten Sekten in
den Fall gekommen, die Zubehör zu ihrer Genossenschaft zu einer Bedingung der Seligkeit zu machen, über Jeden, der nicht mit ihnen ginge, als
über einen Unchristen und Gottlosen das Verdammungsurtheil auszusprechen. [3])
Aber — beruht ein solches Verfahren, wo es auch sich finden mag, nicht
in der That auf einer ungeheuren Verwechslung? Abgesehen davon, daß
man das, was nur eine sittliche Liebespflicht ist, zu einer juristischen Zwangs=
verbindlichkeit macht, erhebt man doch hier auch wieder zu einem Grunde
des Heiles, was das Heil durchaus nicht zu begründen im Stande ist,
nämlich die Zubehör zu dieser oder jener sich christlich nennenden Genossen=
schaft, und denkt auch gar nicht daran, daß die allgemeine Kirche doch immer
noch etwas Anderes ist, als diese besondere Gemeinschaft, die sich so nennen
mag, ja, daß das besondere Kirchenthum nicht selten um so weiter davon
entfernt ist, die Kirche in ihrer Wahrheit darzustellen, als es eben ein besonderes und in seiner Besonderheit sich abschließendes ist. Freilich hat der
Satz, daß „außerhalb der Kirche kein Heil", ja einen gewissen Sinn, der
nicht verkannt werden darf. Sofern wir unter „Kirche" die ganze Genossen=
schaft Derer verstehen, die mit Christo, dem von Gott gegebenen Heilsgrunde,
im Glauben zusammen hängen, wie könnte Der an dem christlichen Heile
Theil haben, der nicht in diesem Verhältniß zu Christo stände und damit
ein Glied der allgemeinen Kirche des Herrn wäre? In sofern versteht sich

---

[1]) Woraus ja alle Ketzerverfolgungen Seitens der röm. Kirche hervor gegangen
sind. Auch jetzt noch hält die römische Doctrin an dem Satze fest, daß die ganze Christenheit ihrer Jurisdiction de jure unterworfen sei.

[2]) Die christlichen Unterthanen mußten ja der Kirche des Landesherrn angehören!
Man denke, wie schwer es gehalten hat, in England den Dissenters Duldung und
rechtliches Bestehen neben der Staatskirche zu erwerben, wie in Schweden auf dem
Dissens die schwersten Strafen bis in die neueste Zeit hinein bestanden haben, und wie
es auch in Deutschland nicht anders war.

[3]) Wenn die Sekten auch nicht die Gewalt hatten, Zwang auszuüben, so galt
ihnen doch ein Scheiden oder Fernbleiben von ihrer Gemeinschaft gleich einer Trennung von Christo und dem Reiche Gottes selbst.

dieser Satz rein von selbst und ist durchaus identisch mit dem andern, daß nur durch die lebendige Beziehung zu Christo d. h. durch den Glauben die Theilnahme am Heil gewonnen werden kann. Und eben so ist auch das nicht zu bestreiten, daß es immer ein persönliches Unglück für den Christen ist, wenn er des lebendigen Stehens in der Liebesgemeinschaft mit den „Brüdern" entbehren muß, daß namentlich die Gefahr ihm droht, in seiner Vereinzelung und Vereinsamung zu verkümmern, und nicht so in dem Heilsleben gefördert zu werden, wie es geschehen würde, wenn er der brüderlichen Handreichung, dieser frischen und stets anregenden Wechselbeziehung mit einer christlichen Genossenschaft nicht beraubt sein müßte.[1] Aber folgt nun daraus schon die unbedingte Verpflichtung, an einer empirisch vorhandenen Kirche Theil zu nehmen, und das Recht dieser Kirche, solche Theilnahme von jedem Christen, den sie erreichen kann, eben so unbedingt zu fordern? Nur in zwei Fällen würde das folgen: einmal, wenn die Kirche selbst als der Grund des Heiles für den Einzelnen betrachtet werden müßte, oder das andere Mal, wenn man unbedingt voraussetzen dürfte, daß diese sich so nennende Kirche auch wirklich das wäre, was sie als Kirche Jesu Christi sein sollte. Aber — wer möchte Beides behaupten? wer müßte nicht dem Einen, wie dem Andern auf das Entschiedenste widersprechen? Der Grund des Heiles, wie wir schon gesehen haben[2], ist nicht die Kirche, sondern Jesus Christus allein, zu welchem jeder Christ für seine Person im Verhältniß der unbedingten Abhängigkeit zu stehen hat, wie er ja nur dadurch ein Christ ist, daß er wirklich in einem solchen Verhältnisse steht; dagegen die Kirche setzt dieß Verhältniß lediglich voraus, sie kann selbst gar nicht einmal entstehen, als unter der Voraussetzung, daß es Personen giebt, die des Heiles in Christo bereits theilhaftig geworden sind, und ihre Bedeutung ist deßhalb nur die, daß sie Diejenigen, welche dem Herrn angehören und in ihm das Princip des neuen Lebens empfangen haben, mit einander verbindet zu gemeinsamem Leben in dem Geiste ihres Herrn. Auch sieht doch Jeder leicht, daß es sich bei der Frage, in wiefern

---

[1] Dieß ist die Wahrheit dessen, was von den Römischen und von Stahl (Rede über die Toleranz) so sehr betont wird: daß der einzelne Christ nur gedeihen könne in der christlichen Gemeinschaft. Aber — so unbedingt, wie Stahl und die Römischen dieß behaupten, ist es doch keineswegs zuzugeben. So lange das Band zwischen dem Einzelnen und Christo ungebrochen besteht, bleibt ihm auch die Theilnahme am Heil gesichert, auch wenn er sich in keine empirisch vorhandene Kirchengemeinschaft eingeordnet sieht, und — daß Stahl dieß nicht entschieden aufrecht erhält, beweist nur, wie sehr er von der evangelischen Anschauung abgewichen und zu der römischen hinübergegangen ist. Auch er hat die Kirche wieder an die Stelle Christi gesetzt, auch ihm ist sie wieder der Heilsgrund, während sie doch nur das organisirte Leben in dem in Christo bereits gewonnenen Heile sein sollte! Vgl. Bunsen, Zeichen der Zeit, Brief 9 und 10.

[2] S. oben §. 7.

die Kirche den Eintritt des Christen in ihre Gemeinschaft fordern könne, gar nicht mehr um die eigentliche Erlangung des Heiles handelt, daß viel= mehr in der That vorausgesetzt wird, Der, der da eintreten soll, stehe bereits in der Gemeinschaft des Heiles, — wie wäre er denn ein Christ, wenn dieß nicht vorausgesetzt würde? und wie könnte die Kirche ihre Rechte an ihn im Namen seines christlichen Bekenntnisses geltend machen wollen? Aber — versteht sich eben deßhalb nicht von selbst, daß die Frage nach dem Eintritt in diese besondere kirchliche Gemeinschaft unter allen Um= ständen keine solche der Heilserlangung für den einzelnen Christen mehr sein kann und daß der Satz: „außerhalb der Kirche kein Heil!", sobald er von einer empirisch vorhandenen Genossenschaft gelten soll, durchaus seiner Begründung entbehrt, zumal die Frage, ob diese Genossenschaft selbst eine Gemeinschaft des Heiles in Christo sei, erst noch erledigt werden müßte? [1]

Allerdings ist es ja noch zu allen Zeiten geschehen, daß die besonderen Kirchengemeinschaften, wie sie im Verlaufe der geschichtlichen Entwicklung der christlichen Kirche hervorgetreten sind, es ohne Weiteres für sich in An= spruch genommen haben, die Kirche [2] überhaupt zu sein, d. h. mit der allgemeinen Kirche so zusammen zu fallen, daß die eine mit der andern völlig sich decke und ein Ausschluß von dieser besonderen Genossenschaft nicht mehr und nicht weniger bedeute, als zugleich auch ein Ausschließen von der christlichen Kirche überhaupt. Wie die römische Kirche von dieser Meinung ausgeht und sich eben deßhalb die „katholische" nennt [3], ist be= kannt genug und mit blutigen Zügen in die Blätter der Kirchengeschichte eingegraben, aber auch die übrigen sogen. Confessionskirchen sind vor dieser dünkelvollen Ueberhebung nicht immer bewahrt geblieben, wie die von ihnen leider so oft geübte Unduldsamkeit gegen Solche, welche mit ihrer Weise nicht übereinstimmten [4], zur Genüge darthut, und — wo wäre denn eine

---

[1] Das ist eben die sophistische Manier sowohl Stahl's, als der Römischen, daß sie diesen Satz, wie er in dem oben genannten Sinne von der Geistesgemeinschaft mit der allgemeinen Kirche seine Richtigkeit hat, aufstellen und ihn dann ohne Weiteres auf ihre besonderen Kirchen anwenden.

[2] So nennen die Römischen ihre Kirchengemeinschaft in der Regel schlechthin „die Kirche" und zwar in der Meinung, daß die anderen christlichen Genossenschaften, die neben ihr beständen, nicht Kirchen seien, nicht auch hinzu gehörten zu der allgemeinen Kirche Jesu Christi, eine Prätension, die evangelischen Christen höchstens ein Lächeln verursachen kann.

[3] Ein Name, den ihr evangelische Christen auch nicht einmal gewohnheitsmäßig zugestehen sollten.

[4] Kommen doch in dem Munde Löhe's und anderer Neulutheraner Ausdrücke genug vor, welche solche Selbstüberhebung bekunden. Vgl. Löhe, „drei Bücher von der Kirche", 59, wo die lutherische Kirche als die „wahre", als die Königin unter den

noch so kleine Sekte aufgetaucht, die sich nicht gerühmt hätte, die allein wahre Kirche Christi zu sein, verächtlich herab sehend auf Diejenigen, die Grund zu haben meinten, sich von ihrer Gemeinschaft fern zu halten.[1] Doch wie müßte sich jeder Einsichtige nicht gedrungen fühlen, solche Ansprüche auf das Entschiedenste in ihre Schranken zu verweisen? Freilich liegt diesem bei den Sonderkirchen so oft sich findenden Bewußtsein eine Wahrheit zu Grunde: die, daß sie in der That Theil nehmen an dem Wesen der allgemeinen Kirche und mit zu dieser hinzugehören, so weit sie überhaupt auf christlichem Boden sich bewegen[2], aber — wie sehr man es auch verstehen und billigen kann, wenn die Mitglieder solcher Gemeinschaften eben an dieser ihrer besondern Gemeinschaft hängen, wie sehr es auch begreiflich ist, auf welche Weise es geschieht, daß sich dieß Bewußtsein von ihrer Christlichkeit bei den Sonderkirchen bis zu dem Grade steigert, daß sie für sich den christlichen Charakter im eminenten oder gar ausschließlichen Sinne für sich in Anspruch nehmen[3], gesagt muß doch immer werden, daß eine solche Steigerung dieses Bewußtseins nichts Anderes, als lediglich eine eitle Selbstüberhebung ist, welcher die Wirklichkeit völlig widerspricht. Die Sonderkirchen sind so weit entfernt, die allgemeinen zu sein mit Ausschließung der andern, daß gerade das, was ihnen diesen ihren bestimmten Charakter giebt, eben ihren Charakter als allgemeine Kirche wieder aufhebt und sie zu etwas Besonderem innerhalb der allgemeinen Christenheit macht und ihnen damit eine Beimischung giebt, die für sie vielleicht berechtigt sein mag, die aber nicht mit Nothwendigkeit aus dem Wesen des Christenthums sich ergiebt, ja, die auch oft genug eine Verkümmerung und Verdunkelung des Christenthums selbst darstellt. Entweder daß sie dastehen als Gebilde aus den verschiedenen Entwicklungsphasen der christlichen Kirche überhaupt, wie die großen Confessionskirchen des Morgen- und des Abendlandes[4],

Kirchen", als die Kirche κατ' ἐξοχήν, als „die Braut des Herrn", als „die Brunnenstube des seligmachenden Wassers", als „der Heerd des unauslöschlichen, reinen und reinigenden Feuers" bezeichnet wird, und zwar mit verächtlichem Seitenblick auf die nichtlutherischen Kirchen. Vgl. auch Kahnis, „Abendmahl", S. 276 und „Sache der luth. Kirche gegenüber der Union", S. 91. Die Zeitschriften des Neulutherthums reden auch wieder von ihrer Kirche als von „der" Kirche.

[1] Auch den Baptisten gelten die übrigen Kirchen meistens als „Welt".

[2] Die allgemeine Kirche ist auch in ihnen vorhanden, aber sie sind gleichwohl nicht die allgemeine Kirche, sondern participiren nur an ihr.

[3] Jede besondere Kirche soll ja die allgemeine in sich darstellen und das ist ihr Beruf, auch in sich selbst zu sein, was die allgemeine überhaupt durch Christus sein soll. Dieß Bewußtsein darf keiner Sonderkirche verloren gehen, wenn sie nicht überhaupt aufhören will, christliche Kirche zu sein, aber — gleichwohl hat sie immer auch das Bewußtsein in sich rege zu halten, daß die anderen Sonderkirchen denselben Beruf mit ihr haben und zwar eine jede nach ihrer eigenen Façon. Vgl. 2 Cor. 10, 7.

[4] So stellt die griechische Kirchengemeinschaft den Zustand der Kirche zur Zeit der

in denen aber eben deßhalb das allgemeine Christliche und daher ewig Giltige mit dem subjectiv Menschlichen und zeitlich Bedingten eine Vermischung
eingegangen ist, die doch eigentlich nur für ihre Zeit eine volle Bedeutung
haben konnte, oder daß sie gar, wie die kleineren Secten, rein persönlichen
Richtungen und lokalen Zuständlichkeiten ihre Entstehung verdanken, aber
— wie kann, wo sich die Dinge so verhalten, noch davon die Rede sein,
daß die eine oder die andere dieser Sonderkirchen mit der allgemeinen identisch sei? Sie sind eben christliche Kirchengenossenschaften, eine jede in ihrer
Weise, das soll ihnen unbestritten sein und verleihe ihnen der Herr, daß
sie sich ihres Berufes, Kirchen Jesu Christi zu sein, stets mit allem Ernste
erinnern, aber an dem christlichen Charakter nehmen alle mit einander
Theil, und wenn es da auch wohl Gradunterschiede giebt, wenn auch gesagt
werden muß, daß in der einen das Christenthum in reinerer, dem Willen
seines Grundes angemessenerer Gestalt erscheine, als in der andern, so daß
es denn freilich nicht gleichgültig ist, zu welcher von ihnen sich Jemand
hält[1]), der Charakter, die allgemeine christliche Kirche zu sein, kommt keiner
von ihnen ausschließlich zu.

Wenn aber nun das, wenn gesagt werden muß, einestheils daß die
Zubehör zu einer real vorhandenen, so oder so organisirten Kirchengemeinschaft das Heil nicht erst begründet, und anderentheils, daß keine von den
vorhandenen Kirchengemeinschaften die allgemeine christliche Kirche als solche
darstellt, so daß Niemand zu dieser gehören könnte, der nicht zugleich auch
zu jener gehörte, nun, dann muß doch auch gesagt werden, keine von den
vorhandenen Sonderkirchen hat das Recht, irgend Einen, der ein Christ ist,
zu zwingen, unter welchem Vorgeben es auch sein mag, sich ihr anzuschließen,
sondern dieser Beschluß muß dem freien Ermessen jedes Christen überlassen
bleiben, und es kann Fälle geben, wo gerade sein christliches Gewissen ihn
zwingt, sich von einer Sonderkirche fern zu halten, um nicht von ihrer
Seite einen Zwang zu erleiden, den sein Gewissen nicht tragen könnte, um
nicht seinen Frieden mit ihr mit dem Opfer seiner besseren Ueberzeugung
erkaufen zu müssen. Da kann die Sonderkirche nicht sagen, sie verlange
die Zubehör zu ihr um seiner eigenen Seligkeit willen[2]), denn die Seligkeit,

---

Constantine, die römische den des Mittelalters und die beiden großen evangelischen den
Zustand dar, wie er aus dem Kampfe gegen die Verkehrtheiten des Mittelalters her
vorgegangen ist, alle aber tragen deutlich das Gepräge ihrer Entstehungszeit an der
Stirn und — keine von ihnen ist die allgemeine schlechthin.

[1]) Daß es nicht unsere Meinung ist, als sei es gleichgültig, ob Jemand der römischen oder der evangelischen Kirche angehöre, genug, daß er in beiden ein Mitglied
der allgemeinen Kirche sein könne, versteht sich von selbst.

[2]) Wie die röm. Kirche thut, wenn sie nach dem Spruche: Coge intrare handelt,
bei welchem ja eben die Meinung zu Grunde liegt, als ob das Heil durch die Kirche

das christliche Heil, kommt nicht durch sie, sondern lediglich durch den Herrn und dadurch, daß Jemand zu diesem in dem normalen Verhältniß gläubiger Jüngerschaft steht, und eben so wenig kann man behaupten, es schließe sich Jemand dadurch, daß er von dieser Sonderkirche sich fern hält, von der allgemeinen Kirche aus, der das Heil in Christo verheißen ist: gerade weil er recht ein Mitglied der allgemeinen, mit Christo unmittelbar verbundenen Kirche ist, kann es geschehen, daß er sich genöthigt sieht, die Verbindung mit dieser besonderen Gemeinschaft entweder nicht zu suchen oder sie aufzugeben, nachdem er bereits in ihr gelebt hat.

Oder wäre denn in der That ein solcher Fall gar nicht denkbar, daß eine Kirchengemeinschaft Forderungen an ihre Mitglieder stellte und die Mitgliedschaft überhaupt an Bedingungen knüpfte, welche ein christlich normirtes Gewissen nicht zu erfüllen im Stande wäre? Man müßte wirklich die Geschichte der christlichen Kirche nicht kennen, wenn man das leugnen wollte, denn leider ist es oft genug vorgekommen. Nicht bloß die Reformations= zeit bietet uns Beispiele davon dar, sondern im Grunde alle Zeiten der kirchlichen Geschichte selbst bis in die jüngsten Tage hinein.[1]) Gerade das, was nicht aus Christo, sondern lediglich aus den Menschen war und nicht mehr und nicht weniger als eine völlige Verdunkelung des Christenthums in seiner Wahrheit bedeutete, hat sich da breit gemacht und sich mit allen Mitteln des Zwanges bewaffnet, um den Christen sich aufzudrängen, und da — nun da hat der Christ, dem es sein Gewissen verbietet, da mit zu machen, auch ganz einfach eben sowohl das Recht, als auch die Pflicht, offen zu erklären: „Ich mache eben nicht mit!" und sich, wenn ihm keine andre Hülfe bleibt, „von Denen zu thun," die ihn zwingen wollen, in ihren Wegen zu gehen. Treue gegen die christliche Wahrheit ist das Ein= zige, was zuletzt von dem Christen gefordert werden kann[2]), und die zu halten ist er auf jede Gefahr hin verbunden, selbst auf die, neben der be= stehenden Kirchengemeinschaft eine völlig isolirte Stellung einzunehmen. Er thut dann nichts Anderes, als daß er die christliche Wahrheit rettet vor dem Verderben durch Diejenigen, welche sich die Träger und Organe der christlichen Wahrheit nennen, und er darf auch das gute Gewissen haben, daß, wenn auch die „Kirche" ihn verstoße, doch der Herr der Kirche ihn aufnehmen werde. So hat es Luther und die Reformatoren überhaupt gehalten, als sie ihren Abschied nahmen von der Kirche Roms, zuversicht= lich gewiß, daß sie, wenn auch geschieden von Rom, doch nicht geschieden

---

nothwendig vermittelt werden müßte, wenn es überhaupt erlangt werden solle. Es ist dieß lediglich eine Consequenz aus der rein enthusiastischen Anschauung vom Wesen der Kirche bei den Römischen.

[1]) Man denke doch auch nur an das Parteitreiben in unseren Tagen!

[2]) 1 Cor. 4, 2.

seien von Christo und seiner wahren Gemeinde, und so vernehmen wir auch aus apostolischem Munde die Ermahnung, daß wir meiden sollen Die= jenigen, die der Wahrheit nicht wollen gehorsam sein.[1]) Es mag das für den, der in solche Lage kommt, mit schweren Kämpfen verbunden sein, wie wir denn auch von Luther wissen, daß es ihm sauer genug geworden ist, die Kirche des Papstes zu verlassen; und je lebendiger ein Christ von dem Geiste seines Herrn, von wahrhafter Bruderliebe und rechtem Gemeinschafts= sinne durchdrungen ist, je mehr er empfindet, wie Diejenigen, die Christo angehören, auch sollten ein Herz und eine Seele sein, Einer mit dem Anderen zu brüderlicher Handreichung treu und fest verbunden[2]), desto schmerzlicher wird es auch für ihn sein, das Band der Gemeinschaft gelöst zu sehen und eine Seitenstellung einzunehmen neben Denen, als deren Bruder er sich fühlt[3]), aber — zuletzt müßte er sein Gewissen bewahren, und höher, als alle Gemeinschaft mit den Menschen, müßte ihm doch die Treue gegen den Herrn stehen, zu dessen Jünger er berufen ist, und die Gemeinschaft mit diesem.[4])

In die Lebens=Gemeinschaft mit den Christen zu treten, ist, so müssen wir nach diesem Allen sagen, wohl eine Pflicht für Jeden, der sich zu Christo bekennt, und die Kirche hat auch das Recht, von einem Jeden zu fordern, daß er sich als ihr Mitglied bewähre, aber — gleichwohl muß der Eintritt in diese oder jene realiter vorhandene Kirchengenossenschaft stets von dem freien Ermessen jedes Christen abhängig bleiben, und kein Zwang irgend welcher Art kann da verstattet sein. Die Kirche, um ihr Recht geltend zu machen, kann immer nur an das sittliche Bewußtsein eines Jeden, an seine Liebe sich wenden, und immer ist auch dies Recht und jene Pflicht bedingt durch den Zustand derjenigen Gemeinschaft, die Jemandem zum Anschlusse sich darbietet. Es kann Fälle geben, wo der Christ, gerade weil er wirklich ein Christ ist, die Gemeinschaft mit einer sich so nennen= den Kirche verschmähen nicht bloß darf, sondern auch muß, und zwar ohne daß er deßhalb aufhörte, ein Glied der allgemeinen Kirche zu sein, die sich

---

[1]) 2 Tim. 3, 2 ff.

[2]) Apostelgesch. 4, 32. Vgl. u. A. 1 Cor. 1, 10. Phil. 2, 1 ff.

[3]) Man versteht es, wenn Zwingli sagte, er wolle mit Keinem lieber einig sein, als mit Luther, und wenn er diesem unter Thränen die Bruderhand bot (vgl. Chri= stoffel a. a. O., S. 318), aber man versteht es gleichwohl auch, wenn Zwingli nun doch es über sich ergehen ließ, daß ihm Luther die Bruderhand weigerte. Luther verlangte als Preis der Einigung, was Jener mit gutem Gewissen nicht leisten konnte.

[4]) Das haben die Römischen nie begreifen wollen, daß es für die Reformatoren eine schmerzliche Gewissenspflicht war, sich von ihrer Kirche zu scheiden. Sie legen ihnen daher allerlei niedrige Beweggründe unter, wie die Schmutzliteratur auf röm. Seite beweist, und — selbst Möhler redet noch von einem „traurigen Siege, den Luther über sein Gewissen davon getragen hätte".

Christus gestiftet und der er sein Heil in seinem Geiste übergeben hat. Sind dieß auch immer nur Nothfälle, wo eine solche Nöthigung für den Christen eintreten muß, Fälle, die auf einen äußersten Nothstand der Kirche verweisen, so ist doch, eben um der Möglichkeit solchen Nothstandes willen, unerläßlich, an diesem Grundsatze festzuhalten. Die Zubehör zu einer bestehenden Kirchengemeinschaft muß unter allen Umständen dem Gewissen eines Jeden überlassen bleiben! Erst mit diesem Grundsatze ist jedem Christen innerhalb der Christenheit seine volle Freiheit gewährleistet, und erst dadurch kann es auch geschehen, daß jenem heillosen und unerträglichen Gewissensdrucke vorgebengt wird, der im Namen der Religion des Geistes so oft gerade von Solchen in der Kirche ausgeübt worden ist, welche des Geistes Jesu Christi am Allerbaarsten waren.

3. Aber freilich kommt es nun auch darauf an, daß jeder Christ die Frage, ob er ein Mitglied dieser oder jener kirchlichen Gemeinschaft sein oder bleiben will, sobald sie an ihn herantritt, auch als eine ernste Gewissensfrage behandle und die Entscheidung abhängig sein lasse lediglich von solchen Gründen, die vor Gott und Christo, vor seinem in Christo normirten Gewissen bestehen können. Aller Leichtsinn bei der Entscheidung dieser Frage muß da eben so fern bleiben, wie aller Eigensinn, alle bloß menschliche und unchristliche Rechthaberei[1]), und wie die Kirche die Aufnahme in ihre Gemeinschaft nicht an Bedingungen knüpfen darf, welche nicht in dem Wesen des Christenthums selbst liegen[2]) oder gar eine schwere Bedrückung für das Gewissen ihrer Mitglieder sein würden, wie sie vielmehr verpflichtet ist, von aller Willkür absehend sich nur an die Normen zu halten, die ihren eigenen Charakter als einer christlichen bedingen, so **darf auch der Christ seinen Eintritt in eine christliche Genossenschaft oder sein Bleiben in derselben nicht von subjectiven Bedingungen abhängig machen, die er willkürlich stellte.** Auch in dieser Beziehung ist ja zu allen Zeiten viel gefehlt worden und wird noch heutiges Tages immer vielfach gefehlt. Wie viel willkürliches Sichscheiden von der kirchlichen Gemeinschaft mit den anderen Christen bei den mannigfaltigen Sekten, die im Laufe der christlichen Geschichte aufgetaucht sind, ihre Kirchlein neben der Kirche errichtend und sich eben deßhalb auf sich allein zurückziehend, weil die größere Genossenschaft sich weigerte, gerade die Färbung anzunehmen, die ihnen nun eben wohl gefiel![3])

---

[1]) Vgl. hierzu die ersten Kapitel des 1. Corinthierbriefes.

[2]) S. oben §. 11.

[3]) Man lese nur die Sektengeschichten, und man wird das bestätigt finden. Schon mit Denen „von der Pharisäersecte" (Apostelgesch. 15, 1 ff.), welche ihre Gemeinschaft mit den Christen aus der Heidenwelt an die Uebernahme des mosaischen Gesetzes von Seiten dieser knüpfte, und mit den Parteiungen in Corinth, welche, die einen dieses,

ja, wie muß man doch sagen, daß ein großer Theil der Spaltungen, welche namentlich auch die evangelische Kirche zerrissen und ohnmächtig gemacht, gerade darin ihren Grund haben, daß da subjektive Bedingungen der kirch= lichen Gemeinschaft aufgeworfen wurden, welche der andere Theil nicht erfüllen konnte, weil er die persönliche Richtung Derer nicht theilte, die diese Bedingungen stellten, weil er in ihnen wohl gar eine Entstellung, wenigstens eine rein willkürliche Auffassung der gemeinsamen christlichen Wahrheit erkannte![1]) und in unseren Tagen, wer wüßte denn nicht, wie gerade wir über dem Trachten bloß nach dem Eigenen[2]) Gefahr laufen, das kirchliche Gemeinschaftsband gänzlich zu verlieren und Dasjenige, was eine lebendige Einheit in dem einen Herrn und Geiste sein sollte, in lauter persönliche Richtungen und feindselig sich gegenüberstehende Einzelkreise sich zersplittern zu sehen? Von jenen Thoren an, welche die kirchliche Gemein= schaft meiden, weil ihnen das Organ des Pastors nicht gefällt[3]) oder um irgend welcher anderen reinen Aeußerlichkeit willen, auf welche ein vernünf= tiger Mensch und vollends ein Christenherz voll freundlicher Liebe kaum ein Gewicht legen würde, bis hin zu Denen, welche ihr bestimmtes theo= logisches System zur Conditio sine qua non der kirchlichen Einheit machen und diese lieber zerrissen sehen wollen, als nur ein Titelchen von ihren persönlichen Meinungen nicht etwa aufzugeben, sondern bloß aufzuhören, die Zustimmung zu ihnen von der Gesammtkirche zu verlangen[4]), wie viel Befangensein bloß in dem Eigenen, wie viel haderhaftiges und unverträg= liches Wesen! wie viel Gefahren in unserer Zeit, die kirchliche Gemeinschaft

die andern jenes Apostels sich zu rühmen anfingen, begann dieß verderbliche, den „Leib des Herrn zerreißende" Treiben, und in unserer Zeit, wo man gegen die kaum gegrün= dete Union wieder Sturm läuft, wo der Confessionalismus in seiner ganzen Schroffheit sich wieder hervor gewagt hat, ist es wahrhaftig nicht besser geworden, der mancherlei nebenkirchlichen kleineren Sekten nicht zu gedenken. Eine Musterkarte dieses auf reinem Subjectivismus beruhenden Sektenwesens, vor welchem es zu keiner Kirche kommen kann, bietet Amerika dar.

[1]) Dieß gilt hauptsächlich von der lutherischen Separation, wie sie mit Luther begann und durch die Concordienformel vollendet wurde. Luther und die Seinen verwechselten unstreitig viel zu sehr ihre persönlichen Anschauungen mit dem all= gemeinen Wesen des Christenthums und sind dadurch an der Zertrennung der evan= gelischen Christenheit schuldig geworden. Buder hatte wohl Recht, wenn er im In= teresse des kirchlichen Friedens Luther'n vorstellte, wie die Consequenz seiner Handlungs= weise gegen Zwingli die sei, daß er am Ende alle kirchliche Gemeinschaft unmöglich machen werde. „Willst du Niemanden in der Kirche dulden, als Den, der mit dir in allen Stücken übereinstimmt, so wirst du zuletzt ganz allein stehen."

[2]) Phil. 2, 4. 1 Cor. 10, 24. 33 u. a. St.

[3]) Auch wohl noch aus viel nichtsnutzigeren Gründen, die sie selbst, ohne schamroth zu werden, kaum aussprechen können.

[4]) Man sehe sich um, ob man nicht Beispiele genug finden wird, sowohl zur Rech= ten, als auch zur Linken!

in Grund und Boden zu zerstören! Es ist in der That ein Jammer, und nicht ohne die allerernstesten Bedenken kann man solchem Treiben zusehen. Aber eben deßhalb gilt es nun auch hier, daß wir uns wieder recht bewußt werden, welches denn die Grundbedingungen des kirchlichen Gemeinschaftslebens seien, und daß der wahrhaft kirchliche, d. h. der die Lebensgemeinschaft der Christen unter einander allein wirklich begründende Sinn, nach welchem jetzt so viel Frage ist, nicht gefunden werden kann in diesem willkürlichen Bestehen auf dem eigenen Meinen und Dafürhalten, sondern allein darin, daß man, sich selbst überwindend, von seiner Eigenart absieht und von Denen, mit denen man in treuer Christengemeinschaft leben soll, auch nichts Anderes verlangt, als daß sie eben rechtschaffene Christen sein, das Bekenntniß bringend, das von dem Christen gefordert werden muß [1]), und dieß durch den Wandel bewährend, daß man aber über dieß hinaus Nichts von ihnen begehrt, sondern anerkennt, wie auch sie das Recht haben, auf dem gemeinsamen Grunde in der vollen Unabhängigkeit von jeder menschlichen Instanz sich aufzubauen. [2])

Es kommt hier vor allen Dingen darauf an, daß ein Jeder sich auch recht bewußt sei, welches denn die Ursachen seien, die ihm allein ein Recht geben könnten, sich von der sich ihm zum Anschlusse darbietenden Kirchen=gemeinschaft fern zu halten oder abzusondern, oder mit andern Worten, daß man den Begriff der „Häresie", wie derselbe allerdings seinen guten biblischen Grund hat, auch recht verstehe. Mit dem Namen des Häretikers und Ketzers [3]) ist ja zu allen Zeiten viel Mißbrauch getrieben worden und namentlich die Papstkirche hat sich bis auf den heutigen Tag eines solchen schuldig gemacht [4]), indem sie jede Abweichung von Dem, was in ihr herge=bracht und kirchengesetzlich festgestellt war, als eine nicht zu duldende, mit allen Waffen der Gewalt auszurottende Ketzerei betrachtet und behandelt hat. [5]) Dadurch ist es denn freilich gekommen, daß in unsern Tagen schon das bloße Wort „Häretiker" oder gar „Ketzer" bei allen einigermaßen einsichtigen Leuten in Verruf gekommen ist, und allerdings auch in sofern mit Recht, als jene lieblose alles christlichen Sinnes spottende Verfah=rungsweise verfolgungssüchtiger Kirchenmänner unter allen Umständen zu

---

[1]) Vgl. oben §. 11.

[2]) Vgl. 1 Cor. 3, 10 ff.

[3]) Ohne Zweifel von den Katharern hergeleitet, die ja allerdings Häretiker waren, weil sie um ihrer besonderen Richtung willen die Kirche verließen. Vgl. über sie C. Schmidt, histoire et doctrine de la Secte des Cathares, 2 Bde. Hahn, Ketzer des Mittelalters, Bd. I, Neander, K.=Gesch. V, S. 760 ff.

[4]) Vgl. dazu den betr. Artikel im V. Bde. von Herzog's Encyclopädie.

[5]) Diese Neigung findet sich jedoch auch bei den meisten anderen christlichen Reli=gionsparteien. Wie ertönten einst auch die lutherischen Kanzeln von den Verdammungs=urtheilen gegen Calvinisten und andere „Ketzer"!

verabscheuen ist.[1]) Aber gleichwohl muß doch behauptet und festgehalten werden, daß es in der That eine „Häresie" gibt und geben kann, welche, wenn sie um sich greifen sollte, der Kirche und deren geordnetem Bestehen im höchsten Grade gefährlich werden müßte, und daß die Kirche deßhalb auch das Recht hat, von ihren Mitgliedern und damit von jedem Christen zu fordern, daß sie sich vor einem solchen Abwege hüten. Denn was ist „Häresis" in dem Sinne, in welchem Paulus[2]) dieß Wort gebraucht und in welchem es auch schon in den ersten Zeiten der Kirche eine so große praktische Bedeutung gewonnen hatte, daß der Apostel mit allem Ernste davor warnen mußte? Ohne Zweifel leitet schon die Abstammung des Wortes[3]) darauf hin, daß wir es hier mit einer Richtung zu thun haben, welche zu einer Zerreißung Desjenigen führt, was eine Einheit sein sollte, nämlich zu einer Zerreißung der Gemeinde als des einen und durch die Liebe zu einem untrennbaren Ganzen verbundenen Leibes Jesu Christi, oder mit anderen Worten, daß die „Häresie" eine Beziehung hat auf das Ge= meinschaftsleben der Christen und nicht mehr und nicht weniger, als ein aus unlauteren und selbstsüchtigen Gründen unternommenes Attentat auf dasselbe bezeichnet, kurz, eine willkürliche und ungerechtfertigte Trennung von der Lebensgemeinschaft mit der Christenheit. Nicht Meinungen, welche mit denen der Mehrheit der Christen nicht übereinstimmen, auch wenn diese letzteren durch die kirchlichen Behörden codificirt und zu s. g. symbolischer Geltung erhoben worden wären, begründen schon die Schuld der „Häresie"[4]), vielmehr hat dazu, daß er die in der Christenheit cursirenden Meinungen und die ihm von Seiten der Kirche dargebotenen Lehrsatzungen prüfe und sie, wenn er sie als mit der Wahrheit des Christenthums nicht überein= stimmend findet, auch verwerfe, ein jeder Christ ein eben so gutes Recht, wie die übrigen Gemeindeglieder und auch die Hervorragenden unter diesen ein solches haben, sich eigene Meinungen auf dem Grunde der authentischen Ueberlieferung[5]) zu bilden[6]), und in der Kirche Christi soll's ja so sein,

---

[1]) Luther bemerkt mit Recht, daß Ketzerei ein geistlich Ding sei, welches nur mit geistigen Waffen bekämpft werden sollte.

[2]) Tit. 3, 10.

[3]) Von αἱρεῖν, διαιρεῖν = trennen, zerreißen, also αἵρεσις, διαίρεσις = Trennung, Zerreißung, nämlich der Gemeinde und ein αἱρετικός ein Solcher, der eine Trennung in der Gemeinde bewirkt.

[4]) Wie dieß die mittelalterlich-römische Anschauung war und in dem Symbolum Quicunque zum Ausdrucke gekommen ist. Nach römischer Anschauung und Praxis ist Jeder ein zu extirpirender Ketzer, der die Lehrsatzungen der Kirche in irgend einem Punkte bezweifelt und antastet.

[5]) Vgl. oben §. 8.

[6]) 1 Thess. 5, 19 ff. Röm. 14, 5.

daß Niemand sich zum Herrn über den Glauben des Anderen aufwerfen [1]), Niemand auch sich eines anderen Menschen rühmen soll. [2]) Da gilt es nicht bloß, daß ein Jeder den „Muth einer eigenen, selbst errungenen Meinung und Ueberzeugung habe" [3]) sondern da hat ein Jeder auch ein Recht und sogar die Pflicht, sich unabhängig von dem, was ihm von Anderen gelehrt wird, eine eigene Ueberzeugung durch ernstliches Forschen zu erringen, wie denn ja dadurch, daß dieß geschieht, auch nur das Leben in Christi Geiste recht gefördert werden kann [4]); und das ist eben das Große und Schöne bei dieser Vereinigung, welche die Kirche ist, daß sie die mancherlei persönlichen Meinungen ihrer Glieder wohl in sich tragen kann, ohne daß deßhalb ihre Einheit, ihr inniger Zusammenhalt aufgehoben zu werden brauchte, ja, daß gerade in dem Austausch der verschiedenen Meinungen unter einander, darin, daß auch in dieser Beziehung ein gegenseitiges Nehmen und Geben stattfindet [5]), zum großen Theile das Leben der Kirche beruht, das Mittel, wodurch sie selbst, wie vor geistiger Erstarrung und sittlicher Fäulniß behütet, so auch in Demjenigen nur immer mehr gefördert werden kann, was ihr als Ziel all ihres Strebens vorgesteckt ist: in dem immer völligeren Ergreifen Jesu Christi und seines Lebens. Die Kirche, muß man sagen, bedarf es, daß ihre Mitglieder in allen Stücken der Lehre nicht einerlei Meinung sind, sie muß den da hervortretenden Unterschieden nicht nur nothgedrungen Spielraum verstatten, sondern es muß ihr sogar eine Freude sein, wenn da die Geister recht rege werden und ein Jeder auf seine Weise sich des in Christo erschienenen Lebens auch mittelst der Erkenntniß zu bemächtigen sucht, und — Unvernünftigeres, weil ihr selbst Verderblicheres kann es nicht geben, als wenn sie im Namen einer vorgeblichen Einheit der Kirche diese Mannigfaltigkeit zu unterdrücken sucht, als wenn sie hinter Jedem, der sich da mit Freiheit seiner geistigen Gaben bedienen will zur eigenen Erkenntniß der christlichen Wahrheit, sogleich mit dem drohenden Schwerte, mit der Anklage der „Ketzerei" steht. [6]) Und

---

[1]) 2 Cor. 1, 24.

[2]) 1 Cor. 3, 21.

[3]) Ein Wort Alexanders von Humboldt.

[4]) Es könnte in der That der Kirche nichts Schlimmeres widerfahren, als wenn dieser Sinn des Suchens und Forschens in ihr aufhören sollte, und — keine ernstere Ermahnung kann sie an ihre Mitglieder richten, als die, daß sie danach streben sollen, ihrer Sache auch für sich selbst immer mehr gewiß zu werden. Es handelt sich da nicht um bloßes Nachreden und Nachbeten, sondern darum, daß man selbst komme und sehe (vgl. Joh. 1, 46. 4, 42), und nie soll die Kirche vergessen, daß sie „den Geist nicht zu dämpfen" hat (1 Theff. 5, 19).

[5]) Vgl. Röm. 1, 11 f.

[6]) Man bedenke, was der röm. Kirche eine solche Verfahrungsweise eingetragen hat. Wohl gibt es Leute, die ihre Einheit rühmen, vor welcher keine abweichenden

ganz so verhält es sich auch, wenn Jemand mit den Gebräuchen der Kirche, mit ihrer gottesdienstlichen Ordnung, mit ihrem gesellschaftlichen Organismus und überhaupt mit dem, was die Kirche gesetzt hat, nicht übereinstimmt und nicht bloß für sich andere Weisen befolgt, sondern auch darauf öffent= lich dringt und dafür auftritt, daß die Weisen der Kirche Aenderungen in seinem Sinne erleiden mögen, ja, wenn er sogar sich gedrungen fühlt, mit allem christlichen Ernste Dieß oder Jenes, was sich da in die Gebräuche und Uebungen der Kirche eingeschlichen hat, als mit dem Christenthume nicht übereinstimmend zu kennzeichnen, mag dieß auch noch so lange bei der Kirche in Uebung gewesen sein.[1]) Auch dazu, gegen Mißbräuche und Mißbildungen im kirchlichen Wesen aufzutreten und ihnen gegenüber seine Ueberzeugung geltend zu machen, hat jedes Mitglied der Kirche so gewiß ein Recht, als ein jedes zu nichts Anderem berufen ist, als nur der einen höchsten Auto= rität, welche Jesus Christus und die in ihm erschienene Wahrheit ist, sich unbedingt zu unterwerfen, und als die Liebe Christi und der Brüder ihn bringen muß[2]), den Mißbrauch nicht zu dulden und dem, was sich Un= christliches und die Wahrheit des Christenthums Verdunkelndes in die Kirche eingeschlichen hat, mit allen Mitteln des Geistes entgegen zu treten.[3]) Man muß sagen, daß ein solches Verfahren lediglich in der Pflicht jedes Christen begründet ist, und eben so — wer möchte verkennen, daß auch die Kirche um ihrer selbst willen wünschen und fordern muß, daß auch jedes ihrer Mitglieder diese seine Pflicht rechtschaffen übe, daß es nicht etwa gedankenlos mitlaufe in dem seit Jahren oder Jahrhunderten ausgetretenen Wege, son= dern auch offene Augen für die Schäden habe, die sich da eingeschlichen haben können, und den Muth, diesen Schäden zu begegnen.[4]) Dagegen

---

Meinungen aufkommen könnten, aber — möchten wir um den Preis, den sie dafür immerfort zahlen muß, eine solche Einheit erkaufen wollen? Der starke Arm, der die Geister in der röm. Kirche zu Boden hält, verhindert zugleich, daß sie geistig zu Kräften komme.

[1]) In der Kirche gilt nicht das Alter, sondern die Wahrheit, was freilich die röm. Kirche nicht anerkannt hat, was aber noch Cyprian wußte, wenn er sagt: „Eine Gewohnheit ohne Wahrheit ist Nichts, als ein verjährter Irrthum."

[2]) 2 Cor. 5, 15.

[3]) Darauf beruht das Recht des Protestantismus überhaupt, und Luther handelte nur, wie er als Mitglied der Kirche verpflichtet war, wenn er gegen den Ablaß anftrat. Er hatte ganz Recht, wenn er sich darauf berief, daß er als geschworener Doctor der heil. Schrift nun auch mit Leib und Leben für diese einzustehen habe, aber — er hätte einer solchen Berufung auch nicht einmal bedurft: als einfaches Mitglied der Kirche hatte er schon diese Verpflichtung.

[4]) Nur die Trägheit oder auch das Interesse Derer, welche von den Mißbräuchen Vortheil ziehen, hat zu allen Zeiten dieß Recht der Gemeindeglieder in Frage gestellt und diese Pflicht derselben nicht anerkennen wollen. Für sie gab es keine andere Pflicht auf Seiten der Gemeindeglieder, als den Leuten an der Spitze zu vertrauen (fides implicita) und ihnen zu gehorchen.

das Geschrei der „Ketzerei" gegen Solche zu erheben, die sich dieses Rechtes bedienen und ihre Pflicht erfüllen wollen, jeden Tadel des kirchlich Hergebrachten und Festgesetzten sogleich mit dem Brandmal der „Häresie" zu kennzeichnen und ihn so mundtodt zu machen, das muß auch als eine Begriffsverwirrung erscheinen, die nicht größer sein kann, als ein völliges Mißkennen, wie des dringendsten Bedürfnisses der Kirche selbst, so auch der Stellung, welche jeder Christ innerhalb der christlichen Brudergemeinschaft einzunehmen hat. [1]

Aber wenn denn nun in diesem Allen, weder in der Abweichung vom hergebrachten Lehrbegriff, noch in der Opposition gegen die bestehenden Bräuche und Ordnungen der Kirche der Begriff der Häresie gefunden werden kann, worin ist er denn zu suchen? Nun, in dem, was die kirchliche Gemeinschaft überhaupt auflösen muß, in jenem ungerechtfertigten Sichscheiden von der Genossenschaft mit den Brüdern, welches die eigenen subjectiven Ansichten und Meinungen zur Bedingung der kirchlichen Einheit erhebt und dieselbe seinerseits Preis giebt, sobald sich die Kirche diesen Bedingungen nicht fügen will. [2] Der Begriff der „Häresie" hängt durchaus mit dem von der Einheit der Kirche zusammen, denn er bildet eben das Gegentheil von diesem, und wie nun die Einheit der Kirche darin zu suchen ist, daß Alle, die sich zu Christo aufrichtig bekennen und sich berufen fühlen, nach dem in ihm vorgesteckten Lebensziele ernstlich zu ringen, sich nun auch, ungeachtet der mancherlei persönlichen Unterschiede, die zwischen ihnen als Ergebnisse der ihnen zukommenden Freiheit bestehen, in treuer, brüderlicher Liebe zu einer in sich geschlossenen Lebensgenossenschaft zum Zweck der gegenseitigen Förderung und Hülfeleistung verbunden haben, wie es, um den Begriff der kirchlichen Einheit richtig und im Sinne des Christenthums zu fassen, nothwendig ist, sie eben aufzufassen als eine Einheit in der Mannigfaltigkeit der persönlichen Richtungen Derer, die da geeinigt sind, wo nicht das Einerlei der hergebrachten menschlichen Formeln auf dem

---

[1] Ohne Zweifel hatte Luther Recht, wenn er den „Ketzernamen" stets auf das Entschiedenste von sich ablehnte und dabei blieb, daß er lediglich im Sinne der einen allgemeinen Kirche Christi gehandelt habe, deren Mitglied er sei trotz des päpstlichen Bannes.

[2] So ist denn jene Meinung, welche die Einheit der Kirche in dem Einerlei der Lehrsatzungen, Gottesdienstordnungen u. s. w. sucht, selbst häretisch, und Luther sprach nur eine Wahrheit aus, wenn er den Papst, wie so oft, einen „Erzketzer" nannte. Auch hat sich ja gezeigt, daß eben jene röm. Einheitsbestrebungen nur zu einem Zerreißen der Kirche geführt haben, weil die Papstkirche zur Bedingung der kirchlichen Einheit machte, was nicht nach jedes redlichen Christenmenschen Façon war, eben die Façon der römischen Partikularkirche. Wie die aus ähnlichen Bestrebungen hervorgegangene Concordia gleichfalls zur Discordia geführt hat, ist leider bekannt und ersichtlich genug.

Gebiete des Lehrens und kirchlichen Handelns, sondern das gemeinsame Stehen auf dem einen göttlich gegebenen Grunde und das gemeinsame Streben nach dem einen in diesem gestellten Ziele das Band ist, das die Personen an einander schließt, und wo die Liebe die Achtung vor dem Rechte jeder Persönlichkeit als erstes Genossenschaftsgesetz auf das Aller= nachdrücklichste fordert, so — ist Häresie überall da, wo eben eine solche Einheit nicht anerkannt wird, wo man jene Mannigfaltigkeit nicht ertragen will und darauf ausgeht, eine besondere Richtung, wie sie vielleicht für diese oder jene Persönlichkeit oder für diese oder jene Partikulargemeinde berechtigt ist, zur dominirenden in der Kirche zu erheben und das Gemein= schaftsband löst, wenn sich die anderen Mitglieder der Genossenschaft weigern, diesem Begehren sich zu unterwerfen. Ein Häretiker ist ein Jeder, der sich von der Kirche scheidet oder zugleich auch Andere zu einem Verlassen der christlichen Gemeinschaft veranlaßt, bloß weil sein Gutdünken nicht das Durchherrschende in der Gemeinde ist, der also, indem er seine Subjectivi= tät zum Maßstabe für das kirchlich zur Geltung Zubringende erhebt, den kirchlichen Frieden und gemeindlichen Zusammenhang unter den Christen zerstört und so in allerdings frevelhafter Weise „den Leib des Herrn zer= reißt." Solche Menschen sind es offenbar, welche Paulus im Sinne hat, wenn er den Titus ermahnt, einen Häretischen nach wiederholten vergeb= lichen Ermahnungen zu meiden[1]), wie dies durch das eigene Verhalten des Apostels in den Streitigkeiten seiner Zeit klar werden muß. Was war's denn, das er an der in Parteiungen zersplitterten Korinthischen Gemeinde zu tadeln fand? Daß dort verschiedene persönliche Richtungen auf dem einen gemeinsamen Grunde in derselben kirchlichen Genossenschaft hervorge= treten waren? Doch ganz gewiß nicht! Die Berechtigung solcher Unter= schiede erkennt er vielmehr vollkommen an, wie ihm denn Apollo nicht weniger ein Diener Jesu Christi ist, würdig, gehört zu werden und mit= zuarbeiten in des Herrn Arbeit, als er selbst und Petrus.[2]) Aber — was er tadelt, das ist, daß die Korinther um dieser so rein persönlichen Unter= schiede willen sich unter einander zanken und anfeinden, daß sie darum den Frieden in der christlichen Gemeinschaft gefährden und, anstatt sich in Liebe zu tragen und anzuerkennen, dazu fortschreiten, den Leib des Herrn zu zer= reißen.[3]) Eben dieß ist das Verkehrte und Tadelnswerthe unter ihnen, das abgestellt werden muß, das so durchaus ihren fleischlichen Sinn bekundet[4]), ja das, weil es ein Verderben des „Tempels Gottes" bedeutet, um so viel mehr zu verabscheuen ist, als es eben deßhalb, wenn fortgesetzt, auch zuletzt

---

[1]) Tit. 3, 10.
[2]) Vgl. besonders 1 Cor. 3, 1 ff.
[3]) 1 Cor. 1, 11 ff.
[4]) 1 Cor. 3, 3 f.

die Strafe von Seiten Gottes herbeiziehen muß.[1]) Hier steht uns auf das Deutlichste vor Augen, wie es Paulus gehalten wissen will; nicht die kirch= liche Uniformität in der Lehrfassung und den Gebräuchen ist es, um was es ihm zu thun ist, sondern daß die Geistesgemeinschaft, die Gemeinschaft der Liebe erhalten bleibe, und ein Verderber der Gemeinde, ein Häretiker, ist Derjenige, der um seiner persönlichen Richtung willen diese Einheit stört.[2]) Und so denn auch, wenn wir sein Verhalten gegen die Judaisten in's Auge fassen. Wohl mag Jakobus für sich und die Seinen an der Beobachtung des mosaischen Gesetzes fest halten, das hindert den Heiden= apostel nicht, ihm die „Rechte der Gemeinschaft" zu reichen und das Band der Liebe zwischen ihm selbst und jenen ängstlichen Leuten von Jerusalem treu zu bewahren[3]); nur sollen sie auch ihm und seinen Bekehrten aus der Heidenwelt das Joch ihrer Satzungen nicht auferlegen, sondern, die Frei= heit eines Christenmenschen in Betreff solcher Dinge anerkennend, auch ihrerseits die Heidenchristen als ihre Brüder halten, als Diejenigen, die mit ihnen Glieder sind an dem einen Leibe Jesu Christi.[4]) Rechnet man dazu, wie sehr Paulus auch bei den Seinigen auf Schonung der „Schwachen im Glauben", d. h. der noch ängstlich an den jüdischen Sitten Häugenden dringt[5]), und wie er dagegen an so vielen Stellen, ganz besonders aber in den Pastoralbriefen, welche es ja so recht mit dem Gemeindeleben und seiner Ordnung zu thun haben, die Zänker tadelt, Diejenigen, welche da kommen, um den Menschen aufzulegen, wozu sie durchaus keinen göttlichen Auftrag haben[6]), und die da streiten bloß um ihrer subjectiven Meinungen willen und dadurch die Gemeinden verwirren[7]), wie er dagegen die Seinigen er= mahnt, schlicht und einfach bei der ursprünglich evangelischen Verkündigung zu bleiben und sich unbeirrt an die eine große Thatsache zu halten, welche Jesus Christus heißt[8]), so muß des Apostels Meinung wohl klar sein. Nur das Gemein=Christliche, d. h. der Inhalt des allgemeinen christlichen Bekenntnisses[9]), soll auch dasjenige sein, was allgemeine Gültigkeit hat als

[1]) 1 Cor. 3, 16 f.
[2]) 1 Cor. 1, 10. 3, 21 ff.
[3]) Vgl. Gal. 2, 1 ff.
[4]) Daher auch sein Tadel gegen Petrus, daß der die Heidenchristen zwingen wollte, jüdisch zu leben. Gal. 2, 13.
[5]) Röm. 14, 1 ff.
[6]) „Selbstgewählte Geistigkeit und Demuth." Col. 2, 23.
[7]) Vgl. 1 Tim. 4, 1 ff. 6, 3 ff. 2 Tim. 2, 14 ff. 23. 3, 1 ff. 4, 3 f. Tit. 1, 10 ff. 3, 9 f.
[8]) Vgl. 1 Tim. 1, 15. 2, 5. 3, 15 f. 4, 8 ff. 2 Tim. 2, 8. 15. 4, 2. 5. Tit. 2, 1. 12 ff. 3, 4 ff.
[9]) S. oben §. 11. Es ist zu bemerken, wie Paulus auch in den Pastoralbriefen (vgl. die vor. Anm.) immer nur auf die eine Thatsache, den gekreuzigten Herrn, hin= weist, ähnlich wie 1 Cor. 2, 2 und 3, 11.

der Grund, auf welchem Alle gemeinsam zu stehen haben, die der Kirche Christi angehören wollen, aber — seine persönlichen Anschauungen auch in Betreff dieses Gemeinsamen, sobald sie nur den Grund fest und treu bewahren, sind einem Jeden auch zu überlassen und Niemand darf deßhalb eine Trennung der Gemeinde verursachen oder sich selbst von ihr trennen, wer es aber thut, ist ein Verderber der Gemeinde, ein Rotten= und Sektenmensch, und soll, wenn alle Ermahnung vergeblich ist, gemieden, soll eben sich selbst und dem zuletzt alle Verkehrtheit richtenden Gotte überlassen werden.

Ueber den Begriff der „Häresis", wie er biblisch begründet ist, kann man demnach nicht zweifelhaft sein, aber — eben damit tritt denn nun auch an jeden Christen die ernste Forderung heran, daß er sich dieser Versündigung an der Gemeinde seines Herrn nicht schuldig mache, daß er vielmehr, so lange es ihm irgend und ohne Preisgeben unveräußerlicher Güter möglich ist, das Band der Gemeinschaft mit der sich ihm zum Anschlusse darbietenden Kirchengenossenschaft bewahre. Allerdings ist die Frage, ob er in einen bestimmten kirchlichen Verband eintreten oder darin bleiben solle, immer eine solche, die zuletzt seinem eigenen Gewissen verstellt werden muß, aber — um so ernster gilt es deßhalb auch für ihn, dieselbe gewissenhaft zu entscheiden und das Band nicht zu lösen, so lange ihn die äußerste Noth nicht dazu treibt. Nur diese giebt ihm das Recht, die Gemeinschaft mit Genossen zu verschmähen, die sich den Christennamen geben und deßhalb ihre Rechte auf ihn geltend machen wollen, und sie kann es für ihn sogar zur Pflicht machen, da fern zu bleiben oder sich zurückzuziehen, aber auch nur diese. Mag da auch nicht Alles nach seinem Sinne sein, mag ihm auch viel Irrthum und Verkehrtheit in der sich ihm darbietenden Gemeinde vor Augen kommen, er soll gegen das Alles nicht blind und gleichgültig sein, — soll sich vielmehr bemühen, es nach Kräften und mit den gehörigen ehrlichen Mitteln abzustellen — das ist seine Pflicht als Christ und als Mitglied der christlichen Kirche — aber sich abzuwenden um solcher, wenn auch immerhin schwer zu tragender Mißstände willen, die Gemeinschaft schon deßhalb zu meiden und zu verlassen, weil sie dem Ideale einer christlichen Gemeinde nicht entspricht, das kann ihm nimmer gestattet sein vor seinem eigenen Gewissen. Gerade die Liebe verpflichtet ihn, wie auf der einen Seite die Schwachen zu ertragen, so auch auf der andern anzuerkennen, daß auch seine christlichen Mitbrüder berechtigt sind[1]), nach ihrer Erkenntniß und Ueberzeugung zu leben, und wie müßte sie ihn nicht antreiben, wenn er ja bedenkliche Verirrungen wahrnehmen sollte, seinen Platz innerhalb der Gemeinschaft sich zu bewahren, um von da aus wirken

---

[1]) Vgl. Röm. 14, 1 ff.

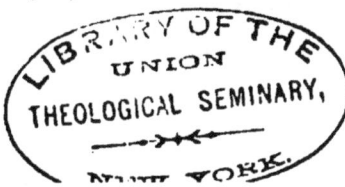

zu können nach seinem Theile zur Beseitigung solcher Schäden?[1]) Dagegen aber kann es auch Fälle geben, wo der einzelne Christ eben so berechtigt als verpflichtet ist, das Band mit einer bestimmten Kirche fahren zu lassen, dann nämlich, wenn diese Kirche ihm Zumuthungen stellt, die er nicht erfüllen könnte, ohne seinem Gewissen zu nahe zu treten und seinen eigenen Charakter als eines treuen Jüngers Jesu Christi Preis zu geben, und wenn sie sein Bleiben in ihrer Gemeinschaft selbst an solche Zumuthungen knüpft. Ueberall, wo eine kirchliche Gemeinschaft das Gewissen in unevangelischer Weise binden und ihre Mitglieder verhindern will, nach der eigenen, redlich im Evangelium gegründeten Ueberzeugung zu leben, überall, wo ein Bleiben in dieser Gemeinschaft nicht möglich sein würde, ohne den ewigen Grund und das in diesem gegebene höchste Ziel der Kirche selbst zu verleugnen, da tritt der Fall ein, wo der Christ nicht bleiben kann und darf gemäß dem Worte des Herrn: "Wer Vater und Mutter nicht mehr liebt, denn mich, der ist meiner nicht werth!"[2]) und da ist die Separation in ihrem Rechte, ist sie sogar eine heilige Pflicht, sowohl um die eigene Wahrhaftigkeit, als auch um die christliche Wahrheit selbst zu retten vor Denen, die sie anzutasten wagen. So war Luther völlig im Recht, wenn er das Band mit der Papstkirche zerriß, als ihm diese wehrte bei Strafe des Bannes, der erkannten Wahrheit die Ehre zu geben, aber so auch Zwingli, wenn er die Einigkeit mit Luther nicht um den Preis seiner mit redlichem Ernst auf die Schrift gegründeten Ueberzeugung suchen wollte, und — wenn die Reformirten den Concordisten erklärten, daß ihnen Wahrheit und Wahrhaftigkeit höher ständen, als eine kirchliche Einheit, die sie nur dadurch erlangen könnten, daß sie Beides opferten[3]), wer möchte sie tadeln? Aber — wie gesagt — nur die äußerste Gewissensnoth kann ein solches Verhalten rechtfertigen, und immer muß die Kirche es auch dem Gewissen eines Jeden anheim stellen, ob er als lebendiges Glied in ihre Gemeinschaft eintreten will oder nicht. Diese Dinge gehören vor das Forum

---

[1]) Nach Eph. 4, 16 sollen alle Glieder am Leibe des Herrn sich gegenseitig "Handreichung thun zu seiner (des ganzen Leibes) selbst Besserung" und "das Alles in der Liebe". Man kann's daher nicht nur verstehen, sondern auch billigen, wenn Mitglieder einer bestimmten Kirche, wiewohl sie die Schäden derselben durchaus beklagen, sie doch nicht verlassen wollen. Es ist eben ihre Pflicht, sich dieser Gemeinschaft zu erhalten, um zur Beseitigung solcher Schäden mitzuwirken. So hört man wohl von einsichtigen Mitgliedern der röm. Kirche es aussprechen, daß Niemand seine Kirche verlassen dürfe ohne Noth, und der Grundsatz ist gewiß ehrenwerth, sobald er auf der rechten Erkenntniß der Verpflichtung beruht, die der Dissentirende gegen seine Kirche hat. Freilich, ob die röm. Kirche solche Mitglieder auf die Dauer unangefochten lassen würde, ist eine andere Frage.

[2]) Matth. 10, 37 ff.

[3]) So Ursinus in der admonitio christiana.

des Gewissens und nicht vor einen irdischen Richterstuhl, und wie sehr die
Kirche auch berechtigt ist, von jedem Christen zu verlangen, daß er als ihr
Mitglied sich bewähre, sie kann dies Recht nur fordern von seiner Liebe,
gleich wie sie selbst nur ein Bund der Liebe ist.

§. 14.

Kein Mitglied der Kirche, welches es auch sei, darf mit seinem
christlichen Denken und Handeln der Gewalt der Kirche zu
unbedingtem Gehorsam unterworfen sein, vielmehr ist in dieser
Beziehung seine ursprüngliche Freiheit und Selbstverant=
wortlichkeit vor Gott durchaus anzuerkennen und zu gewährleisten,
und er selbst hat das Recht und die Pflicht, dieß unter allen Umständen
zu fordern. Die Kirche ist nicht Richterin in Glaubens= und
Gewissenssachen. Dagegen kommt der Kirche in Allem, was ihre
eigene gesellschaftliche Ordnung angeht, die volle Competenz
und Autonomie zu und zwar in dem Maße, daß jedes ihrer Mit=
glieder sich ihren in dieser Hinsicht getroffenen Bestimmun=
gen so lange zu unterwerfen hat, als es nicht im Stande ist, dieselben in
ordentlicher und gesetzmäßiger Weise abzuändern. Die Kirche ist die Schlich=
terin in den die äußerliche Lebensordnung ihrer selbst betreffenden Streitig=
keiten ihrer Mitglieder unter einander. (Kirche und Staat.)

1. Solche Fälle, wo ein Christ, der dies wirklich ist, sich um seines
christlich normirten Gewissens willen gezwungen sähe, der bestehenden Kirchen=
gemeinschaft den Rücken zu kehren, sind unter allen Umständen als Aus=
nahmefälle zu betrachten. Sie kommen vor in den großen Krisen der
kirchlichen Entwicklung, und wie sie da auf einen Nothstand hinweisen, der
in der christlichen Gemeinschaft eingerissen ist, so sind sie auch nur durch
diesen berechtigt und dann freilich auch das einzige Mittel, um dem Ver=
derben zu begegnen. Sie gehören recht eigentlich in das christliche Noth=
recht, und ist dies eben um der stets drohenden Möglichkeit der Noth
willen auch stets aufrecht zu erhalten. Dagegen in gewöhnlichen Zeiten
und so lange noch irgend wie auf friedlichem Wege Besserung der Schäden
zu erhoffen ist, an denen die bestehende Kirche leiden mag, wird die Liebe
selbst den Christen treiben, sich der Gemeinschaft mit den Brüdern nicht zu
entziehen, wie dies auch die Erfahrung hinreichend bestätigt[1]) und weßhalb
es denn auch für die Kirche ganz unbedenklich ist, sich auch in dieser Be=
ziehung dem freien Willen der Christen anzuvertrauen. Aber — in
welches Verhältniß tritt nun Derjenige, der einer bestehenden

---

[1]) Selbst da, wo mehre Kirchengemeinschaften als gleichberechtigt neben einander
bestehen, findet erfahrungsmäßig ein Hinübergehen von der einen zur andern nur ganz
ausnahmsweise statt, und wo es ja vorkommt, da ist doch in der Regel lediglich ein
verkehrtes Verhalten der Kirche gegen die betreffenden Mitglieder schuld.

ben Kirche als Mitglied sich anschließt, zu derselben? und
welches sind überhaupt die Consequenzen, die sich für ihn
aus der Mitgliedschaft ergeben? Diese Frage ist nun ohne Zweifel
von der größten Wichtigkeit, besonders deßhalb, weil auch in Beziehung
auf sie so oft nicht die rechte Antwort gefunden ist, weil man der Kirche
über ihre Mitglieder gar so oft eine Gewalt eingeräumt hat, welche dieser
nicht zustehen darf, wenn dadurch nicht die Rechte des christlichen Subjectes,
wie sie demselben von vorn herein zukommen, auf das Empfindlichste verletzt und in Frage gestellt werden sollen.

Welch' ein entsetzlicher und völlig unerträglicher Druck ist nicht schon
„im Namen der Kirche" auf die Gewissen ihrer Mitglieder ausgeübt worden! und namentlich ist es auch wieder die römische Kirche, die Kirche der
Hierarchie, welche durch Theorie und Praxis das hier in Rede stehende
Verhältniß gründlichst verwirrt hat. Sie, wie eigentlich jede Hierarchenkirche[1]), verlangt unbedingte Unterwerfung des christlichen Subjectes unter
die kirchliche Obergewalt, und zwar ist dieß in dem Maße der Fall, daß
von der persönlichen Freiheit des Einzelnen gegenüber den Bestimmungen
der Kirche auch nicht die Spur übrig bleibt. Man weiß ja, wie es in
dieser Beziehung in der römischen Kirche gehalten wird. Die Kirche, d. h.
die Hierarchie als die Kirche im eigentlichen und engeren Sinne, befiehlt
und der Christ hat zu gehorchen.[2]) Es ist der höchste Ruhm für ihn, sich
als ein gehorsames Kind der Kirche zu zeigen und zweifellos, ohne weiter
zu fragen, die Befehle und Satzungen derselben hinzunehmen, während es
keine größere Sünde gibt, als die, welche im Bezweifeln der kirchlichen
Satzungen und Dekrete oder gar im Widerstreben gegen dieselben besteht.[3])
Daß auf diese Weise alle geistige Freiheit aus der Hierarchenkirche hat
verschwinden müssen, ist durchaus nicht zu verwundern, und — eben deßhalb, weil dies allein das Resultat aus der römischen Doctrin und Praxis
sein kann, aber auch, weil diese Anschauungen von der unbedingten Oberherrlichkeit der Kirche über das einzelne christliche Subject noch längst nicht

---

[1]) Auch die lutherische Geistlichkeitskirche des 17. Jahrhunderts, wie sie ein Karp-
zow im Sinne hatte, hielt es kaum anders, nur daß man den Gemeindegliedern ein
judicium privatum zugestand, d. h. die Erlaubniß, das, was die Kirche lehrte, auch
im Geheimen verwerfen zu dürfen (vgl. Stahl, Kirchenverf., Cap. I, §. 1).

[2]) Darum legen die römischen Canonisten auf das der Kirche zustehende Imperium
stets ein so großes Gewicht.

[3]) »Roma locuta, causa finita!« Vor den Aussprüchen der Kirche geziemt nur
demüthiges Schweigen und Gehorchen, und wo irgend geistige Selbständigkeit und Unabhängigkeit im Forschen, Denken und Urtheilen sich kund gibt, da wird es mit allen
zu Gebote stehenden Mitteln nieder gedrückt, im Mittelalter durch Gefängniß und
Scheiterhaufen, in unserer Zeit durch geistliche Censuren, die keinen Widerspruch dulden,
wenn nicht die Excommunikation erfolgen soll. Hermes, Günther, Froschamer.

völlig überwunden sind, auch nicht in solchen Kirchen, welche in der Oppo=
sition gegen Rom entstanden sind[1]), ist es so dringend Noth, diese Verhält=
nisse genau zu untersuchen und fest zu stellen, in wie weit denn die Rechte
der Kirche gegenüber ihren Mitgliedern gehen und welches diejenigen Schran=
ken sind, innerhalb welcher dieselbe sich bei ihren Anordnungen zu halten
hat, mit einem Worte: die Competenz der Kirche als dieser Ge=
sammtgenossenschaft gegenüber ihren Mitgliedern. Das Gebiet
der Freiheit und der Gebundenheit ist da auf das Sorgfältigste gegen ein=
ander abzugränzen, damit nicht Uebergriffe von dem einen in das andre
stattfinden, damit nicht entweder dem Christen durch falsche Gebundenheit
in der Kirche der Raum zu enge gemacht wird, um sich überhaupt als ein
Christ bewähren zu können, oder damit nicht durch einseitiges Betonen der
Freiheit jede Ordnung aufgelöst, jedes gemeinsame Leben der Christen mit
einander und damit die Genossenschaft selbst unmöglich gemacht werde.

Und da ist denn vor allen Dingen daran festzuhalten, daß der Christ,
indem er in die christliche Gemeinschaft eintritt, dies thut
als ein Solcher, der in Christo frei geworden ist von aller
unbedingten Abhängigkeit von menschlichen Instanzen hin=
sichtlich seines sittlich=religiösen Lebens und daß er von
dieser seiner Freiheit durch seinen Eintritt in die Kirche
Nichts aufgiebt und verlieren darf.

Der Christ, indem er in die Gemeinschaft mit andern Christen tritt,
und also eine Kirche mit ihnen bildet, tritt als ein Christ in dieselbe und
soll und darf durch diesen Schritt Nichts aufgeben, was ihm als Christen
von vorn herein zukommt. Dieser Satz dürfte so unumstößlich sein, daß
er kaum noch eines weiteren Nachweises bedarf. Indem der Christ ein Mitglied
der christlichen Gemeinschaft wird, wie sollte er da nicht verlangen dürfen
und verlangen müssen, daß ihm Nichts von Dem entzogen würde, was
ihm als Christen principiell zugehört? ja, wie könnte da dieser Gemein=
schaft auch nur verstattet sein, ihm von seinen christlichen Rechten irgend
Etwas entziehen zu wollen?[2]) Sie würde sich dadurch nicht nur an Dem
vergreifen und versündigen, gegen den sie also verfahren wollte, sondern
auch an dem Herrn selbst, dem der Christ verdankt, was sie ihm entzöge, und
am Ende auch an sich selbst, indem sie ja sich selbst in ihren Mitgliedern um
ihren eigenen christlichen Charakter bringen würde. Nun aber — zu dem,
was dem Christen von vorn herein und als solchem zukommt, auch ehe er
noch mit irgend einem anderen in Gemeinschaft getreten ist, ja, was ihn

---

[1]) Namentlich im Ablauf des 16. Jahrhunderts fiel man auch in der protestantischen
Kirche wieder auf den römischen Standpunkt zurück, und gibt es nicht noch jetzt Evan=
gelische genug, welche die Gewissen der Christen an die kirchlichen Lehrsatzungen binden wollen?

[2]) Offenb. 3, 11.

recht eigentlich erst zu einem Christen macht, das ist doch nichts Anderes, als eben seine freie, von jeder anderen Instanz unabhängige, rein unmittelbare Stellung zu Christo als dem alleinigen Grunde seines Lebens, und Alles, was aus dieser Stellung, die er so unmittelbar zu Christo hat, sich für ihn ergiebt, oder mit anderen Worten, die Freiheit seines Gewissens nach allen Richtungen hin, diese ihm von Grund aus zukommende persönliche Unabhängigkeit in seinem Denken, Wollen und Handeln von allem Gutdünken anderer Menschen, ob sich dieselben auch immerhin seine christlichen Mitbrüder nennen oder gar im Namen der Kirche den Anspruch erheben, ihn in seinem religiös-sittlichen Verhalten bevormunden und an ihre Satzungen binden zu wollen. Als der Freie, als der in Christo von aller Menschenknechtschaft befreite, mündig gewordene Sohn Gottes[1], der nun für sein sittliches und religiöses Verhalten zuletzt keinem Anderen als dem lebendigen Gotte verantwortlich ist[2], so steht der Christ von vorn herein da, so tritt er auch ein in die Gemeinschaft mit den Brüdern, und der Freie, an keine menschliche Satzung Gebundene, dagegen aber für sein religiöses und sittliches Leben dem höchsten Herrn selbst Verantwortliche, bleibt er auch innerhalb dieser Gemeinschaft, und zwar ist eben diese Forderung so unbedingt zu stellen, daß er nicht würde eintreten dürfen, wenn die Kirche ihm diese seine Freiheit nicht gewährleisten wollte, ja, wenn sie nicht selbst von ihm verlangte, daß auch er diese Freiheit der Brüder anerkenne und bereit sei, als der Gleiche mit den Gleichen in ihrer Gemeinschaft zu leben.[3] Wo die Kirche diesen Grundsatz verläßt und ihre Competenz dahin erweitern will, daß sie sich herausnimmt, in das Gebiet des religiös-sittlichen Lebens gesetzgeberisch einzugreifen, das Gewissen an ihre „selbsterwählten“ Formeln und Satzungen zu binden suchend, wo sie dieß freie Stehen auf dem einen von Gott selbst ihr gegebenen Grunde[4] für ihre Mitglieder nicht anerkennen will und nicht auch Alles thut, um Diejenigen, welche ihr angehören, bei dieser Freiheit zu bewahren, die ihnen von vorn herein durch Christum zukommt, sie gegen

---

[1] So beschreibt doch ausdrücklich Paulus den Christen, vgl. Gal. 3, 26 ff. 5, 1 ff. 1 Cor. 7, 22 ff. Geradezu sind diese Worte des Paulus doch gegen Solche gerichtet, die im Namen einer menschlichen Instanz von hohem Ansehen in der Kirche (der δοκοῦντες, Gal. 2, 4 ff.) die Gewissen der Christen binden wollten an ihre Satzungen (... „zu verkundschaften die Freiheit, die wir haben in Christo, daß sie uns gefangen nähmen“).

[2] Vgl. 1 Cor. 4, 3 ff. Röm. 14, 4. Matth. 7, 1, und überhaupt die Stellen, wo dem Christen das Richten über die Brüder untersagt und ausdrücklich auf die Selbstverantwortlichkeit eines Jeden hingewiesen wird. S. auch Bunsen, Kirche der Zukunft, S. 40 ff.

[3] Er gäbe damit seinen christlichen Charakter auf, zurückfallend auf eine niedrigere Stufe des religiös-sittlichen Lebens. Vgl. Gal. 4, 1 ff. Col. 2, 8.

[4] 1 Cor. 3, 11.

jede Bevormundung in Sachen des Glaubens und Gewissens, von welcher Seite dieselbe auch kommen möge, in Schutz zu nehmen, da fällt die Kirche ab, wie von Christo, so auch von sich selbst, da hört sie auf, zu sein, was sie sein soll, ein freier Verein von Solchen, die in Christo allein ihr Leben suchen, und wird aus einer Kirche der Erlösten eine Anstalt zur Knechtung der Seelen und zur Zerstörung des Lebens, das aus Christo in ihr sein sollte, und zieht die Ihrigen von der Höhe des Lebens herab, auf der sie als Christen stehen. Dagegen aber wird die Kirche dadurch, daß sie in ihrem eigenen Schooße diese Freiheit hegt und pflegt und ihre Mitglieder gegen jede Abhängigkeit, was das religiös=sittliche Leben betrifft, von irgend welcher bloß menschlichen Instanz sicher stellt, erst die recht freie, in der nun auch das ihr zugehörige Leben in Gott durch Christum recht gedei= hen kann. —

Oder was könnte man denn auch gegen diesen Grundsatz Gegründetes einwenden? Man könnte sagen — und wirklich beruht die gegentheilige Auffassung auf diesen Gründen — so lange der Mensch nicht zur Kirche gehöre, habe dieselbe allerdings kein Anrecht auf ihn[1]), und da müsse sie ihn wohl sich selbst, seinem eigenen Urtheile und Willen überlassen, dagegen aber ändre sich die Sache durchaus, sobald er in die kirchliche Gemeinschaft eingetreten sei: da gebe er sich auch in die Gewalt der Kirche dahin und sei verpflichtet, sich nun auch dem Gesammtwillen derselben in allen Stücken zu unterwerfen[2]); da könne es ihm nicht mehr verstattet sein, von dem, was die Gesammtheit einmal gesetzt habe, abzuweichen und seinem eigenen Urtheile zu folgen; da sei vielmehr die Kirche berechtigt, zu fordern, daß er sich mit ihr auch in allen Stücken einstimmig verhalte und sich nicht mehr erlaube, seine Meinungen und Weisen für sich haben zu wollen, ohne daß die Kirche auch gebilligt habe, was er denke und halte; denn da sei eben die Gesammtheit über dem Einzelnen, sie ihm gegenüber das Höhere und deßhalb auch mehr Berechtigte, und da müsse denn auch der Einzelne gegen diese Gesammtheit zurücktreten und habe kein Recht des eigenen und selbständigen Wollens und Denkens ihr gegenüber. Wirklich sind diese Gründe ja auch von den Hierarchen alter und neuer Zeit für ihre Maximen geltend gemacht und für eine Gewalt der Kirche über Glauben und Leben des christlichen Subjectes in's Feld geführt worden, vor welcher denn freilich jede persönliche Freiheit im Denken und Leben des Christen zu Grunde gegangen ist.[3]) Was die Kirche setzte auf allen

---

[1]) Obgleich man auch das ja von jener Seite nicht zugibt: coge intrare!

[2]) Etwa nach dem Spruche: Ulula cum lupis, quibuscum esse cupis, der aber auf christlichem Boden gewiß am Wenigsten gelten sollte.

[3]) Wirklich betont ja auch Möhler, wiewohl er dem Einzelnen, wer er auch sei,

Gebieten des christlichen Lebens, sollte da ganz unbedingt gültig sein, und kaum gab es da Etwas, das die Kirche nicht unter ihre Gewalt zu beugen versuchte; bis in die allerintimsten Beziehungen der Seele suchte sie ihre Macht zu erstecken, und die christliche Wissenschaft eben sowohl, wie die christliche Sitte nach ihrem Ermessen zu gestalten.[1] Da hieß die Kirche die Richterin in Glaubenssachen, gegen deren Aussprüche kein Widerspruch bei Strafe der Ausschließung und des Verlustes der ewigen Seligkeit verstattet sein sollte, da nahm sie das Recht der Gesetzgebung nicht bloß für das öffentliche, sondern auch für das private Leben der Gemeindeglieder im ausgedehntesten Maße für sich in Anspruch, und forderte für das, was sie setzte, unbedingten Gehorsam, und — freilich, wenn man jene Gründe gelten läßt, so muß man sagen, daß dieß nur consequent gehandelt war, zumal wenn auch das Andere anerkannt werden müßte, was sie zur Unterstützung dieser Gründe sich noch vindicirte: daß sie unverirrlich sei, daß ihr die fortdauernde Leitung des heiligen Geistes zur Seite stehe, ja, daß eigentlich dieser selbst es sei, der ihre Dekrete und Satzungen durch ihren Mund erlasse.[2] Aber — wie steht es nun in Wirklichkeit mit allen diesen Gründen?

Wer ein Mitglied der Kirche ist, soll deßhalb gehalten sein, sich dem, was dieselbe in Sachen der christlichen Lehre und des christlichen Lebens festsetzt, unbedingt zu unterwerfen? Aber wie, wenn es nun für den Christen Lebensgebiete gäbe, wo die Kirche überhaupt und von vorn herein Nichts mehr zu setzen und zu ordnen hätte, wo sie, wenn sie es dennoch thäte, einfach Etwas unternähme, was ihr nicht zustände, sich einer völligen Ueberschreitung ihrer Competenz schuldig machte? Lebensgebiete, auf denen sie durchaus nur als die Empfangende dazustehen hätte und wo ohne ihr Zuthun längst Alles, was zum christlichen Heile nothwendig ist, gesetzt und dargeboten wäre? ja, wo es ihr zukäme, sich dem bereits Gesetzten und Geordneten selbst ganz unbedingt zu fügen und zwar so, daß nun auch jedes ihrer Mitglieder eben als ihr Mitglied die Verpflichtung hätte, diese

---

bie Unverirrlichkeit abspricht, die Gesammtheit der Kirche. Dieser soll nach ihm Unverirrlichkeit zukommen und deßhalb auch der einzelne Christ an sie gebunden sein.

[1] Ist doch auch noch neuerdings in der protestantischen Kirche ein Attentat auf die Freiheit der christlichen Wissenschaft gemacht worden zu Gunsten jener Symbole, die man so gern für den Ausdruck des kirchlichen Gesammtwillens ausgibt. Auch da liegt der Gedanke, daß der Gesammtwille gegenüber dem einzelnen Christen das Höhere sei und dieser sich jenem schlechthin zu fügen habe, durchaus zu Grunde, wie denn auch das Gerede von dem zu beugenden und zu fesselnden Subjectivismus in unserer Zeit keine andere Anschauung im Hintergrunde hat.

[2] Bekanntlich die Prätension, welche die s. g. ökumenischen Synoden als die Vertreter der Gesammtheit der Kirche stets erhoben haben.

höhere Autorität auch als die höchste und damit alleinige für sich selbst anzuer=
kennen? Würde da in der That nicht jene Forderung des unbedingten
Gehorsams gegen ihre Satzungen von selbst wegfallen müssen? würde da
nicht jedes ihrer Mitglieder auch das Recht und selbst die Pflicht haben,
sie der Anmaßung zu zeihen, wenn sie nun den unbedingten Gehorsam für
sich fordern wollte, den sie selbst in jedem ihrer Glieder einem Höheren
schuldig ist, und sie in ihre Schranken zurückzuweisen, die sie dadurch völlig
überschritten hätte? ja, müßte es da, um des Gehorsams willen, welchen
jedes ihrer Glieder der auch über der Kirche als Gesammtheit stehenden
Autorität in unbedingter Weise schuldig wäre, nicht als ein Recht und eine
Pflicht jedes Mitgliedes erscheinen, die Satzungen der Kirche vor Allem
immer erst darauf anzusehen, ob sie denn mit dem Willen des obersten
Herrn auch übereinstimmten, und ihnen den Gehorsam zu weigern, wenn
dieß nicht der Fall wäre, so gewiß den Gehorsam ihr aufzukündigen, als
es verpflichtet wäre, dem obersten Herrn allein zu gehorchen? Ohne Zweifel
würde doch dieß Alles der Fall sein müssen. Und nun — giebt es denn
solche Lebensgebiete für die Kirche nicht, wo sie eben Nichts mehr zu
schaffen und zu setzen hat, wo vielmehr Alles, was nöthig ist, bereits ohne
ihr Zuthun vorhanden und wo auch sie einfach darauf hingewiesen ist, nur
aufzunehmen, was ihr ist geboten worden, wo es auch für sie gilt, der
einen obersten Autorität, durch welche sie selbst ist, ganz unbedingt zu ge=
horchen, nicht aber nach ihrer Willkür Satzungen aufzurichten? Wir
brauchen kaum noch zu sagen, daß es ein solches Lebensgebiet giebt, wir
haben ja schon oben, wo wir von dem ewigen Grunde der Kirche handel=
ten[1]), dargethan, wie dieselbe überhaupt das ihr eignende Leben nur als
ein empfangenes habe und es nur dadurch sich auch bewahren könne, daß
sie es immer aufs Neue empfange von dem Einen, in welchem es ursprüng=
lich als ein von Gott gegebenes erschienen ist.[2]) Alles, was zu dem Heile
als solchem gehört, die ganze Fülle des neuen sittlich=religiösen Lebens, das
der Kirche eignen soll, ist fertig, vollendet und vollgenugsam[3]) da in dem
Einen, der der Grund der Kirche überhaupt ist, und wird von diesem
einem jeden Mitgliede der Kirche zur gläubigen Annahme dargeboten, ohne
daß die Kirche es erst noch schaffen könnte, dürfte und müßte[4]), und da
— nun, da folgt denn doch in der That von selbst, daß sie auf diesem

---

[1]) S. oben §. 7.
[2]) 1 Cor. 3, 11. 4, 7.
[3]) Vgl. Col. 2, 9 f. Ebr. 10, 14.
[4]) Weßhalb denn die protestantischen Dogmatiker so völlig im Rechte waren, wenn
sie die Lehre von der Sufficienz der in Christo geschehenen und in der heil. Schrift
niedergelegten Offenbarung eben dem falschen Gebundensein in der röm. Kirche an die
Satzungen derselben gegenüber geltend machten.

Gebiete, b. h. auf dem des sittlich-religiösen Lebens als solchem Nichts mehr nach eigenem Willen zu ordnen und festzusetzen hat, daß es auch für sie lediglich gilt, sich dem, was da bereits gesetzt ist, in aller Demuth zu unterwerfen und Diejenigen, die ihre Mitglieder sein wollen, anzuweisen, daß sie dieser einen höchsten Autorität nach bestem Vermögen gehorchen sollen.[1] Wo sie hier gleichwohl von sich aus Etwas setzen wollte, da würde sie in der That ihre Competenz überschreiten, und Gehorsam für ihre Satzung von ihren Mitgliedern zu fordern, wäre sie so wenig befugt, daß vielmehr ein jedes derselben verpflichtet sein würde, das von ihr Gesetzte auf das Sorgfältigste zu prüfen und — es zu verwerfen, wenn es mit dem Willen Dessen nicht übereinstimmte, der der Herr und Grund der Kirche selbst ist.[2]

Oder sollte hier, wie man ja auch es anschaut, nun doch die Gesammtheit als die höhere Autorität gegenüber dem Einzelnen betrachtet werden müssen? Man hat es ja freilich als „Subjectivismus" verschrieen, wenn da Jemand sein Ueberzeugtsein geltend machen und die Satzungen der Kirche nicht anerkennen wollte, aber wie? erhebt man denn dadurch nicht gerade das zum Princip, was für den Christen nimmermehr das Princip seines Lebens sein darf und — was man an andrer Stelle doch auch wieder selbst nicht gelten lassen will: die Herrschaft der Mehrheit? Der Wille der Gesammtheit soll gelten gegenüber dem des Einzelnen in Sachen des religiös-sittlichen Lebens, heißt in Wirklichkeit doch nichts Anderes, als die Mehrheit zur Herrschaft auf dem Gebiete dieses Lebens erheben, aber — wie vertrüge sich das mit der Natur dieses Lebens? wie müßte nicht vielmehr gesagt werden, daß durch ein solches Princip dies Leben Gefahr liefe, auf das Gründlichste verwüstet zu werden? und wie dürfte sich der Christ um seiner Selbstverantwortlichkeit willen vor Gott ein solches Princip auch nur gefallen lassen?[3] Man hat ganz Recht gehabt zu sagen, daß „nicht Majorität, sondern Autorität" auf diesem Gebiete herrschen solle[4], nämlich die Autorität, welche wirklich im Stande ist, dieß

---

[1] Wie eben dieß doch auch Paulus (vgl. 1 Cor. 2, 2) stets als seine Aufgabe als des Apostels Jesu Christi erkennt. Er weiß sich berufen (Gal. 1, 16), Christum und nur diesen zu verkündigen, dagegen eine Competenz irgend einer kirchlichen Instanz, und wären es auch die Apostel, Etwas aus eigenen Mitteln zu setzen, das das Gewissen der Christen binden müßte, erkennt er durchaus nicht an. Der „Gehorsam des Glaubens", zu welchem er die Völker führen will, ist nicht ein solcher an die Kirche, sondern allein an den Herrn. Vgl. auch 1 Petr. 1, 13.

[2] Das „Prüfet Alles" (1 Thess. 5, 21) ist ganz unbedingt gesagt und gilt auch von den Satzungen der Kirche.

[3] Sir. 7, 17. 1 Cor. 4, 3 ff.

[4] Stahl's Wahlspruch, der an sich volle Gültigkeit hat, nur auch recht angewandt sein will.

zu sein, die Autorität der Wahrheit, wie sie in Christo persönlich erschienen ist[1]), aber — wenn das, nun, dann fällt damit auch die ganze Behauptung hin, daß das einzelne Mitglied der Kirche sich dem Gesammtwillen derselben als der höheren Instanz zu beugen habe, es hat sich alsdann, wie die Kirche selbst, nur jener einen höchsten Autorität zu beugen, und weit hinaus über dem Gesammtwillen der Genossenschaft liegen auch für den Einzelnen die Quellen seines Glaubens und Lebens. Auf dem Gebiete des materiellen Lebens, wie in der Genossenschaft des Staates, so auch in den andren Gesellschaften, für die es um zeitliche Güter sich handelt, sei es um irdisches Vermögen, sei es um augenblickliches Vergnügen, mag es immerhin richtig sein, daß der Einzelne gegen die Gesammtheit oder Mehrheit zurücktreten muß, obwohl auch da es sehr zu wünschen wäre, daß nicht immer die Mehrheit, sondern die Einsicht den Ausschlag gäbe, dagegen hier, wo es um Dasjenige zu thun ist, was des Einzelnen eigenste, innerste Persönlichkeit angeht und wofür sie für sich selbst dem lebendigen Gotte verantwortlich ist, hier, wo die ewigen Güter der Wahrheit und Gerechtigkeit allein in Frage kommen, hier gilt die Mehrheit nicht, hier hat die Persönlichkeit als solche ein volles Recht, weil auch die volle Verantwortlichkeit für ihr Verhalten, und es muß ihr gestattet sein, auch gegen den Willen der Mehrheit der Wahrheit und Gerechtigkeit allein nach ihrem eigenen Wissen und Gewissen die Ehre zu geben, es muß ihr aber deßhalb auch verstattet sein, in Allem, was in das Gebiet der Wahrheit und Gerechtigkeit fällt, ihrem eigenen von andrer Menschen Meinen unabhängigen Urtheile zu folgen und sich ganz nur zu halten an die ursprüngliche Quelle der Wahrheit und Gerechtigkeit, wie dieselbe auch über die Gesammtheit der Kirche hinausliegt und der Grund, wie die Autorität auch für diese ist.[2]) Nicht die Kirche ist deßhalb die höhere Instanz gegenüber dem einzelnen Christen, der in ihr lebt, sondern — der Herr ist es Beiden in ganz gleicher Weise, und — „Richterin, d. h. Autorität in Glaubens- und Gewissenssachen" auch für den einzelnen Christen zu sein, kommt der Kirche deßhalb nicht zu. Sie ist nicht competent, ihre Satzungen den Christen auf Seele und Gewissen zu laden und dadurch sein Denken und Handeln in absolut bindender Weise zu bestimmen, sondern dieß Alles ist mit voller Ausschließlichkeit die Prärogative des Einen, der dazu von Gott gemacht worden ist, daß er den Menschen die Wahrheit und Gerechtigkeit

---

[1]) Joh. 14, 6. S. oben §. 5, 3 und §. 6.

[2]) Auf allen anderen Lebensgebieten gilt es für eine Ehre der menschlichen Persönlichkeit, eigenem Urtheile zu folgen und sich nicht von dem der Menge leiten zu lassen, und — hier sollte es anders sein, hier, wo es sich um die höchsten Güter der Persönlichkeit selbst handelt?

barbiete[1]), die Kirche aber hat nichts Anderes zu thun, als von den Ihrigen zu verlangen, daß sie an diesen Einen sich auch unbedingt ergeben und ihrer Verantwortlichkeit dafür, daß dieß geschehe, eingedenk sind.

Ja, wenn die Kirche in der Lage wäre, jene eine höchste Autorität ersetzen zu können und wirklich von sich aus ihren Mitgliedern Dasjenige darzubieten, was ihnen zu ihrer Vollendung in der Wahrheit und Gerechtigkeit Gottes dienen könnte, wenn sie überhaupt die Qualifikation besäße, als oberste Heilquelle über ihren Mitgliedern zu stehen — aber muß denn nicht auch gesagt werden, daß ihr diese Qualifikation völlig abgehe? Die römische Kirche, der ja hauptsächlich diese Anmaßung zur Last fällt, hat sich Unverirrlichkeit beigelegt, hat von sich behauptet, daß sie in den Personen ihrer Organe des fortdauernden Beistandes von Seiten des heil. Geistes sich erfreue und so im Stande sei, Dekrete über Glauben und Leben der Gläubigen mit absolut bindender Autorität, weil unfehlbarer Wahrheit, ausgehen zu lassen[2]), aber — weiß man denn nicht, wie es um diese Unverirrlichkeit und um den da prätendirten Beistand des heil. Geistes wirklich sich verhält? Allerdings hat der Herr den Seinen verheißen, daß der Geist sie in alle Wahrheit leiten solle[3]), aber doch eben den Seinen, die dies in Wahrheit sind, die wirklich zu ihm in diesem normalen Verhältniß demüthig-gläubigen Aufschauens stehen, wie es seinen Jüngern geziemt und — wenn die Kirche dieß thut, dann freilich kann sie sich auch auf die Zusage des Herrn verlassen. Aber — eben dieß „Wenn" ist da doch der kitzliche Punkt, und wer möchte behaupten, daß dieß bei d e r Kirche, wie sie in dieser Zeitlichkeit lebt, daß es namentlich bei Denen, die als die amtlichen Organe dieser Kirche bastehen, wirklich und immer der Fall gewesen sei, daß die Dekrete der Kirche, weil sie von i h r erlassen sind, auch stets als vom heil. Geiste des Herrn eingegeben betrachtet werden dürfen? Die Anschauung, welche die empirisch vorhandene Kirche und deren Organe für unverirrlich erklärt, begeht in der That die ungeheuerste Verwechslung: sie verwechselt die ideale Kirche mit der empirisch wirklichen und legt dieser Prädikate bei, welche jener allein zukommen. Die Kirche in ihrer empirischen Wirklichkeit ist fehlsam, wie jeder Mensch es ist, weil sie in ihrer

---

[1]) 1 Cor. 1, 30.

[2]) Möhler schreibt Unverirrlichkeit allerdings nur der Gesammtkirche, d. h. aber mit anderen Worten der idealen Kirche zu, wodurch denn die der empirisch vorhandenen geleugnet wird.

[3]) Matth. 28, 20. Joh. 16, 13. Aber ist damit gesagt, daß der heil. Geist an den Bischofssitzen haften und auf den Concilien walten solle? Wenn auch der Kirche, so ist damit doch noch nicht den Bischöfen und ihren Versammlungen der Beistand des heil. Geistes in der von ihnen prätendirten Weise zugesagt, denn sie sind die Kirche nicht, sondern höchstens Glieder derselben und haben kein anderes Verhältniß zum heil. Geiste, wie jeder andere Christ. Vgl. §. 5.

Gesammtheit nie völlig mit Christo geeinigt ist; sie muß immer von sich be=
kennen, daß sie die Wahrheit und die Gerechtigkeit, wie sie in Christo ihr
dargeboten worden, noch nicht völlig ergriffen habe[1]), weder mit ihrem Er=
kennen, noch mit ihrem Gesinnetsein und Leben, daß das, was sie sein soll
in Christo, auch für sie nur ein vorgestecktes Ziel ist; und — daß dieß
wirklich sich so verhält, hat sie im Verlaufe ihrer Geschichte ja auch genug=
sam bewiesen, wo gerade ihre Dekrete in Betreff dessen, was der Christ
als göttliche Wahrheit und als den Weg der Gerechtigkeit Gottes zu erkennen
habe, an den Tag legen, daß sie vor Verirrungen, und sogar vor den
gröbsten. nicht sicher ist[2]) Wie aber käme sie nun dazu, die unbedingte
Autorität auch für ihre Mitglieder zu sein? wie dürfte sie sich da anmaßen,
die Seelen an ihre Satzungen binden und sich als die Autorität und Rich=
terin in Glaubens= und Gewissenssachen aufspielen zu wollen? Auch ihre
Satzungen unterliegen einem höheren Gerichte, und — um vor ihrer Ver=
irrtlichkeit bewahrt zu bleiben, muß jedem ihrer Mitglieder das volle Recht
zustehen, sie vor dies höhere Gericht zu bringen, es muß frei von ihren
Satzungen sein, um nicht mit ihnen dem Irrthum zur Beute zu werden.[3]) —

Auch darf man die Satzungen der Kirche nur wirklich darauf ansehen,
um zu erkennen, daß sie nicht in jener so oft versuchten unbedingten Weise
die Mitglieder der Kirche binden können und dürfen, und zwar schon deß=
halb nicht, weil sie, in dem Lichte der Geschichte betrachtet, keineswegs sich
als das charakterisiren, was sie in jenem Sinne sein sollen, als das Feste
und Unwandelbare, darauf ein Christ sich verlassen könnte als auf die Grund=
festen des Wahren und Rechten. Zu allen Zeiten hat die Kirche freilich

---

[1]) Phil. 3, 12. Auch Petrus selbst hatte sich ja verirrt und mußte von Paulus
zurecht gewiesen werden. (Gal. 2.)

[2]) Vgl. auch die Weissagung in 2 Thess. 2, 3 ff. und was der Herr sagt Luc.
17, 23. Nach diesen Stellen hat der Christ gewiß Ursache, vorsichtig zu sein im Annehmen Dessen, was ihm, wenn auch immerhin im Namen der Kirche, dargeboten wird.
Vgl. auch 1 Joh. 4, 1.

[3]) Im Grunde ist es ja doch auch immer nur die Hierarchie gewesen, welche unter
dem Vorwande, daß der Christ der Kirche gehorchen müsse, für ihre Satzungen unbedingte Gültigkeit in Anspruch genommen hat, weßhalb es denn auch ganz recht ist,
wenn man überall da, wo solche Forderungen aufgestellt werden, dieselben als hierarchische Gelüste zurückweist. Die Reulutherischen mit ihrem Betonen der Symbole als
des unveränderlichen Bekenntnisses der Kirche sind nicht weniger in solchen hierarchischen
Irrthümern befangen, als die Papisten. Dagegen wo man erkannt hat, daß die
Hierarchie nicht die Kirche sei und daß es überhaupt der ganzen Kirche geziemt, in allen
ihren Mitgliedern Christo allein zu gehorchen, da stimmt man auch stets gern dem Ursinus
bei, wenn er (Admonitio christiana, epil.) als Fundamentalsatz in dieser Beziehung
hervorhebt, daß die s. g. kirchlichen Bekenntnißschriften, als von irrthumsfähigen Menschen verfaßt, keine göttliche Autorität und Beglaubigung haben und deßhalb auch die
Gewissen nicht in absoluter Weise binden können.

versucht, auch für das religiös-sittliche Leben ihrer Mitglieder, für ihr
Denken, wie für ihr praktisches Verhalten, feste und bestimmte Normen
aufzustellen, in der Meinung, daß eben diese unwandelbar sein sollten.
Aber — haben sie sich bewährt in solcher Sicherheit und Unwandelbarkeit?
Gerade sie vielmehr sind, wie die Geschichte lehrt, einem steten Wechsel
unterworfen gewesen je mit dem fortschreitenden Bewußtsein der Christen-
heit überhaupt. Ausdrücke für die Ueberzeugungen, wie dieselben zu ihrer
Zeit die Mehrzahl der Christen erfüllten, hervorgegangen sogar aus dem
Geiste Derer, die damals auf der Höhe der christlichen Entwicklung standen,
sind sie doch gleichwohl immer wieder auch übergegangen in den lebendigen
Fluß der Geschichte und des geistigen Lebens und Strebens der christlichen
Gemeinschaft und haben es dulden müssen, daß ihre festen Formen aufgelöst wurden und ihre Mängel und Unzulänglichkeiten zu Tage traten.[1] Wenigstens ist dieß überall da geschehen, wo über der Gemeinschaft stehende Gewalten,
sei es eine Hierarchie, sei es ein die Kirche bevormundendes Staatskirchenthum, nicht das geistige Leben in der Christenheit unterdrückt und mit Zwang
die Satzungen früherer Jahrhunderte einem späteren Geschlechte aufgedrun-
gen haben. Oder wären das nicht Thatsachen der Geschichte? Man frage
doch an in der gegenwärtigen Christenheit, ja, man frage an auch bei
Denen, die sich vorzugsweise die Gläubigen nennen, ob denn ihr Denken
und Empfinden, ob überhaupt ihre ganze Lebensanschauung noch mit jenen
kirchlichen Satzungen übereinstimmt, an welche man hier und da so gern
die Mitglieder der Kirchen binden möchte — wollen sie aufrichtig sein gegen
sich selbst, sie müssen bekennen, daß dies nicht mehr der Fall ist, und übrigens braucht man sich ja auch nur den Stand der Theologie nicht nur,
sondern auch des Gemeindebewußtseins in unsren Tagen zu vergegenwärti-
gen, um zu sehen, daß die alten Kirchensatzungen in voller Auflösung begriffen sind.[2] Nun, und da dürfte sich gleichwohl der Christ ein Binden
an diese gefallen lassen? Da dürfte die Kirche mit gutem Gewissen es
unternehmen, ihre Mitglieder an ihre so wandelbaren, so sehr dem Wechsel
der Zeiten unterworfenen Dogmen und dogmatische Anschauungen zu fesseln?
Zwar giebt es in all diesem Wechsel einen festen Grund, der auch durch
die wandelbaren Gestalten der Jahrhunderte hindurch geht und ihnen zu
Grunde liegt, der, von dem der Apostel sagt, daß er ewig bestehe[3], nämlich Jesus Christus und seine Wahrheit, sein Leben, aber — sollte man
nun eben deßhalb nicht auch überzeugt sein, daß die Seelen der Christenheit nur an diesen wirklich festen Grund gebunden werden dürfen und daß

---

[1] Freilich sagen die Hierarchen, nur der Unglaube nage an ihren Satzungen,
aber wer weiß nicht, was diese Behauptung werth ist?
[2] Glauben denn die Confessionellen selbst Alles, was in ihren Confessionen steht?
[3] 2 Tim. 2, 19.

die Kirche Unrecht thun würde, wollte sie dieselben statt dessen binden an das, was so wandelbar ist und so durchaus dem Wechsel unterliegt? Das wäre doch in der That eine zu starke Zumuthung, und wer irgend noch ein Gefühl seiner eigenen Würde hätte, der würde sich dergleichen doch alles Ernstes verbitten müssen. Ein solches Spiel darf die Kirche nicht mit den Ihrigen treiben[1]), und sie darf das um so weniger, als sie ein solches Beugen der Gewissen unter ihre Autorität nur dadurch erlangen könnte, daß sie alles eigene und selbständige Leben im Geiste des Herrn in den Seelen ihrer Angehörigen erdrückte, als der Erfolg nur der sein würde, daß da, wo eine Stätte der Wahrheit und des frischen und freudigen Strebens zu der höchsten Vollendung in Gott sein sollte, geistige Trägheit und jene Dumpfheit der Seelen einreißen würde, verbunden mit jener heuchlerischen Unwahrhaftigkeit, die das Gegentheil von dem ist, was einem Christen geziemt.[2]) —

So wird es denn wohl dabei bleiben müssen, was wir in unsrem Paragraphen behauptet haben: die Kirche ist nicht Richterin in Glaubens- und Gewissenssachen, dies vielmehr ist Jesus Christus und das von ihm zeugende Wort der heiligen Schrift als die allein authentische Urkunde seines Willens mit voller Ausschließlichkeit, und jedes Mitglied der Kirche, weit entfernt, dadurch, daß es dieß ist, aus dem freien und unmittelbaren Verhältniß zu ihm heraus gerückt und statt dessen zu der Kirche in eine solche unbedingte Abhängigkeit versetzt zu werden, bleibt vielmehr in diesem ursprüng- lichen Verhältniß zu seinem Herrn immerdar, es kann und darf in Folge seines Eintrittes in die Kirche Nichts von sei- ner ursprünglichen Freiheit einbüßen. Wie die Kirche als Ge- sammtheit in diesem Verhältnisse zu stehen hat, so auch jedes einzelne ihrer Mitglieder, und die Kirche hat dieß Verhältniß so wenig aufzuheben, daß sie es vielmehr einem jeden ihrer Mitglieder auf das Bestimmteste zu ge- währleisten hat. Was die Kirche lehrt, oder vielmehr[3]), was in der Kirche

---

[1]) 1 Cor. 14, 40.

[2]) Die Erfahrung lehrt's.

[3]) Denn das ist doch eigentlich der wahrhafte Sachverhalt. Nicht die Kirche hat die Lehrsatzungen u. s. w. gegeben, sondern immer nur einzelne Menschen in der Kirche, und — wie oft ist bei ihrer Aufrichtung der Dissens eines großen Theiles der Chri- stenheit nicht gehört, wohl gar gewaltsam niedergeschlagen worden! An sie die Mit- glieder der Kirche binden, hieße daher nichts Anderes, als die Kirche im eigentlichsten Sinne an menschliche Autoritäten binden. Luther hat das sehr wohl gewußt, denn wo er den papistischen Satzungen entgegen tritt, da thut er es stets so, daß er die Kirche gegen solche Vergewaltigung in Schutz nimmt und zugleich auch die Gewissens- rechte der christlichen Persönlichkeit — das allgemeine Priesterthum — hervorhebt.

von irgend Jemanden gelehrt und als Weg des Heils verkündigt wird,
jede von irgend einem Mitgliede der Kirche oder auch von irgend welcher
Anzahl von Mitgliedern, wes Namens und welcher Stellung sie auch sein
mögen, aufgestellte Doctrin in Betreff der chriftlichen Wahrheit und des
praktischen Verhaltens, wie es dieser Wahrheit gemäß sein soll, jede Regel
des sittlichen Lebens und jede Form des Denkens, welche von der „Kirche"
ausgeht, überhaupt Alles, was in der Christenheit im Namen der Kirche
dargeboten wird, jedes Mitglied der Kirche hat das Recht, vor der höchsten
Quelle der Wahrheit es zu prüfen, und seinen Widerspruch, wenn es sich
dazu berechtigt glaubt, zu erkennen zu geben[1]), jedes Mitglied ist auch befugt, durch eigene Forscherarbeit sich der chriftlichen Wahrheit zu bemächtigen, ohne dabei in schlechthiniger Weise an Dasjenige, was von der Kirche
gesetzt worden ist, gebunden zu sein, und ebenso auch die Resultate seines
eigenen und selbständigen Forschens der Kirche darzubieten, also mithelfend
nach seinem Theile an der Förderung der Gesammtheit in Dem, was
durch Jesum Christum ihr Theil sein soll[2]), und so wenig darf die Kirche
in dieser Beziehung ihren Genossen Schranken setzen, daß sie im Gegentheil
verpflichtet ist, sie in dieser ihnen von vorn herein und als Mitgliedern
eben der Genossenschaft, die Jesu Christo allein angehört, zukommenden
Freiheit mit allem Ernste zu schützen. So ist die Kirche eine Stätte der
Freiheit in Christo, in welcher es wirklich ein gegenseitiges „Handreichung-
thun" aller ihrer Glieder unter einander giebt, und so wächst sie denn auch
und kann sie allein heranwachsen zu jener „göttlichen Größe", zu der sie
im Laufe ihrer geschichtlichen Entwicklung erhoben werden soll.[3]) Wer
aber sähe nicht, daß jedes andere Verhalten ihr nur zu eigenem Verderben
gereichen müßte, zu einem Ersterben ihrer selbst in Unfreiheit und falscher
Gebundenheit? ja, wem zeigte nicht die Geschichte der Kirche selbst die bitte-
ren Früchte, die sie noch immer geerntet hat, wo sie Unfreiheit einführte
auf dem Lebensgebiete, das nur in der Freiheit gedeihen kann, weil es so
ganz des Geistes ist.[4])

Oder folgte das Alles nun nicht auch aus dem, was wir bereits oben[5])
als das Wesen der Kirche erkannt haben? und wurde es so nicht auch
ausdrücklich durch den Herrn und seine Apostel angeordnet? Die
Hierarchenkirche — ja, die mußte dahin gelangen, die Christenheit an ihre
Glaubenssatzungen und Lebensordnungen binden zu wollen, und wenn sie

---

[1]) Nicht, wie Carpzow wollte, ihn unter allen Umständen zu verschweigen. Vgl.
Matth. 5, 16.
[2]) Eph. 4, 16.
[3]) Ebendaselbst.
[4]) 2 Cor. 3, 17.
[5]) S. oben §. 5.

sagt, daß es die Kirche sei, der der Christ sich zu fügen habe, so meinte sie doch damit in Wahrheit nur die Hierarchie selbst, diese s. g. Anstalt über der Gemeinde, die mit göttlichem Rechte ausgerüstet sein sollte, ihren Willen der Christenheit als Gesetz aufzulegen. Aber kann dergleichen auch noch in einer Kirche geschehen, wie sie von dem Herrn gewollt und von den Aposteln eingerichtet ist, in einer wirklich christlichen Kirche? Das haben wir ja nun längst erkannt, daß eben dieß „göttliche Recht" der übergemeind=lichen Institution keineswegs auf dem Willen des Herrn beruht, daß die Kirche vielmehr die Gemeinde selbst ist und zwar eine solche Gemeinschaft, welche in Christo allein ihren Grund und damit auch ihren Herrn aner=kennt, eine Vereinigung von Personen, die, von dem Leben Jesu Christi ergriffen, auch den Willen haben, in diesem Leben immermehr vollendet zu werden, und die sich eben deßhalb auch mit einander vereinigen, um sich gegenseitig in diesem Leben zu fördern. Wie geschähe es nun, daß da der Eine sich zum Herrn über den Glauben des Andern aufwerfen dürfte, wo sie doch alle in dem wesentlich[1] gleichen Verhältnisse zu dem Einen stehen, der ihrer Aller Herr ist? wie durfte da der Eine als der absolut Gebietende und der Andere als der unbedingt Gehorchende dastehen, als Derjenige, der dem Ersteren mit Leib und Seele unterworfen wäre, wo sie doch Alle mit einander die Bedürftigen sind, ein Jeder darauf hinge=wiesen, auch von dem Anderen zu empfangen „allerlei geistliche Gabe"?[2] Nein! ein Bruderbund ist die christliche Kirche, ein Bund von Gleichen, welche Nichts, als die Liebe, wie sie in dem einen Herrn und Heilande wurzelt, mit einander verbindet[3], und da gilt kein Herrschen des Einen über den Andern, da gilt und ziemt nur ein gegenseitiges Nehmen und Geben, und Beides in aller brüderlichen Liebe und Demuth, Beides in der Anerkennung der eigenen Unzulänglichkeit, die gar nicht im Stande ist, dem Andern absolut bindende Gesetze für sein sittlich=religiöses Denken und Leben zu geben, Beides auch in der Achtung vor der Persönlichkeit des Bruders, in welcher ein Jeder sich bewußt bleibt, daß auch der Andere ein Gefreieter ist in Christo, gleich ihm selber. Und so soll's ja doch auch sein nach des Herrn ausdrücklicher Anordnung, wie es auch seine Apostel demgemäß gehalten haben. Wie der Herr auf das Deutlichste verbietet,

---

[1]) Mag der Eine auch mehr gefördert sein, als der Andere, das Verhältniß, in welchem Beide zu Christo stehen, ist doch das wesentlich gleiche und unmittelbare. So wollte ja auch der Herr keinen Unterschied in dieser Beziehung zwischen seinen Jüngern gelten lassen, sondern weist denselben auf das Bestimmteste zurück (Matth. 23, 8), obwohl doch auch ein Unterschied hinsichtlich ihrer persönlichen Lebensförderung unter ihnen bestand.

[2]) Röm. 1, 11 f.

[3]) Röm. 13, 8.

daß sich irgend einer seiner Jünger zum „Meister" über die Anderen auf=
werfen solle[1]), so wollen ja doch die Apostel auch nicht Herren sein über
den Glauben der Christen[2]), sondern verkündigen nur den Einen als den
Herrn, der von Gott selbst dazu gemacht worden ist.[3]) Nach Johannes
stehen die Christen so da, daß sie Niemand mehr zu lehren braucht, weil
sie Alle in Christo von Gott gelehrt sind[4]), weil sie Alle den einen und
denselben Lehrer haben, den, der da „von Anfang war" für alle Zeit[5]), und
Paulus — beschreibt er denn nicht immerdar die Gemeinde als eine Ge=
nossenschaft, die aus lauter Freien besteht[6]), aus lauter mündig gewordenen
Söhnen des lebendigen Gottes[7]) und die auch Alle zu Gott in Christo den
gleichen Zugang haben?[8]) ja, ist es Paulus nicht, der da mit allem Ernste
immerdar wehrt, daß nicht die Einen von den Anderen beherrscht werden,
daß nicht die Erstlinge zu Jerusalem ihre Weise zu leben und zu denken den
später Herzugekommenen aus der Heidenwelt auf die Gewissen laden dürfen?[9])
Fürwahr, wer in dieses Schriftthum, das uns von den Anfängen der christ=
lichen Kirche Zeugniß giebt, recht hineinsieht, der muß auch erkennen, wie
in der christlichen Kirche Freiheit in Liebe die Stellung ist, welche die
Glieder derselben zu einander einzunehmen haben, und wie alle jene Bevor=
mundung der Christen, welche so lange im Namen der Kirche von den
Hierarchen geübt worden ist, vor dem Bilde der christlichen Gemeinschaft
nicht bestehen kann, das uns der Herr und seine Apostel vor Augen
stellen.[10]) —

---

[1]) Matth. 23, 8. S. auch oben §. 5, 2.

[2]) 2 Cor. 1, 24.

[3]) 1 Cor. 2, 2.

[4]) 1 Joh. 2, 20 und 27.

[5]) 1 Joh. 1, 1. „Das da von Anfang war — das Wort des Lebens."

[6]) Gal. 3, 26 ff.

[7]) Gal. 4, 1 ff.

[8]) Eph. 2, 18.

[9]) Dieß doch offenbar die Bedeutung des Streites, den Paulus mit den Juden=
christen führt. Er will diesen nicht ihre Weise nehmen, aber — er will ihnen wehren,
dieselbe den Heidenchristen auf das Gewissen zu laden. Dieß ist die Menschenknecht=
schaft, vor der der Apostel so oft warnt, und die Satzungen der Welt, die nicht nach
Christo sind.

[10]) Besonders sei hier auf 1 Cor. 2, 15 hingewiesen. „Der Geistige (ὁ πνευματικός)
richtet zwar Alles, wird aber von Niemandem gerichtet", was wir so verstehen: der
„Geistige" ist der Christ zum Unterschiede von den σαρκικοῖς und ψυχικοῖς, d. h. Solchen,
die noch nicht auf der Höhe des geistig=christlichen Lebens stehen. Nun aber nennt
der Apostel die Corinther σαρκικοί (1 Cor. 3, 1 ff.) und — weßhalb das? Weil sie
eben Streit um der Menschen Satzungen willen angefangen haben (Vers 3), weil sie
sich, die Einen an diesen, die Anderen an jenen Apostel und dessen Lehr= und Lebens=
richtung anschließen und nicht bedenken, daß die Christen daran nicht gebunden sein

O, möchte man doch aufhören, vor dieser „herrlichen Freiheit der Kinder Gottes" in so großen Sorgen zu sein, und aus lauter Furcht und Angst, daß diese Freiheit auch mißbraucht werden könne, nicht wieder in unwürdige Fesseln zu schlagen suchen, was der Herr befreiet hat und was sein Blut hat kosten müssen, daß es frei würde! möchte man empfinden, wie sehr man sich versündigt, wie an Christo selbst, so auch an jedem der Seinigen, wenn man die Gemeinde durch Aufheben ihrer Mündigkeit wieder herunterzudrücken sucht von der Höhe, auf die sie der Herr gestellt hat! und möchte man auch gerade hier auf die so viel berufene und mißbrauchte Zusage des Herrn vertrauen, daß er es sein wolle, der da leite die Seinen mit seinem heiligen Geiste und sie bewahre vor allem Verderben! Man fürchtet solche Freiheit, weil man sich einbildet, sie müsse zu einer Auflösung des Kirchenleibes führen, aber hat man damit nicht völlig Unrecht? Ja, zum Sturze der Hierarchie und alles Dessen, was sich in unevangelischer Weise die Herrschaft über die Kirche anmaßen will, dazu führt sie gewiß — vor den freien Christen, die das Recht haben, jede Meinung, von welchem Orte sie komme, auch vor Demjenigen zu prüfen, der allein die Wahrheit ist, vor denen muß jede Falschmünzerei in Glaubens- und Gewissenssachen wohl ein Ende nehmen und um manchen falschen Nimbus wird es vor ihnen gethan sein — aber sollte die christliche Wahrheit nicht für sich selbst mächtig genug sein, um sich zu behaupten, sollte auch die Liebe nicht die Kraft haben, die Freien zu einer wahrhaften Gemeinschaft zusammen zu schließen, auch ohne daß jene falschen Fesseln sie bänden? Man lasse nur die Kirche erst werden, was sie sein soll, diesen freien Bruderverein, man wehre nur dem Leben nicht, das der Herr in Denen entzünden will, die sich redlich um ihn versammeln, und man wird des Herrn Wunder sehen, man wird alsbald wahrnehmen, daß es ein viel festeres Band ist, das die freien und mündigen Christen an einander schließt, als dasjenige, mit welchem Hierarchie und Priesterthum sie umsponnen hat. Je weniger man die Urrechte der Christen von Seiten der Kirche antastet, desto mehr wird auch jene Mißstimmung schwinden, welche jetzt so Manche von der christlichen Gemeinschaft fern hält, und je energischer die Kirche selbst es hervorhebt, daß es die Liebe und nur diese ist, was die Gemeinde verbinden soll,

---

sollen, sondern an Christus allein (1 Cor. 3, 21 ff.). Also das ist „fleischlicher Sinn", die eigenen und fremden Gewissen so binden wollen, wie die Corinther versuchten, und sollte sich's die Kirche nicht gesagt sein lassen und nicht hören auf das Wort, das der Christ als der πνευματικός berufen ist, alle Dinge zu richten, aber — von Keinem außer von Gott selbst gerichtet zu werden? Ὁ πνευματικός, d. h. der Christ, jeder Einzelne, der sich zu Christo bekennt. Man sollte denken, das verböte von selbst jedes Binden der Gewissen an die Satzungen der Kirche in jener unbedingten Weise.

desto sicherer wird auch diese sich einfinden. „Bestehet in der Freiheit, damit euch Christus befreiet hat, und lasset euch nicht wieder in das knechtische Joch fangen!"[1])

2. Als der Freie tritt der Christ in die christliche Gemeinschaft ein und diese hat ihn auch immerfort als solchen zu respectiren, sie hat sich zu bescheiden, daß an dieser ihm ursprünglich zukommenden Freiheit, vermöge welcher er in Hinsicht auf sein religiöses und sittliches Leben von jeder menschlichen Bevormundung los und an Jesum Christum als den alleinigen Heilsgrund auch allein gewiesen ist, ihre Competenz ihre Gränze hat Daher hat sie sich auch aller absolut bindenden Gesetze, die sie ihm nach ihrem Dafürhalten in Bezug auf sein sittlich-religiöses Leben in allen Beziehungen desselben geben möchte, sorgfältig zu enthalten und ihn mit allem Ernste lediglich an den Einen zu verweisen[2]), dem sie selbst zu gehorchen verpflichtet ist, indem sie ihm nichts Anderes auferlegt, als sich nach Diesem in seinem ganzen Verhalten zu richten[3]), und indem sie vertraut, daß der Herr in ihm auch ausrichten werde, wozu sie nicht im Stande ist, oder mit anderen Worten: sie hat, im vollen Vertrauen auf Jesum Christum als das ewige Haupt ihrer selbst, der freien geistigen Bewegung im Schooße der Gemeinden auch alles Dasjenige zu überlassen, was zu jenem Leben gehört, das durch Jesum Christum in den Seelen ihrer Mitglieder immer herrlicher zu Stande kommen soll. Frei zu lassen hat sie die dogmatische, d. h. die erkenntnißmäßige Entwicklung des christlichen Bewußtseins und sich nicht herauszunehmen, dem forschenden Geiste die Wege vorzuschreiben, die er nehmen, oder die Resultate zu decretiren, bei denen er ankommen soll; frei zu lassen hat sie ebenfalls die Entfaltung der christlichen Sitte,

---

[1]) Gal. 5, 1.

[2]) So hielt es ja auch Paulus, Apostelgesch. 20, 32.

[3]) Mit Recht bestritt daher das hannoversche Consistorium der Landessynode die Befugniß, dogmatische Satzungen der Kirche auflegen zu dürfen, nur daß dasselbe nicht weit genug ging, indem es bloß behauptete, die Synode habe an dem Bekenntnißstande der Kirche Nichts zu ändern. Das Consistorium hätte erkennen sollen, daß überhaupt keine menschliche Instanz jemals befugt gewesen ist, der Kirche bindende Glaubensformeln vorzuschreiben und daß deßhalb auch jene Theologenbekenntnisse aus der letzten Hälfte des 16. Jahrhunderts in einer christlichen Kirche nicht zu Recht bestehn. In der christlichen Kirche besteht zu Recht lediglich, was von Anfang an in ihr gegolten hat und durch Gott selbst ihr gegeben worden ist: Jesus Christus und sein Wort. So war es auch der ursprüngliche Sinn der Reformation, und — wenn jene hannoversche Synode sich dazu ermannt hätte, diesen Grundsatz offen auszusprechen und damit denn freilich die Verbindlichkeit des später hinzugekommenen Sonderbekenntnisses zu beseitigen, die Kirche auf den ursprünglichen Stand des freien Christenthums zurück zu führen, so würde sie damit doch am Ende in ihrem guten christlichen Rechte gewesen sein, auch wohl nach Manches Gewissen gehandelt haben. Vor dem Herrn der Kirche hätte sie's verantworten können, wenn auch nicht vor allen anderen, freilich incompetenten Instanzen.

sowie alles Dessen, was in das Gebiet des thätigen Christenlebens hinein
gehört, und auch da sich zu bescheiden, daß es ihr nicht gegeben ist, von
vorn herein auch hier die Bahnen und Richtungen vorzeichnen zu können,
in denen Thun und Empfinden der Ihrigen sich zu bewegen habe; und nur
darauf hat sie zu sehen, daß Alles, was zu dem gemeinsamen Leben ihrer
Mitglieder gehört, in Ordnung geschehe[1]), daß, wie auf der einen Seite
die Freiheit, die ja mit zu der kirchlichen Ordnung hinzugehört, nicht verletzt werde, so aber auch auf der anderen Seite diese Freiheit nicht zu einer Auflösung der Gemeinschaftsbande führe, und daß überhaupt in ihrer Mitte
auch eine Pflege des christlichen Lebens nach allen seinen wesentlichen Beziehungen hin stattfinde und unterhalten bleibe. Hat sie das Leben selbst,
das sie in ihren Gliedern erfüllen soll, seinem Wesen nach auch nicht zu
geben und deßhalb auch über dasselbe nicht zu gebieten, so kommt ihr in
Betreff der äußerlichen Lebensordnung in ihrer eigenen Mitte doch die
volle Competenz zu, soweit es sich eben nur um die äußerliche Gestaltung
ihres eigenen Gemeinschaftslebens handelt, und wenn sie sich da auch immer
nach den Principien richten muß, die ihr von dem Herrn selbst gegeben
sind und in der Natur der Sache, nämlich im Wesen der christlichen Gemeinschaft liegen, so steht ihr doch da das Bestimmungsrecht unzweifelhaft
zu und — ein Jeder, der ihr Mitglied sein will, ist auch verpflichtet, sich
dieser Ordnung zu fügen, so lange es ihm nicht gelingt, sie durch redliche
Gründe und in gesetzlicher Weise zu einer Aenderung dieser Ordnungen zu
bewegen[2]), oder so lange das, was in dieser Beziehung durch die Kirche
gesetzt wird, sich nicht in der That als mit der Gerechtigkeit streitend erweisen und namentlich für ihn selbst eine Zumuthung zu ungerechtem Thun
in sich schließen sollte.[3])

Auch gegen diese Sätze dürfte schwerlich Etwas einzuwenden sein. Die
Kirche als Genossenschaft, zu gemeinsamen Zwecken mit einander verbunden, bedarf auch einer gesellschaftlichen Ordnung, sowohl damit überhaupt
das gemeinschaftliche Leben in ihr möglich werde, als auch damit dies Leben
nicht in Verwirrung oder in's Stocken gerathe; es ist da eine Vertheilung

---

[1]) 1 Cor. 14, 33 und 40. Es ist bemerkenswerth, wie auch Luther neben der
vollen Freiheit, welche er dem Christen als solchem vindicirt, doch auch auf die äußerliche Ordnung in den Gemeinden ein großes Gewicht legt und wie er eben aus dem
Bedürfniß einer solchen Ordnung die Organisation der Gemeinde und das Hervortreten
des ordentlichen Amtes herleitet.

[2]) Dieß Letztere muß natürlich auch vorbehalten werden. Als vollberechtigtem
Mitgliede der Gemeinschaft kommt auch jedem Christen das Recht zu, seinen Einfluß
bei der Gestaltung ihrer Organisation zur Geltung zu bringen, soweit es eben seinen
Einfluß auf ehrliche Weise zu erstrecken vermag.

[3]) Was sich wohl auch von selbst versteht.

der Thätigkeit unter ihren Mitgliedern nöthig, damit auch ein jedes seinen Platz habe, wo es in die gemeinsame Arbeit eingreife[1]); es bedarf der verschiedenen Aemter, denen es zur Pflicht gemacht wird, die öffentlichen Angelegenheiten der Gemeinschaft in Obacht zu nehmen, und eben so bedarf es einer Ordnung, nach welcher die Thätigkeiten, die es da zu vollbringen giebt, ausgeführt werden müssen. Ohne das Alles würde selbstverständlich die Gemeinschaft gar nicht zum Leben gelangen können und Nichts sein, als ein untergeordneter Haufen, der gar nicht zu einer fruchtbringenden Thätigkeit käme, sondern wo Alles dem Zufalle, dem persönlichen Belieben und schließlich der Verwirrung überlassen bliebe. Und nun diese Ordnung — durch wen soll sie anders aufgerichtet werden, als eben durch die Kirche, durch die Gemeinde selbst? Der Herr hat eine solche Ordnung nicht gegeben.[2]) Allerdings hat er allgemeine Grundsätze aufgestellt, nach denen auch das kirchliche Gemeinleben sich im Großen und Ganzen zu regeln hat, und von ihm kommt auch die persönliche Begabung, welche zu diesem oder jenem Geschäfte besonders tüchtig macht, aber — die Gestaltung dieser Organisation im Einzelnen ist von ihm nicht vorgezeichnet worden. Sie muß eben deßhalb der Gemeinschaft selbst überlassen bleiben, und in Beziehung auf sie muß auch der Wille der Gemeinschaft vollauf competent sein, so daß nun auch ein Jeder, der zu derselben gehört, sich ihren Bestimmungen zu fügen hat. Freiheit in dieser Beziehung kann dem Einzelnen nicht verstattet sein, so lange er ein Mitglied der Gemeinde sein will, und man muß auf das Bestimmteste sagen, daß die Kirche ein volles Recht hat, einen Jeden, der diese Ordnung brechen und aus seinen ihm durch dieselbe angewiesenen Schranken heraustreten wollte, wieder in dieselbe zurück zu weisen und nöthigen Falls ein Zwangsrecht gegen ihn zu üben. Anerkennung der kirchlichen Gesellschaftsorganisation, wie sie von der Kirche getroffen ist, und aller der Bestimmungen, welche mit dieser zusammen hängen, ist, natürlich unter dem Vorbehalte, in ordentlicher Weise auf Abstellung der etwa vorkommenden Mißstände hin wirken zu dürfen, die Pflicht jedes Kirchenmitgliedes, und in Beziehung auf sie ruht die Competenz in der Kirche, d. h. in der Gemeinschaft selbst.[3])

So wird es denn ja auch von dem Apostel Paulus, welchem das Bedürfniß einer solchen Gesellschaftsordnung so besonders bringend entgegentrat,

---

[1]) Vgl. Röm. 12, 4 ff. 1 Cor. 12, 4 ff., wo Paulus das Alles so vortrefflich ausführt.

[2]) S. oben §. 5, 2.

[3]) Nicht umsonst ist Luther stets darauf bedacht, jede Eigenmacht der Einzelnen von dem Gebiete des kirchlichen Lebens fern zu halten, alle „Rottengeister", wie er es nennt.

mit lichtvoller Klarheit dargestellt. Nicht bloß, daß er im Allgemeinen auf Ordnung im kirchlichen Gemeinschaftsleben dringt und Personen bestellt, welche auf dieselbe halten sollen[1], er zeichnet auch ein Bild einer solchen Ordnung, in welcher die Geschäfte an die durch den Herrn mit der Kraft dazu Ausgerüsteten vertheilt sind[2], und ermahnt auf das Ernstlichste, daß sich ein Jeder um der Liebe und um des Gedeihens des Ganzen willen auch dieser nun einmal nothwendigen und nicht ohne den Herrn getroffenen Ordnung fügen und seinem Platze seine Schuldigkeit thun solle.[3] Und wie mußte man denn nicht auch erkennen, daß ein Sichfügen in diese Ordnung jedes Kirchenmitgliedes unerläßliche Pflicht sei? So gewiß in Ansehung dessen, was sein sittlich-religiöses Leben selbst anbetrifft, ein Jeder zuletzt nur auf den Herrn zu sehen und zu hören hat und in dieser Beziehung frei den kirchlichen Satzungen gegenüber steht, eben so gewiß geziemt es ihm, sich hier zu binden und Nichts zu unternehmen, wodurch die bestehende kirchliche Ordnung zerstört und an ihre Stelle Unordnung und Unfrieden gesetzt würde, so gewiß hat er selbst auch den Platz einzunehmen und auszufüllen, der ihm in Folge der kirchlichen Ordnung zukommt, und — wäre es der geringste und letzte, und was ihn eben dazu verpflichtet, das ist die Liebe, von der er sich ja leiten lassen soll und die ihn ja überhaupt dazu gebracht hat, in diese Gemeinschaft einzutreten. Auch hier hat die Gemeinde freilich Nichts von ihm zu verlangen, als die rechtschaffene Bruderliebe[4], aber diese ist er ihr auch schuldig, und in ihrem Namen darf sie fordern, daß er sich ihrer Ordnung fügt und „den Leib des Herrn" vor Störung und Verwirrung bewahrt, in ihrem Namen hat sie das gegründete Recht, auch seine Mithilfe bei der zu vollbringenden gemeinsamen Arbeit in Anspruch zu nehmen. Die Liebe verpflichtet ihn, den Platz, den sein Mitchrist einnimmt, ihm nicht nur zu gönnen, sondern auch anzuerkennen, daß derselbe seinen Dienst an diesem Platze in freier Gewissenhaftigkeit auszuüben hat, und wie sie ihn verpflichtet, sich vor der Liebe der Brüder, auch wenn dieselbe warnen und strafen müßte, nicht zu verschließen, so auch dazu, daß er an seinem Platze thut, was ihm als Christen zukommt, zum Gedeihen des Ganzen; aber wenn er nun gleichwohl von solcher Liebe sich nicht leiten lassen wollte, die Ordnung zu halten, so würde die Kirche, da sie diese Ordnung nicht entbehren kann und die Aufrechthaltung derselben ihr anheim gegeben ist, doch zuletzt die Strenge gegen ihn walten lassen müssen und wär's auch, indem sie ihn endlich von ihrer Gemeinschaft schiede. Den Geist des neuen Lebens in der Wahrheit und

[1] Die Presbyter oder Episkopen, d. h. Aufseher (vgl. Apostelgesch. 2, 28).
[2] 1 Cor. 14, 4 ff. Röm. 12, 4 ff.
[3] 1 Cor. 12, 15.
[4] Röm. 13, 8.

Gerechtigkeit Gottes — den giebt der Herr und kann der Herr allein auch geben, weßhalb die Kirche denn auch jedes ihrer Glieder in dieser Beziehung getrost dem Herrn überlassen kann, genug, wenn sie nur dafür sorgt, daß der Herr und Niemand anders, und zwar der Herr, wie ihn die ursprüngliche Ueberlieferung darstellt, in ihrer Mitte verkündigt werde, dagegen für das Bestehen der Ordnung in ihr, für die Aufrechterhaltung des friedlichen und geordneten Zusammenlebens, woran ihr Gedeihen immer so sehr mit geknüpft ist, hat sie selbst zu sorgen und kann deßhalb hier auch keines ihrer Glieder dem schrankenlosen Walten bloß seines Willens überlassen, sondern muß von ihm Achtung ihrer Ordnung unbedingt fordern.

Die Consequenzen, die sich für den Christen aus dem Eintreten in eine christliche Gemeinschaft ergeben, sehen wir nun wohl deutlich vor Augen. Von einem Aufgeben seiner Freiheit und Selbständigkeit hinsichtlich seines sittlich = religiösen Lebens gegenüber der Kirche kann nicht die Rede sein, diese hat ihm vielmehr die Kirche in ihrem ganzen Umfange zu gewährleisten. Aber daß er sich binde an die Gesellschaftsordnung der Kirche mit Allem, was zu dieser gehört, daß er den Anordnungen, welche in dieser Beziehung von der Gesammtheit ausgehen, sich füge und auch an seinem Theile rechtschaffen und treu mit eintrete in die Arbeit, mitringe nach dem einen gemeinsamen Lebensziele auf dem einen gemeinsamen Grunde, das ist unbedingt von ihm zu fordern. Die Kirche darf verlangen, daß er überhaupt als ein lebendiges Glied ihrer Gemeinschaft sich erweise[1]), daß er sich bemühe, in den Wegen zu wandeln, wie sie durch den Willen ihres Stifters ihr vorgezeichnet sind[2]), daß er trachte, zuzunehmen in aller guten Erkenntniß Gottes und Jesu Christi[3]), daß er in seinem Kreise und namentlich an den Seinigen das Werk Christi zu fördern suche[4]), daß er auch Theil nehme an ihren öffentlichen Versammlungen und da den Bund der Liebe, den er mit ihr und sie mit ihm geschlossen hat, auch bewähre[5]), sie darf auch fordern, daß er sich, wenn es nöthig wäre, ihren persönlichen Mahnungen, wie dieselben durch ihre ordentlichen Organe zu erfolgen haben, nicht verschließe, sondern ihre Liebe erkenne, mit welcher sie auch diese schwere Pflicht an ihm vollbringen würde[6]), sie hat endlich auch ein Recht, von ihm einen Beitrag zu den irdischen Mitteln zu verlangen, die ihr Bestehen in dieser Welt nothwendig macht[7]), — das Alles darf sie fordern

---

[1]) 1 Petr. 2, 5. Eph. 4, 12 ff.
[2]) 1 Petr. 1, 14 ff. 2, 11 ff. Col. 3, 1 ff. Phil. 3, 12 ff.
[3]) Col. 1, 11. 2 Petr. 3, 18.
[4]) 1 Thess. 5, 11.
[5]) Ebr. 10, 25. 1 Joh. 1, 3.
[6]) 1 Thess. 5, 11. Tit. 2, 15. Ebr. 13, 17.
[7]) 1 Cor. 9, 7 ff. Gal. 6, 6.

von seiner Liebe, und sie hat ihm Liebe dafür zu geben, aber sein Eintritt in ihre Gemeinschaft verpflichtet ihn auch dazu, daß er in allen diesen Stücken auch die Schuldigkeit der Liebe redlich thue, und von einem Verhalten bloß nach seiner Willkür kann da nicht die Rede sein. Wie sehr die Kirche, ihrem eigenen Wesen gemäß, auch hier Alles von der Liebe ihrer Mitglieder erwarten muß und erwarten darf und wie sehr sie auch selbst in langmüthiger Liebe bereit sein muß, die Schwachen zu tragen und die Irrenden wieder auf den richtigen Weg zu führen[1]), sie würde, bei beharrlicher Renitenz des Einzelnen gegen die Lebensordnungen, die sie sich selbst gegeben hat, und namentlich wenn das Bestehen der Ordnung und des Friedens in ihr überhaupt dadurch in Frage gestellt und bedroht würde, doch zuletzt zur Strenge schreiten und das einzelne Glied lieber von sich abthun müssen, als daß sie Frieden und Ordnung, der ganzen Gemeinschaft, diese beiden Bedingungen ihres Gedeihens[2]), Preis gäbe.

Die Kirche hat sich darzustellen als einen selbständigen, auf eigenem Recht beruhenden Organismus, der für Alles, was zur Ordnung ihres gemeinsamen Lebens gehört[3]), durchaus autonom ist und keiner fremden und außerhalb ihrer

---

[1]) Gal. 6, 1.

[2]) Jac. 3, 18.

[3]) Dahin gehört Alles, wodurch ihr gemeinsames Leben in eine bestimmte Form und Gestalt gebracht und so überhaupt als ein gemeinsames geordnet und geregelt wird, also zunächst die Bestimmungen über die der kirchlichen Gemeinschaft zu gebende Verfassung überhaupt und über die gesetzmäßige Gliederung, in welche die Menge der an und für sich einander wesentlich gleichen Genossen zu den mancherlei Geschäften sich ordnet, die es da zu vollbringen gibt (vgl. Röm. 12, 4 ff. 1 Cor. 12, 4. 28 ff.), die Bestimmung der einzelnen kirchlichen Aemter oder Dienste, die da nothwendig sind, und wie die Feststellung des Geschäftskreises der einzelnen und ihres Verhältnisses zu einander, so auch die Auswahl derjenigen Personen, welche mit der Führung der besonderen Aemter zu beauftragen sind; dahin gehört ferner, daß wir so sagen, die Geschäftsordnung bei Dem, was in der Gemeinschaft auch gemeinsam und öffentlich geschieht, also namentlich die Gottesdienstordnung, soweit dieselbe den geregelten Verlauf dieser Handlung anbetrifft, und die Bestimmungen über die dabei gemeinsam zu gebrauchenden Hülfsmittel (Gesangbücher, Lehrbücher) und anzuwendenden Riten; dahin auch Alles, was in das Gebiet des Leiblichen fällt, soweit es eben ein Gemeinsames ist, Verwaltung des kirchlichen Vermögens und Bestimmung, wie über seine Beschaffung, so auch über seine Verwendung; dahin endlich auch die Aufsicht über sich selbst und alle ihre Beauftragten und die Sorge dafür, daß, wie die Ordnung überhaupt, so auch der Frieden unter den Gemeindegenossen erhalten bleibe und daß Niemand in ungerechtfertigter Weise die Gränzen seiner persönlichen Competenz erweitern und den persönlichen Rechten Anderer, namentlich auch der Freiheit seiner Mitgenossen, die ja mit zur kirchlichen Ordnung gehört, zu nahe trete, kurz Alles, was dazu gehört, daß in der Kirche Alles „ordentlich und ehrlich zugehe" (1 Cor. 14, 40).

selbst befindlichen oder über ihr stehenden menschlichen Macht
zu gehorchen hat, und in allen diesen Dingen gilt der Wille der
Gesammtheit, wie er in gesetzlicher Weise zum Ausspruche kommt, als
Autorität gegenüber dem Willen des Einzelnen, so daß dieser sich in die
durch den Willen der Gemeinschaft bestehende Ordnung fügen muß, so lange
er überhaupt der Gemeinschaft angehört, in allen diesen Dingen hat die
Majorität ein Recht, nur ist jedes Mitglied der Kirche, so lange ihm
nicht aus triftigen Gründen die volle Ausübung der Mitgliedsrechte Seitens
der Kirche entzogen ist, auch berechtigt und verpflichtet ist, an dem
Zustandekommen der diese Dinge betreffenden Beschlüsse einen vollen persön=
lichen Antheil zu nehmen. Die Kirche ist autonom und competent
für ihre eigene Gesellschaftsordnung in der Gesammtheit
ihrer Glieder.

Oder sollten nun auch diese Sätze nicht in ihrem ganzen Umfange
aufrecht erhalten werden müssen? Es giebt ja allerdings Derer, welche
geneigt sind, auch ihnen zu widersprechen. Daß in Glaubens= und Gewis=
senssachen die Mehrheit oder Gesammtheit der Kirchengenossen nicht entschei=
dend, daß in diesen ein jedes Glied der Kirche nur für sich selbst competent,
weil für sich selbst verantwortlich sein könne, gesteht man am Ende zu, nur
daß man freilich nicht immer der Majorität die allein berechtigte Autorität
gegenüber gesetzt hat[1]), aber eben so ist man nun auch hier noch immer
geneigt, der Gesammtheit der Kirche die Competenz abzusprechen und die
Autorität in diesen Stücken einer Macht anzuvertrauen, die über der Kirche
stände, einer kraft eigenen, ihr göttlich verliehenen Rechtes die Kirche regie=
renden und ordnenden übergemeindlichen Institution. In der römischen
Kirche[2]) ist es die Hierarchie, welche diese Befugnisse in Anspruch
nimmt, in der orthodox=lutherischen Kirche hat man, wenig in Ueber=
einstimmung mit dem ursprünglich reformatorischen Gedanken[3]), den mit dem
Arme des Staates bewaffneten Lehrstand an die Stelle jener Hierarchie
zu setzen versucht, und der Territorialismus will das Regiment der

---

[1]) Die kirchlichen Glaubenssatzungen, zu deren Aufrichtung als Gewissensschranke
die Kirche von vorn herein nicht competent war, anstatt des Herrn in seinem Worte.
Stahl sagt: „die Gemeinde hat ein Recht auf die Bekenntniß", was in seinem Sinne
aber nichts Anderes heißt, als: „das Bekenntniß hat ein Recht auf die Gemeinde"
und so zur schlimmsten Geistesknechtung führt. Wir sagen: die Gemeinde hat die
Pflicht, die Gewissen nicht zu beladen mit ihren Satzungen, und als christlicher
Gemeinschaft steht ihr kein anderes Recht zu, als sich zu Christo und seinem Worte zu
bekennen und dieß Bekenntniß von jedem ihrer Glieder und Diener zu fordern.

[2]) Auch in der bischöflichen Kirche England's, die in dieser Beziehung den römi=
schen Sauerteig nicht ausgekehrt hat. Vgl. v. Sydow, „kirchliche Zustände in Groß=
britanien".

[3]) Vgl. Luther's Buch, „daß eine christl. Gemeinschaft Macht hat ꝛc."

Kirche einfach dem Landesherren in Folge seiner unbedingten Herrschaft über das ihm zugehörige Territorium überweisen, alle aber die Gemeinschaft als solche ignorirend und ihr ihre Competenz bestreitend[1]) — sehen wir, wie es um alle diese Einrichtungen steht!

Zunächst muß nun doch gesagt werden, daß zur Ausübung dieser Befugnisse, die wir mit einem Namen allerdings als die des kirchlichen Regimentes bezeichnen können, in dieser sichtbaren Welt eine Macht vorhanden sein müsse, die auch competent sei, sie auszuüben.[2]) Der Herr ist allerdings der oberste Regent seiner Kirche, aber seine Regierung betrifft, daß wir so sagen, lediglich das Materielle, nicht über das Formale des religiös-sittlichen Lebens. Er leitet die Seelen und hat verheißen, sie alle Zeit leiten zu wollen[3]), innerlich mit seinem heiligen Geiste, und in dieß sein Regiment hat Niemand einzugreifen, weßhalb denn ja eben in der Kirche nach dieser Seite hin Freiheit walten und der Herr als die alleinige Autorität anerkannt werden muß. Aber anders verhält es sich mit der Ordnung des gesellschaftlichen Lebens der Kirche, und wie er dafür „in den Tagen des Fleisches" der Gemeinde, außer jenen allgemeinen Normen, die im Wesen der Kirche selbst liegen, keine Vorschriften gegeben hat[4]), so ist auch klar, daß er auch jetzt in diese Angelegenheiten nicht persönlich eingreift, daß er in Ansehung der kirchlichen Gesellschaftsordnung das Regiment nicht ausübt. Gleichwohl muß eine solche Ordnung sein und gehandhabt werden. Die Kirche muß aus der Gestaltlosigkeit der rein unterschiedslosen Menge zu einer gegliederten Organisation sich erheben, wenn sie überhaupt lebens- und handlungsfähig werden soll, wenn es nicht geschehen soll, daß die Gemeinschaft wieder aus einander fällt und die von ihr zu vollbringenden Aufgaben rein dem Zufalle und der Willkür Einzelner überlassen bleiben. Hier liegt das Bedürfniß einer friedsamen Ordnung[5]), und dieß Bedürfniß theilt sie mit jeder anderen Gesellschaft, es ist das erste Bedürfniß jeder Societät überhaupt, und erst dadurch, das es befriedigt wird, hört die Kirche auf, ein bloßer Haufe zu sein und wird eine Genossenschaft. Daher denn auch durch alle Jahrhunderte hindurch in der Kirche der Trieb, sich genossenschaftlich zu gliedern und die Ordnung, die in ihr sein soll, gesetzlich zu befestigen und aufrecht zu erhalten. Ein Brechen dieser Ordnung, ein völliges Aufgeben derselben würde für die

---

[1]) S. über das Alles Stahl, Kirchen-Verf. nach L. und R. der Prot., Abschn. I; Richter, Gesch. der ev. Kirchen-Verf. und Mejer, Grundlagen des K.-Regiments.

[2]) Das ist eben die Frage, wer hienieden kraft göttliches Rechtes die Kirche zu regieren habe.

[3]) Matth. 28, 20. Joh. 16, 13. Apostelgesch. 1, 6 u. a. St.

[4]) S. oben Bd. I, §. 3.

[5]) 1 Cor. 14, 33 und 40. Jac. 3, 18.

Kirche der größte Schaden sein, würde die Kirche selbst aufheben und ihr jede Lebensfähigkeit nehmen, weßhalb denn auch eine unsichtbare Kirche, die bloß in die Unsichtbarkeit fiele und nicht auch einen fest in sich geglie- derten Organismus darstellte, eine Vernichtung der Kirche sein, eben das von der Kirche hinweg thun würde, was sie zur Kirche macht, das Moment der Genossenschaft, der realen Vergesellschaftung.[1] Aber wie soll nun diese Ordnung kommen, welches ist die Macht, die sie zu gründen, die sie zu handhaben und aufrecht zu erhalten hat?

Die Hierarchie? Sie nimmt es für sich in Anspruch. Kraft eigenen, unmittelbar von Gott ihr verliehenen Rechtes will sie die Regentin der Kirche sein, Niemandem verantwortlich, als dem lebendigen Gotte, der ihr dieß Recht übertragen habe, dagegen der Kirche gegenüber unverantwortlich. Nun, wir haben von der Hierarchie bereits gehandelt[2] und können uns auf das da Gesagte beziehen. Sie ist zunächst außer Stande, die göttliche Urkunde dieses Rechtes nachzuweisen, vielmehr schweigen die Urkunden, die uns den Willen Gottes in Betreff seiner Kirche wirklich mittheilen, nicht nur ganz von diesem Rechte, sondern sie stellen es auch geradezu in Abrede, sie verbieten, daß einzelne Personen eine Macht nach Art weltlicher Herrscher über die Kirche ausüben sollen, sie weisen jedes Mitglied der Kirche an, ihr lediglich zu dienen mit allen seinen Kräften, aber nicht sich zum Herrscher kraft eigenen angeblichen Rechtes aufzuwerfen.[3] Auch zeigt uns die erste Kirche keineswegs eine solche Gestalt, wo Einzelne als gebietende Herren an ihrer Spitze gestanden hätten, vielmehr erscheint da, wo es sich um Fragen der kirchlichen Lebensordnung handelt, die ganze Gemeinde als das Rechtssubjekt, in dessen Händen die endgültige Bestimmung liegt.[4] Die Hierarchie verdankt ihr Hervortreten einer späteren und nicht der nor- malsten Entwicklung des kirchlichen Lebens[5]), und wenn auch durch diese Verhältnisse bedingt und nothwendig für ihre Zeit, wie käme sie gleichwohl dazu, das in absoluter Weise für sich in Anspruch zu nehmen, was ihr höchstens als ein bedingtes, durch ehemalige Zustände der Kirche bedingtes Recht zugestanden werden kann? Sie hat Befugnisse an sich genommen, die ihr an und für sich nicht zustanden, weil das Rechtssubject, das sie hätte ausüben sollen, dazu nicht im Stande war, sollte dieß später nicht befugt sein, seine Rechte von ihr zurück zu fordern, wenn es fähig geworden, sie selbst zu übernehmen?[6] Der Unmündige steht nur so lange unter den

---

[1] Vgl. Rothe, Anfänge, I, §. 14 ff. S. auch oben §. 13, 1.

[2] S. §. 5.

[3] Vgl. u. A. Matth. 20, 26 ff 23, 8 ff. 2 Cor. 1, 24. 1 Petr. 5, 3.

[4] Apostelgesch. 15. S. oben §. 5.

[5] S. oben Bd. I, §. 4, die ersten Abschnitte.

[6] Vgl., wie Bunsen, Zeichen der Zeit, wiederholt darauf hinweist, daß die

Vormündern, als er eben unmündig ist, mit der Mündigkeit cessirt das dem Vormunde übertragene Recht, wie das Paulus wörtlich darthut[1]), und das eigentliche Rechtssubject tritt auch wieder in seine Rechte ein. Oder — was ist's denn mit der Hierarchie? Sie ist selbst nur ein Theil der Organisation; wenigstens liegt ihr dieß zu Grunde, daß da einzelne Glieder aus dem Gesammtorganismus der Kirche sich allmälig zur Herrschaft in hierarchischem Sinne emporgeschwungen haben; aber — sollte da wirklich der Theil größer sein, als die Gesammtheit? sollte das, was lediglich als ein Product der die Kirche gliedernden Thätigkeit erscheint, nun als die Macht betrachtet werden dürfen, welche die Ordnung selbst zu setzen hätte? Schwerlich wird man das sagen können. Die die Kirche organisirende, ihre Lebensordnung ·bestimmende Macht muß über der Hierarchie sein, da die Hierarchie selbst erst durch die Thätigkeit derselben hervorgebracht worden ist, und da diese Macht der Herr nicht ist, da wir, wie wir oben gesehen, diese Macht lediglich in der dießseitigen Welt zu suchen haben, welche ist es denn? Doch am Ende nur das Ganze, das sich selbst in seine Glieder ordnet, doch am Ende nur die Gesammtheit der Gemeinschaft, die zu ihrer Zeit auch die Hierarchie gesetzt und ihr für ihre Zeit die von ihr geübten Rechte zugestanden hat. Auch liegt es wohl in der Natur der Sache, daß in einer Gesellschaft, wie die Kirche ist, die bestimmende Macht nicht einzelnen Gliedern derselben kraft eigenen, sondern, wenn sie eine solche inne haben, denn immer nur kraft von der Gesammtheit übertragenen Rechtes zukommen kann.[2]) Gerade die Kirche besteht ihrem Wesen nach aus solchen Mitgliedern, die von Haus aus mündig und in ihrer Stellung als Kirchenglieder durchaus einander gleich sind. Nichts wird von dem Herrn und den Aposteln deutlicher behauptet, als eben dieß.[3]) Und wenn nun doch Einzelne sich zu einer Uebermacht über die Anderen erheben sollten, zu einem Imperium, welches von Seiten der Anderen die Obedienz zu verlangen hätte, wenn es überhaupt verstattet wäre, daß eine solche Macht einzelnen Mitgliedern der Kirche als solchen zufallen könnte, wodurch könnte es anders geschehen, als eben durch freiwillige Uebertragung Seitens der Anderen? so daß dann doch die Gesammtheit dieser Gesellschaft als das eigentliche Rechtssubject erscheinen würde, und jene Einzelnen diese Rechte nur hätten, weil die Gesammtheit sie eigentlich und ursprünglich besäße. Liegt die Kirchengewalt überhaupt innerhalb der Kirche selbst, dann kann

---

Rechte die Hierarchie an sich nehme, eigentlich und ursprünglich der ganzen Gemeinde gehören.

[1]) Gal. 4, 1 ff.

[2]) Wie dieß auch die Episkopalisten und Collegialisten anerkennen, nur daß die Uebertragung, die sie lehren, lediglich eine juristische Fiction ist.

[3]) Vgl. Matth. 23, 8 ff. Gal. 3, 26 ff.

sie als eigenes und göttlich übergebenes Recht auch nur liegen in den Händen
der Gesammtheit und auf die Hierarchie lediglich durch Uebertragung von
Seiten dieser gekommen sein, dann aber steht auch Nichts im Wege, daß
die Gesammtheit von der Hierarchie zurückfordere, was sie ihr verliehen hat,
und sich ihres Rechtes, eine andre Ordnung für ihr gemeinschaftliches Leben
zu treffen, bediene. Wie man[1] gesagt hat: die Hierarchie eigne sich nur
zu, was ursprünglich der Gemeinde zugehöre, so verhält es sich in der That,
und — es fragt sich nur, ob die Gemeinde es zweckmäßig finde, die hierarchische
Ordnung bestehen zu lassen, ob sie finde, daß die Hierarchie die ihr von
Seiten der Gemeinschaft übertragene Gewalt zum Segen der Christenheit
gebraucht, und ob sie, die Gemeinde, nicht doch besser thue, ihre eigenen
Angelegenheiten auch wieder selbst in die Hände zu nehmen.[2] Von einem
absoluten Regierungsrecht der Hierarchie kann aber unter allen Umständen
nicht die Rede sein.[3]

Aber vielleicht liegt die Gewalt über die äußerliche Ordnung der Kirche
gar nicht in der Kirche selbst? Das ist ja auch die Meinung Einiger gewesen, Derer, welche von dem sich als so drückend kundgebenden Joche der
hierarchischen Oberherrschaft loszukommen trachteten und Schutz gegen die
Uebergriffe der „Geistlichkeit" in die Gewissensrechte der Einzelnen suchten.
Die Territorialisten[4] hatten in der That nichts Anderes im Sinn, als
die Kirche von dem Drucke jenes engherzigen theologischen Doctrinarismus
zu befreien, der sich Orthodoxie nannte und im 17. Jahrhundert jede freie
geistige Bewegung innerhalb der christlichen Gemeinschaft im Namen seines
für die allein rechte und reine Lehre ausgegebenen Systems zu Boden zu
halten suchte, und — um gegen diesen geschützt zu sein, riefen die Vertreter jener freieren Richtung diejenige Macht an, welche allein im Stande
schien, die rabies theologorum im Zaume zu halten und die Gewissensrechte der Kirchenglieder zu schützen: die Staatsgewalt, die Macht des Landesherrn. Das Recht, die äußerliche Gesellschaftsordnung der Kirche zu bestimmen und aufrecht zu erhalten, so lehrten sie, kommt der Macht zu,
welche überhaupt dazu da ist, die Rechtsordnung in der Welt zu vertreten

---

[1] Bunsen, s. oben.

[2] Die Geschichte gibt eine unzweifelhafte Antwort auf diese Frage. Zwar gibt
es Solche, die die Hierarchie preisen, daß sie mit fester Hand die Einheit der Kirche
aufrecht erhalte, aber 1) ist das nicht wahr, denn die Kirche ist ja durch Schuld der
Hierarchie zersplittert worden, und 2) hat die Hierarchie die Einheit stets nur zu bewahren gesucht durch Vernichtung des allerwichtigsten christlichen Gesellschaftsrechtes:
der Glaubens- und Gewissensfreiheit und der unmittelbar persönlichen Stellung der
Kirchengenossen zu Christo. Grund genug, sie zu beseitigen!

[3] Darum aber handelt es sich nur, und mit ihrem angeblich göttlichem Rechte
fällt die Hierarchie von selbst: die Gemeinde wird dadurch die Macht über sie.

[4] Vgl. Stahl, Kirchen-Verf., §. 2.

und wahrzunehmen, dem weltlichen Fürstenthum, der bürgerlichen Obrig=
keit, und zwar besitzt diese die Kirchengewalt nicht etwa kraft ihr von der
Gemeinde übertragenen, sondern kraft eigenen Rechtes, eben weil ihr über=
haupt kraft eigenen Rechtes zusteht, die Rechtsverhältnisse in ihrem Gebiete
zu bestimmen.[1] Man wollte also dem Staate als solchem das Kirchen=
regiment vindiciren, allerdings mit der ausdrücklichen Einschränkung, daß sich
derselbe lediglich um die äußerliche Gesellschaftsordnung der Kirche, keines=
wegs aber um die Heilsfragen selbst zu bekümmern habe[2], und wenn man
dabei so weit ging, daß man es für gleichgültig erklärte, ob der Inhaber
der Staatsgewalt selbst ein Christ oder ein Heide sei, so war das auch nur
consequent. Lag die Kirchengewalt außerhalb der Kirche, übte sie der Lan=
desherr aus, nicht weil er ein Mitglied der christlichen Gemeinschaft, son=
dern nur weil er Landesherr war, so konnte der Mangel des christlichen
Bekenntnisses doch in sofern keinen Makel an seiner Person begründen, als
er dadurch der ihm als Landesherrn zustehenden Rechte, also auch der ihm
aus dieser Eigenschaft zufließenden Kirchengewalt nicht verlustig gehen
konnte. Was aber ist denn nun überhaupt zu dieser Anschauung zu sagen?
Es handelt sich hier um die so viel besprochene Frage nach dem Verhält=
niß der Kirche zum Staate, und wer möchte die Bedeutsamkeit der=
selben verkennen?[3] Suchen wir daher auch dieß Verhältniß richtig zu be=
stimmen!

Zunächst könnte es ja in der That sehr zweckmäßig erscheinen, den
Staat zum Schutze anzurufen, um der Gewissensbedrückung, die von einer
Partei in der Kirche ausgeübt würde, zu wehren, und ihm deßhalb über=
haupt das Recht, die Ordnung der kirchlichen Gesellschaftsverhältnisse wahr=
zunehmen, zu vindiciren. Der Staat ist nicht bloß überhaupt seinem Wesen
nach die Rechtsanstalt, berufen, die gegenseitigen Verhältnisse seiner Bürger
unter einander zu ordnen und in gesichertem Frieden zu erhalten, sondern
er ist als Staat auch eine Macht außerhalb der Kirche[4] und in sofern,

---

[1] So nannte sich schon Constantin den episcopus extra ecclesiam.

[2] Diese, das erkannte man richtig, fielen in die Competenz des einzelnen Subjectes und waren jeder fremden Autorität entzogen, sie gehörten in das Gebiet der
„unsichtbaren Kirche". S. Stahl, a. a. O.

[3] S. darüber u. A. Schenkel's betr. Abhandlung, Stud. u. Krit., 1850, Heft
2, S. 454 ff.

[4] Nach Hegel bildet der Staat bekanntlich den Gesammtorganismus der sittlichen
Interessen, und Rothe (Anfänge) hat diese Anschauung acceptirt und sie dazu benutzt,
um nachzuweisen, daß die Kirche am Ende in den Staat überzugehen habe. Wir theilen
diese Anschauung nicht. Der Gesammtorganismus der sittlichen Interessen ist allerdings
die Volksgemeinschaft als solche, aber — der Staat ist nach dem faktischen Verhältniß
nur die Seite an dieser Gemeinschaft, nach welcher hin sie Rechtsgemeinschaft ist, und
er hat es mit der Ordnung der Rechtsverhältnisse allein zu thun; die übrigen Interessen,

wie es scheint, am meisten befähigt, über den in der Kirche befindlichen Parteien zu stehen und ihnen ihr Recht und ihre Schranken nach strenger Gewissenhaftigkeit zuzumessen. Aber gleichwohl — erheben sich nicht dennoch Bedenken auch gegen die Qualifikation des Staates, die kirchlichen Dinge recht zu besorgen? Zunächst sind doch die Interessen des Staates andere, als die der christlichen Gemeinschaft, und wer giebt deßhalb der Kirche die Bürgschaft, daß der Staat, wenn ihm das Regiment über sie zukommen sollte, ihre Interessen immer eben sowohl mit dem Ernst und dem Eifer, als auch mit der nur das Wohl der Kirche im Auge habenden Uneigennützigkeit und Gewissenhaftigkeit wahrnehmen werde, von der sie wünschen und verlangen muß, daß es geschehe? Der Staat, wie hoch man seinen Begriff auch fassen, auf wie weite Lebensgebiete man seinen Umfang auch ausdehnen mag[1]), ist doch immer nur das Reich der dießseitigen Interessen, er ist von dieser Welt und für diese Welt, und was darüber hinausliegt, das liegt ganz bestimmt außerhalb seines Bereiches und geht über die Zwecke hinaus, die ihm gestellt sind, die er allein sich stellen kann.[2]) Wir unterschätzen damit die Bedeutung des Staates keineswegs, wir erkennen vielmehr seine hohe Bedeutung vollkommen an, weil wir die Bedeutung auch dieser irdischen Zwecke vollkommen zu würdigen wissen[3]), und sind keineswegs gemeint, den Staat herabzusetzen, aber — das Gebiet des inneren geistigen Lebens, jenes Gebiet, wo es auf das Erfülltsein der menschlichen Persönlichkeit vom Geiste Gottes und auf das Gedeihen des ewigen göttlichen Reiches allein ankommt, das liegt völlig über seine Wirkungssphäre und deßhalb auch über sein ihm als Staat gegebenes Interesse

die auch sittliche sind, gehören nicht in seine Competenz. Daß die Kirche am Ende mit der Volksgemeinschaft zusammen zu halten habe, so daß beide sich völlig decken, ist auch unsere Ueberzeugung, denn es ist die Tendenz des Christenthums, alle Menschen und Völker in seinen Bereich zu ziehen, aber — damit ist nicht gesagt, daß die Kirche nun Rechtsgemeinschaft oder die Rechtsgemeinschaft Kirche werde. Beide sind doch verschiedene Lebenskreise, auch wenn dieselben Personen zu beiden gehören, und wie der Staat nicht das religiös-sittliche Leben der Kirche setzen kann, so auch die Kirche nie das bürgerliche Recht. Uebrigens fragt es sich hier gar nicht nach dem Verhältniß der Volksgemeinschaft zur kirchlichen, sondern nach dem — der Staatsgewalt zu der in der Kirche zu gründenden Ordnung. Ob die weltliche Obrigkeit auch Obrigkeit der Kirche zu sein ein Recht habe, ist allein die Frage.

[1]) Nur soll man sich ja hüten, auch um der bürgerlichen Freiheit willen, die Competenz des Staates nicht zu weit auszudehnen. Die beliebte Staatshülfe ist bekanntlich auch auf anderen Lebensgebieten verdächtig geworden.

[2]) Vgl. Joh. 18, 36.

[3]) Auch für das kirchliche Leben: es kann nicht recht gedeihen, außer in einem wohlgeordneten Staatswesen, weßhalb denn auch die Kirche stets ein Interesse am Gedeihen des Staates und daran zu nehmen hat, daß die Ordnung in ihm bestehen bleibe, namentlich aber daran, daß ihm nicht gewehrt werde, seine Angelegenheiten selbständig zu betreiben.

hinaus: er kann auf diesem Gebiete Nichts schaffen, es ist seiner Machtsphäre durch seine eigene Natur völlig verschlossen, er hat als Staat[1]) eben deßhalb auch keinen Sinn, kein Interesse für dieß der Kirche als solcher so recht eignende Lebensgebiet. Wie aber nun? wird er da auch unter allen Umständen bereit sein, sich dieses Gebietes anzunehmen mit aller Hingebung, die nöthig ist, wenn dasselbe recht gedeihen soll?[2]) und wird er, wenn er es thut, auch immer den richtigen Sinn, das volle Verständniß für das, was da heilsam und nothwendig ist, mit herzubringen? wird er Einsicht genug besitzen, um das Regiment über die Kirche auch im kirchlichen, d. h. im christlichen Geiste zu verwalten?[3]) Wo liegt in der Natur des Staates die Bürgschaft dafür? Man könnte sagen: ein Interesse hat doch der Staat mit der Kirche gemein, das sittliche Interesse. Wie der Kirche, so muß es ihm auch daran liegen, daß ein sittliches Verhalten unter seinen Bürgern stattfinde, und es ist allerdings nicht zu leugnen, daß hier der Punkt ist, wo Staat und Kirche in ihren Interessen sich auf das Nächste berühren, der Punkt, von wo aus der Staat sogar zu der Einsicht kommen muß, daß er der Kirche bedarf, weil sie allein im Stande ist, die Sittlichkeit des Volkes auf jenen ewigen Gründen aufzubauen, auf welchen sie gesichert ruht, daß sie allein es vermag, die Persönlichkeit zu schaffen, die mit ihrer tiefsten Gesinnung dem Rechten und Guten ergeben ist, weil sie wieder recht wurzelt in dem lebendigen Gotte als dem Grunde aller Gerechtigkeit und Güte.[4]) Aber wenn denn freilich der Christ überzeugt sein muß, daß aus diesem Grunde der Staat an dem Gedeihen der Kirche ein fortdauerndes Interesse um seiner selbst willen haben müßte, ist diese Ueberzeugung immer auch wirklich bei dem Staate vorauszusetzen, bei dem Staate als solchem, vollends wenn Diejenigen, die die Staatsgewalt inne haben, keine Christen sind?[5]) ist wirklich zu erwarten, daß der Staat, im Gefühle seiner

[1]) Das Staatsoberhaupt kann als Christ unter Christen persönlich alles Interesse für das Christenthum haben und nach seinem Theil als Gemeindeglied mitwirken zum Gedeihen der Kirche, aber dieß Interesse hat er dann als einfacher Christ, nicht als Staatsoberhaupt.

[2]) Wie zeigte sich z. B. Friedrich II. gleichgültig gegen die Interessen des kirchlichen Lebens!

[3]) Mit der Milde und Nachsicht gegen die Irrenden? mit dem schuldigen Respect vor den Gewissensrechten der Kirchenglieder? Der Staat ist gewohnt, zu gebieten und Gehorsam zu fordern, und er muß das thun, er kann den Gehorsam nicht in das Belieben seiner Mitglieder stellen — wird er aber diese seine Gewohnheit und Art nicht auf das kirchliche Leben, das dergleichen so wenig erträgt (Matth. 20, 26), übertragen und auch da Gehorsam erzwingen wollen, wo er nur Rath und Mahnung zu ertheilen hätte. Man hat doch auch Beispiele genug noch aus neuester Zeit.

[4]) Vgl. u. A. 1 Petr. 2, 12 ff.

[5]) Die Einbildung der Staatsleute, als ob sie mit ihren Gesetzen Alles auszurichten vermöchten und deßhalb der Kirche nicht bedürften, ist doch in der That nicht selten.

irdischen Plenipotenz, auch immer demüthig genug sein werde, um seine eigene Bedürftigkeit anzuerkennen und die Kirche zu pflegen, weil er weiß, daß sie allein ihm darreichen kann, was ihm fehlt, und seiner Macht nicht erreichbar ist? Und wenn auch — und es hat ja Staatsoberhäupter gegeben, die gar sehr die Bedeutung der Kirche erkannt und sich ihrer Pflege gewidmet haben[1]) — ist denn nicht doch Gefahr, daß der Staat gleichwohl sein Interesse auch nur bei dem im Auge habe, das er an der Kirche nimmt, und daß er eben deßhalb die Kirche in seinem Interesse mißbrauche, sie ganz und gar nur in den Dienst seiner zufälligen, endlichen, wohl auch verkehrten Zwecke zu ziehen suche?[2]) ist nicht Gefahr vorhanden, daß er sein Regiment über die Kirche auch nur mit seinen Mitteln — und er hat in der That ja keine andere, als eben die seinigen — führen werde, mit den Mitteln der Gewalt, anstatt der langmüthig tragenden Liebe, mit den Mitteln des bindenden Gesetzes anstatt mit denen des freien und frei machenden Geistes? ja, daß er den Gesetzesstandpunkt, der ihm von Natur eignet, auch auf das Gebiet des kirchlichen Lebens übertrage, indem er es zu leiten und zu ordnen suche, und so den Tod da verursache, wo das Gesetz wirklich nur tödten und der Geist allein lebendig machen kann?[3]) Wie so sehr lehrt doch die Geschichte der Kirche, daß durch die Vermischung des kirchlichen mit dem weltlichen Regiment, sei es in den Händen des Staates, sei es in den Händen der Hierarchie, der freie Standpunkt des Evangeliums noch stets in den des unfreien, des den Geist knechtenden Gesetzes verkehrt worden ist, nur dazu führend, daß das Leben in der Kirche erstarre und ersterbe! wie sehr predigen uns das doch alle Zeiten! Der Staat bringt seinen Mechanismus in das kirchliche Leben hinein und begnügt sich, es mechanisirt zu haben, Alles bloß seinen gesetzlichen Ordnungen unterwerfend, und doch bedarf das kirchliche Leben unendlich mehr, wenn es gedeihen soll: es bedarf immerdar des freien Waltens der Persönlichkeit in ihrem

---

Gibt's doch in unseren Tagen Schaaren von Politikern, die den religionslosen Staat verkünden und Kirche und Christenthum für völlig überflüssig halten. Das Wort des Paulus von den Gesetzeswerken und von der Ohnmacht des Gesetzes, Gerechtigkeit zu schaffen, haben noch längst nicht alle Staatsjuristen verstanden, sie sind eben noch immer „schlechte Christen".

[1]) Man denke aus neuerer Zeit an Friedrich Wilhelm IV. von Preußen.

[2]) Nach der frivolen Maxime, daß die Religion ein gutes Mittel zu regieren sei. Seit Constantin hat es auch an Beispielen dafür nicht gefehlt. Die Stuarts!

[3]) Was war die Concordienformel anders, als ein durch die Staatsgewalt den Gewissen aufgezwungenes Glaubensgesetz? und wie hat der Staat bis in die neueste Zeit nach diesem Beispiele verfahren! Auch in der Pfalz mußte damals die Kirche mit dem Landesherrn in kurzen Jahren mehre Male ihr Bekenntniß ändern, und in unsern Tagen in Mecklenburg, in Hannover, in Anhalt, in Lippe u. s. w.

Kreise, und — wie oft schon ist dies wirklich durch die Oberherrschaft des Staates über die Kirche gestört worden, indem er gerade da der Persönlichkeit Schranken setzte, wo sie hätte frei sein sollen, nur nach ihrem Gewissen handelnd vor Gott! Und endlich — ist es denn auch an dem, daß wir unter allen Umständen sicher sind, der Staat werde die auf kirchlichem Gebiete so nothwendige Geistes- und Gewissensfreiheit respektiren und schützen, er werde eben in solchem Schutze seine Aufgabe erkennen und seinen höchsten Ruhm? dürfen wir vertrauen, der Staat werde nicht Partei nehmen in den Geisteskämpfen auf kirchlichem Gebiete und werde überhaupt sich damit begnügen, nur auf das, was die Gesellschaftsordnung betrifft, zu sehen, und in die innerlichen Fragen, in die eigentlichen Glaubens- und Gewissenssachen sich nicht mischen? Auch das lehrt die Geschichte doch anders! Wie so oft hat der Staat doch Partei genommen gerade in Fragen des innerlichen religiös-sittlichen Lebens auf kirchlichem Gebiete[1]), diese reinen Glaubens- und Gewissensfragen als ihn selbst angehende Machtfragen behandelnd![1]) wie so oft hat er sogar sich zu blutigen Verfolgungen gegen Diejenigen verleiten lassen, die ihr Gewissen höher hielten, als das Gutdünken der irdischen Gewalt und nicht einsahen, weshalb es nöthig sei, daß in dem Staate nur die Religion seines Königs herrsche![2]) Und das konnte auch kaum anders geschehen. Denn wenn der Staat erst einmal meint, daß das Regiment der Kirche seines Rechtes sei und ein Attribut seiner Macht, wo will die um sich greifende Macht des Staates eine Gränze finden? Liegt es doch in dem Wesen jeder Macht, sich auszubreiten, soweit ihre Kräfte reichen, und diejenigen Gebiete des Lebens sich zu unterwerfen, über die sie ihre Gewalt ausdehnen kann.[3]) Nein! der Staat als solcher erscheint gar wenig qualificirt, das Regiment in einer Gesellschaft zu führen, die doch ihrem Wesen nach so ganz anders geartet ist, als er selbst, und auf einem durchaus anderen Grunde steht, und die Hoffnung, den Gewissensbedrückungen Seitens der Hierarchie entgehen zu können, wenn man den Staat an ihre Stelle setzte, ist so völlig eitel, daß vielmehr die Gefahr vorhanden ist, der Staat werde mit den Funktionen der Hierarchie auch alsbald ihren Sinn an sich nehmen und einen Geistesdruck ausüben,

---

[1]) Die Stuarts, Philipp II., Ludwig XIV., der nicht dulden wollte, daß in seinem Reiche Jemand eine andere Religionsmeinung hege, als er, der König, die Territorialherren im deutschen Reiche nach der Reformation, die nach dem Spruche: cujus regio ejus religio verfuhren — neuerer und neuester Vorkommnisse nicht zu gedenken!

[2]) Die Religionsverfolgung in Frankreich, Schottland, Holland — der an Crell verübte entsetzliche Justizmord, Jean Calas — wer kann diese Gräuel zählen?

[3]) Wissen wir doch aus neuester Zeit ein Beispiel, daß ein Monarch, verblendet über seine Machtvollkommenheit, sich einbildete, der Oberbischof seiner Kirche zu sein mit allen hierarchischen Attributen!

mindestens eben so schlimm, als ihn jene sich im Interesse ihrer Macht meinte erlauben zu dürfen.[1]

Zum Glück aber muß nun auch gesagt werden, daß jenes vermeint=liche Recht des Staates, als die allgemeine Rechtsanstalt auch die Gesell=schaftsordnung der Kirche unter seine Botmäßigkeit nehmen zu dürfen, durchaus nicht vorhanden ist, zunächst schon aus dem Grunde, weil die Kirche mit ihrem Leben nicht in dasjenige Gebiet fällt, das dem Staate als solchem eignet, und weil sie durchaus nicht ein Geschöpf, eine Anstalt des staatlichen Lebens überhaupt ist, sondern auf einem Grunde ruht, den der Staat nimmermehr gelegt hat und hätte legen können, und weil sie auf diesem Grunde Zwecke verfolgt, die freilich auch dem Staate wohl zu Gute kom=men, die aber gleichwohl über die eigentlichen Zwecke des Staates weit hinaus liegen. Das Gebiet des Staates, wie wir schon sagten, ist das Rechtsleben des Volkes und zwar wie sich dasselbe in den äußerlichen Beziehungen der Personen zu einander und zu den Sachen darstellt, und diese Verhältnisse hat der Staat allerdings zu ordnen und in ihrer recht=lichen Ordnung zu erhalten. Aber wie so grundverschieden ist davon das Lebensgebiet der Kirche! Da handelt es sich um die allerinnerlichsten Be=ziehungen der Persönlichkeiten, wie um die zu dem ewigen Grunde alles Lebens und zu den geistigen Gütern der Wahrheit und Gerechtigkeit, so auch um die innerlichen Beziehungen der Personen, welche die Kirche bilden, zu einander und zu Jedem, der menschliches Angesicht trägt[2], und — da könnte der Staat qualificirt und berechtigt erscheinen, diese Beziehungen regeln und gar über sie mit oberherrlicher Machtvollkommenheit herrschen zu wollen? Gerade um diese Beziehungen der menschlichen Persönlichkeit, die wir die religiösen und in höherer Weise sittlichen nennen, kann sich der

---

[1] Im Grunde ist es für die Kirche einerlei, ob der Papst eine dreifache oder irgend eine einfache weltliche Krone trägt.

[2] Die Aufgabe des Staates als Rechtsanstalt ist nicht eigentlich, eine innerliche Lebensgemeinschaft zwischen den Personen herzustellen, sondern vielmehr zwischen ihnen zu theilen und zu entscheiden, das Recht äußerlich zwischen ihnen zu vertheilen. Im Staate bleibt jede Persönlichkeit abgeschlossen für sich selbst und er hat nur zu sehen, daß das Recht der in sich abgeschlossenen Persönlichkeit, dieß zu sein, nicht verletzt werde. Er kann das Aufschließen der Persönlichkeit und ihre Hingebung an Andere nicht com-mandiren, sondern muß sie gewähren lassen und ihr Gewähr leisten: das Princip des Staates ist der Egoismus und die Regelung der egoistischen Interessen nach dem Recht. Dagegen der Kirche ist es wesentlich, daß sie die Starrheit der Persönlichkeit bricht, sie aufschließt in Liebe gegen die Anderen und ein innerliches Band der Seelen um sie schließt, der Kirche Aufgabe ist nicht scheiden und entscheiden, sondern vereinigen und versöhnen, was getrennt und geschieden war (vgl. Eph. 2, 13 ff.). Des Staates Wahlspruch ist und muß sein: „Jedem das Seine!" der Kirche Wahlspruch: „Ein Jeder sehe nicht auf das Seine, sondern auf das, das des Andern ist!" (Phil. 2, 3) — welche gründliche Verschiedenheit zwischen Kirche und Staat!

Staat, hat sich der Staat nicht zu bekümmern, sie sind über seine Machtsphäre und beßhalb auch über seinen Beruf und seine Competenz völlig
erhaben, und darum, weil das so ist, kann und darf auch die Ordnung des
kirchlichen Lebens, welches es mit diesen Beziehungen so ganz nur zu thun
hat[1]), nicht in die Competenz und den Beruf des Staates fallen. Ja,
wenn diese Ordnung nur eine äußerliche wäre, wenn sie mit dem innerlichen Leben Nichts zu thun hätte, aber — gerade um der Pflege und Ausgestaltung dieses Lebens willen ist sie ja da, sie soll selbst ja nichts Anderes sein,
als nur die Organisation dieses Lebens in einer lebendigen, auf seinem
Grunde stehenden, in ihm sich bewegenden Gemeinschaft, eine Organisation,
in welcher das Leben selbst zur Erscheinung, zu einer vollen, in sich beruhenden Darstellung und Ausgestaltung zu gelangen hat.[2]) Da müßte es nicht
überhaupt so sein, daß eine fremde und frembartige Macht bei dieser Organisation ihre Hand nicht im Spiele haben dürfte? da hätte eben dieß
Leben nicht ein Recht, sich selbständig rein, von sich aus zu gestalten und zu
entfalten? da müßte man nicht sagen: der Staat, als auf ein ganz anderes
Lebensgebiet hingewiesen, hat auf diesem Nichts zu schaffen und zu setzen,
er muß es anerkennen als eine selbsteigene und in sich beruhende Lebensmacht, er hat sich zu scheuen, da einwirken zu wollen, wo ihm sogar die
Macht der rechten Einwirkung fehlt, und die Kirche hat auch ein gegründetes Recht, sich solche Einwirkung zu verbitten und von dem Staate zu
fordern, daß er sie ihrem eigenen Gestaltungstriebe überlasse, Nichts thuend,
als nur sie zu schützen, wenn sie ihn darum angeht, vor Störung durch
frembartige und beßhalb auch verderbliche Mächte?[3]) Man bedenke doch
auch nur, daß die Kirche keineswegs durch den Staat vorhanden ist! Als
eine neue Gründung steht sie da[4]), als die Schöpfung einer Macht, die
nicht bloß über dem Staate, sondern auch über der Welt ist, ja, derselben
Macht, welche auch den Staat und die Grundlagen, auf denen er steht,
hervorgebracht hat.[5]) Da versteht es sich denn doch am Ende von selbst,
daß der Staat diese Schöpfung nicht in seine Machtsphäre zu ziehen berechtigt sein kann, daß er vielmehr verpflichtet ist, sie als ebenbürtig neben

---

[1]) Die ganze kirchliche Organisation soll ja nur Organisation der Liebe sein (s.
unten §. 15).

[2]) Man denke an die Gemeinbeämter — sie bilden den bedeutsamsten Theil der
ganzen kirchlichen Organisation, aber wie tief greifen gerade sie in das innerliche Leben
der Gemeinden ein!

[3]) Den Rechtsschutz hat die Kirche allerdings bei dem Staate als der Rechtsanstalt
zu suchen und in ihren äußerlichen Beziehungen zur Welt ihr Recht vor ihm zu nehmen
(s. weiter unten).

[4]) Eph. 2, 10. Tit. 3, 4 ff. Joh. 1, 13. 2 Cor. 5, 17 u. a. St.

[5]) Röm. 13, 1 ff.

sich anzuerkennen und ihr zuzugestehen, daß sie, wie er in seinem Kreise[1] so auch sie in dem ihrigen die volle Competenz hat, ihre Lebensordnung nach dem eigenen Bedürfniß und Ermessen einzurichten. Eben der Staat, dem, als der Anstalt des Rechtes, das Suum cuique an die Stirn geschrieben und dessen Beruf es ist, recht zu theilen und zu scheiden zwischen den mancherlei Ansprüchen, er sollte doch auch verstehen, daß er hier sich selbst auch sein bescheiden Theil zuzumessen habe[2], die Kirche aber ist immer berechtigt, gegenüber allen Ansprüchen des Staates auf Oberherrlichkeit über sie auf ihren letzten und ewigen Grund zurück zu gehen und sich von da immer auf's Neue das Recht zu holen, auch als eine selbständige Lebensgestalt neben dem Staate zu stehen und ihn in seine Schranken zurück zu weisen! Der Territorialismus, der das Kirchenregiment dem Staate, und zwar kraft des demselben beiwohnenden eigenen Rechtes, überweisen wollte, beruht, wie auf einer Verkennung der Gränzen, welche der Machtsphäre des Staates durch seine eigene Natur gesetzt sind, so auch des Wesens der Kirche als einer in sich selbst, weil unmittelbar auf Gottes Gnade[3], beruhenden Lebensgestalt, welcher auch deßhalb das Recht beiwohnen muß, ihre eigenen Angelegenheiten selbst wahrzunehmen. Da er die Lebensordnung der Kirche, durch welche sie in die Erscheinung tritt, lediglich als eine nur äußerliche Ordnung betrachtete, ohne die überall vorhandenen Beziehungen derselben zu dem innerlichen Wesen und höchsten Zwecke der Kirche zu berücksichtigen[4], erhob er die Macht, die es überhaupt mit den äußerlichen Rechtsverhältnissen zu thun hat, zur Regentin auch der kirchlichen Angelegenheiten, aber man muß sagen, er ist, um das eine Uebel, die hierarchische Gewissensbedrückung, zu vermeiden, nur einem anderen in die Hände gefallen, das nicht weniger schwer für die Kirche zu tragen gewesen sein würde. Unabhängigkeit vom Staat und seiner Gewalt und volle Autonomie auch in der Gestaltung ihrer eigenen Organisation steht der Kirche von Gottes und Rechts wegen zu.

---

[1] Allerdings auch nicht Herrschaft der Kirche über den Staat à la Gregor VII. Die Kirche hat „dem Kaiser zu geben, was des Kaisers ist", und ist auch gar nicht in der Lage, die Geschäfte des Staates zu vollbringen, weil sie nicht zwischen den Personen und ihrem Recht zu entscheiden, sondern die Personen zu vereinigen hat. Ihre Gerechtigkeit ist eine andere, als die im Staate geltende, und die nicht mit staatlichen Mitteln erreicht werden kann.

[2] Röm. 12, 3.

[3] Eph. 2, 8 ff.

[4] Er setzte die „unsichtbare Kirche" der „sichtbaren" als einen unversöhnlichen Gegensatz gegenüber und beruhte eigentlich auf einer pietistisch-methodistischen Verachtung der letzteren.

Oder sollte man nun vielleicht der Lehre beipflichten, welche der Territorialismus verdrängt hat und die doch auch Nichts, als eine Vermischung der staatlichen und kirchlichen Regierungsgewalt war, dem Episkopalismus, wie ihm die Anschauung vom Landesherrn als dem membrum præcipuum der Kirche zu Grunde lag. Der Landesherr, so sah Melanchthon die Sache an[1]), ist das vorzüglichste Mitglied der Kirche selbst und als solchem, nicht bloß als Landesherrn an und für sich[2]), kommt ihm das Regiment derselben zu. Weil er als Christ die Pflicht hat, seine Macht der Kirche zur Verfügung zu stellen, so hat er auch das Recht dazu, und so darf und muß er denn die Regierung der Kirche und die Sorge für ihre Ordnung übernehmen. Diese Meinung, die auch von Luther ausgesprochen worden ist[3]), hat lange Zeit in der deutschen Kirche als Begründung für den landesherrlichen Summepiskopat gegolten, bis sie dann der Territorialismus beseitigt hatte, und in neuerer Zeit hat man auch sie wieder mit so vielem Anderen zu restauriren gesucht.[4]) Hier tritt nun aber eigentlich der Kern der ganzen Frage recht zu Tage. Um was es nämlich im Grunde sich handelt, ist nicht dieß, ob der Staat als die Rechtsgemeinschaft des Volkes über die Kirche als seine religiös-sittliche Gemeinschaft zu regieren habe — darüber würde man bald sich einigen können, denn man würde leicht verstehen, daß, wie Recht und Religion zwei verschiedenen Sphären des menschlichen Lebens angehören, so auch beide Gemeinschaften selbständig neben einander zu bestehen hätten, damit eine jede nach Maßgabe ihrer besonderen Sphäre auch ihre Sache triebe — sondern es handelt sich darum, ob die Person des christlichen Landesherrn kraft eines dieser Person anhaftenden Rechtes die Regierung der Kirche für sich verlangen könne.[5]) Das aber müssen wir nun auf das Bestimmteste bestreiten. Wir wollen hier gar nicht daran erinnern, daß es ein mehr oder weniger zufälliger Umstand ist, ob ein Landesherr in der Kirche vorhanden sei oder nicht. In republikanischen Staaten würde ein solcher von selbst wegfallen und doch müßte das Bedürfniß der Kirche, eine gesicherte Ordnung zu haben und ihre Angelegenheiten wahrgenommen zu sehen, befriedigt werden, so daß es ersichtlich ist, wie wenig es zum Wesen der Kirche gehört, den

---

[1]) S. Bd. I, S. 338, Anm. 3.

[2]) So auch noch neuerlich Stahl, der diese Theorie wieder aufnahm.

[3]) Im Visitationsbuche sagt er, wie sie „zu der Liebe Amt" ihre Zuflucht genommen. Luther suchte damit die Bedenken zu zerstreuen, die die Fürsten hatten, sich in die kirchlichen Dinge zu mischen, die — nicht ihres Amtes und Rechtes seien.

[4]) Eben Stahl (s. dessen Gutachten bei Richter, „Gutachten" u. s. w.)

[5]) Allerdings soll das Recht doch dieser Person anhaften, weil sie Landesherr ist. Da liegt die Unklarheit des ganzen Standpunktes: als Landesherr und doch nicht der Landesherr als solcher, sondern der Christ in ihm!

Landesherrn zum Regenten ihrer selbst zu haben. Und auch daran wollen wir nicht erinnern, wiewohl es sehr in's Gewicht fällt, daß die Gränzen der Kirche sich mit der des landesherrlichen Territoriums durchaus nicht decken, sondern sie vielmehr den Trieb hat, sich als die eine und allgemeine sogar über alle Länder und Völker auszubehnen. Wer das recht erwägt, wird leicht finden, wie wenig es dazu paßt, daß ein einzelner Landesfürst als der oberste Regent der Kirche erscheine.[1] Aber — die Qualification des Landesherrn selbst? Zur Reformationszeit, als ihnen das Kirchenregiment zufiel, waren die Fürsten selbst doch sehr bedenklich bei der Sache, und Luther meinte auch, daß es wohl durch die augenblickliche Noth der Kirche, aber auch nur durch diese gerechtfertigt werden könne, wenn sie das Regiment an sich nähmen[2] — sollten die modernen Lutheraner nun gleichwohl im Rechte sein, wenn sie dieß jetzt als das allein Correcte hinzustellen suchen? Das vornehmste Mitglied der Kirche? Vom weltlichen Gesichtspunkte aus wohl, denn in der Welt heißen ja die Gewaltigen „gnädige Herren"[3], aber auch vom kirchlichen, vom christlichen Gesichtspunkte aus? Nein! und abermal nein! Nach christlicher Lehre gilt kein Ansehen der Person, weder vor Gott, noch innerhalb der Gemeinde[4]; unter Christen soll es keine Gewaltigen geben, die da herrschen über die christliche Kirche[5]; nach christlicher Anschauung richtet sich die Stellung, die Jemand in der Gemeinde einnimmt, lediglich nach „dem Maaße des Glaubens[6]; und wie Paulus geradezu sagt, das Niedrige vor der Welt habe Gott erwählet[7], wie er es ausdrücklich betont, daß innerhalb der Gemeinschaft die weltlichen Unterschiede aufzuhören hätten[8], so tadelt auch Jakobus Diejenigen, welche einem Manne mit goldenem Ringe und feiner Kleidung einen höheren Platz anweisen wollten, als dem Armen und minder Begüterten.[9] Danach muß

---

[1] Das durch das landesherrliche Kirchenregiment hervorgerufene Territorialkirchen-thum hat gar sehr dazu beigetragen, das Bewußtsein von einer allgemeinen Chri-stenheit zu verdunkeln, und doch — wie wohlthätig könnte dieß wirken zum Frieden der Völker unter einander, indem es im Ewigen vereinigte, was das endliche Recht so oft blutig geschieden hat (vgl. Eph. 2, 13 ff.).

[2] Als Nothrecht konnte man sich's gefallen lassen. Die Kirche stand unter dem Drucke einer fremden Gewalt, die sich ihr zur Herrin aufgeworfen hatte, da war es Pflicht des Staates, sie gegen diese Gewalt zu schützen, und Anderes verlangt Luther auch eigentlich von den Fürsten nicht, sie an diese Schutzpflicht, die sie schon als Obrig-keit hatten, auch bei ihrer christlichen Liebe ermahnend.

[3] Matth. 20, 25.

[4] Röm. 2, 11. Gal. 3, 28.

[5] Matth. 20, 26.

[6] Röm. 12, 3.

[7] 1 Cor. 1, 26 ff.

[8] Gal. 3, 28. „Kein Knecht und kein Freier."

[9] Jac. 2, 1 ff.

also doch die Meinung, daß der Landesherr wegen seiner irdischen Macht das „vorzüglichste Mitglied der Kirche" sei, gar sehr modificirt werden. Er kann zu den vorzüglichen gehören, aber er kann nach christlicher Schätzung auch hinter dem geringsten Tagelöhner zurück stehen, und — soll ihm in diesem Falle gleichwohl die Gewalt über die Angelegenheiten der Kirche zukommen?[1]

Aber, sagt man, er hat einmal die Macht und ist als Christ verpflichtet, sie im Dienste der Kirche zu gebrauchen.[2] Ei wohl im Dienst, aber muß es deßhalb die Herrschaft über die Kirche sein, die er zu übernehmen hat? giebt es nicht viele andere Dienste, zu denen ihn seine Macht so besonders qualificirt? giebt es nicht Nothleidende zu erquicken und Schutzbedürftige zu schützen? ist nicht genug Gelegenheit da, andern Dienern der Kirche in ihrem oft schweren Berufe Hilfe zu leisten, ein demüthiger Dienst zwar und nicht so auffallend, wie der, der Regent der Kirche zu sein, aber doch ein Dienst, zu welchem die innehabende Gewalt vielleicht vor Anderen befähigt? ganz besonders aber gilt es nicht, über die Kirche den schützenden Arm zu halten und dafür zu sorgen, daß sie in ihrem friedlichen Wirken durch Feinde von außen her nicht gestört werde, und scheint das nicht besonders Dem zu ziemen, der das rächende Schwert trägt zur Strafe über die Uebelthäter?[3] So kann der Landesherr seine Macht in aller Liebe vielfach im Dienste der Kirche verwenden, ohne das Regiment derselben führen zu müssen, und — wie, wenn nun der Kirche auch damit ein Liebesdienst geschähe, daß er es nicht führte, wenn sich zeigte, daß der Kirche Gedeihen an ihre Selbständigkeit geknüpft sei? wäre es dann nicht des Landesherrn Christenpflicht, der Kirche zurück zu geben, was ihr gehört[4], die Competenz, ihre Angelegenheiten auch selbst zu verwalten, die volle Autonomie auf dem Gebiete des eigenen Gemeinschaftslebens? Doch ganz ohne Zweifel![5] Und nun — wir haben ja schon oben gesehen, daß der Kirche von Seiten des staatlichen Regimentes über sie nicht wenige Gefahren drohen, daß auch von da eine eben so schlimme Mißregierung

---

[1] Auch für ihn möchte es wohlthätig sein, wenn er in der Kirche nur als Christ unter Christen gälte. Die Gefahr der Ueberhebung, die seine Stellung mit sich bringt, würde gar sehr vermindert, wenn es eine Genossenschaft gäbe, die ihn nicht nach dieser Stellung, sondern — nach wesentlich anderen Grundsätzen taxirte, eine Genossenschaft, in die seine Macht nicht reichte. Um ihres eigenen Heiles willen sollten die Fürsten sich die ihnen vindicirte Kirchenmacht verbitten!

[2] So allerdings Luther (s. Visitationsbuch).

[3] Röm. 13, 1 ff.

[4] Wie Friedrich Wilhelm IV. es wollte, darin christlich und königlich zugleich denkend.

[5] Röm. 14, 19 gilt auch wohl hier.

geübt werden kann, wie von Seiten der Hierarchie[1]), — sollte man da nicht sagen: es ist am Besten, die Kirche behilft sich selbst und sucht sich auf eigene Füße zu stellen? zumal doch auch am Ende das Leben der Kirche nie recht gedeihen kann, wenn es seinen eigenen Bahnen überlassen bleibt, ohne daß eine über oder außer ihr stehende Macht sich einfallen ließe, nach ihrem Willen das Leben der Kirche regeln zu wollen.[2])

So bleibt denn am Ende nichts Anderes übrig, als anzuerkennen, was wir aufgestellt haben: der Kirche kommt die Autonomie zu ge= genüber dem Staat, wie gegenüber der Hierarchie, und zwar der Gesammt= kirche, wie sie in der ganzen Menge ihrer gleichberechtigten Glieder besteht. Oder will man ihr dieß Recht nun etwa aus Furcht nicht zugestehen? Ach ja, man fürchtet sich — vor den Massen[3]), die nicht Theologie stu= dirt haben, und — die könnten manchen theologischen Abgott allerdings in den Staub treten, manch heilig gehaltenes Lehrsystem über den Haufen werfen, aber — wäre das ein so großer Schaden? Es würde in der That an einer Theologie nicht viel gelegen sein, die nicht im Stande gewesen wäre, die bloße Massenartigkeit ihrer Kirchengenossen durch dreihundert= jährige Thätigkeit zu beseitigen und, wenn auch nicht theologische Schärfe, so doch wenigstens christliche Milde und brüderliche Gesinnung in die Seelen derselben zu pflanzen, aber — wir wenigstens halten diese Furcht auch für unbegründet, denn wir vertrauen auf den Herrn! Man sucht nach einer Macht, die das Kirchenschiff sicher leiten könne, und die Einen rufen nach Hierar= chie, die Andern nach staatlicher Kirchengewalt, als ob es nicht eine viel bessere Stütze gäbe: den Herrn und seinen heiligen Geist! Daß man dem sich doch mehr anvertraute! Er hat ja schon oft gezeigt, wie sicher er das Schifflein leiten und die Wellen besänftigen kann, und wir können uns deßhalb auch fest auf ihn verlassen, selbst in Zeiten, wo es uns scheinen möchte, als ob er schlafe[4]), nur daß wir selbst das Schiff nicht an die Klippen leiten: aus der Scylla „Hierarchie" in die Charybdis „landes= herrliches Kirchenregiment"! daß wir vielmehr bleiben auf der Höhe, auf die er uns gestellt hat, indem er uns in die Gemeinde stellte, die seines Lebens ist! Autonomie der Kirche ist in der That eine dringende For= derung der Zeit, und viele Schäden würden dadurch geheilt werden, an

---

[1]) Die Fürsten üben doch auch die Kirchengewalt nicht selbst, sie müssen sie an ihre Diener übertragen, und — sollten sie da nicht gern fahren lassen, was so leicht den hierarchischen Gelüsten ihrer Diener zu Gute kommt, ohne ihnen selbst zu nützen? — —

[2]) Als eigenthümliche Existenz bedarf sie doch auch der Entfaltung aus sich heraus, wenn sie gesundes Leben haben soll (s. oben §. 5, 1).

[3]) S. oben Bd. I, §. 4, S. 377 ff.

[4]) Matth. 8, 24 ff.

benen die Kirche jetzt schwer zu tragen hat. Und hat sie denn nicht schon
in voller Autonomie bestanden? Die vorconstantinische Zeit lehrt uns, wie
sie, obwohl ohne allen weltlichen Schutz, sich dennoch den Verfolgungen der
Welt gegenüber zu halten wußte, und eben so zeigen uns die reformirten
Gemeinden „unter dem Kreuz," wie eine Kirche sehr wohl im Stande ist,
auf eigenen Füßen zu stehen und sich zu organisiren und zu regieren, wenn
sie nur wagt, es zu thun, und nur muthiges Vertrauen zu dem Herrn in
ihr ist.[1] Die Kirche bedarf des fremden Armes in der That nicht, um
sich selbst im Zaume zu halten, sie ist aber auch durch den Apostel Paulus
geradezu darauf hingewiesen worden, ihre eigenen Angelegenheiten wahrzu=
nehmen, wenn er die Corinthier ermahnt, die Zwiespältigkeiten unter sich
selbst zu schlichten und nicht vor das Forum der Fremden zu laufen[2]),
wie wir denn auch in der Apostelgeschichte sehen, daß die christliche Ge=
meinschaft damals sehr wohl ihrer Competenz auf dem Gebiete ihrer
eigenen gesellschaftlichen Ordnung sich bewußt war und sich derselben auch
zu bedienen getraute.[3] Die Kirchengewalt ruht in der Gesammtheit
der Kirche.

Allerdings ist nun aber auch nicht zu meinen, als ob das Verhältniß
zwischen Kirche und Staat ein feindliches, gegensätzliches sei und sein müsse.
Es hat Parteien gegeben, die dieser Meinung gewesen sind[4]), und Zeiten,
wo diese Meinung nahe lag: wo der Staat selbst sich in Gegensatz zu der
Kirche stellte, die Zeiten der Verfolgung von Seiten des Staates, wo die
Staatsgesinnung, um es so zu nennen, bei manchen Christen auf ein Mi=
nimum herabgesunken war. Doch war das immer eine Verirrung und die
Opposition auch eigentlich nicht gegen den Staat als solchen, sondern gegen
die bestimmte Erscheinung desselben und das, was Verkehrtes an ihr war,
gerichtet: gegen seine Verfolgung des Christenthums, gegen sein Durchsetzt=
sein mit antichristlichen Elementen[5]) Dagegen hat das Christenthum in
seinem Anfange das rechte Verhältniß zum Staate sehr wohl herauszuer=
kennen vermocht, ungeachtet des gewaltigen Druckes, den derselbe damals
auf seine Bekenner geübt hat. Christus weist uns nicht nur an, Gott zu
geben, was Gottes ist, sondern auch dem Kaiser, was des Kaisers ist, damit
beide Gebiete des religiös=sittlichen und des bürgerlichen Lebens von

---

[1] Wie lehrt uns doch die Geschichte der Reformirten in Schottland und Frankreich, was die Kirche vermag, wenn sie auf sich selbst und den Herrn gestellt ist!

[2] 1 Cor. 6, 1 ff.

[3] Apostelgesch. 15.

[4] Die Anabaptisten z. B. der Reformationszeit, auch Manche in der alten Kirche
während der Verfolgungen.

[5] Es war der heidnische Staat, den die Christen der alten Kirche perhorres=
zirten.

einander zwar scheidend, aber uns doch in beide hineinweisend[1]), und wie er selbst Gott und Menschen treu zu bleiben und doch die Gewalt der bürgerlichen Obrigkeit in Sachen des Rechtes anzuerkennen, sogar der irregeleiteten Obrigkeit sich zu unterwerfen verstand, beweist sein Sterben.[2]) Ebenso die Apostel. Der Obrigkeit und ihren das bürgerliche Rechtsleben bestimmenden Gesetzen sollen die Christen unterthan sein[3]), und sie wissen auch die Bedeutung dieser menschlichen Ordnung sehr wohl zu erkennen[4]), aber die Angelegenheiten der Gemeinde als solcher sollen auch der Gemeinde verbleiben, die wollen sie nimmermehr der Competenz der politischen Macht unterstellt wissen, sondern die Christen werden auch geradezu angewiesen, in Betreff dessen, was da in ihrer Mitte geschieht, die Entscheidung der weltlichen Obrigkeit nicht anzurufen.[5]) Damit ist denn aber auch das Verhältniß zwischen Staat und Kirche hinreichend geregelt. Die Christen leben in beiden Gemeinschaften, in der bürgerlichen wie in der kirchlichen, aber beide stehen als unabhängig neben einander, und die eine hat in die Angelegenheiten der anderen nicht als regierende, sie nach ihrer Willkür ordnende Macht einzugreifen. Das in neuester Zeit ausgesprochene Wort: „Eine freie Kirche in einem freien Staate" ist in der That der Meinung der Apostel durchaus entsprechend.[6]) Die Kirche lebt im Staate, und weil ihre Glieder zugleich Angehörige des Staates sind, so haben sie auch seinen bürgerlichen Gesetzen sich durchaus zu unterwerfen und ihm seine Competenz für diese Lebenssphäre in keiner Weise streitig zu machen, denn das ist das Wesen und die Aufgabe des Staates, die bürgerlichen Rechte zu schützen, einem jeden seiner Angehörigen den Rechtsschutz angedeihen zu lassen, und dafür, daß er das thut, ist er Gott verantwortlich, der ihn in dieß Amt eingesetzt hat.[7]) In Hinsicht auf ihre bürgerlichen Rechtsverhältnisse, wie dieselben für sie als eine Genossenschaft im Staate entstehen, hat die Kirche deßhalb auch vom Staate ihr Recht zu nehmen, besonders in ihrem Verhältniß zu anderen Angehörigen des Staates, Einzelnen oder Corporationen, aber auch was ihre Rechtsansprüche gegen ihre eigenen Mitglieder

---

[1]) Matth. 22, 21.
[2]) Joh. 19, 10 f.
[3]) Röm. 13, 1 ff. Tit. 3, 1 ff. 1 Petr. 2, 13 ff.
[4]) Röm. 13, 4.
[5]) 1 Cor. 6, 1 ff., eine überaus wichtige Stelle! Vgl. auch Matth. 18, 17.
[6]) Ein Wort Cavour's, des italienischen Ministers.
[7]) Röm. 13, 1 ff. Ausdrücklich ist der Rechtsschutz da als Aufgabe des Staates genannt, und — damit löst sich die Frage nach dem „christlichen Staat", die so sehr verwirrt worden ist (von Stahl). Der christliche Staat, d. h. der Staat, wie er nach christlichen Begriffen sein soll, ist der Rechtsstaat mit dem suum cuique, und — was darüber ist, das ist vom Uebel!

anbetrifft, soweit dieselben überhaupt in das Gebiet des bürgerlichen Rech=
tes fallen[1]), ist der Staat für sie die Instanz, an welche sie sich um
Schutz zu wenden hat, wenn sie meint, dieses Schutzes bedürftig zu sein.
In dieser Beziehung bildet der Staat in der That die höhere Macht gegen=
über der Kirche, und sie muß den Rechtsschutz von ihm erwarten, sie hat
da keine Eigenmacht zu üben, ebenso wie der Staat auch berechtigt ist, von
ihr zu fordern, daß sie diese seine Competenz anerkenne, daß sie ihm über=
haupt nicht in sein Gebiet eingreife und das Recht seiner Angehörigen, wie
auch sein eigenes, im vollen Maße respective. Dagegen aber hat sie vom
Staate auch Anerkennung ihrer Freiheit und Competenz für ihre eigenen
Angelegenheiten zu verlangen. Dem Staate gegenüber ist sie nichts Andres
— sprechen wir es denn offen aus — als eine „Privatgesellschaft[2]), der er
es überlassen soll, wie sie ihre Angelegenheiten ordnen will, nur daß er
darauf zu sehen hat, daß dieß nicht geschehe zur Beschädigung der Rechte
seiner Angehörigen und seiner selbst in seiner Sphäre.[3]) Er hat sie anzu=
erkennen als eine „moralische Persönlichkeit", die einmal da ist, die er
freilich nicht in's Dasein gerufen hat, die ohne ihn da ist, wenn auch in
ihm, und die Frage, ob sie da sein solle oder nicht, gehört nicht vor das
Forum des Staates.[4]) Sobald sie sich ihm erweist als eine Gesellschaft,
die wirklich lebensfähig ist und ihm die Bedingungen nachweisen kann, die
er für ihre Lebensfähigkeit fordern muß und allein beurtheilen kann, weil
sie allein in sein Gebiet fallen — also die materielle Grundlage, die leib=
lichen Mittel der Subsistenz[5]) — muß er sie anerkennen, denn über Ande=
res hat er nicht zu richten, und anderweitige Forderungen an sie zu stellen,
würde ein Eingriff in ihr Gebiet und ein Ueberschreiten des seinigen sein.
Auch hat der Staat, wenn er anders sich und seine Bedürfnisse recht ver=
steht, ein Interesse daran, daß die Kirche bestehe und zwar so bestehe, daß
sie wirklich lebensfähig sei: sie ist eine Ergänzung seiner selbst und bringt
herbei, was er zwar bedarf, was er aber nicht zu schaffen vermag. Der
Staat hat als Mittel zur Aufrechterhaltung des georduneten Rechtslebens

---

[1]) In vermögensrechtlicher Beziehung. Doch muß der Staat für sie auch immer
das letzte Refugium sein. Vgl. Matth. 18, 17. Mit dem „Heiden und Zöllner" han=
delte der Christ vor dem Forum der Obrigkeit, mit dem „Bruder" (1 Cor. 6, 1) in
der Gemeinde.

[2]) Luther sagt einmal derbe, aber treffend, der Staat habe sich um die kirchlichen
Dinge nicht mehr zu kümmern, als „der Esel um's Lautenschlagen".

[3]) Hier liegt der Grund für das Oberaufsichtsrecht des Staates, das aus seiner
Schutzpflicht folgt. In ähnlicher Weise übt er ja auch über andere Genossenschaften die
Aufsicht, nur — nicht das Regiment!

[4]) Daher das Unrecht, wenn der Staat verfolgend und unterdrückend gegen die
Kirche auftritt, und das Recht der Kirche, sich um seine Interdicte nicht zu kümmern.

[5]) Die Fundation.

nur das Geſetz und die das Geſetz ſchirmende, ſeine Uebertretung rächende
Gewalt[1]) — mehr, als was mit dieſem Mittel auszurichten iſt, kann er
nicht ausrichten. Er kann befehlen, daß ſich ein Jeder gerecht verhalte
und kann ſtrafen, wenn dieſem Befehle nicht gehorcht wird, aber — den
Gehorſam ſelbſt kann er nicht ſchaffen: das Geſetz und die Strafgewalt
ſind dazu nicht ausreichend, ſie können keine gerechte Geſinnung in den
Staatsbürgern zu Stande bringen.[2]) Dieß aber vermag die Kirche oder
eigentlich Der, den die Kirche ihren Herrn nennt, durch das religiös-ſittliche
Leben, das er den Seinigen mittheilt, und — daher bedarf der Staat der
Kirche.[3]) Sie iſt ſein Complement, wodurch er in den Stand geſetzt wird,
auch ſeine Zwecke nur immer völliger zu erreichen, und — in ſofern iſt ſie
dem Staate gegenüber das Höhere, das er ehren und achten und als die
Macht anerkennen muß, die ihm die Völker erzieht zum wirklichen Gehorſam auch gegen ſeine Geſetze, der er eben deßhalb aber auch Freiheit ver-
ſtatten muß, daß ſie ihr Werk treiben kann, die er durch ungerechtfertigte
Eingriffe in ihr Leben zu ſtören ſich ſcheuen muß. Er muß erkennen, daß
er auf dieſem Gebiete mit ſeinen Geſetzen Nichts ausrichten kann, weil es
ja nicht ein Gebiet der Geſetzlichkeit iſt mit ihrem Zwange, ſondern ein
Gebiet freier Liebe, die es nicht vertragen kann, zu ihrer Pflicht gezwungen
zu werden, weil ſie dieſelbe freiwillig zu thun alle Zeit bereit iſt, und daß
er daher durch ſein Geſetzesweſen nur immer Störung auf dieſem Gebiete
der Freiheit verurſachen würde. So muß er die Kirche dem Walten des
ihr eigenthümlichen Geiſtes denn wohl überlaſſen auch aus eigenem Intereſſe
und, ſich ſeiner eigenen Unzulänglichkeit bewußt, es ruhig mit anſehen, daß
die chriſtliche Gemeinſchaft in der Kraft ihres eigenen und ihr allein eigenthümlichen Lebensprincips ſich auch zu einem Reiche dieſes Lebens entfalte
und ſich ſelbſt ordne zu einem geſellſchaftlichen Organismus, der ein Ausdruck des ihr eigenthümlichen Lebens iſt.

So iſt denn unſer Reſultat: nicht eine übergemeindliche Hierarchie
und nicht auch der außergemeindliche Staat iſt die Macht, welche die Ge-
ſellſchaftsordnung der Kirche zu ſchaffen und zu leiten hat, ſondern dieſe
Macht iſt die Kirche ſelbſt und zwar wie ſie ſubſiſtirt in der ganzen
Menge ihrer Glieder, ſo daß nun auch jedes ihrer Glieder an dieſer
Thätigkeit Theil zu nehmen hat. **Die Kirche organiſirt und regiert
ſich ſelbſt.**

---

[1]) Röm. 13, 1 ff. Das Attribut des Staates iſt das „Schwert".

[2]) Röm. 8, 3.

[3]) Er bedarf zur Erreichung ſeiner Zwecke der göttlichen Hülfe und die wird auch
ihm dargeboten in Chriſto. Man bedenke, wie ſehr er des Eides bedarf und der Hei-
lighaltung deſſelben, und — wie er dazu doch Nichts thun kann, als den Eidbruch
ſtrafen.

Und nun schelte man auch diesen Grundsatz nicht länger, sondern sehe auch zu, ob seine Consequenzen so schlimm sind, wie man wohl fürchten mag. Man wird ihn als „demokratisch" bezeichnen — wir haben gegen den Namen Nichts, wissen wir doch, daß hier von dem „Volke" die Rede ist, daß Petrus das Volk Gottes nennt[1]), und sollte dem nicht wirklich die Ordnung seiner Angelegenheiten anvertraut werden dürfen? Wenigstens möge ein Jeder bedenken, daß wir es hier mit Christen zu thun haben, mit Solchen, die sich freiwillig zu Christo als ihrem Heilande bekennen[2]), und nicht mit einem zweifelhaften und unzuverlässigen Haufen. Man sollte denken, die Gemeinde der Christen verdiene mehr Zutrauen, als daß man befürchten müßte, sie werde sofort nur Unheil anrichten, wenn ihr die Verwaltung ihrer eigenen Angelegenheiten auch selbst überlassen würde. Gerade sie, der es um ihres freiwilligen Glaubens willen auch Ernst ist mit ihren höchsten Zielen, um die es für sie sich handelt, gerade sie, die weiß, welche Verantwortung auf ihr liegt, gerade sie muß doch auch als am Besten qualificirt angesehen werden, wenn man fragt, wer denn hier schließlich die Entscheidung haben soll. Und da nehme man denn auch keinen Anstoß daran, wenn es einmal nicht anders sein kann, als daß hier der Majorität die Entscheidung anheim fallen muß, und daß sich das einzuschlagende Verfahren bei der Ausübung des kirchlichen Regimentes durch die Gemeinschaft selbst nicht anders, als nach der Weise einrichten läßt, die man als „Constitutionalismus" zu bezeichnen gewohnt ist.[3]) Wo die Gesellschaft als solche handeln soll, da ergeben sich diese Formen so durchaus von selbst, daß man wenigstens bis jetzt nicht im Stande gewesen ist, andere ausfindig zu machen und daß Alles, was man ihnen entgegensetzt, immer nur als eine neue Form von Hierarchismus oder Byzantinismus erscheint.[4]) Freilich hat auch die bürgerliche Gemeinschaft, um actionsfähig zu werden, ähnliche Formen annehmen müssen — ist auch sie doch eine Genossenschaft und ergeben sich für sie doch diese Formen auch ganz naturgemäß aus den Bedürfnissen des genossenschaftlichen Lebens[5]) — aber sie nun deßhalb für die Kirche ablehnen, weil sie der Staat in ähnlicher

---

[1]) 1 Petr. 2, 10.

[2]) S. §. 10.

[3]) Kirchlicher Constitutionalismus ist ja ein verrufenes Wort in manchen Ohren.

[4]) Man hat doch in der That nur die Wahl zwischen der christlichen Gemeinde oder der staatskirchlichen Hierarchie.

[5]) Sie eignen nicht bloß dem Staat, sondern jeder Genossenschaft, denn — sie fließen aus dem Genossenschaftsrechte als solchem. Uebrigens versteht sich von selbst, daß die allgemeine Form sich nach der eigenthümlichen Natur der christlichen Genossenschaft zu modificiren hat.

24*

Weise hat, ist doch ganz gewiß eine Thorheit, die durch Nichts gerecht=
fertigt ist[1]), außer durch die Abneigung, die man in manchen Kreisen über=
haupt gegen das „Volk" hat und die wenigstens nicht mit der christlichen
Liebe zu bestehen vermag. Auch bedenke man doch, daß es die Form allein
nicht thut, sondern der Geist, der in der Form lebendig ist, und daß die
christliche Gemeinde auf den Herrn vertrauen darf, er werde zu der Form
den rechten Geist schon verleihen, zumal zu einer Form, die doch zuletzt
allein im Stande ist, zu schaffen, daß es ordentlich und ehrlich zugehe unter
den Christen, d. h. daß jedem Mitgliede der Gemeinschaft auch das Recht
werde, das ihm zukommt, Theil zu nehmen als eine selbständige Persön=
lichkeit an der Ordnung der Angelegenheiten, die, weil die gemeinsamen,
auch seine eigenen Angelegenheiten sind.[2])

3. Die Kirche ist nicht Richterin in Glaubens= und Gewissenssa=
chen, wohl aber ist sie die Schlichterin in allen Streitigkeiten und Zer=
würfnissen, die in dem Gemeindeleben vorkommen mögen. Dieser Satz
versteht sich nun nach dem Bisherigen von selbst. Allerdings ist es ja nicht
zu erwarten, daß in dem gemeinschaftlichen Leben der christlichen Genossen=
schaft Alles in stetem Frieden zugehen werde. Zunächst sind auch die
Christen, wenn sie auch in Christo bereits die Anfänge des normalen Le=
bens im Verhältniß zu Gott und Menschen empfangen haben, doch noch
keineswegs in diesem Leben vollendet[3]), und wenn deßhalb die Kirche auch
ein Reich der Liebe sein und Alles in ihr durch die Liebe gestaltet werden
soll, so ist doch immerfort Gefahr, daß auch noch andere Mächte in den
Gemüthern ihrer Angehörigen sich regen und dem Walten der Liebe hin=
derlich sind. Dazu kommt dann aber auch, daß die Kirche ein Reich des
mannigfaltigen Lebens ist, in welchem auch die persönliche Richtung eines
Jeden, so lange sie auf dem einen gemeinsamen Grunde steht, ein Recht hat. Da,
wer sähe das nicht ein? kann es denn auch an Gegensätzen und an Reibungen
dieser Gegensätze nicht fehlen, Gegensätze, die in den Verschiedenheiten der Per=
sönlichkeiten ihre Wurzeln haben und eigentlich nur sehr relativer Art,
eigentlich Nichts sind, als, um es so zu nennen, nur die verschiedene Strahlen=
brechung des e i n e n Lichtes in den mancherlei Medien und wo auf beiden
Seiten dieselbe treue Liebe zum Herrn und derselbe ernste Eifer nach der

---

[1]) Auch die apostolische Kirche hatte unbedenklich Gesellschaftsformen mit dem
Staate gemein, weil sie in der Natur der Genossenschaft begründet waren.

[2]) Gerade des Christen Tugend ist ja Gemeinsinn, und — man klagt so oft über
Mangel an kirchlicher, d. h. Gemeindegesinnung unter den Christen. Warum sollte nun
hier der Christ solche Gesinnung nicht bethätigen dürfen? Etwa, weil ihm S t a h l
hat vorwerfen dürfen, daß er ohne theologisches Examen bloß der Masse angehöre?

[3]) S. oben §. 7.

Verwirklichung seiner Zwecke vorhanden sein kann[1]), die aber dann doch leicht mit aller Gewalt des Gegensatzes sich geltend machen, so daß man über den Unterschieden das Gemeinsame vergißt und aus den Augen verliert und daß zum Unfrieden gelangt, was in Liebe vereinigt und sich gegenseitig anerkennen und tragen sollte[2]); ja, es geschieht dieß leicht um so mehr, ja mehr eben, bei der Natur des religiös = sittlichen Lebens, wie es den tiefsten Kern der Persönlichkeit durchdringt, auch immer das eigentlich Persönliche, der Mensch als dieß „Ich," mit in's Spiel kommt. Alle Zeiten der Kirche haben deßhalb auch von Streitigkeiten in ihrem Schooße zu sagen gewußt, von deren Gegenstande es späteren Geschlechtern oft kaum noch verständlich war, wie es möglich gewesen, sich darum zu entzweien[3]), die aber ihre Zeit auf das Heftigste aufgeregt und den kirchlichen Frieden gestört, die nicht selten dazu geführt haben, daß die Einheit der Kirche zerrissen wurde, und sie, die die allgemeine sein sollte, in Partikularkirchen und Kirchlein aus einander ging.[4]) Schon die korinthische Gemeinde zur Zeit der Apostel bietet uns das Bild solchen Streitens um persönlicher Richtungen willen dar und schon Paulus hat zu wehren, daß nicht von vorn herein der Frieden auf immer vertrieben werde[5]), und — welche Zeit hätte nicht Aehnliches erlebt? Die Reformation, die von der hergebrachten Kirche wegen ihrer gänzlichen Verkehrung um Gewissens willen sich scheiden mußte, ging gar bald in die verschiedenen Lager auseinander, die an die Persönlichkeit Luther's oder der Schweizer Reformatoren sich hefteten und, alle Gemeinsamkeit vergessen, in der schlimmsten Weise sich die Bruderhand weigerten[6]), und — bis auf unsere Tage hat dieser Streit sich fortgepflanzt, ja, in unseren Tagen ist er, wenigstens von einer Seite her[7]), wieder geflissentlich geschürt, so daß wir noch Alle schwer tragen an dem alten Schaden und nach der einen Kirche, die auch die allgemeine wäre, uns

---

[1]) Wie bei Luther und Zwingli, was selbst Stahl nicht verkennen sollte.

[2]) Wie die Apostel sich doch anerkannten (Gal. 2, 7 ff.) trotz des scharfen Gegensatzes zwischen ihnen.

[3]) Wie jetzt oft wohlmeinende Lutheraner nicht begreifen können, daß ihre „Väter" die Reformirten wegen der Lehrdifferenz im Abendmahle verstoßen haben.

[4]) Oft sind freilich auch niedere Interessen im Spiele gewesen, wie in den großen Schismen vor der Reformation, und — warum stieß der Papst die Evangelischen aus?

[5]) Vgl. die Briefe an die Corinthier, auch Röm. 14, 1 ff. Jac. 3, 1 ff.

[6]) Freilich ging die Verweigerung der Bruderhand nur von Luther's Seite aus. Vgl. Christoffel, Zwingli, S. 317 ff., Stähelin, Calvin, S. 237 ff., den Beschluß der Synode von Charenton über Zulassung der Lutheraner in reformirten Gemeinden vom J. 1631 (s. discipline écclesiastique. Heidelb. 1710, S. 339 f.). Luther's böses Wort: „Ihr habt einen andern Geist!"

[7]) Stahl, „die luth. Kirche und die Union", ein Buch, das recht geflissentlich darauf ausgeht, die theologischen Gegensätze noch zu schärfen.

vergeblich umsehen.[1]) Dergleichen kann aber immer auf's Neue geschehen, wird immer von Neuem geschehen und um so mehr, je reger das christliche Leben in den Gemeinden pulsirt, wie denn ja auch die Reformationszeit, weil das Leben in ihr so rege war, auch so viele Gegensätze hervorgebracht hat.[2]) In kleinen und großen Kreisen können „die Geister auf einander platzen," und jene bittere Wurzel aufwachsen, vor der die Apostel so einmüthig warnen.[3]) Wer schirmt da den Frieden und die kirchliche Ordnung? wer bringt die Geister zur Eintracht und wehrt dem Auseinanderfallen des Leibes, der dem einen Herrn angehört? Die Kirche! es giebt keine andere Macht, die competent dazu wäre! Als diejenige, die die kirchliche Ordnung zu handhaben hat, hat sie deßhalb auch einzutreten, wo diese Ordnung gestört wird, aber nicht als Richterin, sondern als Schlichterin, nicht als diejenige, die durch Satzungen die ihrer Majorität beliebte Richtung zur herrschenden zu erheben suchte, den andern Theil unterdrückend, sondern die jedem Theile sein Recht giebt, indem sie ihm seine persönliche Freiheit unangetastet läßt und ihn einweist in den Platz innerhalb der Kirche, den er nur des Friedens willen einnehmen muß.

Man könnte freilich meinen, daß das in Zeiten besonderer Erregtheit nicht möglich sei. Wie viele Vermittelungsversuche sind schon gemacht, immer vergeblich. Concilien und Theologen haben sich da bemüht, aber Nichts ausgerichtet, der Zwiespalt ist dadurch oft nur ärger geworden. Freilich, aber — weßhalb? Weil sie richten wollten, wo sie bloß schlichten sollten. Man stellte theologische Formeln auf, die die Wahrheit der streitigen Fragen darbieten sollten, oft sogar vom eigenen Parteigeiste dictirt oder ein trübes Gemisch der Vermittelung, das Keinen befriedigte[4]), und verlangte nun, dem solle sich Jeder unterwerfen, man unternahm, die Dissentirenden zu zwingen.[5]) Da mußte wohl der Streit um so ärger und Nichts zum Frieden ausgerichtet werden. Aber — der Weg war ein verkehrter.

---

[1]) Statt zweier drei!

[2]) Die, die über die Verschiedenheiten klagen, wissen nicht, was sie thun, zu beklagen ist nur, daß die Liebe fehlt, die wieder ausgleicht und vereinigt, was sich zu trennen droht!

[3]) Jac. 3, 13 ff. 1 Cor. 3, 1 ff.

[4]) Wie bemühte man sich von Butzer und der Wittenberger Concordie an, eine Eintrachtsformel zu finden, Conferenzen auf Conferenzen wurden gehalten, Rezesse auf Rezesse unterschrieben, bis endlich die — Concordia discors von 1580 herauskam. Man lasse sich dadurch lehren, daß nicht die Formel es thut, sondern — der Geist der Liebe (2 Cor. 3, 6).

[5]) Der die Concordienformel nicht unterschrieb, mußte das Land meiden; da fehlte es denn freilich an Unterschriften nicht, aber auch nicht an betrübten und verwirrten Gewissen!!

Die Kirche hat nicht zu richten, denn sie hat die Freiheit in Glaubens-
und Gewissenssachen zu respektiren und heilig zu halten, sie hat nicht vorzuschreiben, welchem theologischen System ihre Angehörigen zugethan sein
sollen, aber — sie hat Ordnung zu halten und den Streit zu beseitigen,
sie hat die Streitenden einzuweisen in die ihnen gebührenden Schranken
und den Frieden zu gebieten als oberste Regentin, damit der Streit der
Meinungen nicht zum Zerreißen ihrer selbst gedeihe, damit er ausgefochten
werde auf dem Gebiete, wo es geschehen muß, nicht zunächst auf dem des
kirchlichen Lebens, sondern auf dem der freien Wissenschaft.[1] Da anzu-
ordnen, was zum Frieden dient, ist ihr Recht und ihre Pflicht, und wie
sie es thun muß mit der Schonung der persönlichen Interessen, soweit es
der kirchliche Frieden gestattet[2], so hat sie auch alle Strenge anzuwenden,
wo Jemand das milde Wort der Mahnung nicht hören und die Ordnung
des dem Herrn und seinem Frieden geheiligten Bereiches nicht selbst heilig
halten will, wär's auch, daß sie einen Solchen aus der kirchlichen Gemeinschaft zuletzt entfernen müßte.[3]

Und das veranlaßt uns, noch ein Wort über die Frage zu sagen, die
jetzt noch immer die kirchliche Gegenwart bewegt, über die Frage der
Union zwischen den beiden zwiespältigen Theilen der evangelischen Kirche.[4]
Sie ist brennend genug, und doch ist sie nur Frage der Zeit, welche hof-
fentlich bald auch praktisch gelöst werden wird. Das christliche und wissenschaftliche Urtheil über die Trennung kann nicht zweifelhaft sein: sie
hätte gar nicht stattfinden sollen, und da sie geschehen ist, sollte Alles gethan werden, sie zu beseitigen. Das Christenthum und die Wissenschaft
statuirt keine lutherische und reformirte Kirche, die getrennt neben einander
beständen. Ist das wahr, was das alte Bekenntniß sagt, daß es eine allgemeine Kirche giebt[5], die alle Christen umfaßt, dann muß diese Kirche
auch die mancherlei persönlichen Richtungen umfassen, die in redlichem

---

[1] Deßhalb hatte der Badensche Oberkirchenrath auch völlig Recht, wenn er
die Gegner Schenkel's mit ihrem Protest von seinem Forum weg an die wissenschaftliche Debatte verwies.

[2] Wie z. B. die reformirte Synode in Niedersachsen im J. 1836, als die Braun-
schweiger Gemeinde ihren in orthodogistischen Anschauungen befangenen Pastor nach
langem Streit endlich nicht mehr haben wollte, zwar seine Entfernung verfügte um
des Friedens in der Gemeinde willen, aber so, daß — die Gemeinde ihm sein Ein-
kommen sichern mußte. Die Gemeinde hat es 25 Jahre gezahlt und mit schweren
Opfern ihren Frieden erkauft. Orthodoxe freilich rümpfen die Nase über sie.

[3] Nach Tit. 3, 10. Vgl. 1 Cor. 3, 16 f.

[4] Vgl. Stahl's angeführtes Buch und J. Müller's Schrift über die Union.

[5] Ein lutherischer Landeskatechismus hilft sich kurzer Hand, indem er das Wort
„allgemeine" aus dem Apostolicum wegläßt. In der That nicht übel!

Streben auf dem einen ewigen Grunde der Kirche emporgewachsen sind, und — die beiden Kirchen sind im Princip nur eine! ja, ist das wahr, daß der Christ in Gemeinschaft leben soll mit Allen, die redlich dem Herrn angehören, und heißt es den „Leib Christi" zerreißen, wo man dieß nicht thut [1], weil man bloß das Seine sucht und die eigene Richtung allein gelten lassen will, dann ist es ein frevelhaftes Attentat gegen den Herrn und seine Kirche, die er sich erworben hat mit seinem Blute, wenn man die Bruderhand weigert seinen nicht von dem Herrn empfangenen [2] Formeln zu Liebe. Was die Trennung verursacht hat, war ursprünglich die Verschiedenheit in den persönlichen Richtungen Luther's und der Schweizer, die aber Beide mit gleicher Liebe standen zu dem einen Herrn, und dann die theologische Streitsucht Derer, die lutherischer sein wollten, als Luther selbst, und an seine Person sich klammerten, als wäre er nicht mehr ein schwacher und irrthumsfähiger Mensch gewesen. [3] Auch wirkten mancherlei niedrige politische Interessen mit in jener Zeit, wo die Kirche den Politikern überliefert war. [4] Sind das Gründe, um die Kirche zu spalten? um den Leib des Herrn zu zerreißen? Fürwahr, die Kirche hätte wohl Ursache, im Namen ihres Herrn und kraft des ihr zustehenden Regieramtes hier Frieden zu gebieten und Einigkeit. [5] Aber freilich, nicht so kann's geschehen, daß, wie man versucht hat, eine Consensusformel nach einem theologischen Vermittlungssysteme aufgestellt würde — das gäbe nur ein neues Sonderbekenntniß und eine neue Sonderkirche, wie die Erfahrung hinreichend lehrt. Der einzige Weg ist der, daß man sich der Allgemeinheit der Kirche wieder erinnert, daß man wieder versteht, wie in dieser einen Kirche die verschiedenen Richtungen so gewiß Recht haben, als sie eine Gemeinschaft freier und mündig gewordener Christen ist [6], und daß man lernt, sich gegenseitig anerkennen und, anstatt sich bloß zu dulden im lieblosen Getrenntsein, sich vielmehr einigt in Liebe zu einer wirklichen Gemeinde, Jedem lassend seine persönliche Ueberzeugung, aber mit Jedem, der auf dem einen Grunde steht, auch gern sich vereinigend in dem, was auf den einen lebendigen Grund so durchaus zurück geht, in dem Mahle des Herrn! [7]) Ob es dahin

---

[1]) 1 Cor. 1, 12 ff.

[2]) Können sie wirklich sprechen, wie Paulus 1 Cor. 11, 23?

[3]) Vgl. über das Treiben der Flacius, Wigand, Westphal und wie sie hießen Schmidt, „Melanchthon's Leben", in den betr. Abschnitten.

[4]) Vor Allem der depossedirten Ernestiner!

[5]) Darum handelte Friedrich Wilhelm III., wenn auch nicht formell, doch materiell recht, wenn er den kirchlichen Frieden in seinem Lande herzustellen suchte. Er that als Inhaber des Kirchenregiments wirklich, was die Kirche hätte thun sollen.

[6]) Vgl. 1 Cor. 3, 21 ff.

[7]) Vgl. Bluntschli's Wort auf dem Eisenacher Protestantentage von 1865: „Anerkennen, nicht bloß dulden!" (S. die „Verhandlungen", S. 81.)

gelangen wird? Wir hoffen es, denn — der Herr hat selbst den Vater gebeten, daß wir Alle eins sein sollten in ihm![1]) Aber kommen wird es, wenn die Kirche, d. h. die Gemeinschaft, ihr Regieramt erst wieder in Händen hat. Der durch die Politiker regierende Lehrstand hat den Riß verursacht nicht ohne Gewaltthat an treuen Gliedern der Kirche, die Gemeinschaft wird ihn wieder verschließen durch christliche Liebe, und es müßten alle Zeichen trügen oder das Feld ist weiß und reif zur Ernte![2])

---

[1]) Joh. 17, 20 ff. Aber auch nur, wenn wir es lediglich in ihm sein wollen, können wir es sein! Das Menschliche scheidet, der Herr einigt!

[2]) Joh. 4, 35. Man sehe in die lutherischen Gemeinden, wie da fast die Mehrzahl über die Lehren vom Abendmahl und der Person Christi jetzt reformirt denkt, so daß J. P. Lange wohl Recht hatte, wenn er meinte, das reformirte Bekenntniß sei das der Gegenwart. Die muß die luth. Kirche jetzt schon als Mitglieder dulden und hegen, warum sollte es nicht möglich sein, in gleicher Weise auch mit den Reformirten eine Kirche zu bilden und sich gegenseitig anzuerkennen in seinem Rechte? — Ob mit der röm. Kirche Einigung möglich ist? Leibniz hat es versucht, aber — so lange sie römisch und päpstlich bleibt, wird es nicht gehen, denn da ist die Kirche selbst durch die Hierarchie um ihre Rechte gebracht. Aber — vielleicht thut auch der Herr bald das Seine, auch diesem Gliede an seinem Leibe wieder aufzuhelfen aus dem Diensthause zur Freiheit seiner Kinder! Wir meinen nicht à la Kahnis, daß mit jedem Stück Papstthum ein Stück Christenthum fällt (vgl. „die Sache der luth. Kirche gegenüber der Union", S. 93).

Viertes Buch.

Die Organisation des kirchlichen Lebens.

§. 15.

Die christliche Gemeinschaft gliedert sich zu gemeinsamer und wechselseitiger Liebesthätigkeit für die Zwecke ihres Herrn, und zwar geschieht diese Gliederung eben sowohl in der Weise, daß sie in viele neben einander selbständige und doch auf das Engste mit einander verbundene Kreise sich scheidet, als auch so, daß sie die verschiedenen, nothwendig zu vollbringenden Thätigkeiten auch an verschiedene Personen als deren besondere Dienste vertheilt.

1. Der Sinn der Gliederung des christlichen Gemeindelebens, wie die Vereinigung der Christen mit einander überhaupt, soll und kann kein anderer sein, als damit zwischen ihnen eine gemeinsame und wechselseitige Liebesthätigkeit entstehe, welche darauf gerichtet ist, daß die Zwecke, die ihnen Allen gemeinsam in dem einen Grund ihres Lebens gegeben worden sind, auch an ihnen Allen und durch sie Alle erfüllt werden. Was jeden Einzelnen treibt, die Gemeinschaft mit den Brüdern zu suchen und auf das allgemeine Glaubensbekenntniß hin[1]) einen Bund der Brüderlichkeit mit ihnen zu schließen, ist keineswegs das Bedürfniß, auf diesem Wege erst des christlichen Heiles theilhaftig zu werden.[2]) Wie das Bekenntniß, auf Grund dessen sein Eintritt in die Gemeinschaft allein geschehen kann, dieß Heil schon voraussetzt und zwar so, daß es auch ihm bereits als sein eigenes „widerfahren" ist, so kann sich auch die Gemeinde nicht einbilden, es ihm schaffen zu können, denn sie weiß ja auch selbst, daß es „weder von Menschen, noch auch durch Menschen"[3]) kommt, sondern allein durch die Gnade Gottes in Jesus Christus. Ein Jeder tritt deßhalb ein als ein bereits des Heiles theilhaftig gewordener Christ, und von grundlegender Erlangung

---

[1]) S. oben §. 11.
[2]) S. Bd. I, §. 1, 1.
[3]) Gal. 1, 1. Eph. 2, 8.

desselben durch die Gemeinde und die Verbindung mit ihr kann daher durchaus nicht die Rede sein. Wohl finden da Unterschiede in Ansehung der persönlichen Förderung in dem durch Jesus Christus einem Jeden verliehenen neuen Leben statt, sowohl was die Seite der Erkenntniß, als auch die des innerlichen Ergriffen= und Durchdrungenseins von demselben betrifft, aber diese Unterschiede sind doch nie so groß, daß sie die gemeinsame und völlig gleiche Stellung aller Glieder zu dem einen Grunde und Haupte aufhöben.[1]) Alle haben das Heil empfangen als das Princip ihres eigenen Lebens, so daß es in ihnen Allen erst als ein mehr oder weniger fortgeschrittener Anfang vorhanden ist, aber doch auch in ihnen Allen und in Jedem auf die wesentlich gleiche Weise als das die ganze Fülle des heraus zu gestaltenden Lebens enthaltende grundlegende Princip[2]), das sie Alle empfangen haben vor ihrem Eintritt in die Gemeinschaft unmittelbar von dem Einen, in welchem es zuerst und allein erschienen ist.[3]) Die erst noch zu bewirkende Erlangung der persönlichen Heils= und Lebensgemeinschaft mit Christo kann also nicht der Zweck der kirchlichen Vereinigung sein.

Aber — in dem Leben, das der Christ als ein von Christo empfangenes mitbringt in die Gemeinschaft, liegt nun auch das Bedürfniß, das ihn treibt, in die Gemeinschaft zu treten: das Bedürfniß der Liebe. Liebe ist der ganze Inhalt dieses Lebens; zunächst Liebe zu Gott und Christo, wurzelnd in dem Anschauen ihrer Herrlichkeit, der Herrlichkeit der göttlichen Liebe und Gnade, die sich seiner angenommen hat gegen alle Würdigkeit[4]), und deßhalb sich kund gebend in ihm als das Gefühl völligster Hingebung und Dankbarkeit[5]), als der Drang, nun auch Dem zu dienen mit seiner ganzen Persönlichkeit[6]), der sich seiner also angenommen hat; sodann aber auch Liebe zu Denen, von denen er weiß, daß die Liebe Gottes und Christi auch über ihnen waltet, zu allen Menschen als den berufenen Gotteskindern, in ihnen seinen Gott und seinen Heiland liebend, dem auch sie zugehören[7]), vornehmlich aber zu Denen, die mit ihm nun desselben Lebens in Christo bereits theilhaftig geworden sind, zu den Christen.[8]) In ihnen wohnt das

---

[1]) Vgl. die Bekenntnisse des Paulus in Phil. 2, 12 ff. 1 Tim. 1, 15. 1 Cor. 15, 9. Eph. 3, 8, vgl. mit 1 Cor. 15, 10.

[2]) Gal. 3, 27. Röm. 8, 32. 1 Cor. 1, 4 ff. Col. 1, 19. 2, 9 f. Joh. 1, 1.

[3]) S. oben §. 7, auch §. 5, 3.

[4]) Eph. 2, 8 ff. Tit. 3, 4 ff. 1 Joh. 4, 10.

[5]) Mit Recht leitet der Heidelberger Katechismus das ganze christliche Leben aus der Dankbarkeit für die empfangene Gnade her.

[6]) Röm. 6, 1 ff. 12, 1. ($\sigma\tilde{\omega}\mu\alpha$ = Persönlichkeit, vgl. das $\sigma\tilde{\omega}\mu\alpha$ $\pi\nu\epsilon\nu\mu\alpha\tau\iota\kappa\grave{o}\nu$ 1 Cor. 15, 44. Der Begriff des $\sigma\tilde{\omega}\mu\alpha$ gegenüber der $\sigma\alpha\rho\xi$ ist der der Individualität, der untrennbaren Einheit, d. h. geistiger Leib = Persönlichkeit.)

[7]) 1 Tim. 2, 4 und daher Röm. 1, 14.

[8]) 1 Joh. 4, 10. 20.

Leben seines Herrn, das auch sein Leben ist, da ist deßhalb auch volle Gleichartigkeit und volle Gemeinsamkeit des einen Lebens[1] — der eine und derselbe Geist des Herrn in ihnen Allen[2] — Alle Glieder an Christo und Christus das eine gemeinsame Haupt[3] — da kann's denn nicht anders sein: weil er Christum liebt, muß er Die lieben, die Christo angehören, weil er mit Christo in der vollen Lebensgemeinschaft steht, muß er sich auch mit Denen eins fühlen, in denen Christus lebt[4], und es muß ihn treiben, diese Gemeinschaft auch in der That und Wahrheit herzustellen.[5] · Von der Gemeinschaft getrennt zu sein und sich bloß mit einem unsichtbaren Geistesbande zu vertrösten, ist ihm völlig unmöglich, und nichts Schmerz= licheres kann ihm widerfahren, als wenn er das Gemeinschaftsband wirk= lich zerrissen sieht.[6] So treibt das Bedürfniß der Liebe in die Gemein= schaft mit den Brüdern. Sie hat die Starrheit der Persönlichkeit erweicht, hat aufgeschlossen die sonst selbstsüchtig in sich verschlossene Individualität, mit seiner ganzen Persönlichkeit[7]), giebt sich der Christ hin in die Ge= meinschaft, sich ganz an sie verlierend und darin erst recht sich habend und gewinnend[8]), darin erst die volle Befriedigung findend für sich selbst, daß er, der bisher in seiner Vereinzelung nur auf sich stand und trotzig sich gegen die Andern als ein Ganzes zu behaupten suchte, jetzt Nichts ist, als nur ein Glied an Christi Leibe und ein Theil in dem Reiche des geistigen Lebens, das aus Christo ist, um so reicher sich fühlend, je mehr sich dieß Reich erweitert über die Gränzen seiner Individualität hinaus und je zahl= reicher die Verbindungen werden, in die er mit Anderen tritt.

Und das Bedürfniß der Liebe ist nun, weil sie zugleich auch Dank= barkeit ist, weiter das zu dienen[9]) — sie will dienen, schaffen, thätig sein für den Gegenstand ihrer Liebe und Dankbarkeit, sie fühlt, daß sie sich darin nimmer genug thun könnte, und zwar will sie nun zunächst dienen ihrem Gotte und ihrem Heilande, in welchem sie überhaupt gründet und

---

[1] 1 Cor. 10, 16. Joh. 17, 21 ff.

[2] 1 Cor. 12, 4 ff. 12 ff.

[3] Eph. 1, 22 f. 4, 15 f.

[4] Gal. 2, 20, vgl. 1 Cor. 1, 10 ff.

[5] 1 Joh. 1, 3. 3, 18. Röm. 1, 10 ff.

[6] Weßhalb auch Paulus zu wehren suchte, daß nicht die Gemeinde Gottes in Parteien zerrissen würde. Vgl. auch Luther's Kämpfe, bis er sich in die Trennung von der hergebrachten Kirche fand, und seinen schmerzlichen Zorn gegen Diejenigen, die ihn dazu gezwungen hatten.

[7] Nicht etwa bloß mit Geld und Gut, das wird nicht einmal begehrt (Apostel= gesch. 5, 4), sondern mit der Person, wo dann freilich auch Geld und Gut und alles Irdische von selbst folgt.

[8] Matth. 10, 32. 16, 25. 19, 27 ff. Joh. 12, 25.

[9] Matth. 20, 26.

wurzelt.[1]) Für sein Reich zu arbeiten, sein Werk zu treiben, seine Zwecke, die er mit ihr selbst und allen Menschen hat, erreichen zu helfen, dafür Alles einzusetzen, das ist nun ihr Trieb, ihr Drang, der sie nimmer ruhen läßt, ja, sein Werk zu fördern, wie an sich selbst, so auch an den andren Menschen. Weil sie sich dem Herrn so unendlich verschuldet fühlt, so fühlt sie sich auch allen Denen verschuldet, die des Herrn sind[2]), und so ist es denn nicht bloß der Drang, mit ihnen gemeinsam des gemeinsamen Gutes zu genießen[3]), was sie zu ihnen treibt, sondern sie will wirken, arbeiten für sie, mit ihnen, ganz auch in ihren Dienst sich ergeben[4]), um so auch dem Herrn dienen zu können in den Seinigen. Aber wie sie so den Genossen des einen neuen Lebens sich zum liebenden Dienen verpflichtet fühlt, so erkennt sie nun auch weiter, daß des Herrn Zweck nicht bloß auf diesen Kreis der bereits Gewonnenen beschränkt sein kann und darf, daß auch sie selbst ihn nicht darauf beschränken darf, sie muß hinaussehen über diesen Kreis, hinaus in die ganze weite Menschenwelt umher, in das Feld ringsum, das reif zur Ernte ist.[5]) So lange Die nicht gewonnen sind für den Herrn und sein Leben, ist sein Reich nicht vollendet[6]), ist es auch ihr Reich nicht, denn sie ist ja die Genossin seines Reiches[7]), und so thut sich ein weites Arbeitsfeld vor ihr auf, so weit, daß sie ihm allein sich nicht gewachsen sieht; sie bedarf der Hülfe, sie findet die Hülfe bei den Brüdern; nur durch ihre gemeinsame, einmüthige Thätigkeit, wo Einer den Andren trägt und stützt mit allem höchsten und ernstesten Eifer für das ihnen gemeinsam befohlene Werk, nur da kann auch das Werk gelingen.[8]) So drängt sie auch ihr pflichtmäßiger Thätigkeitstrieb, der Anblick der ihr obliegenden Arbeit zur Gemeinschaft: einzeln ist sie ohnmächtig, in der Gemeinschaft ist sie stark und darf des Zieles gewiß sein.[9])

Endlich aber fühlt sie wohl, daß sie auch noch für sich selbst der Förderung bedarf. Des Heiles ist sie theilhaftig geworden, das ist ihre Freudigkeit[10]), aber erst im Princip, dem Anfange nach, das ist ihr banges Gefühl, ihre stete Unruhe.[11]) Sie fühlt, daß ihr noch so Vieles fehlt an voller

---

[1]) Vgl. Maria und Martha, auch die große Sünderin. 2 Cor. 5, 14.
[2]) Röm. 1, 14. Phil. 3, 7 ff. 2 Cor. 11, 23 ff. 1 Cor. 4, 9 ff. 1 Cor. 9, 19 ff.
[3]) Röm. 1, 11 ff.
[4]) 1 Cor. 15, 10. 2 Cor. 4, 15.
[5]) Joh. 4, 35. Vgl. besonders Paulus, wie er hinblickt auf die ganze Heidenwelt. Eph. 3, 6. Röm. 15, 28.
[6]) Vgl. Röm. 9—11. 1 Cor. 15, 25. Phil. 2, 10 f.
[7]) Röm. 8, 17. Eph. 2, 19. 2 Cor. 4, 8 ff. 2 Tim. 2, 12.
[8]) 2 Cor. 6, 1. Röm. 15, 30. Eph. 4, 16.
[9]) Joh. 17, 20 ff.
[10]) 2 Tim. 2, 19. Röm. 8, 24, 29 ff., 38 f.
[11]) Röm. 8, 26. 2 Cor. 12, 7. (Schwerlich ist der „Pfahl im Fleisch" eine

Erkenntniß, an lauterer Gesinnung, an tiefstem Durchbrungen= und Durchläu=
tertsein[1]), sie fühlt die Schranken ihrer Individualität, die der Erweiterung
bedürfen, die Einseitigkeit ihres Ich, die der Ergänzung so nöthig hat, sie
fühlt die großen Gefahren, in denen sie steht, von dem alten Leben der
Verkehrtheit wieder überwunden zu werden und auf's Neue zu erliegen dem
kaum entronnenen Verderben[2]), sie fühlt ihre ganze Hülfsbedürstigkeit und
sehnt sich nach Hülfe — die Gemeinschaft bietet sie ihr! Da findet sie
Erweiterung und Ergänzung ihrer selbst, Schätze, die sie nicht hat und die doch
ihr zugehören, weil sie von dem Herrn sind, und Hülfe in Ermahnungen,
Warnungen, Tröstungen, liebender Theilnahme.[3]) Wie sollte sie da nicht
herzukommen? Sie will geben, was sie hat, sie will aber auch nehmen
von dem, was der Anderen ist, und so im gegenseitigen Nehmen und
Geben sollen Alle gewinnen, denn Alle haben nöthig, daß sie sich gegen=
seitig fördern, ergänzen, helfen, daß sie jenen großen Austausch der Gaben
üben, von denen die eine Diesem, die andere Jenem verliehen ist, und die
doch bestimmt sind für Alle, zum „gemeinen Nutzen."[4])

Das ist der Grund der christlichen Genossenschaft, aus dem sie hervor=
geht, das ihr Sinn und ihr Zweck — fassen wir es in wenige Worte zu=
sammen: sie entsteht als eine Gemeinschaft der Liebe und soll eben deßhalb
auch nur dieß sein[5]), eine Gemeinschaft, dazu geschlossen, daß sie des Herrn
Werke treibe in gemeinsamer und wechselseitiger Thätigkeit — die Gemein=
samkeit muß hier immer auch zur Wechselseitigkeit werden, weil des Herrn
Werk durch Alle auch an Allen zu fördern ist[6]) — und so als dieser sich
wechselseitig fördernde Liebesbund, in welchem Alles, was der Eine hat,
auch zum Gemeingute der Anderen wird[7]), ja, wo ein Jeder mit seiner gan=
zen Persönlichkeit sich an und in die Gemeinschaft dahin giebt, ist sie eine
wirkliche Genossenschaft, in viel höherem Sinne, als der Staat oder eine
der anderen im Staate, wo doch die Persönlichkeiten geschieden bleiben und
höchstens in äußerlichen Gütern[8]) ein Gemeinsames besteht, nur vergleichbar

---

leibliche Krankheit, wie könnte die den Apostel hindern, sich der „hohen Offenbarungen"
zu überheben und was bedeutete „des Satans Engel"?

[1]) 1 Cor. 13, 12. 1 Tim. 1, 15.

[2]) 1 Cor. 10, 12.

[3]) Eph. 1, 23. Auf diesem richtigen Gedanken beruht die vom hierarchischen Sauer=
teige so sehr verderbte römische Anschauung von der Kirche.

[4]) 1 Cor. 12, 7. Vgl. Eph. 4, 16.

[5]) Röm. 13, 8. Eph. 4, 16 am Schluß, Col. 3, 14.

[6]) 1 Theff. 5, 11. Eph. 4, 16: „darin Eins dem Andern Handreichung thut."

[7]) Vgl. Apostelgesch. 2, 44. 4, 31.

[8]) Actienvereine, Eisenbahngesellschaften u. s. w., wo Jeder seinen Antheil nur
giebt, um ihn zu behalten und noch vermehrt zurück zu bekommen. Da ist Gemeinschaft
der Sachen, aber nicht der Personen. Das suum cuique bleibt.

mit jener einen, in der Mann und Weib in Liebe verbunden sind für
ihr ganzes Leben.[1] Immer ist das festzuhalten, wenn man überhaupt das
kirchliche Leben recht verstehen will, das die Gemeinschaft Nichts ist, als
eine Gemeinschaft der Liebe, aus völlig freier Liebe geschlossen zu gemein=
samer und wechselseitiger Erweisung der Liebe, und daß deßhalb auch ihre
ganze Organisation nichts Anderes, als nur eine Organisation dieser ihrer
Liebesthätigkeit ist. Da ist nicht eigentlich die Rede von einem Vertrage,
der die gegenseitigen Rechte und Pflichten sorgfältig genau abmäße und
einem Jeden seine Last und seine Schranke anwiese: die Liebe kennt keine
Schranke und fragt eigentlich auch nicht nach diesen sorgfältig abgemessenen
Rechten und Pflichten, die Liebe fühlt sich unendlich verpflichtet und berech=
tigt zugleich und thut sich nimmer genug.[2] Da ist nicht die Rede von
einer gedungenen Arbeit und von einem zu zahlenden Lohn[3]: sie läßt sich
nicht dingen und will keine äußerliche Belohnung. Da ist kein Verhältniß
der Dienstbarkeit und der Herrschaft[4]: Alle sind Diener und Alle doch zu=
gleich auch wieder Herren, denn sie sind Alle einander gleich und eins in
Christo und seiner Liebe. Was da geschieht, das geschieht aus freiem
Willen und hat mit Freiheit zu geschehen[5], und welches Amt ein Christ
auch in der Gemeinschaft auf deren Auftrag und Erlaubniß übernehmen
mag, es ist dabei immer festzuhalten, daß es ein freiwilliger Liebesdienst
ist, daß dieß Verhältniß da immer zu Grunde liegt, auch wenn die Gemein=
schaft dem in solchem Dienste Arbeitenden seines Lebens Unterhalt gewährt[6],
und daß er nimmermehr steht, wie ein bloßer Miethling, der um's Brod
arbeitet, in Sold und Lohn der Gemeinschaft. Er selbst hat seinen Dienst
als einen Dienst freier Liebe zu betrachten, der nicht etwa bloß sein Pensum
abarbeitet und dann genug gethan hat, sondern der berufen ist, seine Liebe
auch voll und frei walten zu lassen an der Stelle, wohin ihn die Gliede=
rung der Gemeinschaft gestellt hat; und ebenso hat die Gemeinschaft selbst
auch seinen Dienst zu betrachten, als den freien Dienst eines Gefreiten in
Christo und hat ihn nicht in verkehrte, knechtende Fesseln zu schlagen, hat

---

[1] Eph. 5, 25 ff. Daher auch die Unzertrennlichkeit dieses Bandes bis zum Tode.
Die Liebe von Person zu Person ist unzertrennlich, weil sie ist „das Band der Voll=
kommenheit" (Col. 3, 14). Daher die Untreue auch ein so großer Frevel.

[2] Vgl. 1 Cor. 13, 1 ff.

[3] Joh. 10, 12, vgl. Matth. 5, 46 f.

[4] Gal. 3, 28. 1 Cor. 7, 22 f.

[5] Apostelgesch. 5, 4.

[6] Weßhalb in der alten Kirche die Gemeindebeamten auch von freiwilligen Gaben
lebten. Vgl. auch die Collecten zur Apostelzeit. Durch die spätere Fundirung der
Pfarren ist dieß Verhältniß freilich scheinbar verdunkelt, doch darf das eigentlich zu
Grunde liegende Verhältniß nicht vergessen werden. Wir meinen nicht, daß der Fun=
dus wegfallen solle: er schützt die persönliche Unabhängigkeit des Pfarrers.

ihn nicht zu behandeln als den Miethling, der eben ihr Brod isset, sondern der ihr dienet um Christi und seiner Liebe willen, hat ihm deßhalb
auch Raum zu lassen für seine Liebe zu dem Herrn und zu ihr.[1]) Aber
auch der Beamte hat zu erkennen, daß in der Gemeinschaft überhaupt die
freie Liebe walten soll und hat nicht etwa in vermeintlichem Interesse
seines Amtes den freien Liebeseifer, wo er sich thätig erweisen will, ein-
zuengen[2]), sondern ihn zu wecken, zu fördern, und, wenn es sein muß, zu
leiten. Und so hat die freie Liebe hier alle Verhältnisse zu durchdringen,
so daß Alles nur als ein Dienst solcher Liebe geübt und aufgefaßt wird
und Alle sich gegenseitig tragen und helfen in ihrem Dienen, daß aber
namentlich da entsteht jenes schöne Vertrauen, in welchem Einer auf den
Andren sieht, und jene ebenso schöne Demuth, mit der Jeder gern dem
Andren sich unterordnet und nimmer trachtet, sich über die Genossen zu erheben[3]), jener Frieden und jene Freundschaft, in der Alle als Brüder
neben einander stehen und sich bewußt sind, daß sie mit einander zu arbeiten
haben an demselben Werke. Man[4]) hat es gewagt, da Gegensätze zu bilden in der Gemeinschaft, man hat Amt und Gemeinde, Prediger und Aelteste
einander als sich widerstreitende Elemente gegenüber gestellt, man hat sogar
von den Massen geredet, die das geordnete Amt nicht ertragen wollten —
wie wenig haben Die, die es gethan, doch das Wesen der christlichen Gemeinschaft verstanden! Da ist weder von einem dominirenden Amte, noch
von einer oppositionellen Gemeinde die Rede, da stehen sich nicht Aelteste
und Prediger gegenüber, beide eifersüchtig auf ihre Gerechtsame und sich
einander belauernd, bewachend und befehdend, da sind vielmehr Alle nur
Mitarbeiter an dem einen Werke und sind sich bewußt, daß sie es in Liebe
zu treiben haben und nicht in Zank und Eifersucht gegen einander, und —
wo Einer den Andren zurechtweisen muß oder zu müssen meint, da erträgt
es der Andre auch willig, wär's auch immer der Prediger selbst, der die
Zurechtweisung empfinge, erträgt es in Demuth als ein Mensch, der sich
auch seiner Schwachheit bewußt ist, und sich gern die Bruderhand, die ihn
weisen will, gefallen läßt. Wehe der Gemeinde, wo es nicht so stände!
und wehe Denen, die es verschuldet haben[5]), wo es solche Gemeinden

---

[1]) Kirchenstellen dürfen nicht Versorgungsstellen für Solche sein, die sonst zu
Nichts taugen.

[2]) Wovon es leider auch Beispiele gegeben hat.

[3]) Der rechte Pfaffensinn!

[4]) Besonders Stahl in seinem Buche „die luth. Kirche und die Union", s. die die
K.-Verf. betreffenden Abschnitte, wo er sich nur in diesen Gegensätzen bewegt und das
Bild einer Kirche im Auge hat, die eher einem Haufen sich gegenseitig die Zähne wei-
sender Wölfe, als der Kirche Christi gleicht.

[5]) Durch ihr Gezänk um Menschensatzungen u. dgl. große Thaten!

giebt! Aber — die christliche Gemeinschaft soll eine Gemeinschaft frei dienender Liebe sein, und ihre Gliederung hat keinen anderen Sinn, als den, daß durch sie die gemeinsame und wechselseitige Liebesthätigkeit in der Gemeinschaft geordnet werde, damit sie geschehe in Frieden und Stetigkeit.

2. Eine Gliederung muß nun aber eintreten, und wir brauchen kaum noch zu sagen: warum? Paulus[1] hat es uns gesagt: damit Alles ordentlich und ehrlich zugehe in der Gemeinde, damit diese nicht ein ungeregelter und zerfahrener Haufen sei, sondern dastehe in jener schönen und friedfertigen Ordnung, in welcher jede Kraft auch wirke an ihrem Platze, und damit so auch die gemeinsamen Geschäfte in Frieden und in Stetigkeit[2] geschehen können. Es hat, um es so zu nennen, ein System von Kräften zu entstehen, nur daß freilich diese Kräfte lebendige Persönlichkeiten sind, in welchem Eins zu dem Anderen geordnet ist und so durch die Wechselwirkung des Einen auf das Andere dann auch die Gesammtwirkung entstehe, jenes Ziel, auf das Alles hinausgeht: das gemeinsame Gedeihen und Wachsen in Christo![3] Nicht die Willkür soll da gelten, die wohl zugreift, wo sie es treibt, auf die aber doch kein Verlaß ist und die durch ihr Zufahren am Ende auch mehr schadet, als daß sie wirkliche Frucht schaffte, sondern die geordnete Pflichtmäßigkeit, die sich auch eingewiesen sieht in ihren bestimmten Dienst und diesen auch als den ihrigen, als den, von dem sie weiß, daß es dabei auf sie ankommt, pflichtmäßig vollbringt. Das ist die Nothwendigkeit einer in bestimmte Kreise und Aemter sich auseinander legenden Organisation und die nur das zerfahrene und sich selbst suchende Gelüsten hat verkennen können.[4]

Zunächst treten uns nun da aber die verschiedenen Kreise entgegen, in welche sich, als in eben so viele Centren für das in Christo empfangene Leben, die eine und allgemeine Kirche zerlegt. Allerdings ist die Kirche immer nur eine, die Alle, die sich zu Christo bekennen, umschließt, einerlei, welchem Volke sie angehören und welche Sprache sie reden, und diese eine und allgemeine christliche Kirche, wie sie über den ganzen Erdkreis, wenn auch noch nicht verbreitet ist, so doch nach des Herrn Willen[5] verbreitet werden soll, darf nimmer aus den Augen verloren werden.[6] Jeder Christ, welcher besonderen Kirche er auch angehören mag, ist immer

---

[1] 1 Cor. 14, 40.

[2] Namentlich das Bedürfniß der Stetigkeit hat aus der ursprünglich allgemein erlaubten, an kein Amt gebundenen Lehrthätigkeit bald das stehende Lehramt hervorgehen lassen.

[3] 1 Cor. 12, 7. Eph. 4, 12 ff.

[4] Die „Schwarm- und Rottengeister", wie sie Luther nennt.

[5] Matth. 28, 10 ff. Apostelgesch. 1, 8. Joh. 10, 16.

[6] Wie leicht der confessionelle Hader es thut.

zugleich auch ein Mitglied der allgemeinen und soll sich auch dessen bewußt sein[1]), und in jeder besonderen Kirche ist immer auch die allgemeine gegenwärtig.[2]) Aber es versteht sich ganz von selbst, daß Niemand bloß ein Mitglied der allgemeinen Kirche sein kann und darf, traurige Nothfälle, wie der des gebannten Luther, etwa ausgenommen. Das würde nur jenem schlechten Cosmopolitismus gleichen, der die Menschheit umfassen will und darüber Heimath und Vaterland, Familie und Nachbarn vergißt und verachtet, mit seinem Herzen sich scheidend von Denen, die ihm die Nächsten sind, und von dem Orte, wo er stehen sollte als ein nützliches Glied der menschlichen Gesellschaft, um für diese zu wirken.[3]) Eine Kirche, die bloß die allgemeine wäre, wäre die Zerfahrenheit selbst, hätte keinerlei wirkliche Existenz und es fehlte ihr alle Fähigkeit, überhaupt für die Zwecke des Herrn thätig zu werden. Die allgemeine Kirche muß sich aufheben in die Sonderkirchen, um in diesen, wie ein beliebtes Wortspiel sagt[4]), aufgehoben zu sein, d. h. um dadurch, daß sie sich sondert, sich zu organisiren und so Existenz und Lebensfähigkeit zu gewinnen. Die Theilung in die Sonderkirchen ist der erste Akt der kirchlichen Organisation überhaupt, durch welchen erst ein System der lebendigen Wechselbeziehungen entsteht, wie sie dem Organismus eigen sind.[5]) So entstehen denn die größeren Kirchenkreise, die Nationalkirchen, weil sie die Nation, das durch Abstammung, Sprache, Boden, gemeinsame Lebensinteressen zur Einheit des staatlichen Daseins zusammengeschlossene Volk umfassen, und es ist in der That nöthig[6]), daß die Kirche in ihrem Organisationstriebe sich diesen gegebenen Bedingungen des irdischen Lebens anschließe, schon deßhalb, weil es ja ihr Beruf ist, das Irdische und Leibliche nicht aufzuheben, sondern es mit ihrem höheren geistig-göttlichen Leben zu durchdringen und zu heiligen. Auch kann sie so nur die Bedingungen für ihre eigene Existenz in dieser sichtbaren Welt gewinnen, indem sie Diejenigen, die sich von Natur schon die Nächsten sind, auch in sich zu vereinigen und mit dem Bande ihres Geistes zu umschließen sucht. Aber auch dadurch, daß sie zu Nationalkirchen sich sondert, gewinnt die Kirche noch keineswegs eine lebensfähige Existenz, die alle Existenz wieder aufhebende Zerfahrenheit ihrer Glieder unter einander würde gleichwohl bestehen bleiben, und so ist es

---

[1]) Daher auch nicht der besonderen mit dem Gewissen unterworfen.

[2]) Daher jede schon ecclesia im vollen Sinne.

[3]) Christus sagt nicht: „liebet die Menschheit!" sondern: „den Nächsten!"

[4]) Hegel's.

[5]) Durch die Sonderung zwischen Jerusalem und Antiochia entstand erst ein weiteres Kirchensystem.

[6]) Schon Tertullian kennt solche selbständig neben einander bestehende Kirchencentren, vgl. adv. haer. 36.

denn ihr Bedürfniß und ihr Trieb, sich noch mehr zu sondern, sich zu sondern bis auf diejenigen Kreise, in welchen die Menschen auch für das tägliche Leben mit einander verbunden und persönlich Einer dem Anderen nahe geworden sind. Alles kirchliche Leben kreist in den Beziehungen der Personen zu einander, und nur da kann es deßhalb nur vorhanden sein, wo die Möglichkeit eines unausgesetzten persönlichen Verkehrs gegeben ist: in den Einzelgemeinden.[1] Durch die Provinzialkirchen hindurch, wenn die Nation groß geworden ist, um wieder aus verschiedenen landschaftlich gesonderten Kreisen zu bestehen, entwickelt sich die Nationalkirche zur Einzelgemeinde, wie diese wieder auf der Familie, der christlichen Hausgenossenschaft[2] beruht, und erst dadurch, daß die allgemeine Kirche also in die kleinsten Kreise gesondert erscheint, erst dadurch hat sie wirkliches Leben gewonnen und stellt eine wirkungsfähige Gliederung dar, in welcher sie selbst, und zwar durch alle ihre Theile hindurch, vorhanden ist, ein schöner, weitschichtiger Bau, wirklich jenem Baume gleich, von welchem der Herr redet, daß er aus dem kleinen Senfkorn aufwachsen und den Erdkreis mit seinem Schatten bedecken solle, Allem, das unter dem Himmel ist, Schutz und Schirm und Wohnung bietend.[3]

Und welches sind nun die Verhältnisse, in denen diese verschiedenen, einander neben= und untergeordneten Glieder des einen und allgemeinen Kirchenleibes zu einander zu stehen haben? Das sollte sich doch nun von selbst verstehen, daß hier von einer Herrschaft des einen über das andere Glied nicht geredet werden kann, weder von der Herrschaft des Ganzen über einen Theil desselben, noch eines gleichstehenden Theiles über den

---

[1] Der *παροικία* == Nachbarschaft.

[2] Auch die Familie, die Hausgenossenschaft hat ihre christliche Selbständigkeit als Centrum für ein volles christliches Gemeinschaftsleben. Sie ist die Gemeinde im Kleinen und im Keime, und hat Anspruch auf ihre Besonderheit. My house is my castle, nur muß dieser Spruch christlich verstanden werden, nicht im egoistischen Sinne, wie leider so oft. Es gab in der apostolischen Zeit auch *ἐκκλησίας κατ' οἶκον*.

[3] Matth. 13, 32. — Dieß die Gliederung der Christenheit in einzelne Kreise. Seit Luther war es gebräuchlich, die Christenheit in Stände gegliedert zu denken, in den status ecclesiasticus, politicus und oeconomicus — Geistlichkeit, Obrigkeit, Bürgerschaft — Lehrstand, Wehrstand, Zehrstand — doch ist das keineswegs richtig. Der status ecclesiasticus ist ein Amt in der Kirche, bildet aber keinen besonderen Stand dem Staate gegenüber, sondern gehört zum Bürgerstande; der status politicus dagegen hat mit der Kirche Nichts zu thun, sondern gehört dem Staate, der bürgerlichen Gesellschaft an. Der Staat kennt verschiedene Stände, die Kirche nicht. Da gibt es nur Aemter, die aus der einen Gemeinde hervorgehen, in welcher alle bürgerlichen Standesunterschiede aufgehoben sind, vgl. Gal. 3, 28. Für den status politicus interessirt sich die Kirche nur, sofern sie von ihm ihr bürgerliches Recht zu nehmen hat, in der Kirche aber ist der Landesherr mit seiner Familie nur ein Glied der Gemeinde, wie alle anderen.

anderen[1]), und eben so, daß durch die Zusammengehörigkeit aller Theile die
Mannigfaltigkeit eines vielgestaltigen Lebens, wie sie durch die individuellen
Verschiedenheiten der Völker und Personen bedingt ist, nicht aufgehoben
wird, eben so wenig, wie diese Mannigfaltigkeit im Stande ist und dazu
führen darf, die Einheit, das Band des Friedens und der Liebe aufzuheben, das alle umschließen soll.[2]) Leider ist man vor allen diesen Irrthümern nicht immer bewahrt geblieben. Man hat die allgemeine Kirche zur
Herrin über die besonderen erhoben, man hat gemeint, durch eine äußerliche
Gleichförmigkeit die Einheit herstellen und dem Zerfallen wehren zu müssen[4])
— nach dem, was wir bereits erkannt und festgestellt haben, hat man sich
vor Beidem sorgfältigst zu hüten, will man nicht das Leben des ganzen
Leibes ertödten. Die einzelnen Kreise haben nicht nur ihre individuelle
Selbständigkeit, d. h. die Autonomie für ihre besonderen Angelegenheiten
nöthig, wenn sie sich auf dem Grunde des Herrn gesund entwickeln sollen,
sondern sie haben auch ein Recht, sie zu fordern und jeden von außen her
kommenden Zwang von sich abzulehnen. In der christlichen Kirche gilt überhaupt kein Herrschen, sondern nur ein Dienen in Liebe, und wie jeder Einzelne in die Kirche eintritt, ohne damit seine persönliche Freiheit in Glau-
bens- und Gewissenssachen aufzugeben, wie er eintritt als eine auf volle
Mündigkeit Anspruch erhebende Persönlichkeit, Nichts begehrend, als in die
Wechselwirkung der Liebe mit den Brüdern zu treten, so auch jede einzelne
Gemeinde. Auch sie ist eine Individualität, die auf selbständige Führung
ihres Lebens und auf das Recht Anspruch hat, Alles, was ihr von anders-
woher durch Menschen geboten wird, einer gewissenhaften Prüfung zu unterwerfen[5]), auch sie tritt in den Bund mit anderen Gemeinden nur, um
in dem gegenseitigen Verkehr freier Liebe, freien Nehmens und Gebens mit
ihnen zu stehen. Man bedenke doch nur das Eine: wie jedem Christen
der volle Begriff des Christen zukommt, so daß das Leben des Herrn in ihm
einen persönlichen Träger gefunden hat, der in der Tiefe seiner Persönlichkeit ein Brennpunkt dieses Lebens ist, in welchem es in allen seinen
Momenten kreist, eine volle christliche Einzelgestalt, im Princip die ganze
Fülle des Christenthums in sich tragend[6]), so ist auch jede Gemeinde auch

[1]) Etwa der Kirche von Rom als der Hauptstadt der Welt oder des sedis apo-
stolicae.
[2]) S. oben §. 14, 3.
[3]) Zur Zeit der Concilien und später Rom, doch spukt diese Anschauung auch noch
immer unter Evangelischen.
[4]) Z. B. durch Aufzwängung der römischen Liturgie und selbst der lateinischen
Sprache! Was haben sich doch die guten Deutschen ihr Leben lang bieten lassen!
[5]) 1 Thess. 5, 21.
[6]) Jedem gehört der ganze Christus! Gal. 2, 20.

für sich schon vollkommen Kirche und würde dem vollen Begriff der Kirche entsprechen, wenn es auch keine andere neben ihr gäbe.[1]) Auch sie ist ein Heerd und Brennpunkt des christlichen Lebens, auch sie ein in sich geschlossenes Ganze, in welchem des Herrn Leben seine Stätte gefunden hat. Was zum Begriff der Kirche gehört, daß sie sei eine Genossenschaft Jesu Christi, das erfüllt sie vollkommen.[2]) Und sollte sie nun nicht auch auf Mündigkeit in Christo Anspruch haben? sollte ihr nicht wirklich die volle Competenz für ihre eigenen Angelegenheiten zukommen, so weit sie eben bloß ihre Angelegenheiten sind? Sie steht freilich mit den anderen Kirchen in Verbindung und bildet die eine und allgemeine oder die nationale Kirche mit ihnen, aber — dieß ist denn doch kein Verhältniß der knechtischen Abhängigkeit, sondern ein solches der Gleichheit, der freien brüderlichen Liebe. Der Staat hat seine Provinzen und Gemeinden unter sich und herrscht über sie, ihnen in allen Stücken gebietend — wenigstens ist das oft geschehen, wenn auch schwerlich zum Segen[3]) — in der Kirche kann und darf das nicht geschehen. Da ist das Verhältniß das der freien Conföderation[4]) der Gleichen und Freien mit einander, und dieß hat durch alle Stufen der Gliederung hin zu herrschen. Nicht befehlen kann der weitere Kreis dem kleineren, sondern nur rathen und Hülfe bieten, wobei es der Liebe des kleineren überlassen sein muß, den Rath und die Hilfe anzunehmen oder abzulehnen, und — nur in den allgemeinen Angelegenheiten ist der größere Kreis competent, indem der kleinere an dieser Competenz Theil nimmt nach dem Maaße der Gleichheit. Jede Gemeinde ist autonom in ihren sie allein betreffenden Angelegenheiten. Es ist das ein weit tragender Satz, auf dem aber die Erhaltung der Freiheit in der Kirche beruht und der nicht Preis gegeben werden darf. Jede Gemeinde hat das Recht, sich zu einer individuellen Gestaltung des christlichen Lebens je nach ihrer Individualität frei aus dem Geiste des Herrn zu entfalten, und — wenn dadurch Unterschiede in der Kirche entstehen und eine Mannigfaltigkeit der Lebensgestaltung hervorgeht, sollte man sich daran nicht freuen, und sollte wirklich die Einheit dadurch Schaden leiden? Wer vom Christenthume Etwas weiß, der weiß auch, daß das Gemeinschaftsband in der Kirche nicht die Gleichförmigkeit der äußerlichen Lebenserscheinung ist, sondern das, was den verschiedenen Erscheinungen innerlich zu Grunde

---

[1]) Wie z. B. die erste Gemeinde in Jerusalem.

[2]) Wie auch die Familie schon ecclesia sein soll, was nicht genug einzuschärfen ist!

[3]) Das altgermanische selfgovernement, wie es uns noch die Weisthümer der Hagen- und Gaugenossenschaften zeigen, möchte auch da am Besten sein, nicht der französische Centralstaat.

[4]) Der „Verbrüderung", weil zwischen „Brüdern" bestehend. Jede Gemeinde ist schon eine solche. Vgl. die „Conföderation" der reformirten Gemeinden in Niedersachsen, die man freilich wegen dieses ihres Grundsatzes gescholten hat.

liegt: der eine Herr und der eine Geist[1]), und wer die Geschichte der Kirche kennt, der wird auch wissen, daß kaum durch irgend Etwas die Kraft des christlichen Lebens in den Völkern so sehr gebrochen worden ist, als dadurch, daß Rom ihnen seine Formen aufzwang und dadurch die Individualitäten der Völker und Gemeinden erdrückte. „Ein Herr und ein Geist und einerlei Hoffnung des Berufes!" Das ist die Losung der allgemeinen Kirche, die einig ist in der Mannigfaltigkeit und Alle liebend umschließt.

3. Jeder Kreis ist für sich schon „Haus Gottes" im vollen Sinne[2]) und bestimmt deßhalb auch seine Hausordnung selbständig, nach eigenem Ermessen, Bedürfen und Vermögen. So wird sie seiner Individualität am Angemessensten sein und am Meisten dazu dienen, daß er wirklich lebensfähig werde, und — so geht nun durch den fortwährenden Individualisirungstrieb, wie er dem Gebiete des persönlichen Lebens seiner Natur nach so durchaus eignet, auch in ihm wieder die Sonderung vor sich und es erheben sich aus dem Ganzen der Gemeinschaft die verschiedenen Aemter[3]), indem die für den Zweck der Gesammtthätigkeit der Gemeinde nöthigen Einzelgeschäfte auch an einzelne Persönlichkeiten vertheilt werden, damit diese in diesen ihren besonderen Obliegenheiten ihre dienstbereite Liebe an der Gemeinschaft bewähren. Hier wird die Gliederung zu einer wirklich persönlichen, wie ja alles Christenleben immer ein persönliches sein soll, und es sind nun nicht mehr einzelne kleinere Genossenschaften, die sich aus dem Ganzen zu selbständigen Lebenskreisen erheben, sondern es sind Persönlichkeiten im wirklichen Sinne des Wortes, wahrhafte Individualitäten, die für sich als ihr besonderes Officium auch besondere Geschäfte übernehmen, während Anderen andere zukommen. So beschreibt ja namentlich auch Paulus die christliche Gemeinschaft als in solche besondere Officien zerlegt[4]), die aber alle nur hinausgehen auf den einen Gesammtzweck der Gemeinschaft[5]) und die auch, wie selbständig auch eines Jeden Thätigkeit für sich sein mag, sich doch nie von einander loslösen oder gar sich eins dem anderen feindselig gegenüberstellen dürfen, die vielmehr immer zu der einen Gesammtwirksamkeit verbunden sein müssen, eins in Beziehung zu dem anderen und in Wechselwirkung mit dem anderen, weil nur so auch wirklich eine Gesammtwirkung in der Richtung nach dem einen gemeinsamen Ziele stattfinden kann.[6]) Alle haben immer im Auge zu behalten, daß sie Nichts, als die Glieder an dem einen Leibe sind, nur ausgesondert zum

---

[1]) Eph. 4, 3 ff. Col. 3, 14.
[2]) 1 Petr. 2. 5.
[3]) Amt = officium, Dienst — der Ausdruck ist wohl unverfänglich, wenn auch viel mißbraucht.
[4]) Röm. 12, 4 ff. 1 Cor. 12, 4 ff.
[5]) 1 Cor. 12, 7. Eph. 4, 16.
[6]) 1 Cor. 12, 15 ff.

Dienste an ihm, Alle haben das eine gemeinsame Ziel auch stets als das ihnen bei ihrer besonderen Thätigkeit gegebene Ziel all' ihres persönlichen Wirkens vor der Seele zu haben und sollen auch dessen eingedenk sein, daß ihre Thätigkeit nicht gedeihen kann ohne die Mithülfe der Anderen und daß ihnen dieser besondere Dienst nicht übertragen ist, um damit die Thätigkeit der Anderen überflüssig zu machen, sie zu absorbiren und zu hemmen, sondern um sie zu wecken, zu fördern, in Anspruch zu nehmen, auf daß so das eine Leben durch die ganze Gemeinschaft sich als ein recht lebendiges erweise. Keiner, der einen Dienst in der Gemeinde hat, würde seine Stellung recht, er würde sie nur auf das Gründlichste und Aergste mißverstehen und mißbrauchen, der in derselben auch nur irgend wie sich isoliren wollte vom Ganzen der Gemeinschaft, der für sich allein thätig sein, alle Thätigkeit in seiner Person concentriren und damit die der anderen Glieder aufheben wollte; sondern wie jedes Glied seine Thätigkeit auch als eine ihm individuell zukommende und mit persönlicher Selbständigkeit, weil Selbstverantwortlichkeit zu führende zu ergreifen und sich selbst zuzueignen hat[1]), immer eingedenk, wie sehr es auch auf sein Thun und Wirken ankomme, so hat es auch jedem anderen Gliede an der Stelle, die es im Ganzen einnimmt, diese Selbständigkeit zuzugestehen und eingedenk zu sein, daß es auch berufen ist, in dem ihm angewiesenen Wirkungskreise einen vollen Christenmenschen mit Allem, was dazu gehört, darzustellen, und hat das Band der Gemeinsamkeit mit Allen festzustellen und bei aller Selbständigkeit doch eben so gut die Abhängigkeit Aller von einander und seine eigene Abhängigkeit von Allen sich gegenwärtig zu bewahren. Was sonst als Gegensatz erscheint und so leicht auch hier als Gegensatz aufgefaßt wird: Selbständigkeit und Abhängigkeit, Aussonderung des Einzelnen aus dem Ganzen und wesentliche Gleichheit aller Glieder des Ganzen, das Recht der Einzelpersönlichkeit und des einzelnen Dienstes, sich auch als solchen zu erfassen, und doch die Pflicht, mit dem Ganzen in steter Wechselbeziehung zu stehen und mit Allem nur auf das Ganze gerichtet zu sein, das ist hier in seiner Gegensätzlichkeit völlig aufgehoben, so daß Eins mit dem Anderen und in dem Anderen zugleich ist, und Alles sich in einem steten Flusse von dem Einen zum Anderen bewegt, das aber, was diese fortwährende Aufhebung der Gegensätze bewirkt, so daß sie sich nicht verfestigen können, sondern immer auf's Neue in einander übergehen, das ist eben Dasjenige, was der Apostel das „Band der Vollkommenheit" nennt:[2]) die Liebe, mit der Jeder an dem einen Haupte und damit an der ganzen Gemeinschaft hängt und die alle Gegensätze als ausgeglichene in sich trägt und die Macht der stets auf's Neue geschehenden Ausgleichung ist.

[1]) 1 Cor. 4, 3 f.
[2]) Col. 3, 14.

Allerdings hat es ja nun Solche gegeben, welche den Gedanken an eine Aussonderung und Erhebung Einzelner aus der Menge der einander wesentlich Gleichen nicht haben verstehen mögen[1]), und auf der anderen Seite auch wieder Solche, die diese Aussonderung als eine Aufhebung der ursprünglichen Gleichheit verstanden und sich selbst in ihrem besonderen Dienste auch eine über dem Ganzen stehende höhere Stellung zugeeignet haben[2]), Beide ohne Zweifel mit großem Unrecht. Die Ersteren haben nicht begriffen wie die gemeinsame Thätigkeit, wenn sie wirklich stattfinden soll, auch eine Gliederung der Gesammtheit zu verschiedenen Dienstgeschäften erfordert, eine Vertheilung der Arbeit auf die einzelnen Genossen der Gemeinschaft, und sie hätten dieß von dem Apostel lernen sollen, der diese Nothwendigkeit so deutlich in's Licht stellt.[3]) Allerdings findet diese Gliederung nur zu dem Zwecke statt, daß dadurch die Thätigkeit des Ganzen möglich werde, und von einer Erhebung des Einen über die Anderen darf da freilich kein Gedanke sein[4]) — es ist ja Alles nur ein Dienen und geschieht nur der äußerlichen Ord= nung wegen, damit nicht ein wildes und wüstes Durcheinander stattfinde, das keine Frucht schaffen kann, und damit eine geregelte und stetige Ge= sammtwirkung möglich und gesichert werde — auch wird die Gleichheit keineswegs aufgehoben insofern, als dem Einen, mit diesem besonderen Dienste Betrauten eine höhere Würdigkeit vor den Anderen, eine nähere Stellung zu dem gemeinsamen Lebensgrunde[5]) und ein Recht der Herrschaft über die Anderen und das Ganze beigelegt würde und als nicht jeder Andere fähig bliebe, den zu besonderem Dienst Ausgesonderten im Nothfalle sofort zu ersetzen[6]) oder auch seine Stelle dauernd einzunehmen, sobald er in ordentlicher Weise in dieselbe berufen würde, weil die Gemeinschaft die be= sonderen persönlichen Gaben in ihm erblickte, die zu diesem Dienste gehören. Aber in der Nothwendigkeit der Ordnung und Stetigkeit für die Gesammt= wirksamkeit der ganzen Gemeinschaft liegt auch die Nothwendigkeit dieser Gliederung, die den Einzelnen besondere Dienste als die ihnen persönlich zukommende Aufgabe für ihre Liebesthätigkeit zuweis't, und die das nicht wollten, die würden damit die Lebensfähigkeit der Gemeinschaft über= haupt nicht wollen und sie einer Auflösung überliefern, die nicht größer sein könnte. Gerade auf der Gliederung beruht auch das Band des Frie= dens und der lebendigen Gemeinsamkeit, das Alle umschließen soll.[7])

[1]) Anabaptisten, Quäker.

[2]) Die römischen und andere Hierarchen, das Pfaffenthum, wie der Volksmund es nennt.

[3]) 1 Cor. 12, 12.

[4]) Röm. 12, 3.

[5]) Gal. 3, 26 ff.

[6]) Wie das auch Luther hervorhebt.

[7]) Wie das die von Paulus gewählte Vergleichung mit dem Leibe so trefflich zeigt.

Die Anderen dagegen, welche das einzelne Amt über die Gesammtheit erheben, es zur völligen Ungleichheit steigernd, so daß dem Amtsträger auch eine größere persönliche Würdigkeit und nähere Stellung zu dem Heilsgrunde zukäme, als den übrigen Gliedern, verkennen, daß das einzelne Amt stets nur aus der ganzen Gemeinschaft hervorgeht und zwar aus einer solchen, welche aus im tiefsten Grunde ihres Wesens völlig gleichen Persönlichkeiten besteht, und daß dieß besondere Amt auch nur den Platz bezeichnet, an welchem der Einzelne das in Anwendung und Wirksamkeit bringen soll, was Allen gemein ist, die Liebe, die dienen will zum Gedeihen des Ganzen, daß aber eben deßhalb auch von dem Setzen eines wesenhaften Unterschiedes nicht die Rede sein kann, sondern daß die Gleichheit völlig erhalten bleibt, und daß, wie die Gemeinschaft das einzelne Amt aus sich heraussetzt zum Dienste an ihr, daß sie so auch die Macht bleibt über jedes einzelne Amt und über die gesammte Organisation. Der Unterschied, der da hervortritt, ist durchaus nur ein formeller. Die Art der Thätigkeit des einzelnen Amtes ist eine andere, als die der übrigen Genossen, auch mag die Tragweite seiner Wirksamkeit von der der übrigen verschieden sein, und deßhalb soll Der, dem es zugefallen ist, auch stets der Wichtigkeit des ihm zugewiesenen Dienstes eingedenk sein, aber — welches auch die Functionen sein mögen, die Jemand zu verrichten hat: was da auszuüben ist in jeder Stellung innerhalb der Gemeinde, ist materiell immer das Eine und Das-selbe, es ist immer nur das eine Leben des Herrn, das an jedem Platze und in jeder Persönlichkeit zu Tage treten und als dienende Liebe wirksam sein soll.[1] Das ist stets zu bedenken, und dann auch, daß — jeder Dienst in der Gemeinschaft nur ein übertragener und anvertrauter ist. Niemand wird unmittelbar durch den Herrn selbst zu dem besonderen Amte berufen — was der Herr dazu thut, ist freilich das Wesentlichste, das alle gesegnete Wirksamkeit bedingt: er verleiht die geistigen Gaben als persönliches Be-sitzthum[2] — aber die Berufung und Einweihung in diesen besonderen Dienst erfolgt immer nur mittelbar durch die Gemeinde, die die Gaben, die der Herr verliehen, erkennt und beschließt, sie an der bestimmten Stelle zum gemeinsamen Gedeihen nutzbar zu machen[3], die auch die Organisation selbst in's Dasein gerufen hat, damit das Werk des Herrn, das ihr als Gesammtheit und jedem Einzelnen in ihr aufgetragen ist, auch in Ordnung getrieben werde, damit das, was ein Jeder als Beruf für sich empfangen und in seinem Kreise für sich auch treiben soll, nun auch gemeinsam von der Gemeinschaft getrieben werden könnte in Ruhe, Ordnung und Stetigkeit und durch die organische Wechselwirkung der einzelnen Glieder auf einander.

---

[1] 1 Cor. 12, 11.
[2] Die Charismen, 1 Cor. 12, 8 ff. 28.
[3] Apostelgesch. 6, 3. 1 Tim. 3, 1 ff.

Die Gemeinschaft schafft und verleiht das Amt, zu welchem der Herr die Gaben giebt, es ist ihr Auftrag, durch welchen es der Einzelne bekommt, und es ist deßhalb auch in ihrem Auftrage, daß er es zu vollbringen hat. und — wie sie es schafft, verleiht und aus sich hervorgehen läßt, so bleibt sie deßhalb auch in so fern die Macht über demselben, als sie es auch wieder aufheben und zurücknehmen kann, dabei an Nichts gebunden, als an die Liebe, die sie verpflichtet, auch gerecht gegen ihren Beauftragten zu sein, wie ihn in seinen menschlichen Schwächen zu tragen, so auch ihn anzuerkennen als einen Bruder, der aus Drang der Liebe das Amt aus ihren Händen hingenommen hat, um ihr seine Kräfte darzubringen, der, wie jedes Glied ihrer selbst, ein „Gefreiter des Herrn" ist, der in der vollen Verantwortlichkeit vor Christo sein Amt zu vollbringen hat, und der, wenn auch von ihr beauftragt und zum Dienen an ihr willig, doch nicht ihr Miethling und Knecht ist, verpflichtet nach ihren Gelüsten zu handeln, sondern der keinen Auftrag von der Gemeinschaft empfangen hat und empfangen konnte, als den, des Herrn Werk nach bestem Gewissen in ihr zu treiben.

In diesen Sätzen stellt sich das Verhältniß zwischen der Gemeinde und den besonderen Aemtern in ihr nun aber deutlich vor die Augen. Die Gemeinde schafft und verleiht das Amt als solches an diese bestimmte Person und zwar die ganze Gemeinde, wie sie aus der Menge der ihr zugehörigen unter sich völlig gleichen Mitglieder besteht. Daher kommt der **Gemeinde das Wahlrecht bei der Bestellung aller ihrer Beamten zu**[1]), und zwar hat ein jedes Glied nach dem Maaße der **Gleichberechtigung** an diesem Akte Theil zu nehmen. Indem die einzelne Stelle erledigt wird, fällt damit das Amt wieder in die Gemeinde und zwar in die gesammte Gemeinschaft zurück, und sie hat es nun, weil sie nicht ohne dieß Amt sein kann, auf's Neue aus sich heraus zu besetzen. Die ursprüngliche Gleichheit ist wieder hergestellt worden, die durch Uebertragung des Amtes und dadurch, daß man dem Amtsträger gewisse Pflichten und damit auch gewisse Rechte, die Rechte zur Erfüllung dieser Pflichten, übergeben hatte, unterbrochen[2]) worden war, und eben deßhalb, weil dieß geschehen ist, hat die Gemeinde auch jetzt wieder in dieser Gleichheit zu erscheinen und Niemand, der ein vollberechtigtes Mitglied derselben ist, darf

---

[1]) Sollten wirklich die Kirchenoberen die Qualifikation der Zuwählenden, was das Persönliche betrifft, besser beurtheilen können, als die Gemeinden? Ein Paar Visiten bei Consistorialräthen geben diesen noch keinen Einblick in das wahre Wesen eines Mannes Auch ist der Zweck wohl nur der, die Geistlichen von den Consistorien in größerer Obedienz zu erhalten. Bei einer Synodalverfassung fällt ein solcher Zweck von selbst weg.

[2]) Nicht aufgehoben!

von der Theilnahme an der das Amt wiederherstellenden Handlung ausgeschlossen werden. Das Wahlrecht ist allgemein, und bei Ausübung
desselben ist die Gemeinde, sowie jedes ihrer Glieder, auch an keine höhere
Instanz gebunden, als an die eigene Gewissenhaftigkeit und an die Verantwortlichkeit, die sie für Alles, was sie thut, dem Herrn der Kirche gegenüber hat. Nicht an den Willen einer menschlichen Instanz, die über ihr
stände, kann sie bei Ausübung der Wahlhandlung gebunden sein, denn sie
ist, wie wir schon gesehen haben, eine Gemeinschaft, die an und für sich
schon Kirche ist nach dem vollen Begriffe dieses Wortes, in Ansehung
ihrer eigenen Angelegenheiten autonom, und hat sich selbst zu organisiren
zu einem geordneten Leibe des Herrn, ein Recht, welches aber verletzt werden würde, wenn sie hier unter einem anderen menschlichen Willen stände,
als unter ihrem eigenen, wenn sie nach dem Willen Einzelner oder einer
Gesammtheit anderer einzelner Gemeinden die Wahl vollziehen müßte: die
zwischen den einzelnen Gemeinden eines weiteren Verbandes bestehende
Gleichheit würde damit völlig aufgehoben werden. Und eben so kann auch
das einzelne Mitglied nicht von einem fremden Willen bei der Ausübung
seines Wahlrechtes abhängig sein, denn auch dadurch würde die wesentliche
Gleichheit Aller unter einander aufgehoben werden und eine Herrschaft über
das fremde Gewissen entstehen, die in der christlichen Gemeinde nicht ge-
duldet werden darf. Das Wahlrecht muß daher eben so frei wie
allgemein sein, und nur dazu kann die Einzelgemeinde verpflichtet
werden, nicht bloß dem weiteren Kreise, zu dem sie gehört, Mittheilung von
der geschehenen Wahl zu machen, damit dieser Gelegenheit habe, ihr seinen
brüderlichen Rath zu ertheilen, sondern auch auf diesen Rath zu hören,
wenn derselbe durch Thatsachen begründet ist. Die Liebe ist es, was sie
dazu verpflichten muß, damit das Band der Gemeinschaft mit dem weiteren
Kreise nicht zerrissen werde. Es könnte ja geschehen, daß durch Irrthümer
über die Person des Gewählten eine höchst bedenkliche Wahl getroffen wäre,
in Folge welcher Elemente in die Gemeinde kämen, im Stande, das christliche Leben in ihr so weit zu zerrütten, daß die Schwestergemeinden nicht
mehr vermöchten, mit ihr zu gehen und in Frieden mit ihr zu leben —
solche Fälle sind in mannigfaltiger Weise denkbar, — und daher hat die
Einzelgemeinde den übrigen denn auch das Wort über den Gewählten zu
gönnen, hat ihren Rath zu vernehmen und hat auch auf diesen Rath zu
hören, wenn jene wirklich durch Thatsachen zu begründen vermögen, daß
dem Gewählten wesentliche Requisite des christlichen Charakters und die
Garantieen für eine gedeihliche Wirksamkeit in seinem Amte abgehen.
Dem größeren Kreise kommt das Bestätigungsrecht der getroffenen Wahl zu, nur daß dieß Recht gebunden ist an thatsächliche, durch ein ordentliches Verfahren festzustellende

Begründung. Der Willkür des größeren Kreises kann und darf die einzelne Gemeinde auch hier nicht unterworfen sein[1])

Die Wahlfähigkeit des Zuwählenden aber muß gebunden sein an die persönliche Qualification, welche darauf beruht, daß ihm von dem Herrn wirklich die Gaben verliehen sind und daß er selbst diese Gaben auch zum tüchtigen Gebrauche ausgebildet hat, die zur ordentlichen Führung des betreffenden Amtes gehören, und da sind denn zweierlei Erfordernisse zu unterscheiden, nämlich solche Gaben, die dem persönlichen Urtheile jedes Einzelnen anheim gestellt werden müssen und können, und solche, über deren Vorhandensein sich nicht entscheiden läßt, ohne eine sorgfältige, den objectiven Thatbestand wirklich feststellende Prüfung und die sich dem gewöhnlichen Urtheile ihrer Natur nach entziehen. Zu den ersteren gehört die allgemeine christliche und sittliche Charaktertüchtigkeit, sowie jene Eigenthümlichkeiten, die in das Gebiet der äußerlichen persönlichen Erscheinung fallen und von denen man sagen möchte, daß sie Sache des Geschmacks seien, ein Zutrauen erweckendes Wesen, Leutseligkeit im Umgange, bei Predigern die „Kanzelbegabung" u. dgl. m. Das Urtheil über diese muß jedem Einzelnen anheim gestellt bleiben, denn wie sich dieselben dem Feststellen des objectiven Thatbestandes entziehen, theils weil sie in das Gebiet des unsichtbaren Lebens fallen, über das kein sicheres Urtheil möglich ist, theils auch weil das Urtheil über sie rein aus der Subjectivität des Beurtheilenden geschöpft werden muß, so ist auch für den Gewissenhaften ein Urtheil über sie nicht schwer zu gewinnen. Die anderen dagegen, zu denen Alles gehört, was man als die gewissenhafte Vorbereitung zu dem Amte bezeichnen kann, also namentlich die wissenschaftliche Befähigung, müssen, wo solche Requisite, wie beim Predigtamte vor Allem, erforderlich sind, einer vorhergehenden Prüfung durch Sachkundige unterworfen werden, denn über sie hat die Menge der Gemeindegenossen kein genügendes Urtheil und kann es nicht haben. Daher ist bei allen Aemtern, welche die letztgenannten Erfordernisse nothwendig machen, die Wahl der Gemeinde gebunden an solche Personen, die sich vor der von der Kirche dazu eingesetzten Prüfungsbehörde als mit diesen Gaben ausgerüstet erwiesen haben, in allen anderen Stücken aber ist auch die Wahlfähigkeit eine unbeschränkte und an Nichts gebunden, als an das allgemeine christliche Bekenntniß, durch das Jemand ein Mitglied der Kirche wird, und an die treue Bewahrung desselben, wie denn auch, um der

---

[1]) Auch dem Staate muß wohl ein Veto bei der Wahl — natürlich aus triftigen Gründen — zustehen wegen seines politischen Interesses, daß nicht ihm feindselige Personen in einen weitreichenden Wirkungskreis versetzt werden. Die Kirchengenossen sind ja zugleich Staatsbürger!

allgemeinen Gleichheit willen, jeder Christ[1]) zu jener Prüfung hinzugelassen
werden muß, der sich zur Ablegung derselben fähig glaubt und darzuthun
vermag, daß er sich wirklich auf dieselbe gewissenhaft vorbereitet habe.[2])

So schafft und verleiht die Gemeinde das Amt kraft des ihr bei=
wohnenden göttlichen Rechtes dazu als die oberste Macht auf Erden über
sich selbst und indem sie sich selbst organisirt — Niemand darf ein
öffentliches Gemeindeamt an sich nehmen, das ihm die Ge=
meinde nicht übertragen hätte.[3]) — Aber eben so bleibt sie nun
auch die Macht über dem Amte und hat die Befugniß es eingehen zu lassen
und wieder zu nehmen, wie sie es geschaffen und verliehen hat. Daß ihr
auch dieß Recht zustehen muß, liegt in der Natur der Sache, weil ja eben
sie selbst es ist, die in dem Amte thätig wird, und weil es nur ihr Wille
ist, durch den es dieser bestimmten Person übertragen worden ist. Auch ist
dadurch allein die Freiheit und Gleichheit in der Gemeinde gesichert, daß
sie im Nothfalle vermag. das einmal übertragene Amt auch wieder zu nehmen.
Doch ist damit nun nicht gesagt, daß dieß rein von der Willkür der Ge=
meinde abhängen könnte und dürfte. Die Liebe, auf welcher das ganze
Verhältniß beruht, kennt keine Willkür, sondern eben weil sie Liebe ist, ist
sie auch an den Anderen gebunden und fühlt sich getrieben, ihn zu achten
als eine gleichberechtigte Persönlichkeit, mit der sie nimmermehr ihr Spiel
treiben, dem sie unter keinen Umständen Etwas anthun möchte, wovon sie
weiß, daß es ein Unrecht, ein Schaden, ein Schmerz für den Betreffenden
sein würde, wovon sie fühlt, daß sie es, ihr angethan, selbst als Schmerz,
Schaden und Unrecht empfinden würde. So hütet sie sich denn wohl, Je=
manden das ihm übertragene Liebesamt gegen seinen Willen wieder zu
nehmen, wenn nicht die dringendste Noth und die Pflicht, größeren Schaden
von sich selbst abzuwehren, sie dazu treibt, und so ruht denn das einmal
übertragene Gemeindeamt als ein dauerndes und stätiges sicher auf dem
Grunde der Liebe, die in der Gemeinschaft waltet. Es ist freilich ein
Dienst und Nichts weiter, aber nicht ein Dienst, der auf willkürliche Kün=
digung hin eingegangen ist, sondern weil ein auf dem tiefsten Grunde der
Gemeinsamkeit, auf der Liebe, die die Person als solche umfaßt, beruhen=
des sittliches Verhältniß, ist es unkündbar, ebenso wie die Ehe unkündbar

---

[1]) Wohl gibt es Leute, die die Nase rümpfen, wenn Söhne von Handwerkern
Theologie studieren — die sollten selbst erst sehen, daß sie christlich denken und empfinden
lernten!

[2]) Ob immer und ganz unbedingt in dem gewöhnlichen Wege? — — —

[3]) Dieß ist wohl auch selbstverständlich. Die Liebe darf sich auch nicht aufdrängen
und dadurch Anderer Rechte verletzen. Daher besteht auch Luther auf der ordentlichen
Berufung durch den Willen der Gemeinde. Noch sei bemerkt, daß das Wahlrecht auch
ehrlich zugestanden werden muß, nicht in jener heuchlerischen Weise, die man freilich
auch Volation genannt hat und die eintrat, wenn Keiner mehr zu widersprechen wagte.

ist und für Lebenszeit dauert, weil sie auf dem gleichen Grunde des innigsten persönlichen Verhältnisses ruht.[1] Auch ist ersichtlich, daß die Gemeinde
selbst ein Interesse daran hat, daß das Verhältniß ein dauerndes und
damit die Bande zwischen ihr und der Person des Amtsträgers immer
fester knüpfendes sei, da nur so ein in der Wechselbeziehung segensreiches
Wirken des Beamten in der Gemeinde möglich und Nichts für sie so schwer
zu tragen ist, als ein fortwährender Wechsel in den Personen ihrer Beauftragten.[2] Daher ist die Gemeinde denn auch nur in dem Falle
berechtigt, von ihrer Macht über das Amt, die ihr principiell
zukommt, Gebrauch zu machen, wenn ein wirklicher Nothstand
sie dazu treibt, und auch nur dann, wenn alle anderen Mittel vergeblich gewesen sind, diesem Nothstande abzuhelfen, darf sie zu einer Entziehung
ihres Auftrages schreiten. Immer müssen erst Verhandlungen zum Frieden
und zur Schlichtung des Zwiespaltes vorhergegangen sein[3], es sei denn,
daß etwas vorläge, was die Fortführung des Amtes unmöglich machte,
wie z. B. ein die bürgerliche und christliche Ehre der Person des Amtsträgers vernichtendes Verbrechen[4], und wie, wenn eine Scheidung zwischen
Gemeinde und Beamten erfolgt, doch immer auch die leiblichen Verhältnisse nach dem Maßstabe der Billigkeit zu ordnen sind, so können nur
triftige Gründe die Entlassung bewirken, nur die gewissenhafte Ueberzeugung,
daß ein friedliches und deßhalb gedeihliches Verhältniß zwischen beiden
Theilen nicht mehr herzustellen ist. Auch ist nun die der Gemeinde zustehende Befugniß, den Beamten seiner Stelle zu entsetzen, nicht so zu verstehen, als ob sie das Recht hätte, ihn ohne Weiteres und bloß
durch eine Kundgebung ihres Willens, wenn auch nach gewissenhafter
Entschließung, von seinem Amte zu entfernen. Das würde doch noch
immer ein Akt der Willkür sein, der vor der Liebe nicht zu rechtfertigen
wäre, denn die Gemeinde verführe da als Klägerin und Richterin in eigener Person und entzöge dem Betroffenen das einem Jeden zustehende Recht,
von Unparteiischen gehört und gerichtet zu werden, sie thäte ihm also
ein wirkliches Unrecht, und wie verträge das die Liebe? In einem
solchen Falle ist die Gemeinde Partei, wenn auch einem ihrer eigenen

[1] Darum sollte eigentlich ein Pastor eine Stelle nie ohne dringende Noth verlassen und eine Einrichtung getroffen werden, daß die Sorge für Weib und Kind ihn nicht dazu zwänge, etwa wie in Baden durch aufsteigende Gehaltsverbesserung. Ein Pastor ist mit der Gemeinde für Lebenszeit vermählt.

[2] Hier gilt am Wenigsten das Sprüchwort, daß „frische Besen am Besten kehren," eben weil es kein Miethsverhältniß ist. Den Pastor auf Kündigung anstellen, ist unsittlich.

[3] Matth. 18, 18.

[4] Das löst das Band von selbst, wie Untreue die Ehe.

Glieder gegenüber, und da verlangt die Liebe, daß das Recht der Gleich=
heit gewahrt werde, daß die Gemeinde sich ihm als ihres Gleichen gegen=
überstellt, als Einem, der dasselbe Recht hat, wie sie, und daß sie ihm dieß
Recht dadurch gewährt, daß sie sich mit ihm vor einen unparteiischen Rich=
terstuhl stellt, der Beiden das Recht mit gleicher Waage zumesse. Mag er
auch alle freundlichen Ermahnungen überhört haben, so daß sie ihn halten
könnte, wie einen „Heiden und Zöllner", so hat der Zöllner und Heide
doch auch ein Recht, einen unparteiischen Richter in seiner Sache zu begehren.
Sie mag ihn anklagen und seine Entfernung aus dem ihr ursprünglich zu=
gehörigen Amte verlangen, und zwar mag immerhin jedes unbescholtene
Gemeindeglied das Recht haben, bei der Gemeinde den Antrag auf eine
solche Anklage einzubringen, über welchen diese dann zu entscheiden hat[1]),
aber zu Weiterem kann sie nicht berechtigt sein, mit ihrer Anklage muß sie
vor einem höheren Gerichte erscheinen. Und so erscheint denn hier zuerst
die praktische Nothwendigkeit einer größeren, über die Einzelgemeinde hinaus=
gehenden kirchlichen Vereinigung. Das Urtheil, welches ein Akt kirchlichen
Regimentes ist, kann nur von competenter Stelle ausgehen, und competent
ist zur Führung des Kirchenregimentes allein die Kirche.[2]) Daher bedarf
es denn auch einer über der Einzelgemeinde stehenden Instanz innerhalb
der Kirche selbst, und diese wird nur gefunden in dem weiteren Kirchen=
kreise, dem die Einzelgemeinde angehört und der sich zu solchem Zwecke zu
organisiren hat.[3]) Der weitere Kirchenkreis constituirt sich zur
Spruchinstanz für alle den kirchlichen Richterspruch heraus=
fordernden Fälle in den engeren Kreisen, und sein Urtheil ist
von den Parteien als das ihnen zugehörige Recht anzunehmen, wobei denn
freilich auch er die Liebe hat walten zu lassen, die immer erst den milden
Weg der Versöhnung versucht, aber auch die rechte Liebe, die nicht in
falscher Milde nach der einen oder anderen Seite hin Unrecht zu thun sich
erlaubt, sondern die Gemeinde ebenso gewissenhaft vor den ungerechtfertig=
ten Ausschreitungen des Amtes, wie das Amt vor dem irrenden Geiste
einer Gemeinde in Schutz zu nehmen und dieß auch bei der Freiheit zu

---

[1]) Dieß Recht ist auch wohl unverfänglich, da es nicht leicht Jemand ohne Noth
gebrauchen wird, und — kein Antrag der Art an die Gemeinde gebracht werden kann,
ohne vorher von einer Anzahl von Mitgliedern gebilligt, von den Aeltesten geprüft
worden zu sein (f. unten §. 16). Diese Einschränkung ist nöthig, damit nicht der
Beamte der ungerechtfertigten Feindschaft eines Mitgliedes ausgesetzt ist. Die Liebe
verlangt auch, daß die Gemeinde ihre Glieder und Diener gegen unbedachte oder gar
böswillige Angriffe in Schutz nehme und daher jedes solche Vorgehen, ehe es in die
Oeffentlichkeit tritt, einer sorgfältigen Erwägung unterziehe.

[2]) S. oben §. 14, 2.
[3]) S. unten §. 17.

bewahren sucht, die ihm in dem auf Liebe und persönliche Gewissensfreiheit gegründeten Christenbunde zusteht.

Und das ist denn nun ein Punkt, der noch weiter erörtert werden muß. Es fragt sich nun, wie weit denn die Macht der Kirche über ihre Aemter gehe, und da ist ohne Zweifel als feststehender Grundsatz der aufzustellen, daß sie auch ihren Aemtern gegenüber keine andere Macht hat und haben kann, als diejenige, welche ihr überhaupt zusteht: die Macht über die äußerliche Lebensordnung ihrer selbst. Was wir darüber oben[1]) schon im Allgemeinen festgestellt haben, das gilt auch hier in seinem ganzen Umfange: die Kirche ist die Macht über die äußerliche Lebensordnung ihrer Aemter und hat das Recht, von den Trägern derselben zu verlangen, daß sie dieser Ordnung sich auch fügen und zwar in Allem, was dazu gehört, aber was das Heil und dessen persönliches Erfassen von Seiten des kirchlichen Beamten, was seine wissenschaftliche Auffassung der Hülfsthatsachen und die Anwendung derselben auf das sittlich-religiöse Leben anbetrifft, mit einem Worte also Alles in das Gebiet des religiös-sittlichen Denkens und Handelns Fallende gehört auch, soweit es die Amtsführung ihres Dieners angeht, nicht in die Competenz der Gemeinde und Kirche, das vielmehr hat sie auch hier dem Gebiete zu überlassen, dem es angehört, dem Gebiete des Geistes und der Freiheit, und hat sich sorgfältig zu enthalten, ihrem Beamten in dieser Beziehung Fesseln anzulegen, die sein Gewissen nicht würde tragen können und dulden dürfen. Die Gemeinde und Kirche hat von ihrem Beamten zu fordern, ja muß es fordern, daß er vor allen Dingen den Pflichten seines Berufes, den er aus ihren Händen empfangen hat, mit aller Treue und Gewissenhaftigkeit nachkomme, und dazu gehört selbstverständlich auch, daß er treibe an seiner Stelle das Evangelium von Christo mit aller Treue, denn dazu allein hat sie ihn in diesen Dienst gerufen; sie kann ferner verlangen, daß er den Dienst der Liebe, den sie ihm übertragen hat, auch mit Liebe verrichte, daß er überall die Regeln und die Schranken, die die Liebe giebt, bei seinem Verhalten gewissenhaft innehalte und ja nicht dazu wirke, daß der Frieden in ihrer Mitte durch liebloses Wesen von seiner Seite verletzt und in Frage gestellt werde; sie kann fordern, daß er sich in seinem öffentlichen Wirken[2]) auch an diejenigen Schranken binde, die sie diesem seinem Wirken gesetzt hat und nicht etwa übergreife in unordentlicher Weise in den Kreis eines anderen mit einem anderen Dienst beauftragten Bruders, sowie auch, daß er in seinem privaten Leben sich beweise als ein getreuer Jünger Jesu Christi, der gelernt hat, wie in Christo „ein rechtschaffenes Wesen" ist[3]), so daß er

---

[1]) S. oben §. 14, 1.

[2]) Er darf Keinem in sein Amt greifen, schon um der Liebe willen.

[3]) Eph. 4, 21.

auch wirklich sei, was er sein soll, ein „Licht in dem Herrn" und ein „Vor=
bild der Heerde"[1]); sie kann fordern, daß er trage mit aller Geduld, wie
die Schwachen, so auch die mancherlei Meinungen, die mit der seinigen
nicht übereinstimmen, sobald Die, die sie hegen, nur wurzeln in der Treue
gegen den Herrn mit ihrem persönlichen Gesinntsein[2]), und daß er nament=
lich um seiner eigenen menschlichen Meinungen willen den Frieden der Ge=
meinde nicht störe durch trotziges, rechthaberisches, nur das Eigene suchen=
des Wesen[3]) — das, und überhaupt Alles, was in dieser Art der öffent=
lichen Ordnung des Gemeindelebens angehört, kann sie auf das Bestimmteste
fordern, wie sie es von seiner Liebe ja auch erwartet und nur in dieser
Erwartung ihm das Amt übertragen hat, und — wo er sich weigert, in
diesen Stücken die Schuldigkeit der Liebe zu thun, wo er also selbst das
Band der Liebe und Brüderlichkeit bricht, da darf, ja da muß sie ihn am
Ende entfernen, denn da ist er in der That ihres Liebesamtes nicht
würdig! So lange er aber den Anblick eines redlichen Christen gewährt, und
dazu gehört ja die Treue in seinem Berufe, so lange er das allgemeine
christliche Bekenntniß bringt[4]) und in der Liebe lebt und sich die Förderung
der Zwecke Christi an sich selbst und in seinem Kreise angelegen sein läßt,
so lange hat ihm die Gemeinde auch Nichts weiter aufzulegen[5]) und ihm
namentlich nicht vorzuschreiben, welcher theologischen Auffassung des Christen=
thums er huldigen und wie er die Lehren des Herrn verstehen und auf
das thätige Leben anwenden soll, nur mit seinem Gewissen hat sie ihn zu
verweisen an die ursprünglichen Quellen. Ob auch im Dienst der Gemeinde,
steht er in allen diesen Dingen doch als der Freie da, der an Nichts, als
an den Herrn, mit seinem Gewissen gebunden ist, und der seine unmittel=
bare Stellung zu Christo dadurch, daß er in diesen Dienst eingetreten,
keineswegs aufgegeben, der im Gegentheil diesen Dienst nur deßhalb über=
nommen hat und hat übernehmen können, weil er zu dieser Stellung hin=
durch gedrungen war.

Oder wäre dagegen Etwas einzuwenden? So gewiß der Diener der
Gemeinde ein Christ sein muß und sie ihm selbst diesen Dienst nicht an=
vertrauen dürfte[6]), wenn er es nicht wäre, so gewiß hat er auch auf die
jedem Christen zustehende Freiheit von innerlicher Menschenknechtschaft nach
wie vor ein gegründetes Recht, das er auch nicht einmal Preis geben dürfte,
um welchen Preis es auch wäre und selbst nicht um der Liebe willen. Die

[1]) Matth. 5, 16. 1 Petr. 5, 3.
[2]) 1 Cor. 4, 1 f. Phil. 2, 6.
[3]) 1 Tim. 6, 3 ff. 2 Tim. 2, 23.
[4]) S. oben §. 11.
[5]) Gal. 2, 6 ff.
[6]) 1 Cor. 10, 29.

Liebe kann ihn bewegen, mit den Schwachen Geduld zu haben und allerlei andere Meinungen christlich zu ertragen, dazu muß sie ihn ja sogar treiben, aber sie kann ihn nicht bewegen, seine Freiheit in Christo, sein ihm von Christo erworbenes höchstes Menschenrecht für gering zu achten und sich zum Knechte Derer zu erniedrigen, deren gleichberechtigter Bruder er ist.[1] Unrecht würden Die thun, die es von ihm forderten, aber er thäte nur seine Schuldigkeit, wenn er all' solchem Ansinnen tapfer widerstände! Er steht in dem Dienste der Gemeinde, ja wohl! aber als ein Freier und Freiwilliger, der ihr seine Liebe widmen, in Liebe ihr alle seine Kräfte opfern will, aber nicht seinen Gott, nicht seinen Frieden mit Gott und mit sich selbst, und von dem auch die Gemeinde Nichts zu fordern hat, als das Eine, was er ihr schuldig ist: seine Liebe und Treue gegen Gott, gegen den Herrn und damit auch gegen sie selbst. Das folgt aus der eigenthümlichen Natur dieses Verhältnisses, daß es nur ein solches der wechselseitigen Liebe ist, und da zeigt es sich, daß dieser Gesichtspunkt nicht aus den Augen gelassen werden darf. Die Gemeinde und Kirche würde gegen die Liebe fehlen, wollte sie von einem ihrer Beamten mehr, als nur treue und gewissenhafte Liebe fordern, Etwas, das er unter allen Umständen nicht dürfte. Auch braucht man, wenn man daran denkt, daß er seinen Auftrag von der Gemeinde hat, nur weiter zu fragen, was die Gemeinde ihm denn aufzutragen berechtigt ist, worauf ihr Auftrag allein hinausgehen kann. Nicht bloß für ihre Geschäfte beruft sie ihn ja, sondern für die, die nur deßhalb die Ihrigen sind, weil sie ihr von dem Herrn sind aufgetragen worden, für die Zwecke ihres Herrn — sie hat ihm deßhalb auch keinen anderen Auftrag zu geben, als den, den sie selbst von ihrem Herrn empfangen hat, sie darf ihm keinen anderen geben, und — von dem Herrn hat sie keinen Auftrag empfangen, irgend Jemanden an ihre Meinungen und an ihren Willen zu binden, sondern nur den, das Evangelium von ihm zu treiben mit aller Treue und Gewissenhaftigkeit. Den Auftrag allein überträgt sie auch ihren Beamten, und — damit sind diese frei, wie die ganze Gemeinde, lediglich auf Jesum Christum gestellt und auf ihr eigenes Gewissen, damit sind auch Diejenigen widerlegt, die sagen, nicht zwar der Einzelgemeinde, wohl aber der Gesammtkirche, zu der diese gehört, sei der Beamte hinsichtlich seiner persönlichen Auffassung und Aneignung des Heiles in seiner öffentlichen Wirksamkeit gebunden. Auch diese Gesammtkirche, die man da so gern zum Werkzeuge der Gewissensknechtung im hierarchischen oder confessionellen Interesse mißbrauchen möchte und die, eigentlich so oft gegen ihren Willen, den Namen herleihen muß zu dem, was einzelne verkehrte Geister an der Kirche gefrevelt haben, auch diese

[1] 1 Cor. 7, 23.

Gesammtkirche hat keinen anderen Auftrag, als die Einzelgemeinde und kann deßhalb auch keinen anderen Auftrag übertragen wollen.

Oder wollte man vielleicht vorwenden, daß doch jede Kirche ihre Eigenthümlichkeiten hätte, die zu respectiren, zu schonen wären. Man denkt da an die Confessionsgemeinden, und freilich, so lange diese ihrer besonderen Confession fest anhängen, muß Niemand, der das nicht thut, ein Amt in ihnen suchen um seines, um der Gemeinde Frieden willen. Aber — ist das nicht doch auch zum Theil wenigstens bloß ein Vorwand? Aus der Zeit der in sich abgeschlossenen Confessionsgemeinden sind wir, Gott sei Dank, heraus, und wenn sogar gesagt werden muß, daß die Theologie der besonderen Confessionsbekenntnisse, wenigstens einzelner derselben, eigentlich niemals das Bekenntniß der Gemeinden gewesen sind, sondern nur der Theologen und des die Gemeinden bevormundenden fürstlichen Regimentes, so muß man vollends erkennen, daß jetzt die Enge des confessionellen Standpunktes in den Gemeinden gänzlich durchbrochen ist: nur einzelne theologische Parteiführer und ein von ihnen geleitetes weltliches Kirchenregiment haben den confessionellen Standpunkt wieder künstlich heraufbeschworen. Die Gemeinden aber wollen, wenn sie ehrlich gefragt werden, Christen und Nichts als dieß sein in aller Freiheit und Lauterkeit.[1]) Und da sollten sich die Diener der Gemeinden binden müssen, wo diese selbst nicht gebunden sein wollen, aus Connivenz gegen die Gemeinden? Das würde nur eine sehr ungerechtfertigte Connivenz gegen jene allerdings mächtigen Parteiführer sein, und die nicht einmal männlich, viel weniger christlich wäre! Allerdings hatte das Binden an diese Confessionen einstmals einen Sinn gegenüber der überall lauernden römischen Kirche — jetzt ist das nicht mehr nöthig. Der freie evangelische Geist ist jetzt so in den Sinn unsres Volkes eingedrungen, daß unsre Freiheit von Rom darauf viel sicherer ruht, als auf jenen Confessionen, und es kommt nur darauf an, diesen Sinn recht zu pflegen, um Roms Herrschgelüste vollends zu vereiteln: die Freiheit selbst kann auch hier allein unsre Schutzwehr und unsre Waffe gegen alle Unfreiheit von Seiten Roms oder nach der Art Roms sein. Wohl freilich ist jede Gemeinde eine Individualität und hat eine bestimmte Eigenthümlichkeit, die geachtet, geschont, ja sogar gepflegt sein will, eine Eigenthümlichkeit, die auf ihrer ganzen vorhergehenden Geschichte beruht, und an die der vernünftige Christ auch stets anknüpfen wird, um sie von diesem Standpunkte aus weiter zu führen — das verlangt schon die Liebe, die nicht ohne Noth verletzt, das verlangt auch die Besonnenheit, die weiß, daß diese Gemeinde in ihrer Eigenthümlichkeit der Ort ist, wo sie wirken soll, und daß auch die Eigenthümlichkeit ein Recht für sich hat.

---

[1]) Selbst Mitglieder der römischen Kirche sprechen sich dahin aus!

Gerade die Liebe schont und pflegt auch die Eigenthümlichkeit Anderer und will nicht Alles nach eigenem Sinne modelt sehen. Aber — das Verhältniß ist auch ein freies, ein solches der Pietät, und nicht des Gesetzes, der knechtischen Gebundenheit, und wenn die Liebe auch den vorgefundenen Standpunkt in der Gemeinde schont, so soll sie doch auch darüber hinausführen auf eine höhere Stufe des christlichen Lebens, und wie wäre das möglich, wenn sie sich da sklavisch binden wollte, nur das Alte conservirend, selbst faul und es in Faulheit verfaulen lassend? Nein! der Diener der Gemeinde soll frei in ihr walten, auch nicht sklavisch an ihre Individualität gebunden. Es ist sogar als ein Segen zu erkennen, wenn da einmal neue Elemente in ein Gemeinwesen kommen, es neu befruchtend und belebend, wo es sonst leicht in seiner Individualität zu erstarren droht, und was die Confessionen betrifft, so ist nicht zu vergessen, daß, wie jeder Christ ein Mitglied nicht bloß seiner besonderen, sondern zugleich der allgemeinen Kirche ist, daß so auch jeder Diener der besonderen auch der allgemeinen Kirche angehört und berufen ist, nichts Anderes in der Einzelgemeinde zu treiben, als das Werk, daß der allgemeinen Kirche Jesu Christi durch ihren Herrn ist aufgetragen worden.[1]

Ach! was wär's doch auch, wenn der Diener Jesu Christi an den Willen der Gemeinde sollte gebunden sein in Betreff dessen, was er als christliche Wahrheit zu predigen hätte? „Predigen, wie den Leuten die Ohren jucken"[2] ist doch wohl eines christlichen Predigers eben so unwürdig, wie es eines Aufsehers würdig wäre, wollte er „Frieden rufen, wo doch kein Frieden ist."[3] Würde das aber nicht die Consequenz sein? Der Diener der Gemeinde, der Christi Werk an ihr zu treiben hat, muß frei von ihrer Willkür sein, von der Willkür irgend einer menschlichen Instanz, er muß es, um sein Amt recht verwalten zu können, und das ist er nur, wenn er allein auf den Herrn und seine Wahrheit und auf sein redliches Gewissen gestellt ist. Da hört alles Majorisiren von selbst auf, er ist mit Eins aller Mehrheitsherrschaft entzogen, und — genügen wird es doch auch, ihn bloß so binden zu wollen, denn wenn ihn sein Gewissen erst nicht mehr binden könnte an die Wahrheit seines Herrn, dann würde er auch aller anderen Fesseln spotten. In der christlichen Kirche aber soll, weil die Alles

---

[1] Hier darf wohl an die Meinung Cyprian's erinnert werden, daß in jedem Bischofe der Einzelgemeinde die eine allgemeine Kirche vertreten sei. So gedeutet, ist es ein Wort der Freiheit. Das Wort »Christianus mihi nomen, Lutheranus cognomen«, hat auch wohl den Sinn. Die reformirte Kirche will ihren wahren Grundsätzen nach überhaupt nichts Anderes, als allgemein, aber auch von Grund aus christlich sein, daher auch ihr Wahlspruch: „Das Wort, das Wort und immer nur das Wort!"

[2] 2 Tim. 4, 3.

[3] Jerem. 8, 11.

vertrauende Liebe, eben deßhalb auch Vertrauen zu der Gewissenhaftigkeit ihrer Glieder herrschen, sie sind ja, weil sie dieß sind, Leute von gutem und von ernstem Gewissen. [1] — —

Noch ist darauf kurz hinzuweisen, daß es sich bei der der Kirche zu gebenden Gliederung in die einzelnen Aemter nur um die nothwendig in jeder kirchlichen Gemeinschaft zu vollbringenden öffentlichen Geschäfte handelt, während es daneben an einer völlig freien, mehr oder weniger an die Willkür des Einzelnen hingegebenen Liebesthätigkeit auch niemals fehlen darf und wird. Die kirchliche Organisation würde übel thun, wenn sie für solche Thätigkeit keinen Raum lassen oder dieselbe auch in die Schranken einer gesetzlichen Ordnung bannen wollte. [2] Der Liebe kann nicht genug sein in einer christlichen Gemeinde, und die Liebe thut auch sich selbst nie genug.

§. 16.

Die Einzelgemeinde erscheint als beschlußfähiges Ganzes in der Kirchengemeindeversammlung, welche aus sämmtlichen unbescholtenen Hausvätern der Gemeinde besteht und in allen das öffentliche Gemeinschaftsleben derselben betreffenden Angelegenheiten die der Kirche überhaupt zustehende Competenz ausübt. Dagegen läßt die Gemeinde aus sich selbst hervor gehen das Amt der Aeltesten oder Vorsteher, welches die Vorbereitung und Leitung ihrer Versammlungen und die Aufsicht über die Ordnung ihres gemeinsamen Lebens überhaupt zu führen hat, und das der Helfer, denen die geordnete Verwaltung der gemeinsam zu leistenden Liebesdienste obliegt, während sie aus der allgemeinen Kirche Diejenigen beruft, welche das Lehramt, sowohl für die Erwachsenen, als auch für die Kinder in der Gemeinde, in seinem ganzen Umfange zu führen und die eigentlich religiösen Handlungen, soweit sie gemeinsame sind, zu vollbringen oder zu leiten haben. Diese drei Aemter bilden eine in sich geschlossene Gliederung, indem sie, bei aller Selbständigkeit, die ihnen einzeln zukommt, doch auch wieder im innigsten Zusammenhange mit einander stehen und gemeinsam wirken zur Erreichung der ihnen und der ganzen Gemeinde gegebenen Zwecke. Ein Gegensatz zwischen ihnen soll und darf nicht stattfinden, um der Liebe willen, in der sie unter sich und mit der ganzen Gemeinde verbunden sind, und wo eine Spannung eintritt, hat zuletzt die Gesammtkirche das Recht und die Pflicht, ihre Beseitigung zu fordern.

1. Die Grundlage des ganzen kirchlichen Gemeinwesens, wie es als allgemeine und als nationale Kirche besteht, ist die Einzelgemeinde.

[1] Ebr. 13, 18.
[2] S. unten §. 18.

Dadurch, daß sich die Christen zu solchen vereinigen, gewinnt erst die allgemeine Kirche ein wirkliches Dasein und eine gesicherte Existenz, und in den Einzelgemeinden ist es, wo das christliche Leben erst wirklich seine Stätte haben und sich als ein Leben in wahrhafter und dauernder Gemeinschaft entfalten und bewähren kann. Ohne daß es zu Einzelgemeinden käme, würde die allgemeine Kirche lediglich ein Begriff und eine Idee sein, aller Wirklichkeit entbehrend und lediglich in der „Unsichtbarkeit" verharren, rein unfindbar. Daher ist auf die Einzelgemeinde denn auch alles Gewicht zu legen, und die Gesammtkirche, wo sie als solche erscheint, hat auch kein anderes Interesse, als daß sie für das gesunde Gedeihen des christlichen Lebens in den Einzelgemeinden Sorge trage, um selbst bei gesundem Leben zu bleiben.[1]) In den Einzelgemeinden pulst und kreist das christliche Leben als ein alle Zeit gegenwärtiges und daher wahrhaft lebendiges, sie sind der Heerd des heiligen Feuers und die Mütter und Säugammen der Gläubigen, so wie der Fels, auf welchem, abgesehen von dem Herrn, die Gesammtkirche allein gesichert ruhen kann,[2]) und daher ist auf sie denn auch alle kirchliche Ordnung, der ganze Organismus des kirchlichen Gesammtlebens zu gründen und von ihnen alle Zeit auszugehen, wenn in der Kirche überhaupt etwas Gesundes zu Tage kommen soll.[3]) Ihre Organisation werden wir daher nun zunächst in's Auge zu fassen haben.

Und da tritt sie uns benn zunächst in ihrer Gesammtheit selbst entgegen als die Kirchengemeindeversammlung, die nicht eine bloße Repräsentation ihrer selbst ist,[4]) sondern in der sie selbst vielmehr als lebendig und wirklich erscheint, als das eigentliche Subject der Gemeinde überhaupt, und welcher eben deßhalb, weil sie dieß ist, auch die der Kirche

[1]) Dieß die nie zu vergessende Wahrheit Dessen, was man wohl als „independentistischen" Sinn in den Einzelgemeinden verdächtigt hat. Die Einzelgemeinde hat wohl Ursache, sich in ihrer Bedeutung als ein in sich selbständiges Ganzes zu fühlen, als ecclesia in ecclesia, und darauf zu bestehen, daß man sie auch in dieser ihrer Bedeutung anerkenne. Diejenigen thun gewiß Unrecht, welche auf Kosten der Selbständigkeit der Einzelgemeinden eine „starke" Gesammtkirche gründen wollen, wie das die Tendenz Rom's noch alle Zeit gewesen ist. Die Gesammtkirche kann nur stark sein in der Liebe ihrer Glieder unter einander.

[2]) Nicht die »ecclesia Romana pontifica«, deren Haupt der Papst. Wie es mit diesem angeblichen Felsen beschaffen ist, lehrt die Geschichte, namentlich auch seines eigenen Vaterlandes. „Wo ist Christus nicht?" „In Rom, denn da hat er seinen — ihn beseitigenden Usurpator!"

[3]) Wie dieß auch die meisten von Richter herausgegebenen „Gutachten, die Verf. der preuß. Landesk. betr.", anerkennen. Vgl. auch 1 Cor. 12, 26.

[4]) Eine ecclesia repraesentativa, welche röm. Canonisten in seltsamer Begriffsverkehrung „die Kirche" im eigentlichen Sinne genannt haben, und die dort alles kirchliche Leben in sich absorbirt hat, ein rechter Abzugskanal, auf daß das lebendige Wasser (Joh. 4, 10 ff.) ja nicht die Gemeinde durchdringe.

zuſtehende Competenz als dem wahren Rechtsſubjecte derſelben beiwohnen
muß. Wo ſie erſcheint, da iſt ſie da Kraft eigenen Rechtes, das ſie von
Gott hat als ſeine Gemeinde, und wie aus ihr die Aemter in ihr hervor
gehen, ſo iſt ſie es auch, die die Macht über ihre Aemter beſitzt, ſo daß auch
jeder ihrer Beamten, ſobald ſie zu einer Beſchlußfaſſung ſchreitet, auch
ſofort zu nichts Anderem, als nur zu einem ihrer ordentlichen Mitglieder
wird und nicht etwa berechtigt iſt, ihr ſeinen Willen vorzuſchreiben oder in
dem von ihr empfangenen Amte gegen ihren Willen zu verfahren.[1] Die
Angelegenheiten der Gemeinſchaft ſind eben ihre Angelegenheiten als dieſer
Gemeinſchaft von mündigen Chriſten[2], daher hat ſie auch über alle ihre
Angelegenheiten, ſoweit ſie öffentliche und wirklich gemeinſame ſind, rechts=
giltig zu entſcheiden und kann verlangen, daß dieſelben vor ſie gebracht
werden, daß ohne ihre Entſcheidung und Genehmigung in ihrem Kreiſe
Nichts öffentlich geſchehe. Alles, was daher eine Veränderung in der kirch=
lichen Lebensordnung ſelbſt betrifft, muß ihrer Entſcheidung unterworfen
werden und ihre Beamten haben Nichts zu thun, als nur die Verhandlungen
vorzubereiten und zu leiten, die Entſcheidung aber müſſen ſie der Gemeinde=
verſammlung ſelbſt überlaſſen.[3] Dahin gehören nicht bloß die Vermögens=
angelegenheiten der Gemeinſchaft, die allerdings, ſo weit nicht Rechte Dritter
mit in Frage kommen[4], durchaus zu ihrer Competenz gehören, ſo daß
Veränderungen im Beſitzſtande der Gemeinde nicht ohne ihren Willen ſtatt=
finden dürfen und ſie ſelbſt, wie ſie Einſicht in ihr Rechnungsweſen ver=
langen kann, ſo auch über die Art und Weiſe beſtimmt, in welcher eine
Deckung für die Koſten ihrer Anſtalten beſchafft werden ſoll (Selbſtbe=
ſteuerungsrecht), ſondern auch die ihr zugehörigen Anſtalten ſelbſt,
ſoweit ſie nicht auf einer ihrem Willen entzogenen beſonderen Fundation
beruhen, die Umgeſtaltung und Neugründung ſolcher Anſtalten, ſowie über=
haupt Alles, was in die öffentliche Ordnung ihres Lebens hinein fällt,
Veränderungen in der äußerlichen Ordnung der Gottesdienſte[5], wie

---

[1] Wie auch Luther ſagt, ein Biſchof habe nicht Recht, der Gemeinde Etwas auf=
zulegen ohne ihre Zuſtimmung und Erlaubniß.

[2] (Gal. 4, 1 ff. Vgl. die Verhandlungen in Apoſtelgeſch. 15.

[3] Können ſie die Beſchlüſſe mit gutem Gewiſſen nicht ausführen und in geſetzlicher
Weiſe (ſ unten) keine Aenderung erlangen, ſo müſſen ſie ihr Gewiſſen retten durch
Niederlegung des anvertrauten Amtes. Die Gemeinde hat ihnen den Abſchied nicht zu
weigern, weil die Liebe nicht knechtiſch gebunden iſt, nur daß ſie durch den Diſſens
nicht aufhören, Mitglieder der Gemeinde zu ſein, wenn ſie ſelbſt nicht ausſcheiden wollen
(ſ. §. 13, 2).

[4] Z. B. der zu Präſtationen verpflichteten „Patrone" (ſ. unten).

[5] Geſangbücher, Religionslehrbücher in den Schulen, auch die öffentlichen Gemeinde=
gebete (Liturgie), wenn nicht die Gemeinde vorziehen ſollte, darin Freiheit zu geſtatten.
Die Art und Weiſe, wie man in neuerer Zeit Liturgieen, Geſangbücher und Katechismen
den Gemeinden „dargeboten" hat, iſt freilich ſehr eigenthümlicher Art.

Verfügungen über die gemeinsam von der Gemeinschaft zu übende Liebes=
thätigkeit,[1]) und wie vor Allem die Wahl ihrer Beamten, so auch die
Bestimmung darüber, ob gegen einen Beamten auf Entfernung aus seinem
Dienst oder gegen ein Mitglied auf Ausschluß aus der Gemeinde verfahren
werden soll.[2]) In allen diesen Dingen hat die Gemeindeversammlung
lediglich nach ihrem besten Wissen und Gewissen zu beschließen und ist
Keinem verantwortlich, als dem lebendigen Gotte[3]), nur daß sie dabei auch
verpflichtet ist, auf den Rath der Gesammtkirche zu hören und daß es dieser
deßhalb auch verstattet sein muß, gegen Gemeindebeschlüsse Einwendungen
zu erheben und den Vollzug des Beschlusses bis zur Erledigung dieser
Einwendungen auszusetzen, sobald sie meint, daß die Gemeinde Etwas
beschlossen habe, was nicht in der Ordnung und nicht zum Segen sei.

Die Gesammtkirche, als in den Einzelgemeinden bestehend, hat eben
deßhalb auch das größte Interesse daran, daß es in diesen wohl stehe, weil
es sonst auch nicht wohl stehen kann um sie selbst[4]), und eben so verpflichtet
sie die Liebe, sich auch um die Angelegenheiten ihrer Glieder zu bekümmern,
wofür diese ihr denn doch auch wieder Liebe schuldig sind. Daher sind die
Gemeindebeschlüsse der Gesammtkirche nicht bloß zur Kenntniß zu bringen,
sondern diese hat sie auch ihrerseits zu prüfen und, wenn nöthig, Verhand=
lungen Behufs Abänderung derselben mit der Einzelgemeinde anzuknüpfen.
Nur daß dieß Alles auch durch die Liebe geregelt sein muß, sowohl was

---

[1]) S. unten in diesem §., Abschn. 3.

[2]) Nach der oben §. 15 dargestellten Weise.

[3]) Man sei da nur nicht ängstlich! In der Regel weiß eine Gemeinde ihre Angelegenheiten, eben weil es die ihrigen sind, auch sehr gut zu beurtheilen, und — sollte
eine christliche Gemeinde vollends des Leichtsinns verdächtig sein? Dazu kommt, daß
allerdings auch bei solchen Versammlungen den Leitern und namentlich dem Prediger
der Gemeinde nicht bloß das Recht, sondern auch die Pflicht zusteht, die Versammlung
mit allem liebenden Ernste, wenn es angezeigt scheint, an ihre Verantwortlichkeit vor
Gott zu erinnern. Z. B. die Wahl der Beamten: man hat die Baden'sche K.-Verf.
getadelt, daß sie den Gemeinden lediglich an's Herz lege, würdige und rechtschaffene
Männer zu wählen, und sich mit dieser „Empfehlung" begnüge; aber konnten denn
nähere Bestimmungen über die Qualifikation aufgestellt werden, wenn man nicht zu
solchen äußerlichen Criterien greifen wollte, die so oft doch nur ein Schein sind à la
Ananias und Saphira? Wir meinen, man lasse hier das Gesetz weg und verlasse sich
auf das christliche Gewissen. In der Wahlverhandlung mag und soll der Prediger die
Gemeinde ermahnen, allen Leichtsinn fahren zu lassen, und er mag dabei auf 1 Tim.
3, 1 ff. verweisen. Da sind die Qualitäten genannt, die an einem Beamten der Kirche
gesucht werden müssen, aber manche von Denen, die man neuerlichst aufgestellt hat,
sind nicht darunter. Wir meinen, eine christliche Gemeinde habe nicht weniger die Vermuthung für sich, aus gewissenhaften Leuten zu bestehen, als eine Versammlung von
Consistorialräthen. Wer das leugnen wollte, würde der nicht gegen Matth. 7, 1 sündigen?

[4]) Nach 1 Cor. 12, 26.

das beiderseitige Verhalten gegen einander dabei überhaupt betrifft, als auch in Ansehung der Competenzverhältnisse. Die Gesammtkirche hat nicht zu befehlen, sondern nur zu rathen, und deßhalb den Beschluß so lange aufzuheben, als ihre Bedenken durch brüderliches Verhandeln nicht beseitigt sind.[1]

Gebildet wird diese Kirchengemeindeversammlung nun aber aus den sämmtlichen Hausvätern[2] der Gemeinde, die ihre bürgerliche und kirchliche Ehre nicht verloren und die Vermuthung wirklicher innerlicher Selbständigkeit nicht gegen sich haben. Den Ausdruck „Hausväter" gebrauchen wir mit Absicht. Allerdings kann es ja geschehen, daß ein Gemeindeglied, auch ohne Familie zu haben, selbständig ist und, wenn auch als einzelner Mann, doch einen eigenen Hausstand repräsentirt. Namentlich in unserer Zeit kommt das öfter vor, und es wäre thöricht und unrecht, Solche von der Gemeinde auszuschließen. Sie stellen, wenn auch alleinstehend, doch eine volle christliche Persönlichkeit und in ihrer Person einen eigenen christlichen Lebenskreis dar, der sich nur nicht zu mehren Personen erweitert hat.[3] Sie haben deßhalb auch ein Recht, sich als Theil der Gemeinde auch in der Gemeindeversammlung vertreten zu sehen, und auch die Gemeinde hat, schon um der Liebe willen, mit der sie alle ihre Glieder umfaßt, ein Interesse, daß dieß geschehe; auch muß sie wünschen, daß auch diese Kraft sich zum „gemeinen Nutzen" bewähre.[4] Aber — eigentlich müssen und können es doch nur die Hausväter, die Familienhäupter sein, die die Versammlung bilden und Jene gehören nur dazu, weil sie diesen gleich zu achten sind. Nimmer darf die Gemeinde die Familie und ihre Bedeutung unterschätzen. In derselben werden ihr nicht nur die Kinder geboren, so daß sie sich dadurch stets auf's Neue wieder erzeugt, und es ist nicht nur für sie selbst von der höchsten Wichtigkeit, daß es in den Familien wohl stehe, sondern wirklich bilden die Familien auch die eigentlichen Bestandtheile, die christlichen Individualitäten, aus denen die Gemeinde zusammengesetzt ist. Wie sie selbst aus Denen zusammenwächst, die auf dem natürlichen Boden des gemeinsamen Wohnorts einander persönlich nahe geworden

---

[1] Wenn recht verhandelt wird als unter Brüdern, wird es an einem befriedigenden Resultate gewiß nicht fehlen. Die Gesammtkirche bedarf da des Imperiums nicht, um Schaden zu verhüten, das Christenthum bietet andere und viel wirksamere Mittel.

[2] Auch in der Schrift kommen die ἐκκλησίαι κατ' οἶκον vor, und es ist zu beachten, daß dieselben dort als besondere Individualitäten auftreten und als solche die Bestandtheile der Ortsgemeinden bilden. (1 Cor. 1, 16.) Auch altreformirte Kirchenordnungen gehen auf die Hausväter zurück.

[3] Man bedenke, daß das Christenthum überhaupt persönliches Leben ist.

[4] Solche können oft sehr wünschenswerthe Glieder sein und namentlich wegen der mancherlei Gefahren des Alleinstehens ist es um ihrer selbst willen gerathen, sie recht in den Kreis der öffentlichen Geschäfte zu ziehen.

sind, und wie die Kirche in ihrer weiteren Gliederung zu Landschafts- und Nationalkirchen immer an den natürlichen Boden landschaftlicher oder nationaler Zusammengehörigkeit sich anschließt, so bildet die Familie, wie sie gerade aus Denen besteht, die sich die Allernächsten sind, auch die natürliche Basis für eine Gliederung der Einzelgemeinde selbst und dafür, daß sie sich wieder in kleinere Lebenskreise zerlege, in denen das gemeinschaftliche Leben um so inniger ist, je kleiner sie selbst und je näher sich da die einzelnen Mitglieder gerückt sind. Gerade da ist ja die Stätte der täglichen und unermüdlichsten Liebesübung, und wie das christliche Leben mit seinen höheren Kräften das natürliche ganz durchbringen und heiligen soll, so ist die Familie eben der Ort, wo es recht eigentlich in dieß natürliche Menschenleben einzubringen hat, eigentlich der einzige Ort, wo dieß so recht geschehen kann und geschehen muß, wenn die Durchbringung auch sonst stattfinden soll.[1]) Auch bildet die Familie in ihrer Geschlossenheit, in diesem täglichen Kreisen ihres Lebens in sich selbst[2]) so recht eigentlich eine geistige Individualität und steht der Gemeinde als eine solche gegenüber, kommt im Gemeindeleben nur als solche zum Vorschein und in Betracht, so daß diese wirklich auch nicht anders kann, als sie als dieß in sich sein eigenthümliches Leben habende Ganze zu behandeln und ihr als diesem Ganzen Zutritt an ihren Gemeindeversammlungen zu gewähren. Die Gemeinde ist nur der Complex der sie bildenden Familien, so im bürgerlichen wie im kirchlichen Leben, und — daß nun der Hausvater als der Familie natürliches und geistiges Haupt[3]) Derjenige ist, dem die Vertretung dieses Ganzen zukommt, versteht sich daher wohl von selbst. Und zwar nun jedem Hausvater, sobald er nicht durch offenkundige Thatsachen die

---

[1]) Daher auch das tiefe Interesse, welches die Kirche an der Ehe nimmt und deren Führung im Sinne des Christenthums. Ihr Verlangen, daß ihre Mitglieder bei Eingehung der Ehe sich von ihr trauen lassen, liegt in diesem Interesse begründet. Ob aber auch der Staat die kirchliche Trauung verlangen müsse? Ohne Zweifel nicht! Als Rechtsanstalt hat er es lediglich mit der Ordnung der Rechtsverhältnisse zu thun und sind die in Ordnung gebracht, so hat er die Ehe zu gestatten. Ihm ist damit genug geschehen. Freilich hat er auch ein Interesse an ordentlicher Führung der Ehen und die Erfahrung kann ihn gelehrt haben, daß das Christenthum dazu am Besten befähigt, aber — er kann die kirchliche Trauung gleichwohl nicht als Bedingung der Eheschließung aufstellen, weil er 1) seine Bürger nicht zwingen kann, Christen zu sein, und 2) weil er der Kirche nicht zu befehlen hat, die Ehen seiner Bürger zu vollziehen! Also Civilehe! und sei man auch da nicht zu ängstlich. Die Würde der kirchlichen Trauung und ihre Wirksamkeit wird am Ende doch nur dadurch gewinnen!

[2]) Das sich jedoch vor Abgeschlossenheit hüten soll!

[3]) Eph. 5, 23. Gewisse Emancipatoren wollen das nicht anerkennen, aber sollte Ehre und feste Stellung der Frau nicht in diesem Verhältniß am Besten gewahrt sein? Die Freiheit der Frau ist die Liebe, die sie gibt und nimmt, daher wird sie „gefreit", wenn sie sich ehelich an den Mann bindet.

Fähigkeit, überhaupt kirchliche Rechte auszuüben, verloren hat[1]), sobald sich nicht in Thatsachen erwiesen hat, daß es ihm kein Ernst um das Christenthum sei und man ihm kein unabhängiges, gewissenhaftes Urtheilen mehr zutrauen könne. Die Kirche, weil ihr Leben Liebe ist, mißtrauet nicht, aber wo es Jemand durch sein Verhalten dahin bringt, daß sie ihm ihr Vertrauen entziehen muß, da kann er auch in ihren Angelegenheiten nicht mehr mitrathen und beschließen.[2])

2. Die Kirchengemeindeversammlung bedarf nun aber, wenn sie nicht als ein unordentlicher Haufen erscheinen soll, der gar nicht actionsfähig ist, einer oberen Leitung[3]), eines Präsidiums, um es so zu nennen[4]), und so tritt denn hier nun zuerst das Bedürfniß eines Gemeinbeamtes hervor, eines geordneten Dienstes in der Gemeinde. Es sind da in der That doch mancherlei Geschäfte von einzelnen Personen zu vollbringen, wenn es in der Gemeindeversammlung zu Beschlüssen soll kommen können. Es sind Anträge bis zur Beschlußreife vorzubereiten, es sind Thatsachen festzustellen und Erkundigungen einzuziehen, um das Material zu einer vernünftigen Entscheidung herbei zu schaffen, es sind die Versammlungen zu berufen[5]), die Verhandlungen zu leiten, damit sie einen geordneten Verlauf haben, es sind Protokolle und Urkunden über die gefaßten Beschlüsse aufzusetzen, damit sie nicht vergessen werden und im Nothfalle ein beweiskräftiges Instrument darüber vorhanden ist, es sind endlich mancherlei Einzelgeschäfte zu übernehmen, um die Beschlüsse in Ausführung zu bringen. Das Alles ist nur möglich, durch einen ordentlichen Vorstand, den sich die Ver-

---

[1]) Vgl. §. 12.

[2]) Dahin gehören jedoch nicht solche Fälle, wo Jemand nicht an den religiösen Gemeindeversammlungen Theil genommen hat. So traurig das ist, und so sehr die Gemeinde wünschen muß, daß er das anders hielte, so kann ein Solcher doch 1) subjectiv zureichende Gründe haben, über die kein Anderer urtheilen kann und zu urtheilen hat, 2) könnten dahin gehende Bedingungen doch leicht zu Heuchelei führen, und 3) ist zu bedenken, daß der Hausvater nicht bloß sich, sondern sein Haus vertritt und vielleicht doch an anderen Instituten der Gemeinde Interesse und Antheil nimmt. Auch möchte das zu fordernde Maß jener Betheiligung schwer festzustellen sein. Ein paar Mal im Jahre zur Kirche gehen, ist am Ende so gut, wie gar nicht, und — wo beginnt da die Grenze?

[3]) Die κυβέρνησις (Röm. 12, 8), nicht die δεσποτεία, das κυριεύειν. Der κύριος ist allein Christus.

[4]) 1 Thess. 5, 12 u. a. a. St. heißen die Vorsteher der Gemeinde ausdrücklich οἱ προϊστάμενοι = „Präsidenten".

[5]) Die Berufung kann nicht durch jedes Beliebigen Willkür geschehen, was nur Unordnung wäre, sondern nur durch den Vorstand, doch hat dieser auch auf den Antrag einer zu bestimmenden Anzahl von Mitgliedern die Berufung unbedingt zu verfügen.

sammlung aus ihrer eigenen Mitte giebt, ein Presbyterium, wie es die apostolische Zeit genannt hat, weil es sich von selbst versteht, daß zu einer solchen Stellung, wenn auch nicht gerade die ältesten, doch diejenigen Leute erhoben werden, die die würdigsten und verständigsten zu sein scheinen, wie eben das gereifte Alter sein soll [1]); und zwar hat nun ein solcher Vorstand aus einer Mehrheit von Personen zu bestehen je nach der Größe der Gemeinde und dem Umfange ihrer Geschäfte, einmal weil alle diese Geschäfte, die oft Zeit genug in Anspruch nehmen, einem Einzigen allein nicht zugemuthet werden können, sodann aber weil es wünschenswerth ist, daß auch schon in der Vorbereitung die Anträge mannigfach erwogen werden, und auch nicht leicht in allen Stücken einem Einzigen allein die gehörige Sachkenntniß zukommen mag, und endlich damit auch nicht eine einzige Persönlichkeit in die Lage komme, ein so wichtiges Amt nach der Einseitigkeit ihrer individuellen Natur zu betreiben, damit gegenseitige Ergänzung durch verschiedene Individualitäten und ein Kreisen der Liebe und Ausgleichung auch im Vorstande der Gemeinde vorkomme, jede Gefahr der Ueberhebung, wie sie leicht auch bei Christen noch droht, jedes Gelüsten nach despotischer Gewalt über die Gemeinde der Brüder von vorn herein beseitigt werde. [2]) Der Grundsatz der brüderlichen Gemeinsamkeit muß auch in dem Vorstande zur Geltung kommen, und eben deßhalb müssen auch „Brüder" in ihm vereinigt sein, damit er immer auch eine Stätte sei, wo das christliche Leben walte, aber eben deßhalb gilt für diesen Vorstand nun auch, was für die ganze Gemeinde gilt, daß der Grundsatz der Gleichheit seiner Mitglieder in ihm herrsche, eben so, wie dadurch, daß Jemand in den Vorstand erhoben wird, keineswegs die ursprüngliche Gleichheit unter allen Gemeindegliedern aufgehoben wird. Der Vorsteher ist ein Glied der Gemeinde, das allein ist seine höchste Qualification, und er hat Nichts empfangen, als lediglich einen Dienst in der Gemeinde, den er mit aller Liebe und Treue und in den ihm durch die Gemeinde gewiesenen Wegen und — Schranken auszuüben hat. [3]) Doch hat ihm die Gemeinde auch die Ehre des Amtes zu geben und sich dadurch selbst zu ehren, d. h. sie hat ihm die Leitung ihrer Angelegenheiten zu überlassen und nicht in unordentlicher und ungerechtfertigter Weise seinen dahin gehenden Anordnungen unter dem Vorgeben, daß sie Brüder seien, sich zu widersetzen: sie

---

[1]) Weßhalb man in der Hannoverschen Vorsynode den biblisch begründeten Namen „Presbyterium" für die Vorstände der Gemeinde abgelehnt hat, ist uns nicht klar geworden. Wollte man dadurch verhindern, daß sich diese Vorstände nicht allzuviel herausnähmen?

[2]) Vgl. die Ermahnung in Röm. 12, 3.

[3]) Matth. 20, 26.

würde dadurch ja nur selbst die Ordnung aufheben, die sie aufgerichtet hat und es wäre kein gedeihliches Zusammenwirken möglich.[1])

Es muß nun aber dieß Vorsteheramt ein ständiges sein, nicht etwa bloß für ein augenblickliches Bedürfniß gewählt, etwa für die eben tagende Versammlung, so daß die Gemeinde in der Regel ohne Vorsteher wäre, sondern so, daß in den Händen eines fortdauernden Vorstandes die Leitung der Gemeindeangelegenheiten liegt und er sich von Amtswegen alles dessen anzunehmen hat, was zu der öffentlichen Ordnung des Gemeinde-lebens gehört. Das kann nun allerdings auf verschiedenen Wegen bewirkt werden, entweder so, daß die Wahl für Lebenszeit geschieht[2]) oder nur für eine bestimmte Reihe von Jahren.[3]) Das Erstere hat den Vorzug einer größeren Stetigkeit und Vertrautheit mit den Geschäften, das Letztere den, daß dadurch immer frisches Leben in den Vorstand kommt und er so vor Mechanismus, Schlendrian und Erstarrung bewahrt bleibe, und deßhalb möchte die Weise die beste sein, welche Beides zu verbinden sucht, indem sie in gewissen Zeiträumen immer nur einen Theil der Vorsteher ausschei-den und neu gewählt werden läßt.[4]) Aber ein ständiger Vorstand ist durch-aus unerläßlich, zumal es in der Gemeinde, außer der Leitung der Ver-sammlungen, auch noch mancherlei Anderes zu vollbringen giebt, das ein-zelnen, von der Gemeinde nicht bloß geachteten, sondern dazu autorisirten und so auch mit wirklicher Autorität kraft des ihnen übertragenen Rechtes ausgerüsteten Personen anvertraut werden muß. Dahin gehört die Ver-waltung dessen, was die materielle Basis der Gemeinde ist, des gemein-samen Vermögens und die Führung, wenigstens die Aufsicht über das Rechnungswesen[5]), vor Allem aber gehört dahin die gewissenhafte Aufsicht: wie die Sorge darüber, daß in dem öffentlichen Gemeinschaftsleben der Gemeinde Alles in Ordnung zugehe, so auch über die Institute, welche die Gemeinde zum Zweck ihrer eigenen Lebensförderung geschaffen hat, daß der Frieden unter den Gemeindegliedern gewahrt bleibe, und nicht sonst Allerlei einbringe in den dem Herrn geheiligten Kreis, was ihm zum Ver-derben gereichen könnte.[6]) Daß in Schule und Kirche Alles ordentlich

---

[1]) 1 Tim. 5, 17.

[2]) Wie in den altreformirten Kirchenordnungen.

[3]) Nach Art der neueren Verfassungen.

[4]) Die Wiederwahl der Ausscheidenden muß natürlich verstattet sein und ist oft sehr erwünscht.

[5]) Der Rechnungsführer selbst braucht nicht immer ein Vorsteher zu sein, im Noth-falle kann man ihn sogar besolden, nur darf ein die Rechnung führender Vorsteher keine Bezahlung, außer für Auslagen, annehmen. Sein Dienst ist Liebesdienst und darf auch nicht den Schein von etwas Anderem haben. 1 Thess. 5, 22.

[6]) Daher *ἐπίσκοποι*, Bischöfe (vgl. Apostelgesch. 20, 28 ff.).

zugehe und nicht die Willkür oder Nachlässigkeit des Einzelnen da Schaden anrichte, erfordert ohne Zweifel eine im Geiste brüderlicher Liebe geübte fortdauernde Beaufsichtigung[1]), und wie leicht tritt auch in dem öffentlichen Leben der Gemeinschaft Etwas hervor, das der Remedur und Schlichtung bedarf! Allerdings soll ein Presbyterium durchaus keine Spionage treiben und das Privatleben der Gemeindeglieder liegt außerhalb seiner Competenz; dem Christen kommt es zu, seinem Gotte für seine Lebensführung selbst verantwortlich zu sein. Aber können nicht Schäden in der Gemeinde hervortreten, die ein öffentliches Aergerniß sind und auch mit Gefahren für das Gedeihen der Gemeinde in dem ihr zukommenden Leben aus Christo verbunden sind? In solchem Falle gilt es dann doch zu wehren und zu warnen mit aller Liebe, aber auch mit allem Ernste, damit der Schaden vertilgt werde. Und namentlich ist das der Fall, wenn Unfrieden unter den Gemeindegliedern hervorbricht, der die Gemeinde zu zerreißen droht. Da hat der Vorstand das Schlichteramt der Kirche zu übernehmen und zu sehen, daß das Zwiespältige wieder zur Einheit und Gemeinschaft zurück geführt werde.[2]) Aber dazu ist auch nöthig, daß er ständig sei und die Autorität von Seiten der Gemeinde besitze, in diese Dinge eingreifen zu dürfen.

Endlich die Wahl des Vorstandes betreffend, so versteht es sich von selbst, daß sie nur von der Gemeinde ausgehen kann. Man hat nun aber auch hier verschiedene Verfahrungsweisen in Anwendung gebracht. Die altreformirten Ordnungen haben das Princip der Selbstergänzung des Vorstandes durch die Cooptation, nur so, daß die geschehene Wahl der Gemeinde an verschiedenen nach einander folgenden Sonntagen verkündigt werden muß und ein gegründeter Widerspruch aus dem Schooße der Gemeinde dieselbe aufhebt.[3]) Damit scheinen allerdings die Rechte der Gemeinde gewahrt zu sein, und man hat für dieß Verfahren angeführt, daß dadurch nicht nur alle Wahlumtriebe vermieden würden, sondern auch am Leichtesten die Möglichkeit gegeben wäre, alle unliebsamen Elemente aus dem Presbyterium fern zu halten. Doch ist auch Vieles dagegen zu sagen. Die

---

[1]) Insofern, als er Nichts nach seiner Willkür in der äußerlichen Ordnung zu ändern hat und sich auch wegen seines Fleißes in seinem Amte nöthigenfalls die Vorstellungen des Presbyteriums gefallen lassen muß, hängt auch der Prediger von diesem ab, doch hat er dahin zu sehen, daß das brüderliche Verhältniß durch seine Schuld nicht ein gegensätzliches wird und werden muß. Einem nachlässigen und gewaltthätigen Pastor müßte ein tüchtiges Presbyterium schon um des Gewissens willen auf die Finger klopfen und wäre das auch nur zu wünschen.

[2]) Matth. 18, 15 ff. 1 Cor. 6, 1 ff. (vgl. auch 1 Cor. 5, 1 ff.).

[3]) So auch noch die Kirchenordnung der Niedersächsischen Conföderation vom Jahre 1839, die aus der discipline ecclésiastique der französischen Kirche von 1560 hervorgegangen ist.

Kirchenverfassung erhält dadurch wenigstens einen aristokratischen, die Gleichheit unter den Gemeindegliedern aufhebenden Schein[1]), und es kann auch
nicht geleugnet werden, daß diese Einrichtung nicht nur auf einem Mißtrauen gegen die Gemeinde beruht, wie es unter Christen nicht stattfinden
sollte, sondern daß die Gemeinde dabei auch wirklich nicht zu ihrem Rechte
kommt, sondern leicht in den Fall geräth, sich Presbyter gefallen lassen zu
müssen, die sie doch lieber nicht hätte. Wie träte denn die Liebe ohne
dringendste Noth gern gegen ein Mitglied der Gemeinde auf? Vor allen
Dingen aber ist mit der Cooptation die Gefahr verbunden, daß einseitige
Richtungen den Vorstand beherrschen, daß er eine Stätte für religiöses
Coterieenwesen wird, wie es für die Gemeinde nicht gedeihlich sein kann.[2])
Man lasse deßhalb, wie es auch neuere Kirchenordnungen haben, der freien
Wahl ihr Recht. Der Vorstand mag dieselbe leiten und hat ja immer
selbstverständlich das Recht, der Gemeindeversammlung offen und ehrlich
seine Vorschläge zu machen. Da er der Voraussetzung nach sowohl die
Mitglieder der Gemeinde, als auch die Pflichten seines Berufes kennt, so
wird zu erwarten sein, daß er auch vor Anderen ein Urtheil über die zu
dem Amte qualificirten Personen habe, und wenn ihm die Gemeinde vertraut, wird sie auf sein Urtheil auch Etwas geben, freilich ohne unbedingt
an dasselbe gebunden zu sein. Hier gilt es, offen und ehrlich zu Werke
zu gehen, wie es unter Brüdern geziemt, und damit wird man unter
Brüdern auch das Beste erreichen.

3. Neben diesem Amte der leitenden Aeltesten[3]) erscheint nun in den
apostolischen Gemeinden noch ein anderes, das so recht vom „Dienen"
seinen Namen trug, das der Diakonen, Diener, Helfer, und über dessen
Entstehung und Bedeutung wir in den Urkunden auch Aufschluß genug
haben. Jener große geistige Crystallisationsprozeß, der die erste christliche
Gemeinschaft hervorrief, ließ in dem Drange der vollen Begeisterung ein
Wechselleben der Liebe unter den Mitgliedern derselben hervortreten, wie
es spätere Zeiten nie wieder gesehen haben.[4]) Alles Geschiedensein hörte
für den Augenblick auf, und auch in Betreff der irdischen Dinge hielt man
volle Gemeinschaft, aller leiblichen Noth aber suchte man Hülfe zu leisten,
alle Bedürfnisse auch in dieser Beziehung durch gemeinsame und wechselseitige Handreichung zu stillen. Und zur geordneten Verwaltung eben dieser

[1]) Weßhalb man Calvin, den Vater dieser Ordnung, auch des Aristokratismus
beschuldigt hat, wohl mit Unrecht! Die Cooptation war damals eine Waffe gegen
den Papismus.

[2]) Man hat wenigstens die Einrichtung getroffen, daß nahe Verwandte nicht zugleich
im Vorstande sitzen dürfen, was aber doch auch wieder eine ungerechtfertigte Beschränkung nach anderer Seite hin ist.

[3]) »Ruling elders« in Schottland genannt.

[4]) Apostelgesch. 2, 42 ff. 4, 32 ff.

Liebesthätigkeit der Gemeinde wurden besondere Leute bestellt, die danach sehen sollten, daß auch Jedem sein Recht geschähe, daß Keiner übersehen und dadurch verkürzt würde. Das waren die Diakonen, wie sie neben den Presbytern oder Bischöfen erscheinen, das Amt der helfenden Liebe.[1] Sollten dieselben auch jetzt in den Gemeinden fehlen dürfen? Ohne Zweifel nicht, weil es ja an der wechselseitigen Liebeserweisung in christlichen Gemeinden nimmer fehlen darf[2] und weil diese Thätigkeit, wie alles in der Gemeinschaft, auch eine gemeinsame, geordnete und damit auch allein segensreiche sein muß. Das ist ja eben der Sinn der Vereinigung, das gemeinschaftliche Wirken und Schaffen in Allem, wo nicht Jeder nach seinem Sinn und Kopfe handelt, sondern als ein Glied in der Ordnung des Ganzen, und nur durch diese Vereinigung aller Kräfte zu einem Ziele läßt sich auch wirklich etwas erreichen, nur dadurch kommt Kraft und vernünftige Planmäßigkeit und eine volle Gesammtwirkung aller einzelnen Bemühungen. Wollte da auch Jeder nur für sich thätig sein, so würde nicht nur das Gemeinschaftsband gelockert, es könnte auch an Mißgriffen nicht fehlen, an verkehrter Vertheilung der Wirkungen und dadurch hervorgebrachten Störungen, am Uebersehen des Ortes, wo vor allem die Liebeshülfe nöthig wäre, und an Erweisungen gerade da, wo sie entbehrlich, wohl gar schädlich sein könnte.[2] Daher ist denn auch hier ein Organ nöthig, das die specielle Leitung gerade dieser Thätigkeit übernimmt. Die ersten Diakonen entstanden, weil man sich über verkehrte Vertheilung, über Vernachlässigung der Einen, über Begünstigung der Anderen zu beklagen hatte — das aber würde immer geschehen, wenn da jeder Einzelne nur für sich thätig sein wollte. Zwar die Liebe muß und will frei sein und daher kann kein Zwang zu dieser oder jener Leistung dem Einzelnen aufgelegt werden.[3] Eine Armensteuer z. B. würde einer christlichen Gemeinde unwürdig sein, und die Erfahrung hat gelehrt, daß sie auch immer verderblich gewirkt hat: weil sie nicht aus der Liebe kam, konnte sie auch die Früchte der Liebe nicht bringen, und der sie verwaltende Mechanismus verwandelte den Segen in Verderben. Aber wenn auch frei, soll die Liebe doch in Gemeinschaft geübt werden; sie wäre nicht Liebe, wollte sie sich dieser Forderung entziehen. So ist das Helferamt denn allerdings eine Nothwendigkeit, und Alles, was in den Bereich freier und gemeinsamer Liebesthätigkeit fällt, gehört zu seiner Competenz: Sorge für Arme und Kranke, für Gründung und in Standerhaltung von Anstalten, welche, durch die Umstände bedingt, zur Abstellung, wenigstens Linderung von leiblicher und geistiger Noth gereichen können — es ist das ein großes, weites Feld, das nur die Liebe auszufinden versteht, für das sie allein

---

[1] Apostelgesch. 6, 1 ff.
[2] Röm. 12, 13 ff. 13, 8. Gal. 2, 10.
[3] Apostelgesch. 5, 4. Marc. 12, 41 ff.

Sinn und Augen hat, wo aber auch sie allein im Stande ist, Hülfe zu leisten und das Heilsame zu treffen.[1])

Oder sollte man etwa meinen, daß die Leitung dieser Angelegenheiten mit dem Amte der Vorsteher verbunden sein könnte? Es giebt in der That Gemeinden, wo dieß der Fall ist[2]), aber — man muß sagen: mit Unrecht und nicht zum Segen. Die Apostel drangen auf die Wahl der Diakonen, weil sie sich mit andern Dingen zu befassen hätten und ihre Kraft für Alles nicht ausreichte[3]) — sollte sich das nicht auch jetzt noch immer fühlbar machen? Der Vorsteher kann alle seine Kraft nicht dem öffentlichen Dienste der Gemeinde widmen; er hat auch seine Privatgeschäfte zu besorgen, hat Weib und Kinder, oft und wohl meistens ein weit ausgedehntes häusliches Geschäftsleben, und die Liebe verlangt, daß er auch dieß Alles mit aller Treue versorge — soll man ihn da mit öffentlichen Geschäften überbürden und mehr von ihm verlangen, als nöthig ist, auch das, was andere Kräfte übernehmen könnten? Auch das wäre gegen die Liebe, zumal man ihn leicht in die Lage bringen könnte, daß sein Gewissen nach der einen oder andern Seite hin Schaden litte, und — dazu ist ja die Gemeinschaft da, daß Alle mit zugreifen, daß Einer des Andern Last tragen soll. Auch sind doch die Gaben mannigfaltig vertheilt, und ein guter Vorsteher wäre vielleicht ein schlechter Armenversorger — warum da beide Verrichtungen an eine Person binden? Vieler Kräfte sollen da thätig werden, eine jede in ihrer Weise und nach ihrer Besonderheit, und immer ist es der Gemeinschaft zum Heile, wenn da die Thätigkeit sich auch wirklich über Viele erstreckt, während es ihr stets zum Schaden sein muß und auch noch immer zum Schaden gewesen ist, sobald ein Einzelner oder wenige Einzelne alle Thätigkeit für sich in Anspruch nahmen und sie damit der Gemeinde entzogen.[4]) Sind ja doch auch die Bedürfnisse nach dieser Seite hin so mannigfaltig, gilt es doch gerade hier einzubringen in die untersten Tiefen des Gemeindelebens, um den Schäden auf den Grund und an die Wurzel zu kommen, um sie wahrhaft zu heilen, gilt es doch, hier den einzelnen Personen nahe zu treten, in denen die Wurzeln dieser Schäden meistens liegen[5]), und sich auf das

---

[1]) Nicht büreaukratisch gewährte Staatshülfe oder polizeiliche Zwangsorganisationen nach Art der socialistischen und communistischen Träumereien. Schultze-Delitzsch, der der freien Organisation das Wort redet, handelt darin viel mehr im christlichen Sinne, als Manche meinen.

[2]) Z. B. die in der Niedersächsischen Conföderation, doch hat der Verfasser aus eigener vielfacher Erfahrung das Fehlen eines eigenen Diakonats längst als einen Mangel in denselben erkannt.

[3]) Apostelgesch. 6, 1 ff.

[4]) Wie die Hierarchie! Nicht bloß Alles für, sondern auch durch die Gemeinschaft!

[5]) Nicht in den äußerlichen Zuständen der Gesellschaft, sondern in den innerlichen der Personen liegen die Quellen der Schäden. Die äußerlichen Zustände sind nur eine

Angelegentlichſte und oft Dauerndſte um ſie zu bemühen — wie wären
wenige Kräfte dazu ausreichend? wie dürfte man den Vorſtehern dieſe Laſt
noch aufbürden? Die Gemeinde, die will, daß auf dieſem Felde Tüchtiges
geleiſtet werde, darf das nicht, ſondern muß dazu eigene Aemter ſchaffen,
deren beſondere und deßhalb auch von ihnen mit allem gewiſſenhaften Eifer
zu leiſtende Pflicht gerade dieſen Wirkungskreis umſchließt.[1] Freilich hat
dieß Amt, wie die ganze Gemeinde, unter der Aufſicht des Vorſtandes zu
ſtehen, ihm Rechenſchaft abzulegen für Verwendung der Mittel, ihm Einſicht
zu geſtatten in die ganze Art und Weiſe ſeines Treibens, und hat auch
von ihm Erinnerungen und Rathſchläge ſich gefallen zu laſſen; nur freilich,
daß auch hier das Verhältniß wieder ein rein brüderliches iſt, daß der
Vorſtand dem Helferamte freie Bewegung gönnen muß, daß er freilich das
Recht hat, im Nothfalle auf Aenderungen in dem Verfahren deſſelben zu
dringen, aber ſtets in der Form von brüderlicher Berathung und, wenn
die nicht hilft, nur unter Zuziehung der Gemeinde. An der Gemeinde muß
das Helferamt ſtets einen Rückhalt gegen Willkürlichkeiten von Seiten des
Vorſtandes haben, und — ſeine Geſchäftsordnung, die Vertheilung der vor=
kommenden Arbeiten an die einzelnen Helfer erfolgt ſtets nur in gemein=
ſamer Berathung derſelben, damit nicht jeder Einzelne nach ſeinem Kopfe
handle, ſondern ein wirklich geregeltes und planmäßiges Verfahren ſtattfinde,
Auch liegt es wohl in der Natur der Sache, daß die ſtete Verbindung mit
dem Vorſtande dadurch unterhalten werde, daß eben dieſer die Leitung der
Verſammlungen der Helfer zu führen hat.

Die Wahl geſchieht, wie bei den Presbytern, wobei es zu empfehlen
ſein möchte, beſonders auf Diejenigen Rückſicht zu nehmen, die ſich aus
freiem Antriebe zu dieſem Dienſte erbieten. Gerade hier kommt es vor
Allem auf die Freudigkeit der Liebe an und deßhalb werden auch in der
Regel Diejenigen die Tüchtigſten ſein, die freiwillig das Amt übernehmen.
Die Gemeinde mag dann das Anerbieten genehmigen oder verwerfen.[2]

Folge und Erſcheinung Deſſen, was im Innern iſt. Das vergeſſen zu leicht ſolche
Leute, die nicht ſelten ihres Radicalismus ſich rühmen und doch nur an den ſaueren
Früchten ſich abmühen, ohne an die wirklichen Wurzeln zu gelangen.

[1] In der That verlangen wir in dieſem Sinne kirchliche Armenpflege. Der
Staat und die bürgerliche Gemeinde verfährt dabei ſtets zu büreaukratiſch und mechaniſch
und bringt deßhalb keine Früchte, wie die allgemeine Klage iſt. Nur die Liebe kann
da wahrhaft helfen, und die findet ſich allein rein und energiſch bei der chriſtlichen
Gemeinde. Daß man der „Kirche“ die Armenpflege genommen hat, kommt aber daher,
daß man eben keine — Kirche hatte. Eine chriſtliche Gemeinſchaft würde ſie ſich nicht
haben nehmen laſſen.

[2] Wir denken uns die Sache ſo: das Presbyterium wählt die Gemeinde durch
Stimmenmehrheit, dagegen zum Diakonenamte erbieten ſich Diejenigen, welche die
Liebe dazu treibt, und die Gemeinde beſtätigt ihr Anerbieten und autoriſirt ſie

Auch möchte sich zu diesem Amte vielleicht das jüngere und deßhalb beweg=
lichere Element der Gemeinde am Besten qualificiren[1]), während das Vor=
steheramt, wie schon der Name „Aeltester" sagt, mehr dem gereiften und
erfahrenen Alter zu übertragen sein möchte. Die Gründe dafür sind leicht
einzusehen, doch ist ja auch in diesen Stücken die Freiheit der Liebe vor=
zubehalten.

4. Die eben genannten beiden Aemter gehen unmittelbar aus der Ein=
zelgemeinde selbst hervor. Da sie die Organisation des christlichen Lebens
darstellen, wie es innerhalb dieses Kreises sich abschließt, so versteht es sich
von selbst, daß Niemand in sie gewählt werden darf, der nicht schon selbst
mit seiner Person diesem Kreise angehört. Auch ist nicht noth, nach An=
dern zu greifen, weil diese Aemter keine andere Qualifikation erfordern,
als die eines tüchtigen Christen überhaupt, weßhalb denn auch jeder un=
bescholtene Mann der Gemeinde zu ihnen erhoben werden kann. Anders
dagegen verhält es sich mit dem dritten Amte, durch welche die Gliederung
des Gemeindelebens erst vollständig wird, das unter allen Umständen nicht
fehlen darf[2]) und das denn auch im gewissen Sinne, freilich ohne daß das
durch Alles hindurchgehende Verhältniß der Gleichheit dadurch aufgehoben
werden dürfte, sogar den Mittelpunkt der ganzen Organisation bildet: das
Lehramt, das Amt der Verkündigung des in Christo erschienenen Heiles.
Der Pfarrer oder Pastor, wie man ihn treffend nennt[3]), wird nicht

---

dadurch. In einer ordentlichen Gemeinde wird es an der sich selbst gern anbietenden
Liebe nicht fehlen, und — wenn die Gemeinde etwa einen ihr Verdächtigen zurückweist,
nun, so sollte ein Solcher seine Stellung in der Achtung der Gemeinde doch auch soweit
kennen, um sich nicht anzubieten. Wir meinen, hier sollte es wie im christlichen Kriegslager
(Eph. 6, 13 ff. 2 Tim. 2, 3 u. a. St.) heißen: „Freiwillige vor!"

[1]) Man hat ja vermuthet, daß die νεώτεροι in Apostelgesch. 5, 6 solche Jünglinge
oder junge Männer gewesen seien, die ein Helferamt in der Gemeinde bekleidet hätten,
im Unterschiede von den den Vorstand bildenden πρεσβυτέροις.

[2]) Gemeinden, die bloß einen Vorstand haben, wie z. B. die Reformirten in Os=
nabrück, denen es bisher nicht hat — gelingen wollen, einen Prediger zu bekommen,
sind noch keine vollständig organisirte Kirchenwesen, eben so wie Filialgemeinden nur
als Theile der Mater betrachtet werden können.

[3]) „Prediger", „Diener am Wort", „Seelsorger" bilden Bezeichnungen für die
einzelnen gleich wichtigen Thätigkeiten dieses Amtes, das erstere Wort mehr die öffent=
liche Thätigkeit vor der Gesammtgemeinde, das letztere mehr die Thätigkeit an den
einzelnen Seelen betonend, während das mittlere die ganze Thätigkeit zusammenfaßt.
„Pfarrer", »parochus«, deutet auf die „Nachbarschaft", die um seine Thätigkeit sich
versammelt, und „Pastor" ist bekanntlich dem schönen biblischen Bilde vom Hirten ent=
lehnt, der — kein Miethling sein soll. Ancien pasteur, preaching elder, ministre
d'église. Nur „Beichtvater" in evangelischem Munde, wenn auch neuerdings wieder
gern gebraucht, erinnert an eine Anschauung, die unevangelisch ist, weil sie das Ver=
hältniß der Sohnschaft und Selbstverantwortlichkeit, in der jeder Christ vor Gott steht,
aufhebt, und das „P" (pater), das lutherische Pastoren wieder angefangen vor ihre

aus den vorhandenen Mitgliedern der betreffenden Einzelgemeinde genom=
men; wenn es ja geschieht, so ist nicht dies der Grund, daß er bereits
dieser Gemeinde als Mitglied angehört, sondern weil er auch die besondern
Gaben besitzt, die ein solches Amt erfordert;[1] aber schon weil zur rechten
Führung dieses Amtes Gaben erforderlich sind, die nicht jedem Christen
als solchem zukommen können, weil dazu namentlich, wie die wissenschaft=
liche Befähigung und das dadurch gewonnene unabhängige Urtheil[2]
über alle in das kirchliche Leben einschlagenden Fragen, so auch die wissen=
schaftlich=selbständige Erkenntniß der Urkunden des Heilsgrundes und der
ganzen geschichtlichen Entwicklung des Lebens der Kirche in dem ihr ge=
gebenen Heile gehört, so ist die Einzelgemeinde schon deßhalb in der Regel
genöthigt, hier über ihren eigenen engeren Kreis hinaus zu gehen und sich
die Personen für das Lehramt aus der allgemeinen Kirche zu holen. Und
darin liegt denn auch schon, wie die ganze Bedeutung dieses Amtes, so
auch seine ganze Stellung zu der Einzelgemeinde angedeutet. Der Pfarrer,
oder wie man ihn nennen mag, steht in der Gemeinde, wenn er auch durch
seinen Eintritt in sie ihr Mitglied wird, doch in seinem Amte als der
Vertreter der allgemeinen Kirche da und hat ihr eben deßhalb auch das
darzubieten, was ihr mit der allgemeinen Kirche zugehört, ist aber nicht an
ihren Willen und ihr Meinen gebunden, sondern lediglich an dem Heils=
grund selbst, auf welchem die ganze Kirche steht; dagegen über aller Be=
sonderheit des Lokalkirchenthums soll er erhaben dastehen, das Berechtigte
in diesem zwar anerkennend und schonend, was irgend geschont werden
kann[3], aber doch auch immer darauf bedacht, sie über die so leicht ein=
reißende Beschränktheit und Verkümmerung des Lokalstandpunktes zu erheben
und sie auf der Höhe des reinen, freien, geistigen Christenthums zu erhalten.
Sich selbst in den Lokalstandpunkt zu verlieren, würde seiner unwürdig und

---

Namen zu setzen, sollten sie schon um Matth. 23, 8 willen weglassen, zumal sie in
seltenen Fällen von sich sagen können, was Paulus in Bezug auf die Corinthier sagt
(1 Cor. 4, 15). Besser wäre ein „Fr." (frater), wenn's denn einmal ein lateinischer
Buchstabe sein soll. `Difficile est, satiram non scribere!`

[1] Man möchte sogar sagen, es sei am Besten, einen Fremden zu nehmen, weil
dadurch 1) ein neues, frisches Leben in die Gemeinde kommt und diese vor Einseitigkeit
und Verkümmerung bewahrt bleibt, und weil 2) ein Fremder auch unabhängiger von
Familienbeziehungen und am Ende von der ganzen Gemeinde dasteht. Es muß, so zu
sagen, frisches Blut in die Gemeinde kommen, und man könnte daran erinnern, daß
auch fortgesetzte Verheirathungen in einem engen Verwandtschaftskreise auf dem Boden
des natürlichen Lebens nicht gut thun. Die vornehme Enge eines sich über den Kreis
des allgemein Menschlichen erhebenden „Legitimismus" ist in dieser Hinsicht sehr
bedenklich.

[2] Was leider von den Confessionellen so ganz verkannt wird!

[3] Vgl. Luther's Wort von Schonung der Schwachen, auch Röm. 14, 1 ff.

feiner Stellung durchaus nicht entsprechend sein[1]), er würde dadurch in der That nur unter die Höhe herabsinken, auf die er gestellt ist.

Denn was ist es nun, das das Bedürfniß des besonderen Lehramtes in der Gemeinde hervorruft? Dieß ist allerdings genau zu erkennen, um des Pfarrers Stellung und Aufgabe recht zu verstehen, und da muß denn doch gesagt werden, daß Manches von dem, was so oft als die eigentliche Aufgabe des Pfarrers betrachtet wird, auch von den übrigen Gemeinde= gliedern, besonders von den Presbytern versehen werden könnte. In der öffentlichen Gemeindeversammlung Gebete vorlesen (das Liturgische[2]) mit einem Worte), das ließe sich auch von einem Aeltesten verrichten, und selbst nach einem hergebrachten Ritus die Taufe und das Abendmahl verwalten, zumal kurze und allgemein zugängliche Formeln dafür schon in den Worten des Herrn selbst geboten sind, würde für einen andern Christen nicht schwer sein, wenn er von der Gemeinde, damit die Ordnung bliebe, damit beauf= tragt würde, wie denn ja auch wirklich in einzelnen Gegenden s. g. Laien mit dem Vorlesen der Schrift in den öffentlichen Versammlungen betraut sind. Das Alles erfordert keine andern Gaben, als die jedem Christen als solchem beiwohnen, wenigstens brauchte man dazu nicht nach einem „studirten Manne" zu greifen, zumal namentlich das allgemeine Priesterthum der Chri= sten klare Gründe der heil. Schrift für sich hat.[3] Aber die Gemeinde bedarf, wenn es wohl um sie stehen soll, noch mehr als dieß, sie bedarf auch sogar noch mehr, als was sie dadurch hat, daß einem Jeden ihrer Mitglieder die ursprünglichen Heilsquellen offen stehen, so daß er es selbst daraus schöpfen kann, und — was ist nun dieß? Etwa daß ein zusammen= haltendes Band da sei? Nun, das ist ja schon da in ihrem Vorstande und in der Liebe, die sie verbindet — wenn das nicht da wäre, würde auch die Person des Pfarrers keinen Zusammenhalt schaffen können. Nein, das Alles ist es nicht, was das Pfarramt nothwendig macht, wohl aber das Bedürfniß, daß Jemand da sei, der es vermöge, der Gemeinde das Verständniß der in der heil. Schrift ihr dargebotenen Heilswahrheit zu vermitteln, der selbst auf einer solchen Höhe unabhängiger und selbständig urtheilender Geistes= bildung stehe, um die Tiefen der göttlichen Wahrheit zu erkennen und vor dem Mißverständnisse bewahrt zu bleiben, und um auch die Gemeinde in diese Tiefen einzuführen und auch sie über Mißverständnisse hinaus zu

---

[1]) Vgl. des Paulus Verhalten gegen den Lokalstandpunkt der Jerusalemitischen Christen, Gal. 2, 1 ff.

[2]) Es gibt ja Deren, welche dieß zur Hauptsache und den Pfarrer zum Liturgen machen wollen mit Hintanstellung der Predigt.

[3]) 1 Petr. 2, 9. Gal. 3, 26 ff. Luther meint, jedes Gemeindemitglied habe wohl an sich Recht und Beruf dazu, aber die Ordnung verlange, daß es Einem übertragen würde für Alle und von Allen.

führen. Paulus[1]) sagt: „wir sind Gehilfen eurer Freude!" und so soll
auch der Pfarrer ein Gehilfe der Freude der Gemeinde sein, indem er ihr
das Verständniß der frohen Botschaft immer mehr erschließe und sie immer
völliger auf der Höhe des christlichen Lebens führe, daß wir so sagen, in
diesen reinen Geistesäther hinein[2]), darin sie allein wahre Freude und Er-
quickung finden kann.

Denken wir uns nur recht in die Gemeinde hinein! Sie hat zwar
Alles, was ihr zum neuen Leben in der Einigung mit Gott nöthig ist, sie
hat das ganze Evangelium, den ganzen Christus, und zwar nicht bloß so,
daß ihr das Alles zugänglich ist und ein Jeder ohne Ausnahme sich unmittelbar nahen kann, sondern sie hat es auch schon innerlich, zu wirklichem, eigensten Besitzthum ihrer Seele. Sie ist schon „von Christo ergriffen", schon seines Geistes theilhaftig, schon mit ihm „in das himmlische
Wesen versetzt."[3]) Aber sie hat das erst, wie wir längst gesehen haben,
daß jeder Christ es erst hat, als Princip, als Anfang, als Grundlage eines
neuen Lebens. „Die Salbung hat sie bereits empfangen" und Niemand
ist, der sie „erst zu lehren" brauchte, welches denn der Weg und Grund
des Heiles sei[4]), aber — wie weit ist sie noch von der Vollendung! wie
viel Dunkelheit und Unklarheit ist da noch zu überwinden! wie leicht ist
das Stehenbleiben auf einem niederen Standpunkte, das Sichabschließen
in Engherzigkeit und Einseitigkeit! wie leicht auch das Zurückfallen![5]) Wer
kann sie denn zählen, alle die Gefahren, die da drohen: das Verlorengehen
in den Sorgen und in den Genüssen der Welt, das Versinken in verkehrte
Freude und ebenso verkehrte Traurigkeit, das Sichverschließen in Vorurtheilen und traditionellen Verkehrtheiten und Irrthümern, die Selbstver-
blendung, in die das Herz sich hüllt, die Ueberhebung wegen vermeintlicher
Tugend und Frömmigkeit, das unabsichtliche Mißverstehen der christlichen
Wahrheit und des dargebotenen Heiles? Da bedarf die Gemeinde der
Hilfe, bedarf, daß Jemand da sei, der völlig klar und unbefangen sowohl die Wahrheit selbst, als auch ihre eigenen Bedürfnisse zu verstehen
vermöge, der ein durch Wissenschaft gebildetes Urtheil besitze, um das Heils-
werk zu verstehen und Wahrheit von Irrthum zu scheiden, der auch vermöge,
mit eben solchem sicheren und unbefangenen Urtheile die Zustände der Gemeinde zu durchschauen und die Leuchte der ewigen Wahrheit in alle
Dunkelheiten, die dort noch sind, scheinen zu lassen, in allen Trotz, aber
auch in alle Verzagtheit des menschlichen Herzens hinein und auf alle irren

---

[1]) 2 Cor. 1, 24.
[2]) Col. 3, 1 ff. Eph. 2, 6. Phil. 3, 20.
[3]) Phil. 3, 12. Eph. 2, 6.
[4]) 1 Joh. 2, 26.
[5]) 1 Cor. 4, 7. 1 Cor. 10, 12. Matth. 26, 41.

Wege, die die Gemeinde und ihre Glieder gehen möchten. Das ist das Bedürfniß des Lehramtes. Die Gemeinde bedarf der steten Erinnerungen und der steten immer tieferen Einführung in die Wahrheit des Heiles, sie bedarf der Warnung und Ermahnung, des Gerichtes und des Trostes — wer wüßte nicht, wie sehr sie dessen bedürftig ist? — und so bedarf sie denn auch Dessen, der dieß ihr leisten, es recht ihr leisten kann, weil er eben durch seine in den Wahrheitsinhalt der Schrift tief eingedrungene Wissenschaft es vermag: ein schweres, ein den ganzen Mann in Anspruch nehmendes Amt, für das er ganz leben, von dem er deßhalb aber freilich auch leben muß, und das die Gemeinde nimmer entbehren kann, wenn sie auf der Höhe des christlichen Lebens bleiben und immer mehr sich auf diese Höhe erheben soll. So ist das Lehren denn freilich die Hauptsache am Pfarramte, es bildet den Kern seines Berufes, aber freilich ein Lehren, wie allein das christliche Lehren sein kann: nicht ein bloßes Dociren, ein Vortragen und Entwickeln einer abgezogenen Doctrin „in vernünftigen Worten menschlicher Weisheit"[1]), sondern ein stetes Schöpfen unmittelbar aus dem tiefsten Quell des Lebens, das die Gemeinde das ihre nennet, ein frisches Zeugen aus dem eigenen Ergriffensein von diesem Leben heraus, und ein stetes unmittelbares Anwenden desselben auf das Leben der Gemeinde, ein stets muthiges und ernstes, aber auch mildes und sanft- müthiges Hineinleuchtenlassen der Wahrheit des Lebens Jesu Christi in die mancherlei Zustände der Gemeinde hinein. Das Christenthum ist ur- sprünglich persönliches Leben und soll immer wieder persönliches Leben sein und werden in den Seelen seiner Bekenner, so soll alles Lehren des Pfar- rers denn auch aus dem Leben kommen und trachten, Eingang in das Leben der Gemeinde zu gewinnen, in das jedes einzelnen Gliedes derselben, und so hat er sein Amt denn zu treiben, öffentlich vor versammelter Ge- meinde (Predigt) und privatim an jeder einzelnen Seele (Seelsorge), immer die Wahrheit des Herrn hinein leuchten lassend in die Zustände derselben, auf daß sie dadurch gerichtet und aufgerichtet werde, auf daß so „der ganze Leib immer mehr wachse zu Christo hinauf"[2]), und nichts An- deres hat er da zu lehren, als nur die Wahrheit, wie sie in Christo erschie- nen ist, aber durch nichts Anderes kann auch das Ziel erlangt werden, als durch solch treues und gewissenhaftes Lehren. Der Mensch kann nur lehren, nur „pflanzen und begießen", wie Paulus sagt[3]), die Kraft und das Gedeihen dagegen muß von dem Herrn selbst kommen.

Dieß das Bedürfniß des Lehramtes in der Gemeinde, dieß sein Be- ruf, aber dieß auch seine Stellung. Der Pfarrer soll lediglich auf dem

---

[1]) 1 Cor. 1, 17. 2, 1. 4 ff.
[2]) Eph. 4, 12 ff.
[3]) 1 Cor. 3, 6.

Grunde der Wahrheit stehen, um die Gemeinde auch nur auf ihm erhalten und in ihm immer tiefer gründen zu helfen[1]), und an Nichts weiter darf er gebunden sein, als an die Wahrheit des Herrn und an die Pflicht, selbst mit Hülfe seiner wissenschaftlichen Befähigung immer tiefer in sie einzubringen.[2]) Er steht da nicht blos als Glied dieser Gemeinde, sondern als Vertreter der allgemeinen Kirche, und das ist sein Amt, die Gemeinde nach besten Kräften auf der Höhe mit dieser zu halten.[3]) Er steht, möchten wir sagen, hier wirklich an der Stelle der Apostel, denn er hat, wie sie, der Gemeinde stets das Zeugniß von dem Heile in Christo nahe zu bringen, nur daß er es, da er nicht ein Augenzeuge ist, stets gewissenhaft aus den ursprünglichen Quellen zu schöpfen hat[4]), und so möchten wir ihn denn mit jenen apostolischen Legaten vergleichen, mit einem Timotheus und Titus, die ja auch von den Aposteln entsendet wurden, um in den einzelnen Gemeinden das Evangelium zu treiben, wie sie es von Jenen gelernt hatten.[5]) Dieselben Befehle, welche diese empfingen, hat auch noch immer jeder Pfarrer als die ihm gegebenen zu betrachten, aber es kommt ihm auch dieselbe Freiheit gegenüber den Gemeinden zu, nur freilich, daß auch er nicht der Herr über der Gemeinde ist, in der er steht. Er ist ihr Gehilfe, ihr Mitarbeiter, der in freier Liebe ihr lediglich zu dienen hat mit seinen Gaben, aber — die Gemeinde und jedes Glied hat das Recht des eigenen Urtheils über seine Lehre, hat die Befugniß, sie an der Schrift selbst zu prüfen und sich auch in brüderlicher Weise mit ihm darüber zu verständigen. Der Pfarrer ist doch auch immer nur der Bruder unter den Brüdern, und — wie hoch er auch an wissenschaftlicher Kunst alle überragt, das Beste, was er ist, ist doch, was sie Alle mit ihm sind, daß er ein befreiter Sohn Gottes ist durch Jesum Christum. Auch kann und soll er nicht weniger von ihnen lernen, als sie von ihm, und so soll denn auch zwischen ihm und

---

[1]) Eph. 2, 19 ff.

[2]) Die da sagen: „Wer sich an die Satzungen einer Partikularkirche nicht binden will, braucht es ja nicht, es steht ihm ja frei, das Amt anzunehmen oder nicht!" wissen wohl selbst nicht, wie niedrig ihre Gedanken über kirchliche Dinge stehen. Es ist das die schlechte Juristerei, die schon so viel Unheil in die Kirche gebracht hat. Nein! er braucht es nicht, aber schlimm für eine Kirche, die so steht, daß ein in Christo frei gewordener Christ ihr Amt ablehnen muß. Die Kirche darf ihn eben nicht binden wollen, und jedes solches Binden ist ein Contractus contra bonos mores! Die vielberufenen Religionseide sind unsittlich!

[3]) Freilich ist das kein persönlicher Vorzug, denn Mitglieder der allgemeinen Kirche sind auch die Uebrigen, eben so gut, wie er auch Mitglied dieser einzelnen Gemeinde ist, der Unterschied ist auch hier nur „des Amts halber."

[4]) Daher sein Gebundensein an die wissenschaftlich auszulegende h. Schrift.

[5]) 2 Thess. 2, 15. 1 Tim. 1, 18 ff. 3, 14 f. 3, 6 ff. 6, 12 ff. 2 Tim. 1, 13. 2, 2. 15 f. 22 ff. 3, 14 f. 4, 2 ff. Tit. 2, 1 ff. 3, 8 f.

der Gemeinde ein steter Wechselverkehr des Nehmens und Gebens sein, damit Beide durch einander in dem einen gemeinsamen Leben gefördert werden.

Und seine Stellung zu den übrigen Beamten? Daß sie nur eine brüderliche sein kann, versteht sich von selbst, aber es sollte sich auch von selbst verstehen, daß er auch ein Mitglied ihrer Collegien ist und daß ihm auch die Leitung ihrer Verhandlungen zufallen muß. Nicht als ob ein persönlicher Unterschied zwischen ihnen bestände. Aber, auch abgesehen von seiner größeren intellectuellen Befähigung in den meisten Fällen, ist er auch Derjenige, der, bei dem Wechseln der übrigen, der ständige Beamte in der Gemeinde ist, also am meisten befähigt, auch eine den Zusammenhang wahrende und Alles überschauende Leitung des Ganzen zu führen, und dann ist ihm, als dem geistigen Leiter der Gemeinschaft, doch auch die ganze Gemeinde in besonderer Weise vertraut, so daß gerade er das allernächste Interesse daran hat, daß alles in Ordnung in der Gemeinde zugehe. Seine Thätigkeit, als auf Erhaltung, Weckung und Förderung des Heilslebens in der Gemeinde besonders gerichtet, ist weitaus doch die wichtigste unter allen Beamten, und alles Andere steht eigentlich in Beziehung auf diese, so daß ihm deßhalb auch die allgemeine Oberleitung gebührt, ohne daß freilich auch hier das brüderliche Verhältniß irgend wie aufhörte. Wie er auch der geistige Leiter des Presbyteriums und der Diakonen ist, auch ihnen dienend mit seiner Einsicht in die christliche Wahrheit, so hat er sich auch ihren Zuspruch, wenn es noth ist, gefallen zu lassen, und überhaupt soll auch hier ein Wechselverkehr der Liebe sein und Alle sich bewußt bleiben, daß sie nur gemeinsam zu dienen haben an dem einen gemeinsamen Werke. An die äußerlichen Ordnungen, die in der Gemeinde gelten, ist aber auch er, wie jedes andere Glied gebunden, und es kann ihm nicht verstattet sein, darin nach seiner Willkür zu ändern, denn da gilt es eben die Ordnung zu erhalten um des ordentlichen Ganges und um des Friedens willen.[1]

---

[1] Deßhalb war es auch so schwer zu billigen, als einzelne Hannover'sche Geistliche sich der neuen Taufformel ohne die Abrenuntiationsfragen nicht fügen wollten, nachdem sie kirchengesetzlich vorgeschrieben war. Hätte sie Etwas gegen die Wahrheit des Christenthums enthalten, dann wäre Widerstand geboten gewesen, aber — der Herr hat befohlen, einfach zu taufen im Namen Gottes u. s. w., dagegen von der Abrenuntiation kommt in seinem Befehle Nichts vor. Diese ist menschlicher Zusatz, ehrwürdig vielleicht, wie Uhlhorn meinte, wegen ihres hohen Alters, obwohl das Alter allein keinen Gebrauch heiligen kann, aber doch immer ein Zusatz von Menschen . . . . warum ihn da nicht für überflüssig halten, wo doch der Herr ihn nicht als nöthig erachtet hat, und — um Menschenwerks willen die gesetzliche Ordnung der Kirche brechen und den Frieden stören?

Die Wahl des Pfarrers muß ebenfalls der Gemeinde verbleiben, aus praktischen Gründen, aber auch aus principiellen. Die Gemeinde soll mit dem Manne leben, soll in dem tiefsten Lebensinteresse mit ihm einig sein, es soll von vorn herein ein Band des Vertrauens zwischen ihnen bestehen — wie empföhle sich's da nicht, daß man ihr auch die Wahl überließe? Auch ist doch wohl vorauszusetzen, daß sie ihre Bedürfnisse nicht nur recht gut kennen, sondern auch bei einer Frage von solcher Wichtigkeit für sie selbst mit allem Ernste zu Werke gehen werde. Freilich könnte man sagen: der Pfarrer ist Vertreter der Gesammtkirche in der Einzelgemeinde, daher hat ihn auch diese zu entsenden, aber auch das dürfte schwerlich stichhaltig sein. Die Gesammtkirche giebt ihm im Allgemeinen und überhaupt die Autorisation zum Lehramt in ihrem Bereich, denn für diesen ist sie competent, und aus der Zahl der so Beglaubigten hat die Einzelgemeinde zu wählen, aber — dieser bestimmte Platz in ihrer Mitte ist eben ihr Platz, es ist ihre, sie vornehmlich angehende Angelegenheit, um die sich's da handelt, nicht die der Gesammtkirche mehr, die ja ihre Autorisation schon ertheilt hat und deren Rechten und Interessen damit Genüge geschehen ist: deßhalb muß denn auch der Einzelgemeinde das Wahlrecht zukommen. Auch wird dadurch allerlei, wenn auch unwillkürlichem Geistesdruck in einseitiger Richtung vorgebeugt, der immerhin durch die Organe der Gesammtkirche geübt werden möchte. Freilich kann's da geschehen, daß einzelne Candidaten ohne Stelle bleiben, aber — das wird nur bewirken, daß nicht Unfähige sich herzudrängen und ein Jeder bei Zeiten seine Kräfte nach Möglichkeit auszubilden sucht, ein Erfolg, der für die Kirche, die nicht der Stellen wegen da ist, nur erwünscht sein könnte.

5. Doch das ist nun das Lehramt für die ganze Gemeinde, für die Erwachsenen in ihr. Aber die Gemeinde hat auch ihre Kinder, die zu Christo erzogen werden sollen, und sie hat — wie brauchte man noch zu sagen, ein wie großes Interesse, daß dies wirklich geschehe.[1] Freilich soll das nun hauptsächlich Sache des christlichen Hauses sein. Durch den Geist, der in der Familie waltet, wächst das Kind in denselben Geist hinein, und wer wäre mehr verpflichtet, Herz und Geist des Kindes für die Herrlichkeit des Herrn aufzuschließen, als der Vater und die Mutter?[2] Aber genügend ist das Elternhaus nicht, denn das ist in den wenigsten Fällen im Stande,

---

[1] Wie christliche Eltern sagen können, sie wollten mit der Unterweisung ihrer Kinder im Christenthume warten bis zu den Jahren der Mündigkeit, wo sie ein eigenes Urtheil haben würden, ist schwer zu verstehen.

[2] Die bekannten Pariser Sitten in Betreff der Land- und darauf folgenden Kloster-Erziehung der Kinder sind gewiß am Wenigsten christlich, und doch ist diese Erziehung vielleicht besser, als welche Diejenigen ihren Kindern selbst geben würden, die auf solche Weise „ihrer Elternpflicht genügen".

eine wirklich zusammenhängende und dadurch das Verständniß gebende Lehre vom Christenthume den Kindern mitzutheilen. Es ergiebt sich daher das Bedürfniß des christlichen Unterrichtes, der christlichen Gemeindeschule und des Kinderlehramts neben dem Pfarramte, und wir meinen, die Gemeinde habe das Recht und die Pflicht zugleich, ein solches zu errichten.

Allerdings ist dies nun in unsern Tagen eine große Streitfrage geworden, wem die Schule angehöre, der Kirche oder dem Staate? doch dürfte sich dieselbe leicht lösen lassen, wenn man zuvor entschieden hat, was man unter „Kirche" versteht. Wir verstehen die Gemeinde darunter, und der sollte denn doch unter allen Umständen das Recht zustehen, ihre Kinder in ihrem Sinne unterrichten zu lassen und zu dem Ende eine eigene Schule aufzuthun, sobald sie dabei nur den allgemeinen Staatsgesetzen über das Volksschulwesen genügte und der bürgerlichen Behörde die Bürgschaft böte, daß dies wirklich geschehe. Der Streit um das Besitzrecht in Ansehung der Schulen ist im Großen und Ganzen durch die Hierarchie und hierarchischen Bestrebungen der Neuzeit veranlaßt, und man kann es allerdings verstehen, wie auch eine christliche Bevölkerung dahin kommen kann, lieber dem Staate das Schulwesen in die Hände zu geben, und wär's auch um den Preis, eine rein religionslose Schule zu haben, als diesem Priesterthum, das so wenig die geistigen Bedürfnisse des gegenwärtigen Geschlechtes versteht. Gott sei Dank, daß die heutige Generation endlich so weit gekommen ist, um den von den Hierarchen geübten Geistesdruck zu empfinden und sich seiner, so gut sie kann, zu erwehren! Aber — in einer christlichen, durch keine Hierarchie bevormundeten, durch keine menschlichen Satzungen eingeengten Gemeinde, die sich rein nur im Elemente des geistigen Lebens Jesu Christi zu bewegen hat, liegen die Sachen denn doch wesentlich anders, und die kann und wird nimmer darauf verzichten, ihre Kinder auch in Dem unterrichten und erziehen zu lassen, was ihr eigenes höchstes Leben und Lebensziel ist. Auch kann man ihr das Recht dazu schwerlich absprechen. Schon die väterliche Gewalt, die jedem einzelnen ihrer Mitglieder das Recht der Erziehung seiner Kinder beilegt, berechtigt sie auch im Ganzen, über diesen Gegenstand gemeinsam zu bestimmen, und — welche Bedenken könnte man überhaupt dagegen erheben? Allerdings hat auch der Staat ein Interesse an der Schule. Daß die Kinder seiner Bürger, die selbst einst seine Bürger sein werden, auch in den Dingen unterrichtet werden, welche sie als Glieder des bürgerlichen Gemeinwesens wissen und können müssen, darf er fordern, dafür muß er um seiner selbst willen Sorge tragen. Aber kann diesem seinem Bedürfniß, das auch die Eltern der Kinder selbst erkennen und pflichtmäßigt zu befriedigen suchen müssen, in einer christlichen Gemeindeschule nicht vollkommen genügt werden? Das Recht des Staates, wenn er es in Anspruch nimmt, die Schule seiner Mitaufsicht zu unterwerfen, kann ihm die Gemeinde immer zugestehen — sie steht nicht, wie die Hierarchie so oft, dem Staate feindlich gegenüber, sie gehört ihm mit an und fühlt sich ihm in aller Treue verbunden; auch treibt sie in ihren Schulen Nichts, was der Staat nicht immerhin sehen könnte; aber — Preisgeben an seine Willkür kann sie ihre Schule nicht, weil sie ihm die Seelen ihrer Kinder nicht Preis geben kann. Oder sollte man vielleicht eine Trennung eintreten lassen: eine Staatsschule für das „Weltliche", eine Gemeindeschule für das „Geistliche"? Gewiß eine schlimme Auskunft, denn da würde die Einheit des Unterrichtes völlig zerrissen. Die christliche Gemeinde scheidet auch Weltliches und Geistliches nicht so von einander, daß sie Beides von einander trennen möchte. Wie ihr der Mensch eine Einheit ist, nur daß der Leib dem Geiste unterworfen sein soll, so gehört ihr das „Weltliche" und „Geistliche" auch zusammen, nur daß das Erstere auch dem Letzteren dienen und sich von ihm heiligen und zu heiligen Zwecken gebrauchen lassen soll. Daher verlangt sie eine einheitliche Schule für Geistliches und Weltliches zugleich und würde es als einen schweren Schaden erkennen, wenn schon die Schule ihre Kinder gewöhnte, zu trennen, was zusammen gehört[1]), zumal sie auch besorgen müßte, es möchte der er- ziehliche Einfluß der „weltlichen Schule" nicht eben ein christlicher sein. Die Schule der Gemeinde! in ihr kreist ja doch allein das Volks=, wie das Kirchenleben, und man lasse ihr auch in dieser Beziehung die Selbst- verwaltung ihrer Interessen.

Die Stellung der Gemeindelehrer, die natürlich auch durch Wahl zu berufen sind, kann kaum anders, als unter dem Presbyterium sein, dem das Aufsichtsrecht über die Schule zustehen muß. Daß übrigens auch dieß Verhältniß nach dem Maßstabe der Brüderlichkeit zu bemessen, dem Lehrer Sitz und Stimme bei Berathungen über das Schulwesen zuzugestehen und er ebenfalls als ein dem lebendigen Gotte verantwortlicher Christ zu be- handeln ist, versteht sich ebenfalls von selbst. Auch ihm dürfen keine Zu- muthungen gestellt werden, die er als Christ nicht erfüllen kann, denn auch er ist kein Miethling, und — schlimm genug, wenn er es wäre!

6. Dieß die Ordnung der Einzelgemeinde. Es ist eine reiche Anzahl von Kräften, die da in Thätigkeit kommen, und es kommt freilich darauf an, daß der Herr auch wirklich die Gaben verleiht. Ohne das würde die ganze Gliederung allerdings nur ein leerer, todter und tödtender Mecha- nismus sein. Namentlich aber darf es in Allen, die da zu besonderem Dienst an der Kirche berufen werden, an der Liebe nicht fehlen, sowohl zu der Gemeinde selbst, als auch zu Denen, die mit ihnen „Diener" sind. · Es

---

[1]) Sie hätte in der That Ursache, zu fürchten, daß ein bloßes Sonntagschristen- thum bei ihren Kindern sich einniste.

ist das dringendste Erforderniß, daß Alle Hand in Hand mit einander gehen, daß Jeder dem Anderen brüderliche Handreichung thue und sie sich wechselseitig bei ihren Arbeiten unterstützen. Eine Wechselwirkung der Liebe unter ihnen Allen, das ist das Eine, was noth ist, wenn durch Aller Thätigkeit auch das eine, Allen gemeinsame Werk gelingen soll. Von einem Gegensatze zwischen ihnen, von einem feindlichen Gegenüberstehen namentlich der Presbyter und des Predigers, welches unfehlbar eintreten müsse, zu reden[1]), kann nur dem Umglauben in den Sinn kommen, der eine Kirche Christi nicht für möglich hält, in welcher des Herrn Liebe walte als das Band wahrhafter und vollkommener Gemeinschaft.[2]) Wir vertrauen auf den Herrn und seine Zusage, daß er seine Kirche mit seinem Geiste führen werde[3]), und deßhalb glauben wir auch an eine Kirche, die in seinem Geiste wirkliches Leben haben kann. Freilich hat diese Kirche hier in der Zeit zu leben und aus Menschen zu bestehen, die dem Irrthum und der Verirrung unterworfen sind, wie das alle Zeiten seit den Aposteln gelehrt haben.[4]) So kann denn auch jetzt durch menschliche Schuld wohl der Frieden in einer Gemeinde gebrochen werden, eben so gut durch Schuld des Pfarrers, als der übrigen Beamten, und was Einigkeit sein sollte, kann zum Gegensatze umschlagen. Da aber bleibt, außer dem Herrn, immer doch zuletzt eine Hilfe: die Gesammtkirche, an die der Bedrängte sich wenden, die dann als Schlichterin und Friedensstifterin einzuschreiten hat.[5])

§. 17.

Die Nationalkirche, welche aus sämmtlichen sich freiwillig zu ihr zusammenschließenden Einzelgemeinden innerhalb eines Volksganzen besteht und sich in die verschiedenen Provinzialkirchen gliedert, erscheint, wie auch diese ihre landschaftlichen Gliederungen selbst, in den Synoden, welche durch freie Wahl von Seiten der Einzelgemeinden gebildet werden und zwar so, daß auf denselben ebensowohl die Einzelgemeinden als solche, als auch die allgemeine Kirche als solche, die letztere durch Mitglieder des Lehrstandes, in gleicher Anzahl vertreten sind. Sie hat den innerlichen Zusammenhang zwischen den Einzelgemeinden, vermöge dessen sie ein in sich geschlossenes Ganze mit einander bilden, zu vermitteln und lebendig zu erhalten, und für Alles, was in das Gebiet des gemeinsamen Lebens und Interesses des Gesammtverbandes fällt, besitzt sie die volle

---

[1]) Stahl, „die luth. K. u. die Union", Abschn. über die Verf.
[2]) Col. 3, 14.
[3]) Joh. 16, 13. 8, 31 ff.
[4]) Vgl. Gal. 2, 12.
[5]) S. §. 14, 3.

Competenz, soweit der Kirche überhaupt die Competenz darüber zusteht. Sie sorgt für die gemeinsamen, zum Gedeihen Aller nothwendigen Anstalten, vermittelt die allgemeine Liebesthätigkeit, wie sie zwischen den verbündeten Gemeinden walten soll, und beschließt eben so über die die Ordnung des christlichen Gemeinschaftslebens betreffenden Fragen, soweit dieselben die Gesammtheit angehen, wie sie, die Provinzialsynode als die höhere, die Nationalsynode als die höchste Instanz, das Schlichteramt für die Aufrechterhaltung des Friedens in den Einzelgemeinden zu üben hat. Ihre Leitung übernimmt ein durch sie selbst aus ihrer Mitte zu wählender Vorstand, der auch ihre Anordnungen auszuführen und in der Zwischenzeit von einer Synode zur andern als ständiger Ausschuß nach Maaßgabe der Beschlüsse derselben und der bestehenden kirchlichen Ordnung überhaupt das Regiment der Kirche zu führen hat. Die Synode und ihr Ausschuß vertritt die Kirche gegenüber dem Staate, der befugt ist, seinen Vertreter, jedoch ohne Stimmrecht, in die Synoden zu entsenden, und dem deßhalb von jeder zu haltenden Synodalversammlung vorgängige Anzeige zu machen ist, und eben so vermittelt sie das Liebesband mit den übrigen christlichen Nationalkirchen.

1. Die Einzelgemeinde bildet ein in sich geschlossenes Ganze, und sie ist der eigentliche Heerd für das christliche Leben. Ohne daß das Leben des Herrn in ihr eine Stätte seiner vollen Entfaltung hätte, würde auch eine Gesammtkirche kein Leben haben können. Aber wie selbständig jede Einzelgemeinde auch für sich bastehen soll gegenüber den anderen, so soll und darf sie sich doch nicht in die Vereinzelung verlieren, sondern muß über dieselbe hinausgeführt werden zu einem Zusammenschließen in Liebe mit den übrigen Gemeinden, die mit ihr des Herrn sind. Dieß ist ihr eigenes Bedürfniß, sowohl das, sich selbst in Liebe an die anderen, die mit ihr Genossen desselben Lebens sind, dahinzugeben, als auch das, Liebe und in der Liebe Förderung in dem einen gemeinsamen Leben von ihnen zu empfangen. Wie die Liebe es ist und das Bedürfniß der Liebe, wodurch die einzelne Persönlichkeit in ihrer individuellen Abgeschlossenheit erweicht und für ein gemeinschaftliches Leben mit den Brüdern aufgeschlossen wird, so daß dadurch überhaupt ein wahres Gemeinschaftsleben unter den Christen entsteht[1], so ist es auch wieder die Liebe mit ihrem Bedürfniß nach gegenseitigem Austausch des von dem einen Herrn Empfangenen, was die Einzelgemeinden treibt, sich an einander zu schließen; aber wie die einzelnen Persönlichkeiten sich mit einander zu gemeinsamem Leben verbinden, ohne sich als Persönlichkeiten aufzugeben und ihre religiös-sittliche Selbständigkeit an einander zu verlieren, so auch die einzelnen Gemeinden. Jede tritt in den

---

[1] S. oben §. 13, 1.

Bund mit den Gleichen in voller Selbständigkeit hinsichtlich ihres religiös-sittlichen Lebens ein, als eine unantastbare moralische Persönlichkeit, die ihre Freiheit nicht aufgiebt, indem sie durch die Liebe sich binden läßt, und — so entsteht eine wahre Verbrüderung, eine Conföderation, wie sie unter Gleichen allein stattfinden kann und darf. Dieß ist vor Allem fest zu halten, wo es sich um den Zusammenschluß zu einem größeren kirchlichen Verbande handelt, und darin ist Freiheit und Zusammenhang in gleicher Weise gewahrt.

Anzuschließen hat sich nun aber der größere kirchliche Verband hinsichtlich seiner Ausdehnung an diejenigen Grenzen, wie sie durch die Nationalitäten entstehen, und in ihnen sich wieder als ein sich selbständiges Ganze zu bewegen. Dieß wird sich, wie die Erfahrung lehrt, nicht bloß immer von selbst so machen[1]), sondern es ist auch eben so nothwendig, wie natürlich, daß es geschehe. Das nationale Element ist nicht das christliche und das Christenthum an dieses nicht gebunden[2]), vielmehr kann das einseitig betonte Nationalitätsbewußtsein sogar zu gegenchristlichem Verhalten führen[3]), und jedenfalls ist es auf christlichem Boden nicht das Höchste. Aber gleichwohl bildet der Boden der Nationalität die natürliche Grundlage, auf welcher das christliche Leben sich entfalten soll.[4]) Nicht das natürliche Leben erdrücken will das Christenthum, sondern es heiligen, und nicht die menschliche Individualität soll in ihrer Besonderheit aufgehoben, sondern von dem göttlichen Leben durchdrungen und in demselben wiedergeboren werden zu einem Träger alles dessen, was göttlich und ewig ist.[5]) Im Individuellen und Persönlichen des Menschen will das Christenthum

---

[1]) So bildete ja auch Rom selbst nur den Mittelpunkt für die Kirche des Abendlandes und eigentlich auch nur für die romanischen Völker, da die germanischen, wenn auch eine Zeitlang zur Vereinigung mit Rom gezwungen, doch im Großen und Ganzen das Band bald wieder gelöst haben, wie denn ja die Reformation des 16. Jahrhunderts gar sehr auch eine nationale Seite hatte. Die morgenländischen Völker dagegen haben dem Joche Roms stets widerstanden und der künstliche Vereinigungsversuch von Florenz brach an der Sprödigkeit der Nationalitäten zusammen. Ebenso ging die Reformationskirche in dem des nationalen Zusammenhanges völlig entbehrenden Deutschland — wir müssen sagen: leider! — in diese mancherlei Territorialkirchen und Kirchlein aus einander, die oft kaum noch ein Bewußtsein ihrer nationalen und christlichen Zusammengehörigkeit bewahrten.

[2]) Was zuerst bekanntlich Paulus den jüdischen Nationalchristen gegenüber zur Geltung gebracht hat. Vgl. auch, was Petrus sagt, Apostelgesch. 13, 38.

[3]) Wie dieß eben bei den jüdischen Partikularisten der Fall war, die ganz in den überwundenen Gesetzesstandpunkt zurückfielen eben aus einseitigem Nationalitätsbewußtsein. Vgl. Gal. 3, 1 ff. 4, 1 ff.

[4]) Wie auch Paulus den jüdischen Nationalen ihr Recht nicht bestritt, auch als Christen nach nationaler Sitte zu leben. Gal. 2, 9. Röm. 11, 18. 14, 4.

[5]) Daher ja die Menschwerdung des göttlichen Lebens in Christo selbst.

seine Stätte haben, eben im tiefsten Kerne seiner individuellen Per=
sönlichkeit[1]), und so nur kann es rechtes Leben sein. Das Individuelle aber
ist stets an das Nationale gebunden, und wenn es in seinem Rechte erhal=
ten bleiben und so wirklich eine Wohnstätte des christlichen Lebens werden
soll, so muß auch das Nationale zu seinem Rechte kommen und dieß eben
die Grundlage und die Gränze zur Bildung der besonderen christlichen Lebens=
kreise, sofern sie die Einzelgemeinden zur Gesammtkirche vereinigen, alle
Zeit abgeben.[2]) In der Nation erscheint das ganze Volk als eine beson=
dere Individualität, die ein Recht hat, nach Maßgabe seiner Eigenthüm=
lichkeit zu leben, und innerhalb der nationalen Gränzen soll sich deßhalb
auch das Christenthum als eine individuell=eigenthümliche Lebensgestalt dar=
stellen, so daß es da freilich niemals das Geistesband mit der allgemeinen
Menschheitskirche vergißt und aufhebt, aber doch so, daß die Nation nun
als dieß in sich geschlossene Ganze erscheint, innerhalb welchem das Christen=
thum und sein Leben sich mit voller Selbständigkeit gegenüber den anderen
Nationalkirchen zu bewegen hat. Nur so kann es geschehen, daß nicht die
eine Nation die Individualität der anderen erdrückt und so denn auch die
Kraft des christlichen Lebens selbst, welches nur da mächtig sein kann, wo
es, in die Individualität eingegangen, nun auch in dieser von innen heraus
waltet und sich entfaltet.

Dieß ist das Recht, das jede Nationalkirche auf selbständiges Bestehen
hat. Aber innerhalb einer großen Nation, wie sie auf der Erde verbreitet
sind, giebt es nun auch wieder die mancherlei Unterschiede der verschiedenen
Stämme, die sie bilden und die im Ganzen des Volkes auch wieder eben
so viele besondre Individualitäten darstellen. Man denke nur an Deutsch=
land, wie merkbar giebt sich da die verschiedene Art, ungeachtet des einen
gemeinsamen Nationalcharakters, in den verschiedenen Stämmen kund! Eben
so in Italien, in Frankreich, in England, überall, wo es wirkliche Natio=
nen giebt und nicht bloß einzelne versprengte Volkshäuflein. Und auch
diese Individualitäten haben ein Recht des Bestehens, vollends auf dem
Boden des christlichen Lebens.[3]) So zerfällt die eine große Nationalkirche
denn wieder in diese besonderen Kreise, die durch die Stämme und Land=
schaften gebildet werden, in die Provinzialkirchen, und zwar auch in

---

[1]) Im „Ich", vgl. Gal. 2, 20.
[2]) Daher kam auch dieß Verderben über die abendländische Christenheit, als Rom
zu Gunsten der Gleichförmigkeit mit der ecclesia Romana pontifica die Nationalitäten
erdrückte, und daher auch dieser endliche Bruch der Germanen mit Rom.
[3]) Wenn schon im staatlichen Leben die die Stammeseigenthümlichkeiten absorbirende
Centralisation vom Uebel ist, wie viel mehr auf dem Boden des christlichen, wo
es eben darauf ankommt, daß das Leben als ein individuelles und damit konkrete
Wirklichkeit gewinne.

der Art, daß diese neben einander eben so selbständig sind, wie sie in der
einen Nationalkirche zu diesem einen Ganzen verbunden erscheinen, daß das
„Band der Vollkommenheit", die Liebe, auch hier waltet, als das die Frei=
heit und den Zusammenhang auf die gleiche und gleich völlige Weise
setzende Vermittlungsmoment zwischen den einzelnen Stammes= und der
ganzen Nationalkirche. Es bilden sich auf diese Weise die drei Kreise: die
Einzelgemeinde, die Provinzial= und die Nationalkirche, und die Ordnung der
beiden letzteren haben wir nun darzustellen.

2. Zunächst die Erscheinung dieser kleineren oder größeren Gesammt=
kirchen selbst. Die Individualitäten, aus denen sie beide, die Provinzial=,
wie die Nationalkirche, bestehen, bilden nun nicht mehr die einzelnen Christen,
wie sie die Einzelgemeinde füllen, sondern eben diese Einzelgemeinden
selbst, und aus ihnen hat deßhalb auch die Gesammtkirche zu bestehen, sie
sind es, die in ihr erscheinen. Aber weil sie nun nicht mehr Einzelpersön=
lichkeiten sind, sondern eine jede eine moralische Gesammtperson darstellen,
diese aber nun doch wieder nur durch lebendige Einzelpersönlichkeiten ver=
treten werden können, so ergiebt sich hier das System der Repräsenta=
tion von selbst. Die Einzelgemeinden entsenden ihre Vertreter in die Ge=
sammtkirche, damit diese in solcher allein möglichen Weise auch wirklich zur
Erscheinung komme und lebens= und actionsfähig werde, damit sie aus der
bloßen Idee, die sie ohne das sein würde, in die Wirklichkeit trete. Oder
wie sollte das denn nun anders geschehen? Man schilt dergleichen hier
oder da „Constitutionalismus" und meint, diese „Staatseinrichtung" zieme
für die Kirche nicht, aber — es ergiebt sich dieselbe doch lediglich aus der
Natur der Genossenschaft, wie für den Staat, so auch für die Kirche, und
— auch die Apostel haben sich keineswegs gescheut, sie in Anwendung zu
bringen.[1]) Will man eine lebensfähige, eine wirkliche Gesammtkirche, so
muß man sie wohl gutheißen. Da die Kirche, als ein Reich des Geistes
und des persönlichen Lebens, auch immer nur in Persönlichkeiten zur Er=
scheinung kommen kann, und da der oberste Herr der Kirche diese Perso=
nen, welche die Gesammtkirche zur Erscheinung zu bringen haben, nie un=
mittelbar selbst schafft und autorisirt, so muß wohl die Kirche auf Mittel
denken, dieß zu thun, und da vor der Gesammtkirche Niemand sonst da ist,
als die Einzelgemeinden, so fällt diesen ganz natürlich solche Thätigkeit zu
und die Gesammtkirche kann nur aus Denen gebildet werden, welche die
Gemeinden entsenden, damit sie in ihrem Namen und als ihre Repräsen=
tanten zu einer kirchlichen Gesammtheit „zusammengehen". Dieß sind die
Synoden, Provinzial= und Nationalsynoden, in denen dann diejenige

---

[1]) Vgl., wie Paulus und Barnabas von Antiochia aus committirt werden, um die
dortige Kirche zu Jerusalem zu vertreten. Apostelgesch. 15, 2.

Machtvollkommenheit ruht, welche der Gesammtkirche in den allgemeinen kirchlichen Angelegenheiten überhaupt zukommt und welche dieselben nach bestem Wissen und Gewissen im Sinne Derer auszuüben haben, die sie entsenden und denen sie ihre Autorisation verdanken.

Jede Einzelgemeinde entsendet ihren Vertreter zu der Provinzial= synode, zu der sie ihrer geographischen Lage nach gehört, und zwar jede selbständige Gemeinde als dieses Ganze, weßhalb denn auch nach der Seelen= zahl derselben nicht gefragt und kein Unterschied in der zu sendenden Anzahl der Vertreter daraus hergeleitet werden darf.[1]) Nicht die Zahl der Ge= meinglieder bildet hier das entscheidende Moment, sondern der Umstand, daß die Gemeinde ein selbständiges Ganze und als solches ein Glied der Gesammtkirche ist, als solches daher auch nur auf Sitz und Stimme in der Synode Anspruch machen kann.[2]) Aber wie kommt nun die Wahl zu Stande und wer hat zu wählen? Nach älteren und neueren Kirchen= ordnungen[3]) liegt die Wahl in den Händen des Vorstandes, und man denkt sich die Sache so, daß dieser als der ständige Vertreter und das Haupt der Einzelgemeinde nun auch die Spitze sei, durch welche dieselbe mit der Ge= sammtkirche in Beziehung stände. Doch ohne Zweifel mit Unrecht! Der Vorstand ist nicht der Vertreter der Gemeinde überhaupt, so daß nun diese alle ihre Rechte an ihn abgetreten hätte, sondern er ist ihr Diener, zu bestimmten Geschäften, zur Leitung ihres gemeinsamen Lebens von ihr be= stellt, aber nicht, in ihrem Namen Beschlüsse zu fassen und Bestimmungen zu treffen, nicht um das ihr zustehende Bestimmungsrecht über ihre Ange= legenheiten statt ihrer auszuüben. Das wäre eine Ungleichheit unter den Gliedern der Gemeinde, die nicht größer sein könnte, ein Erheben des Vor= standes auf den Herrscherstuhl, wo er nur Diener sein soll, wie es sich mit der Ordnung einer christlichen Gemeinde nicht verträgt.[4]) Aber welches Bestimmungsrecht wäre nun wichtiger, als das, wer die Gemeinde in der Ge= sammtkirche zu vertreten habe? So hat denn der Vorstand auch hier nichts Anderes zu thun, als was er überhaupt zu thun hat: er hat das Wahl= geschäft zu leiten nach allen Beziehungen hin, aber die Wahl selbst steht Niemandem anders zu, als der Gesammtheit der Gemeinde selbst, und zwar

---

[1]) Ein Anderes ist es freilich, wenn an einer Kirche mehre selbständig neben ein= ander bestehende Prediger sind. Eine solche Gemeinde ist dann schon als aus mehren einzelnen zusammengesetzte Sammtgemeinde zu betrachten und wählt ihre Vertreter nach der Anzahl ihrer Pastoren.

[2]) Eben so hat in der Einzelgemeinde ja auch jeder Hausstand nur eine Stimme für sich, ohne Rücksicht auf die Zahl seiner Mitglieder, und bestände er auch nur aus einer einzigen Person.

[3]) In der ältesten, der discipline ecclésiastique eben so, wie in der neuesten, der von Hannover.

[4]) Matth. 20, 25 ff. 23, 8 ff.

ift fie barin an keine weitere Beftimmung, als an ihr eigenes Gewiffen
gebunben. Ober fürchtet man, daß die Gefammtheit eine verkehrte Wahl
treffen könnte? Nun, bann könnte fie auch eine verkehrte Wahl in An=
jehung ihrer Vorfteher treffen, unb — wer giebt benn bie Garantie, baß
nicht auch ber Vorftanb aus biefem unb jenem Grunbe unpaffenb wählen
könnte? Hier gilt auch wieber, ber chriftlichen Gemeinbe unb bem in ihr
waltenben Geifte vertrauen unb ihr nicht aus Kleinmüthigkeit Rechte neh=
men, bie ihr nun einmal zuftehen.[1]) Auch ift bie Wahl in ben Hänben
ber Gemeinbe ja in fofern von praktifcher Bebeutung, als bie Gefammt=
kirche bie Schlichtungsinftanz für Streitigkeiten im Schooße ber Einzelge=
meinbe bilbet unb als boch auch Zerwürfniffe zwifchen Gemeinbe unb Vor=
ftanb nicht außerhalb bes Bereiches ber Möglichkeit liegen — follten nun
bie Gemeinben ba in bie Hänbe einer Verfammlung gegeben fein, bie bloß
aus Vertretern von Kirchenvorftänben gebilbet wäre? Da könnte boch leicht ein
arges Stanbesbewußtfein fich geltenb machen, bas überhaupt in ber chrift=
lichen Kirche verhütet werben foll, bas aber hier fehr bebenklich wirken
könnte[2]), unb — bie Gemeinbe ift benn boch bie Hauptfache im kirchlichen
Leben. Nicht bie Vorftänbe, fonbern bie Gemeinben follen auf ben Syno=
ben vertreten fein, unb alfo gebührt biefen auch bie Wahl als ben Rechts=
fubjecten ber Kirche überhaupt unb benen auch nur bie Vorftänbe ihre
Autorifation verbanken.

Aber nun ift freilich in ber Gemeinbe noch ein Element vorhanben
bas einer befonberen Berückfichtigung unb beßhalb auch einer befonberen
Vertretung bebarf. Der von ihr gewählte Vertreter hat fie als biefe zeit=
lich unb räumlich beftimmte Gemeinbe zu repräfentiren, als biefe befonbere
Inbivibualität in ihrer, fie als in fich gefchloffenes Ganze charakterifirenben
Eigenthümlichkeit. Dagegen ift auch Etwas in ihr, woburch fie über ihre
lokale unb zeitliche Gegenwart unb Befonberheit hinausragt in bas Ewige
unb Allgemeine, eben bas Element ber einen unb allgemeinen Kirche.
An biefem nimmt jebes Mitglieb ber Gemeinbe gleichmäßig Theil, benn
es ift nicht bloß ein Mitglieb biefer Einzelgemeinbe, fonbern eben fo fehr
auch ber allgemeinen Kirche, bie auch über bie Provinzial= unb National=
gemeinfchaft weit hinausreicht, unb auch biefes muß auf ben Synoben zur
Erfcheinung unb Wirkfamkeit kommen burch Perfönlichkeiten, bie es vertreten.
Auch bie Provinzial= ober Nationalfynobe ift nicht bloß biefer in fich ab=
gefchloffene Kreis, fonbern fie foll auch allgemeine Kirche in biefem ihrem

---

[1]) Das hieße boch zuletzt: „laffet uns Böfes thun, auf baß Gutes baraus komme!"
[2]) Darum kam auch in ber alten Kirche ber Hierarchismus immer mehr auf bie
Beine, weil bie Vorftänbe bie Rechte an fich genommen hatten, bie ber Gemeinbe zu=
kamen. Principiis obsta!

Kreise sein, und wie jedes Mitglied der Einzelgemeinde zugleich der allgemeinen Kirche angehört, so ist auch hinwiederum jede Einzelgemeinde nicht
bloß Glied dieser Nationalkirche, sondern ebenfalls der allgemeinen. Und
ferner, wie jedes Mitglied der Einzelgemeinde in demselben Maaße der allgemeinen Kirche angehört, wie dem einzelnen Kreise, in dem es steht, so
ist auch die Einzelgemeinde ganz im gleichen Maaße allgemeine Kirche, wie
sie einen besonderen Lebenskreis derselben darstellt. Daher muß denn nun
aber, wenn das Leben der Einzelgemeinden und ebenso das Wesen der
ganzen Kirche auf den Synoden zur Erscheinung kommen soll, die allgemeine
Kirche nicht bloß überhaupt, sondern auch in dem gleichen Maaße, wie die
lokalen und zeitlichen Besonderheiten, zu persönlicher Vertretung in den
Provinzial= oder Nationalkirchen gelangen, und — wie ist das zu erreichen?
Nun, wir haben schon gesehen[1]), daß die allgemeine Kirche in den Einzel=
gemeinden bereits ihren Vertreter hat: den Pfarrer! Wie sehr er auch
für seine Person durch den Eintritt in sein Amt Mitglied der einzelnen
Gemeinde geworden ist, ein Bruder unter den Brüdern und Nichts, als
ihr Diener, so hat er in diesem seinem Dienste doch lediglich die allgemeine
Kirche innerhalb der Gemeinde zu vertreten, und — ihm kommt es daher,
daß wir so sagen, auch von Amts wegen zu, dieß ebenfalls auf den Synoden zu thun. Alle anderen Diener der Gemeinde dienen den lokalen Interessen derselben, sind mit ihrem Dienst in die Schranken dieser einzelnen
Gemeinde gebannt, und auch ihr gewählter Vertreter auf den Synoden
vertritt dort nur sie als diesen einzelnen christlichen Lebenskreis, der Pfarrer
aber ragt hinsichtlich seines Dienstes an ihr von vorn herein über diese
Schranken hinaus. Wie er aus der allgemeinen Kirche als deren Delegat
zu ihr kommt, so ist es auch die ihm persönlich zufallende Aufgabe, der allgemeinen Kirche in ihr zu dienen, und — weil das seine persönliche Lebens=
aufgabe ist, so ist es auch sein persönliches Interesse, die allgemeine Kirche
auf den Synoden vertreten zu sehen, und — so hat er sie denn auch für
und in seiner Person zu vertreten. So folgt es aus den Verhältnissen der
Gemeinde selbst, aus den Lebenselementen, aus denen sie zusammengesetzt
ist und in deren Wechselwirkung sich überhaupt ihr Leben bewegt, und —
so hat die Synode denn zu bestehen zu gleichen Theilen aus
den gewählten Vertretern der Gemeinden und aus ihren
Pfarrern! Es ist das gewiß nicht pfäffisches Interesse, was diese Bestimmungen hervorgerufen hat; sie werden dadurch nothwendig, weil doch
auch verhütet werden muß, daß nicht auch auf den Synoden bloß das
lokale und zeitliche, mit einem Worte das individuelle Element des kirchlichen Lebens zur Erscheinung und zum Ausdruck komme, weil es vielmehr

---

[1]) S. oben §. 16, 4.

im Gegentheil so bringend noth ist, daß auch dort das Endliche am Ewi=
gen und das Individuelle am Allgemeinen immerfort hinsichtlich seiner Be=
rechtigung gemessen werde und daß das Licht der christlichen Wahrheit auch
dort die Dunkelheiten des so leicht irrenden Menschlichen erleuchte. Damit
ist aber auch kein persönlicher Unterschied zwischen den die Synode bildenden
Individuen gesetzt, so daß auf die eine Seite rein der Irrthum und auf
die andere rein die Wahrheit fiele — sie sind Alle Christen in gleichem
Maaße und ein Jeder soll prüfen, was ihm der Andere darbietet — aber
es ist ein Unterschied „des Dienstes und Amtes halber", wie er durch das
Bedürfniß der Gemeinde auch schon in dem einzelnen kleinen Kreise noth=
wendig entstanden ist, und der eben deßhalb auch auf den Synoden berück=
sichtigt werden und wieder zur Erscheinung kommen muß. Ohne diese eigene Ver=
tretung auf den Synoden würden die Pfarrer allerdings zu bloßen Knechten
der Gemeinden herabsinken, denn die Gemeinden errichteten dann eine In=
stanz über ihnen, die bloß von den Gemeinden abhängig wäre und die
Selbständigkeit und Freiheit des Pfarrers völlig vernichten würde, ein Zu=
stand, der niemals zum Heile führen könnte, da der Pfarrer ja den Beruf
hat, über der lokalen Individualität der Gemeinde zu stehen und diese stets
mit dem Allgemeinen und Ewigen zu vermitteln, dessen Trägerin jede In=
dividualität sein soll. [1])

So die Zusammensetzung der Provinzialsynode. Und die National=
kirche? Sie bildet sich natürlich nach denselben Grundsätzen, nur daß
man sich erinnern muß, daß sie aus den größeren Kreisen, welche die
Provinzialkirchen bilden, eben so hervorzugehen hat, wie diese aus den Ein=
zelgemeinden. Hier bildet jede Provinzialkirche wieder eine Einheit und
sendet ihren Vertreter in die Nationalsynode, nur allerdings so, daß nicht
etwa die Provinzialsynoden die Wahlen vollziehen und die Personen aus
ihrer Mitte entsenden, sondern so, daß auch hier die Wahl wieder von
sämmtlichen Einzelgemeinden durch je einen von diesen damit zu beauf=
tragenden Wahlbevollmächtigten vollzogen werden, während die Pfarrer ihre
Vertreter zur Nationalsynode selbst erwählen. Dieß Verfahren wird zunächst
schon dadurch empfohlen, daß die Nationalsynode die oberste Instanz in
allen kirchlichen Streitfragen ihres Bezirks zu bilden hat. Hätte sie nun
aus der Provinzialsynode hervorzugehen, so wäre eine Appellation von
dieser an die oberste Instanz doch nichts Anderes, als nur ein Uebertragen
der Sache an einen engeren Ausschuß der Provinzialsynode selbst, und es

---

[1]) Man hat die Abhängigkeit der Pfarrer von den außerkirchlichen, weil landes=
herrlichen Consistorialbehörden beklagt, weil sie dadurch Gefahr liefen, um ihre christ=
liche Freiheit zu kommen, aber — man hüte sich, sie nicht in die eben so schlimme
Knechtschaft unter ein bloß lokal gefärbtes und niedrig stehendes Gemeindechristenthum
zu bringen. Die Sekten zeigen, wohin das führt.

ift leicht erſichtlich, wie das unter Umſtänden ſehr unerwünſcht ſein könnte.
Auch muß die Nationalſynode für Beſchwerdeſachen, welche die Einzel=
gemeinden über die Provinzialkirche zu führen haben, die entſcheidende
Inſtanz ſein, und — wie dürfte ſie da als eine von der Provinzialſynode
ſelbſt ernannte Körperſchaft erſcheinen, wenn nicht Mißtrauen gegen ſie von
vorn herein vorhanden ſein, wenn ihre Maßnahmen bei den Betreffenden
ein freundlich=brüderliches Aufnehmen und Entgegenkommen finden ſollen?
Die innerliche und äußerliche Unabhängigkeit von den Provinzialkirchen,
wodurch ſie allein als die höhere Inſtanz zu erſcheinen vermag, kann nur
geſichert werden, wenn die Wahl wieder an die Einzelgemeinden zurückfällt,
und man muß auch hier ſagen, daß die Provinzialſynode zur Vornahme
einer ſolchen Wahl eben ſo wenig als legitimirt betrachtet werden kann,
wie der Vorſtand der Einzelgemeinde zur Vornahme eines Vertreters in
der landſchaftlichen Verſammlung. Die Provinzialſynode iſt allerdings
die Vertreterin der Provinzialkirche und competent für die Angelegen=
heiten derſelben, ſoweit ſie nur dieſe angehen, aber ſie iſt nicht die Provin=
zialkirche ſelbſt, ſondern dieſe bilden die Einzelgemeinden in ihrer
Ganzheit, und über die Wahrnehmung der die beſonderen Provinzialkirchen
betreffenden Angelegenheiten hinaus haben ſie kein Mandat empfangen.
Eben dieſe aber ſind es, welche von der Nationalſynode wahrgenommen
werden ſollen, und wie könnte da die Provinzialſynode berechtigt ſein, ein
Mandat für Geſchäfte zu ertheilen, die ſelbſt nicht in ihrer Competenz
liegen?[1]) Die Competenz kommt der Geſammtheit der Einzelgemeinden ſelbſt
zu, und daher haben dieſe auch den Auftrag zu geben und die Wahlen, da
ſie Provinzenweiſe erfolgen müſſen, durch zu dem Zwecke ernannte Ver=
trauensmänner vollziehen zu laſſen. Auch fällt ſo aller Schein der Bevor=
mundung hinweg, der doch ſicher entſtehen müßte, wenn die Provinzialſynode
den Gemeinden aus den Händen nehmen wollte, was dieſen gehört, und
vollends aller Anlaß zu dünkelhaft=pfäffiſchem Ueberheben und zu jenen
geheimen Intriguen, die durch den Ehrgeiz ſo leicht in den Provinzial=
ſynoden angezettelt werden und dieſe um ihre Würde und ihr Vertrauen,
auch am Ende um ihre innerliche Unabhängigkeit bringen könnten. Auch
um der Provinzialſynode ſelbſt willen muß ihr dieſe Wahl entzogen werden,
damit ſie ſich mit Nichts zu beſchäftigen Gelegenheit habe, als wozu ſie
berufen iſt, und damit nicht das „Trachten nach hohen Dingen" dem Einen
oder Anderen in ihr zum Fallſtrick werde.[2])

---

[1]) Röm. 12, 3. 1 Theſſ. 4, 6.

[2]) Die Kirche ſoll auch Niemanden in Verſuchung führen und ihre Einrichtungen
danach treffen. Oder wäre eine ſolche Gefahr da völlig fern? Man will die Gemeindewahlen
nicht, weil man dabei Umtriebe fürchtet, können die aber bei den Synoden gar nicht
vorkommen? Nur mehr im Geheimen ſchleichende und deßhalb gefährlichere!

3. Die Ordnung auf den Synoden, nach welcher ihre Verhand=
lungen geführt werden, ihre Geschäftsordnung, ist die gesellschaftliche,
die — warum den Ausdruck nicht gebrauchen? — parlamentarische,
weil diese wirklich die für eine Genossenschaft, welche unter einander ver=
handeln und Beschlüsse fassen soll, nothwendige ist. Es wird ein Vor=
sitzender nebst einigen Beiräthen gewählt, die berechtigt sind, seine Stelle
zu vertreten, Schriftführer und Expedienten, wenn man zu diesem letzteren
Dienste nicht ein paar Diakonen aus der Ortsgemeinde herbei ziehen will,
wo die Synode versammelt ist.[1]) Diese bilden den leitenden Vor=
stand der Synode.[2]) Daneben dann einzelne Fach=Ausschüsse für die zu
verhandelnden Angelegenheiten, um diese für die gemeinsame Berathung
vorzubereiten: für Armenpflege und die besonderen Liebeswerke, für Schul=
sachen, für die gottesdienstlichen Dinge, für das, was die kirchliche Ord=
nung und den Frieden in den Gemeinden betrifft, für das Rechnungswesen,
und, wenn nöthig, noch besondere Commissionen für einzelne schwierige
Fälle. Die Verhandlungen würden natürlich öffentlich geführt werden
müssen, damit auch Gemeindemitglieder theilnehmen könnten, die nicht de=
putirt wären, denn was die Kirche thut, braucht das Licht nicht zu scheuen,
und nur wo der zu verhandelnde Fall, wie bei Streitigkeiten, die zu
schlichten wären, es wünschenswerth machte, weil persönliche Dinge da
verhandelt würden, könnte die Oeffentlichkeit ausgeschlossen sein. So könnte
es denn, wenn überhaupt nicht aller christlicher Geist abhanden gekommen
ist, an regem Leben nicht fehlen und gerade eine solche Synode wäre dazu
angethan, zu zeigen, wie da alle Glieder hängen an dem einen Haupte
und wie eins dem anderen Handreichung thut in der christlichen Kirche.

Aber nun während der Zwischenzeit von einer Synode zur anderen?
Diese könnte doch nicht immer beisammen bleiben, und wer repräsentirte,
wer verwaltete da die Gesammtkirche? Nun, wir meinen, der leitende
Vorstand sei da hinreichend, wenn ihm, wo es nöthig wäre, vielleicht noch
jene Fachausschüsse beigegeben würden, und auch das möchte kaum nöthig
sein. Also kein Consistorium? keine permanente leitende Oberbehörde, die
noch über den Synoden stände? Nein! wir meinen das in der That[3]), wir

---

[1]) Es dürfte zweckmäßig sein, die Provinzialsynoden, deren Umkreis nicht allzu
groß sein dürfte, in den einzelnen Gegenden der Provinz abwechselnd zu halten, wäh=
rend die Nationalsynode vielleicht alternirend in den Provinzhauptstädten tagen könnte.

[2]) Das „Moderamen", wie die alten Kirchenordnungen es nennen. Die Schotten
hatten auf ihren ersten sechs Synoden keinen Moderator, um die Gleichheit unter den
Brüdern nicht zu verletzen, doch sahen sie sich bald genöthigt, eine wirkliche Leitung
einzurichten.

[3]) Und wissen aus Erfahrung, daß das vortrefflich geht. Die Conföderation in
Niedersachsen hat seit anderthalb Jahrhunderten bestanden ohne Consistorium, und — es hat
in ihr mindestens nicht schlechter gestanden, als in den benachbarten Consistorialkirchen,

meinen, es müßte die Kirche nicht nur ohne eine solche überkirchliche Ober=
behörde ganz vortrefflich fertig werden können, sondern es habe eine solche
über der in ihren Synoden versammelten autonomen Gemeinde auch. nicht
einmal ein Recht des Bestehens. Oder in wessen Namen wollte sie ein
solches Recht denn in Anspruch nehmen? Im Namen Jesu Christi und also,
was dasselbe sagt, kraft eigenen, ihr göttlich verliehenen Rechtes? Es hat
allerdings ein übergemeindliches Institut gegeben, welches dieß für sich
geltend gemacht hat, die römische Hierarchie, aber — wir brauchen deren
Prätention, die von Christo selbst eingesetzte Stellvertreterin des obersten
Herrn der Kirche zu sein, hier nicht mehr zurück zu weisen. Wenigstens ist
es ihr bis jetzt noch nicht gelungen, Brief und Siegel über die geschehene
unmittelbar göttliche Verleihung ihres angeblichen Herrscherrechtes aufzu=
zeigen, und sie wird's auch wohl anstehen lassen müssen, sich mit bloßen
Behauptungen begnügend. Christus, wie wir gesehen haben, verleiht keine
persönlichen Vorrechte in der Gemeinde unmittelbar[1]), und eben deßhalb
kann auch Niemand kraft eigenen Rechtes ein Amt in der Kirche bekleiden,
am Wenigsten ein solches, das ihn über die Kirche dahin stellte.[2]) So
könnte ein solches Recht, wenn es vorhanden sein sollte, nur ein übertragenes
sein und zwar von einer anderen Macht, die über der Kirche stände, und
da giebt es denn keine andere, welche der Kirche in gewisser Weise eben=
bürtig wäre, als den Staat, wie das denn auch die Territorialisten am
Entschiedensten behauptet haben und wie noch jetzt die Consistorien, wenn
sie sich auch Kirchenbehörden nennen, doch in der That nur zur Regierung
der Kirche bestellte Staatsbehörden sind, von der Kirche selbst aber ihr
Recht nicht bekommen haben.[3]) Aber wie es nun mit dem Rechte des Staates
über die Kirche steht, haben wir auch bereits gesehen.[4]) Die Kirche hat
vom Staate ihr bürgerliches Recht zu nehmen und auf seinen Schutz
Anspruch zu erheben, sonst aber lebt sie unabhängig von ihm kraft eigenen
Rechtes, so wenigstens meint es Paulus[5]), und so muß denn auch das
Recht der landesherrlichen Consistorien, die Kirche zu regieren, sehr hinfällig

---

obgleich wegen der weiten Entfernung der Synodalgemeinden von und des oft so
schwierigen Verkehrs derselben mit einander die Gefahren der Unordnung in diesen
viel größer zu sein scheinen. Aber — warum sollte Christen denn stets der Consi=
storialstock im Nacken drohen müssen?

[1]) Matth. 20, 23: „Das . . . . stehet mir nicht zu!"

[2]) Dieß gegen alle Diejenigen, die meinen, es könne ein Regiment der Kirche
geben, das Der, der es übte, kraft eigenen Rechtes besäße. Es gibt in der Kirche nur
übertragene Rechte und über der Kirche hat Niemand ein Recht.

[3]) Die stillschweigende Einwilligung, die nach Pfaff substituirte, ist sicher eine
Fiction.

[4]) S. oben §. 14, 2.

[5]) Röm. 13, 1 ff.

erſcheinen, ja, es muß ſogar geſagt werden, daß ſelbſt die Synoden nicht
berechtigt ſein würden, ihnen ein ſolches Recht zu übertragen, da es die
Kirche, als zu ihrem Weſen gehörig und ihr von dem Herrn übergeben,
nicht wieder weiter geben darf in andere Hände. Sie darf ſich ihrer
„Freiheit, damit ſie Chriſtus befreiet hat," nicht entäußern, ſie darf „nicht
der Menſchen Knecht werden."[1] Und was fürchtet man denn auch von
dieſer nun doch allein übrig bleibenden Einrichtung? Allerdings wird es
dann ſchwer halten, daß eine oft kleine Partei in der Kirche ſich hinter das
über der Kirche ſtehende und deßhalb von ihr unerreichbare conſiſtoriale
Regiment ſtecke, um auf dieſe Weiſe der Kirche ihre Tendenzen annehmbar
zu machen, aber — wir meinen, daß der Schaden in der That ſo groß
nicht ſei, wir meinen ſogar, das ſei ein Gewinn, groß genug, um die
Kirche zu bewegen, alle „Vortheile" des Staatskirchenregimentes hinzugeben,
wenn nur dieſer Gewinn dadurch geſichert würde. Oder was vermißt man
denn weiter? Man ſagt: es fehlt alsdann der „ſtarke Arm", der Ordnung
hält — nun, was der „ſtarke Arm" bedeutet, davon hat die Kirche in
manchen Zeiten nicht die beſten Erfahrungen gemacht, und — ſie bedarf
eines ſolchen Armes gewiß nicht! ſie kennt eine andere Macht und hat viel
beſſere Waffen[2], um jeden „Böſewicht" zu überwinden, als dieſe, die ſo
ſehr zweifelhafter Art ſind[3], und in der That kann doch Niemand der
Kirche Chriſti einen größeren Schimpf anthun, als von ihr zu behaupten,
daß ſie, das königliche Prieſterthum Gottes, das beſtimmt iſt, die Welt mit
ſeinem von Gott empfangenen neuen Lebensgeiſte wieder in Ordnung zu
bringen, erſt von dem weltlichen Arme, der das Schwert trägt, ſelbſt müſſe
in Ordnung gehalten werden! Eine ſolche Kirche verdiente gar nicht mehr
zu exiſtiren. Was die Kirche bedarf, iſt dieß, daß ſie ſich ſelbſt in Ord=
nung halte, und dazu ſollte doch am Ende jene Einrichtung hinreichend
ſein. Was die Conſiſtorien jemals Nennenswerthes und wirklich Nützliches
geleiſtet haben, das kann ein ſolcher ſtändiger Synodalausſchuß auch leiſten,
denn wenn die Kirche ſo eingerichtet iſt, daß jede Gemeinde in ihrem
Presbyterium ſchon eine Inſtanz hat, die auf Ordnung ſieht, dann kann ein
großer Theil der bisherigen Beaufſichtigung von ſelbſt wegfallen: es wird
die obere Verwaltung viel weniger Geſchäfte haben, als die Conſiſtorien,
die die Gemeinden bisher auf Schritt und Tritt meinten leiten zu müſſen
und ſich deßhalb um alle Kleinigkeiten bekümmerten. Da werden viel weniger
Akten geſchrieben werden, viel weniger lange Berichte von den Pfarrern
an die oberen Stellen zu ſchicken ſein[4], und — die Sache wird doch ihren

---

[1] Gal. 5, 1. 1 Cor. 7, 23.
[2] Eph. 6, 10 ff. Jerem. 17, 5. 1 Cor. 3, 18 ff.
[3] Pſ. 118, 9.
[4] Man denke nur an die Diſpenſationen: wie viel Aktenbündel mögen ſie für

Gang gehen, ordentlich und rechtschaffen, weil es Christen sind, die sie treiben und weil die Gemeinden selbst nach dem Rechten sehen. Das christliche Leben kreist hauptsächlich in den Einzelgemeinden, die für sich selbst competent sind, und die allgemeinen Angelegenheiten der Provinz sind nicht so umfangreich und verwickelt, daß nicht ein einigermaßen tüchtiger Synodalausschuß sie leicht übersehen und besorgen könnte. Oder möchte man sagen, es würde da die Stätigkeit in der Verwaltung und deßhalb bei den so oft wechselnden Ausschüssen die tiefere Ein= und die klarere Uebersicht fehlen? Auch das möchten wir bestreiten. Die Stätig= keit ist eben in den Synoden selbst hinreichend vertreten[1]), und diese werden auch so leicht Niemanden mit ihrer Leitung beauftragen, der noch ein Neuling ist und von dem sie nicht wissen, daß er sich in die Dinge bereits hineingearbeitet habe, wie denn auf der anderen Seite gerade die Leitung der Synoden, in denen der ganze kirchliche Kreis vertreten ist, geeignet sein muß, eine viel umfassendere Uebersicht über die kirchlichen Verhältnisse und Personen zu gewähren, als es den Consistorialräthen an ihren Büreaus und aus den Aktenheften möglich ist. Diese werden da leicht Männer der Doctrin, der Routine und des Mechanismus, während die Synode Männer des frischen kirchlichen Lebens und der rechten Handhabung in kirchlichen Dingen erziehen wird. Uebrigens schließen Diejenigen, welche die Verbin= dung des consistorialen Regimentes mit der synodalen Kirchenordnung empfehlen, sich ja nur den einmal hergebrachten Verhältnissen an. Sie meinen, die Consistorien nicht los werden zu können, deßhalb suchen sie dieselben mit den Synoden, so gut es gehen will, in Zusammenhang zu setzen und das Widerstreitende zu versöhnen, wie manche ihrer gequälten Demonstrationen beweisen. Die Kirche aber muß reine Verhältnisse haben, und über der Kirche, wie sie in den Synoden erscheint, kann es einmal keine sie kraft eigenen Rechtes regierende Macht geben, das Regiment, so= weit es nicht in die Einzelgemeinden fällt, ruht in den Synoden selbst und deßhalb in dem zur Ausführung ihrer Beschlüsse und zur Handhabung ihrer Ordnung gewählten Ausschusse. Man werde doch hier einmal con= sequent! Die Kirche soll nicht nach der Analogie des politischen, sondern in Gemäßheit ihres eigenen Wesens constituirt werden — nun wohl, hier ist es,

theures Geld jährlich geliefert haben! Eine freie Kirche dispensirt entweder gar nicht, nämlich von dem, was Sünde ist, oder sie verbietet nicht, wovon dispensirt werden kann, sondern stellt das dem Gewissen eines Jeden anheim, namentlich aber läßt sie sich die Dispensen nicht theuer bezahlen.

[1]) Wir möchten da an ein analoges Verhältniß erinnern: die Universitäten wechseln alljährlich ihre Beamten, und — doch kann man dort über Mangel an Stätigkeit in der Verwaltung nicht klagen. Die Stätigkeit liegt in der Korporation, die den Ein= zelnen trägt. Sollte das gemeinsame christliche Leben nicht ähnliche Wirkungen haben!

wo der Unterschied hervortritt! Im Staate sind die beiden Faktoren, Volk und Regiment, und da steht deßhalb auch die fürstliche Gewalt kraft eigenen Rechtes der Vertretung des Volkes gegenüber — die Kirche aber kennt kein eigenes Recht, das Jemand über sie hätte, und deßhalb ruht in ihr selbst auch alle Competenz. Sie ist eben das „königliche Priesterthum" selbst.[1])

4. Was ferner die Competenz der Synoden, sowohl der landschaftlichen, als der nationalen, betrifft, so versteht es sich von selbst, daß sie nicht weiter gehen kann, als die der Kirche überhaupt: über Gewissenssachen haben auch sie Nichts festzusetzen![2]) Aber auch in dem, was die Ordnung des kirchlichen Lebens betrifft, haben sie den Einzelgemeinden ihre Freiheit zu lassen, und das eigentliche Feld ihre Thätigkeit erstreckt sich nur auf dasjenige, was dem Gesammtverbande gemeinsam ist. Allerdings mögen sie den Einzelgemeinden Rathschläge und selbst Warnungen zukommen lassen, sei es, daß sie dazu aus diesen selbst heraus aufgefordert, sei es, daß sie durch andere Umstände dazu veranlaßt werden, und wir haben oben[3]) bereits Fälle erwähnt, wo die Synoden berechtigt sein müssen, in Verhandlungen auch über die besonderen Angelegenheiten der Einzelgemeinden zu treten, und wo sich diese solche Einsprache gefallen lassen müssen. Aber eine unbedingte Regierungsmacht haben sie nicht über die einzelnen Gemeinden und die Eigenthümlichkeiten derselben müssen sie innerhalb der Schranken des Christenthums anerkennen. Dagegen haben sie das innere Geistesband zwischen den Einzelgemeinden ihres Bezirks zu vermitteln, wie sie selbst ja die Erscheinung dieses Bandes sind, und sodann wahrzunehmen, was Alle gemeinsam angeht. Die Einzelgemeinden bedürfen einander gegenseitig, weil es mancherlei kirchliche Bedürfnisse giebt, welche die einzelne für sich allein nicht befriedigen kann, vielmehr bedarf es da einer Reihe von gemeinsamen Anstalten, namentlich zur Ausbildung Derer, welche in den Aemtern fungiren sollen, die eine besondere fachgemäße Ausbildung erfordern: Seminarien für Lehrer und Prediger;[4]) eben so bedarf es einer gemeinsamen Liebesthätigkeit, theils zur Unterstützung solcher Gemeinden, die dessen bedürftig sind, um Existenz zu haben[5]), theils zur Ausführung solcher Werke, die der einzelnen Gemeinde unmöglich wären und die doch um der Liebe willen gethan sein müssen: Krankenhäuser, Rettungsanstalten u. dgl.[6]) auch Unterstützungsanstalten für Wittwen und Waisen der Kirchenbeamten;

---

[1]) 1 Petr. 2, 9.
[2]) S. §. 14.
[3]) S. §. 16.
[4]) Nicht Universitäten, s. unten §. 18.
[5]) Vgl. die Collecten für Jerusalem in der Apostel Zeit.
[6]) Diese sollten nach unserer Meinung in den Händen der Kirche sein, um sie nicht ungesunden Parteirichtungen zu überliefern.

ferner bedarf es gewisser Normen[1]) für das Verhalten der Gemeindebeamten und besonders der Prediger und Lehrer, und wenigstens einer gemeinsamen Verständigung über die durch allgemeine Verhältnisse gebotenen Schritte; es bedarf, daß den Gemeinden auch die Hülfsmittel in Schule und Gottesdienst dargeboten werden, die sie sich allein nicht beschaffen können, z. B. Gesang- und Religionslehrbücher;[2]) und endlich ist ja auch eine Instanz zur Schlichtung von Streitigkeiten in den Gemeinden, soweit sie das kirchliche Leben betreffen, nothwendig. In allen diesen Dingen ist die Synode competent, und zwar die Provinzialsynode für die der Landschaft, die Nationalsynode für die des ganzen Volkes, indem diese für die Schlichtungsfälle die zweite Instanz zu bilden hätte und es ihr außerdem noch zuständе, die Aspiranten des Lehr- und Pfarramtes zu prüfen und zu autorisiren[3]) — ohne Zweifel Material genug, um die Synoden vollauf zu beschäftigen, ohne daß sie ihre Competenz bis in die Angelegenheiten der Einzelgemeinden hinein erweitern müßten[4]), und ebenfalls genug, um ihnen Gelegenheit zu geben, mannigfach geistig befruchtend sowohl auf die eigenen Mitglieder, als auf die Gemeinden selbst einzuwirken, zumal auch Berichterstattungen über den Stand der Einzelgemeinden erfordert werden dürften.

Eine besondere Thätigkeit würden jene schon mehrfach erwähnten Schlichtungssachen in Anspruch nehmen, und dazu bedürfte es allerdings wohl einer eigenen, aus Pfarrern und Gemeindeabgeordneten zusammengesetzten Commission. Ihre Aufgabe wäre, den Frieden in den Gemeinden zu erhalten und darüber zu wachen, daß Niemand in seiner christlichen Freiheit und in der Ausübung seiner Rechte als Mitglied der Gemeinde oder als Diener derselben behindert würde. Vor sie gehörten alle Fälle, wo es sich um Ausschließung von der Gemeinde handelte[5]), ferner alle Ehesachen, soweit sie der kirchlichen Competenz unterliegen, also namentlich die

---

[1]) Nicht Formularien.

[2]) Doch ist nicht nöthig, daß alle Gemeinden dasselbe Gesangbuch und den gleichen Katechismus haben. Hier muß auch der Individualität Spielraum gelassen werden, und die in solchen Dingen die kirchliche Einheit suchen, wissen nicht, worin sie wirklich besteht. Die Synode könnte immerhin Gesangbücher und Katechismen den Gemeinden darbieten, daneben müßten aber auch andere erlaubt sein, und der Synode nur das Recht zustehen, sie einzusehen und zu moniren. So wäre genug geschehen, um Mißgriffe und Unrechtfertigkeiten zu verhindern.

[3]) Dieß scheint uns der Nationalsynode schon deßhalb zuzustehen, weil die Autorisation ja im Namen der allgemeinen Kirche erfolgt, also der obersten Instanz wohl zukommen muß.

[4]) Noch ist dazu die Aufsicht über das Rechnungswesen der Einzelgemeinden zu rechnen, die den Synoden zustehen muß, weil diese ein mannigfaches eigenes Interesse daran haben, daß die materielle Basis für die Existenz der Gemeinden nicht verloren gehe.

[5]) S. oben §. 12.

Frage nach der Wiedertrauung solcher Personen, welche der Staat ge=
schieden hat, besonders aber auch alle Streitigkeiten, die in den Gemeinden
wegen kirchlicher Dinge ausbrechen möchten, Beschwerden über die Diener
der Kirche u. d. gl. Nur muß natürlich gesorgt werden, daß solche Be=
schwerden und Anklagen nicht in frivoler Weise gestellt werden können und
namentlich die gegen die Diener der Einzelgemeinde nie anders, als auf
Antrag der letzteren, den sie in ordentlicher Versammlung beschlossen hätte.
Daß dabei das Streben nach Versöhnung das vorwaltende sein muß, ver=
steht sich in einer christlichen Kirche von selbst[1]), und eben so, daß alle Ver=
handlungen über theologische Streitfragen nicht vor dieß Forum, sondern
vor das der freien Wissenschaft gehören.

5. Die Synode vertritt die Kirche ihres Kreises nach außen
hin und zwar zunächst gegenüber dem Staate.[2]) Von ihr gehen deßhalb
die Anträge aus, die an diesen zu bringen sind, und da auch der Staat
in einem freundlichen Verhältnisse zur Kirche steht, wie diese zu ihm, da er
aber auch ein Interesse daran hat, über den Stand der kirchlichen Dinge
unterrichtet zu sein, so entsendet er seinen Botschafter[3]) zur Synode, der
den Verhandlungen derselben beizuwohnen, eventuell die Interessen des
Staates bei ihr zu vertreten und über ihre Anträge mit ihr zu verhandeln
hat. Deßhalb ist die Synode denn auch verpflichtet, dem Staate Zeit und
Ort ihrer Versammlung vorgängig anzuzeigen und sich am Ende auch ge•
fallen zu lassen, wenn von jener Seite eine andere Zeit für den Zusam=
mentritt der Synode gewünscht wird, nur — um Erlaubniß ihrer Zu=
sammenkunft hat die Synode den Staat nicht zu ersuchen. Die Kirche ist
nicht durch den Staat da, durchaus nicht sein Geschöpf, und wie ihre
Existenz nicht von seiner Anerkennung abhängig sein kann, so hat er auch
nicht zu verbieten, daß sie auch wirklich zur Erscheinung komme. Stände
ihm das Recht zu, die Erlaubniß dazu verweigern zu können, so hieße das
nicht mehr und nicht weniger, als die Existenz der Kirche selbst in seinen
Willen stellen, und das kann ihm die Kirche nicht zugestehen.

Und wie mit dem Staate, so denn auch mit den christlichen Kirchen der
anderen Völker, mit der allgemeinen Kirche. Eine organische Ver=
bindung mit diesen dürfte schwerlich zu erreichen und wegen der weiten
Ausdehnung auch unräthlich sein. Jede Nationalkirche bildet in kirchlicher
Hinsicht ein abgeschlossenes Ganze für sich. Aber ein Band der Liebe be=
steht gleichwohl zwischen den Christen aller Nationen und deßhalb auch
zwischen ihren Kirchen, und da soll sich ein freier Verkehr der Liebe und

---

[1]) Eph. 4, 26. Matth. 6, 14 f.
[2]) S. §. 14, 3.
[3]) »Commissarius principis.«

des gegenseitigen Mittheilens auch herstellen[1]), wobei namentlich die Natio=
nalsynoden ihre Schuldigkeit zu thun haben, eben so wie sie auch das Mis=
sionswesen, die Sorge für Verbreitung des christlichen Lebens unter den
noch heidnischen Völkern besonders unter ihre Obhut zu nehmen berufen
sind. In einer Kirche, die keine Mission treibt und keinen Sinn dafür hat
— es ist das doch ganz richtig gesagt worden — muß es nicht recht stehen
um ihr eigenes Ergriffensein vom Leben ihres Herrn, aber — auch nur
mit vereinten Kräften kann dieß Werk gelingen und auch nur, wenn es im
Geiste christlicher Freiheit und nicht in dem des oft so sehr verengten Sec=
tenwesens getrieben wird.

§. 18.

Neben der von der kirchlichen Verfassung umschlossenen Bewegung des
öffentlichen Gemeindelebens soll auch eine freie Liebesthätigkeit in der
ganzen Kirche Raum behalten, und namentlich ist es auch die freie christ=
liche Wissenschaft, welcher die Kirche zu ihrer eigenen fortdauernden
Erweckung und Förderung nimmer entbehren kann.

1. Die Kirche bedarf der Ordnung für Haushalt und Leben, darum
richtet sie auch selbst ihre Lebensordnung auf gemäß den ihr gegebenen und
in ihrem eigenen Wesen liegenden Normen und handhabt dieselbe in un=
behinderter Machtvollkommenheit. Aber die Verfassung ist, wie jede Ver=
fassung, nur das Schema, in welchem das Leben und zwar das öffentliche
Leben der Kirche sich bewegen soll, und wie sie dieß Leben selbst mit seinem
Inhalte nicht der Verfassung verdankt und dieser allein auch die Erhaltung
und Förderung derselben nicht überlassen kann, so kann es ihr auch
nicht in den Sinn kommen, das Leben, das in ihr ist, bloß auf den
von der Verfassung umschriebenen Kreis zu beschränken. Das Leben,
das der Kirche eignet, ist das freieste und gebundenste zugleich, denn
es ist Liebe zu Gott und Menschen[2]), und darin hat es, wie einen unend=
lichen Inhalt, so auch einen unerschöpflichen Trieb, sich immer reicher zu
entfalten und des Menschen ganze Thätigkeit, wie in seinen Bereich und
Dienst zu ziehen, so ihr auch eine neue Gestalt nach seinem Maaße zu
geben. Die Liebe thut sich nimmer genug, das ist eben die Unendlichkeit
ihres Wesens, und wenn sie auch gebunden ist und sich selbst bindet,
so will sie doch auch frei und nicht auf einen engen Kreis beschränkt
sein, das ist ihr stets frei waltender Trieb. So kann's denn nicht anders
geschehen, es muß in der kirchlichen Gemeinschaft neben der von der Ver=
fassung umschlossenen Bewegung ihres öffentlichen Lebens, aber im Anschluß

---

[1]) So schlossen ja auch die Juden= und Heidenchristen in der apostolischen Zeit sich
nicht organisch an einander. Vgl. Gal. 2, 9 f.: „Allein daß wir der Armen gedächten".
Nur die Gemeinschaft der Liebe wurde für nöthig gehalten.

[2]) Gal. 5, 6. 1 Joh. 3, 18.

an sie und keineswegs in der Tendenz, sie zu durchbrechen[1]), eine Mannig=
faltigkeit des persönlichen freien Liebeslebens sich hervorthun, indem Jeder
auch für sich selbst sich getrieben fühlen muß, sein ganzes Leben mit all seinem
Thun und Treiben in den Dienst dieser Liebe zu stellen, und das soll die
Kirche unter dem Vorgeben, daß es um ihre gemeinsame Ordnung sich
handle, nimmer erdrücken wollen, vielmehr soll sie es in Liebe hegen und
pflegen, und wie sie sich bewußt sein soll, daß sie selbst auch bei ihrem öf=
fentlichen Thun kein anderes Ziel empfangen hat, als dieß, daß das Leben
ihres Herrn, welches das Leben in der Liebe ist, alles Menschliche immer
völliger durchdringe und neu gestalte nach der Wahrheit Gottes, so soll sie
auch erkennen, daß ihr eigenes wahrhaftes Gedeihen nur davon abhängt,
daß durch den Glauben der Liebe und Treue immer mehr in ihr werde.[2])
Wehe der Kirche, in welcher es nicht so stände! und doppelt wehe derjeni=
gen, die das freie Walten der Liebe in ihrem Schooße im vermeintlichen
Interesse der Ordnung meinte unterdrücken zu müssen! Die Hierarchen=
Kirche hat es gethan, wiewohl gerade sie so viel von Liebeswerken redet[3])
sie hat die freie Liebe aus ihrer Mitte vertrieben, wie sie überhaupt das
freie Walten der Persönlichkeit nicht hat dulden wollen, es so oft mit Feuer
und Schwert verfolgt hat — Alles sollte da in die Schranken der Verfas=
sung gebannt sein. Die evangelische Kirche kann und darf auf diese Wege
nicht gerathen. In ihr gilt die Persönlichkeit in ihrer ganzen Berechtigung
und darum auch die freie Bewegung des persönlichen Lebens, und — die
Verfassung, wie wichtig und heilig ihr auch die kirchliche Ordnung ist, ist nicht der
Moloch, dem sie ihre Kinder schlachten möchte. Die Verfassung ist ihr nicht
Selbstzweck, wie der Hierarchie, sondern nur Mittel zu einem viel höheren
Zwecke, nur das Mittel, das es ihr möglich macht, gemeinsam thätig zu
werden zur Pflege und Förderung des Lebens, das sie von dem Herrn hat,
des Lebens in seiner Liebe.[4]) So unterdrückt sie denn das freie Liebes=
leben in ihrer Mitte nicht, sondern wie sie an jeder eigenthümlichen Ge=
staltung des christlichen Lebens sich freut, wenn dieselbe nur gesund und kräftig

---

[1]) Das würde eben die Liebe nicht leiden, und darauf muß sich denn freilich die
Kirche verlassen.

[2]) Mit einer Anzahl ihrer Anstalten, Armenwesen, Missionssache u. s. w. ist sie
selbst ja durchaus auf die freie Liebe der Ihrigen hingewiesen.

[3]) Weßhalb diese in ihr im Verhältniß zur evangelischen immer sehr geringfügig
sind. Man vergleiche nur die Zahlen der Summen, die in beiden Kirchen durch freie
Gaben für christliche Zwecke aufgebracht werden. Allerdings nicht die Geldsummen
thun's, aber hinter ihnen steht die Liebe und sie sind doch am Ende ein Maßstab
für diese.

[4]) Joh. 15, 9. 1 Cor. 13, 1 ff. Eph. 3, 14 ff. 1 Joh. 4, 7 ff. Ebr. 13, 1.
1 Petr. 1, 22. 2 Petr. 1, 7.

Ist, so freut sie sich auch vollends, wenn der Geist der Liebe in ihren Gliedern mächtig sich regt und sich selbst Bahnen für seine Thätigkeit sucht auch neben ihrer allgemeinen und öffentlichen Ordnung, nur daß sie sorgt, daß auch diese allgemeine Ordnung fest bleibe, daß das Treiben des Geistes in den einzelnen Persönlichkeiten das Gemeinschaftsband nicht zerreiße, sondern sich Alle bewußt bleiben, wie sie doch wieder nur Glieder sind an dem einen Leibe des Herrn.[1] Da entsteht denn ein mannigfaltiges Leben nach den mannigfaltigen Beziehungen hin, in denen der Mensch hienieden steht, sie alle sucht die Liebe zu gestalten, nach allen hin bietet sie ihre „Handreichungen" dar, in Familie und Nachbarschaft, im häuslichen und öffentlichen Leben, in der Freude und im Leide — wie viele Gelegenheiten für die freie Liebesthätigkeit! Und da das christliche Leben immer strebt, ein gemeinsames zu sein, so kann es auch nicht fehlen, daß hier wieder eine Anzahl von kleineren Kreisen sich bilden, die gemeinsame Zwecke gemeinsam verfolgen wollen, freie Vereinigungen für die Aufgaben des bürgerlichen und des kirchlichen Lebens, für Milderung fremder Noth und zu gegenseitiger Hülfe, für eigene Förderung in christlicher Erkenntniß und christlicher Gesinnung und für Verbreitung solcher Gesinnung und Erkenntniß auch unter Anderen — die Kirche freut sich an Allem, was in dieser Art hervortritt, sucht es zu wecken, zu fördern, und, wenn es sein muß, zu reinigen durch das Licht des Herrn, und sieht auch nicht scheel, wenn es eben seine eigenen Bahnen verfolgt und nicht von ihr im strengen Sinne geleitet wird[2]): sie weiß, daß es Freiheit haben muß, wenn es sich kräftig entfalten soll, und vertraut auf den Geist der Liebe, in welchem sie selbst ihre Werke treibt, daß der auch das Band sein werde, das den Leib des Herrn fest und sicher zusammen halte.

2. Hauptsächlich gehört nun aber zu den freien Bestrebungen der Liebe, wie sie in der Gemeinde sein sollen, das Trachten nach immer tieferer Erkenntniß des Heiles, nach immer völligerem Heben der Wahrheitsschätze, die in Christo gegeben sind, nach immer größerer Klarheit in Betreff dessen, was in Christo die Gemeinde sein soll, nach immer reinerer Herausschälung des Heilskernes aus den trüben Umhüllungen von Irrthum und Mißverständniß, mit welchen ihn die Jahrhunderte so oft umgeben haben: das wissenschaftliche Bestreben. Dieß kann nimmermehr Sache der Gemeinde als solcher sein, sie muß es Einzelnen ihrer

---

[1] Eph. 4, 1 ff. Phil. 2, 1 ff. Vgl. überhaupt, wie Paulus immer sich bemüht, das Band der Gemeinschaft bei aller Mannigfaltigkeit im Bewußtsein zu erhalten!

[2] Dahin gehören auch die besonderen Erbauungsvereine, zu denen sich Mitglieder der Kirche vereinigen mögen. Das Staatskirchenthum hat sie stets mit Mißtrauen betrachtet, als dem „Amte" gefährlich, die freie Kirche wird auch sie als berechtigt anerkennen, weiß sie doch, wie so leicht sie das Salz in den Gemeinden sein können.

Glieder überlassen, denen, welche sich dazu besonders getrieben fühlen und
die dazu nöthigen Gaben von dem Herrn empfangen haben, sie muß es,
mit einem Worte, dem freien Walten der Liebe anheim stellen und da nicht
Schranken ziehen wollen, wo sie keine zu ziehen im Stande ist. Möchte
auch das doch immer mehr erkannt werden! Die christliche Wissen=
schaft muß frei sein von jeder äußerlichen Fessel, angewiesen
allein auf die eigenen Gesetze, wie sie ihr in ihrem Wesen gegeben sind.
Leider ist das so oft nicht beachtet worden, und nicht bloß die römische
Kirche hat sich angemaßt, der Wissenschaft und ihrer Forschung das Facit
vorher zu bestimmen, bei welchem sie ankommen soll, es ist dieß auch aus
dem Schooße der evangelischen Kirche versucht worden und wird noch ver=
sucht, indem man die s. g. Symbole der Wissenschaft als ihre Schranken
hat hinstellen wollen.[1]) Der Unverstand kann nicht größer sein, und zwar
verkennt man da Beides, sowohl das Bedürfniß der Wissenschaft selbst, als
auch das wahre Bedürfniß des kirchlichen Lebens in dieser Beziehung. Die
Wissenschaft kann sich solche Schranken nicht gefallen lassen und wird sie
auch immer zersprengen, denn sie hat kein anderes Ziel, als die Wahrheit
immer reiner an's Licht zu stellen, und keine anderen Mittel, als diejeni=
gen, die ihr dazu von Gott selbst gegeben sind: das nach seinen eigenen
Gesetzen sich vollziehende, folgerichtige Denken. Sie steht auf dem Boden
und den Schultern der ganzen Vergangenheit und aller der Arbeiten, die
da zur Erkenntniß der Wahrheit unternommen sind[2]), und keineswegs ist
es ein immer neues Anfangen, dessen sie sich unterzieht[3]), aber sie ist auch
frei von dieser ganzen Vergangenheit und steht ihr selbständig gegenüber,
an Nichts gebunden, als an die Gesetze des folgerichtigen Denkens selbst,
das wir die „Vernunftthätigkeit" nennen. Ihr diese Freiheit nehmen wollen,
heißt sie selbst aufheben und vernichten, und — die Kirche darf es nicht
thun, darf es, abgesehen von aller Anmaßung, die darin liegen würde[4]),
auch um ihrer selbst willen nicht thun. O fürchte man doch dieß freie
Walten auch des wissenschaftlichen Geistes nicht! Wohl kann derselbe in
Irrungen und Verirrungen gerathen, wohl sind da Mißverständnisse und
Mißdeutungen möglich, aber hat sie die Kirche gleichwohl zu fürchten? sind
sie dem Bestehen der christlichen Wahrheit gefährlich? drohen sie, das Chri=
stenthum selbst zu vernichten? Die Kirche kann und darf solche Furcht

---

[1]) Die Vorgänge auch aus neuester Zeit sind bekannt genug.

[2]) Auch hier gilt es, was Joh. 4, 37 f. der Herr von allem geistigen Leben sagt.

[3]) Wie Stahl und Möhler, die Männer der „umgelehrten", d. h. verkehrten
Wissenschaft, den Unwissenden aufzubinden gesucht haben.

[4]) Vgl. den feinen Spott, mit welchem Paulus (1 Cor. 4, 10) Diejenigen in der
korinthischen Gemeinde geißelt, welche den Geist an ihre Meinungen als die allein
christlichen binden wollten.

nicht hegen, sie darf und kann es nicht um des Vertrauens willen, das sie zu ihrer eigenen Sache und zu Dem haben soll, der ihr verheißen hat, daß er sie in alle Wahrheit leiten, und vor grundstürzendem Irrthume bewahren wolle. Wehe, wenn die Kirche dieß Vertrauen nicht hätte und nicht haben dürfte, wenn sie auf ihm nicht festgegründet ruhte![1] Sie würde verloren sein, denn sie kann den wissenschaftlichen Geist nicht leiten und nicht erdrücken, sie würde es nicht können, ohne sich selbst auf das Schwerste zu beschädigen, ohne sich um die geistige und persönliche Freiheit zu bringen, die in ihrer Mitte walten soll.[2] Die Kirche muß die Wissenschaft frei lassen und sie bedarf ihrer auch selbst als einer freien, bedarf, daß auch ihr immer mehr die Wahrheit erschlossen, daß auch sie stets völliger von allen Mißverständnissen der Heilsthatsachen befreit, daß ihr der Kern des Gnadengutes, das ihr in Christo gegeben ist, auch in immer reinerer Gestalt dargeboten werde. Wie? ist sie denn schon vollkommen? hat sie denn schon alle Höhen erstiegen und alle Tiefen durchforscht? weiß sie, wie sie empirisch ist, sich denn von allen Irrthümern frei? Daß sie sich doch nicht selbst überhebe! Die Klarheit ist in Christo und in ihm hat sie dieselbe auch[3], aber sie selbst ist auch noch in Dunkelheiten befangen, die noch der Aufhellung bedürfen, und das allein ist ihr Trost, daß sie des Herrn ist und der Herr sie führen wird von einer Klarheit zur anderen. Darum lasse sie der Wissenschaft den Beruf, der ihr auch in Beziehung auf das kirchliche Leben gegeben ist, und lasse ihr auch die Stellung die ihr in Gemäßheit dieses Berufes gebührt: ihre Freiheit und Selbständigkeit. Was die Wissenschaft irrt, das muß durch die Wissenschaft wieder überwunden werden, und es ist in diesem Reiche des lebendigsten geistigen Ringens auch dafür gesorgt, daß es nicht lange bestehen kann. Auch darf die Kirche in jedem ihrer Glieder immer mit Theil nehmen an der da waltenden Thätigkeit; sie mag, nach des Apostels Anweisung, „Alles prüfen und nur das Gute behalten," aber — sie mag auch die andere Anweisung des Apostels beherzigen, die so dicht neben jener steht, daß sie „den Geist nicht zu dämpfen" habe.[4] Die Kirche kann da Nichts thun, als die rechte christliche Gesinnung pflanzen, und von ihren Mitgliedern darf sie auch verlangen, daß sie in dieser Gesinnung, in dieser vollen Hingabe an das Heil in Christo, die allein „Glauben" genannt zu werden verdient[5], ihre wissenschaftlichen Bestrebungen treiben, aber — Schranken hat sie ihnen in diesen Bestrebungen selbst nicht zu setzen,

---

[1] 2 Tim. 2, 19.
[2] Was die Protestirenden in Baden gar nicht bedacht zu haben scheinen.
[3] 2 Cor. 3, 18, vgl. mit 1 Cor. 13, 12.
[4] 1 Thess. 5, 19 ff.
[5] Nicht jenes Fürwahrhalten von kirchlich-theologischen Satzungen, wie man das alte Wort »Credo ut intelligam« wohl oft gemißdeutet hat.

und — wenn sie nur Sorge trägt, daß sie fest gegründet sei in dem Le=
ben des Herrn, daß dieß sie ganz durchbringe und ihr Leben gestalte, dann
hat sie Nichts zu fürchten. Die Thatsache ihres in Christo gewonnenen
heilig=sittlichen Lebens wird allen Zweifel überwinden und alle Geister, die
noch ferne sind, herzubringen, daß sie alle bekennen, der Herr ist der allein
rechte Grund und auf ihm wollen wir stehen mit seiner Gemeinde. [1])

Eine freie christliche Wissenschaft, getrieben mit allem Ernste von christ=
lichen Persönlichkeiten, das ist es, was die Kirche bedarf, und dafür soll sie sor=
gen, daß solche Persönlichkeiten aus ihr hervorgehen, damit auch eine solche
Wissenschaft ihr zu Nutzen getrieben werde, aber — was es nicht giebt
und geben kann, das ist eine s. g. kirchliche Wissenschaft, die so leicht weder
recht kirchlich, noch, und zwar am Allerwenigsten, Wissenschaft ist, die sich nur
damit begnügt, das längst Gesagte noch einmal zu sagen und mit der
Wahrheit den Irrthum zu verschleppen durch die Jahrhunderte hindurch.
Eine christliche Wissenschaft, nicht eine kirchliche, confessionell beschränkte, die
unter Leitung und Beaufsichtigung der Kirche stände. Diese letztere haben
die Römischen in ihrer Scholastik und die evangelische Wissenschaft hat,
wegen des Confessionshaders, leider auch ihre schwere scholastische Zeit durch=
leben müssen, bis sie die Fesseln gesprengt hat — hüte sich die Kirche, sie
wieder zu knüpfen! Die christliche Wissenschaft steht auch im Dienste der Kirche,
wie die Wissenschaft auch auf anderen Gebieten im Dienste des Staates und
der bürgerlichen Gesellschaft steht, denn Alles ist am Ende nur ein Dienen
in dieser Welt, aber — sie gehört nicht der Kirche an, als Wissenschaft
gehört sie in jene große wissenschaftliche Gemeinschaft, die berufen ist, eben=
bürtig neben der kirchlichen und der bürgerlichen Gemeinschaft zu stehen
und die auf den Universitäten ihren Sitz hat. Da gilt die Autonomie
der Wissenschaft und darum auch die Unabhängigkeit von allen äußerlichen
Banden, wie vom Staate, so auch von der Kirche — o daß man diese
großen Schöpfungen des freien christlichen Sinnes deutscher Nation in miß=
verstandenem kirchlichen Interesse nicht verwüsten möchte, indem man ihnen
das Element ihres Lebens, die Freiheit nähme! Gewiß, Kirche und Staat
hätten beide den schlimmsten Schaden davon! So möge es sein: Staat,
Kirche, Universität — alle drei selbständig neben einander, aber alle drei,
wie Eins dem Anderen, so auch dienend mit einander der einen Gemein=
schaft des Volkes, in der sie stehen, das ist ihr allein richtiges Verhältniß
zu einander! —

Wir haben unsere Arbeit gethan, haben ein Bild der Kirche Christi,
unseres Herrn, zu zeichnen gesucht, wie wir meinen, daß es sein, daß es
immer mehr werden müßte, daß es also der Herr selbst auch gewollt hat.

---

[1]) 1 Cor. 3, 11. Phil. 2, 9 ff.

Diese Kirche, die eine wahre Genossenschaft ist, ruhend auf dem einen, von Gott gelegten Grunde und seines Lebens voll, in diesem Leben aber mit einander frei verbunden und nach den Gesetzen der Freiheit, welche die der Liebe sind, redlich geordnet, diese Kirche halten wir für die allein rechte Kirche Christi, der er seine Verheißungen gegeben hat, mit der er sein will bis an das Ende der Tage. Nicht jene Hierarchenkirche, welcher Gestalt und welches Namens sie auch sein mag — sie ist nur eine zeitliche Erscheinung der wahren Kirche Christi und ihre verkehrteste, verkümmertste Gestalt, wie herrlich der stolze Bau Manchem auch scheinen mag. Sie wird zu Grunde gehen, nicht heute, auch nicht morgen, aber ihre Tage sind gezählt, und hervorgehen aus ihren Trümmern wird immermehr die reine Kirche des Herrn, die da frei ist in ihm, weil sie in ihm und in ihm allein völlig gebunden ist. Der evangelischen Kirche aber geziemt es, sich zu ermannen und nach dem Ziele zu streben, das ihr als der evangelischen gesteckt ist: frei zu werden immer mehr in Christo, auf daß sie auch immer mehr werde, was sie sein soll, ein Bund der Liebe, darin alle seine Gefreiten mit einander wohnen! Das verleihe ihr der Herr! den Geist der Weisheit zu seiner selbst Erkenntniß, in dem sie auch sich immer mehr erkennen und erfassen möge als das, was sie sein soll in ihm, und den rechten Ernst, in welchem sein Werk angefangen sein will, in welchem es allein auch gelingen kann! Wir leben in einem Augenblicke großer Entscheidungen, wo es einer starken Kirche bedarf, aber einer solchen, die da stark sei in dem Herrn und in der Macht seiner Stärke[1]) — helfe der Herr uns, daß wir also erfunden werden! Was aber dieß Buch betrifft, so wolle der Herr, dem es hat dienen wollen, seine Irrthümer vergehen lassen, aber was in demselben ist aus seiner Wahrheit, dem gebe er bereite Ohren und Herzen und Gewissen, auf daß es auch Persönlichkeiten finde, durch die es zum Leben gelange!

[1]) Eph. 6, 10.